Préparation à la certification CCNA ICND2

Wendell Odom

Cisco Systems
Cisco Press
PEARSON

Publié par Pearson Education France
47 bis, rue des Vinaigriers
75010 PARIS
Tél : 01 72 74 90 00

Mise en pages : TyPAO

ISBN : 978-2-7440-7286-4

Titre original : *CCNA ICND2- Official Exam Certification Guide - Second Edition*

Traduit de l'américain par :
Sébastien Blondeel, Freenet Sofor
et Laurent Perroton

ISBN original : 978-1-58720-181-3

Cisco Press
800 East 90th Street
Indianapolis, Indiana 46240 USA

À propos de l'auteur

Wendell Odom, CCIE n° 1624, est actif dans le domaine des réseaux depuis 1981. Il dispense actuellement les cours QoS, MPLS et CCNA pour Skyline Advanced Technology Services (**http://www.skyline-ats.com**). Il a également occupé les fonctions d'ingénieur réseau, consultant, ingénieur système, formateur, et concepteur de cours. Il est l'auteur de toutes les éditions des guides de préparation à la certification CCNA.

À propos des éditeurs techniques

Teri Cook (CCSI, CCDP, CCNP, CCDA, CCNA, MCT et MCSE 2000/2003: Security) possède plus de dix ans d'expérience dans l'industrie des technologies de l'information. Elle a travaillé pour différentes entreprises et organisations des secteurs privé et de la Défense, mettant son expertise technique au service de la conception et de la mise en œuvre d'environnements informatiques complexes. Après l'obtention de ses certifications, elle s'est investie dans l'apport de formations de qualité auprès des professionnels. Enseignante d'exception, elle s'appuie sur des cas concrets pour présenter des technologies de réseau complexes, et dispense également des cours Cisco depuis plus de cinq ans.

Stephen Kalman est formateur dans le domaine de la sécurité des données. Il a œuvré en tant qu'auteur ou rédacteur technique dans l'élaboration de plus d'une vingtaine de livres, de cours et de logiciels d'apprentissage. Son ouvrage le plus récent s'intitule *Web Security Field Guide*, publié chez Cisco Press. Outre ces responsabilités, il dirige une société de conseils, Esquire Micro Consultants, spécialisée en diagnostic et sécurité réseau. Il est titulaire des certifications SSCP, CISSP, ISSMP, CEH, CHFI, CCNA, CCSA (Checkpoint), A+, Network+, et Security+.

Sommaire

Partie IV. Réseaux longue distance (WAN)

Partie V. Extension de l'espace d'adressage IP

Partie VI. Préparation finale

Partie VII. Annexes

Table des matières

Partie II. Routage IP

Partie IV. Réseaux longue distance (WAN)

Partie V. Extension de l'espace d'adressage IP

Partie VII. Annexes

Icônes utilisées dans ce livre

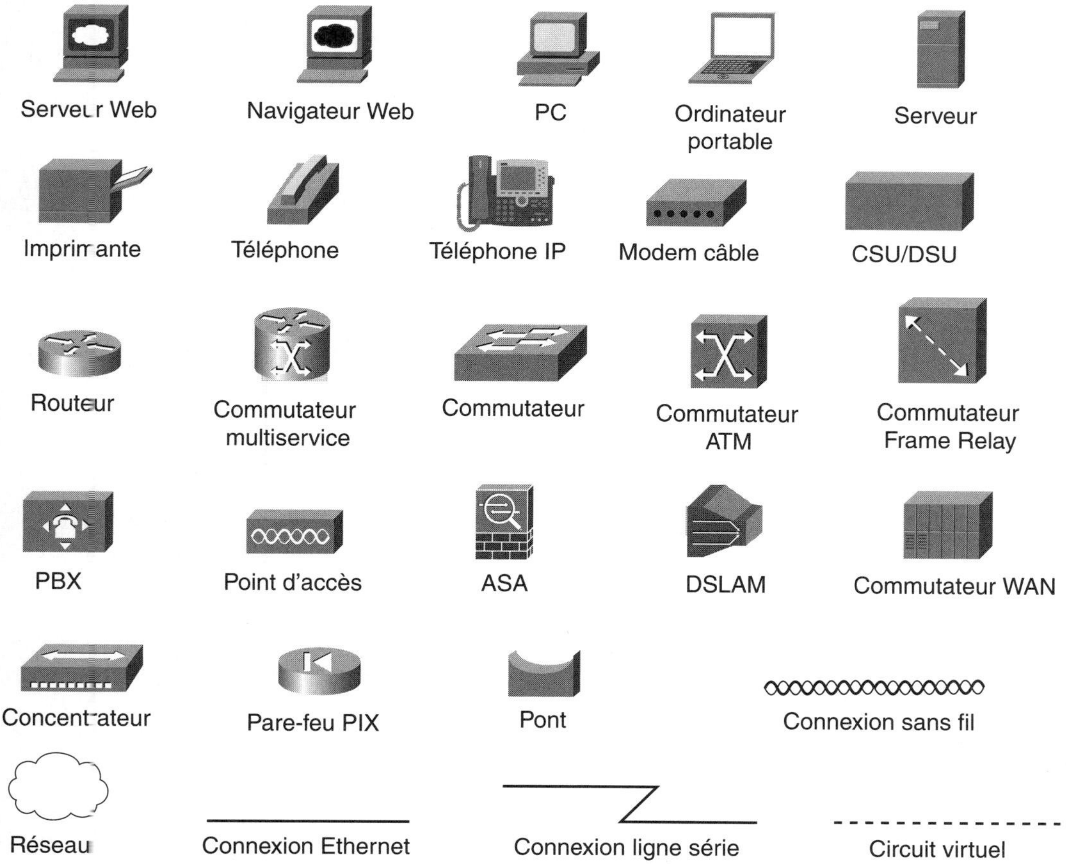

Conventions pour la syntaxe des commandes

Voici les conventions employées dans ce livre pour présenter la syntaxe des commandes :

- Les commandes et mots clés figurent en **gras** (par exemple **show**).
- L'*italique* indique des arguments auxquels l'utilisateur substitue des valeurs réelles.
- Les barres verticales (|) séparent des éléments qui s'excluent mutuellement.
- Les crochets ([ ]) indiquent des éléments optionnels.
- Les accolades ({ }) indiquent des éléments obligatoires.
- Les accolades insérées dans des crochets indiquent des éléments obligatoires inclus dans un élément optionnel.

Avant-propos

Le livre *Préparation à la certification CCNA ICND2*, deuxième édition, est un excellent support individuel de préparation à l'examen CCNA ICND2 qui vérifie les connaissances et compétences requises pour installer, exploiter et dépanner un réseau de petite ou moyenne entreprise. Il fait partie, avec l'ICND1, des deux examens requis pour obtenir la certification CCNA.

L'obtention d'une certification Cisco est une étape essentielle pour le professionnel des réseaux qui doit continuellement développer ses connaissances. Par ses programmes de certification, Cisco valide l'expertise qui est indispensable à la gestion efficace un réseau d'entreprise moderne.

Les ouvrages de préparation aux examens de certification proposés par Cisco Press sont des outils de veille technologique à la fois exceptionnels et souples pour se maintenir à jour et acquérir de nouvelles compétences. Ils sont utilisables en complément à une formation plus traditionnelle ou comme source principale d'apprentissage.

Développés en collaboration avec l'équipe de formation et de certification Cisco, ce sont les seuls ouvrages d'autoformation autorisés par Cisco. Ils offrent à l'étudiant un ensemble de méthodes de préparation lui garantissant une acquisition solide des connaissances abordées.

D'autres sources d'étude autorisées – cours animés par des formateurs, formations en ligne, laboratoires, et simulations – sont disponibles exclusivement auprès des CLSP (*Cisco Learning Solutions Partners*) dans le monde entier. Pour en savoir plus, rendez-vous sur le site **http://www.cisco.com/go/training** (page en anglais).

Nous espérons que tous ces moyens contribueront à l'enrichissement de vos compétences et à une bonne préparation à l'examen.

Erik Ullanderson

Manager, Global Certifications

Learning@Cisco

Août 2007

Introduction

Vous avez choisi de vous préparer à la certification CCNA Cisco, et vous pouvez vous en féliciter, car acquérir des compétences dans les technologies Cisco est un capital valorisant pour le professionnel des réseaux. En effet, la société occupe une place prépondérante dans l'industrie des routeurs et des commutateurs, avec des parts de marché excédant parfois 80 % : dans certaines régions du globe, « interconnexion des réseaux » rime avec Cisco. Détenir une certification Cisco vous conférera donc une autorité certaine.

La première certification introduite en 1998 a été CCNA (*Cisco Certified Network Associate*). Ses trois premières versions (1998, 2000, et 2002) demandaient de réussir un seul examen. Mais en 2003, le nombre de sujets traités et le niveau de difficulté des questions s'étant accrus, l'examen connu un quatrième remaniement. La certification CCNA pouvait désormais être obtenue selon deux voies : en passant un examen, ou deux. Cette dernière option permettait aux candidats de mieux répartir leurs efforts dans le temps.

Depuis juin 2007, d'autres changements sont encore intervenus :

- un plus large éventail de sujets couverts sur les deux examens ;
- davantage de tests de compétences – et non uniquement de connaissances ;
- la création d'une nouvelle certification, nommée CCENT (*Cisco Certified Entry Networking Technician*).
- Cisco a créé les examens ICND1 (640-822) et ICND2 (640-816) ainsi que l'examen unique CCNA (640-802). Les moins expérimentés peuvent ainsi répartir les nouvelles exigences accrues de la certification sur deux examens.

Avec l'option des deux examens, Cisco n'avait pas pour seul objectif l'obtention de la certification CCNA. En effet, celle-ci est devenue si complexe qu'elle couvre davantage de connaissances et de compétences qu'un technicien de base se doit de posséder. Cisco a alors adapté son cours ICND1 (*Interconnecting Cisco Networking Devices 1*) et l'examen correspondant (ICND1 640-822). L'obtention de ce dernier permet désormais d'accéder à une nouvelle certification, CCENT, reflétant mieux les compétences requises pour la gestion de réseaux de petites entreprises.

La figure I-1 résume l'organisation des examens précités (notez que la réussite à l'examen ICND2 ne permet d'obtenir aucune certification distincte).

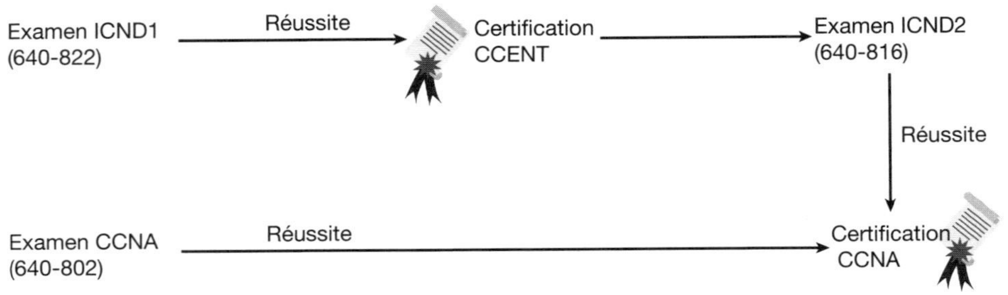

Figure I.1
Certifications et examens Cisco de premier niveau

Ainsi, la certification CCENT est obtenue après réussite de l'examen ICND1, mais elle n'est pas requise pour passer l'examen CCNA auquel vous pouvez vous présenter directement.

Les examens ICND1 et ICND2 ont été conçus pour traiter de différents sujets avec un minimum de recouvrement. Par exemple, l'ICND1 couvre l'adressage IP et la subdivision en sous-réseaux, et l'ICND2, les masques de sous-réseau de longueur variable, ou VLSM (*Variable-Length Subnet Masking*). L'ICND2 se doit par conséquent de traiter dans une crtaine mesure des sous-réseaux.

Il faudra attendre quelques années encore pour juger de la popularité de la certification CCENT. Aujourd'hui, la certification CCNA reste la certification de base la plus appréciée, prouvant une solide connaissance des principaux équipements Cisco que sont les routeurs et les commutateurs. Elle atteste également une bonne maîtrise des protocoles et des technologies d'interconnexion de réseaux.

Conditions d'examen

Les modalités de passage des examens ICND1, ICND2 et CCNA sont identiques. Lorsque vous vous présentez au centre d'examen et que vous vous enregistrez, l'examinateur vous communique des informations générales, puis vous invite à vous installer devant un ordinateur. Avant de commencer l'examen, vous avez la possibilité d'effectuer un test d'essai pour vous familiariser avec l'ordinateur et le moteur d'examen. L'environnement de test ne vous posera aucune difficulté, des connaissances moyennes de l'utilisation d'un PC suffisent. En outre, le chapitre 18, « Préparation finale », indique l'adresse d'un site Web de Cisco qui offre une démonstration de ce moteur.

L'examen commence par une série de questions. Vous répondez à chaque question, puis passez à la suivante. *Soyez prudent : le moteur d'examen ne vous permet pas de revenir en arrière pour modifier une réponse.*

Les questions pourront prendre les formes suivantes :

- Des questions à choix multiple.
- Des mini-tests (*testlet*).
- Des « glisser-déposer ».
- Des simulations (*sim*).
- Des mini-simulations (*simlets*).

Les trois premiers types de questions sont relativement courants dans de nombreux environnements de test. Les questions à choix multiple vous demandent de cocher le cercle en regard d'une ou de plusieurs réponses correctes. En général, Cisco vous indique le nombre de réponses à choisir et le logiciel vous empêche d'en sélectionner trop. Les mini-tests sont des séries de questions à choix multiple qui portent sur un même scénario global. Les questions « glisser-déposer » vous demandent de cliquer sur un objet, un bouton ou une icône, et de le déposer à un autre endroit, généralement dans une liste. Dans certains cas, vous devrez ordonner correctement une liste de cinq éléments.

Les deux derniers types de questions font appel à un simulateur de réseau et permettent à Cisco d'évaluer différentes aptitudes. Les simulations fournissent une description générale d'un problème, et votre tâche consiste à configurer des routeurs et des commutateurs pour le résoudre. La question est alors notée en fonction de paramètres de configuration modifiés ou ajoutés. À ce jour, ces questions sont les seules pour lesquelles Cisco a ouvertement confirmé qu'il acceptait une solution incomplète pour la notation. Faites donc votre possible même si vous êtes conscient d'oublier quelque chose.

Les mini-simulations (*simlets*) sont peut-être les plus difficiles à aborder. Elles utilisent également un simulateur, mais vous devez répondre à des questions à choix multiple au lieu de modifier une configuration. Pour ce faire, vous devez étudier le comportement de réseaux opérationnels ou présentant des dysfonctionnements et interpréter le résultat de commandes **show** en corrélant les informations retournées à vos connaissances de la théorie des réseaux et des commandes de configuration.

Contenu des examens

Cisco publie un ensemble d'objectifs pour chaque examen afin de rendre public l'éventail des sujets qui y sont couverts, ainsi que les connaissances et les compétences requises y afférentes. Ces objectifs listent les sujets concernés, comme l'adressage IP, le protocole RIP ou les VLAN, tout en donnant des indications sur le niveau de connaissances nécessaires. Ainsi, il pourra vous être demandé de « Décrire… », ou encore de « Décrire, configurer et dépanner… ». Dans ce dernier cas, il est clair que le problème teste votre maîtrise totale du sujet.

Bien que ces objectifs soient utiles, Cisco demande de les considérer comme des lignes directrices, tout en s'efforçant toutefois de maintenir les questions dans le cadre des objectifs publiés. Je sais, pour m'être entretenu avec les personnes impliquées dans leur élaboration, que chaque question est bien analysée pour évaluer son adéquation relativement aux objectifs concernés.

Sujets de l'examen ICND1

Les tableaux I.1 et I.2 répertorient respectivement les sujets de l'examen ICND1 et ICND2. Les sujets ne sont pas numérotés sur le site Cisco.com, mais ils le sont ici pour faciliter les références. Les tableaux indiquent également dans quelle partie du livre chaque sujet est abordé. Comme ces sujets peuvent changer au fil du temps, vous pouvez vérifier la liste publiée sur le site de Cisco à l'adresse **http://www.cisco.com/go/ccna**. Si des changements tardifs surviennent, l'annexe C de ce livre vous décrit comment télécharger des informations complémentaires à l'adresse **http://www.ciscopress.com.**

INFO

Les lignes en grisé du tableau sont expliquées à la section suivante intitulée « Sujets de l'examen CCNA ».

Tableau I.1 : Sujets de l'examen ICND1

Numéro de référence	*Partie(s) du livre où le sujet est traité*	*Sujet*
		Décrire le fonctionnement des réseaux de données.
1	I	Décrire la finalité et le fonctionnement de divers équipements réseau.
2	I	Sélectionner les composants nécessaires répondant à une spécification de réseau donnée.
3	I, II, III	Utiliser les modèles OSI et TCP/IP et les protocoles associés pour expliquer comment les données circulent dans un réseau.
4	I	Décrire les applications réseau courantes, y compris les applications Web.
5	I	Décrire la finalité et le fonctionnement de base des protocoles des modèles OSI et TCP/IP.
6	I	Décrire l'impact des applications (Voice over IP [VoIP] et Video over IP [VioIP]) sur un réseau.
7	I, IV	Interpréter des diagrammes de réseau.
8	I, IV	Déterminer l'itinéraire entre deux hôtes sur un réseau.
9	I, III, IV	Décrire les composants nécessaires pour les communications réseau et Internet.
10	I, IV	Identifier et résoudre des problèmes courants au niveau des couches 1, 2, 3 et 7.

Tableau I.1 : Sujets de l'examen ICND1 *(suite)*

Numéro de référence	*Partie(s) du livre où le sujet est traité*	*Sujet*
11	II, II	Différencier les caractéristiques fonctionnelles des LAN et des WAN.
		Mettre en œuvre un petit réseau commuté.
12	II	Choisir le support, les câbles, les ports et les connecteurs appropriés pour connecter des commutateurs à d'autres équipements et hôtes.
13	II	Expliquer la technologie et la méthode de contrôle d'accès au média (MAC) pour les technologies Ethernet.
14	II	Expliquer la segmentation d'un réseau et les concepts de base de la gestion du trafic.
15	II	Expliquer le fonctionnement des commutateurs Cisco et les concepts de base de la commutation.
16	II	Effectuer, sauvegarder et vérifier la configuration initiale d'un commutateur, y compris la gestion des accès à distance.
17	II	Vérifier l'état d'un réseau et le fonctionnement d'un commutateur à l'aide des utilitaires de base (ping, traceroute, Telnet, SSH, ARP, ipconfig) et des commandes show et debug.
18	II	Mette en œuvre et vérifier la sécurité de base sur un commutateur (sécurisation et désactivation des ports).
19	II	Identifier et résoudre les problèmes courants des réseaux commutés, les problèmes de configuration, l'autonégociation et les pannes matérielles d'un commutateur.
		Mettre en œuvre un schéma d'adressage IP et des services IP pour répondre aux besoins d'une petite entreprise.
20	I, III	Décrire la nécessité et le rôle de l'adressage dans un réseau.
21	I, III	Créer un schéma d'adressage et l'appliquer à un réseau.
22	III	Affecter et vérifier des adresses IP valides aux hôtes, aux serveurs et aux équipements réseau dans un environnement de LAN.
23	IV	Expliquer l'usage et le fonctionnement de base de NAT dans un petit réseau connecté à un FAI.
24	I, III	Décrire et vérifier le fonctionnement de DNS.
25	III, IV	Décrire le fonctionnement et les avantages de l'adressage IP public et privé.

Tableau I.1 : Sujets de l'examen ICND1 *(suite)*

Numéro de référence	*Partie(s) du livre où le sujet est traité*	*Sujet*
26	III, IV	Activer NAT pour un petit réseau avec un seul FAI et une connexion avec SDM et vérifier son fonctionnement en utilisant la CLI et ping.
27	III	Configurer, vérifier et dépanner le fonctionnement de DHCP et de DNS sur un routeur (CLI et SDM).
28	III	Mettre en œuvre les services d'adressage statique et dynamique pour les hôtes dans un environnement de LAN.
29	III	Identifier et résoudre les problèmes d'adressage IP.
		Mettre en œuvre un petit réseau routé.
30	I, III	Décrire les concepts de base du routage (transmission des paquets, processus de recherche du routeur).
31	III	Décrire le fonctionnement des routeurs Cisco (composants, processus d'amorçage, test POST).
32	I, III	Choisir le support, les câbles, les ports et les connecteurs appropriés pour connecter des routeurs à d'autres équipements et hôtes.
33	III	Configurer, vérifier et dépanner RIPv2.
34	III	Accéder à la CLI et l'utiliser pour configurer les paramètres de base d'un routeur.
35	III	Connecter une interface, la configurer et vérifier son état.
36	III	Vérifier la configuration d'un équipement et la connectivité au réseau en utilisant ping, traceroute, Telnet, SSH ou d'autres utilitaires.
37	III	Réaliser et vérifier les tâches de configuration pour une route statique ou par défaut, en fonction des besoins de routage spécifiques.
38	III	Gérer les fichiers de configuration d'IOS (sauvegarde, édition, mise à niveau et restauration).
39	III	Gérer Cisco IOS.
40	III	Mettre en œuvre la sécurité physique et les mots de passe.
41	III	Vérifier l'état du réseau et le fonctionnement d'un routeur avec les utilitaires de base (ping, traceroute, Telnet, SSH, ARP, ipconfig) et les commandes show et debug.

Tableau I.1 : Sujets de l'examen ICND1 *(suite)*

Numéro de référence	*Partie(s) du livre où le sujet est traité*	*Sujet*
		Expliquer et sélectionner les tâches d'administration pertinentes pour un WLAN.
42	II	Décrire les normes associées aux réseaux sans fil (IEEE, Wi-Fi Alliance, ITU/FCC).
43	II	Identifier et décrire le rôle des composants d'un petit réseau sans fil (SSID, BSS, ESS).
44	II	Identifier les paramètres de base à configurer sur un réseau sans fil pour garantir que les équipements se connectent au point d'accès approprié.
45	II	Comparer les fonctionnalités et les capacités des mécanismes de sécurité (open system, WEP, WPA-1/2).
46	II	Identifier les problèmes courants associés à la mise en œuvre d'un réseau sans fil.
		Identifier les menaces de sécurité qui pèsent sur un réseau et décrire les méthodes générales permettant de les atténuer.
47	I	Expliquer l'augmentation des menaces de sécurité liées aux réseaux et la nécessité de mettre en œuvre une politique de sécurité globale pour les atténuer.
48	I	Expliquer les méthodes générales permettant d'atténuer les menaces de sécurité qui pèsent sur les équipements réseau, les hôtes et les applications.
49	I	Décrire les fonctions des applications et des dispositifs de sécurité courants.
50	I, II, III	Décrire les pratiques de sécurité recommandées, notamment les étapes initiales pour sécuriser des équipements réseau.
		Implémenter et vérifier des liens WAN.
51	IV	Décrire différentes méthodes de connexion à un WAN.
52	IV	Configurer et vérifier une connexion WAN série de base.

Sujets de l'examen ICND2

Le tableau I.2 répertorie les sujets de l'examen ICND2 (640-816), ainsi que les parties du livre *Préparation à la certification CCNA ICND2* où chacun d'eux est traité.

Tableau I.2 : Sujets de l'examen ICND2

Numéro de référence	*Partie(s) du livre où le sujet est traité*	*Sujet*
		Configurer, vérifier et dépanner un commutateur avec des VLAN et des communications intercommutateurs.
101	I	Décrire les technologies de commutation avancées (VTP, RSTP, VLAN, PVSTP, 802.1q).
102	I	Décrire la façon dont les VLAN créent des réseaux logiquement distincts et la nécessité du routage entre eux.
103	I	Configurer, vérifier et dépanner des VLAN.
104	I	Configurer, vérifier et dépanner le trunking sur des commutateurs Cisco.
105	II	Configurer, vérifier et dépanner le routage inter VLAN.
106	I	Configurer, vérifier et dépanner VTP.
107	I	Configurer, vérifier et dépanner RSTP.
108	I	Interpréter la sortie de différentes commandes show et debug pour vérifier l'opérationnalité d'un réseau Cisco commuté.
109	I	Mettre en œuvre la sécurité de base d'un commutateur (sécurisation des ports, ports non assignés, accès aux tronçons, etc.).
		Mettre en œuvre un schéma d'adressage IP et des services IP pour répondre aux besoins d'un réseau d'entreprise de taille moyenne.
110	II	Calculer et appliquer un schéma d'adressage IP avec VLSM à un réseau.
111	II	Déterminer le schéma d'adressage approprié, en utilisant VLSM et l'agrégation, pour répondre aux besoins d'adressage d'un environnement LAN/WAN.
112	V	Décrire les prérequis technologiques pour l'exécution d'IPv6 (protocoles, double pile [dual stack], tunneling, etc.).
113	V	Décrire les adresses IPv6.
114	II, III	Identifier et résoudre les problèmes courants associés à l'adressage IP et à la configuration des hôtes.

Tableau I.2 : Sujets de l'examen ICND2 *(suite)*

Numéro de référence	*Partie(s) du livre où le sujet est traité*	*Sujet*
		Configurer et dépanner le fonctionnement et le routage de base sur des équipements Cisco.
115	III	Comparer des méthodes de routage et des protocoles de routage.
116	III	Configurer, vérifier et dépanner OSPF.
117	III	Configurer, vérifier et dépanner EIGRP.
118	II, III	Vérifier la configuration et la connectivité grâce à ping, traceroute et Telnet ou SSH.
119	II, III	Résoudre les problèmes liés à la mise en œuvre du routage.
120	II, III, IV	Vérifier le fonctionnement matériel et logiciel d'un routeur au moyen des commandes show et debug.
121	II	Mettre en œuvre une sécurité de base sur un routeur.
		Mettre en œuvre, vérifier et dépanner NAT et des ACL dans un réseau d'entreprise de taille moyenne.
122	II	Décrire le rôle et les types des listes de contrôle d'accès.
123	II	Configurer et appliquer des listes de contrôle d'accès en fonction des besoins de filtrage d'un réseau.
124	II	Configurer et appliquer une liste de contrôle d'accès pour limiter l'accès Telnet et SSH à un routeur.
125	II	Vérifier et contrôler des ACL dans un environnement de réseau.
126	II	Résoudre des problèmes liés à la mise en œuvre d'ACL.
127	V	Expliquer les bases du fonctionnement de NAT.
128	V	Configurer NAT en mode ligne de commandes, en fonction d'un ensemble de besoins donné en utilisant la CLI.
129	V	Résoudre des problèmes liés à la mise en œuvre de NAT.
		Implémenter et vérifier des liens WAN.
130	IV	Configurer et vérifier Frame Relay sur des routeurs Cisco.
131	IV	Résoudre des problèmes liés à la mise en œuvre d'un WAN.
132	IV	Décrire la technologie des VPN (importance, avantages, rôle, impact, composants).
133	IV	Configurer et vérifier la connexion PPP entre routeurs Cisco.

Sujets de l'examen CCNA

Dans sa précédente version, l'examen CCNA couvrait une grande partie du programme de l'examen ICND (640-811), ainsi que certains sujets de l'examen INTRO (640-821). La liste officielle des sujets du nouvel examen CCNA (640-802) est consultable à l'adresse **http://www.cisco.com**. Elle rassemble tous les sujets du tableau I.2 (ICND2) et la plupart de ceux du tableau I.1 (ICND1). Les sujets figurant dans ce dernier en grisé ne sont pas répertoriés dans la liste en tant que sujets du CCNA, alors qu'ils sont bien couverts par l'examen, car les mêmes concepts sont repris par des sujets de l'ICND2.

Contenus des cours ICND1 et ICND2

Des précisions concernant le contenu des sujets d'examen peuvent également être obtenues en consultant les descriptifs des cours correspondants. Cisco en propose deux : ICND1 (*Interconnecting Cisco Network Devices 1*) et ICND2 (*Interconnecting Cisco Network Devices 2*), et autorise deux types de partenaires à les dispenser : les CLSP (*Certified Learning Solutions Providers*) et les CLP (*Certified Learning Partners*). Ceux-ci peuvent également créer leurs propres supports de cours en s'y inspirant – y compris pour des préparations à l'examen CCNA.

À propos des livres de préparation aux certifications CCENT/CCNA ICND1 et CCNA ICND2

Le contenu de la préparation à la certification CCNA a été réparti sur deux ouvrages *: Préparation à la certification CCNA ICND1 et CCENT* et *Préparation à la certification CCNA ICND2*. Comme il vous a été mentionné précédemment, ces livres couvrent la totalité des sujets de chaque examen, généralement plus en profondeur que cela n'est nécessaire, afin de vous préparer au mieux aux questions les plus difficiles.

Vous trouverez ci-après une description détaillée des deux ouvrages, ce qui vous épargnera le besoin de lire l'introduction de l'autre livre. En outre, si vous utilisez ces deux ouvrages pour préparer directement la certification CCNA 640-802 (au lieu de l'option à deux examens), vous trouverez plus loin une suggestion de plan de lecture.

Objectifs et méthodes

Ce livre a pour but de vous aider à réussir l'examen ICND2 ou CCNA au moyen de différentes méthodes, lesquelles vous permettront aussi d'améliorer vos compétences professionnelles.

Ces méthodes vous assisteront dans l'identification des sujets qui méritent d'être approfondis, leur compréhension et leur mémorisation, et le contrôle de leur acquisition. L'accent a été mis sur le bon apprentissage des connaissances plutôt que sur leur simple mémorisation, car la certification CCNA constitue les fondements de nombreuses certifications professionnelles Cisco Cette préparation vous apportera les éléments d'étude suivants :

- Des moyens qui vous indiqueront les sujets d'examen que vous ne maîtrisez pas.
- Des explications et des informations qui combleront vos lacunes.
- Des exercices qui amélioreront votre mémoire, vos capacités d'analyse et de déduction utiles pour répondre plus rapidement et plus efficacement aux questions du test.
- Des outils fournis sur le CD-ROM qui vous familiariseront avec les sujets et les modalités du test au moyen de questionnaires.

Organisation du livre

Le contenu de ce livre a été pensé pour optimiser votre préparation personnelle. Ainsi, à l'intérieur de chaque chapitre, vous trouverez successivement les sections suivantes :

- **Questionnaire d'évaluation.** Elle permet d'évaluer vos acquis et d'estimer le temps à consacrer à l'étude du chapitre.
- **Connaissances fondamentales.** Elle traite des protocoles, des concepts et des tâches de configuration relatives aux sujets traités.
- **Préparation à l'examen**. Elle propose l'ensemble d'exercices de révision et de contrôle suivants :
  - **Sujets clés du chapitre à réviser.** Tout au long de la section « Connaissances fondamentales », un pictogramme « Sujet clé » signale les notions fondamentales qu'il faut absolument savoir – n'oubliez toutefois pas que l'examen peut porter sur la totalité du chapitre. Cette section recense ces sujets clés avec leur numéro de page.
  - **Tableaux et listes à compléter.** Le CD-ROM d'accompagnement contient dans l'annexe J des tableaux et des listes à compléter de mémoire. Vous pourrez comparer vos réponses à celles données dans l'annexe K.
  - **Termes clés à définir.** Cette section vous demande de rédiger une brève définition des termes les plus importants du chapitre et de vérifier vos réponses dans le glossaire. Même s'il est peu probable qu'une telle question vous soit posée lors de l'examen CCNA, il est essentiel que vous maîtrisiez la terminologie relative aux réseaux.
  - **Références de commandes.** Certains chapitres couvrent de nombreuses commandes de configuration et EXEC dont le rôle est décrit dans les tableaux de cette section. Vous pourrez ainsi, lors de votre préparation, contrôler votre niveau de connaissance les concernant.

Le CD-ROM d'accompagnement du livre vous permettra d'optimiser votre préparation. Il contient, en anglais :

- Un moteur d'examen (développé par Boson Software, **http://www.boson.com**) qui vous permettra de répondre à un large éventail de questions en simulant les conditions des examens ICND2 et CCNA – de même, le CD-ROM joint au livre *Préparation à la certification CCNA ICND1* simulera les examens ICND1 et CCNA.

- Des problèmes de calculs de sous-réseaux (annexe D) avec leurs réponses et leurs explications. Grâce à ces exercices, vous serez apte à réaliser ce genre de travaux plus rapidement et plus efficacement.
- Des scénarios (annexe F) décrivant des environnements de réseau avec des exigences de conception, de configuration et de vérification. Vous pourrez ainsi exercer vos compétences sur le plan pratique sans requérir pour cela de laboratoire de test.
- Consultez aussi le site **http://www.ciscopress.com/title/1587201828** régulièrement mis à jour par l'auteur, qui donne des éclaircissements sur les sujets d'examen les plus difficiles.

Contenu détaillé du livre

Les dix-huit chapitres qui composent ce livre couvrent l'ensemble des sujets de l'ICND2, le dernier proposant des suggestions sur la façon d'aborder les examens ICND2 et CCNA. Ils sont organisés en sections et abordent les sujets suivants :

- **Partie I : La commutation LAN**
  - Le chapitre 1, « Les LAN virtuels », expose les concepts et la configuration des LAN virtuels, y compris le trunking de VLAN et le protocole VTP (*VLAN Trunking Protocol*).
  - Le chapitre 2, « Le protocole STP », traite des concepts, de la configuration et des problèmes relatifs au protocole STP (*Spanning Tree Protocol*) initial et au nouveau protocole RSTP (*Rapid STP*).
  - Le chapitre 3, « Dépannage de la commutation LAN », donne des directives générales sur la manière de solutionner les problèmes de communication réseau. L'accent est mis sur les processus de transmission utilisés par les commutateurs LAN.
- **Partie II : Le routage IP**
  - Le chapitre 4, « Le routage IP : routes statiques et routes connectées », examine la façon dont les routeurs ajoutent des routes statiques et connectées dans la table de routage, ainsi que les concepts qui y sont associés.
  - Le chapitre 5, « VLSM et l'agrégation de routes », explique l'utilisation dans le routage IP et les protocoles de routage de différents masques de sous-réseaux dans un seul réseau avec classe, ainsi que les concepts mathématiques sous-jacents aux agrégations de routes.
  - Le chapitre 6, « Listes de contrôle d'accès IP», décrit la configuration d'ACL standard et étendues – dont les ACL nommées et numérotées – sur des routeurs afin d'éviter l'acheminement de certains paquets.
  - Le chapitre 7, « Dépannage du routage IP », propose une démarche structurée pour identifier les problèmes empêchant deux hôtes de s'échanger des paquets, ainsi que des conseils et des outils pour aborder les problèmes de routage.

- **Partie III : Configuration et dépannage des protocoles de routage**
  - Le chapitre 8, « Théorie des protocoles de routage », explique les théories sous-jacentes aux protocoles de routage par vecteur de distance et par état de lien.
  - Le chapitre 9, « Protocole OSPF », étudie OSPF et sa configuration, avec des détails sur l'algorithme de routage par état de lien tel qu'il est implémenté par ce protocole.
  - Le chapitre 10, « Protocole EIGRP », examine EIGRP à travers ses concepts, sa configuration et la vérification de son fonctionnement.
  - Le chapitre 11, « Dépannage des protocoles de routage », explore quelques raisons habituelles qui empêchent les protocoles de routage d'échanger des informations, avec des exemples spécifiques de problèmes qui accompagnent couramment l'usage d'OSPF et d'EIGRP.
- **Partie IV : Réseaux étendus (WAN)**
  - Le chapitre 12, « WAN point à point », revoit les notions de base des réseaux étendus avec un regard un peu plus détaillé sur les protocoles PPP et CHAP.
  - Le chapitre 13, « Concepts sous-jacents au Frame Relay », présente la terminologie et les concepts associés au protocole Frame-Relay, ainsi que ses options d'adressage IP.
  - Le chapitre 14, « Configuration et dépannage du Frame Relay », décrit de nombreuses options de configuration du Frame Relay, ainsi que les sous-interfaces point à point et multipoint. Il explique également comment utiliser de façon optimale les commandes **show** pour identifier la cause de nombreux problèmes du Frame Relay.
  - Le chapitre 15, « Réseaux privés virtuels (VPN) », traite des concepts et des protocoles nécessaires à la sécurisation des VPN sur Internet, y compris du protocole de sécurité IPsec (*IP security*).
- **Partie V : Extension de l'adressage IP**
  - Le chapitre 16 « Conversion d'adresses avec NAT », examine le problème de saturation des adresses IPv4 et le mécanisme NAT, et plus particulièrement l'option PAT (*Port Address Translation*), en tant que solution palliative. Il décrit également la configuration de NAT sur des routeur au moyen de commandes IOS CLI.
  - Le chapitre 17 « Protocole IP version 6 », introduit les bases d'IPv6, sa gestion par les protocoles OSPF et EIGRP, sa configuration initiale, le concept de tunneling d'IPv6, ainsi que les stratégies de migration.
- **Partie VI : Préparation finale**
  - Le chapitre 18, « Préparation finale », propose un plan de révision et détaille les divers outils et options d'étude dont vous disposez à cette fin.

- **Partie VII : Annexes du livre**
  - L'annexe A, « Réponses aux questionnaires d'évaluation », fournit les réponses aux questions des chapitres 1 à 17.
  - L'annexe B, « Table de conversion entre les systèmes décimal et binaire », est une table de correspondance pour les nombres décimaux 0 à 255.
  - L'annexe C, « Mise à jour de l'examen ICND2 : version 1.0 », concerne d'éventuelles modifications relatives aux sujets d'examen, communiquées sous la forme d'un fichier à récupérer du site **http://www.ciscopress.com/title/158720181x**.
  - Le glossaire contient la définition des termes mentionnés dans la section « Termes-clés à définir » de chaque chapitre.
- **Partie VIII : Annexes sur le CD-ROM d'accompagnement**
  - L'annexe D, « Subnetting Practice », propose plusieurs ensembles d'exercices liés aux sous-réseaux avec leurs réponses. Bien que cette compétence fondamentale ne soit pas traitée dans ce livre, elle constitue clairement le préalable le plus important pour passer l'examen ICND2. Elle inclut donc – ainsi que les annexes E, H et I – des données complémentaires issues du livre *Préparation à la certification CCNA ICND1 et CCENT*. Ce dernier décrit aussi au chapitre 12 des méthodes rapides de calcul binaire et décimal qui sont utilisés dans les réponses données dans cette annexe D (pour plus de précisions, consultez l'annexe H qui est une copie de ce chapitre).
  - L'annexe E, « Subnetting Reference Page », contient des pages de référence résumant les techniques intervenant dans la résolution de questions de calcul de sous-réseaux. Pour plus de commodité, chaque technique est résumée sur une page.
  - L'annexe F, « Additional scenarios », contient plusieurs scénarios supplémentaires sur lesquels réfléchir pour améliorer vos compétences dans les domaines du dépannage et de l'analyse.
  - L'annexe G, « URL », propose une liste de liens Internet.
  - L'annexe H, « ICND1 Chapter 12 : IP Addressing and Subnetting », reprend les explications de l'adressage IP et des calculs de sous-réseaux qui sont développées dans le livre *Préparation à la certification CCNA ICND1 et CCENT*. Vous devez en effet avoir acquis une bonne maîtrise de ces notions pour l'examen ICND2.
  - L'annexe I, « ICND1 Chapter 17 : WAN Configuration », apporte les fondements essentiels concernant la configuration WAN, qui vous seront utiles pour aborder le chapitre 12 du présent livre, « WAN point à point ».
  - L'annexe J, « Memory tables », regroupe l'essentiel des listes et des tableaux clés de chaque chapitre que vous pourrez compléter de mémoire pour tester vos acquis.

- L'annexe K, « Memory Tables Answer Key », contient les réponses aux exercices de l'annexe J.
- L'annexe L, « ICND2 Open-Ended Questions », reprend les questions ouvertes de l'ancienne édition. Les caractéristiques du nouvel examen les rendent obsolètes, mais certains étudiants souhaitent néanmoins les avoir pour mieux se préparer.

Comment se préparer à l'examen ICND2 (640-816)

L'objectif de cet ouvrage est de vous préparer à l'examen ICND2 (la prochaine section traite de la préparation directe à l'examen du CCNA en utilisant également l'ouvrage *Préparation à la certification CCNA ICND1 et CCENT*). Pour vous préparer à l'ICND2, la démarche la plus rationnelle est de lire les chapitres dans l'ordre puis de suivre les suggestions indiquées au chapitre 18, « Préparation finale ».

La façon dont vous travaillerez dépendra de votre niveau de connaissances initial. Ainsi, chaque chapitre débute par un questionnaire d'évaluation qui vous aidera à estimer la quantité de travail à consacrer. Si vous répondez correctement à toutes les questions ou ne faites qu'une seule erreur, vous pourrez envisager de passer directement à la section « Préparation à l'examen » (voir figure I.2).

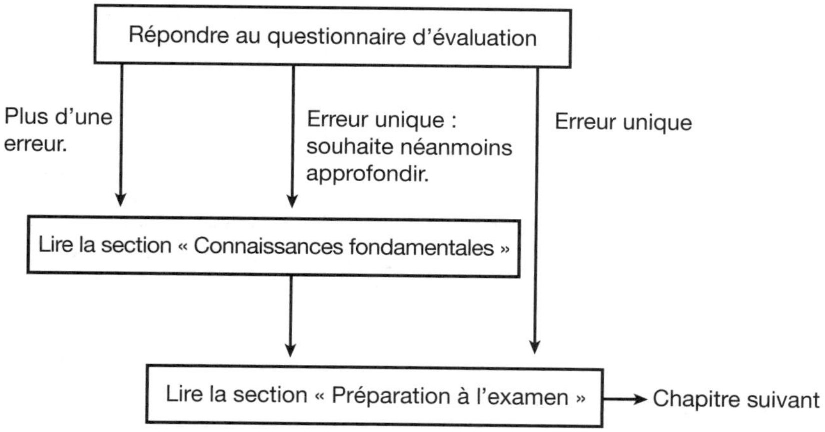

Figure I.2
Démarche conseillée pour l'étude de chaque chapitre.

Lorsque vous aurez terminé l'étude des chapitres 1 à 17, vous pourrez finaliser votre préparation en suivant les directives suivantes données au chapitre 18 :

- Téléchargez la dernière version de l'annexe C à l'adresse **http://www.ciscopress.com/title/158720181x**.

- Entraînez-vous au calcul de sous-réseaux à l'aide des outils fournis dans les annexes du CD-ROM.
- Réalisez les exercices de la section « Préparation à l'examen » à la fin de chaque chapitre.
- Travaillez sur les scénarios de l'annexe F du CD-ROM.
- Révisez tous les questionnaires d'évaluation.
- Familiarisez-vous avec l'utilisation du moteur d'examen.

Comment se préparer à l'examen CCNA (640-802)

Le contenu des deux livres, *Préparation à la certification CCNA ICND1 et CCENT* et le présent livre, couvre l'ensemble des connaissances requises pour l'examen CCNA. Vous pouvez vous préparer selon deux options : soit étudier l'intégralité du premier livre avant de passer au second, soit approfondir chaque sujet en travaillant parallèlement avec les deux livres (voir figure I.3).

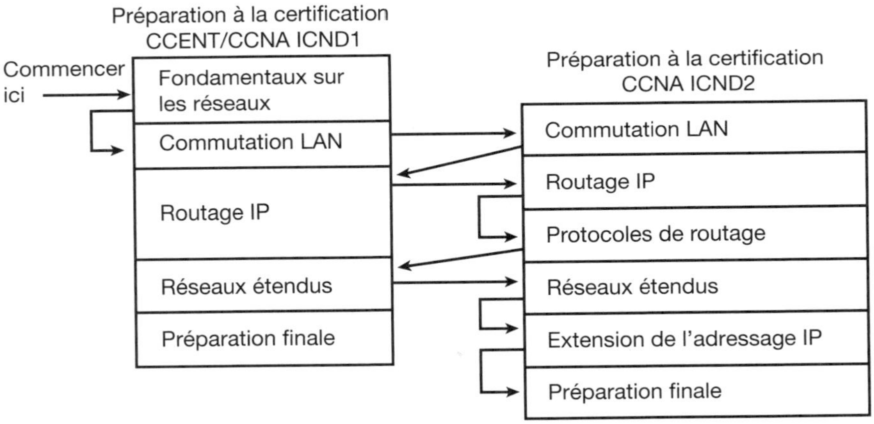

Figure I.3
Méthodologie suggérée pour la préparation.

Si vous choisissez la deuxième option, sachez que les sujets traités par les examens ICND1 et ICND2 donnent lieu à quelques recouvrements qui se retrouvent aussi au niveau des deux livres. Pour la préparation finale, utilisez le chapitre 18 du présent livre plutôt que celui de l'ICND1.

Une chose certaine est que vous devrez maîtriser les calculs de sous-réseaux IP avant de vous intéresser aux notions de routage IP et de protocoles de routage développées dans les parties II et III de ce livre, et le chapitre 5 intitulé « VLSM et l'agrégation de routes » sera aussi plus facile à aborder.

Informations complémentaires

Cisco peut occasionnellement apporter de menus changements qui influent sur la certification CCNA. Tenez-vous au courant en visitant le site **http://www.cisco.com/go/ccna**.

La certification CCNA reste actuellement la plus importante certification Cisco – la nouvelle certification CCENT gagnera certainement en popularité dans le futur –, car elle constitue un préalable à de nombreuses autres certifications Cisco et constitue une preuve de votre connaissance des technologies Cisco.

Ce livre est le seul ouvrage officiel de préparation à l'examen ICND2/CCNA, et à ce titre, nous sommes confiants qu'il participera à votre réussite.

I

Commutation LAN

Sujets de l'examen ICND2* publiés par Cisco et traités dans cette partie

Configurer, vérifier et dépanner un commutateur dans le cadre de communications VLAN et inter-commutateurs.

- Décrire des technologies de commutation avancées (notamment : VTP, RSTP, VLAN, PVSTP, 802.1q).
- Décrire la manière dont les VLAN créent des réseaux logiquement séparés et pourquoi il faut mettre en place un routage entre ces derniers.
- Configurer, vérifier et dépanner les VLAN.
- Configurer, vérifier et dépanner le trunking sur les commutateurs Cisco.
- Configurer, vérifier et dépanner VTP.
- Configurer, vérifier et dépanner le fonctionnement de RSTP.
- Interpréter la sortie de diverses commandes **show** et **debug** pour vérifier le statut opérationnel d'un réseau commuté Cisco.
- Implémenter une sécurité élémentaire pour la commutation (sécurité des ports, ports non attribués, accès au trunking, etc.).

* Consultez le site **http://www.cisco.com** pour obtenir la liste de sujets d'examen la plus récente.

1

Les LAN virtuels

Au sommaire de ce chapitre :

- **Les techniques appliquées aux LAN virtuels.** Cette section explique le rôle d'un VLAN, du trunking et du protocole VTP (*VLAN Trunking Protocol*).
- **Configuration et vérification du fonctionnement d'un VLAN et du trunking.** Cette section décrit comment configurer des VLAN et des tronçons sur des commutateurs Cisco Catalyst.
- **Configuration et vérification du fonctionnement de VTP.** Cette dernière section explique comment configurer et dépanner des installations VTP.

La première partie de ce livre (englobant les chapitres 1, 2 et 3) est dédiée aux LAN : le premier chapitre examine les concepts sous-jacents aux LAN virtuels, ou VLAN ; le deuxième traite du protocole STP (*Spanning Tree Protocol*), qui prévient les boucles sur un réseau commuté ; et le troisième rassemble divers concepts en explorant les processus de dépannage des problèmes couramment rencontrés sur les LAN.

Comme indiqué dans l'introduction, ce livre présuppose une maîtrise des sujets les plus importants couverts par l'examen ICND1. Pour plus de précisions, reportez-vous à la section « Sujets de l'examen ICND1 ».

Questionnaire d'évaluation

Grâce à ce questionnaire, vous pourrez déterminer s'il vous faut ou non lire la totalité du chapitre. Si vous n'échouez qu'à une question, vous pourrez envisager de passer directement à la section « Préparation à l'examen ». Le tableau 1.1 reprend les titres des sections principales de la partie « Connaissances fondamentales » de ce chapitre ainsi que les numéros des questions s'y rapportant. Vous pourrez ainsi évaluer votre niveau de maîtrise de ces sujets. Les réponses sont données à l'annexe A.

Tableau 1.1 : Questions d'évaluation et sections concernées

Connaissances fondamentales	*Questions*
Concepts sous-jacents aux LAN virtuels	1 à 5
Configuration et vérification du fonctionnement d'un VLAN et du trunking	6 à 8
Configuration et vérification de VTP	9 et 10

1. Lequel des termes suivants est le plus représentatif du concept de VLAN ?

a. Domaine de collision.

b. Domaine de broadcast.

c. Domaine de sous-réseau.

d. Commutateur unique.

e. Tronçon (*trunk*).

2. Supposez l'existence d'un commutateur configuré avec trois VLAN. Combien de sous-réseaux IP sont nécessaires si l'ensemble des hôtes de ces VLAN souhaitent utiliser TCP/IP ?

a. 0.

b. 1.

c. 2.

d. 3.

e. Impossible à dire à partir des informations fournies.

3. Quel protocole de trunking encapsule entièrement la trame Ethernet en la faisant précéder d'un en-tête au lieu de simplement en insérer un dans l'en-tête Ethernet original ?

a. VTP.

b. ISL

c. 802.1Q

d. ISL et 801.1Q

e. Aucune des réponses proposées n'est correcte.

4. Quel protocole ajoute l'en-tête de trunking pour tous les VLAN, excepté pour un ?

a. VTP.

b. ISL.

c. 802.1Q.

d. ISL et 801.1Q

e. Aucune des réponses proposées n'est correcte.

5. Quels modes du protocole VTP autorisent la configuration des VLAN sur un commutateur ?

a. Client.

b. Serveur.

c. Transparent.

d. Dynamique.

e. Aucune des réponses proposées n'est correcte.

6. Supposez que l'interface Fa0/5 d'un commutateur A soit configurée pour le trunking avec le paramètre **auto** et reliée à un commutateur B que vous devez configurer. Quelle configuration permettrait le fonctionnement du trunking ?

a. Trunking configuré sur **on**.

b. **auto**.

c. **desirable**.

d. **access**.

e. Aucune des réponses proposées n'est correcte.

7. Supposez qu'un commutateur Cisco récemment livré n'ait jamais été configuré, ni pour un VLAN, ni pour un VTP ou quoi que ce soit d'autre. Un technicien émet successivement les commandes **vlan 22** et **name Hannahs-VLAN** dans le mode de configuration. Quelles assertions sont correctes ?

a. Le VLAN 22 apparaît dans le résultat de la commande **show vlan brief**.

b. Le VLAN 22 apparaît dans le résultat de la commande **show running-config**.

c. Le VLAN 22 n'est pas créé par ce processus.

d. Le VLAN 22 n'existe pas sur ce commutateur tant qu'au moins une interface n'aura pas été assignée à ce VLAN.

8. Quelles commandes affichent l'état fonctionnel de l'interface Gigabit 0/1 en ce qui concerne le VLAN trunking ?

   a. **show interfaces gi0/1**

   b. **show interfaces gi0/1 switchport**

   c. **show interfaces gi0/1 trunk**

   d. **show trunks**

9. Un technicien vient d'installer quatre nouveaux commutateurs 2960 reliés entre eux par des câbles croisés. Toutes les interfaces sont dans un état *up/up*. Chaque commutateur est configuré avec le nom de domaine VTP Fred et laissé dans le mode de serveur VTP. Il est 9h00 lorsque le technicien ajoute sur un commutateur le VLAN 33. Après 30 secondes d'attente, il émet la commande **show vlan brief** sur les trois autres commutateurs mais ne voit pas le VLAN 33. Dans cette situation, quelle réponse représente la raison la plus vraisemblable à ce problème ?

   a. VTP nécessite que tous les commutateurs possèdent le même mot de passe VTP.

   b. Le technicien aurait dû patienter davantage pour que le commutateur SW1 ait le temps d'envoyer la prochaine annonce VTP.

   c. Aucun des liens entre les commutateurs ne fonctionne en tant que tronçon en raison du mode administratif **auto** du processus de trunking du commutateur 2960.

   d. Aucune réponse n'est correcte.

10. Les commutateurs SW1 et SW2 sont reliés par un tronçon. Le technicien en charge souhaite utiliser VTP pour la transmission des modifications de la configuration de VLAN. Il configure un nouveau VLAN sur SW1, nommé VLAN 44, mais SW2 n'en prend pas connaissance. Quelle configuration sur SW1 et SW2 ne serait pas une cause probable de l'incapacité de SW2 à découvrir ce nouveau VLAN ?

    a. Ils portent respectivement les noms de domaine VTP larry et LARRY.

    b. Ils possèdent respectivement les mots de passe VTP bob et BOB.

    c. Le pruning VTP est activé sur l'un et désactivé sur l'autre.

    d. L'un est configuré en tant que serveur VTP et l'autre en tant que client.

Connaissances fondamentales

Un commutateur Cisco Catalyst est livré avec une configuration par défaut qui lui permet de fonctionner dès son installation. Il y a toutefois trois fonctionnalités qui sont généralement configurées : VLAN (l'objet de ce chapitre), le protocole Spanning Tree (traité dans le chapitre 2), et un ensemble de paramètres administratifs sans influence sur le processus de transmission du commutateur (couverts eux dans le livre *Préparation à la certification CCNA ICND1 et CCENT*).

Tous les sujets publiés pour l'examen ICND1 sont considérés comme des prérequis pour préparer l'examen ICND2, même s'ils ne font pas directement l'objet de questions, car leur connaissance pourra être nécessaire pour répondre aux questions portant sur des sujets connexes. L'examen CCNA, quant à lui, couvre bien sûr tous les sujets et objectifs de ces deux examens réunis.

Outre les concepts de base, le livre ICND1 décrit aussi une grande variété de petites tâches de configuration qui permettent d'accéder aux commutateurs et de les sécuriser. Un commutateur devrait être configuré avec une adresse IP, un masque de sous-réseau, et une passerelle par défaut pour en permettre l'accès distant. Outre ce point, Cisco recommande diverses actions à accomplir pour améliorer la sécurité, au-delà de la protection physique de l'équipement, afin de prévenir tout accès non autorisé au moyen de la console du commutateur. En particulier, il faut configurer des mots de passe, et SSH (Secure Shell) devrait si possible être utilisé à la place de Telnet pour les accès distants. Le service HTTP devrait aussi être désactivé et des bandeaux d'avertissement devraient être configurés pour dissuader les éventuels attaquants. De plus, les messages syslog de chaque commutateur devraient être contrôlés pour repérer les messages relatifs à d'éventuelles attaques.

Les trois chapitres de cette première partie du livre étendent les connaissances relatives aux LAN en traitant de sujets liés aux objectifs de l'ICND2, le présent chapitre étant dédié aux VLAN. La première partie de ce chapitre décrit les concepts fondamentaux sous-jacents aux VLAN, dont la transmission de trafic sur les tronçons inter-commutateurs (*trunk*), ainsi que l'emploi du protocole VTP (*VLAN Trunking Protocol*) de Cisco qui facilite la configuration des VLAN sur un LAN de campus. La seconde partie du chapitre est dédiée à la configuration des VLAN, à l'assignation statique d'interfaces, et à la façon dont configurer un commutateur pour qu'un téléphone et un PC reliés à une même interface puissent se situer dans deux VLAN différents. La dernière section du chapitre couvre la configuration et le dépannage de VTP.

Concepts sous-jacents aux LAN virtuels

Le concept de LAN virtuel, ou VLAN (*Virtual LAN*), sera aisé à comprendre si vous maîtrisez la notion de LAN. Le concept de LAN peut être caractérisé de diverses façons, mais il est particulièrement utile de retenir qu'il sert à réunir des équipements dans un même domaine de broadcast. Cela signifie que si l'un des hôtes envoie une trame avec l'adresse broadcast, tous les autres équipements du LAN en reçoivent une copie.

Sur un commutateur sans configuration particulière, toutes les interfaces font partie du même domaine de broadcast et appartiennent donc au même LAN. En revanche, si des VLAN distincts sont configurés, les interfaces qui les composent respectivement se trouveront dans des domaines de broadcast différents, raison pour laquelle on parle de LAN virtuels. La figure 1.1 illustre une configuration avec deux VLAN de deux hôtes chacun.

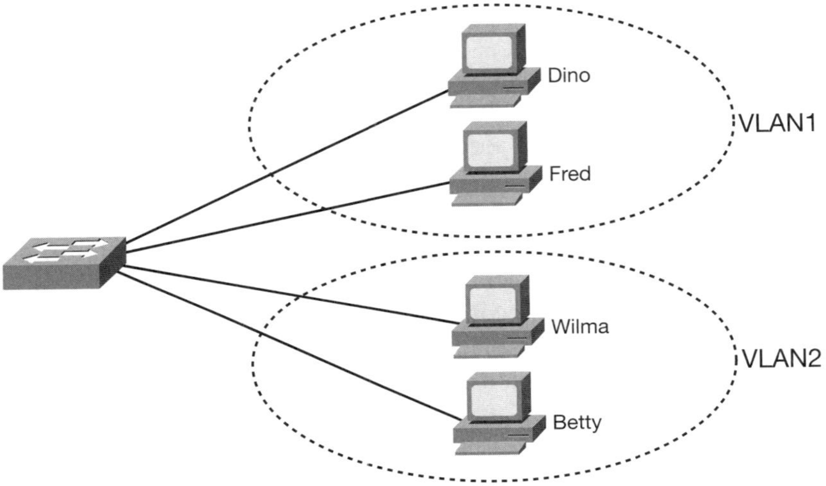

Figure 1.1
Configuration de deux VLAN au moyen d'un seul commutateur.

Le placement des hôtes d'un réseau dans différents VLAN procure de nombreux avantages, bien que non visibles de prime abord dans la figure 1.1. Un avantage particulièrement utile consiste en la réduction du nombre d'hôtes hébergés dans un même domaine de broadcast. Pourquoi cela ? Tout le monde peut aujourd'hui facilement télécharger un analyseur de protocole et capturer toutes les trames transitant sur le réseau local (par exemple, sur le site de Wireshark **http://www.wireshark.org**, vous pourriez vous en procurer un de bonne facture). Ainsi, si un domaine de broadcast contient beaucoup d'hôtes, un grand nombre de trames seront exposées et susceptibles d'être exploitées dans le cadre d'une attaque de reconnaissance. La liste suivante énumère quelques-uns des bénéfices apportés par la répartition des hôtes d'un réseau local dans plusieurs VLAN.

Sujet clé

- Pour créer des configurations plus souples, réunissant les utilisateurs par service ou par groupe de travail et pas seulement par rapport à leur emplacement physique.
- Pour répartir les équipements dans des LAN (domaines de broadcast) plus petits afin de réduire le trafic de service surchargeant chaque hôte.

- Pour diminuer la charge de travail du protocole STP en limitant un VLAN à un seul commutateur d'accès.

Sujet clé

- Pour améliorer la sécurité en isolant les hôtes travaillant sur des données sensibles dans un VLAN propre.
- Pour séparer le trafic IP téléphonique de celui d'un PC relié au téléphone.

Ce chapitre n'examine pas davantage les raisons de recourir aux VLAN, mais il couvre en détail leur fonctionnement ainsi que la configuration requise. Nous commencerons par le concept de *trunking* de VLAN, une fonctionnalité nécessaire lorsque l'on crée un VLAN distribué sur plus d'un commutateur.

Trunking avec ISL et 802.1Q

Lorsque vous configurez des VLAN sur des réseaux composés de plusieurs commutateurs, ceux-ci doivent utiliser la fonctionnalité de *trunking* sur leurs liaisons d'interconnexion. Pour cela, ils doivent recourir à un processus appelé marquage de VLAN, ou *tagging*, qui provoque l'ajout d'un en-tête aux trames expédiées. Cet en-tête comporte un champ d'identification permettant au commutateur récepteur d'acheminer correctement la trame. La figure 1.2 illustre schématiquement ce processus.

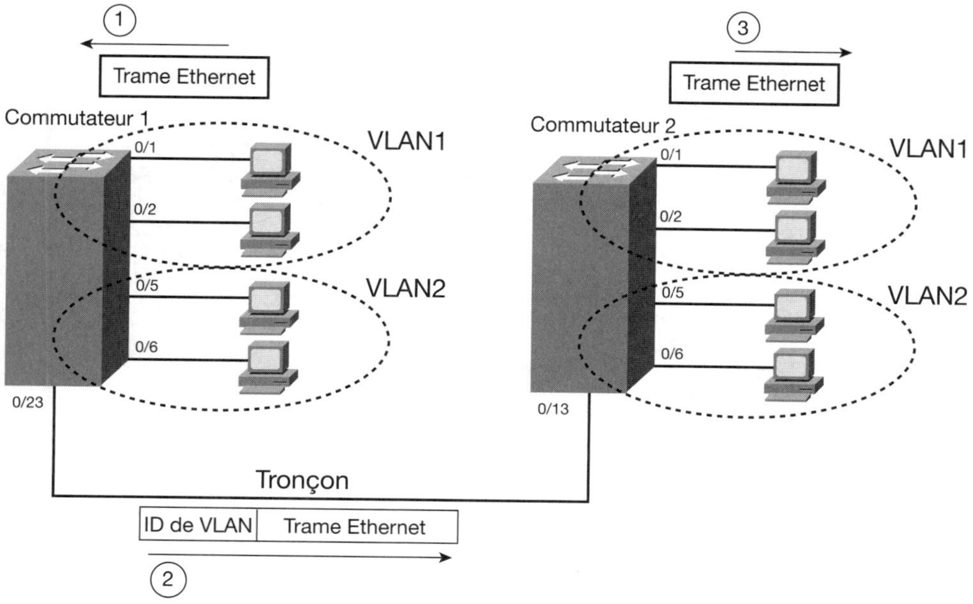

Figure 1.2
Trunking de VLAN entre deux commutateurs.

Sujet clé

Comme vous pouvez le constater, le trunking permet aux commutateurs d'acheminer les trames de plusieurs VLAN sur un seul lien physique. Dans la figure 1.2, le commutateur 1 reçoit une trame broadcast sur son interface Fa0/1 (étape 1) faisant partie du VLAN 1. Pour la diffuser, il doit l'envoyer sur son interface Fa0/2 qui fait partie du même VLAN, mais aussi sur son interface Fa0/23 afin de la transmettre au commutateur 2, tout en lui indiquant le VLAN auquel elle se destine. Il lui ajoute pour cela un en-tête de trunking en indiquant 1 dans le champ d'identification (étape 2). Lorsque le commutateur 2 la reçoit, il prend connaissance de l'identifiant de VLAN, retire l'en-tête, et envoie la trame sur ses interfaces Fa0/1 et Fa0/2 (étape 3), mais pas *via* les autres interfaces.

Les commutateurs Cisco supportent deux protocoles de trunking différents : ISL (*Inter-Switch Link*) and IEEE 802.1Q, dont les différences sont présentées ci-dessous.

Le protocole ISL

Cisco a créé ISL bien des années avant que l'IEEE n'ait créé la norme 802.1Q. Puisque ISL est un protocole propriétaire, il ne peut être utilisé qu'entre deux commutateurs Cisco. Certains commutateurs Cisco plus récents ne supportent même pas ISL, mais uniquement la norme 802.1Q. ISL procède par encapsulation complète de chaque trame Ethernet entre un en-tête et un en-queue, laissant intacte la trame originale. La figure 1.3 illustre la structure de la trame ISL.

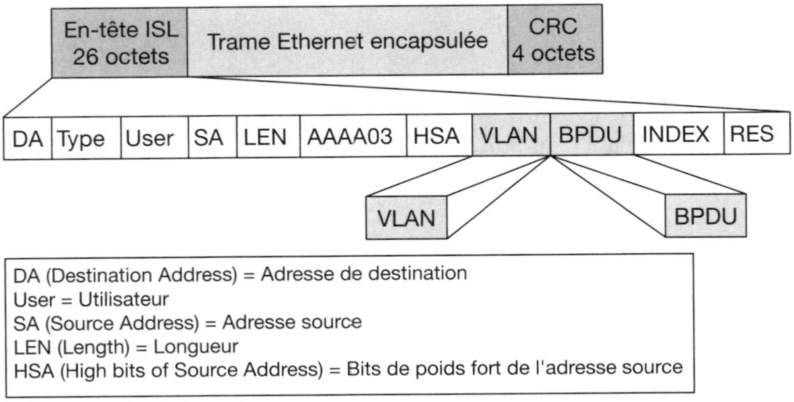

Figure 1.3
En-tête ISL.

L'en-tête ISL comprend plusieurs champs, dont un permettant l'identification du VLAN concerné. Les champs d'adresses utilisent les adresses MAC des commutateurs émetteur et récepteur, et non celles des hôtes. Les autres détails de l'en-tête ISL sont secondaires.

Le protocole IEEE 802.1Q

L'IEEE se charge de la normalisation de nombreux protocoles de LAN. Quelques années après la création du protocole propriétaire ISL, l'IEEE terminait son travail sur la norme 802.1Q qui définissait une nouvelle méthode de trunking. Elle est aujourd'hui passée au rang de protocole de transport le plus répandu sur les VLAN, et certains des nouveaux modèles de commutateurs de LAN ne prennent même plus ISL en charge. C'est le cas du Catalyst 2960 utilisé dans les exemples du livre.

Pour identifier un VLAN, le protocole 802.1Q emploie un autre type d'en-tête qu'ISL. Au lieu d'encapsuler la trame entière, il insère un en-tête de 4 octets dans l'en-tête de la trame originale, si bien que la trame contient toujours les adresses MAC des hôtes source et destinataire. La valeur de contrôle de la trame dans le champ FCS (*Frame Check Sequence*) doit alors être recalculée puisqu'elle se fonde sur la totalité du contenu de la trame. La figure 1.4 illustre l'en-tête 802.1Q et la structure de la trame obtenue.

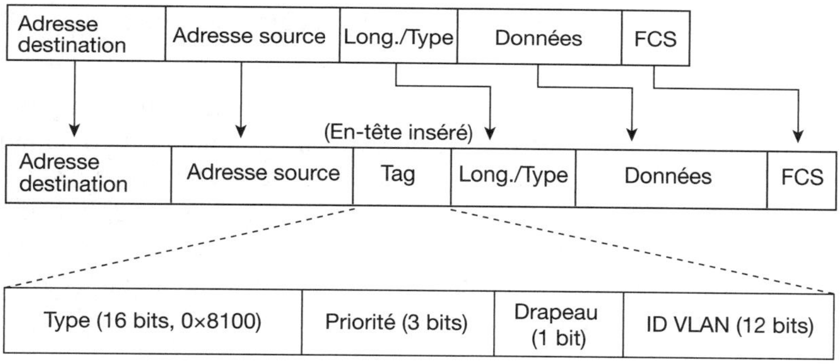

Figure 1.4
En-tête de trunking 802.1Q.

Sujet clé

ISL versus 802.1Q

Nous avons vu que les deux protocoles de trunking – l'un normalisé (802.1Q) et l'autre propriétaire (ISL) –, définissent un champ d'identification de VLAN qui est implémenté différemment. Nous allons examiner quelques autres points communs.

Tous deux utilisent 12 bits de leur en-tête pour référencer jusqu'à 4094 VLAN – 2^{12} ou 4096 identifiants, moins deux valeurs réservées, 0 et 4095. Les identifiants 1 à 1005 sont inclus dans la plage normale, et les valeurs supérieures, dans la plage étendue. Cette distinction a son importance au regard du protocole VTP que nous étudierons dans la prochaine section.

Les deux protocoles emploient une instance d'arbre STP (*Spanning Tree Protocol*) distincte pour chaque VLAN, avec toutefois une implémentation différente, comme nous le verrons au chapitre 2. Pour les LAN de campus avec liens redondants, l'emploi d'une seule instance d'arbre permet de conserver inactifs certains liens lors du fonctionnement normal, qui ne seront utilisés qu'en cas de défaillance d'un lien actif. En revanche, l'usage de plusieurs instances d'arbre permet aux techniciens d'optimiser les paramètres du protocole pour que l'ensemble des VLAN sur le réseau n'utilisent pas les mêmes liens, tirant ainsi parti de la totalité des routes possibles lors d'un fonctionnement normal.

INFO

Le recours à plusieurs instances d'arbre STP n'était pas toujours possible par le passé, aussi, il était possible de lire parfois que 802.1Q n'acceptait qu'une seule instance.

Contrairement à ISL, 802.1Q utilise le concept de *VLAN natif*. Chaque tronçon en possède un, qui est par défaut le VLAN 1, et pour lequel 802.1Q n'ajoute pas d'en-tête. Un commutateur réceptionnant une trame sans en-tête de trunking sait donc qu'elle se destine au VLAN natif, et il est donc important que les commutateurs s'accordent sur le VLAN qui le représente.

Le concept de VLAN natif offre certains avantages, et principalement la possibilité pour les commutateurs ne gérant pas le trunking de pouvoir néanmoins communiquer avec un commutateur utilisant 802.1Q. Lorsqu'un commutateur gérant 802.1Q envoie des trames à destination du VLAN natif, un commutateur ne gérant pas le protocole peut néanmoins comprendre et traiter la trame puisqu'elle ne comporte pas d'en-tête de trunking spécial. Les commutateurs peuvent ainsi échanger du trafic dans au moins un VLAN, autorisant certaines fonctionnalités basiques, tel un accès telnet à un commutateur.

Le tableau 1.2 reprend les fonctions essentielles d'ISL et de 802.1Q.

Sujet clé

Tableau 1.2 : Comparaison entre ISL et 802.1Q

Fonction	*ISL*	*802.1Q*
Défini par	Cisco	IEEE
Insère un en-tête de 4 octets au lieu d'encapsuler totalement la trame originale	Non	Oui
Accepte la plage normale (1 à 1005) et étendue (1006 à 4094) d'ID de VLAN	Oui	Oui
Autorise plusieurs instances d'arbre STP	Oui	Oui
Emploie un VLAN natif	Non	Oui

Sous-réseaux IP et VLAN

Sur un réseau organisé en VLAN, les équipements qui font partie d'un même VLAN doivent se trouver sur le même sous-réseau. Ou dit autrement, les équipements qui appartiennent à des VLAN différents doivent se situer sur des sous-réseaux différents.

En raison de cette règle de conception, on assimile souvent un VLAN à un sous-réseau. L'idée est acceptable, mais elle n'est pas entièrement juste puisqu'un VLAN est un concept de la couche 2 et un sous-réseau, un concept de la couche 3.

À l'instar d'une communication entre deux sous-réseaux IP, celle intervenant entre deux VLAN différents nécessite la participation d'un routeur. Par exemple, la figure 1.5 illustre un commutateur avec trois VLAN délimités chacun par une ligne en pointillé, ainsi que la logique impliquée dans l'envoi d'un paquet IP du VLAN 1 au VLAN 2.

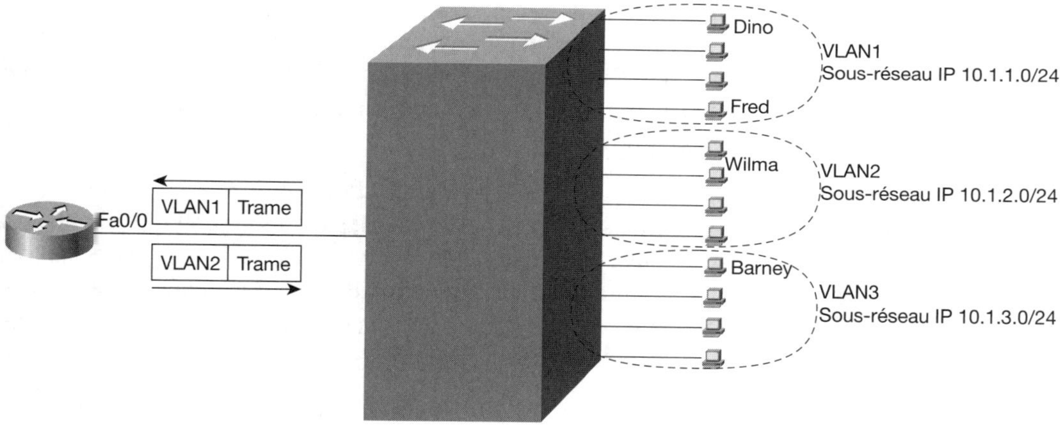

Figure 1.5
Routage inter-VLAN.

Dans cette situation, lorsque Fred envoie un paquet se destinant à Wilma, il recourt à son routeur par défaut car elle se trouve sur un autre sous-réseau. Lorsque le routeur reçoit la trame avec un en-tête de trunking portant l'identifiant du VLAN 1, il prend une décision de routage et retransmet la trame sur le même lien physique, mais cette fois avec un en-tête contenant l'identifiant du VLAN 2. À réception, le commutateur l'expédie à Wilma dans le VLAN 2

L'étape d'échange du paquet entre le commutateur et le routeur est inefficace. Une option plus vraisemblable aujourd'hui sur un vrai LAN de campus serait l'installation d'un commutateur multicouche, ou de couche 3, qui combine les fonctions illustrées à la figure 1.5 en exécutant à lui seul les processus de commutation (couche 2) et de routage (couche 3).

Protocole VTP

Les commutateurs Cisco utilisent le protocole VTP (*VLAN Trunking Protocol*) pour s'échanger des informations de configuration des VLAN, entre autres, l'identifiant et le nom de chaque VLAN, sans toutefois donner des détails sur les interfaces assignées.

Bien que nous n'ayons pas encore abordé la configuration des VLAN, l'exemple suivant vous donnera une première idée de ce que VTP peut faire. Supposez qu'un réseau possède dix commutateurs interconnectés, et que chacun d'eux possède au moins un port assigné à un VLAN portant l'identifiant VLAN 3 et nommé Ventes. Sans VTP, un technicien serait forcé d'ouvrir une session sur chaque commutateur et de saisir la même paire de commandes de configuration pour créer et nommer le VLAN. Avec VTP, il suffit de créer le VLAN 3 sur un seul équipement, et les neuf autres commutateurs prendraient connaissance de son existence et de son nom grâce au protocole.

VTP fonctionne par l'envoi périodique d'annonces de mise à jour, à l'image de ce que fait un protocole de routage. Dès qu'un commutateur est ajouté ou supprimé, ou que sa configuration change (par exemple, un VLAN change de nom), il envoie des annonces VTP pour que les autre commutateurs prennent connaissance de la modification et se synchronisent afin d'utiliser les mêmes informations.

VTP possède trois modes : serveur, client ou transparent. Pour utiliser VTP, il faut placer certains commutateurs dans le mode serveur et configurer les autres en tant que clients. La configuration des VLAN peut ensuite être ajoutée sur certains serveurs, et les autres commutateurs, serveurs et clients, prennent ensuite connaissance des changements grâce au protocole. Les clients ne peuvent pas être utilisés pour la configuration des informations de VLAN.

Une particularité des commutateurs Cisco est que VTP ne peut être totalement désactivé. Pour qu'un commutateur ignore le protocole, il faut le placer dans le mode transparent. Il ne tiendra alors pas compte du contenu des messages VTP, mais continuera toutefois à les relayer afin que les autres commutateurs les reçoivent.

Fonctionnement de VTP dans les modes serveur et client

Le processus VTP commence par la création d'un VLAN sur un serveur VTP. Celui-ci diffuse les changements au moyen de messages, ou d'annonces, de mise à jour envoyés seulement sur les tronçons ISL et 802.1Q. Les serveurs et clients VTP qui reçoivent les messages actualisent leur base de données de configuration de VLAN, puis envoient à leur tour des messages VTP sur leurs tronçons. À la fin du processus, tous les commutateurs connaissent la nouvelle configuration.

Les serveurs et clients VTP décident de traiter ou non une annonce en fonction du *numéro de révision de la base de données de configuration de VLAN*. Lorsque la configuration est modifiée sur un serveur VTP, celui-ci incrémente de 1 le numéro de révision actuel et le nouveau numéro est envoyé dans les annonces VTP. Lorsqu'un commutateur reçoit un message avec un numéro de révision supérieur à celui qu'il possède, il actualise sa base de données. La figure 1.6 illustre le processus VTP sur un réseau commuté.

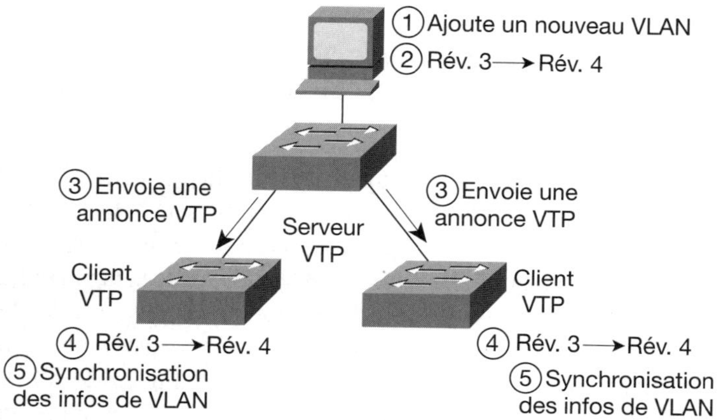

Figure 1.6
Fonctionnement du processus VTP avec les numéros de révision de la configuration.

Sujet clé

Au début du processus illustré figure 1.6, tous les commutateurs ont le même numéro de révision (3), ce qui signifie qu'ils ont la même configuration de VLAN et connaissent donc les mêmes identifiants et noms de VLAN. Voici les étapes qui y sont illustrées dans la figure :

1. Un technicien configure un nouveau VLAN depuis l'interface de commande d'un serveur VTP.
2. Le serveur VTP incrémente son numéro de révision de base de données de VLAN.
3. Il envoie sur ses interfaces de tronçons des annonces VTP qui indiquent le numéro de révision 4.
4. Les deux clients VTP remarquent que la mise à jour VTP contient un numéro supérieur à celui qu'ils détiennent.
5. Les clients mettent à jour leur base de donnée en se basant sur les annonces VTP du serveur.

L'exemple montre un LAN de taille réduite avec une seule étape de réception de messages VTP, mais il en va de même sur de grands réseaux, où le processus VTP inter-commutateurs est chaîné de voisins en voisins jusqu'à ce que tous les commutateurs soient au courant de la nouvelle base de données de VLAN.

INFO

Le processus complet d'apprentissage des nouvelles informations de VLAN suite à un changement se nomme *synchronisation*.

Les serveurs et clients VTP expédient aussi des messages périodiques, toutes les cinq minutes, pour le cas où des commutateurs récemment ajoutés doivent découvrir la configuration de VLAN.

Nous avons parlé jusqu'à présent de messages VTP de façon générale, mais il en existe trois sortes : les annonces de synthèse, les annonces de sous-ensemble et les requêtes d'annonce. Une annonce de synthèse indique le numéro de révision, le nom de domaine et d'autres informations, mais pas relatives aux VLAN. Les messages périodiques sont de ce type. Lorsqu'un changement survient, telle l'augmentation du numéro de révision, une annonce de synthèse est suivie d'une ou plusieurs annonces de sous-ensemble, chacune de ces dernières informant sur une fraction de la base de données de VLAN. Quant à la requête d'annonce, elle permet à un commutateur de réclamer des messages VTP auprès d'un commutateur voisin dès que le tronçon d'interconnexion est actif. Dans les exemples du livre, aucune distinction ne sera toutefois faite entre ces différents types de messages.

Les trois conditions du fonctionnement de VTP

Lorsque les clients ou les serveurs VTP se connectent les uns aux autres, le système Cisco IOS requiert que les trois conditions suivantes soient satisfaites avant que deux commutateurs ne puissent s'échanger des messages VTP :

Sujet clé

- Le lien entre les commutateurs doit fonctionner en tant que tronçon (protocoles ISL ou 802.1Q).
- Les noms de domaine des deux commutateurs doivent correspondre, la casse étant prise en compte.
- S'il est configuré sur au moins l'un des commutateurs, le mot de passe VTP doit être identique.

Le concept de nom de domaine VTP permet de grouper des commutateurs avec une configuration autonome. Un réseau peut ainsi être divisé en domaines administratifs au sein desquels les commutateurs ignorent les messages VTP des autres domaines. Un grand service informatique pourrait ainsi être divisé en deux domaines (par exemple, Ventes et Comptabilité) gérant individuellement leur configuration et pouvant néanmoins s'échanger du trafic à travers l'infrastructure du LAN.

Le mot de passe VTP constitue un moyen de protection contre les intrusions et le changement de configuration forcé. Il n'est jamais transmis en clair sur le réseau.

Inhiber VTP à l'aide du mode transparent

Le protocole VTP ne peut être désactivé sur un commutateur Cisco. Si vous souhaitez l'inhiber, il faut utiliser le troisième mode de fonctionnement du protocole, le mode transparent, ce qui donne au commutateur une certaine autonomie vis-à-vis de ses voisins. Il peut néanmoins détenir une base de données de VLAN, comme un serveur VTP, mais il ne l'actualisera jamais suite à la réception de messages VTP, et n'émettra pas non plus de messages VTP renseignant sur sa configuration.

Dans ce mode, il semble que la fonction VTP n'existe pas, mais le commutateur participe néanmoins à la transmission des messages VTP vers les clients et serveurs VTP. C'est ce qui distingue ce mode de l'absence totale de protocole.

En raison des risques associés à son usage (nous reviendrons sur ce point dans la prochaine section), certains techniciens réseau évitent l'emploi de VTP en utilisant son mode transparent sur tous les commutateurs. Il est aussi possible d'utiliser ce mode uniquement sur certains commutateurs pour donner une certaine indépendance aux techniciens et utiliser le mode serveur et client de VTP sur les autres commutateurs.

Enregistrement de la configuration de VLAN

Nous avons vu que pour transmettre du trafic dans un VLAN, un commutateur doit connaître son nom et son identifiant, et que c'est le protocole VTP qui permet cela. L'ensemble complet de la configuration de tous les VLAN est appelé *base de données de configuration de VLAN*, ou plus simplement *base de données de VLAN*.

Il est intéressant de noter que le système IOS n'enregistre pas la configuration des VLAN comme il le fait pour la plupart des autres commandes de configuration. Sur les clients et serveurs VTP, il mémorise la configuration – plus spécifiquement l'ID et le nom des VLAN ainsi que d'autres paramètres de VTP – en mémoire Flash dans un fichier nommé vlan.dat. Il ne place pas cette configuration dans le fichier running-config ou startup-config. Aucune commande ne permet la consultation directe de la configuration, il faut utiliser plusieurs commandes **show** pour obtenir des informations sur les VLAN et VTP.

La configuration ainsi enregistrée permet aux clients et aux serveurs de découvrir dynamiquement les VLAN et d'avoir la configuration automatiquement enregistrée, ce qui les prépare pour le prochain chargement. Chaque commutateur possède une version récente de la base de données de VLAN qui sera ensuite actualisée avec les annonces VTP. Si la configuration n'était enregistrée que dans le fichier running-config, un LAN de campus pourrait perdre toute la configuration de VLAN si ses commutateurs subissaient une panne de courant à peu près au même moment – ce qui surviendrait aisément dans le cas d'une seule source d'alimentation dans l'immeuble.

Une conséquence de l'enregistrement de la configuration dans le fichier vlan.dat est qu'il ne suffit pas d'exécuter la commande **erase startup-config** pour supprimer la configuration et redémarrer avec un commutateur vierge de toute configuration de VLAN. Il faut également supprimer le fichier à l'aide d'une commande telle que **delete flash:vlan.dat**.

Les commutateurs fonctionnant dans le mode transparent de VTP mémorisent la configuration de VLAN dans les deux fichiers running-config et vlan.dat. Le fichier running-config peut aussi être sauvegardé dans le fichier startup-config.

INFO

Avec certains systèmes Cisco IOS anciens, les serveurs VTP enregistrent la configuration de VLAN à la fois dans le fichier vlan.dat et le fichier running-config.

Versions de VTP

Cisco offre le support de trois versions de VTP, simplement nommées 1, 2 et 3, dont la plupart des différences sont peu significatives pour notre propos. Toutefois, la version 2 apporte une amélioration majeure au mode transparent de VTP, que nous décrivons brièvement dans la section suivante.

La section « Inhiber VTP à l'aide du mode transparent » vue précédemment décrit un comportement qui correspond à celui de VTP version 2. Avec la version 1, un commutateur dans le mode transparent vérifie d'abord le nom de domaine et le mot de passe d'une annonce VTP et ne retransmet pas l'annonce si ces paramètres ne correspondent pas aux siens. Sur un réseau comportant plusieurs domaines VTP, cela poserait problème car le commutateur ne relaierait pas toutes les mises à jour VTP. La version 2 a modifié la logique de fonctionnement du mode transparent et permet à un commutateur de relayer toutes les annonces VTP.

INFO

La version 3 n'est disponible que sur les commutateurs haut de gamme de Cisco et nous n'en parlerons pas dans ce livre.

Limitation du trafic diffusé : *pruning VTP*

Le comportement par défaut des commutateurs Cisco face au trafic nécessitant une diffusion générale – broadcast et unicast de destination inconnue –, est de le diffuser sur tous les tronçons inter-commutateurs à destination de tous les VLAN, à condition qu'ils ne soient pas bloqués par la topologie STP (voir à ce sujet le chapitre 2). Cependant, sur la plupart des réseaux de campus, les VLAN n'existent que sur quelques commutateurs et une telle diffusion gaspille les ressources du réseau, puisque des trames peuvent arriver sur des commutateurs ne possédant aucun port dans le VLAN concerné.

Les commutateurs proposent deux méthodes de limitation du trafic de VLAN sur les tronçons : la configuration manuelle de la *liste des VLAN autorisés* sur un tronçon (que nous décrirons plus loin dans ce chapitre), et l'élagage VTP, ou *pruning*, qui permet au protocole d'identifier automatiquement les commutateurs ne devant pas recevoir certaines trames, car se destinant à des VLAN d'autres commutateurs, et d'exclure ces VLAN des tronçons concernés. La figure 1.7 exemplifie le processus, où les rectangles en pointillé identifient les tronçons dont le VLAN 10 a été automatiquement exclus.

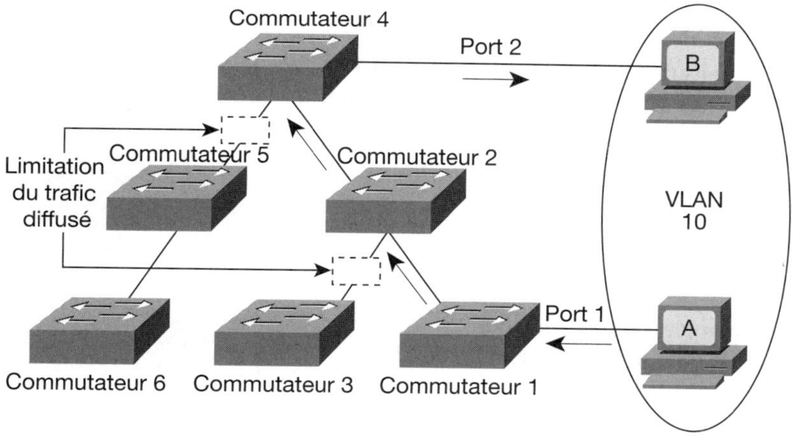

Figure 1.7
Le pruning VTP.

Dans la figure 1.7, les commutateurs 1 et 4 possèdent des ports dans le VLAN 10. Avec la fonction de pruning activée sur l'ensemble du réseau, les commutateurs 2 et 4 utilisent VTP pour découvrir qu'aucun des commutateurs dans la partie inférieure de la figure n'a de ports assignés dans le VLAN 10 et le bannir des tronçons menant aux commutateurs concernés. Par exemple, si la station A envoie une trame broadcast, sa diffusion prendra le chemin indiqué par les lignes fléchées.

Le pruning VTP préserve donc la bande passante disponible en limitant le trafic diffusé, et représente l'un des principaux avantages avec la facilité de configuration de l'emploi de ce protocole.

Récapitulatif des fonctionnalités de VTP

Le tableau 1.3 reprend les principales fonctionnalités des trois modes de fonctionnement de VTP.

Sujet clé

Tableau 1.3 : Fonctionnalités de VTP

Fonction	*Serveur*	*Client*	*Transparent*
Limite les messages VTP aux tronçons ISL et 802.1Q	Oui	Oui	Oui
Accepte la configuration des VLAN par CLI	Oui	Non	Oui
Peut utiliser la plage de VLAN normale (1 à 1005)	Oui	Oui	Oui
Peut utiliser la plage de VLAN étendue (1006 à 4095)	Non	Non	Oui
Synchronise (actualise) sa base de données de VLAN lors de la réception d'annonces VTP avec un numéro de révision supérieur	Oui	Oui	Non
Crée et envoie des annonces VTP périodiques toutes les cinq minutes	Oui	Oui	Non
Ne traite pas les annonces VTP reçues, mais les transmet sur les autres tronçons	Non	Non	Oui
Place l'ID et le nom des VLAN ainsi que la configuration VTP dans le fichier running-config	Non	Non	Oui
Place l'ID et le nom des VLAN, et la configuration VTP dans le fichier vlan.dat en mémoire Flash	Oui	Oui	Oui

Configuration et vérification du fonctionnement d'un VLAN et du trunking

Un commutateur Cisco ne requiert pas de configuration pour fonctionner. Il suffit de l'installer avec le bon câblage, de l'allumer, et il est opérationnel. Lorsque vous en interconnectez plusieurs, il n'est même pas nécessaire de les configurer tant que vous n'utilisez qu'un seul VLAN. Même les paramètres par défaut du protocole STP conviennent parfaitement jusqu'à ce que vous utilisiez des VLAN (ce qui est la situation la plus fréquente en entreprise), auquel cas il faut ajouter certains paramètres.

La description de la configuration des VLAN est organisée en deux sections. La première traite des tâches nécessaires lorsque la configuration de VTP est ignorée (soit par l'emploi des paramètres par défaut ou par celui du mode transparent), et la seconde est dédiée spécifiquement à VTP.

Création de VLAN et assignation d'interfaces

Cette section décrit comment créer un VLAN, lui attribuer un nom, et lui assigner des interfaces. Pour illustrer notre propos, nous nous servirons d'un seul commutateur puisque dans un premier temps, VTP et le trunking ne seront pas utiles.

Pour qu'un commutateur Cisco transmette des trames dans un certain VLAN, il doit être configuré pour être au fait de son existence. En outre, il doit posséder des *interfaces d'accès*, pouvant être assignées au VLAN, et/ou des tronçons acceptant le VLAN. Voici les procédures de configuration nécessaires (la configuration d'un tronçon est couverte plus loin dans ce chapitre, à la section « Configuration du trunking de VLAN »).

Sujet clé

Étape 1 Pour configurer un nouveau VLAN :

a. Dans le mode de configuration, utilisez la commande globale **vlan** *id-vlan* pour créer le VLAN et invoquer le mode de configuration de VLAN.

b. (Facultatif) Utilisez la sous-commande **name** *nom* pour afficher le nom du VLAN. S'il n'est pas configuré, son nom est VLANZZZZ, où ZZZZ représente un nombre décimal de quatre chiffres représentant l'identifiant du VLAN.

Étape 2 Pour configurer VLAN pour chaque interface d'accès :

a. Au moyen de la commande **interface**, placez-vous dans le mode de configuration d'interface pour chacune des interfaces concernées.

b. Avec la sous-commande d'interface **switchport access vlan** *numéro-id*, spécifiez le numéro du VLAN associé à cette interface.

c. (Facultatif) Pour désactiver le trunking sur cette interface, et s'assurer qu'elle représente une interface d'accès, utilisez la sous-commande d'interface **switchport mode access**.

INFO

Les VLAN peuvent être créés et nommés dans le mode de configuration (comme décrit à l'Étape 1) ou en utilisant un outil de configuration appelé le mode de base de données de VLAN. Ce mode n'est pas abordé dans ce livre et n'est pas non plus couvert pas d'autres examens Cisco.

INFO

Les commutateurs Cisco gèrent également une méthode dynamique d'assignation des équipements aux VLAN qui se base sur les adresses MAC et utilise un serveur de règles de gestion de VLAN appelé VMPS (*VLAN Management Policy Server*). Cela reste néanmoins un outil rarement utilisé.

La procédure précédente peut être utilisée sur un commutateur configuré dans le mode transparent ou retenant tous les paramètres par défaut relatifs aux VLAN et à VTP, dont les principaux sont énumérés dans la liste ci-dessous. Nous verrons plus loin dans ce chapitre, à la section « Mises en garde pour la modification de la configuration par défaut », les implications de l'emploi de VTP en partant d'une configuration par défaut où il n'est pas utilisé.

Sujet clé

- Mode serveur VTP.
- Aucun nom de domaine VTP.
- Les VLAN 1 et 1002 à 1005 sont automatiquement configurés et ne peuvent être supprimés.
- Toutes les interfaces d'accès sont assignées au VLAN 1 (une commande **switchport access vlan 1** implicite).

Exemple 1 de configuration de VLAN : configuration complète

L'exemple 1.1 montre le processus de configuration en deux étapes pour créer un VLAN et lui assigner des interfaces. La figure 1.8 illustre le réseau utilisé dans l'exemple, avec un commutateur de LAN (SW1) et deux hôtes dans chacun des trois VLAN (1, 2 et 3). Nous nous occuperons ici du VLAN 2 et de ses interfaces, la configuration du VLAN 3 sera vue dans le prochain exemple.

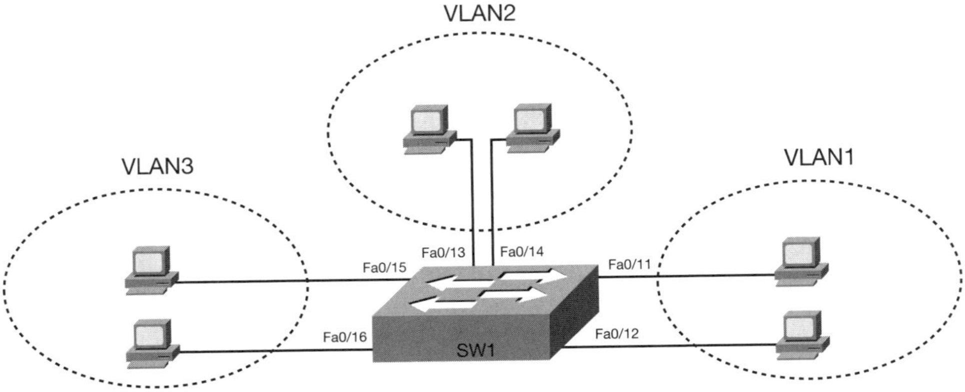

Figure 1.8
Un réseau composé d'un commutateur et de trois VLAN.

Exemple 1.1 *Configuration d'un VLAN et de ses interfaces*

```
sw1-2960#show vlan brief
VLAN Name                             Status    Ports
---- -------------------------------- --------- -------------------------------
-
1    default                          active    Fa0/1, Fa0/2, Fa0/3, Fa0/4
                                                Fa0/5, Fa0/6, Fa0/7, Fa0/8
                                                Fa0/9, Fa0/10, Fa0/11, Fa0/12
```

```
                                                  Fa0/13, Fa0/14, Fa0/15, Fa0/16
                                                  Fa0/17, Fa0/18, Fa0/19, Fa0/20
                                                  Fa0/21, Fa0/22, Fa0/23, Fa0/24
                                                  Gi0/1, Gi0/2
1002 fddi-default                        act/unsup
1003 token-ring-default                  act/unsup
1004 fddinet-default                     act/unsup
1005 trnet-default                       act/unsup
! Le VLAN 2 n'existe pas encore. Il va être ajouté et nommé Freds-vlan,
! et deux interfaces lui seront assignées.
sw1-2960#configure terminal
Enter configuration commands, one per line.  End with CNTL/Z.
sw1-2960(config)#vlan 2
sw1-2960(config-vlan)#name Freds-vlan
sw1-2960(config-vlan)#exit
sw1-2960(config)#interface range fastethernet 0/13 - 14
sw1-2960(config-if)#switchport access vlan 2
sw1-2960(config-if)#exit
! Dessous, la commande show running-config liste les sous-commandes d'interface sur
! les interfaces Fa0/13 et Fa0/14. Les commandes vlan 2 et name Freds-vlan
! n'apparaissent pas dans running-config.
sw1-2960#show running-config
! Lignes omises
interface FastEthernet0/13
 switchport access vlan 2
 switchport mode access
!
interface FastEthernet0/14
 switchport access vlan 2
 switchport mode access
!
SW1#show vlan brief

VLAN Name                             Status    Ports
---- -------------------------------- --------- -------------------------------
-
1    default                          active    Fa0/1, Fa0/2, Fa0/3, Fa0/4
                                                Fa0/5, Fa0/6, Fa0/7, Fa0/8
                                                Fa0/9, Fa0/10, Fa0/11, Fa0/12
                                                Fa0/15, Fa0/16, Fa0/17, Fa0/18
                                                Fa0/19, Fa0/20, Fa0/21, Fa0/22
                                                Fa0/23, Fa0/24, Gi0/1, Gi0/2
2    Freds-vlan                       active    Fa0/13, Fa0/14
1002 fddi-default                     act/unsup
1003 token-ring-default               act/unsup
1004 fddinet-default                  act/unsup
1005 trnet-default                    act/unsup
```

L'exemple débute avec la commande **show vlan brief**, qui confirme les paramètres par défaut de cinq VLAN non supprimables avec toutes les interfaces assignées au VLAN 1. Notez que ce commutateur 2960 possède 24 ports Fast Ethernet (Fa0/1 à Fa0/24) et deux ports Gigabit Ethernet (Gi0/1 et Gi0/2), tous faisant partie du VLAN 1.

Ensuite, le VLAN 2 est créé et la plage d'interfaces Fa0/13 à Fa0/14 (deux interfaces seulement) lui est assignée à l'aide de la commande **interface range**. Celle-ci entraîne l'application de la sous-commande **switchport access vlan 2** aux interfaces de la plage affectée, comme le confirme la commande **show running-config** en fin d'exemple.

Pour vérifier l'ajout de cette configuration, nous réitérons la commande **show vlan brief**. Notez la présence du VLAN 2 nommé Freds-vlan et des interfaces Fa0/13 et Fa0/14.

Info

L'exemple 1 emploie la configuration VTP par défaut. Toutefois, si le commutateur avait été configuré dans le mode transparent, les commandes de configuration **vlan 2** et **name Freds-vlan** seraient apparentes dans le résultat de **show running-config**. Mais comme le commutateur fonctionne dans le mode de serveur VTP, il n'enregistre ces commandes que dans le fichier vlan.dat.

Dans certaines situations, selon le mode opérationnel d'une interface, c'est-à-dire configurée ou non pour le trunking, il est possible qu'un commutateur n'emploie pas le VLAN assigné par la commande **switchport access vlan** *id-vlan*. Une interface utilisant le trunking est appelée une *interface de tronçon* ou un *port de tronçon*, les autres interfaces étant des *interfaces d'accès*, comme déjà introduit plus haut.

La sous-commande optionnelle **switchport mode access** indique au commutateur que l'interface ne peut fonctionner que dans le mode d'accès et non de tronçon, et qu'elle doit utiliser le VLAN assigné. Si vous omettez cette sous-commande, l'interface pourrait négocier l'emploi du trunking et devenir une interface de tronçon, et par conséquent ignorer le VLAN.

Exemple 2 de configuration de VLAN : configuration abrégée

L'exemple 1.1 a utilisé plusieurs sous-commandes optionnelles, provoquant une configuration un peu plus longue que nécessaire. L'exemple 1.2 montre une autre solution plus concise, en reprenant l'exemple précédent là où il se termine pour ajouter le VLAN 3 (comme vu dans la figure 1.8).

L'exemple 1.2 illustre de quelle façon un commutateur peut dynamiquement créer un VLAN – l'équivalent de la commande globale **vlan** *id*-vlan – lorsque la sous-commande d'interface **switchport access vlan** se réfère à un VLAN actuellement non configuré. Au début de l'exemple, SW1 ne sait rien du VLAN 3. Lors de l'exécution de la sous-commande **switchport access vlan 3**, le commutateur se rend compte que le VLAN 3 n'existe pas et le crée en le nommant par défaut VLAN0003. Aucune autre étape n'est requise. À la fin de la procédure, le VLAN existe sur le commutateur et se compose des interfaces Fa0/15 et Fa0/16.

Exemple 1.2 : *Configuration de VLAN plus concise (VLAN 3)*

```
SW1#configure terminal
Enter configuration commands, one per line.  End with CNTL/Z.
SW1(config)#interface range Fastethernet 0/15 - 16
SW1(config-if-range)#switchport access vlan 3
% Access VLAN does not exist. Creating vlan 3
SW1(config-if-range)#^Z
SW1#show vlan brief

VLAN Name                             Status    Ports
---- -------------------------------- --------- -------------------------------
1    default                          active    Fa0/1, Fa0/2, Fa0/3, Fa0/4
                                                Fa0/5, Fa0/6, Fa0/7, Fa0/8
                                                Fa0/9, Fa0/10, Fa0/11, Fa0/12
                                                Fa0/17, Fa0/18, Fa0/19, Fa0/20
                                                Fa0/21, Fa0/22, Fa0/23, Fa0/24
                                                Gi0/1, Gi0/2
2    Freds-vlan                       active    Fa0/13, Fa0/14
3    VLAN0003                         active    Fa0/15, Fa0/16
1002 fddi-default                     act/unsup
1003 token-ring-default               act/unsup
1004 fddinet-default                  act/unsup
1005 trnet-default                    act/unsup
SW1#
```

Pour rappel, sachez que certaines des actions de configuration des exemples 1 et 2 sont uniquement enregistrées dans le fichier vlan.dat en mémoire Flash, et d'autres, dans le fichier running-config seulement. Plus particulièrement, on retrouve dans ce dernier cas les sous-commandes d'interface. Aussi, une commande **copy running-config startup-config** sera nécessaire pour sauvegarder la configuration. Toutefois, les définitions des nouveaux VLAN 2 et 3 ont été déjà automatiquement enregistrées dans le fichier vlan.dat. Le tableau 1.7, plus loin dans ce chapitre, donne une référence des diverses commandes de configuration, où elles sont enregistrées, et comment les vérifier.

Configuration du trunking

La configuration du trunking sur des commutateurs Cisco demande de faire les deux choix suivants :

- Le type de trunking : IEEE 802.1Q, ISL, ou une négociation de celui à utiliser.
- Le mode administratif : recourir ou non au trunking, ou le négocier.

Les commutateurs Cisco peuvent négocier ou être configurés avec le type de trunking à utiliser (ISL ou 802.1Q). Par défaut, un commutateur Cisco négocie le type de trunking avec le commutateur à l'autre extrémité du tronçon à l'aide du protocole DTP (*Dynamic Trunk Protocol*). Si tous deux gèrent ISL et 802.1Q, ils optent pour ISL. Si l'un d'eux ne souhaite utiliser qu'un type de protocole, ils optent pour le protocole commun. Le type de trunking préféré sur une interface dans le cas d'un commutateur gérant les deux protocoles est configuré au moyen de la sous-commande d'interface **switchport trunk encapsulation {dot1q | isl | negotiate}** – nombreux sont les nouveaux commutateurs Cisco, le 2960 inclus, à ne gérer que la norme de trunking 802.1Q de l'IEEE, et à n'offrir par défaut que la configuration **switchport trunk encapsulation dot1q**.

Le *mode administratif* se rapporte au paramètre de configuration régissant le choix du trunking sur une interface, le *mode opérationnel* se réfère à ce qui se produit sur l'interface. Les commutateurs Cisco emploient le mode administratif d'une interface, tel que configuré au moyen de la sous-commande **switchport mode**, pour déterminer si le trunking doit être utilisé. Le tableau 1.4 présente les options de cette commande.

Sujet clé

Tableau 1.4 : Options du mode administratif de trunking pour la commande *switchport mode*

Option	*Description*
access	Empêche l'emploi du trunking ; le port agit toujours en tant qu'interface d'accès.
trunk	Utilise toujours le trunking.
dynamic desirable	Initie des messages de négociation et répond à ceux reçus pour choisir dynamiquement s'il faut utiliser le trunking et définir l'encapsulation.
dynamic auto	Attend passivement de recevoir les messages de négociation, puis négocie s'il faut utiliser le trunking, et dans ce cas, le type de trunking.

Par exemple, considérez les deux commutateurs dans la figure 1.9. Cette figure illustre le réseau de la figure 1.8 étendu avec un tronçon vers un autre commutateur (SW2) possédant des ports faisant partie des VLAN 1 et 3. Les deux commutateurs emploient un lien Gigabit Ethernet pour leur tronçon. Dans ce cas, le tronçon n'est pas établi par défaut car les deux commutateurs (2960) fonctionnent par défaut dans le mode administratif **dynamic auto**, ce qui signifie qu'aucun d'eux ne débute le processus de négociation de trunking. En plaçant l'un des commutateurs dans le mode **dynamic desirable**, les commutateurs entament leur négociation pour savoir s'il faut utiliser le trunking, et plus spécifiquement 802.1Q car les 2960 n'acceptent que ce protocole.

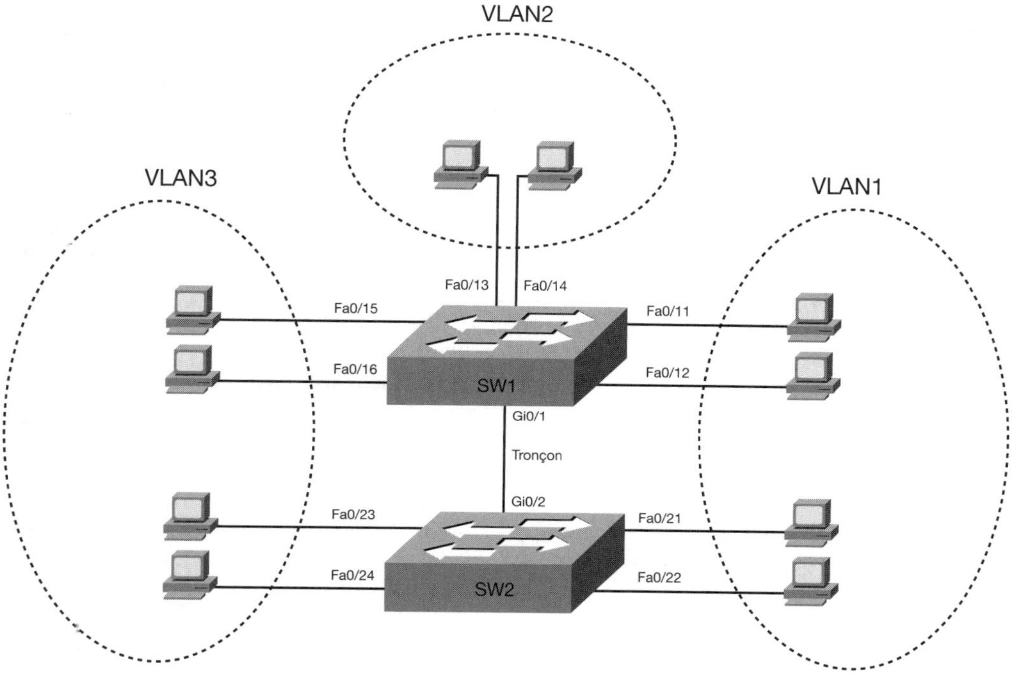

Figure 1.9
Un réseau composé de deux commutateurs et de trois VLAN.

L'exemple 1.3 débute en montrant les deux commutateurs avec leur configuration par défaut, évitant l'emploi du trunking. Vient ensuite la configuration de SW1 qui permet aux commutateurs de négocier et d'utiliser le trunking 802.1Q.

Exemple 1.3 *Configuration du trunking et exécution de commandes* **show** *sur des commutateurs 2960*

```
SW1#show interfaces gigabit 0/1 switchport
Name: Gi0/1
Switchport: Enabled
Administrative Mode: dynamic auto
Operational Mode: static access
Administrative Trunking Encapsulation: dot1q
Operational Trunking Encapsulation: native
Negotiation of Trunking: On
Access Mode VLAN: 1 (default)
Trunking Native Mode VLAN: 1 (default)
```

Exemple 1.3 *Configuration du trunking et exécution de commandes* **show** *sur des commutateurs 2960 (suite)*

```
Administrative Native VLAN tagging: enabled
Voice VLAN: none
Access Mode VLAN: 1 (default)
Trunking Native Mode VLAN: 1 (default)
Administrative Native VLAN tagging: enabled
Voice VLAN: none
Administrative private-vlan host-association: none
Administrative private-vlan mapping: none
Administrative private-vlan trunk native VLAN: none
Administrative private-vlan trunk Native VLAN tagging: enabled
Administrative private-vlan trunk encapsulation: dot1q
Administrative private-vlan trunk normal VLANs: none
Administrative private-vlan trunk private VLANs: none
Operational private-vlan: none
Trunking VLANs Enabled: ALL
Pruning VLANs Enabled: 2-1001
Capture Mode Disabled
Capture VLANs Allowed: ALL

Protected: false
Unknown unicast blocked: disabled
Unknown multicast blocked: disabled
Appliance trust: none
! Notez que la prochaine commande renvoie une seule ligne vide en résultat.
SW1#show interfaces trunk

SW1#
! Le mode administratif est placé sur dynamic desirable.
SW1#configure terminal
Enter configuration commands, one per line.  End with CNTL/Z.
SW1(config)#interface gigabit 0/1
SW1(config-if)#switchport mode dynamic desirable
SW1(config-if)#^Z
SW1#
01:43:46: %LINEPROTO-5-UPDOWN: Line protocol on Interface GigabitEthernet0/1,
changed state to down
SW1#
01:43:49: %LINEPROTO-5-UPDOWN: Line protocol on Interface GigabitEthernet0/1,
changed state to up
SW1#show interfaces gigabit 0/1 switchport
Name: Gi0/1
Switchport: Enabled
```

```
Administrative Mode: dynamic desirable
Operational Mode: trunk
Administrative Trunking Encapsulation: dot1q
Operational Trunking Encapsulation: dot1q
Negotiation of Trunking: On
Access Mode VLAN: 1 (default)
Trunking Native Mode VLAN: 1 (default)
! Lignes omises
! La prochaine commande avait précédemment produit une ligne vide
! Elle montre maintenant des informations sur le tronçon 1 opérationnel
SW1#show interfaces trunk

Port      Mode         Encapsulation  Status       Native vlan
Gi0/1     desirable    802.1q         trunking     1

Port      Vlans allowed on trunk
Gi0/1     1-4094

Port      Vlans allowed and active in management domain
Gi0/1     1-3

Port      Vlans in spanning tree forwarding state and not pruned
Gi0/1     1-3
```

Dans le résultat de la commande **show interfaces switchport**, en tête de l'exemple 1.3, figure le mode administratif par défaut, **dynamic auto**. Puisque SW2 fonctionne également dans ce mode, le mode opérationnel de SW1 est **access**, ce qui signifie qu'il ne recourt pas au trunking. La troisième ligne en grisé indique le seul type de trunking accepté (802.1Q) sur ce commutateur 2960. Sur un commutateur gérant à la fois ISL et 802.1Q, cette valeur indiquerait par défaut **negotiate**, signifiant que l'encapsulation est négociée. La quatrième ligne en grisé indique que le type de trunking est **native**, une manière subtile de dire que le commutateur n'ajoute aucun en-tête de trunking aux trames transmises sur ce port et les traite donc comme appartenant à un VLAN natif 802.1Q.

Pour permettre l'usage du trunking, les modes administratifs des deux commutateurs doivent être configurés avec une combinaison de valeurs qui en permettront l'activation. Pour cela, SW1 est placé dans le mode **dynamic desirable**, comme montré plus bas dans l'exemple 1.3, ce qui lui permettra d'entamer les négociations. Un fait intéressant à noter est que l'interface est désactivée puis réactivée suite au changement de mode.

Une commande **show interfaces switchport** en fin d'exemple permet de vérifier la prise en charge du trunking avec les différents paramètres configurés. SW1 apparaît maintenant dans le mode opérationnel **trunk** avec une encapsulation du type **dot1Q**.

Pour les examens de l'ICND2 et CCNA, vous devez pouvoir interpréter le résultat de la commande **show interfaces switchport** et déterminer le mode administratif et le mode opérationnel du lien d'après les paramètres listés. Le tableau 1.5 récapitule les combinaisons possibles des modes administratifs et le mode opérationnel résultant (*trunk* ou *access*). Le tableau indique le mode administratif utilisé de part et d'autre du lien sur chaque commutateur, à gauche et à droite du tableau.

Sujet clé

Tableau 1.5 : Mode opérationnel du lien selon les modes administratifs configurés

Mode administratif	*Access*	*Dynamic Auto*	*Tronçon*	*Dynamic Desirable*
access	Access	Access	Access	Access
dynamic auto	Access	Access	Trunk	Trunk
trunk	Access	Trunk	Trunk	Trunk
dynamic desirable	Access	Trunk	Trunk	Trunk

Contrôle des VLAN acceptés sur un tronçon

La fonction de *liste des VLAN autorisés* offre au technicien le moyen de désactiver administrativement un VLAN sur un tronçon. Par défaut, les commutateurs incluent dans cette liste tous les VLAN possibles (1 à 4094), mais il est permis de limiter les VLAN accessibles au moyen de la sous-commande d'interface suivante :

switchport trunk allowed vlan {add | all | except | remove} *liste-vlan*

Cette commande permet d'ajouter ou de supprimer aisément des VLAN de la liste à l'aide des options **add** ou **remove**, respectivement. L'option **all** désigne tous les VLAN, vous pouvez donc l'utiliser pour réinitialiser la liste et autoriser de nouveau la plage complète de VLAN. L'option **except** est particulière, elle ajoute tous les VLAN qui ne font pas partie de la commande. Par exemple, **switchport trunk allowed vlan except 100-200** permet d'ajouter à la liste du tronçon les VLAN 1 à 99 et 201 à 4094.

Outre l'usage de cette liste, trois autres raisons peuvent empêcher le passage d'un certain trafic de VLAN sur un tronçon. La liste suivante récapitule ces quatre raisons :

Sujet clé

- Un VLAN a été supprimé de la liste des VLAN autorisés.
- Un VLAN n'existe pas ou n'est pas actif dans la base de données de VLAN du commutateur (visible à l'aide de la commande **show vlan**).
- Un VLAN a été automatiquement exclu par la fonction de pruning de VTP.
- Une instance d'arbre STP du VLAN a placé l'interface de tronçon dans un état autre que l'état de transmission STP (*forwarding*).

Le deuxième point mérite un éclaircissement (le troisième a déjà été couvert et le quatrième est traité au chapitre 2). Si un commutateur ne sait pas qu'un VLAN existe, ce que révèle son absence du résultat de la commande **show vlan**, il ne transmettra pas les trames qui s'y destinent. De plus, Un VLAN peut être désactivé administrativement sur n'importe quel commutateur à l'aide de la commande globale **shutdown vlan** *id-vlan*, auquel cas l'équipement ne transmettra plus les trames de ce VLAN, même si celui-ci est desservi par un tronçon.

Lors de l'emploi de la commande **show interfaces trunk**, vous retrouverez ces raisons dans le même ordre, toutefois présentées sous forme de trois listes dont les informations se complètent :

- Les VLAN autorisés dans la liste du tronçon.
- Les VLAN du groupe précédent qui sont également configurés et actifs (non désactivés) sur le commutateur.
- Les VLAN du groupe précédent qui ne sont pas supprimés par le pruning VTP et dans un état de transmission.

Pour avoir une idée du contenu de ces listes, reportez-vous à l'exemple 1.4 qui montre différentes causes de la limitation d'un trafic de VLAN sur un tronçon. Le résultat de la commande provient du commutateur SW1 illustré dans la figure 1.9, après les actions de configuration des exemples 1.1, 1.2 et 1.3. Les VLAN 1 à 3 existent donc et le trunking est opérationnel. Nous configurerons les actions suivantes sur SW1 :

Étape 1 Le VLAN 4 est ajouté.

Étape 2 Le VLAN 2 est désactivé.

Étape 3 Le VLAN 3 est supprimé de la liste des VLAN autorisés sur le tronçon.

Exemple 1.4 *Listes des VLAN autorisés et des VLAN actifs*

```
! Les trois listes de la commande suivante énumèrent les VLAN autorisés (1 à 4094),
! les VLAN autorisés et actifs (1 à 3), et les VLAN autorisés,
! non filtrés par VTP, et dans un état de transmission (1 à 3).
SW1#show interfaces trunk

Port        Mode         Encapsulation  Status        Native vlan
Gi0/1       desirable    802.1q         trunking      1

Port        Vlans allowed on trunk
Gi0/1       1-4094
```

Exemple 1.4 *Listes des VLAN autorisés et des VLAN actifs (suite)*

```
Port        Vlans allowed and active in management domain
Gi0/1       1-3

Port        Vlans in spanning tree forwarding state and not pruned
Gi0/1       1-3
! VLAN 4 est ensuite ajouté ; VLAN 2 désactivé ;
! et VLAN 3 est supprimé de la liste des VLAN autorisés sur le tronçon.
SW1#configure terminal
Enter configuration commands, one per line.  End with CNTL/Z.
SW1(config)#vlan 4
SW1(config-vlan)#vlan 2
SW1(config-vlan)#shutdown
SW1(config-vlan)#interface gi0/1
SW1(config-if)# switchport trunk allowed vlan remove 3
SW1(config-if)#^Z
! Les trois listes de la commande suivante énumèrent les VLAN autorisés (1 et 2,
4 à 4094),
! les VLAN autorisés et actifs (1 et 4), et les VLAN autorisés,
! non filtrés par VTP, et dans un état de transmission (1 et 4).
SW1#show interfaces trunk

Port        Mode         Encapsulation  Status        Native vlan
Gi0/1       desirable    802.1q         trunking      1

! VLAN 3 est omis car il a été supprimé de la liste des VLAN autorisés.
Port        Vlans allowed on trunk
Gi0/1       1-2,4-4094

! VLAN 2 est omis car il est désactivé. Les VLAN 5 à 4094 sont omis
! car ils ne sont pas configurés sur SW1.
Port        Vlans allowed and active in management domain
Gi0/1       1,4

Port        Vlans in spanning tree forwarding state and not pruned
Gi0/1       1,4
```

Le trunking vers des téléphones IP Cisco

Les téléphones IP Cisco emploient Ethernet pour se connecter au réseau IP et envoyer des paquets VoIP (*Voice over IP*). Ils peuvent le faire pour communiquer avec d'autres téléphones IP ou une passerelle vocale qui se connectera à son tour au RTC, offrant ainsi la possibilité de communiquer avec pratiquement n'importe quel téléphone dans le monde.

Cisco a anticipé le fait que chaque bureau dans une entreprise pourrait disposer à la fois d'un téléphone IP et d'un PC. Pour réduire l'encombrement du câblage, le constructeur a inclus un petit commutateur LAN à la base de chaque téléphone IP. Ce commutateur permet de faire courir un câble de l'armoire de connexion au téléphone sur le bureau, et de recevoir un câble droit Ethernet provenant du PC. La figure 1.10 illustre ce type de câblage.

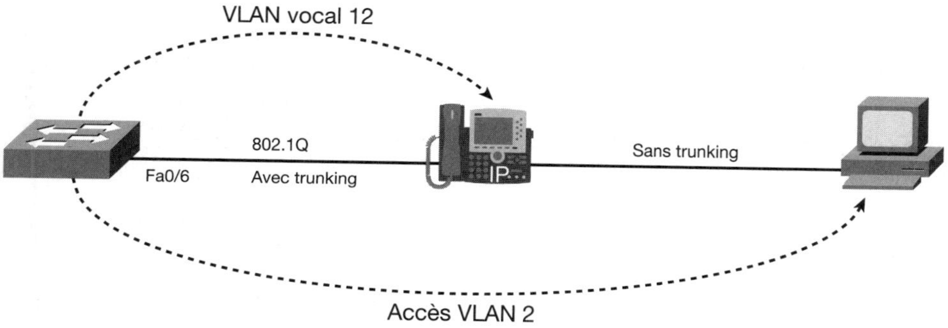

Figure 1.10
Connexion typique d'un téléphone IP Cisco et d'un PC à un commutateur Cisco.

Les directives de conception de Cisco pour la téléphonie IP suggèrent que le lien entre le téléphone et le commutateur devrait utiliser le trunking 802.1Q, et que le téléphone et le PC devraient se trouver dans des VLAN différents (et par conséquent dans des sous-réseaux différents). En plaçant les téléphones dans un VLAN et les PC qui y sont connectés dans un autre VLAN, le technicien pourra mieux gérer l'espace d'adressage IP, plus facilement appliquer les mécanismes de qualité de service (QoS) aux paquets VoIP, et fournir une meilleure sécurité en séparant les données et le trafic vocal.

Dans le jargon Cisco, le VLAN vocal est celui qui transporte le trafic téléphonique, et le VLAN de données, ou d'accès, celui qui est utilisé pour les données. Pour que le commutateur puisse correctement transmettre le trafic, il doit connaître l'ID de VLAN des deux VLAN. Le VLAN de données est configuré comme nous l'avons vu dans les derniers exemples, au moyen de la commande **switchport access vlan** *id-vlan*, et le VLAN vocal est configuré à l'aide de la sous-commande **switchport voice vlan** *id-vlan*. Par exemple, pour l'illustration de la figure 1.10, il faudrait exécuter la sous-commande **switchport access vlan 2** et la sous-commande **switchport voice vlan 12**.

Le tableau 1.6 résume les points essentiels relatifs au VLAN vocal.

Sujet clé

Tableau 1.6 : Configuration d'un VLAN vocal et d'un VLAN de données

Équipement	*Type de VLAN*	*Commande de configuration*
Téléphone	Vocal ou auxiliaire	**switchport voice vlan id-vlan**
PC	VLAN de données ou d'accès	**switchport access vlan id-vlan**

Protection des VLAN et du trunking

Les commutateurs sont exposés à toutes sortes de vulnérabilités au niveau des ports utilisés et non utilisés. Par exemple, un attaquant pourrait connecter un ordinateur à une prise, murale ou autre, reliée à un port de commutateur et provoquer des problèmes sur le VLAN assigné à ce port. De plus, il pourrait négocier le trunking et occasionner d'autres types de problèmes, dont certains liés à VTP.

Cisco donne certaines recommandations pour sécuriser les ports non utilisés. Au lieu d'utiliser les paramètres par défaut, il suggère les procédures suivantes :

Sujet clé

- Désactiver administrativement l'interface non utilisée au moyen de la sous-commande d'interface **shutdown**.
- Empêcher la négociation du trunking lorsque le port est activé, au moyen de la sous-commande **switchport nonegotiate** pour la désactiver, ou de la sous-commande **switchport mode access** pour configurer l'interface en tant qu'interface d'accès.
- Assigner le port à un VLAN non utilisé au moyen de la sous-commande **switchport access vlan** *numéro*.

En fait, si vous désactivez simplement l'interface, le risque pour la sécurité disparaît, mais les deux autres actions préviennent tout problème immédiat si un autre technicien a configuré l'interface avec une commande **no shutdown**.

Outre ces recommandations concernant les ports non utilisés, Cisco propose de neutraliser la négociation du trunking sur toutes les interfaces d'accès utilisées (avec la sous-commande **switchport nonnegotiate**), et de configurer manuellement les interfaces pour l'emploi du trunking. Le risque encouru est qu'un attaquant déconnecte un ordinateur d'un port RJ-45 et y connecte le sien pour tenter de renégocier le trunking.

Configuration et vérification de VTP

La configuration du protocole VTP ne requiert que quelques étapes simples qu'il convient d'appliquer minutieusement pour éviter d'engendrer toute vulnérabilité qui pourrait donner lieu à des attaques. Les sections suivantes traitent de la configuration dans son ensemble. Nous évoquerons aussi les problèmes potentiels que le processus VTP peut engendrer et verrons comment résoudre des problèmes liés à VTP.

Configuration de serveurs et de clients

Avant de configurer VTP, il faut choisir plusieurs paramètres, et en particulier décider des commutateurs qui se trouveront dans le même domaine VTP, c'est-à-dire qui s'informeront mutuellement de leur configuration de VLAN. Il faut choisir le nom du domaine ainsi qu'un mot de passe (en tenant compte de la casse), lequel est facultatif mais il est recommandé de l'utiliser. Il faut également décider des commutateurs qui seront serveurs (au moins deux pour la redondance) et ceux qui seront clients.

Après avoir terminé les étapes de planification, exécutez la procédure suivante pour configurer VTP :

Sujet clé

Étape 1 Configurez le mode VTP à l'aide de la commande globale **vtp mode {server | client}**.

Étape 2 Configurez le nom de domaine VTP (en tenant compte de la casse) avec la commande globale **vtp domain** *nom-domaine*.

Étape 3 (Facultatif) Sur les clients et les serveurs, configurez le mot de passe en tenant compte de la casse au moyen de la commande globale **vtp password** *mot-de-passe*.

Étape 4 (Facultatif) Configurez le pruning VTP sur les serveurs VTP à l'aide de la commande globale **vtp pruning**.

Étape 5 (Facultatif) Activez VTP version 2 avec la commande globale **vtp version 2**.

Étape 6 Activez les tronçons entre les commutateurs.

L'exemple 1.5 illustre un exemple de configuration ainsi qu'une commande **show vtp status** pour les deux commutateurs de la figure 1.11 qui illustre les paramètres de configuration sur les deux commutateurs avant la configuration montrée dans l'exemple 1.5. Notez que les deux commutateurs emploient les paramètres VTP par défaut.

L'exemple 1.5 montre la configuration suivante sur les commutateurs SW1 et SW2 :

- **SW1 :** Configuré en tant que serveur, avec le nom de domaine VTP **Freds-domain**, le mot de passe VTP **Freds-password**, et le pruning VTP activé.
- **SW2 :** Configuré en tant que client, avec le nom de domaine VTP **Freds-domain** et le mot de passe VTP **Freds-password**.

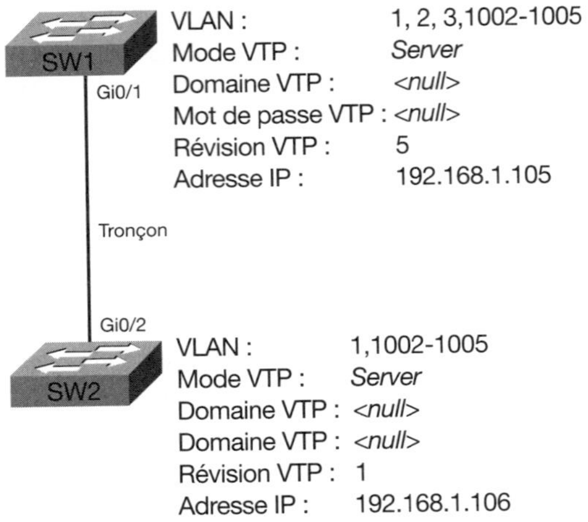

Figure 1.11
Configuration du commutateur avant l'exemple 1.5.

Exemple 1.5 *Configuration basique de client et de serveur VTP*

```
! IOS génère au moins un message d'information après chaque commande VTP.
! Les commentaires ajoutés par l'auteur sont introduites par un point d'exclamation.
SW1#configure terminal
Enter configuration commands, one per line.  End with CNTL/Z.
SW1(config)#vtp mode server
Setting device to VTP SERVER mode
SW1(config)#vtp domain Freds-domain
Changing VTP domain name from NULL to Freds-domain
SW1(config)#vtp password Freds-password
Setting device VLAN database password to Freds-password
SW1(config)#vtp pruning
Pruning switched on
SW1(config)#^Z
```

```
! Passage sur SW2
SW2 #configure terminal
Enter configuration commands, one per line.  End with CNTL/Z.
SW2(config)#vtp mode client
Setting device to VTP CLIENT mode.
SW2(config)#vtp domain Freds-domain
Domain name already set to Freds-domain.
SW2(config)#vtp password Freds-password
Setting device VLAN database password to Freds-password
```

```
SW2(config)#^Z
! Le résultat ci-après montre un numéro de révision de configuration 5,
! avec 7 VLAN existants
! (1 à 3, 1002 à 1005), comme appris de la part de SW1
SW2#show vtp status
VTP Version                     : 2
Configuration Revision          : 5
Maximum VLANs supported locally : 255
Number of existing VLANs        : 7
VTP Operating Mode              : Clients
VTP Domain Name                 : Freds-domain
VTP Pruning Mode                : Enabled
VTP V2 Mode                     : Disabled
VTP Traps Generation            : Disabled
MD5 digest                      : 0x22 0x07 0xF2 0x3A 0xF1 0x28 0xA0 0x5D
Configuration last modified by 192.168.1.105 at 3-1-93 00:28:35
! La commande suivante énumère les VLAN connus,
! dont les VLAN 2 et 3 annoncés par SW1
SW2#show vlan brief

VLAN Name                             Status    Ports
---- -------------------------------- --------- -------------------------------
1    default                          active    Fa0/1, Fa0/2, Fa0/3, Fa0/4
                                                Fa0/5, Fa0/6, Fa0/7, Fa0/8
                                                Fa0/9, Fa0/10, Fa0/11, Fa0/12
                                                Fa0/13, Fa0/14, Fa0/15, Fa0/16
                                                Fa0/17, Fa0/18, Fa0/19, Fa0/20
                                                Fa0/21, Fa0/22, Fa0/23, Fa0/24
                                                Gi0/1
2    Freds-vlan                       active
3    VLAN0003                         active
1002 fddi-default                     act/unsup
1003 token-ring-default               act/unsup
1004 fddinet-default                  act/unsup
1005 trnet-default                    act/unsup
! Retour sur SW1
! Le résultat ci-dessous montre le même numéro de révision que SW2.
! Les deux commutateurs ont synchronisé leurs bases de données de VLAN.
SW1#show vtp status
VTP Version                     : 2
Configuration Revision          : 5
Maximum VLANs supported locally : 255
```

Exemple 1.5 *Configuration basique de client et de serveur VTP (suite)*

```
Number of existing VLANs          : 7
VTP Operating Mode                : Server
\VTP Domain Name                  : Freds-domain
VTP Pruning Mode                  : Enabled
VTP V2 Mode                       : Disabled
VTP Traps Generation              : Disabled
MD5 digest                        : 0x10 0xA0 0x57 0x3A 0xCF 0x10 0xB7 0x96
Configuration last modified by 192.168.1.105 at 3-1-93 00:28:35
Local updater ID is 192.168.1.105 on interface Vl1 (lowest numbered VLAN
interface found)
SW1#show vtp password
VTP Password: Freds-password
```

L'exemple est relativement long, mais la configuration est simple. Les deux commutateurs ont été configurés avec le mode VTP (serveur et client), le même nom de domaine, le même mot de passe, et le trunking est déjà configuré. La configuration a permis à SW2 (client) de synchroniser sa base de données de VLAN avec celle de SW1 (serveur).

Les commutateurs Cisco IOS dans le mode de serveur ou de client VTP enregistrent les commandes **vtp**, ainsi que d'autres commandes de configuration, dans le fichier vlan.dat en mémoire Flash, mais pas dans le fichier running-config. Pour vérifier la configuration, il faut donc utiliser les commandes **show vtp status** et **show vlan**. Le tableau 1.7 répertorie les commandes de configuration relatives aux VLAN, l'emplacement dans lequel un serveur ou un client VTP enregistre les commandes, et comment voir les paramètres des commandes.

Sujet clé

Tableau 1.7 : Emplacement d'enregistrement de la configuration VLAN des clients et serveurs VTP

Commandes de configuration	*Emplacement*	*Commandes de consultation*
vtp domain	vlan.dat	**show vtp status**
vtp mode	vlan.dat	**show vtp status**
vtp password	vlan.dat	**show vtp password**
vtp pruning	vlan.dat	**show vtp status**
vlan *id-vlan*	vlan.dat	**show vlan [brief]**
name *nom-vlan*	vlan.dat	**show vlan [brief]**
switchport access vlan *id-vlan*	running-config	**show running-config, show interfaces switchport**
switchport voice vlan *id-vlan*	running-config	**show running-config, show interfaces switchport**

Sur les commutateurs Cisco, toute consultation d'informations relatives à VTP et aux VLAN passe par les commandes **show vtp status** et **show vlan**. Exécutées sur tous les commutateurs lorsque le domaine est synchronisé, la première doit normalement renvoyer le même numéro de révision, et la seconde, énumérer les mêmes VLAN et noms de VLAN. Par exemple, SW1 et SW2 présentent en fin d'exemple le même numéro de révision 5, et tous deux connaissent l'existence de sept VLAN : 1 à 3 et 1002 à 1005. Les deux occurrences de la commande **show vtp status** dans l'exemple 1.5 renvoient l'adresse IP du dernier commutateur à avoir modifié la configuration de VLAN (SW1, 192.168.1.105). Elle permet cette identification lorsqu'elle est exécutée sur les serveurs VTP seulement.

Notez que le mot de passe VTP, sous forme de condensé MD5, n'est affiché que par la commande **show vtp password**.

INFO

Les commutateurs Cisco envoient des messages VTP et des messages CDP (Cisco Discovery Protocol) sur les tronçons utilisant le VLAN 1.

Risques posés par la configuration par défaut de VTP

Le comportement par défaut de VTP peut poser certains problèmes lorsque vous le configurez pour la première fois. Les cinq points suivants vous en détaillent les causes possibles :

1. VTP fonctionne par défaut sur les commutateurs Cisco dans le mode serveur avec un nom de domaine nul.
2. Au départ, avec tous ses paramètres par défaut, un commutateur n'envoie pas de mises à jour VTP, même sur ses tronçons, mais il peut être configuré avec des VLAN car il se trouve dans le mode serveur.
3. Après la configuration d'un nom de domaine, il commence immédiatement à envoyer des annonces VTP sur tous ses tronçons.
4. S'il reçoit une annonce VTP alors qu'il possède toujours son nom de domaine VTP par défaut (nul) et qu'aucun mot de passe n'a été utilisé par le commutateur émetteur, il commence à utiliser le nom de domaine indiqué dans l'annonce.
5. Si la situation précédente se produit, le commutateur ayant le numéro de révision de configuration le plus bas écrase sa base de données de VLAN avec celle du commutateur dont le numéro de révision est le plus élevé.

L'exemple 1.5 illustre les cinq situations précédentes. Au début, le trunking est activé entre les deux commutateurs, mais avec les paramètres VTP par défaut (points 1 et 2 de la liste précédente). Dès que SW1 reçoit un nom de domaine, il envoie des messages VTP sur son tronçon vers SW2 (point 3). SW2 réagit en commençant à utiliser le nom de domaine VTP contenu dans l'annonce reçue (en l'occurrence, *Freds-domain*). Au moment où la commande **vtp domain Freds-domain** est exécutée sur SW2, Cisco IOS répond qu'il connaît déjà le nom de domaine *Freds-domain* car il l'a déjà appris dynamiquement comme décrit précédemment (point 4). Et finalement, SW2 actualise sa base de données de VLAN car il possède un numéro de révision inférieur (point 5).

Le processus a fonctionné comme prévu dans l'exemple 1.5. Toutefois, une personne en charge du réseau pourrait ainsi provoquer involontairement le plantage du LAN commuté. En effet, supposez que SW2 détienne une configuration avec plusieurs interfaces assignées à un VLAN 4, mais que SW1 n'ait aucune définition pour ce VLAN. Selon le processus décrit, SW2 écraserait sa base de données de VLAN, perdant la définition du VLAN 4, et SW4 ne pourrait alors plus y transmettre de trames.

Ce même processus pourrait aussi être utilisé pour effectuer une attaque par déni de service (DoS) par l'intermédiaire de VTP. Avec les paramètres par défaut, un intrus pourrait tenter d'activer un tronçon entre son commutateur d'attaque et un commutateur légitime et provoquer la synchronisation des configurations de VLAN des autres commutateurs avec sa base de données, laquelle pourrait ne pas avoir de VLAN configuré. Dans la pratique, si vous n'avez pas l'intention d'utiliser VTP lors de l'installation d'un commutateur, pensez à le configurer dans le mode transparent de VTP, comme nous le verrons dans la prochaine section. En procédant ainsi, la configuration d'un nom de domaine VTP sur ce nouveau commutateur n'influera pas sur les commutateurs existants, et il ne sera pas non plus affecté par la configuration d'un nom de domaine sur un autre commutateur.

INFO

La section intitulée « Dépannage de VTP » explique comment identifier un problème causé par VTP.

Inhibition de VTP : le mode transparent

Pour éviter d'utiliser VTP, vous devez le configurer en mode transparent. Comme nous l'avons déjà introduit, un commutateur configuré dans ce mode n'actualise jamais sa base de données de VLAN et ne provoque pas de modification des autres bases de données. Il se limite seulement à retransmettre les messages VTP reçus sans les traiter, permettant aux autres clients et serveurs VTP de continuer à fonctionner correctement.

La configuration du mode transparent est simple, il suffit d'exécuter **vtp mode transparent** dans le mode de configuration globale, sans avoir besoin de nom de domaine ni de mot de passe.

Dépannage de VTP

VTP peut avoir un énorme impact – positif comme négatif – sur un LAN de campus construit à base de commutateurs Cisco, mais aussi négatif. Les sections suivantes examinent trois cas de dépannage de VTP. Nous commencerons par un processus intervenant lorsque VTP semble ne pas distribuer les informations de configuration (ajouts, suppressions et modifications). Nous étudierons ensuite un type courant de problèmes qui peut survenir lorsqu'un tronçon est activé : l'envoi par les commutateurs voisins d'annonces VTP provoquant éventuellement l'écrasement de la base de données de VLAN de l'un des commutateurs. Nous terminerons avec les pratiques recommandées pour prévenir ces problèmes.

Déterminer la raison du non-fonctionnement de VTP

La première étape du dépannage de VTP est de déterminer si vous êtes réellement en présence d'un problème. Pour les commutateurs devant utiliser VTP dans un même domaine, un problème est avéré si deux commutateurs voisins n'ont pas la même base de données de VLAN (identifiants et noms de VLAN, et numéro de révision différents). Dans ce cas, l'étape suivante consiste à vérifier la configuration et le mode opérationnel du trunking (pas le mode administratif), et de corriger tout problème. Voici la procédure à suivre :

Sujet clé

1. Vérifier le nom des commutateurs, la topologie (y compris les interfaces qui les interconnectent), et le mode de fonctionnement de VTP.
2. À l'aide de la commande **show vlan**, identifiez les paires de commutateurs voisins qui sont clients ou serveurs VTP et dont les bases de données diffèrent.
3. Sur chaque paire de commutateurs voisins dont la configuration de VLAN diffère, vérifiez les points suivants :
   a. Qu'au moins un lien en trunking est opérationnel entre les deux commutateurs (utiliser les commandes **show interfaces trunk**, **show interfaces switchport** ou **show cdp neighbors**).
   b. Le nom de domaine, casse incluse, doit être identique (**show vtp status**).
   c. Si le mot de passe VTP est configuré, il doit être identique, casse incluse (**show vtp password**).
   d. Alors que le pruning VTP devrait être activé ou désactivé sur tous les serveurs d'un même domaine, le fait que deux serveurs soient configurés avec des paramètres de pruning opposés n'empêche pas le processus de synchronisation.
4. Pour chaque paire de commutateurs identifiée comme indiqué à l'étape 3, résolvez le problème, soit en dépannant le trunking, soit en rétablissant la concordance des noms de domaine et des mots de passe.

INFO

Dans le cas d'un LAN de campus, prenez en considération, outre les points précédents, la conception VTP voulue.

Bien que la procédure précédente cite quelques actions précises, elle montre principalement comment s'attaquer au problème à l'aide des connaissances apprises plus haut dans ce chapitre. Le point important à retenir est que si les bases de données de VLAN diffèrent sur des commutateurs clients ou serveurs VTP, cela révèle un problème de fonctionnement de VTP. Lors de l'examen, vous pourriez toutefois être forcé de trouver la réponse à un problème posé au moyen de la commande **show**, comme montré dans l'exemple 1.6, où interviennent trois commutateurs (SW1, SW2 et SW3).

INFO

Un bon exercice serait de lire l'exemple et d'appliquer les étapes de dépannage décrites précédemment avant de lire les explications données à la suite de l'exemple.

Exemple 1.6 *Dépannage de VTP*

```
SW1#show cdp neighbors
Capability Codes: R - Router, T - Trans Bridge, B - Source Route Bridge
                  S - Switch, H - Host, I - IGMP, r - Repeater, P - Phone

Device ID          Local Intrfce         Holdtme   Capability    Platform
Port ID
SW2              Gig 0/1            163         S I      WS-C2960-2Gig 0/2
SW3              Gig 0/2            173         S I      WS-C3550-2Gig 0/1
SW1#show vlan brief

VLAN Name                             Status    Ports
---- -------------------------------- --------- ----------------------------
-
1    default                          active    Fa0/1, Fa0/2, Fa0/3, Fa0/4
                                                Fa0/5, Fa0/6, Fa0/7, Fa0/8
                                                Fa0/9, Fa0/10, Fa0/13, Fa0/14
                                                Fa0/15, Fa0/16, Fa0/17, Fa0/18
                                                Fa0/19, Fa0/20, Fa0/21, Fa0/22
                                                Fa0/23, Fa0/24, Gi0/2
```

```
3    VLAN0003                         active    Fa0/11
4    VLAN0004                         active
5    VLAN0005                         active
49   VLAN0049                         active
50   VLAN0050                         active
1002 fddi-default                     act/unsup
1003 trcrf-default                    act/unsup
1004 fddinet-default                  act/unsup
1005 trbrf-default                    act/unsup
SW1#show interfaces trunk

Port        Mode         Encapsulation  Status        Native vlan
Gi0/1       desirable    802.1q         trunking      1

Port        Vlans allowed on trunk
Gi0/1       1-4094

Port        Vlans allowed and active in management domain
Gi0/1       1,3-5,49-50

Port        Vlans in spanning tree forwarding state and not pruned
Gi0/1       3-5,49-50
SW1#show vtp status
VTP Version                     : 2
Configuration Revision          : 131
Maximum VLANs supported locally : 255
Number of existing VLANs        : 10
VTP Operating Mode              : Client
VTP Domain Name                 : Larry
VTP Pruning Mode                : Disabled
VTP V2 Mode                     : Enabled
VTP Traps Generation            : Disabled
MD5 digest                      : 0x1D 0x27 0xA9 0xF9 0x46 0xDF 0x66 0xCF
Configuration last modified by 1.1.1.3 at 3-1-93 00:33:38
```

```
! Sur SW2
SW2#show cdp neighbors
Capability Codes: R - Router, T - Trans Bridge, B - Source Route Bridge
                  S - Switch, H - Host, I - IGMP, r - Repeater, P - Phone

Device ID        Local Intrfce        Holdtme   Capability   Platform   Port ID
SW1              Gig 0/2              175            S I     WS-C2960-2Gig 0/1
SW3              Gig 0/1              155            S I     WS-C3550-2Gig 0/2
SW2#show vlan brief
```

Exemple 1.6 *Dépannage de VTP (suite)*

```
VLAN Name                             Status    Ports
---- -------------------------------- --------- -------------------------------
1    default                          active    Fa0/1, Fa0/2, Fa0/3, Fa0/4
                                                Fa0/5, Fa0/6, Fa0/7, Fa0/8
                                                Fa0/9, Fa0/10, Fa0/11, Fa0/12
                                                Fa0/13, Fa0/14, Fa0/15, Fa0/16
                                                Fa0/17, Fa0/18, Fa0/19, Fa0/20
                                                Fa0/21, Fa0/22, Fa0/23, Fa0/24
3    VLAN0003                         active
1002 fddi-default                     act/unsup
1003 trcrf-default                    act/unsup
1004 fddinet-default                  act/unsup
1005 trbrf-default                    act/unsup
SW2#show vtp status
VTP Version                     : 2
Configuration Revision          : 0
Maximum VLANs supported locally : 255
Number of existing VLANs        : 6
VTP Operating Mode              : Server
VTP Domain Name                 : larry
VTP Pruning Mode                : Disabled
VTP V2 Mode                     : Enabled
VTP Traps Generation            : Disabled
MD5 digest                      : 0x8C 0x75 0xC5 0xDE 0xE9 0x7C 0x2D 0x8B
Configuration last modified by 1.1.1.2 at 0-0-00 00:00:00
Local updater ID is 1.1.1.2 on interface Vl1 (lowest numbered VLAN interface found)
```

```
! Sur SW3
SW3#show vlan brief

VLAN Name                             Status    Ports
---- -------------------------------- --------- -------------------------------
1    default                          active    Fa0/1, Fa0/2, Fa0/3, Fa0/4
                                                Fa0/5, Fa0/6, Fa0/7, Fa0/8
                                                Fa0/9, Fa0/10, Fa0/11, Fa0/12
                                                Fa0/14, Fa0/15, Fa0/16, Fa0/17
                                                Fa0/18, Fa0/19, Fa0/20, Fa0/21
                                                Fa0/22, Fa0/23, Fa0/24, Gi0/1
3    VLAN0003                         active    Fa0/13
4    VLAN0004                         active
5    VLAN0005                         active
```

```
20   VLAN20                               active
1002 fddi-default                         act/unsup
1003 trcrf-default                        act/unsup
1004 fddinet-default                      act/unsup
1005 trbrf-default                        act/unsup
SW3#show interfaces trunk

Port        Mode         Encapsulation  Status        Native vlan
Gi0/2       desirable    n-802.1q       trunking      1

Port      Vlans allowed on trunk
Gi0/2       1-4094

Port        Vlans allowed and active in management domain
Gi0/2       1,3-5,20

Port        Vlans in spanning tree forwarding state and not pruned
Gi0/2       1,3-5,20
SW3#show vtp status
VTP Version                     : 2
Configuration Revision          : 134
Maximum VLANs supported locally : 1005
Number of existing VLANs        : 9
VTP Operating Mode              : Server
VTP Domain Name                 : Larry
VTP Pruning Mode                : Disabled
VTP V2 Mode                     : Enabled
VTP Traps Generation            : Disabled
MD5 digest                      : 0x76 0x1E 0x06 0x1E 0x1C 0x46 0x59 0x75
Configuration last modified by 1.1.1.3 at 3-1-93 01:07:29
Local updater ID is 1.1.1.3 on interface Vl1 (lowest numbered VLAN interface found)
```

Pour l'étape 1 de la procédure de dépannage, les commandes **show cdp neighbors** et **show interfaces trunk** donnent suffisamment d'informations pour vérifier la topologie et les tronçons (liens en trunking). La commande **show interfaces trunk** ne recense que les interfaces opérant en trunking. Une autre solution consiste à utiliser la commande **show interfaces switchport** qui renseigne sur le mode opérationnel (*trunk* ou *access*). La figure 1.12 illustre le réseau sur lequel s'appuie notre exemple. Notez aussi que le lien entre SW1 et SW3 n'emploie pas le trunking.

Quant à l'étape 2 de la procédure, un rapide examen du résultat de la commande **show vlan brief** sur chaque commutateur montre qu'ils ont tous une base de données de VLAN différente. Ils sont tous trois au fait de l'existence du VLAN 3, mais seuls SW1 et SW3 reconnaissent respectivement les VLAN 50 et 20.

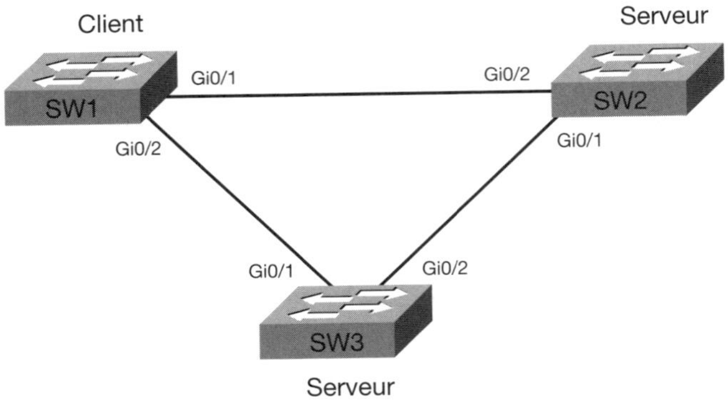

Figure 1.12
Topologie du réseau de l'exemple 1.6.

En raison de ces différences, il faut examiner chaque paire de commutateurs voisins, comme le suggère l'étape 3. En commençant par SW1 et SW2, un rapide coup d'œil au résultat renvoyé par **show vtp status** sur chacun d'eux permet d'identifier le problème : SW1 utilise le nom de domaine Larry alors que SW2 emploie larry, sans capitale. Naturellement, le problème de nom de domaine se pose également entre SW3 et SW2. La solution serait donc de corriger la configuration de SW2, la seule à utiliser un nom de domaine sans capitale.

En poursuivant avec l'étape 3 pour SW1 et SW3, nous constatons qu'ils ont le même nom de domaine (étape 3b). Cependant, le contrôle suggéré à l'étape 3a révèle l'absence de trunking sur le lien entre SW1 et SW3. CDP confirme que l'interface Gi0/2 SW1 est reliée à SW3, mais la commande **show interfaces trunk** sur SW1 ne l'indique pas. Par conséquent, ces deux commutateurs ne s'échangent pas de messages VTP. La principale raison de ce problème est une omission de la sous-commande **switchport mode interface** dans la configuration.

Bien que l'exemple ne révèle pas de problème dû à une non-concordance des mots de passe VTP, il est important de savoir comment les vérifier. Le mot de passe doit tout d'abord être affiché sur chaque commutateur à l'aide de la commande **show vtp password**. De plus, la commande **show vtp status** affiche un hachage MD5 dérivé du nom de domaine et du mot de passe. Ainsi, si les deux équipements possèdent un nom de domaine et un mot de passe identiques, les valeurs MD5 seront semblables. Si elles diffèrent, vérifiez la concordance des noms de domaine et des mots de passe.

Avant de passer au thème suivant, abordons brièvement la question de la version de VTP et comment empêcher que son action n'interfère avec le bon fonctionnement des commutateurs. Si vous examinez à nouveau le résultat de la commande **show vtp status** dans l'exemple 1.6, vous noterez les deux champs *VTP Version* et *V2 Mode Enabled*. Le premier indique la version VTP la plus élevée acceptée par le système de ce commutateur, et le second, ce que le commutateur emploie actuellement. Si un commutateur est configuré avec **vtp version 2**, il utilisera la version 2 qui se substituera à la version 1 prise par défaut, mais seulement si les autres commutateurs du domaine l'acceptent également. Ainsi, une discordance de version signifiera que les commutateurs fonctionneront avec la version 1, ce que confirmera le champ *VTP V2 Mode* en indiquant *disabled*.

Problèmes lors de la connexion de nouveaux commutateurs et de l'activation de nouveaux tronçons de VLAN

Il peut arriver qu'un réseau fonctionnant sans incident avec VTP se retrouve soudain avec certains VLAN supprimés. Même si certaines interfaces étaient configurées avec **switchport access vlan**, aucun des équipements sur ces VLAN ne fonctionnerait puisque les commutateurs Cisco ne transmettent pas de trames à destination de VLAN non existants.

Ce type de situation se produit parfois, notamment lorsqu'un nouveau commutateur est installé sur un réseau existant. Que ce problème se produise accidentellement ou suite à une attaque par déni de service, la raison principale de l'incident est qu'un nouveau tronçon de VLAN (ISL ou 802.1Q) devient actif entre deux commutateurs clients ou serveurs VTP s'échangeant alors des annonces VTP. Si elles sont générées avec les mêmes noms de domaine et mot de passe, l'un des deux commutateurs, celui avec le numéro de révision le plus bas, écrase sa base de données de VLAN avec celle de l'autre commutateur dans le cadre du processus de synchronisation. Voici le processus tel qu'il se déroule :

Sujet clé

1. Confirmation du trunking opérant sur le nouveau lien (reportez-vous au tableau 1.5 pour plus de détails).
2. Vérification des noms de domaine et mot de passe VTP.
3. Si les étapes 1 et 2 confirment le bon fonctionnement de VTP, le commutateur avec le numéro de révision le plus bas synchronise sa base de données de VLAN avec celle de l'autre commutateur.

Comme illustré dans l'exemple 1.6 et la figure 1.12, le lien entre SW1 et SW3 n'opère pas en tant que tronçon de VLAN. Si le trunking était configuré sur ce lien, SW1 et SW3 s'échangeraient des messages VTP avec un nom de domaine et un mot de passe identiques. SW1, avec un numéro de révision (131) inférieur à celui de SW3 (134), écraserait sa configuration de VLAN avec celle de SW3, supprimant ainsi la définition des VLAN 49 et 50. L'exemple 1.7 reprend là où l'exemple 1.6 s'arrête, montrant le trunking activé sur le lien entre SW1 et SW3 et la synchronisation VTP provoquant le changement de la base de données de VLAN de SW1.

Exemple 1.7 *Dépannage de VTP*

```
SW1#configure terminal
Enter configuration commands, one per line.  End with CNTL/Z.
SW1(config)#interface gi0/2
SW1(config-if)#switchport mode dynamic desirable
SW1(config-if)#^Z
SW1#
01:43:46: %SYS-5-CONFIG_I: Configured from console by console
01:43:46: %LINEPROTO-5-UPDOWN: Line protocol on Interface GigabitEthernet0/2,
changed state to down
SW1#01:43:49: %LINEPROTO-5-UPDOWN: Line protocol on Interface GigabitEthernet0/2,
changed state to up
SW1#show vlan brief

VLAN Name                             Status    Ports
---- -------------------------------- --------- -------------------------------
1    default                          active    Fa0/1, Fa0/2, Fa0/3, Fa0/4
                                                Fa0/5, Fa0/6, Fa0/7, Fa0/8
                                                Fa0/9, Fa0/10, Fa0/13, Fa0/14
                                                Fa0/15, Fa0/16, Fa0/17, Fa0/18
                                                Fa0/19, Fa0/20, Fa0/21, Fa0/22
                                                Fa0/23, Fa0/24, Gi0/1
3    VLAN0003                         active    Fa0/11
4    VLAN0004                         active
5    VLAN0005                         active
20   VLAN20                           active
1002 fddi-default                     act/unsup
1003 trcrf-default                    act/unsup
1004 fddinet-default                  act/unsup
1005 trbrf-default                    act/unsup
```

Dans la pratique, il est possible de réduire le risque de rencontrer un tel problème lors de l'ajout d'un commutateur dans un domaine VTP. Par exemple, vous pouvez remettre le numéro de révision du commutateur à 0 de l'une des deux façons suivantes :

- Placez le nouveau commutateur dans le mode transparent de VTP, puis rétablissez le mode client ou serveur.
- Supprimez son fichier vlan.dat en mémoire Flash et rechargez le commutateur. Souvenez-vous que ce fichier contient la base de données de VLAN avec le numéro de révision.

Meilleures pratiques pour éviter les problèmes liés à VTP

Outre le conseil de réinitialiser le numéro de révision de VTP avant d'installer un commutateur, d'autres pratiques permettront d'éviter certains pièges :

- Si vous n'avez pas l'intention de recourir à VTP, configurez chaque commutateur dans le mode transparent.
- Si vous utilisez le mode serveur ou client VTP, employez un mot de passe VTP.
- Désactivez le trunking avec les commandes **switchport mode access** et **switchport nonegotiate** sur toutes les interfaces non utilisées comme tronçons de VLAN. Vous préviendrez ainsi les attaques VTP en interdisant l'activation dynamique d'un tronçon.

Sujet clé

En empêchant la négociation du trunking sur la plupart des ports, il ne sera pas possible pour un attaquant de voir les annonces VTP des commutateurs. Si vous utilisez en plus un mot de passe VTP, aucun dommage ne pourra être causé, et même en cas d'activation malveillante du trunking sur un lien. Grâce à l'emploi du mode transparent, vous pouvez éviter les types de problèmes décrits plus haut à la section « Risques posés par la configuration par défaut de VTP ».

Préparation à l'examen

Sujets clés à réviser

Révisez les sujets les plus importants du chapitre, repérés dans la marge par le pictogramme « Sujet clé » et récapitulés dans le tableau 1.8.

Sujet clé

Tableau 1.8 : Sujets clés du chapitre

Emplacement	*Description*	*Numéro de page*
Liste	Raisons d'utiliser des VLAN	28-29
Figure 1.2	Processus de trunking de VLAN	29
Figure 1.4	En-tête 802.1Q	31
Tableau 1.2	Comparaison de 802.1Q et d'ISL	32
Figure 1.5	Processus de synchronisation VTP	35
Liste	Conditions au fonctionnement de VTP	36
Tableau 1.3	Récapitulatif des fonctionnalités de VTP	40

Tableau 1.8 : Sujets clés du chapitre *(suite)*

Emplacement	*Description*	*Numéro de page*
Liste	Check-list de configuration de VLAN	41
Liste	Configuration de VTP par défaut	42
Tableau 1.3	Fonctionnalités de VIP	40
Tableau 1.4	Options de la commande switchport mode	46
Tableau 1.5	Mode opérationnel d'un lien selon les modes administratifs configurés	50
Liste	Raisons de la non-transmission de trafic d'un VLAN sur un tronçon	50
Tableau 1.6	Configuration d'un VLAN vocal et d'un VLAN de données	54
Liste	Protection des ports de commutateur non utilisés	54
Liste	Check-list de configuration de VTP	55
Tableau 1.7	Emplacement d'enregistrement de la configuration de VLAN	58
Liste	Processus de dépannage de VTP	61
Liste	Anticipation des risques liés à VTP lors de la connexion d'un nouveau commutateur	67
Liste	Meilleures pratiques de prévention des problèmes liés à VTP	69

Tableaux et listes à compléter

Complétez de mémoire les tableaux et listes concernant ce chapitre qui figurent dans l'annexe J, puis reportez-vous à l'annexe K pour comparer vos réponses à celles qui vous sont fournies. Ces annexes figurent sur le CD-ROM.

Termes clés à définir

Donnez la définition des termes suivants et comparez vos réponses avec le glossaire :

> 802.1Q, ISL, trunk (tronçon), mode administratif du trunking, mode opérationnel du trunking, VLAN, base de données de configuration de VLAN, vlan.dat, VTP, mode client de VTP, pruning VTP, mode serveur de VTP, et mode transparent de VTP.

Référence de commandes

La lecture du chapitre et la réalisation des exercices de préparation à l'examen devraient vous avoir appris indirectement les commandes de configuration et EXEC qui y sont utilisées.

Même s'il ne vous est pas demandé de mémoriser dans le détail les descriptions données, les tableaux 1.9 et 1.10 de cette section vous permettront de contrôler votre niveau de connaissance du rôle de ces commandes. Pour cela, masquez la partie gauche du tableau et tentez d'identifier les commandes concernées à partir des informations données.

Tableau 1.9 : Référence des commandes de configuration de ce chapitre

Commande	*Description*
vlan *id-vlan*	Commande de configuration globale qui crée un VLAN et place la CLI dans le mode de configuration de VLAN.
name *nom-vlan*	Sous-commande de VLAN qui nomme le VLAN.
shutdown	Sous-commande de VLAN qui empêche le commutateur de transmettre du trafic dans le VLAN en question.
shutdown *vlan id-vlan*	Commande globale qui désactive administrativement un VLAN, empêchant le commutateur d'y transmettre des trames.
vtp domain *nom-domaine*	Commande globale qui définit le nom de domaine VTP.
vtp password *mot-de-passe*	Commande globale qui définit le mot de passe VTP.
vtp {server | client | transparent}	Commande globale qui définit le mode VTP.
vtp pruning	Commande globale spécifiant au serveur VTP d'indiquer à tous les commutateurs d'utiliser le pruning VTP.
switchport mode {access | dynamic {auto | desirable} | trunk}	Sous-commande d'interface qui configure le mode administratif de trunking.
switchport trunk allowed vlan {add | all | except | remove} *liste-vlan*	Sous-commande d'interface qui spécifie la liste des VLAN autorisés.
switchport access vlan *id-vlan*	Sous-commande d'interface qui configure de manière statique l'interface du VLAN en question.
switchport trunk encapsulation {dot1q | isl | negotiate}	Sous-commande d'interface qui définit le type de trunking à utiliser, en supposant que le trunking soit configuré ou négocié.
switchport voice vlan *id-vlan*	Sous-commande d'interface qui définit le VLAN utilisé pour les trames échangées avec un téléphone IP Cisco.
switchport nonnegotiate	Sous-commande d'interface qui désactive la négociation du trunking de VLAN.

Tableau 1.10 : Référence des commandes EXEC de ce chapitre

Commande	*Description*
show interfaces *id-interface* **switchport**	Renseigne sur les paramètres administratifs et l'état fonctionnel d'une interface.
show interfaces *id-interface* **trunk**	Retourne des informations sur tous les tronçons opérationnels et les VLAN accessibles par ces liaisons.
show vlan [brief | id *id-vlan* **| name** *nom-vlan* **| summary]**	Renvoie des informations sur le VLAN spécifié.
show vlan [*vlan*]	Affiche des informations de VLAN.
show vtp status	Renseigne sur la configuration VTP et donne des informations d'état.
show vtp password	Affiche le mot de passe VTP.

2

Le protocole STP

Au sommaire de ce chapitre :

- **Protocole STP (IEEE 802.1d).** Cette section explique les concepts principaux sous-jacents aux premiers protocoles STP de l'IEEE.
- **Protocole Rapid STP (IEEE 802.1w).** Cette section se consacre principalement aux différences entre la précédente norme STP 802.1d et la nouvelle norme RSTP 802.1w.
- **Configuration et vérification de STP.** Cette section explique comment configurer STP sur les commutateurs Cisco IOS, et comment vérifier l'état courant de STP sur chaque commutateur et interface.
- **Dépannage de STP.** Cette section propose une méthode pour prédire le rôle du port de chaque interface STP, prédisant par là la topologie de l'arbre recouvrant.

Lorsqu'un LAN requiert plusieurs commutateurs, il est fréquent de créer des liens redondants entre les différents équipements pour garantir la disponibilité permanente du réseau et pallier ainsi toute défaillance d'un équipement ou d'un câble.

Cette redondance introduit toutefois le risque d'avoir des trames qui bouclent indéfiniment sur le réseau et en abaissent les performances. Pour éviter cela, on met en œuvre le protocole STP (*Spanning-Tree Protocol*).

Ce chapitre décrit en détail le fonctionnement de STP et d'une variante plus rapide appelée RSTP (*Rapid STP*). Il aborde aussi la configuration de STP sur la série de commutateurs 2960 et suggère des approches dans la façon de traiter les problèmes d'examen y afférant.

Questionnaire d'évaluation

Grâce à ce questionnaire, vous pourrez déterminer s'il vous faut ou non lire la totalité du chapitre. Si vous n'échouez qu'à une question, vous pourrez envisager de passer directement à la section « Préparation à l'examen ». Le tableau 2.1 reprend les titres des sections principales de la partie « Connaissances fondamentales » de ce chapitre ainsi que les numéros des questions s'y rapportant. Vous pourrez ainsi évaluer votre niveau de maîtrise de ces sujets. Les réponses sont données à l'annexe A.

Tableau 2.1 : Questions d'évaluation et sections concernées

Connaissances fondamentales	*Questions*
Protocole STP (IEEE 802.1d)	1 à 5
Protocole Rapid STP (IEEE 802.1w)	6 à 7
Configuration et vérification de STP	8 à 9
Dépannage de STP	10

1. Quels sont les états de ports possibles de STP (802.1d) à l'issue de la convergence ?

a. Blocage (*Blocking*).

b. Transmission (*Forwarding*).

c. Ecoute (*Listening*).

d. Découverte (*Learning*).

e. Rejet (*Discarding*).

2. Quels sont les états de ports transitoires de 802.1d employés uniquement pendant le processus de convergence ?

a. Blocage.

b. Transmission.

c. Ecoute.

d. Découverte.

e. Rejet.

3. Quel BID (*Bridge ID*) emporterait le processus d'élection de la racine, en supposant que les commutateurs auxquels ces identifiants appartiennent se trouvent sur le même réseau ?

a. 32768:0200.1111.1111

b. 32768:0200.2222.2222

c. 200:0200.1111.1111

d. 200:0200.2222.2222

e. 40000:0200.1111.1111

4. Quel élément ou fait détermine la fréquence à laquelle un commutateur non racine émet un message BPDU Hello 802.1d ?

a. L'intervalle Hello configuré sur l'équipement.

b. L'intervalle Hello configuré sur le commutateur racine.

c. L'intervalle entre deux BPDU Hello est toujours de 2 secondes.

d. L'équipement réagit aux BPDU reçues du commutateur racine en émettant une autre BPDU 2 secondes plus tard.

5. Quelle fonctionnalité de STP provoque le placement d'une interface dans l'état « transmission » dès qu'elle est physiquement active ?

a. STP.

b. RSTP.

c. Root Guard.

d. 802.1w.

e. PortFast.

f. EtherChannel.

6. Quel est le nom de la variante optimisée de la norme STP qui permet de réduire le temps de convergence ?

a. STP.

b. RSTP.

c. Root Guard.

d. 802.1w.

e. PortFast.

f. Trunking.

7. Quels états de ports possèdent le même nom et assurent le même rôle dans RSTP et STP ?

a. Blocage.

b. Transmission.

c. Ecoute.

d. Découverte.

e. Rejet.

f. Désactivé.

8. Sur un commutateur 2960, quelles commandes permettent de changer la valeur du BID ?

a. **spanning-tree bridge-id** *valeur*

b. **spanning-tree vlan** *numéro-vlan* **root {primary | secondary}**

c. **spanning-tree** *numéro-vlan* **priority**

d. **set spanning-tree priority** *valeur*

9. Voici un extrait du résultat de la commande **show spanning-tree** sur un commutateur Cisco :

```
Bridge ID  Priority    32771  (priority 32768 sys-id-ext 3)
           Address     0019.e86a.6f80
```

Laquelle des affirmations suivantes est vraie au sujet du commutateur sur lequel le résultat de la commande a été recueilli :

a. Les informations concernent l'instance STP pour le VLAN 1.

b. Les informations concernent l'instance STP pour le VLAN 3.

c. Le résultat de la commande confirme qu'il ne peut être le commutateur racine.

d. Le résultat de la commande confirme qu'il est actuellement le commutateur racine.

10. Le commutateur SW3 ne reçoit que deux BPDU Hello, tous deux en provenance du même commutateur racine, par l'intermédiaire des deux interfaces suivantes :

```
SW3#show interfaces status
PortNameStatusVlanDuplexSpeedType
Fa0/13connected3a-halfa-10010/100BaseTX
Gi0/1connected1a-fulla-10001000BaseTX
```

SW3 ne possède aucune commande de configuration concernant STP. La BPDU Hello reçue sur Fa0/13 a un coût de 10, et celle reçue sur Gi0/1, un coût de 20. Laquelle des affirmations suivantes est vraie à propos de STP sur SW3 ?

a. SW3 choisira Fa0/13 en tant que port racine.

b. SW3 choisira Gi0/1 en tant que port racine.

c. L'interface Fa0/13 deviendra un port désigné.

d. L'interface Gi0/1 deviendra un port désigné.

Connaissances fondamentales

En l'absence du protocole STP (*Spanning-Tree Protocol*), il est possible de voir des trames boucler indéfiniment sur un LAN qui comporterait des liens redondants. Pour éviter cela, STP empêche certains ports de transmettre de sorte qu'à tout moment, un seul chemin actif existe entre deux segments de LAN donnés (domaines de collision).

Ce chapitre présente la norme STP initiale de l'IEEE ainsi que sa version plus rapide nommée RSTP (*Rapid STP*). Il se termine par deux sections traitant respectivement de la configuration et du dépannage de STP.

Protocole STP (IEEE 802.1d)

Le protocole IEEE 802.1d, la première norme publique pour STP, a apporté une solution viable au problème des trames bouclant indéfiniment sur les liens redondants. Nous allons voir dans les sections suivantes en quoi consiste ce problème et comment la norme STP 802.1d le résout en tant que processus distribué.

Du besoin de STP

Le problème le plus courant pouvant être évité au moyen de STP s'apparente à celui de *broadcast storm*, appelé aussi tempête de diffusion (ou encore tempête de broadcast), où des trames broadcast – ou multicast ou unicast de destination inconnue – sont relayées en boucle sur le réseau. Il s'ensuit une saturation des liaisons qui acheminent inutilement des trames identiques, handicapant le transport de trames légitimes et nuisant aux performances des ordinateurs qui sont forcés de traiter davantage de trames broadcast. La figure 2.1 illustre un exemple de réseau dans lequel Bob émet un envoi broadcast se terminant en boucle.

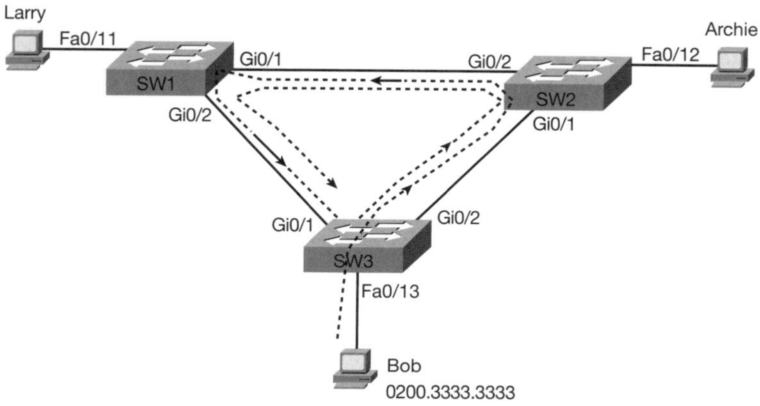

Figure 2.1

Une tempête de diffusion.

Un commutateur recevant une trame broadcast l'envoie sur toutes les interfaces du VLAN concerné, excepté sur celle par laquelle la trame est arrivée. Dans la figure 2.1, la ligne en pointillé représente l'itinéraire suivi par la trame de Bob en l'absence de STP, où SW3, SW2 et SW1 se retransmettent indéfiniment la trame. Cette situation ne prend fin que si un changement interrompant la boucle intervient, comme la désactivation d'une interface ou le redémarrage d'un commutateur par un technicien. Notez que le problème se produit aussi dans la direction opposée, car SW3 envoie aussi la trame à SW1 qui la transmet à SW2, et ainsi de suite.

Un deuxième type de problème causé par ce phénomène est l'instabilité de la table d'adressage MAC de chaque commutateur, car l'entrée relative à l'adresse source de la trame broadcast est sans cesse modifiée. Par exemple, dans la figure 2.1, SW3 débute avec l'entrée suivante :

```
0200.3333.3333    Fa0/13   VLAN 1
```

Lorsque la trame revient sur SW3 par son interface Gi0/1, celui-ci pense que l'adresse 0200.3333.3333 est accessible *via* cette interface et modifie l'entrée correspondante dans sa table d'adressage. L'entrée devient alors :

```
0200.3333.3333    Gi0/1   VLAN 1
```

À ce stade, si SW3 reçoit une trame légitime se destinant à Bob, il la transmettra incorrectement sur Gi0/1 en direction de SW1. Cette nouvelle trame pourra aussi être relayée en boucle et ne jamais parvenir à Bob.

Un troisième problème qui se produit en l'absence de STP sur un réseau à liens redondants est la réception par les hôtes de plusieurs copies d'une même trame. Imaginez une situation où Bob envoie une trame à Larry, mais qu'aucun des commutateurs ne connaît encore l'adresse MAC de Larry. Puisque la réaction d'un commutateur recevant une trame unicast d'adresse inconnue est de la diffuser en broadcast, SW1 et SW2 reçoivent la même trame et la diffusent aussi. SW1 la diffuse aussi sur son interface Fa0/11, qui se trouve être celle de Larry et celui-ci recevra plusieurs copies de la même trame. Il peut s'ensuivre un dysfonctionnement applicatif ou d'autres problèmes réseau plus graves. Le tableau 2.2 résume ces trois sortes de problèmes.

Sujet clé

Tableau 2.2 : Les trois types principaux de problèmes survenant sur un réseau redondant en l'absence de STP

Problème	*Description*
Tempête de diffusion	La transmission répétée d'une trame sur les mêmes liaisons consommant leurs ressources.
Instabilité de la table d'adressage MAC	L'insertion d'informations incorrectes dans la table d'adressage suite à la réception de trames transmises en boucle, entraînant des décisions d'acheminement sur les mauvaises interfaces.
Transmission multiple de trames	Un effet indirect du problème des trames relayées en boucle est la réception par l'hôte concerné de plusieurs copies d'une même trame.

Rôle de STP IEEE 802.1d

STP parvient à empêcher les boucles de transmission en plaçant chaque pont/commutateur dans un état particulier de transmission (*Forwarding*) ou de blocage (*Blocking*). Dans l'état de transmission, une interface traite les trames normalement, dans l'état bloquant, elle n'accepte que les trames du protocole STP. Tous les ports dans l'état de transmission font partie d'un même arbre STP et forment collectivement un chemin unique par l'intermédiaire duquel les segments Ethernet peuvent s'échanger des trames.

La figure 2.2 illustre un simple arbre STP qui résout le problème de boucle illustré précédemment en plaçant un port sur SW3 dans l'état bloquant STP.

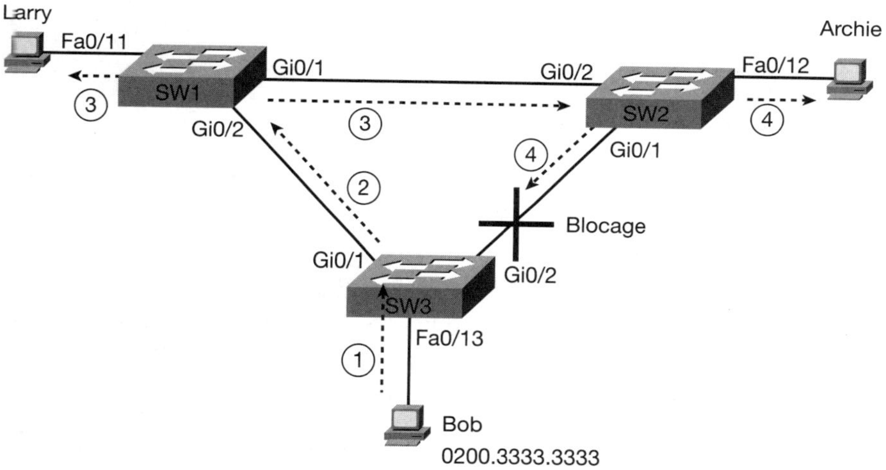

Figure 2.2

Réseau à liens redondants avec STP.

Lorsque Bob envoie une trame broadcast, elle ne boucle plus. SW3 l'envoie sur Gi0/1 seulement car son interface Gi0/2 est bloquée par STP. Lorsque SW1 la reçoit, il la diffuse sur Fa0/11 et Gi0/1. SW2 la transmettra aussi sur toutes ses interfaces, Fa0/12 et Gi0/1, mais SW3 ignorera la trame reçue par l'intermédiaire de Gi0/2.

Dans la topologie définie par STP dans la figure 2.2, les commutateurs n'emploient pas la liaison entre SW2 et SW3 pour transporter le trafic de ce VLAN, ce qui constitue une conséquence négative mineure de l'implémentation de STP. Toutefois, si le lien entre SW1 et SW3 tombait en panne, le processus de convergence de STP entraînerait un changement sur l'interface Gi0/2 de SW3, qui passerait dans l'état de transmission.

INFO

Le terme de convergence désigne le processus par lequel les commutateurs identifient collectivement un dysfonctionnement dans la topologie calculée, auquel cas des changements doivent être apportés dans l'état des ports.

Comment STP procède-t-il pour provoquer le changement d'état des interfaces afin d'éviter les boucles ou tirer parti des liens redondants en cas de panne d'une liaison ? La section suivante décrit le fonctionnement de STP.

Fonctionnement de STP

L'algorithme STP crée un arbre logique composé des interfaces qui interviennent dans l'acheminement des trames. Sa structure est telle qu'à un instant donné, un seul itinéraire existe entre deux segments Ethernet, comme le chemin que suit la sève d'un arbre pour alimenter chaque feuille.

INFO

Étant donné que les ponts sont désormais rarement utilisés, ce chapitre ne se réfère qu'aux commutateurs. Sachez toutefois qu'un pont peut également utiliser STP.

STP emploie un processus spécial, appelé aussi STA (*Spanning Tree Algorithm*), pour choisir les interfaces qui participent à la transmission, dans le cas contraire, elles sont placées dans l'état bloquant.

Voici les critères pris en compte dans ce processus :

- STP élit un commutateur racine, appelé *root bridge* (bridge signifiant pont). Toutes les interfaces de l'équipement racine sont placées dans un état de transmission.
- Chaque commutateur non racine désigne un de ses ports comme ayant le plus faible coût administratif vers la racine. STP place cette interface, appelée *port racine* (RP, *root port*), dans un état de transmission.
- Plusieurs commutateurs peuvent être rattachés à un même segment Ethernet. Celui qui possède le coût administratif le plus faible vers le commutateur racine est appelé le *« pont » désigné* (*designated bridge*), et l'interface de ce commutateur connectée au segment est placée dans un état de transmission. Cette interface est qualifiée de *port désigné* (*designated port*).

INFO

Toutes les interfaces du commutateur racine sont placées dans l'état de transmission STP pour devenir des ports désignés. Il est toutefois plus simple de dire qu'elles interviennent dans la transmission.

Une fois le processus de sélection terminé, toutes les autres interfaces sont mises dans un état bloquant. Le tableau 2.3 récapitule les critères impliqués dans le fonctionnement de l'algorithme.

Tableau 2.3 : Les critères STP de configuration d'interface pour l'état de transmission ou de blocage

Sujet clé

Caractérisation des ports	*État STP*	*Description*
Tous les ports de la racine	Transmission	Sur chaque segment connecté, la racine est toujours le commutateur désigné.
Chaque port racine d'un commutateur non racine	Transmission	Le port d'un commutateur ayant le coût le plus faible pour atteindre le commutateur racine.
Chaque port désigné de LAN	Transmission	Le commutateur qui transmet la BPDU de plus faible coût est le commutateur désigné pour ce segment.
Tous les autres ports opérationnels	Bloquant	Le port n'est pas utilisé dans la topologie STP active, ni en réception ni en émission.

Info

L'algorithme de sélection ne prend en considération que les interfaces opérationnelles. Les interfaces en panne, par exemple non raccordées, ou désactivées par le technicien, sont placées dans l'état désactivé STP (*Disabled*). Cette section qualifiera donc d'opérationnelles les interfaces qui sont capables d'intervenir dans le processus d'acheminement si STP les place dans l'état de transmission.

Le BID et la BPDU Hello

L'algorithme STP commence par l'élection d'un commutateur racine en utilisant un concept d'identifiant appelé le BID (*Bridge ID*). Il s'agit d'une valeur unique de 8 octets attribuée à chaque commutateur, décomposée en deux champs : un champ de priorité de 2 octets et un identifiant système (*system ID*) de 6 octets représenté par l'adresse MAC gravée du commutateur. L'emploi d'une telle adresse garantit l'unicité du BID.

STP emploie des unités de données de protocole, ou messages BPDU (*Bridge Protocol Data Unit*), que les commutateurs (et les ponts) utilisent pour s'échanger des informations. Le message le plus courant est la *BPDU Hello*, qui contient aussi le BID du commutateur émetteur. C'est ainsi que les équipements intervenant peuvent s'identifier mutuellement. Ce message indique aussi le BID de l'actuel commutateur racine.

STP utilise plusieurs autres types de BPDU, mais la BPDU Hello intervient le plus souvent. Elle comprend plusieurs champs, les plus importants étant repris dans le tableau 2.4.

Sujet clé

Tableau 2.4 : Les champs importants de la BPDU Hello

Champ	*Description*
BID de la racine	Le BID du commutateur considéré comme étant la racine par l'émetteur de cette BPDU Hello.
BID de l'émetteur	Le BID de l'équipement à l'origine de cette BPDU Hello.
Coût vers la racine	Le coût administratif STP qui sépare ce commutateur et le commutateur actuellement considéré comme racine.
Valeurs de compteurs sur le commutateur racine	Inclut les compteurs *Hello*, *Max Age* et *Forward Delay*.

Pour l'instant, ne gardez à l'esprit que les trois premiers champs du tableau 2.4.

Élection du commutateur racine

L'élection se fait sur la base des BID contenus dans les BPDU. Le commutateur racine est celui qui possède la valeur de BID la plus basse. Puisque le champ de priorité apparaît en première position dans ces identifiants (l'adresse MAC figurant en second), on peut aussi dire que c'est l'équipement ayant la priorité la plus faible qui devient la racine. Par exemple, une priorité de 100 l'emporte sur une priorité de 200, quelle que soit l'adresse MAC intervenant dans l'identifiant.

En cas d'égalité de priorité, c'est le BID qui contient l'adresse MAC la plus faible qui l'emporte. Aucune autre valeur n'est nécessaire puisque les commutateurs utilisent l'une de leurs adresses MAC gravées pour créer leur BID. Par exemple, en cas d'égalité de priorité, un commutateur contenant dans son BID l'adresse 0020.0000.0000 l'emporterait sur l'adresse 0FFF.FFFF.FFF et deviendrait l'équipement racine.

Ce processus d'élection n'est pas très différent de ce qui se passe lors d'une campagne présidentielle. Au début, tous les commutateurs qui revendiquent la position de racine envoient une BPDU Hello contenant leur identifiant et leur priorité. Lorsqu'un commutateur identifie une BPDU de plus grande priorité (avec un BID inférieur), il ne s'annonce plus et relaye la BPDU Hello supérieure, ce qui s'apparente à un candidat qui se retire et demande à ses supporters de soutenir un autre candidat. Au final, il ne reste que le commutateur présentant la meilleure valeur de BID et tous les autres équipements le soutiennent comme étant l'équipement racine.

La figure 2.3 illustre le début de ce processus. Au départ, SW1, SW2 et SW3 s'annoncent tous comme étant la racine. Lorsque SW2 reçoit la BPDU Hello de SW1, il reconnaît sa défaite. Il transmet alors le BID de SW1 comme étant le BID racine. À ce stade, SW1 et SW3 croient tous deux qu'ils sont les meilleurs candidats et annoncent toujours leur propre BID comme étant la racine.

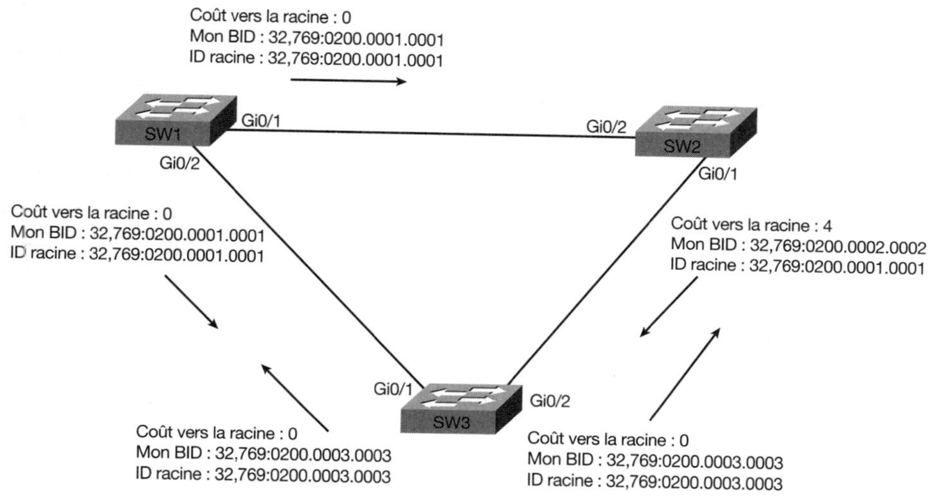

Figure 2.3

Le commencement du processus d'élection de racine.

Les deux candidats encore en lice comparent leur BID à celui qui a été reçu. SW3 sait alors que SW1 l'emporte, et celui-ci devient le commutateur racine, avec le BID 32769:0200.0000.0001.

La figure 2.4 illustre les messages résultant de ce processus. Après l'élection, seul le commutateur racine continue d'envoyer des BPDU Hello. Les autres commutateurs les reçoivent, modifient le champ d'identifiant, et le coût pour atteindre la racine, et diffusent la BPDU sur leurs autres interfaces.

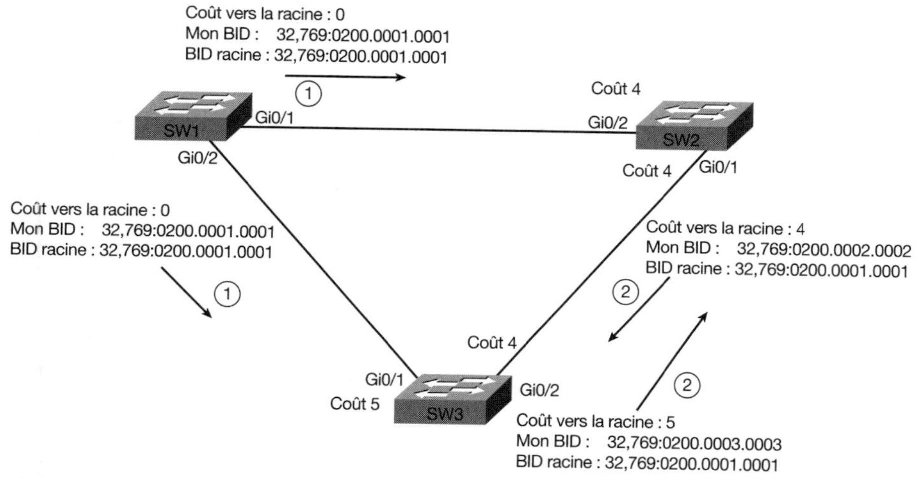

Figure 2.4

SW1 gagne l'élection.

Identification du port racine de chaque commutateur

Une fois l'élection de la racine terminée, le processus STP se poursuit par l'identification du *port racine* (RP) de chaque commutateur non racine. Ce port racine est l'interface par l'intermédiaire de laquelle l'équipement peut joindre la racine avec le coût STP le plus faible.

Pour calculer le coût, un commutateur ajoute le coût indiqué dans une BPDU Hello reçue au coût STP assigné à l'interface de réception. Ce coût est une valeur entière simplement attribuée à l'interface pour fournir un instrument de mesure objectif qui permet à STP de choisir les interfaces à inclure dans sa topologie.

La figure 2.5 illustre un exemple de la façon dont SW3 calcule le meilleur coût à partir des deux itinéraires possibles pour atteindre la racine, en ajoutant le coût annoncé dans les BPDU Hello à celui des interfaces qui est indiqué dans la figure.

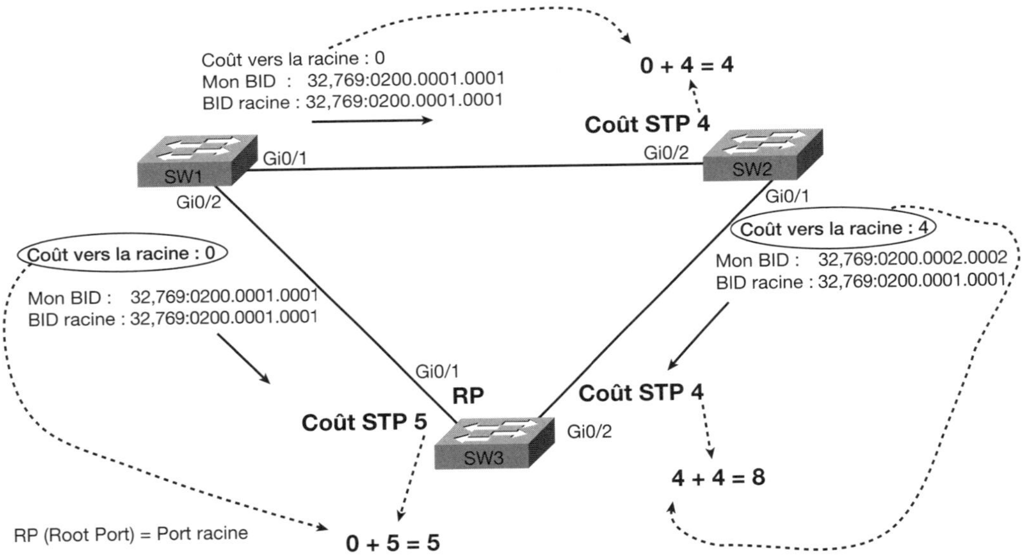

Sujet clé

Figure 2.5

Calcul par SW3 du meilleur coût vers la racine afin de choisir son port racine.

Suite au processus de calcul illustré dans la figure 2.5, SW3 choisit Gi0/1 en tant que port racine, car le coût calculé de 5 est inférieur à celui de l'autre chemin, 8, passant par Gi0/2. De même, SW2 choisira Gi0/2 comme port racine, avec un coût de 4. Chaque commutateur place son port racine dans un état de transmission.

Dans des topologies plus complexes, le choix du port racine n'est pas aussi évident. Un exemple dans lequel le choix du port racine est plus complexe sera développé plus loin dans la section « Dépannage de STP » de ce chapitre.

Choix du port désigné sur chaque segment de LAN

La dernière étape du processus de définition de la topologie STP consiste à choisir le *port désigné* sur chaque segment de LAN. Il s'agit du port annonçant la BPDU Hello de moindre coût vers la racine sur le segment. Lorsqu'un commutateur non racine transmet une BPDU Hello, il y indique son coût pour atteindre la racine. Le port désigné sur un segment est celui qui aura le coût le plus faible parmi tous ceux annoncés par les commutateurs connectés au même segment.

Par exemple, dans la figure 2.4, SW2 et SW3 transmettent tous deux des messages Hello sur le segment auquel ils sont reliés. Notez qu'ils annoncent leur coût vers la racine : 4 pour SW2 et 5 pour SW3. Par conséquent, le port Gi0/1 de SW2 est le port désigné sur ce segment de LAN. Tous les ports désignés étant placés dans un état de transmission, cette interface sera donc dans cet état.

En cas d'égalité de coût sur un segment, les commutateurs sont départagés d'après leur BID, le plus faible l'emportant. Dans ce cas, SW2 aurait gagné avec un BID 32769:0200.0002.0002 inférieur au BID 32769:0200.0003.0003 de SW3.

INFO

Un commutateur peut avoir plusieurs interfaces reliées au même domaine de collision lorsque des hubs sont utilisés. Il faut alors recourir à un moyen supplémentaire de sélection en cas d'égalité : le commutateur choisira l'interface portant le numéro interne le plus bas.

La seule interface qui n'a aucune raison de se trouver dans l'état de transmission dans les exemples des figures 2.3, 2.4 et 2.5 est Gi0/2 sur SW3. Le processus STP est maintenant terminé. Le tableau 2.5 reprend l'état de chaque port et la raison du choix de l'algorithme.

Tableau 2.5 : État de chaque interface

Interface	*État*	*Raison*
SW1, Gi0/1	Transmission	Interface de commutateur racine.
SW1, Gi0/2	Transmission	Interface de commutateur racine.
SW2, Gi0/2	Transmission	Port racine.
SW2, Gi0/1	Transmission	Port désigné sur le segment vers SW3.
SW3, Gi0/1	Transmission	Port racine.
SW3, Gi0/2	Bloquant	Ni port racine ni port désigné.

Le coût par port peut être configuré si vous n'utilisez pas le coût par défaut. Le tableau 2.6 liste les coûts par défaut définis par l'IEEE, adoptés aussi par Cisco. L'IEEE a dû revoir les valeurs initiales fixées au début des années 1980, car elles n'avaient pas anticipé le développement de l'Ethernet jusqu'à l'Ethernet 10 Gigabit.

Sujet clé

Tableau 2.6 : Coûts de ports par défaut définis par l'IEEE

Vitesse Ethernet	*Coût initial*	*Coût révisé*
10 Mbit/s	100	100
100 Mbit/s	10	19
1 Gbit/s	1	4
10 Gbit/s	1	2

Si STP est activé, toutes les interfaces opérationnelles sont placées dans l'un des deux états STP, de transmission ou de blocage, même celles configurées en accès. Les interfaces connectées à des hôtes ou des routeurs, qui n'emploient pas STP, relayent néanmoins les messages Hello. STP place les interfaces d'accès dans un état de transmission suite à l'étape de sélection du port désigné, le commutateur se trouvant être l'unique équipement à envoyer une BPDU Hello de moindre coût sur le segment concerné.

Réaction aux changements du réseau

Une fois que la topologie STP (l'ensemble des interfaces dans un état de transmission) a été définie par l'algorithme, elle ne change pas tant que le réseau est stable. Le processus converge vers une nouvelle topologie lorsqu'un changement survient. Cette section étudie le fonctionnement de STP dans ces deux situations.

Par défaut, le commutateur racine envoie une nouvelle BPDU Hello toutes les deux secondes. Chaque commutateur la relaye sur ses ports désignés après avoir changé deux éléments : le champ de coût pour prendre en compte son propre coût pour atteindre la racine, et le champ BID de l'émetteur (celui du BID de la racine n'est pas modifié). Les commutateurs continuent ainsi à recevoir des messages Hello toutes les deux secondes. La procédure suivante récapitule le fonctionnement de STP lorsque rien ne vient changer la topologie définie :

Sujet clé

1. La racine crée et envoie une BPDU Hello avec un coût de 0 sur toutes ses interfaces opérationnelles dans un état de transmission.
2. Les commutateurs non racine reçoivent les BPDU Hello sur leur port racine. Après en avoir modifié les champs de coût et de BID émetteur, ils les envoient sur leurs ports désignés.
3. Les étapes 1 et 2 se répètent jusqu'à ce qu'un changement survienne.

Chaque commutateur s'appuie sur ces BPDU Hello périodiques pour savoir que son chemin jusqu'au commutateur racine est actif. Lorsqu'un commutateur ne les reçoit plus, il réagit en initiant le processus de changement de la topologie STP. Pour diverses raisons, le processus de convergence requiert l'emploi de trois compteurs. Notez que tous les commutateurs les utilisent comme indiqué par le commutateur racine dans ses BPDU Hello périodiques. La description de ces compteurs est donnée dans le tableau 2.7.

Tableau 2.7 : Compteurs STP

Sujet clé

Compteur	*Description*	*Valeur par défaut*
Hello	L'intervalle de temps entre deux BPDU Hello créées par la racine.	2 secondes.
Max Age	Le délai d'attente survenant après la non-réception des BPDU Hello avant le déclenchement d'un changement de topologie STP.	
Forward Delay	Délai influant sur le processus faisant passer une interface de l'état bloquant à l'état de transmission. Celle-ci passe d'abord par deux états transitoires, d'écoute (*Listening*) et de découverte (*Learning*), chacun d'une durée égale à la valeur de ce compteur.	15 secondes.

Si un commutateur ne reçoit pas de BPDU Hello durant l'intervalle Hello, son comportement reste normal. S'il n'en reçoit toujours pas après écoulement du délai Max Age, il réagit en entamant le processus de modification de topologie. Ce processus consiste essentiellement en la réévaluation du commutateur racine ou du port racine et des ports désignés pour un commutateur non racine.

La meilleure façon de décrire le processus de convergence est d'utiliser une topologie similaire à l'exemple précédemment décrit. La figure 2.6 reprend toujours la même illustration avec l'interface Gi0/2 de SW3 dans un état bloquant, mais en supposant cette fois que l'interface Gi0/2 de SW1 vient juste de tomber en panne.

SW3 réagit au changement car il ne reçoit plus les BPDU Hello sur son interface Gi0/1. SW2 n'a toutefois pas besoin de réagir puisqu'il continue à les recevoir sur son interface Gi0/2. Dans ce cas, SW3 répond après dépassement du délai Max Age sans réception des BPDU ou dès qu'il s'aperçoit du dysfonctionnement de Gi0/1 – si l'interface est en panne, le commutateur peut supposer que les BPDU n'arriveront plus.

SW3 peut donc agir. Il commence par réévaluer le choix du commutateur racine. Il continue de recevoir les BPDU Hello de SW1 transmis par SW2, qui indiquent une valeur de BID plus faible que la sienne et s'aperçoit donc que SW1 reste le meilleur commutateur pour le rôle de racine.

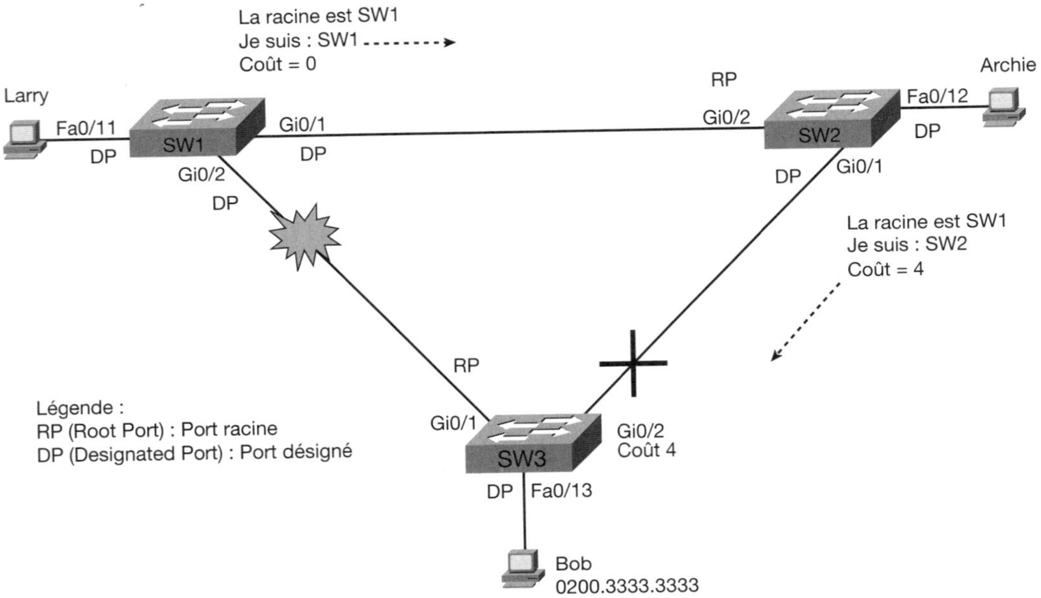

Figure 2.6

Réaction suite à une panne de liaison entre SW1 et SW3.

SW3 reconsidère ensuite son choix de port racine. Puisqu'il continue de recevoir des BPDU Hello sur une seule interface, Gi0/2, celle-ci devient le nouveau port racine quel que soit le coût calculé – il devrait être de 8 : 4 annoncé par SW2 plus 4 de l'interface.

Enfin, SW3 réévalue son rôle en tant que commutateur désigné pour toute autre interface. Dans notre exemple, aucun travail supplémentaire n'est nécessaire. SW3 maintient son rôle *via* son interface Fa0/13, car aucun autre commutateur n'est relié à ce port.

Lors du processus de convergence de STP, les interfaces d'un commutateur changent d'état. Une transition directe de l'état bloquant à l'état de transmission n'est toutefois pas possible, car elle pourrait temporairement entraîner l'acheminement de trames en boucle. Pour empêcher cela, une interface passe d'abord par deux états intermédiaires, comme suit :

Sujet clé

- **État d'écoute (*Listening*).** Comme pour l'état bloquant, celui-ci empêche l'acheminement des trames. Les anciennes entrées de table d'adressage MAC, maintenant incorrectes, expirent durant cet intervalle, car elles seraient la cause de boucles temporaires.
- **État de découverte (*Learning*).** Il en va de même pour ce qui est de la transmission de trames, mais le commutateur commence sa phase de découverte des adresses MAC dans les trames reçues sur l'interface concernée.

Lors du changement de l'état bloquant à l'état de transmission en passant par les deux états transitoires précités, il peut s'écouler un délai d'environ 50 secondes, qui se décompose de la façon suivante : la valeur du compteur Max Age, de 20 secondes par défaut (après la non-réception des BPDU Hello), plus deux fois la valeur du compteur ForwardDelay, de 15 secondes, pour les deux états transitoires. Pour synthèse, le tableau 2.8 reprend les divers états STP.

Tableau 2.8 : Les états du protocole STP IEEE 802.1d

Sujet clé

État	*Transmission*	*Découverte des adresses MAC*	*Type d'état*
Bloquant (*Blocking*)	Non	Non	Stable
Écoute (*Listening*)	Non	Non	Transitoire
Découverte (*Learning*)	Non	Oui	Transitoire
Transmission (*Forwarding*)	Oui	Oui	Stable
Désactivé (*Disabled*)	Non	Non	Stable

Fonctionnalités STP optionnelles

Le protocole STP a été introduit depuis plus de vingt ans. Les commutateurs Cisco implémentent la norme STP IEEE 802.1d, mais au fil des ans, le constructeur a ajouté des fonctionnalités propriétaires pour l'améliorer. Dans certains cas, l'IEEE a ajouté ces améliorations, ou des variantes analogues, à ses normes ultérieures, soit en tant que révision de la norme 802.1d, soit en tant que norme supplémentaire. Les sections suivantes examinent trois des apports supplémentaires au STP de base : *EtherChannel*, *PortFast* et *BPDU Guard*.

INFO

Si vous projetez de travailler sur un réseau de campus, il vous faudra certainement en apprendre davantage sur STP que ce que ce livre aborde. Pour cela, reportez-vous au guide de configuration du système Cisco pour les commutateurs 2960 et consultez les chapitres relatifs à STP, RSTP et aux fonctions optionnelles de STP. Dans l'introduction de ce livre, vous obtiendrez des indications sur l'obtention de la documentation Cisco.

EtherChannel

La meilleure façon de réduire le temps de convergence de STP – par défaut de 50 secondes – serait tout simplement de ne pas avoir à converger. Dans ce but, vous pourrez utiliser la fonctionnalité EtherChannel qui évite la convergence lorsqu'un seul port ou câble est fautif.

EtherChannel peut en effet combiner en un seul canal plusieurs liens parallèles (jusqu'à huit liens) entre deux commutateurs. En ce qui concerne le processus de transmission ou de STP, le commutateur les gère comme s'il était question d'une seule interface. En cas de dysfonctionnement, la convergence STP n'a pas lieu tant qu'il reste au moins un lien actif. La figure 2.7 illustre l'interconnexion de commutateurs par des canaux composés de deux connexions Gigabit Ethernet.

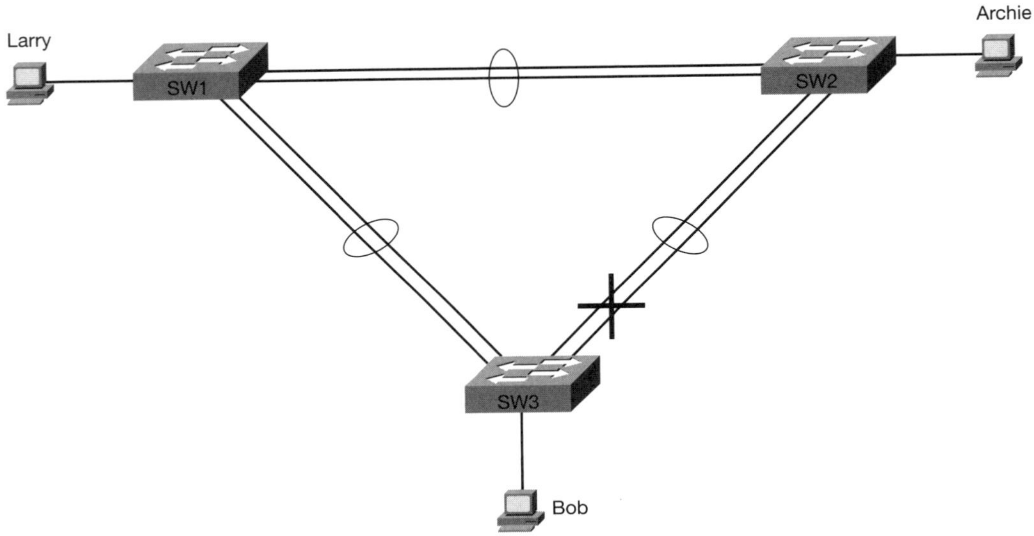

Figure 2.7
L'interconnexion de commutateurs par des canaux EtherChannel.

Dans cet exemple, puisque STP gère les deux liens Ethernet d'un canal comme représentant une seule connexion, la convergence ne serait déclenchée que s'ils tombaient tous deux en panne. En l'absence d'EtherChannel dans le cas de plusieurs liens parallèles entre deux commutateurs, STP n'autoriserait qu'un seul lien actif à la fois. Grâce à EtherChannel, les liens sont actifs et fonctionnent simultanément tout en réduisant le nombre de convergences, ce qui améliore la disponibilité du réseau.

EtherChannel offre également une plus grande bande passante. Tous les tronçons d'un canal EtherChannel sont soit dans un état de transmission, soit dans un état de blocage, puisque STP les voit comme un tout. Ainsi, lorsqu'un canal EtherChannel se trouve dans l'état de transmission, les commutateurs peuvent équilibrer la charge sur tous les tronçons qui le composent, profitant ainsi de la bande passante globale du canal.

PortFast

La fonctionnalité PortFast permet à un commutateur de placer un port dans un état de transmission dès que celui-ci devient physiquement actif, sans tenir compte des choix topologiques de STP ou des phases transitoires d'écoute et de découverte d'adresses. Toutefois, elle ne peut être appliquée sans risque que sur les ports auxquels aucun commutateur ou autre équipement supportant STP n'est connecté.

Cette fonctionnalité est des plus appropriée dans le cas d'un équipement d'utilisateur final. Dans ce cas, lorsqu'elle est activée, le commutateur peut passer dans l'état de transmission dès le démarrage du PC, lorsque la carte Ethernet de ce dernier est active. Sans cette fonctionnalité, le commutateur doit d'abord attendre la confirmation du statut de port désigné de l'interface, puis attendre pendant les deux états transitoires d'écoute (*Listening*) et de découverte (*Learning*).

Sécurité STP

Les interfaces de commutateur reliées à des PC d'utilisateurs sur le LAN posent un risque pour la sécurité. Un attaquant pourrait relier un commutateur sur l'une d'elles avec une meilleure priorité STP et devenir la racine. De plus, en connectant un tel commutateur à plusieurs commutateurs légitimes, il pourrait envoyer une grande quantité de trafic sur le LAN ou utiliser un analyseur de réseau pour capturer un volume important de trames transitant sur le réseau. Un utilisateur pourrait aussi gravement handicaper le LAN par inadvertance, par exemple, en y connectant un commutateur bas de gamme et entraîner une boucle de transmission ou d'autres problèmes liés au processus d'élection de la racine.

La fonction Cisco BPDU Guard permet de lutter contre ce genre de problèmes en désactivant un port si celui-ci reçoit des BPDU illégitimes. Elle est particulièrement utile dans le cas des ports configurés en accès et qui ne sont jamais connectés à un autre commutateur. Elle est aussi souvent utilisée sur une interface où PortFast est actif, l'état de transmission augmentant le risque de boucle.

Une autre fonction de sécurité, Cisco Root Guard, offre une protection dans le cas d'un commutateur illégal tentant de s'accaparer le rôle de racine. Elle permet à un autre commutateur de se connecter à l'interface où elle est active et de participer au processus STP d'échange de BPDU. Toutefois, en cas de réception de BPDU supérieures, elle réagit non seulement en ignorant ces BPDU, mais aussi en désactivant l'interface, l'empêchant ainsi d'émettre et de recevoir des trames jusqu'à ce que la réception cesse – le commutateur active alors de nouveau l'interface.

Protocole Rapid STP (IEEE 802.1w)

Comme mentionné précédemment dans ce chapitre, l'IEEE définit STP dans la norme 802.1d. Cet organisme a également introduit RSTP (*Rapid Spanning-Tree Protocol*), une variante optimisée de STP qui est définie dans la norme 802.1w.

Le fonctionnement de RSTP partage beaucoup de similitudes avec celui de STP :

Sujet clé

- Il élit le commutateur racine au moyen des mêmes paramètres et critères de distinction en cas d'égalité.
- Il identifie le port racine sur les commutateurs non racine selon les mêmes règles.
- Il choisit de la même façon les ports désignés sur chaque segment de LAN.
- Il place chaque port dans un état de transmission ou bloquant, ce dernier étant désigné état de rejet (*Discarding*) dans RSTP.

RSTP peut être déployé parallèlement à STP et ses fonctionnalités seront actives sur les équipements qui le gèrent.

Le principal avantage de RSTP concerne la réduction de temps de convergence lors des changements topologiques, celui de STP étant assez long (50 secondes avec les paramètres par défaut). En effet, RSTP améliore la convergence en éliminant ou réduisant certains intervalles de temps que STP doit observer pour éviter la création de boucles lors de changements de topologie. Alors que STP requiert une période d'attente de Max Age (de 20 secondes par défaut) avant de réagir à certains événements, RSTP ne doit attendre que trois intervalles Hello (par défaut, un délai 6 secondes). De plus, RSTP élimine les deux intervalles Forward Delay (de 15 secondes chacun par défaut) des états d'écoute et de découverte.

Le temps de convergence de RSTP est généralement inférieur à 10 secondes. Dans certains cas, il peut même être ramené à 1 ou 2 secondes. Les sections suivantes examinent la terminologie et les processus utilisés par RSTP pour éliminer les défauts de STP et améliorer le temps de convergence.

INFO

Comme c'est le cas dans beaucoup de documentations, les références à STP correspondent à la norme 802.1d alors que RSTP renvoie à la norme 802.1w.

Types de liaisons RSTP

RSTP définit trois types principaux de connexions pour un LAN de campus :

- du type Lien point à point (*link-type point-to-point*) ;
- du type Lien partagé (*link-type shared*) ;
- du type Extrémité (*edge-type*).

Chacun de ces types est illustré à la figure 2.8.

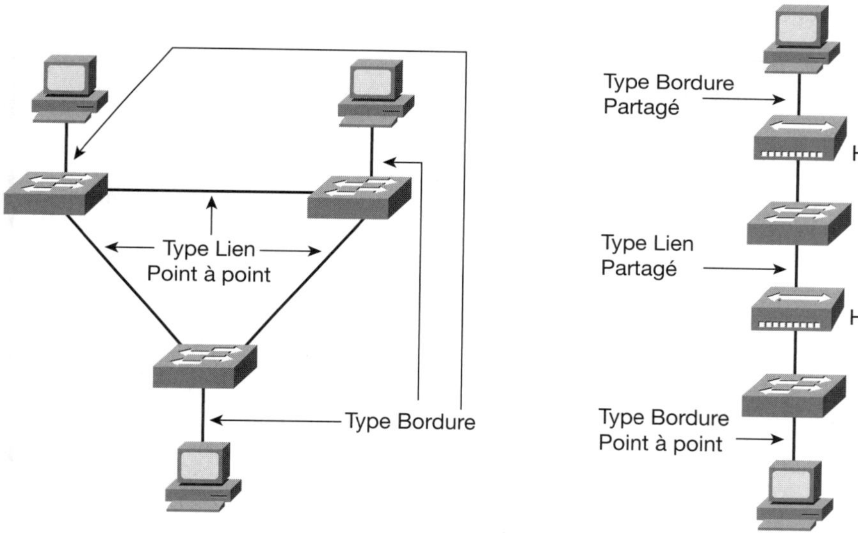

Figure 2.8

Types de connexions RSTP.

Cet exemple présente deux réseaux. Celui de gauche est une conception de campus typique de nos jours, sans hub. Des câbles Ethernet servent à interconnecter les commutateurs et les ordinateurs d'utilisateurs finals. RSTP a été conçu pour améliorer la convergence sur ce type de réseau.

Sur le réseau de droite, deux hubs sont employés pour relier des commutateurs entre eux et pour raccorder un PC à son commutateur respectif. La majorité des réseaux n'utilisent plus de hub aujourd'hui. Il faut savoir que l'IEEE n'a pas prévu le fonctionnement de RSTP sur des réseaux utilisant des hubs partagés, et son algorithme n'améliorerait pas la convergence sur ce type de réseau.

Avec RSTP, les connexions Ethernet entre les commutateurs sont qualifiées de *liens* (*link*), et celles vers les utilisateurs finaux sont qualifiées d'*extrémités* (*edge*). Il existe deux types de liens RSTP : point à point, comme illustré sur le réseau de gauche de la figure 2.8, et partagés (*shared*), comme illustré sur le réseau de droite. Par contre, RSTP ne fait pas de distinction entre les types point à point et partagé pour les extrémités.

RSTP réduit le temps de convergence pour les liens point à point et pour les connexions d'extrémité, mais pas pour les liens partagés. Cependant, cela importe peu puisque la plupart des réseaux modernes n'emploient pas de hub entre les commutateurs.

États de ports RSTP

Il est important de se familiariser avec la désignation des états de ports utilisée avec RSTP (voir tableau 2.9). Une brève description suit.

Sujet clé

Tableau 2.9 : État des ports RSTP et STP

État fonctionnel	*État STP*	*État RSTP*	*Transmission*
Activé (*Enabled*)	Bloquant (*Blocking*)	Rejet (*Discarding*)	Non
Activé (*Enabled*)	Écoute (*Listening*)	Rejet (*Discarding*)	Non
Activé (*Enabled*)	Découverte (*Learning*)	Découverte (*Learning*)	Non
Activé (*Enabled*)	Transmission (*Forwarding*)	Transmission (*Forwarding*)	Oui
Désactivé (*Disabled*)	Désactivé (*Disabled*)	Rejet (*Discarding*)	Non

À l'instar de STP, RSTP se stabilise avec les interfaces dans un état de transmission ou un état de rejet. Lorsqu'un port se trouve dans un état de rejet, il ne transmet ni ne traite les trames reçues, et ne découvre pas non plus les adresses MAC. En revanche, il écoute les BPDU. En bref, cet état est analogue à l'état de blocage de STP. RSTP emploie aussi un état transitoire de découverte lorsqu'une interface passe du rejet à la transmission, mais seulement pour un bref intervalle de temps.

Rôles de ports

STP et RSTP utilisent tous deux les concepts d'état et de rôle de ports. L'algorithme de STP détermine d'abord le rôle, par exemple s'il est question d'un port racine ou d'un port désigné, puis il choisit l'état stable le plus approprié, à savoir l'état de transmission pour ces rôles, et l'état bloquant pour les autres rôles.

RSTP ajoute trois autres rôles de ports, dont deux sont illustrés figure 2.9. Le troisième, désactivé, n'y apparaît pas, il se rapporte simplement aux interfaces non opérationnelles.

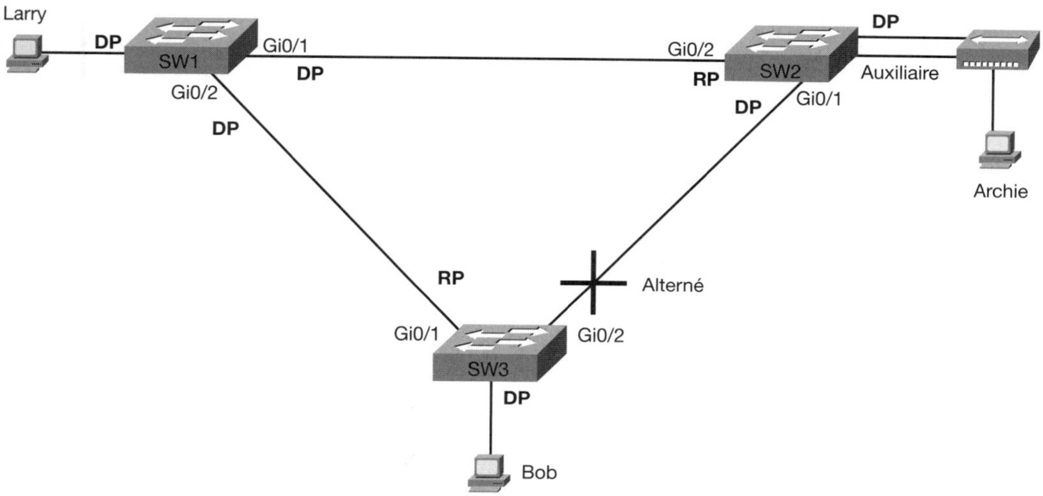

Figure 2.9
Rôles de ports de RSTP.

Le port substitut (*alternate*) représente la meilleure solution de remplacement du port racine (*RP*) d'un commutateur. Par exemple, comme avec STP, SW3 possède un port racine, Gi0/1, mais il reçoit aussi des BPDU Hello sur l'interface Gi0/2 – reportez-vous à la figure 2.4 pour un rappel sur le flux des BPDU en situation stable. RSTP désigne comme port substitut un port recevant des BPDU de moindre priorité par rapport à celles reçues sur le port racine. Si SW3 cesse de recevoir des messages Hello de l'équipement racine, RSTP choisit le meilleur port substitut comme port racine pour débuter le processus de convergence.

L'autre rôle de RSTP, celui de port auxiliaire (*backup*), s'applique uniquement dans le cas où un commutateur possède deux liens vers un même segment (domaine de collision). Pour disposer de deux liens, il doit être relié à un hub, comme SW2 dans la figure 2.9. Dans cet exemple, le commutateur peut alors placer un port dans le rôle de port désigné (qui sera dans un état de transmission), et l'autre port dans celui de port auxiliaire (qui sera dans un état de rejet), et émettre une BPDU par l'intermédiaire du premier et recevoir la même BPDU *via* le second. Il sait ainsi qu'il dispose d'une connexion supplémentaire sur ce segment, autrement dit, d'un port de secours. Si le port en état de transmission tombe en panne, SW2 peut rapidement faire passer le port auxiliaire de l'état de rejet à celui de découverte, puis finalement à l'état transmission.

Le tableau 2.10 récapitule les rôles pour STP et RSTP.

Sujet clé

Tableau 2.10 : Rôles de ports avec RSTP et STP

Rôles RSTP	*Rôles STP*	*Définition*
Port racine	Port racine	Un seul port sur chaque commutateur non racine par lequel le commutateur reçoit la meilleure BPDU parmi toutes celles qu'il a reçues.
Port désigné	Port désigné	Parmi tous les ports de tous les commutateurs connectés au même segment/domaine de collision, le port qui annonce la meilleure BPDU.
Port substitut (*alternate*)	—	Un port de commutateur qui reçoit une BPDU de moindre priorité.
Port auxiliaire (*backup*)	—	Un port non désigné qui est relié au même segment/domaine de collision qu'un autre port du même commutateur.
Désactivé (*disabled*)	—	Un port qui est désactivé ou non opérationnel pour d'autres raisons.

Convergence RSTP

Nous avons débuté cette section en précisant combien RSTP et STP se ressemblent : ils élisent la racine en procédant de la même manière, choisissent les ports désignés à l'aide des mêmes règles, etc. Cependant, comme précisé auparavant, RSTP a été créé pour optimiser le temps de convergence.

L'algorithme (STA, *Spanning Tree Algorithm*) de RSTP présente des différences fonctionnelles par rapport à son prédécesseur. Par exemple, dans une situation stable, chaque commutateur génère et émet des BPDU Hello de façon indépendante au lieu de simplement modifier et retransmettre celles reçues de l'équipement racine. Dans les situations stables, le résultat final est identique : un commutateur qui continue à recevoir les mêmes BPDU Hello contenant un coût et un BID de racine identiques maintient la topologie telle qu'elle est.

Les principaux changements intervenus dans la version RSTP de l'algorithme STA concernent les situations de modification de la topologie. RSTP agit alors différemment sur certaines interfaces en se fondant sur leur caractérisation, qui est dépendante de l'équipement qui y est connecté.

Port d'extrémité et PortFast

RSTP accélère la convergence pour les connexions de type extrémité en plaçant immédiatement le port dans un état de transmission lorsque le lien est physiquement actif. En fait, il traite ce port de la même manière que la fonctionnalité propriétaire PortFast de Cisco. D'ailleurs, il suffit de configurer celle-ci pour activer RSTP sur des interfaces d'extrémité de commutateurs Cisco.

Liaison du type partagé

Par défaut, RSTP qualifie de partagée une liaison semi-duplex (*half duplex*), et dans ce cas, il ne se comporte pas différemment de STP. Toutefois, puisque la majorité des liaisons inter-commutateurs actuels sont essentiellement du type point à point, cela importe peu.

Liaison du type point à point

les liaisons point à point, aussi qualifiées par défaut de liaisons inter-commutateurs, fonctionnent en duplex intégral (*full duplex*). RSTP peut optimiser la convergence sur ce genre de liaisons en écourtant le temps d'attente après détection de la perte du chemin vers le commutateur racine. En effet, le délai observé correspond à trois fois l'intervalle Hello, soit 6 secondes, alors qu'avec STP, un commutateur doit attendre un délai équivalent au compteur Max Age, soit 20 secondes par défaut, lorsqu'il ne reçoit plus de BPDU sur son port racine, avant d'entamer le processus de convergence.

Par ailleurs, RSTP élimine le besoin de passer par l'état d'écoute (*Listening*) et réduit le temps de découverte d'adresses (*Learning*) en confirmant activement la nouvelle topologie du réseau. STP attend passivement de recevoir les nouvelles BPDU, et y réagit simplement durant les états d'écoute et de découverte. Avec RSTP, les commutateurs voisins s'échangent des messages qui leur permettent de déterminer rapidement si une interface peut basculer immédiatement dans un état de transmission. Le plus souvent, ce processus ne prend qu'une seconde ou deux pour le domaine RSTP tout entier.

Exemple de convergence rapide avec RSTP

Plutôt que d'expliquer chaque détail de la convergence RSTP, un exemple vous permettra de mieux appréhender ce processus. Nous nous fonderons sur l'exemple de réseau de la figure 2 10.

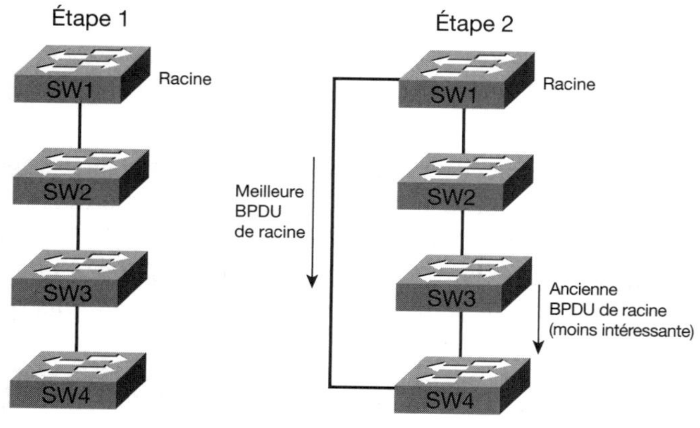

Figure 2.10
Exemple de convergence RSTP : étapes 1 et 2.

À l'étape 1, le réseau est exempt de redondance. RSTP a placé tous les liens point à point dans un état de transmission. Pour introduire une redondance, un autre lien point à point est ajouté entre SW1 et SW4 (étape 2). RSTP doit alors converger.

La décision de converger est prise lorsque SW4 réalise que les deux BPDU, l'ancienne et la nouvelle, désignent le même commutateur racine, à savoir SW1, mais que celle provenant directement de ce dernier annonce un coût plus faible. SW4 doit alors placer le nouveau lien dans un état de transmission, son interface devenant son port racine.

À ce stade, le comportement de RSTP diffère de celui de STP. RSTP sur SW4 bloque à présent temporairement tous les autres ports, empêchant l'introduction de boucles. Ce commutateur entame ensuite un processus de négociation avec le voisin accessible sur son nouveau port racine, SW1, au moyen de messages de proposition (*proposal*) et d'accord (*agreement*). Finalement, SW4 et SW1 s'accordent pour chacun placer leur interface dans un état de transmission. La figure 2.11 illustre ces troisième et quatrième étapes.

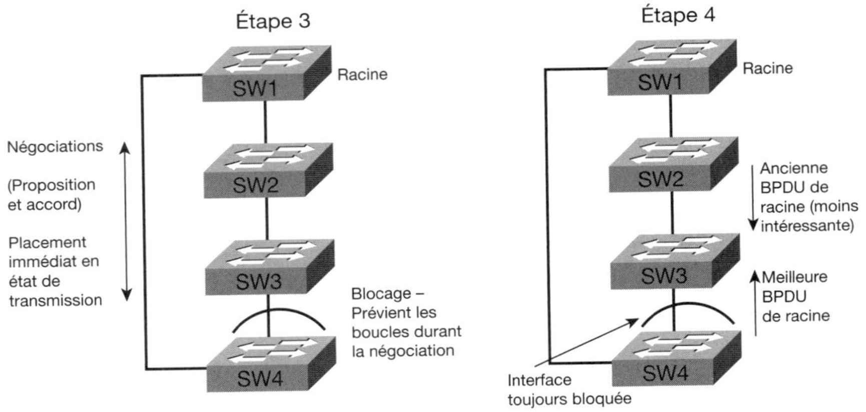

Figure 2.11
Exemple de convergence RSTP : étapes 3 et 4.

Lorsqu'un commutateur veut placer un nouveau port dans un état de transmission, il doit d'abord bloquer tous les autres ports du type lien qui sont connectés à d'autres commutateurs. Ce principe est essentiel pour la convergence RSTP. Il négocie ensuite avec l'autre commutateur pour que les deux équipements placent leur lien dans l'état de transmission. En fait, il invite l'autre équipement à lui faire confiance, en lui assurant qu'il bloquera ses autres ports jusqu'à ce qu'il soit sûr de pouvoir les réutiliser.

Dans notre exemple, la convergence n'est pas encore terminée. La topologie actuelle montre SW4 avec une interface bloquée, ce qui ne constitue pas encore la meilleure topologie RSTP.

L'échange survenu entre SW1 et SW4 est maintenant initié de façon similaire entre SW4 et SW3. À l'étape 4, SW4 bloque toujours pour éviter les boucles. Il transmet toutefois la nouvelle BPDU racine à SW3, qui reçoit alors deux BPDU différentes. SW3 considère que la BPDU de SW4 est meilleure que celle reçue de SW2. Se met alors en place la logique suivante :

1. SW3 décide de changer de port racine en réaction à la nouvelle BPDU reçue de SW4.
2. Il bloque tous les autres ports du type lien. RSTP qualifie ce processus de *synchronisation*.
3. SW3 et SW4 négocient.
4. À l'issue de la négociation, SW4 et SW3 peuvent chacun de leur côté placer le lien point à point dans un état de transmission.
5. SW3 maintient tous les autres ports du type lien dans un état de blocage jusqu'à la prochaine étape du processus.

La figure 2.12 illustre cette logique à l'étape 5 et le comportement qu'elle induit à l'étape 6.

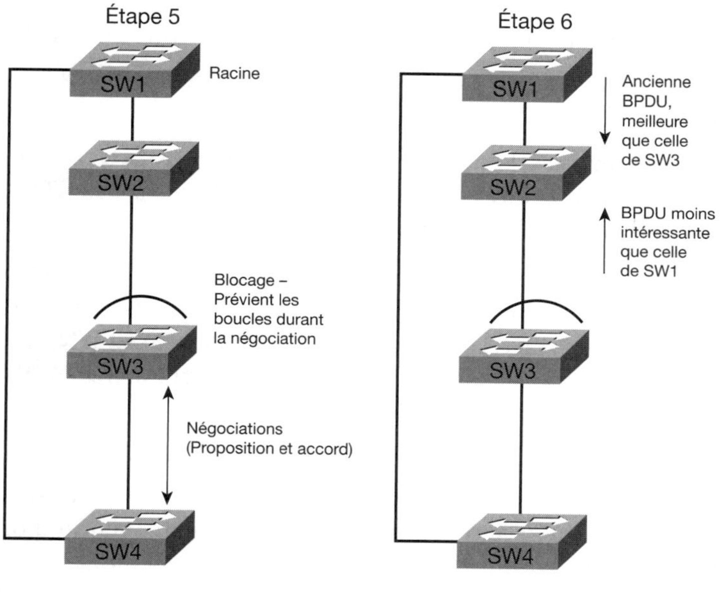

Figure 2.12

Exemple de convergence RSTP : étapes 5 et 6.

SW3 bloque son interface vers SW2 tout en lui transmettant la nouvelle BPDU. Ainsi, ce dernier reçoit maintenant deux BPDU, mais l'ancienne est toujours plus intéressante que la nouvelle. Il ne réagit donc pas, ce qui termine la convergence RSTP.

Malgré la longueur de son explication, le déroulement de ce processus ne nécessite pas plus d'une seconde. Pour l'examen, tâchez de mémoriser la terminologie associée à RSTP et de savoir en quoi il améliore la convergence par rapport à STP.

Configuration et vérification de STP

Les commutateurs Cisco emploient par défaut STP IEEE 802.1d. Il suffit de les interconnecter au moyen de câbles Ethernet dans une topologie redondante, et STP garantira l'absence de boucle, sans aucune configuration de votre part.

Bien que vous puissiez vous appuyer ainsi sur STP, il est préférable d'en comprendre le fonctionnement, de savoir interpréter le résultat de commandes **show** le concernant, et de pouvoir l'optimiser en configurant divers paramètres. Par exemple, tous les commutateurs emploient par défaut la même priorité. C'est donc celui qui aura la valeur d'adresse MAC la plus basse qui deviendra la racine. Si au lieu de ce comportement, un technicien veut qu'un certain commutateur soit toujours la racine (à condition qu'il soit actif), il peut lui attribuer une valeur de BID plus basse pour lui donner une plus grande priorité.

Les sections suivantes traitent de l'équilibrage de trafic au moyen de plusieurs instances d'arbre STP. Suivent ensuite plusieurs exemples de configuration pour STP et RSTP.

Instances multiples de STP

Lorsque l'IEEE a normalisé STP, les VLAN n'existaient pas encore. Lorsqu'ils ont été introduits, aucune norme n'autorisait l'emploi de plusieurs instances STP, et si une interface transmettait ou bloquait, elle le faisait sans distinction pour tous les VLAN.

Par défaut, les commutateurs Cisco emploient aujourd'hui la norme STP 802.1d (et non RSTP 802.1w), avec une fonction propriétaire nommée PVST+ (*Per-VLAN Spanning Tree Plus*), ou abrégée PVST, qui crée une instance STP pour chaque VLAN. Nous en introduirons les principes fondamentaux avant d'examiner les paramètres STP configurables, ceux-ci pouvant différer pour chaque instance.

Avec PVST+, le technicien réseau bénéficie d'un outil d'équilibrage de charge. En effet, l'emploi de différents paramètres STP permet aux commutateurs de choisir différents ports racine et ports désignés selon le VLAN. Leur trafic respectif pourra alors transiter sur divers tronçons. La figure 2.13 illustre l'idée de base, avec SW3 transmettant le trafic des VLAN identifiés par un nombre impair sur le tronçon Gi0/1, et celui des VLAN pairs sur le tronçon Gi0/2.

Lorsque l'IEEE élabora la norme RSTP 802.1w, les instances STP multiples n'étaient toujours pas gérées. Cisco implémenta alors une autre solution propriétaire permettant de gérer un VLAN par arbre RSTP, appelée RPVST (*Rapid Per-VLAN Spanning Tree*), ou PVRST (*Per-VLAN Rapid Spanning Tree*). Cette fonction ressemble donc à PVST+, sauf

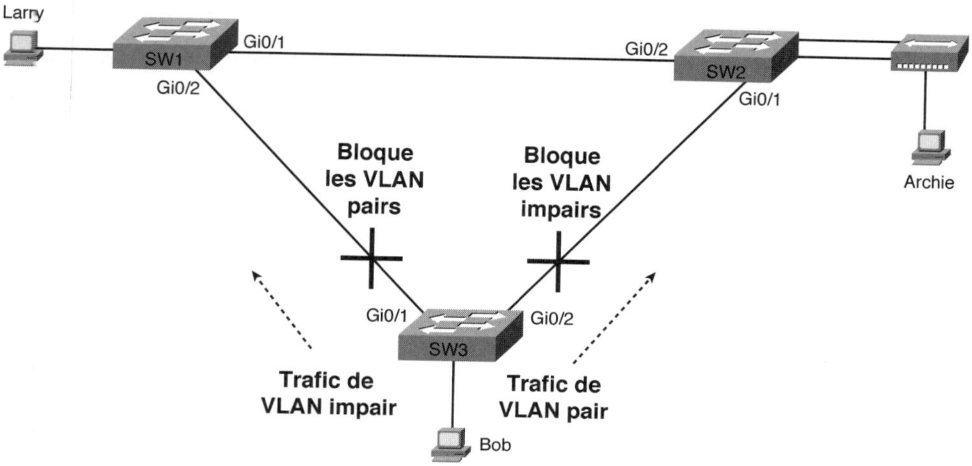

Figure 2.13
Équilibrage de charge au moyen de PVST+ .

Sujet clé

qu'elle concerne RSTP. Non seulement vous obtenez une convergence plus rapide, mais vous pouvez aussi équilibrer la charge, comme illustré à la figure 2.13.

L'IEEE a par la suite créé la norme 802.1s qui autorise finalement plusieurs instances RSTP. Elle est appelée MST (*Multiple Spanning Trees*) ou MIST (*Multiple Instances of Spanning Trees*). Cette norme offre la possibilité de créer plusieurs instances et d'y associer certains VLAN. Elle permet donc de produire le même type de configuration que l'exemple de la figure 2.13, où le trafic de VLAN transiterait sur l'un ou l'autre des tronçons en place selon que l'identifiant est pair ou impair. Et même en présence de 100 VLAN, les commutateurs n'auraient toujours besoin que de deux instances RSTP, au lieu de 100 instances dans le cas de PVRST. MIST requiert toutefois d'avantage de configurations sur chaque commutateur, principalement pour définir les instances RSTP et y associer les VLAN appropriés.

Le tableau 2.11 résume ces trois options de protocoles à instances d'arbres multiples.

Tableau 2.11 : Comparaison des trois options d'instances Spanning Tree multiples

Sujet clé

Option	*Gère STP*	*Gère RSTP*	*Travail de configuration*	*Instance unique par chemin redondant*
PVST+	Oui	Non	Faible	Non
PVRST	Non	Oui	Faible	Non
MIST	Non	Oui	Moyen	Oui

Options de configuration influant sur la topologie Spanning Tree

Indépendamment de la solution utilisée – PVST+, PVRST ou MIST –, deux options de configuration principales peuvent être utilisées pour influer sur la topologie STP et obtenir le type d'équilibrage de charge illustré figure 2.13 :

- Le BID influe sur le choix du commutateur racine, et pour les commutateurs non racine, sur celui de leur port racine.
- Le coût STP de chaque interface (par VLAN) pour atteindre la racine influe sur le choix du port désigné sur chaque segment de LAN.

Les sections suivantes présentent quelques détails concernant l'implémentation de STP sur les commutateurs Cisco, au-delà des concepts génériques traités plus haut dans ce chapitre.

Le BID et l'extension de l'ID système

Comme indiqué plus haut dans ce chapitre, un BID (*Bridge ID*) se compose d'un champ de priorité de deux octets et d'une adresse MAC de six octets. Dans la pratique, les commutateurs Cisco emploient un format IEEE de BID plus complexe qui subdivise le BID en deux parties (voir figure 2.14) pour ajouter un champ d'extension d'identifiant système de douze bits.

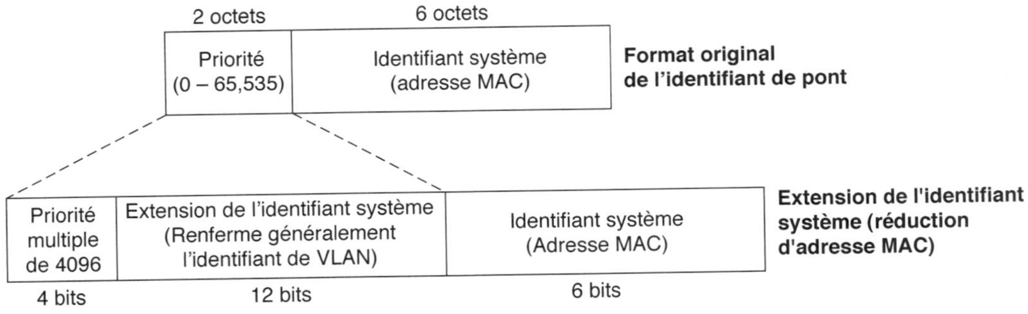

Sujet clé

Figure 2.14

Champ Extension d'ID système du BID.

Pour créer le BID pour l'instance STP d'un VLAN, un commutateur doit utiliser un paramètre de base pour la priorité, dont la valeur doit être un multiple du nombre 4096 (en décimal). Une fois converti en binaire, ce multiple se termine toujours par 12 bits à 0. L'identifiant de VLAN est ensuite ajouté, et il apparaît alors dans cette portion de 12 bits.

L'avantage d'utiliser une extension d'ID système est que PVST+ emploie alors un BID différent pour chaque VLAN. Par exemple, un commutateur configuré avec les identifiants de VLAN 1 à 4 et une priorité de base par défaut de 32 768 aura une priorité STP par défaut de 32 769 dans le VLAN 1, de 32 770 dans le VLAN 2 et de 32 771 dans le VLAN 3.

Coût de port par VLAN

Dans un VLAN, chaque interface de commutateur possède un coût STP par défaut (voir les coûts révisés du tableau 2.6). Sur les commutateurs Cisco, le coût STP se fondant sur la vitesse réelle de l'interface, il sera influencé par la vitesse négociée (voir tableau 2.6). Le coût change dynamiquement dès que l'équipement négocie une autre vitesse.

Vous pouvez également configurer le coût d'un port, soit pour tous les VLAN, soit pour chacun d'entre eux. Le commutateur ne tient alors plus compte de la vitesse négociée.

Récapitulation des options de configuration STP

Le tableau 2.12 récapitule les valeurs par défaut pour le BID et les coûts de port, ainsi que les commandes de configuration optionnelles traitées dans ce chapitre.

Tableau 2.12 : Options de configuration pour STP

Sujet clé

Paramètre	*Par défaut*	*Commande(s) pour modifier la valeur par défaut*
BID (*Bridge ID*)	Priorité : 32 768 + ID VLAN Système : adresse MAC gravée	**spanning-tree vlan** *id-vlan* **root {primary | secondary}** **spanning-tree vlan** *id-vlan* **priority** *priorité*
Coût d'interface	Selon le tableau 2.6 : 100 pour 10 Mbit/s, 19 pour 100 Mbit/s, 4 pour 1 Gbit/s, 2 pour 10 Gbit/s	**spanning-tree vlan** *id-vlan* **cost** *coût*
PortFast	Non activé	spanning-tree portfast
BPDU Guard	Non activé	spanning-tree bpduguard enable

Nous verrons dans la section sur la configuration comment examiner le fonctionnement de STP sur un réseau simple et modifier les paramètres optionnels.

Vérification du fonctionnement par défaut de STP

Les exemples suivants proviennent d'un petit réseau composé de deux commutateurs, comme illustré figure 2.15. Sur ce réseau, avec l'emploi des paramètres par défaut, toutes les interfaces doivent être dans un état de transmission, excepté une interface d'un lien reliant les commutateurs. L'exemple 2.1 illustre plusieurs commandes **show**.

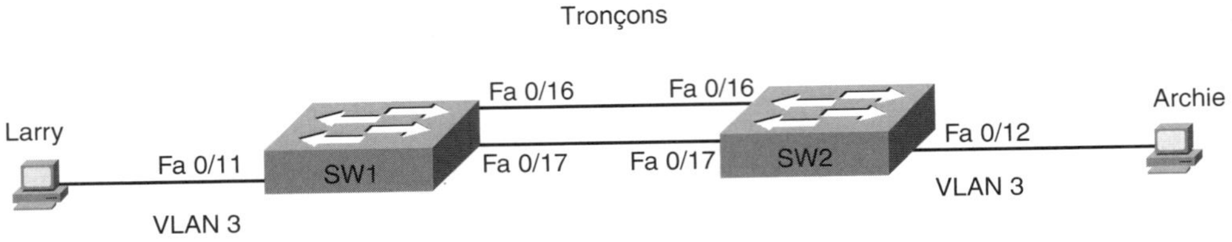

Figure 2.15
Réseau de deux commutateurs.

Exemple 2.1 *État STP avec les paramètres STP par défaut*

```
SW1#show spanning-tree vlan 3

VLAN0003
  Spanning tree enabled protocol ieee
 Root ID     Priority    32771
             Address     0019.e859.5380
             Cost        19
             Port        16 (FastEthernet0/16)
             Hello Time   2 sec  Max Age 20 sec  Forward Delay 15 sec

 Bridge ID  Priority     32771  (priority 32768 sys-id-ext 3)
             Address     0019.e86a.6f80
Hello Time   2 sec  Max Age 20 sec  Forward Delay 15 sec
             Aging Time 300

Interface        Role Sts Cost      Prio.Nbr Type
---------------- ---- --- --------- -------- --------------------------------
Fa0/11           Desg FWD 19        128.11   P2p
Fa0/16           Root FWD 19        128.16   P2p
Fa0/17           Altn BLK 19        128.17   P2p
SW1#show spanning-tree root

                                        Root    Hello Max Fwd
Vlan                   Root ID          Cost    Time  Age Dly  Root Port
---------------- -------------------- --------- ----- --- ---  ------------
VLAN0001         32769 0019.e859.5380        19     2  20  15  Fa0/16
VLAN0002         32770 0019.e859.5380        19     2  20  15  Fa0/16
VLAN0003         32771 0019.e859.5380        19     2  20  15  Fa0/16
VLAN0004         32772 0019.e859.5380        19     2  20  15  Fa0/16
```

```
! La commande suivante montre les mêmes informations que celles de
! show spanning-tree vlan 3, mais pour le commutateur local et dans un format
! plus concis.
SW1#show span vlan 3 bridge

                                                   Hello  Max  Fwd
Vlan                          Bridge ID             Time  Age  Dly  Protocol
---------------- ---------------------------------- ----- ---  ---  --------
VLAN0003          32771 (32768,   3) 0019.e86a.6f80    2   20   15  ieee
```

L'exemple 2.1 commence avec le résultat de la commande **show spanning-tree vlan 3** sur SW1. Elle montre les trois groupes principaux d'informations retournées : relatives au commutateur racine, au commutateur local, et au rôle et à l'état des interfaces. Vous pouvez facilement voir, en comparant les sections *Root ID* et *Bridge ID* en grisé, si le commutateur local est aussi le commutateur racine, car les identifiants seraient identiques. Ici, le commutateur local (SW1) n'est pas la racine.

Dans le troisième groupe d'informations de la commande, le résultat identifie une partie de la topologie STP en indiquant les interfaces incluses dans ce VLAN (les liaisons en accès et en tronçon opérationnelles pour celui-ci), leur rôle STP et leur état. Par exemple, SW1 identifie Fa0/11 comme étant un port désigné, car aucun autre commutateur n'entre en concurrence pour devenir le port désigné, comme l'indique l'abréviation *Desg* dans le résultat. Par conséquent, SW1 doit annoncer la BPDU Hello de plus faible coût sur ce segment, et place Fa0/11 dans l'état de transmission STP.

Bien que l'interface Fa0/16 soit signalée comme port racine pour SW1, la logique justifiant ce choix n'est pas apparente dans le résultat. SW1 reçoit des BPDU Hello de SW2 sur ses deux ports Fast Ethernet 0/16 et 0/17. Puisque ceux-ci présentent le même coût par défaut (19), le chemin de SW1 vers la racine est le même sur les deux interfaces. Dans une telle situation, les valeurs de priorité des interfaces sont utilisées pour les départager. Si elles sont aussi égales, le commutateur utilise le numéro interne d'interface le plus bas. La priorité et le numéro d'interface apparaissent dans la colonne *Prio.Nbr*. Dans ce cas, puisque les deux interfaces utilisent la priorité par défaut 128, SW1 les départage au moyen du numéro de port. Fa0/16 devient alors le port racine, et il est placé dans l'état de transmission.

Notez aussi que le résultat montre l'interface Fa0/17 comme étant un port (racine) substitut (*alternate*), ce qu'indique l'abréviation *Altn*. Le rôle de *port alternate* est un concept de RSTP, mais l'implémentation STP 802.1d de Cisco l'emploie aussi. Toutefois, comme ce port n'est ni racine ni désigné, SW1 le place dans un état bloquant.

La commande suivante dans l'exemple, **show spanning-tree root**, indique le BID du commutateur racine dans chaque VLAN. Notez que les deux commutateurs emploient les paramètres par défaut. Aussi, SW2 devient la racine dans les quatre VLAN existants.

Cette commande indique séparément la portion priorité du BID, en montrant les valeurs 32 769, 32 770, 32 771, et 32 772, fondées sur le champ d'extension de l'identifiant système décrit plus haut dans ce chapitre. La dernière commande de l'exemple, **show spanning-tree vlan 3 bridge id**, donne simplement des informations sur le BID du commutateur local dans le VLAN 3.

Configuration du coût de port STP et de la priorité du BID

L'exemple 2.2 montre comment influer sur la topologie STP en configurant le coût de port et la priorité de commutateur. Sur SW1, le coût de l'interface Fa0/17 est abaissé, ce qui rend son chemin vers la racine meilleur que celui du port Fa0/16. Ainsi, SW1 devient le commutateur racine par la modification de la priorité.

Exemple 2.2 *Modification du coût de port STP et de la priorité du BID (Bridge ID)*

```
SW1#debug spanning-tree events
Spanning Tree event debugging is on
SW1#configure terminal
Enter configuration commands, one per line.  End with CNTL/Z.
SW1(config)#interface Fa0/17
SW1(config-if)#spanning-tree vlan 3 cost 2
00:45:39: STP:  VLAN0003 new root port Fa0/17, cost 2
00:45:39: STP: VLAN0003 Fa0/17 -> listening
00:45:39: STP: VLAN0003 sent Topology Change Notice on Fa0/17
00:45:39: STP: VLAN0003 Fa0/16 -> blocking
00:45:54: STP: VLAN0003 Fa0/17 -> learning
00:46:09: STP: VLAN0003 sent Topology Change Notice on Fa0/17
00:46:09: STP: VLAN0003 Fa0/17 -> forwarding
SW1(config-if)#^Z
SW1#show spanning-tree vlan 3

VLAN0003
  Spanning tree enabled protocol ieee
  Root ID    Priority    32771
             Address     0019.e859.5380
             Cost        2
             Port        17 (FastEthernet0/17)
             Hello Time   2 sec  Max Age 20 sec  Forward Delay 15 sec

  Bridge ID  Priority    32771  (priority 32768 sys-id-ext 3)
             Address     0019.e86a.6f80
             Hello Time   2 sec  Max Age 20 sec  Forward Delay 15 sec
             Aging Time 15
```

```
Interface        Role Sts Cost      Prio.Nbr Type
---------------- ---- --- --------- -------- --------------------------------
Fa0/11           Desg FWD 19        128.11   P2p
Fa0/16           Altn BLK 19        128.16   P2p
Fa0/17           Root FWD 2         128.17   P2p
SW1#configure terminal
Enter configuration commands, one per line.  End with CNTL/Z.
SW1(config)#spanning-tree vlan 3 root primary
00:46:58: setting bridge id (which=1) prio 24579 prio cfg 24576 sysid 3
  (on) id 6003.0019.e86a.6f80
00:46:58: STP: VLAN0003 we are the spanning tree root
00:46:58: STP: VLAN0003 Fa0/16 -> listening
00:46:58: STP: VLAN0003 Topology Change rcvd on Fa0/16
00:47:13: STP: VLAN0003 Fa0/16 -> learning
00:47:28: STP: VLAN0003 Fa0/16 -> forwarding
```

L'exemple débute avec la commande **debug spanning-tree events** sur SW1. Elle demande au commutateur de consigner dans le journal chaque changement de rôle ou d'état STP d'une interface. Les messages consignés apparaissent dans l'exemple en tant que résultat des commandes décrites plus loin.

Le coût de l'interface Fa0/17 de SW1 est ensuite modifié dans le mode de configuration, pour le VLAN 3, à l'aide de la commande **spanning-tree vlan 3 cost 2**. SW1 affiche à la suite les premiers messages de debug explicites. On peut lire que Fa0/17 est maintenant le port racine de SW1, que Fa0/16 passe immédiatement dans un état bloquant, et que Fa0/17 bascule dans l'état de transmission en passant d'abord par les états d'écoute (*Listening*) et de découverte (*Learning*). Les transitions sont horodatées, ce qui permet de noter l'intervalle de 15 secondes (la valeur *Forward Delay* par défaut) que dure chacun des deux états.

INFO

Dans la plupart des commandes de configuration des paramètres STP, il est possible d'omettre l'argument **vlan** pour indiquer que le changement concerne tous les VLAN accessibles, par exemple : **spanning-tree cost 2**.

Le résultat de la commande **show spanning-tree** montre l'interface Fa0/16 dans l'état de blocage. Quant à Fa0/17, elle se trouve dans celui de transmission avec maintenant un coût de 2 vers la racine.

L'exécution de la commande **spanning-tree vlan 3 root primary** sur SW1 introduit un changement de la priorité de base pour le VLAN 3, avec une valeur de 24 579 (24 576 plus 3).

SW1 devient par conséquent le commutateur racine, comme le confirment les messages subséquents dans le résultat.

Cette commande permet de fixer une priorité de base inférieure à la priorité actuelle, pour que le commutateur devienne l'équipement racine du VLAN considéré :

Sujet clé

- Elle utilise la valeur 24 576 si l'équipement racine actuel possède une priorité supérieure à cette valeur.
- Elle diminue de 4 096 la priorité de base du commutateur racine actuel si sa priorité est inférieure ou égale à 24 576.

Il existe une commande **spanning-tree vlan** *id-vlan* **root secondary** qui indique au commutateur local d'utiliser une priorité de base suffisante pour devenir la racine si l'équipement racine principal tombe en panne. Indépendamment de la valeur de priorité utilisée par ce dernier, cette commande fixe emploie la valeur 28 672.

Notez que la priorité de base d'un commutateur peut aussi être explicitement définie au moyen de la commande de configuration globale **spanning-tree vlan** *id-vlan* **priority**. Toutefois, étant donné que de nombreuses conceptions de LAN reposent sur une configuration à base d'un commutateur racine connu et d'un commutateur racine auxiliaire (*backup*), on emploie de préférence les commandes précédentes.

Configuration de PortFast et de BPDU Guard

Les fonctionnalités PortFast et BPDU Guard sont aisément configurables sur n'importe quelle interface, au moyen des sous-commandes d'interface **spanning-tree portfast interface** et **spanning-tree bpduguard**, respectivement.

Configuration d'EtherChannel

Finalement, les deux commutateurs bénéficient d'une interconnexion redondante et leurs liens parallèles pourraient être gérés sous forme d'un canal EtherChannel. STP ne bloquerait alors aucune des deux interfaces et les gèrerait comme si elles ne formaient qu'une seule connexion Ethernet. L'exemple 2.3 illustre une telle configuration sur SW1 avec les commandes **show** de vérification.

Sur les commutateurs 2960, n'importe quel port (huit ports au maximum) peut participer à un canal EtherChannel. On utilise pour cela des sous-commandes d'interface. La sous-commande **channel-group 1 mode on** active le canal sur les interfaces Fa0/16 et Fa0/17. Le numéro de canal doit correspondre sur les deux commutateurs, soit 1 dans cet exemple. La configuration sur SW2 devra donc être identique. Avec le mot-clé **on**, l'interface participera toujours au canal EtherChannel. Ce qui signifie que si pour une raison quelconque SW2 n'était pas correctement configuré pour EtherChannel, le trafic ne serait alors pas transmis sur les interfaces.

Exemple 2.3 *Configuration et vérification d'un canal EtherChannel*

```
SW1#configure terminal
Enter configuration commands, one per line.  End with CNTL/Z.
SW1(config)#interface fa 0/16
SW1(config-if)#channel-group 1 mode on
SW1(config)#int fa 0/17
SW1(config-if)#channel-group 1 mode on
SW1(config-if)#^Z
00:32:27: STP: VLAN0001 Po1 -> learning
00:32:42: STP: VLAN0001 Po1 -> forwarding

SW1#show spanning-tree vlan 3

VLAN0003
  Spanning tree enabled protocol ieee
  Root ID    Priority    28675
             Address     0019.e859.5380
             Cost        12
             Port        72 (Port-channel1)
             Hello Time   2 sec  Max Age 20 sec  Forward Delay 15 sec

  Bridge ID  Priority    28675  (priority 28672 sys-id-ext 3)
             Address     0019.e86a.6f80
             Hello Time   2 sec  Max Age 20 sec  Forward Delay 15 sec
             Aging Time 300

Interface        Role Sts Cost      Prio.Nbr Type
---------------- ---- --- --------- -------- --------------------------------
Fa0/11           Desg FWD 19        128.11   P2p
Po1              Root FWD 12        128.72   P2p
SW1#show etherchannel 1 summary
Flags:  D - down        P - in port-channel
        I - stand-alone s - suspended
        H - Hot-standby (LACP only)
        R - Layer3      S - Layer2
        U - in use      f - failed to allocate aggregator
        u - unsuitable for bundling
        w - waiting to be aggregated
        d - default port


Number of channel-groups in use: 1
Number of aggregators:           1

Group  Port-channel  Protocol    Ports
------+-------------+-----------+-----------------------------------------------
1      Po1(SU)          -        Fa0/16(P)   Fa0/17(P)
```

Vous pouvez à la place utiliser les paramètres **auto** ou **desirable** sur l'un des commutateurs pour qu'une négociation prenne place, avec la formation d'un canal EtherChannel en cas de réussite. Si la négociation échoue, les ports concernés peuvent être utilisés, mais STP en bloquera quelques-uns.

L'emploi des paramètres **auto** et **desirable** peut être trompeur. Si vous configurez **auto** sur les deux commutateurs, le canal EtherChannel ne sera pas opérationnel, car ce mot-clé indique au commutateur d'attendre que l'autre équipement débute la négociation. Il faut que l'un des deux commutateurs reliés emploie **on** ou **desirable** pour que la négociation puisse réussir.

Dans le reste de l'exemple 2.3, vous pouvez constater plusieurs références au mot-clé *port-channel* ou au préfixe *Po*. Ils servent à désigner le canal EtherChannel de la perspective de STP, celui-ci traitant les liens comme un tout. Le système IOS du 2960 emploie pour cela l'abréviation *Po* (pour *port channel*) – un faisceau EtherChannel est parfois remplacé par l'expression *port channel* (canal de ports). Aussi, à la fin de l'exemple, la commande **show etherchannel 1 summary** utilise la désignation *Po1* pour signifier *port channel/Ether-Channel 1*.

Configuration de RSTP

Après avoir vu toutes les options de configuration de STP, la configuration de RSTP pourra vous sembler simpliste. En effet, une seule commande globale suffit sur chaque commutateur : **spanning-tree mode rapid-pvst**. Et comme vous le constatez de par sa syntaxe, elle permet aussi d'activer PVRST et d'exécuter une seule instance RSTP pour tous les VLAN définis.

Les autres commandes de configuration traitées dans cette section s'appliqueront à la fois à RSTP et à PVRST, et ce, sans aucun changement. Elles portent sur le BID, le coût de port et sur EtherChannel. En fait, la sous-commande **spanning-tree portfast** fonctionne même pour configurer une interface RSTP de type extrémité (*edge-type*), au lieu d'un type lien, permettant le placement direct de l'interface dans un état de transmission.

L'exemple 2.4 illustre un moyen de migrer vers une configuration RSTP et PVRST à partir d'une configuration STP et PVST+, et de déterminer si un commutateur implémente RSTP ou STP.

Il est important de noter la différence entre le terme *protocol rstp,* présenté ci-dessus, et *protocol ieee,* employé dans les exemples précédents, qui renvoie à la norme de l'IEEE STP 802.1d où le résultat de la commande **show spanning-tree** utilisait par défaut STP et PVST+.

Exemple 2.4 *Configuration et vérification de RSTP et PVRST*

```
SW1#configure terminal
Enter configuration commands, one per line.  End with CNTL/Z.
SW1(config)#spanning-tree mode ?
  mst         Multiple spanning tree mode
  pvst        Per-Vlan spanning tree mode
  rapid-pvst  Per-Vlan rapid spanning tree mode

! La ligne suivante configure le commutateur avec RSTP et PVRST.
SW1(config)#spanning-tree mode rapid-pvst
SW1(config)#^Z
! Le terme "protocol RSTP" ci-dessous signifie que ce commutateur emploie RSTP,
! et non le STP de l'IEEE.
SW1#show spanning-tree vlan 4

VLAN0004
  Spanning tree enabled protocol rstp
  Root ID    Priority    32772
             Address     0019.e859.5380
             Cost        19
             Port        16 (FastEthernet0/16)
             Hello Time   2 sec  Max Age 20 sec  Forward Delay 15 sec

  Bridge ID  Priority    32772  (priority 32768 sys-id-ext 4)
             Address     0019.e86a.6f80
             Hello Time   2 sec  Max Age 20 sec  Forward Delay 15 sec
             Aging Time 300

Interface        Role Sts Cost      Prio.Nbr Type
---------------- ---- --- --------- -------- --------------------------------
Fa0/16           Root FWD 19        128.16   P2p Peer(STP)
Fa0/17           Altn BLK 19        128.17   P2p Peer(STP)
```

Dépannage de STP

Bien que les sections suivantes appliquent les notions introduites au dépannage de problèmes réels, leur objectif est avant tout de vous préparer aux questions de l'examen. Notez qu'elles n'introduisent aucune notion nouvelle sur STP.

Les questions relatives à ce sujet ont la réputation d'être intimidantes. D'une part, malgré une expérience pratique des réseaux, vous êtes nombreux à n'avoir jamais eu besoin de dépanner des problèmes liés à STP. En effet, STP fonctionne bien avec les paramètres par défaut sur des réseaux de petite ou moyenne taille. De plus, la théorie et les commandes couvertes dans ce chapitre sont aisément compréhensibles, mais leur application face à un problème lors de l'examen requiert du temps.

Cette section décrit une procédure qui vous permettra de vous attaquer aux questions de l'examen. Il pourra vous être demandé de déterminer le rôle d'une interface, d'identifier le commutateur assurant le rôle de racine, de trouver les ports racine ou les ports désignés, mais aussi diverses autres questions. Voici la procédure que vous pouvez suivre, quel que soit le type de questions, pour analyser l'environnement STP de n'importe quel LAN et répondre aux questions :

Sujet clé

1. Déterminez le commutateur racine.
2. Pour chaque commutateur non racine, déterminez son port racine (RP) ainsi que son coût pour atteindre la racine.
3. Pour chaque segment, déterminez le port désigné et le coût annoncé.

Identification d'un commutateur racine

Il est facile d'identifier le commutateur racine STP si vous connaissez les BID (*Bridge ID*) des commutateurs, il suffit de prendre la valeur la plus faible. Si la question indique séparément les priorités et les adresses MAC, comme c'est souvent le cas avec le résultat d'une commande **show**, choisissez le commutateur avec la valeur de priorité la plus basse, et en cas d'égalité, celui ayant l'adresse MAC la plus faible numériquement.

Si une question requiert l'exécution de commandes pour identifier l'équipement racine, vous pourrez y répondre selon la méthodologie suivante. Tout d'abord, souvenez-vous que nombre de variations de la commande **show spanning-tree** indiquent dans la première section des informations retournées, le BID de l'équipement racine avec sa priorité sur une ligne et l'adresse MAC sur la suivante. Le BID du commutateur local se trouve dans la section subséquente (reportez-vous à l'exemple 2.1). Souvenez-vous que les commutateurs Cisco emploient par défaut PVST+. Aussi, soyez attentif au VLAN concerné dans les données STP retournées. Armé de ces précautions, vous pourrez donc adopter la conduite suivante :

1. Choisissez un commutateur par lequel commencer, puis identifiez le BID de la racine et celui du commutateur local pour le VLAN concerné à l'aide de la commande exec **show spanning-tree vlan** *id-vlan*.
2. Si les BID sont identiques, le commutateur local est la racine.

3. Si les BID diffèrent, procédez comme suit :

   a. Identifiez le port racine du commutateur local (toujours à l'aide des informations retournées par **show spanning-tree**).

   b. Au moyen de CDP (*Cisco Discovery Protocol*) ou de toute autre ressource, déterminez le commutateur qui se trouve à l'autre bout de la connexion arrivant sur le port racine trouvé à l'étape a.

   c. Ouvrez une session sur ce commutateur et répétez cette procédure depuis le point 1.

L'exemple 2.5 contient le résultat de la commande **show spanning-tree vlan 1**. Sans même connaître la topologie du LAN, essayez cette procédure en vous fondant sur ces informations, et comparez vos conclusions avec les explications données à la suite de l'exemple.

Exemple 2.5 *Identification du commutateur racine*

```
SW2#show spanning-tree vlan 1
VLAN0001
  Spanning tree enabled protocol ieee
  Root ID    Priority    32769
             Address     000a.b7dc.b780
             Cost        19
             Port        1 (FastEthernet0/1)
             Hello Time   2 sec  Max Age 20 sec  Forward Delay 15 sec

  Bridge ID  Priority    32769  (priority 32768 sys-id-ext 1)
             Address     0011.92b0.f500
             Hello Time   2 sec  Max Age 20 sec  Forward Delay 15 sec
             Aging Time 300

Interface        Role Sts Cost      Prio.Nbr Type
---------------- ---- --- --------- -------- --------------------------------
Fa0/1            Root FWD 19        128.1    P2p
Fa0/19           Desg FWD 100       128.19   Shr
Fa0/20           Desg FWD 100       128.20   Shr
SW2#show spanning-tree vlan 1 bridge id
VLAN0001          8001.0011.92b0.f500
```

Les portions surlignées indiquent le BID du commutateur racine (*Root ID*), incluant la priorité de base et l'adresse, puis celui de l'équipement local, SW2. Puisque celui de la racine est différent, l'étape suivante consiste à trouver le port racine de l'équipement local, en l'occurrence Fa0/1, qui est aussi donné dans le résultat de la commande. L'étape suivante consisterait à répéter la procédure sur l'équipement (non identifié dans l'exemple) à l'extrémité de la connexion à cette interface.

Détermination du port racine sur les commutateurs non racine

Chaque commutateur non racine possède un unique port racine (RP). Pour le choisir, le commutateur analyse les BPDU Hello entrantes. Pour chaque Hello reçu, il ajoute le coût indiqué dans la BPDU au coût du port qui l'a reçue. Parmi tous les ports concernés, le plus faible coût calculé l'emporte. S'il faut départager des coûts identiques, le commutateur choisit le port ayant la priorité la plus basse numériquement, et si cela ne suffit pas, la priorité est donnée au port possédant le numéro le plus bas.

Le paragraphe précédent résume la façon dont un commutateur non racine choisit son port racine. Toutefois, lorsqu'une question d'examen donne des informations sur le commutateur racine et le coût des ports, vous pouvez adopter une approche légèrement différente qui vous permettra peut-être de répondre plus rapidement. Par exemple, considérez le problème suivant à propos du réseau illustré figure 2.16.

> Dans le réseau commuté de la figure 2.16, tous les commutateurs et segments sont opérationnels, avec STP activé dans le VLAN 1. SW1 a été élu commutateur racine. L'interface Fa0/1 de SW2 possède un coût de 20, et toutes les autres interfaces utilisent le coût STP par défaut. Déterminez le port racine sur SW4.

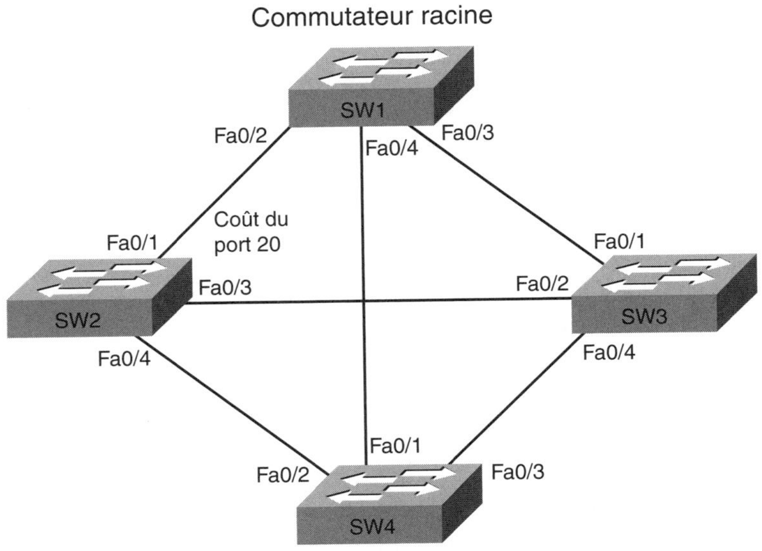

Figure 2.16
Analyse STP : exemple 1

Une façon de résoudre ce problème plus rapidement qu'avec les notions STP qui vous ont été résumées en début de section, est de suivre la stratégie suivante sur un commutateur non racine :

1. Déterminez tous les chemins possibles par l'intermédiaire desquels une trame peut atteindre le commutateur racine.
2. Pour chaque itinéraire possible, ajoutez le coût de toutes les interfaces sortantes qui le composent.
3. Le coût le plus bas détermine l'interface qui sera le port racine du commutateur.
4. En cas de coûts égaux, départagez les interfaces en choisissant la valeur de priorité la plus basse, et si les priorités sont identiques, sélectionnez le numéro de port le plus bas.

Le tableau 2.13 illustre le travail à réaliser aux étapes 1 et 2 de cette procédure, en indiquant les chemins vers la racine et leur coût.

Tableau 2.13 : Calcul des coûts d'itinéraires pour la détermination du port racine sur SW4

Itinéraire (interfaces de sortie)	*Coût*
SW4 (Fa0/2) –> SW2 (Fa0/1) –> SW1	19 + 20 = 39
SW4 (Fa0/3) –> SW3 (Fa0/1) –> SW1	19 + 19 = 38
SW4 (Fa0/1) –> SW1	19 = 19
SW4 (Fa0/2) –> SW2 (Fa0/3) –> SW3 (Fa0/1) –> SW1	19 + 19 + 19 = 57
SW4 (Fa0/3) –> SW3 (Fa0/2) –> SW2 (Fa0/1) –> SW1	19 + 19 + 20 = 58

Sur ce réseau, SW4 possède cinq itinéraires possibles. La dernière colonne énumère les coûts dans l'ordre de l'itinéraire avec le coût total. Par exemple, pour le premier chemin, l'interface de sortie Fa0/2 de SW4 s'est vue attribuer le coût par défaut de 19, et l'interface Fa0/1 de SW2 est configurée avec un coût de 20. Le coût total jusqu'à la racine est donc de 39.

Notez que le coût des interfaces d'entrée ne doivent pas être pris en compte. Par exemple, en reprenant le même exemple, la trame envoyée par SW4 vers la racine arrive sur SW2 par l'interface Fa0/4 et sur SW1 par l'interface Fa0/2. Aucun des coûts associés à ces interfaces n'est ajouté.

Dans ce scénario, le port racine de SW4 est Fa0/1, car c'est le port d'où part le chemin de moindre coût, 19.

Gardez-vous de conclusions hâtives lors de questions vous demandant d'identifier un port racine. Dans cet exemple, le diagramme pourrait facilement vous induire à penser que le port racine de SW4 est Fa0/1, puisqu'il est directement relié au commutateur racine. Toutefois, si les interfaces Fa0/3 sur SW4 et Fa0/1 sur SW3 recevaient chacune un coût de 4, le deuxième itinéraire dans le tableau 2.13 aurait un coût total de 8 et le port racine de SW4 serait alors Fa0/3. Aussi, bien qu'une liaison puisse visuellement sembler plus directe, n'oubliez pas que le critère décisif de sélection du port racine est le coût total de l'itinéraire.

Détermination du port désigné sur chaque segment de LAN

Chaque segment de LAN possède un commutateur désigné, c'est-à-dire ayant un port qui aura été élu port désigné (DP) pour ce segment. Sur un segment reliant un commutateur à un équipement autre qu'un dispositif d'interconnexion, tel qu'un PC ou un routeur, c'est-à-dire n'utilisant pas STP, le port de ce segment est élu port désigné, car seul le commutateur peut envoyer une BPDU Hello. Toutefois, les segments interconnectant des commutateurs nécessitent davantage de travail pour l'élection du port désigné. Théoriquement, cela se produit de la façon suivante :

> L'interface du commutateur qui transmet la BPDU Hello annonçant le coût le plus faible devient le port désigné du segment. Si plusieurs commutateurs émettent une BPDU de même coût, celui qui possède le BID le plus faible l'emporte.

C'est la définition formelle de ce que fait STP, et vous pouvez appliquer cette logique à n'importe quelle question liée à STP. Lors de l'examen, si vous avez identifié le port racine de tous les commutateurs non racine ainsi que leur coût (comme illustré dans le tableau 2.13), vous pouvez aisément déduire le port désigné de la façon suivante :

1. Pour les commutateurs connectés au même segment de LAN, le commutateur ayant l'interface offrant le coût le plus bas pour atteindre la racine est le commutateur désigné sur ce segment.

2. En cas d'égalité, c'est celui qui annonce le BID le plus bas numériquement qui le devient.

Par exemple, examinez la figure 2.17. Cette figure illustre le même réseau que la figure 2.16, mais repéré avec les ports racine et leur coût respectif ainsi que les ports désignés.

Examinez les segments qui relient les commutateurs non racine entre eux. Sur le segment SW2–SW4, SW4 l'emporte avec un coût de 19, le meilleur itinéraire de SW2 ayant un coût de 20. Sur le segment SW2–SW3, SW3 est aussi le commutateur désigné pour la même raison. Sur le segment SW3–SW4, SW3 l'emporte avec un BID plus faible, les deux commutateurs annonçant le même coût vers la racine.

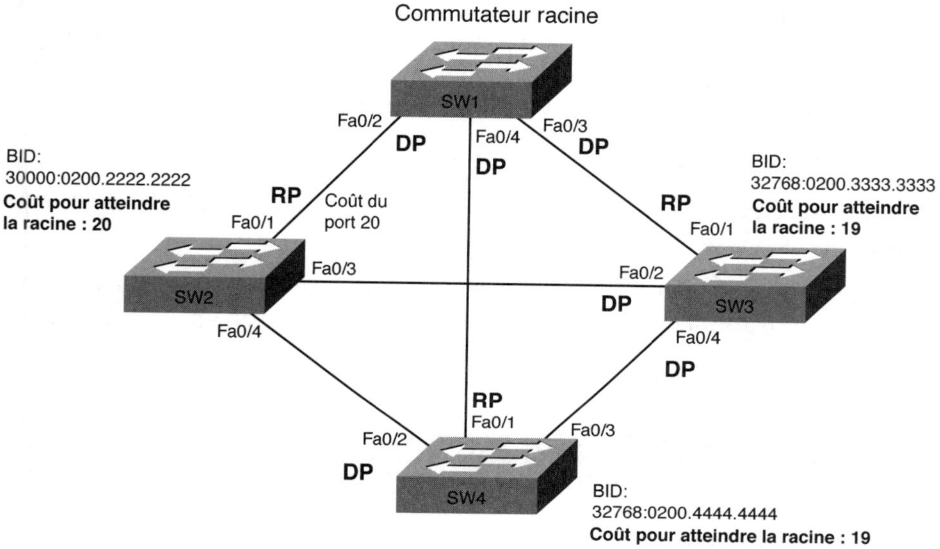

Figure 2.17
Identification des ports désignés.

Puisque le commutateur racine (SW1) annonce toujours des BPDU Hello d'un coût de 0 et que le coût calculé des autres commutateurs doit au moins être de 1 (coût de port minimal autorisé), il devient également le commutateur désigné sur tous les segments auxquels il est relié.

Pour les examens, il vous faut déterminer le commutateur racine, le port racine de chaque autre commutateur et leur port désigné après avoir pris connaissance des BIP, des coûts de port et de la topologie du LAN. Vous pouvez alors distinguer les interfaces qui transmettent (les RP et DP) de celles qui sont bloquées.

Convergence STP

La topologie STP – l'ensemble des interfaces dans un état de transmission – doit être maintenue tant que le réseau est stable. Lorsqu'une interface n'est plus opérationnelle ou qu'une autre interface est activée, la topologie peut changer, et dans ce cas, la convergence STP se produit.

Certaines questions d'examen relatives à STP peuvent ignorer les détails de transition du processus de convergence et se concentrer plutôt sur le rôle des interfaces lorsqu'un changement survient. Pour ces questions qui comparent les deux topologies, antérieure et postérieure au changement ayant entraîné la convergence, appliquez simplement les étapes précédentes, mais deux fois, c'est-à-dire pour les deux situations.

Des questions STP peuvent aussi porter sur les détails du processus de transition, tels que les compteurs Hello, Max Age, Forward Delay, et les états d'écoute (*Listening*) et de découverte (*Learning*), ainsi que leur utilisation, comme décrit plus haut dans ce chapitre. Pour ces types de questions, retenez les informations suivantes concernant la convergence :

- Rien ne se passe pour les interfaces qui demeurent dans le même état STP.
- Celles qui transmettent et qui doivent passer dans un état bloquant basculent immédiatement dans le nouvel état.
- Celles qui bloquent et qui doivent basculer dans un état de transmission doivent d'abord passer par les états transitoires d'écoute et de découverte pour une durée définie par le compteur Forward Delay (par défaut de 15 secondes).

Préparation à l'examen

Sujets clés à réviser

Sujet clé

Révisez les sujets les plus importants du chapitre, repérés dans la marge par le pictogramme « Sujet clé » et récapitulés dans le tableau 2.14.

Tableau 2.14 : Sujets clés du chapitre

Emplacement	*Description*	*Numéro de page*
Tableau 2.2	Les trois types principaux de problèmes survenant sur un réseau redondant en l'absence de STP	78
Tableau 2.3	Les critères STP de placement d'interface dans les états de transmission ou bloquant	81
Tableau 2.4	Les champs importants de la BPDU Hello	82
Figure 2.5	Calcul du meilleur coût pour le port racine	84
Tableau 2.6	Coûts de ports par défaut définis par l'IEEE	86
Liste	Récapitulation du fonctionnement de STP lorsque rien ne change la topologie définie	86
Tableau 2.7	Compteurs STP	87
Liste	Rôle des états transitoires d'écoute (Listening) et de découverte (Learning)	88
Tableau 2.8	Les états du protocole STP IEEE 802.1d	89
Liste	Similitudes entre RSTP et STP	92
Tableau 2.9	État des ports RSTP et STP	94

Tableau 2.14 : Sujets clés du chapitre *(suite)*

Emplacement	*Description*	*Numéro de page*
Tableau 2.10	Rôles de ports avec RSTP et STP	96
Figure 2.13	Équilibrage de charge au moyen PVST+	101
Tableau 2.11	Comparaison des trois options d'instances Spanning Tree multiples	101
Figure 2.14	Champ Extension d'ID système du BID	102
Tableau 2.12	Options de configuration pour STP et les commandes correspondantes	103
Liste	Logique de sélection de la priorité de base STP de la commande spanning-tree root primary	108
Liste	Stratégie de résolution des problèmes liés à STP lors de l'examen	112

Tableaux et listes à compléter

Complétez de mémoire les tableaux et listes concernant ce chapitre qui figurent dans l'annexe J, puis reportez-vous à l'annexe K pour comparer vos réponses à celles qui vous sont fournies. Ces annexes figurent sur le CD-ROM.

Termes clés à définir

Donnez la définition des termes suivants et comparez vos réponses avec le glossaire :

> Port substitut (*alternate port*), port auxiliaire (*backup port*), état de blocage (*Blocking*), BPDU Guard, BID (*Bridge ID*), BPDU (*Bridge Protocol Data Unit*), port désigné, port désactivé (*disabled*), état de rejet (*Discarding*), EtherChannel, Forward Delay, état de transmission (*Forwarding*), BPDU Hello, IEEE 802.1d, IEEE 802.1s, IEEE 802.1w, Hello moins prioritaire, état de découverte (*Learning State*), état d'écoute (*Listening State*), Max Age, PortFast, RSTP (*Rapid Spanning Tree Protocol*), port racine (*root*), commutateur racine (root), STP (*Spanning Tree Protocol*)

Référence de commandes

La lecture du chapitre et la réalisation des exercices de préparation à l'examen devraient vous avoir appris indirectement les commandes de configuration et EXEC qui y sont utilisées. Même s'il ne vous est pas demandé de mémoriser dans le détail les descriptions données, les tableaux 2.15 et 2.16 de cette section vous permettront de contrôler votre niveau de connaissance du rôle de ces commandes. Pour cela, masquez la partie gauche du tableau et tentez d'identifier les commandes concernées à partir des informations données.

Tableau 2.15 : Référence des commandes de configuration de ce chapitre

Commande	*Description*
spanning-tree vlan *id-vlan* **root primary**	Commande de configuration globale transformant le commutateur en commutateur racine. Sa priorité est amenée à une valeur inférieure à la priorité du commutateur racine actuel diminuée de 24 576 ou 4096.
spanning-tree vlan *id-vlan* **root secondary**	Commande globale définissant la priorité de base du commutateur à 28 672.
spanning-tree [vlan *id-vlan*] **{priority** *priorité*}	Commande globale définissant la priorité du commutateur pour le VLAN spécifié.
spanning-tree [vlan *id-vlan*] **cost** *coût*	Sous-commande de configuration du coût d'une interface.
channel-group *numéro-groupe-canal* **mode {auto | desirable | on}**	Sous-commande activant le canal EtherChannel sur l'interface.
spanning-tree portfast	Sous-commande activant PortFast sur l'interface.
spanning-tree bpduguard enable	Sous-commande activant BPDU Guard sur l'interface.
spanning-tree mode {mst | rapid-pvst | pvst}	Commande globale activant PVST+ et 802.1d (PVST), PVRST and 802.1w (RPVST), ou IEEE 802.1 (plusieurs instances Spanning Tree) et 802.1w (MST).

Tableau 2.16 : Référence des commandes EXEC de ce chapitre

Commande	*Description*
show spanning-tree	Retourne des informations sur l'état de STP sur le commutateur, y compris pour chaque port.
show spanning-tree interface *id-interface*	Retourne des informations STP pour le port spécifié.
show spanning-tree vlan *id-vlan*	Affiche des informations STP pour le VLAN spécifié.
show spanning-tree [vlan *id-vlan*] **root**	Donne des informations sur la racine de chaque VLAN ou juste pour le VLAN spécifié.
show spanning-tree [vlan *id-vlan*] **bridge**	Retourne des informations STP concernant le commutateur local pour chaque VLAN ou le VLAN spécifié.
debug spanning-tree events	Demande des messages informatifs sur les changements dans la topologie STP.
show etherchannel [*numéro-groupe-canal*] **{brief | detail | port | port-channel | summary}**	Retourne des informations sur l'état du canal EtherChannel sur ce commutateur.

3

Dépannage de la commutation LAN

Au sommaire de ce chapitre :

- **Méthodologies générales de dépannage.** Cette section donne des pistes sur la façon d'aborder un problème de réseau lorsqu'un examen général ne permet pas d'en identifier rapidement la cause.
- **Dépannage du plan de données de la commutation LAN.** Cette section propose des procédures méthodiques pour dépanner les problèmes de LAN Ethernet, avec une révision détaillée des techniques et commandes.
- **Comprendre le fonctionnement normal du plan de données de la commutation LAN.** Cette dernière section suggère comment analyser le résultat de la commande **show** sur un commutateur et prévoir où une trame devrait être envoyée dans un exemple de LAN commuté.

Ce chapitre ainsi que les chapitres 7 et 11 visent à développer les compétences requises en matière de dépannage pour vous permettre de répondre avec rapidité et assurance à certains types de questions lors des examens. Vous serez ainsi mieux préparé pour résoudre des problèmes en situation réelle.

INFO

Afin de comprendre l'importance du dépannage pour les examens, reportez-vous à la section « Conditions des examens » dans l'introduction de ce livre.

Les chapitres de dépannage de ce livre n'ont pas la même visée que les autres chapitres. Tandis que ces derniers se concentrent sur certains faits et fonctionnalités propres à un domaine technologique spécifique, les premiers regroupent un ensemble bien plus vaste de concepts. Les chapitres consacrés au dépannage donnent une vision plus large du monde des réseaux et s'attachent davantage à la façon dont les différents composants interagissent, partant du principe que vous connaissez déjà ceux-ci individuellement.

Ce chapitre couvre les mêmes technologies que les autres chapitres de la présente partie, ainsi que les prérequis associés (traités dans l'ouvrage *Préparation à la certification CCNA ICND1 et CCENT*). Puisqu'il s'agit du premier chapitre de dépannage, il expose aussi des principes généraux concernant la méthodologie à suivre.

Questionnaire d'évaluation

Les chapitres de dépannage de ce livre n'incluent pas de questionnaire de révision, car ils rassemblent des concepts traités dans de nombreux autres chapitres, y compris dans ceux du livre *Préparation à la certification CCNA ICND1 et CCENT*, et montrent comment aborder certaines des questions d'examen les plus difficiles. Aussi, devriez-vous les lire quel que soit le niveau actuel de vos connaissances. Cependant, si vous pensez maîtriser les principes de dépannage de la commutation LAN présentés dans ce livre et celui dédié à l'ICND1, vous pouvez envisager d'aborder directement la section « Préparation à l'examen » en fin de chapitre.

Connaissances fondamentales

Ce chapitre comporte trois sections principales. La première est consacrée au processus de dépannage lui-même, la deuxième explique comment appliquer les méthodes générales de dépannage au plan de données de la commutation LAN, et la dernière donne quelques conseils et idées sur certains types de problèmes spécifiques à la commutation LAN.

Méthodologies générales de dépannage

INFO

Bien que les stratégies et techniques générales de dépannage décrites aient leur raison d'être, il n'est pas nécessaire de les étudier ou de les mémoriser en vue de l'examen. Les connaître pourra néanmoins vous aider à mieux répondre aux questions et problèmes qui vous seront posés avec davantage de rapidité et de confiance.

Face à un problème de réseau, tout le monde recourt à une méthodologie ou une autre, formelle ou non. Certains préfèrent vérifier le bon état du câblage et des interfaces des connexions physiques impliquées. D'autres exécutent d'abord un ping de tous les équipements susceptibles de leur en apprendre davantage sur la situation pour se plonger ensuite dans des détails recueillis. Et il y en même qui essayent d'obtenir une idée générale du problème de façon intuitive. Aucune de ces approches n'est bonne ou mauvaise en soi, et selon les cas, elles peuvent toutes donner de bons résultats.

Si la plupart des gens développent des habitudes en fonction de leur expérience et de leurs points forts, acquérir une méthodologie plus systématique reste souhaitable pour obtenir des résultats plus réguliers lors de la résolution de problèmes. Les sections suivantes décrivent une méthodologie qui vous servira en outre au dépannage de problèmes lors des examens. Celle-ci englobe les trois étapes suivantes :

- **Analyse/prévision du fonctionnement normal.** Description et prévision détaillées de ce qui devrait se passer si le réseau fonctionnait normalement, à partir de la documentation, de la configuration et du résultat de commandes **show** et **debug**.
- **Identification du problème.** Identification des composants qui ne fonctionnent pas correctement par rapport au comportement prévu, toujours à partir de la documentation, de la configuration et du résultat de commandes **show** et **debug**.
- **Analyse de la cause.** Identification des causes du problème, et notamment de celles qui pourraient être solutionnées de façon spécifique.

Ces trois étapes devraient vous aider à résoudre le problème, et pas seulement à en éliminer les symptômes. Nous allons maintenant les décrire une à une.

Analyse et prévision du fonctionnement normal

Le rôle de n'importe quel réseau est de transmettre des données d'un équipement utilisateur à un autre. Pour analyser un réseau, un technicien doit comprendre la logique de fonctionnement de chaque équipement intervenant dans le processus de transmission, puis par prédiction, être capable de décrire la totalité du flux de données.

Le terme *plan de données* (*data plane*) se réfère à toutes les actions réalisées par un équipement de réseau pour transmettre une trame ou un paquet. L'équipement applique à chacune de ces unités de transmission sa logique et ses processus du plan de données. Par exemple, lorsqu'un commutateur reçoit une trame sur une interface située dans un certain VLAN, il prend une décision de transmission fondée sur les entrées de sa table d'adresses MAC appartenant à ce VLAN, puis enverra la trame sur l'interface de sortie appropriée. Une telle logique fait partie du traitement du plan de données du commutateur.

Le terme *plan de contrôle* (*control plane*) se réfère aux processus requis pour assurer le service de transmission et qui n'ont pas besoin d'être appliqués pour chaque unité transmise. Par exemple, le protocole VTP (*VLAN Trunking Protocol*) et les protocoles de routage d'IP sont des processus du plan de contrôle. D'autres processus de ce plan ne sont qu'indirectement liés au plan de données. Par exemple, le protocole CDP (*Cisco Discovery*

Protocol) peut être utile pour confirmer l'exactitude de la documentation du réseau, mais il peut être désactivé sans aucun effet sur les processus de transmission du plan de données.

Pour prévoir ou détailler le fonctionnement normal d'un réseau, il peut être utile d'examiner le plan de contrôle ou le plan de données. Bien que nous débutions ici par le plan de données, le choix de commencer par l'un ou l'autre dépendra des symptômes rencontrés.

Analyse du plan de données

Le dépannage du plan de données consiste à examiner dans l'ordre chaque équipement qui se trouve sur le chemin de transmission prévu. L'analyse commence donc par l'hôte qui génère initialement ces données, puis porte successivement sur chaque équipement intermédiaire jusqu'à l'hôte de destination. Puisque ce dernier envoie habituellement une réponse, il faut aussi analyser le chemin inverse pour comprendre pleinement les processus de communication en jeu. Souvent, les symptômes extérieurs permettent d'identifier deux ordinateurs qui ne peuvent pas communiquer alors que le problème sous-jacent pourrait seulement concerner la circulation des trames ou des paquets dans un seul sens.

À moins que certains symptômes ne révèlent déjà un problème spécifique, le dépannage du plan de données devrait débuter par une analyse de la couche 3. Vous connaîtrez ainsi les principales étapes d'émission et de réception des données intervenant entre deux hôtes, que vous pourrez ensuite étudier de plus près en examinant les détails des couches 1 et 2. Par exemple, la figure 3.1 présente les six étapes principales de la transmission IP (plan de données) dans un petit réseau.

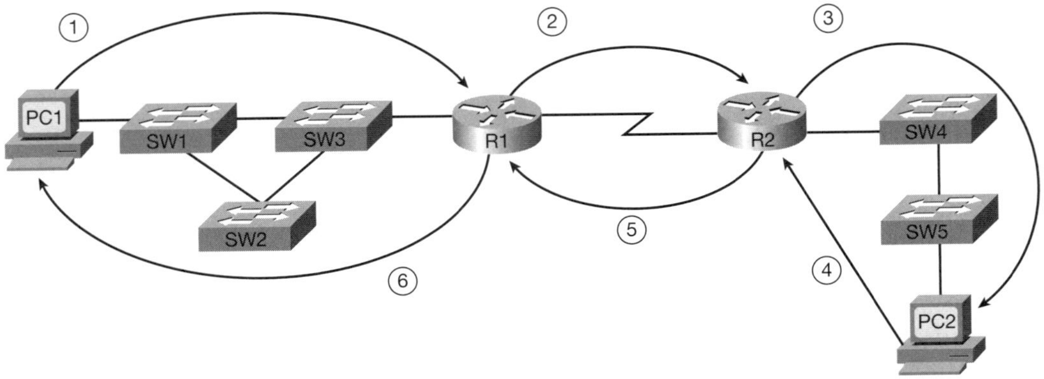

Figure 3.1
Principales étapes de la transmission IP.

Pour comprendre le comportement attendu de la couche 3 dans cet exemple, il vous faut imaginer un paquet circulant de gauche à droite ainsi que la réponse allant dans le sens inverse. Voici comment analyser ces six étapes :

1. Considérez l'adresse IP et le masque de PC1 ainsi que l'adresse IP et le masque de PC2. Examinez ensuite la logique que suit PC1 pour déterminer que PC2 se trouve sur un autre sous-réseau. Vous constaterez que PC1 envoie le paquet à sa passerelle par défaut, R1.
2. Considérez maintenant la logique de transmission de R1. Celui-ci trouve dans sa table de routage une correspondance pour l'adresse IP de destination du paquet, que l'on peut prédire être la route vers R2.
3. Sur R2, considérez la même logique de routage que celle utilisée par R1, mais avec la table de routage de R2. L'entrée correspondante devrait être une route connectée sur R2 qui entraîne l'emploi de l'adresse MAC du destinataire.
4. Cette étape concerne le paquet de réponse émis par PC2, qui suit la même logique que l'étape 1. Comparez l'adresse IP et le masque de PC2 à ceux de PC1 et notez qu'ils appartiennent à deux sous-réseaux distincts. PC2 devrait par conséquent envoyer le paquet à sa passerelle par défaut, R2.
5. Considérez la logique de transmission de R2 pour les paquets destinés à l'adresse IP de PC1, en supposant que la route trouvée conduise R2 à envoyer le paquet de réponse à R1.
6. Pour cette dernière étape, il devrait exister dans la table de routage de R1 une route connectée correspondant à l'adresse IP de PC1. R1 devrait donc envoyer le paquet directement à l'adresse MAC de cet hôte.

Après avoir bien compris les comportements attendus au niveau de la couche 3 pour chaque étape, vous pouvez passer aux couches 1 et 2. En adoptant la même approche que précédemment, examinez en détail au niveau de ces couches la façon dont la trame émise par PC1 est acheminée jusqu'à R1, comme illustré à la figure 3.2.

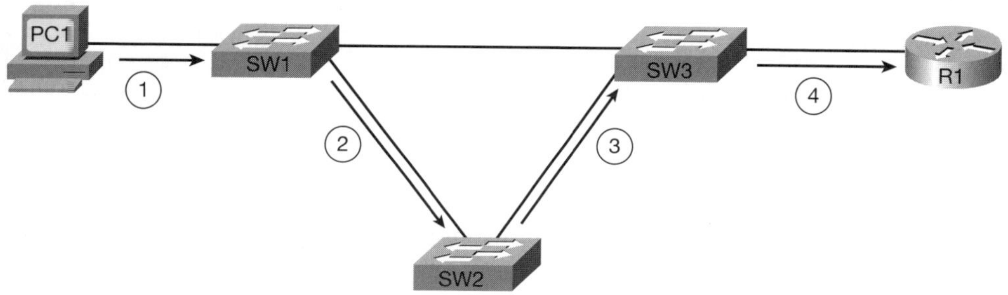

Figure 3.2
Principales étapes de la commutation LAN.

Pour cette analyse, il convient là encore de commencer par PC1 en utilisant cette fois l'en-tête et l'en-queue Ethernet et plus particulièrement les adresses MAC source et de destination. À l'étape 2, il faut examiner la logique de routage de SW1, lequel compare l'adresse de destination de la trame aux entrées de sa table d'adresses MAC et choisit de l'envoyer à SW2. Les étapes 3 et 4 reprennent la même logique sur SW2 et SW3.

Analyse du plan de contrôle

De nombreux processus du plan de contrôle affectent directement ceux du plan de données. Par exemple, puisque le routage IP ne fonctionne qu'avec des routes IP appropriées, les routeurs emploient habituellement un protocole de routage dynamique – un protocole du plan de contrôle – pour découvrir ces routes. Les protocoles de routage sont considérés comme relevant en partie du plan de contrôle car leur travail n'a pas besoin d'être répété pour chaque trame ou paquet.

Les processus du plan de données se prêtent à une approche générale de dépannage consistant à examiner la logique de transmission au niveau de chaque équipement. Ceux du plan de contrôle sont trop différents pour cela mais vous pouvez cependant adopter un ensemble spécifique d'étapes de dépannage pour chacun des protocoles. À titre d'exemple, le chapitre 1 vous permettra de mieux comprendre la résolution de différents problèmes VTP.

En résumé : prévision du fonctionnement normal

Lors des examens, certaines questions vous demanderont simplement d'analyser et de prévoir le fonctionnement normal du réseau. Dans d'autres cas, ce type de prévision n'est qu'un préalable à l'isolation et à la résolution d'un problème. Quoi qu'il en soit, si la question ne précise pas sur quelle partie du réseau se concentrer, voici une suggestion d'approche pour trouver la réponse :

1. Examinez le plan de données comme suit :
   a. Déterminez les principales étapes de transmission au niveau de la couche 3 dans les deux sens, en incluant l'hôte d'origine, chaque routeur intermédiaire en séquence, et l'hôte final.
   b. Pour chaque réseau de couche 2 entre un hôte et un routeur ou entre deux routeurs, analysez la logique de transmission sur chaque équipement.
2. Examinez le plan de contrôle comme suit :
   a. Identifiez les protocoles de ce plan qui sont utilisés et qui sont vitaux pour la transmission.
   b. Vérifiez que chacun d'eux fonctionne normalement. Les détails de cette analyse diffèrent pour chaque protocole.

   c. Reportez à plus tard l'analyse des protocoles du plan de contrôle qui n'affectent pas le fonctionnement normal du réseau sur le plan de données à moins que cela ne soit nécessaire pour répondre à la question (par exemple, CDP).

Identification du problème

Le processus de dépannage est rarement séquentiel. Pour des raisons d'organisation, nous avons choisi de présenter l'identification du problème comme deuxième étape du processus, alors qu'elle intervient souvent en premier lieu dès qu'un problème est détecté. Cet ordre ne reflète donc pas la réalité d'une procédure de dépannage.

Lorsque vous n'avez aucun indice autre que l'impossibilité pour deux hôtes de communiquer entre eux, il est préférable de débuter par le plan de données au niveau de la couche 3, autrement dit par la logique de transmission IP. Ainsi, lorsque vous identifiez une étape de transmission qui ne fonctionne pas, examinez-la plus en détail pour localiser le problème. Reprenons par exemple la figure 3.1 qui illustre la transmission d'un paquet de PC1 vers PC2, puis dans le sens inverse, en six étapes. Imaginez que R2 reçoive bien le paquet mais que celui-ci ne parvienne jamais à PC2. Il faudrait alors examiner tous les détails de traitement entre R2 et PC2 pour identifier le problème, lequel pourrait se situer au niveau de R2, de SW4, de SW5, de PC2, du câblage, ou de tout autre équipement non documenté.

Le processus d'identification demande généralement de se pencher sur les fonctions de nombreuses couches du modèle OSI ainsi que sur celles des plans de données et de contrôle. Pour poursuivre avec notre exemple, R2 a besoin de connaître l'adresse MAC de PC2 pour pouvoir lui transmettre des paquets, ce qu'il obtient par l'intermédiaire d'ARP (*Address Resolution Protocol*). Si vous découvriez que ce routeur ne possède pas d'entrée ARP pour PC2, vous pourriez penser que le problème est lié à IP. Or, il pourrait également être causé par une panne du tronçon entre SW4 et SW5 et la requête ARP émise par R2 – un paquet broadcast de LAN – ne pourrait alors pas être acheminée par ces commutateurs vers PC2. Le problème peut donc sembler lié à un protocole de contrôle (ARP), mais l'échec de la requête ARP peut être causé par un équipement (SW4 ou SW5), ce qui relève de la couche 2 ou 1.

Lors de l'examen, si l'énoncé d'une question ne donne aucun indice sur la façon d'aborder le problème, voici une bonne stratégie générale pour l'identifier :

1. Débutez en examinant le plan de données au niveau de la couche 3 (transmission IP) et comparez les résultats avec le comportement normal jusqu'à identifier la première étape principale de routage fautive.

2. Ramenez le problème au nombre minimum de composants :

   a. Examinez les fonctions de toutes les couches en vous concentrant plus particulièrement sur les couches 1, 2 et 3.

   b. Examinez à la fois les fonctions du plan de données et celles du plan de contrôle.

Pour les examens, souvenez-vous que l'emploi de bonnes méthodes de dépannage n'entraîne pas l'obtention de points supplémentaires. Contentez-vous de trouver la réponse du mieux que vous pouvez, même si vous l'avez devinée quelque peu d'après le contexte de la question. Par exemple, l'étape 2a suggère de se focaliser sur les couches 1, 2 et 3 car les examens CCNA se concentrent principalement sur ces trois couches, mais vous devriez essayer de gagner du temps en vous appuyant sur l'énoncé de la question.

Analyse de la cause

La dernière des trois étapes, l'analyse de la cause du problème, est censée conduire à l'identification de l'équipement ou de la fonction spécifique à dépanner pour résoudre la situation et revenir à un fonctionnement normal du réseau. Contrairement aux divers problèmes qui sont identifiés lors de la deuxième étape, chaque cause se solutionne de façon spécifique. Dans le cas de R2 ne pouvant transmettre de paquets à PC2, considérons la liste des problèmes qui ont été recensés :

- R2 ne peut pas transmettre de paquets à PC2.
- R2 n'obtient pas de réponse ARP de PC2.
- L'interface de SW4 pour le tronçon vers SW5 se trouve dans un état *down/down*.
- Le câble qui relie SW4 et SW5 utilise le mauvais brochage.

Toutes ces affirmations sont vraies dans notre scénario, mais seule la dernière appelle une action concrète, à savoir le remplacement du câble. Les autres sont des constatations valides et importantes dans le cadre du processus d'identification du problème, mais elles n'impliquent pas d'action directe susceptible de le résoudre. L'analyse de la cause peut donc se résumer à deux étapes :

1. Continuez à rechercher le problème jusqu'à identifier la cause véritable, laquelle s'accompagne d'une solution pratique évidente.

2. Si la cause première du dysfonctionnement ne peut être identifiée, cernez le problème autant que possible et procédez à une modification dans le réseau en espérant que cela modifie les symptômes et permette de détecter la cause.

Situation d'examen

Lors des examens, vous devriez être attentif aux indices qui renvoient au contexte général. Par exemple, si la figure présente un réseau comme celui de la figure 3.1 mais que toutes les questions à choix multiple se réfèrent à des VLAN et à VTP, commencez par examiner l'environnement donné en exemple. Notez qu'il peut quand même être utile de considérer les couches 1 à 3 ainsi que les détails des plans de données et de contrôle pour trouver les réponses.

INFO

Cette section concerne le dépannage en général et n'apparaît que dans le présent chapitre, car il est le premier consacré à ce sujet.

Dépannage du plan de données de la commutation LAN

Les stratégies générales de dépannage exposées jusqu'à présent suggéraient de débuter par le processus de routage IP de la couche 3. Lorsque vous identifiez un problème à une certaine étape du processus de transmission IP, vous devez ensuite en examiner les détails au niveau des couches 1 et 2.

Les sections suivantes présentent les méthodes et les outils utilisés pour dépanner les processus du plan de données LAN au niveau des couches 1 et 2. Le reste du chapitre suppose qu'il n'existe pas de problème au niveau de la couche 3, car ce sujet est traité dans les chapitres 7 et 11. Les protocoles du plan de contrôle, en particulier VTP et STP, seront également mentionnés, mais de façon succincte puisque ayant déjà été couverts dans les deux chapitres précédents.

Nous commencerons par une révision du processus de transmission LAN et par une introduction des quatre étapes principales de son dépannage. Nous détaillerons ensuite une à une ces étapes avant d'aborder un exemple concret.

Présentation du processus de transmission normal d'un commutateur

Ce processus, décrit en détail au chapitre 7 du livre *Préparation à la certification CCNA ICND1 et CCENT* est relativement simple. Mais avant d'expliquer comment interpréter le résultat de commandes **show** pour prévoir le fonctionnement normal du réseau et identifier la cause d'un problème de transmission, il peut être utile de considérer le processus de transmission en l'absence de problème. Les étapes suivantes résument cette logique :

1. Déterminer de la façon suivante le VLAN auquel se destine la trame :

   a. Si la trame arrive sur une interface d'accès, utiliser le VLAN de cette interface.

   b. Si la trame arrive sur une interface de tronçon, utiliser le VLAN listé dans l'en-tête de trunking de la trame.

2. Si l'interface d'entrée se trouve dans un état STP de découverte (*Learning*) ou de transmission (*Forwarding*) dans ce VLAN, ajouter l'adresse MAC à la table d'adresses MAC, accompagnée de l'interface d'entrée et de l'identifiant de VLAN (si ces informations ne sont pas déjà dans la table).

3. Si l'interface d'entrée ne se trouve pas dans un état STP de découverte ou de transmission dans ce VLAN, supprimer la trame.

4. Rechercher l'adresse MAC de destination de la trame dans la table d'adresses MAC, mais seulement pour le VLAN identifié à l'étape 1.
   a. Si cette adresse est présente, envoyer la trame uniquement sur l'interface indiquée dans l'entrée correspondante trouvée.
   b. Si cette adresse n'est pas présente, envoyer la trame sur tous les autres ports d'accès du même VLAN qui se trouvent également dans un état STP de transmission ainsi que sur tous les ports de tronçon acceptant ce VLAN (actif, inclus dans la liste des VLAN autorisés, ne faisant pas l'objet du pruning VTP, état de transmission STP).

Avant de pouvoir transmettre une trame, un commutateur doit déterminer dans quel VLAN l'envoyer (étape 1), découvrir l'adresse MAC source (étape 2), et déterminer l'interface de sortie appropriée (étape 4). Considérez l'exemple de la figure 3.3 dans lequel PC1 envoie une trame à sa passerelle par défaut, R1, en utilisant les adresses MAC indiquées.

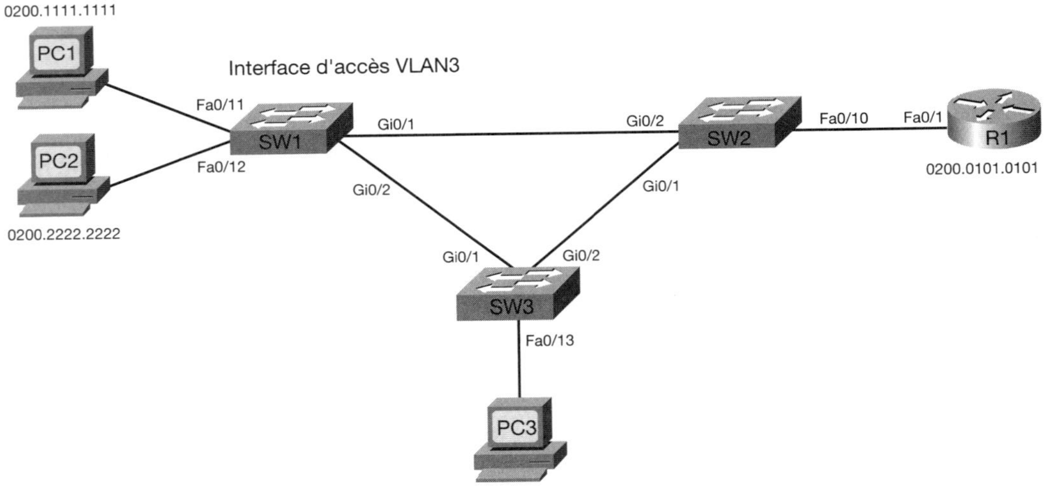

Figure 3.3
Exemple de réseau commuté pour l'analyse du plan de données.

Considérez la trame envoyée par PC1 (adresse MAC source 0200.1111.1111) à R1 (adresse MAC de destination 0200.0101.0101). Conformément à l'étape 1 de la logique de transmission, SW1 détermine si l'interface Fa0/11 est une interface d'accès ou de tronçon. En l'occurrence, il s'agit d'une interface d'accès assignée au VLAN 3. À l'étape 2, SW1 ajoute à sa table d'adresses MAC une entrée incluant l'adresse MAC 0200.1111.1111, l'interface Fa0/11, et le VLAN 3. À l'étape 3, il obtient la confirmation que l'interface d'entrée, Fa0/11, se trouve dans l'état STP de transmission. Enfin, à l'étape 4, il recherche une entrée pour l'adresse MAC 0200.0101.0101 dans le VLAN 3. S'il trouve une entrée qui liste l'interface Gi 0/1, il envoie la trame uniquement sur cette interface. Si l'interface de sortie (Gi0/1) est une interface de tronçon, il ajoute un en-tête de trunking désignant le VLAN 3 (qui est l'identifiant obtenu à l'étape 1).

Examinons un autre cas légèrement différent, en considérant un paquet broadcast envoyé par PC1. Les étapes 1 à 3 se déroulent comme précédemment, mais à l'étape 4, SW1 doit normalement diffuser la trame sur toutes ses interfaces. Il l'envoie cependant uniquement sur les ports d'accès situés dans le VLAN 3 et les ports de tronçon qui supportent ce VLAN, à l'exception des ports qui ne se trouvent pas dans un état STP de transmission.

Bien que cette logique de transmission soit relativement simple, le processus de dépannage demande l'application de nombre de concepts exposés dans les livres ICND1 et ICND2. Par exemple, sachant que PC1 envoie initialement ses trames à SW1, il est logique d'examiner l'interface, de s'assurer qu'elle est dans un état *up/up*, et de résoudre le problème dans le cas contraire. Il faut parfois contrôler une foule d'éléments pour solutionner un problème. Ce chapitre propose une approche de dépannage du plan de données qui organise les actions en quatre étapes :

Étape 1. Vérifier le diagramme de réseau à l'aide de CDP.

Étape 2. Identifier les problèmes d'interface.

Étape 3. Identifier les problèmes de filtrage et de sécurité de port.

Étape 4. Identifier les problèmes de VLAN et de trunking.

Les quatre sections suivantes présentent les concepts et outils qui interviennent à chaque étape. Si certains éléments d'information sont nouveaux, la plupart des principes sous-jacents ont déjà été couverts, soit dans l'ouvrage *Préparation à la certification CCNA ICND1 et CCENT*, soit dans les chapitres 1 et 2 de ce livre. Le but est de vous aider à en faire la synthèse de sorte que l'analyse de scénarios, comme il vous sera demandé lors des examens, vous demande moins de temps et soit plus efficace.

INFO

Les deux premières étapes sont également traitées dans le chapitre 10 du livre ICND1. Si vous étudiez les deux livres pour vous préparer à l'examen CCNA, il est donc inutile de lire les sections correspondantes des deux ouvrages. N'hésitez pas à passer directement à l'étape 3.

Étape 1 vérifier le diagramme de réseau à l'aide de CDP

Le protocole CDP (*Cisco Discovery Protocol*) peut servir à vérifier les informations d'un diagramme de réseau et à compléter les informations manquantes concernant les équipements et la topologie. Dans la pratique, les diagrammes de réseau sont parfois obsolètes, et un problème peut parfois être inutilement provoqué par un déplacement de câble sans actualisation du diagramme. Il semble improbable que Cisco prévoit à dessein une figure contenant des informations délibérément inexactes. Vous pourriez toutefois rencontrer une question dont le diagramme ne contiendrait pas tous les détails requis, et avoir besoin d'utiliser CDP pour les découvrir vous-même. Cette section passe en revue le fonctionnement de CDP.

Objectif : Vérifier l'exactitude des informations contenues dans le diagramme de réseau et le compléter au besoin au moyen de CDP.

INFO

La numérotation des étapes dans ce chapitre est sans importance pour l'examen. Elle sert ici uniquement à des fins de référence.

Les routeurs, commutateurs et autres équipements Cisco emploient CDP pour une variété de raisons. Les routeurs et les commutateurs s'en servent pour annoncer à leurs voisins des informations élémentaires sur eux-mêmes, telles que le nom d'hôte, le type d'équipement, la version d'IOS, et les numéros d'interfaces. Trois commandes en particulier permettent d'obtenir les informations véhiculées par CDP, comme indiqué dans le tableau 3.1. En fait, pour les cas où il n'existe pas de diagramme de réseau, un technicien peut en créer un à partir du résultat de commandes **show cdp**.

Tableau 3.1 : Commandes *show cdp* donnant des informations sur les voisins

show cdp neighbors [*type numéro*]	Affiche une ligne d'informations pour chaque voisin ou juste le voisin accessible *via* une interface spécifique si celle-ci est précisée.
show cdp neighbors detail	Affiche environ 15 lignes d'informations pour chaque voisin.
show cdp entry *nom*	Affiche les mêmes informations que la commande **show cdp neighbors detail**, mais seulement pour le voisin spécifié.

La principale difficulté concernant CDP par rapport à l'exploitation d'un diagramme de réseau est que le résultat des commandes peut apparaître sur plusieurs lignes. Le nom d'hôte de l'équipement voisin apparaît généralement en premier sous l'intitulé *Device ID*. L'intitulé *Local Intrfce* (*Interface*) correspond au numéro/nom de l'interface sur l'équipement local. Le numéro/nom de l'interface sur l'équipement voisin est affiché dans la dernière colonne intitulée *Port ID*. L'exemple 3.1 illustre le résultat d'une commande **show cdp neighbors** émise sur le commutateur SW2 de la figure 3.3. Prenez le temps de comparer les portions grisées du résultat aux détails de la figure.

Exemple 3.1 *Exemple de commande* **show cdp**

```
SW2#show cdp neighbors
Capability Codes: R - Router, T - Trans Bridge, B - Source Route Bridge
                  S - Switch, H - Host, I - IGMP, r - Repeater, P - Phone

Device ID    Local Intrfce    Holdtme   Capability   Platform     Port ID
SW1          Gig 0/2          173          S I       WS-C2960-2   Gig 0/1
R1           Fas 0/10         139        R S I       1841         Fas 0/1
```

CDP crée une faille de sécurité lorsqu'il est activé, mais peut être facilement désactivé pour éviter qu'un attaquant n'obtienne des détails sur les équipements. Cisco recommande de le désactiver sur toutes les interfaces qui ne le nécessitent pas vraiment, à savoir celles qui ne sont pas connectées à d'autres routeurs et commutateurs Cisco, ou qui ne sont pas reliées à des téléphones IP. Pour le désactiver sur une interface, utilisez la sous-commande **no cdp enable**, et pour le réactiver, la sous-commande **cdp enable**. Pour le désactiver ou le réactiver de manière globale pour l'ensemble du commutateur, utilisez respectivement **no cdp run** et **cdp run**.

Étape 2 : identifier les problèmes d'interface

Une interface de commutateur Cisco doit se trouver dans un état opérationnel pour que l'équipement puisse traiter les trames reçues ou émises *via* cette interface. Une étape de dépannage doit donc comporter la vérification du bon fonctionnement de chaque interface, et plus particulièrement de celles supposées participer à la transmission des trames.

Cette section passe en revue les différents états d'une interface sur un commutateur utilisant le système IOS, énumère les causes de dysfonctionnement possibles, et traite d'un problème courant qui survient même lorsque l'interface semble fonctionner normalement.

Objectif : Déterminer les codes d'état pour chaque interface requise.

1. Si l'interface ne se trouve pas dans un état *connect* ou *up/up*, résoudre les problèmes jusqu'à atteindre un de ces deux états.
2. Pour les interfaces dans un état *connect* (*up/up*), il peut se produire deux autres problèmes : la non concordance du mode de transmission, et certaines différences de configuration de la sécurité de port entraînant le rejet de trames.

Codes d'état d'interface et causes de dysfonctionnement

Les commutateurs Cisco utilisent deux jeux de codes d'état différents : l'un comportant deux codes (mots), qui suit les mêmes conventions que les codes d'état des interfaces de routeur, et l'autre ne contenant qu'un code (mot). Les deux jeux permettent de déterminer si une interface est opérationnelle.

Le résultat des commandes de commutateur **show interfaces** et **show interfaces description** utilise le jeu à deux codes, comme sur un routeur. Il s'agit du code d'état de ligne (*line status*) et du code d'état de protocole (*protocol status*), le premier renseignant sur le bon fonctionnement de la couche 1, et le second, sur celui de la couche 2. Puisque les interfaces de LAN emploient toutes le même protocole de liaison de données Ethernet, elles apparaissent généralement avec les deux codes dans l'état *up* ou les deux codes dans l'état *down*.

INFO

Ce livre utilise une référence abrégée à ces deux codes en les séparant par une barre oblique, par exemple *up/up*.

La commande **show interfaces status** utilise un seul code d'état qui correspond à différentes combinaisons des deux codes d'état d'interface précités, la corrélation étant aisée à établir. Par exemple, la commande indique l'état *connect* pour les interfaces opérationnelles, ce qui correspond à l'état *up/up* des commandes **show interfaces** et **show interfaces description**.

Tout état autre que *connect* ou *up/up* signifie que le commutateur ne peut transmettre ou recevoir de trames sur l'interface concernée, et tout dysfonctionnement aura un nombre limité de causes. Notez que les questions d'examen peuvent très bien ne faire usage que d'un seul type de code d'état, aussi est-il préférable de connaître la signification des deux jeux de codes. Le tableau 3.2 reprend les combinaisons de codes possibles et certaines de leurs causes.

Sujet clé

Tableau 3.2 : Codes d'état des interfaces de commutateur LAN et leurs causes principales

État de ligne	*État de protocole*	*État d'interface*	*Cause typique*
admin. down	down	disabled	L'interface est configurée avec la commande shutdown, autrement dit elle est désactivée.
down	down	notconnect	Absence de câble ; câble en mauvais état ; brochage incorrect ; non concordance de vitesse entre les deux équipements connectés ; l'équipement ou l'interface à l'autre extrémité du câble n'est pas actif.
up	down	notconnect	État inattendu sur une interface de commutateur LAN.
down	down (err-disabled)	err-disabled	La sécurité du port a entraîné la désactivation de l'interface.
up	up	connect	L'interface fonctionne.

L'état *notconnect* et brochage des câbles

Le tableau 3.2 cite plusieurs causes possibles de l'état *notconnect*, dont la plupart sont suffisamment explicites pour ne pas requérir d'autres explications que celles données dans le tableau. Par exemple, si une interface directement reliée à un commutateur présente un état *notconnect*, vérifiez que l'interface sur ce commutateur n'a pas été désactivée. En revanche, la raison spécifiant un brochage incorrect mérite plus d'explications, car c'est une erreur courante qui n'est pas traitée ailleurs dans le livre (le brochage du câblage Ethernet est couvert dans le livre *Préparation à la certification CCNA ICND1 et CCENT*, Chapitre 3).

Les normes de câble à paires torsadées non blindées (UTP) spécifient le brochage des connecteurs RJ-45. Les équipements emploient des paires de fils pour communiquer en réseau. Les normes Ethernet 10Base-T et 100Base-Tx emploient deux paires, l'une pour émettre et l'autre pour recevoir. Lorsque deux équipements de même type doivent être reliés, par exemple, deux commutateurs, il faut utiliser un câble croisé puisqu'ils emploient les mêmes broches pour émettre et recevoir. Par contre, la connexion de deux équipements employant un brochage différent, telle que celle d'un PC à un commutateur, demande de recourir à un câble droit (voir figure 3.4).

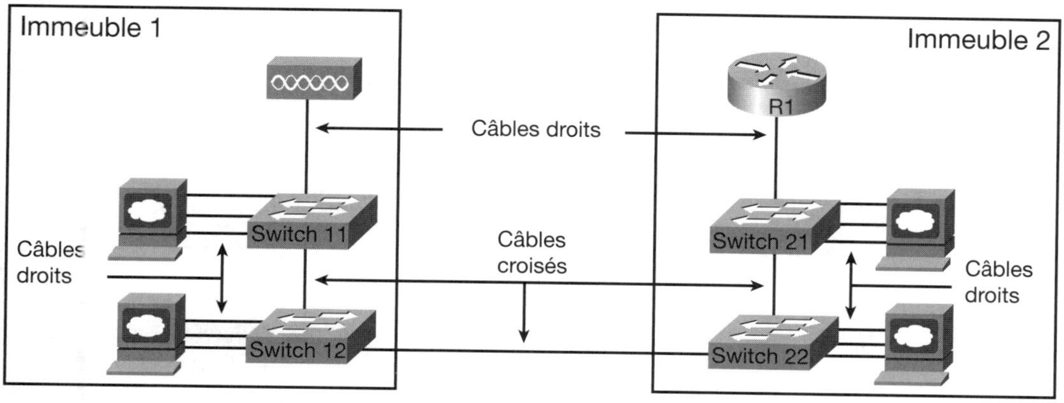

Figure 3.4
Exemple d'utilisation des câbles UTP croisé et droit.

Sujet clé

Pour réaliser un dépannage efficace, il faut connaître le type de brochage que les différents équipements emploient pour communiquer. Le tableau 3.3 récapitule les équipements les plus courants rencontrés dans le cadre de l'examen ainsi que leur brochage.

Sujet clé

Tableau 3.3 : Paires de broches utilisées pour le câblage 10Base-T et 100Base-Tx

Équipements émettant sur 1/2 et recevant sur 3/6	*Équipements émettant sur 3/6 et recevant sur 1/2*
Cartes réseaux pour PC	Hubs
Routeurs	Commutateurs
Points d'accès sans fil (interface Ethernet)	—
Imprimantes de réseau connectées sur Ethernet	—

Problèmes liés à la vitesse et au mode de transmission

Les interfaces de commutateur peuvent détecter leurs paramètres de transmission de différentes façons. Par défaut, les interfaces qui emploient un câblage en cuivre et qui sont capables d'utiliser plusieurs vitesses et modes de transmission se fondent sur la norme de négociation automatique de l'IEEE 802.3x. Sinon, les interfaces de commutateurs, de routeurs ainsi que la plupart des cartes de réseau peuvent également être configurées manuellement. Sur un routeur ou un commutateur, la configuration de la vitesse et du mode de transmission, duplex intégral ou semi-duplex, est réalisée à l'aide des sous-commandes d'interface **speed {10|100|1000}** et **duplex {half|full}**.

Pour prendre connaissance des paramètres d'une interface, utilisez les commandes **show interfaces** et **show interfaces status**, comme le montre l'exemple 3.2.

Exemple 3.2 *Affichage des paramètres de vitesse et de mode de transmission*

```
SW1#show interfaces status

Port      Name               Status       Vlan       Duplex  Speed Type
Fa0/1                        notconnect   1            auto   auto 10/100BaseTX
Fa0/2                        notconnect   1            auto   auto 10/100BaseTX
Fa0/3                        notconnect   1            auto   auto 10/100BaseTX
Fa0/4                        connected    1          a-full  a-100 10/100BaseTX
Fa0/5                        connected    1          a-full  a-100 10/100BaseTX
Fa0/6                        notconnect   1            auto   auto 10/100BaseTX
Fa0/7                        notconnect   1            auto   auto 10/100BaseTX
Fa0/8                        notconnect   1            auto   auto 10/100BaseTX
Fa0/9                        notconnect   1            auto   auto 10/100BaseTX
Fa0/10                       notconnect   1            auto   auto 10/100BaseTX
Fa0/11                       connected    1          a-full     10 10/100BaseTX
Fa0/12                       connected    1            half    100 10/100BaseTX
```

```
Fa0/13                          connected    1          a-full  a-100 10/100BaseTX
Fa0/14                          disabled     1            auto   auto 10/100BaseTX
Fa0/15                          notconnect   3            auto   auto 10/100BaseTX
Fa0/16                          notconnect   3            auto   auto 10/100BaseTX
Fa0/17                          connected    1          a-full  a-100 10/100BaseTX
Fa0/18                          notconnect   1            auto   auto 10/100BaseTX
Fa0/19                          notconnect   1            auto   auto 10/100BaseTX
Fa0/20                          notconnect   1            auto   auto 10/100BaseTX
Fa0/21                          notconnect   1            auto   auto 10/100BaseTX
Fa0/22                          notconnect   1            auto   auto 10/100BaseTX
Fa0/23                          notconnect   1            auto   auto 10/100BaseTX
Fa0/24                          notconnect   1            auto   auto 10/100BaseTX
Gi0/1                           connected    trunk        full   1000 10/100/
1000BaseTX
Gi0/2                           notconnect   1            auto   auto 10/100/
1000BaseTX
SW1#show interfaces fa0/13
FastEthernet0/13 is up, line protocol is up (connected)
  Hardware is Fast Ethernet, address is 0019.e86a.6f8d (bia 0019.e86a.6f8d)
  MTU 1500 bytes, BW 100000 Kbit, DLY 100 usec,
     reliability 255/255, txload 1/255, rxload 1/255
  Encapsulation ARPA, loopback not set
  Keepalive set (10 sec)
  Full-duplex, 100Mb/s, media type is 10/100BaseTX
  input flow-control is off, output flow-control is unsupported
  ARP type: ARPA, ARP Timeout 04:00:00
  Last input 00:00:05, output 00:00:00, output hang never
  Last clearing of "show interface" counters never
  Input queue: 0/75/0/0 (size/max/drops/flushes); Total output drops: 0
  Queueing strategy: fifo
  Output queue: 0/40 (size/max)
  5 minute input rate 0 bits/sec, 0 packets/sec
  5 minute output rate 0 bits/sec, 0 packets/sec
     85022 packets input, 10008976 bytes, 0 no buffer
     Received 284 broadcasts (0 multicast)
     0 runts, 0 giants, 0 throttles
     0 input errors, 0 CRC, 0 frame, 0 overrun, 0 ignored
     0 watchdog, 281 multicast, 0 pause input
     0 input packets with dribble condition detected
     95226 packets output, 10849674 bytes, 0 underruns
     0 output errors, 0 collisions, 1 interface resets
     0 babbles, 0 late collision, 0 deferred
     0 lost carrier, 0 no carrier, 0 PAUSE output
     0 output buffer failures, 0 output buffers swapped out
```

Bien que les deux commandes soient utiles, seule **show interfaces status** renseigne sur les paramètres de vitesse et de mode de transmission. Son résultat affiche les paramètres négociés automatiquement en y apposant le préfixe « a- ». Par exemple, *a-full* signifie le mode *full-duplex* (duplex intégral) négocié automatiquement alors que *full* renvoie au même mode, mais configuré manuellement, comme le montrent les deux lignes en grisé dans l'exemple pour les interfaces Fa0/12 et Fa0/13. Notez que la commande **show interfaces Fa0/13** (en omettant l'option **status**) ne renvoie que la vitesse et le mode pour l'interface Fa0/13, sans information explicite sur la méthode de définition des paramètres.

Les commutateurs Cisco possèdent une fonctionnalité intéressante concernant la vitesse d'interface, qui peut vous aider à déterminer certains types de problèmes. Si une interface a été configurée pour utiliser une certaine vitesse et que celle-ci ne correspond pas à celle de l'équipement à l'autre extrémité du câble, l'interface sera dans un état *notconnect* ou *down/down*. Ce type de non-concordance de vitesse ne peut toutefois se produire que lorsque la vitesse a été configurée manuellement avec **speed**, car dans le cas contraire, un commutateur Cisco peut automatiquement détecter et utiliser la vitesse de l'autre équipement – même si celui-ci désactive le processus de négociation automatique de l'IEEE.

Par exemple, dans la figure 3.3, imaginez que l'interface Gi0/2 du commutateur SW2 soit configurée à l'aide des commandes **speed 100** et **duplex half** (de tels paramètres ne seraient cependant pas recommandés pour une interface gérant le Gigabit). SW2 utiliserait alors ces paramètres et désactiverait le processus standard de négociation automatique. Dans ce cas et si l'interface Gi0/1 de SW1 n'était pas configurée avec la commande **speed**, SW1 reconnaîtrait néanmoins la vitesse (100 Mbit/s) et l'utiliserait aussi. L'exemple 3.3 illustre les résultats produits pour ce cas spécifique sur SW1.

Exemple 3.3 *Affichage des paramètres de vitesse et de mode duplex d'interfaces de commutateur*

```
SW1#show interfaces gi0/1 status

Port      Name               Status       Vlan       Duplex  Speed Type
Gi0/1                        connected    trunk       a-half  a-100 10/100/1000BaseTX
```

La vitesse et le mode de transmission apparaissent là aussi avec le préfixe de négociation automatique « a- », car, dans ce cas précis, la vitesse a été négociée, et le mode de transmission a été choisi par le processus de négociation qui prévoit l'utilisation du mode *half-duplex* en cas d'échec de négociation pour les ports fonctionnant à 100 Mbit/s.

Une non-concordance de mode de transmission entre deux équipements est plus difficile à déceler, car les interfaces restent dans un état *connect* (*up/up*). La liaison fonctionne, mais présente des performances médiocres avec des problèmes intermittents. En effet, l'interface utilisant le mode *half-duplex* emploie la logique CSMA/CD (*Carrier Sense Multiple Access/Collision Detection*) provoquant des attentes, l'équipement détectant à tort des collisions lors de la réception de trames. Lorsque la charge sur le réseau est importante, l'interface peut se trouver dans un état *connect* tout en étant inutilisable pour relayer le trafic, et même provoquer la perte de messages VTP et STP cruciaux.

Pour identifier les problèmes de non-concordance de mode de transmission, essayez les actions suivantes :

- Utilisez une commande telle que **show interfaces** sur chaque extrémité de la liaison pour en vérifier le mode.

Sujet clé

- Recherchez une éventuelle augmentation de certains compteurs sur les interfaces en *half-duplex*. Les compteurs *runts* (trames amputées), *collisions* et *late collisions* (collisions tardives) sont modifiés lorsque l'autre équipement utilise le mode *full duplex* (en grisé dans l'exemple 3.2). Sachez toutefois que ces compteurs augmentent aussi dans le cas de collisions en fonctionnement normal.

Une non-concordance de mode duplex peut être causée par les paramètres définis automatiquement par le processus de négociation. Lorsqu'un équipement tente une négociation et que l'équipement à l'autre extrémité ne répond pas, le premier choisit un mode de transmission prédéfini en fonction de la vitesse choisie, comme déterminé de la façon suivante par l'IEEE :

- le mode *half-duplex* pour les vitesses de 10 ou 100 Mbit/s ;
- le mode *full-duplex* pour la vitesse de 1000 Mbit/s.

Sujet clé

INFO

Les interfaces Ethernet gérant des vitesses dépassant 1 Gbit/s emploient toujours le *full-duplex*.

Étape 3 : identifier les problèmes de filtrage et de sécurité de port

De façon générale, une analyse du processus de transmission doit prendre en considération toutes les caractéristiques liées à la sécurité pouvant provoquer le rejet de trames ou de paquets, comme dans le cas de listes de contrôle d'accès (ACL) configurées sur les routeurs et les commutateurs.

Les examens du CCNA ne couvrent pas le sujet des ACL sur les commutateurs, mais une fonctionnalité analogue appelée la *sécurité de port*. Comme traité au chapitre 9 de l'ouvrage *Préparation à la certification CCNA ICND1 et CCENT*, une sécurité peut être configurée sur une interface pour filtrer les trames selon les trois critères essentiels suivants :

- Limiter les adresses MAC spécifiques autorisées à envoyer et recevoir des trames.
- Limiter le nombre d'adresses MAC autorisées à utiliser l'interface, rejetant les trames des adresses découvertes après que la limite ait été atteinte.
- Une combinaison des deux points précédents.

Sujet clé

La première étape de dépannage de la sécurité de port consiste à identifier si des infractions se sont produites, la difficulté dans cette démarche résidant dans les comportements divers que peut adopter l'IOS dans ces situations, selon le mode de violation défini lors de la configuration au moyen de la sous-commande **switchport port-security violation** *mode-violation*.

Objectif : Vérifier comme suit les problèmes de sécurité :

1. Identifier les interfaces sur lesquelles la sécurité de port a été activée à l'aide des commandes **show running-config** ou **show port-security**.
2. Déterminer si une violation de sécurité a eu lieu selon le mode de violation configuré :
   – **shutdown :** L'interface sera dans l'état *err-disabled*.
   – **restrict :** L'interface sera dans un état *connect*, mais la commande **show port-security interface** renverra un compteur de violations en augmentation.
   – **protect :** L'interface sera dans un état *connect* et la commande **show port-security interface** ne rapportera pas d'augmentation du compteur de violations.
3. Dans tous les cas, comparer la configuration de la sécurité de port au diagramme ainsi qu'au champ *last source address* (dernière adresse source) dans le résultat de la commande **show port-security interface**.

L'une des difficultés lors du dépannage de la sécurité de port réside dans le fait que certaines configurations ne font que rejeter les trames en infraction sans désactiver l'interface, selon le mode de violation configuré. Les trois modes refusent le trafic en violation des règles définies. Par exemple, si seule une adresse MAC est autorisée sur une interface, le commutateur ignorera tout trafic émanant d'une autre adresse. Toutefois, le mode **shutdown** provoquera le rejet de tout futur trafic après qu'une infraction se soit produite, y compris celui qui proviendra de l'adresse autorisée. Le tableau 3.4 résume certains de ces points clés.

Sujet clé

Tableau 3.4 : Actions prédéfinies selon le mode de violation configuré pour la sécurité de port

Mode de violation	*Rejette le trafic en infraction*	*Rejette tout le trafic après une infraction*	*État err-disabled de l'interface après une infraction*	*Augmentation des compteurs après chaque nouvelle infraction*
shutdown	Oui	Oui	Oui	Oui
restrict	Oui	Non	Non	Oui
protect	Oui	Non	Non	Non

Le dépannage du point 3 de cette procédure se rapporte à l'état d'interface *err-disabled*. Cet état indique que l'interface a été configurée pour utiliser la sécurité de port dans le mode **shutdown**, qu'une infraction s'est produite et qu'aucun trafic n'est actuellement autorisé, ce mode ayant désactivé l'interface. Pour corriger ce problème, l'interface doit être fermée puis réactivée au moyen de la commande **no shutdown**. L'exemple 3.4 montre un exemple d'interface dans cet état.

Exemple 3.4 *Emploi de la sécurité de port pour définir les adresses MAC autorisées*

```
! La première indique les interfaces configurées avec la sécurité
! ainsi que le mode de violation sous l'en-tête "Security Action".
SW1#show port-security
Secure Port  MaxSecureAddr  CurrentAddr  SecurityViolation  Security Action
                (Count)        (Count)          (Count)
---------------------------------------------------------------------------
     Fa0/13             1            1                  1         Shutdown
---------------------------------------------------------------------------
Total Addresses in System (excluding one mac per port)     : 0
Max Addresses limit in System (excluding one mac per port) : 8320
!
! Cette commande montre l'état err-disabled state, signalant une violation de
! sécurité.
SW1#show interfaces Fa0/13 status

Port      Name               Status       Vlan       Duplex  Speed Type
Fa0/13                       err-disabled 1            auto   auto 10/100BaseTX
!
! Cette commande montre en grisé plusieurs éléments importants.
SW1#show port-security interface Fa0/13
Port Security              : Enabled
Port Status                : Secure-shutdown
Violation Mode             : Shutdown
Aging Time                 : 0 mins
Aging Type                 : Absolute
SecureStatic Address Aging : Disabled
Maximum MAC Addresses      : 1
Total MAC Addresses        : 1
Configured MAC Addresses   : 1
Sticky MAC Addresses       : 0
Last Source Address:Vlan   : 0200.3333.3333:2
Security Violation Count   : 1
```

Le résultat de la commande **show port-security interface** montre quelques éléments d'information utiles dans le processus de dépannage. L'état de port *secure-shutdown* signifie que l'interface est désactivée pour tout le trafic suite à une violation des règles définies et que l'interface devrait afficher l'état *err-disabled*. Un compteur d'infractions qui apparaît à la fin du résultat renvoyé est supplémenté de 1 pour chaque nouvelle violation de sécurité. Notez que dans le mode de violation **shutdown**, le compteur ne peut plus être augmenté après que l'interface ait été désactivée suite à une violation tant que le technicien n'émet pas successivement les commandes **shutdown** et **no shutdown** pour l'interface concernée. Enfin, sachez que l'avant dernière ligne renseigne sur l'adresse MAC source de la dernière trame reçue sur l'interface. Cette information peut se révéler utile pour identifier l'adresse de l'équipement ayant causé l'infraction.

Les modes de violation **restrict** et **protect** provoquent le rejet des trames, mais selon un autre comportement qui maintient l'interface dans l'état *connect* (*up/up*). Vérifiez donc que ce état ne masque pas une mauvaise transmission pour une autre raison.

L'exemple 3.5 illustre une commande **show** avec une configuration de la sécurité dans le mode **protect**. Un PC possédant l'adresse MAC 0200.3333.3333 envoie des trames vers le port Fa0/13, lequel est configuré pour accepter les trames uniquement en provenance de l'adresse 0200.1111.1111.

Exemple 3.5 *La sécurité de port dans le mode protect*

```
SW1#show running-config
! Lignes omises
interface FastEthernet0/13
 switchport mode access
 switchport port-security
 switchport port-security mac-address 0200.1111.1111
 switchport port-security violation protect
! Lignes omises
SW1#show port-security interface Fa0/13
Port Security              : Enabled
Port Status                : Secure-up
Violation Mode             : Protect
Aging Time                 : 0 mins
Aging Type                 : Absolute
SecureStatic Address Aging : Disabled
Maximum MAC Addresses      : 1
Total MAC Addresses        : 1
Configured MAC Addresses   : 1
Sticky MAC Addresses       : 0
Last Source Address:Vlan   : 0200.3333.3333:1
Security Violation Count   : 0
```

Le résultat de cette commande **show** a été obtenu après l'envoi de nombreuses trames par le PC portant l'adresse MAC 0200.3333.3333, lesquelles ont été rejetées par le commutateur en raison de la sécurité configurée. Cette adresse apparaît en tant que dernière adresse source. Notez que l'état de port indiqué est *secure-up* et que le compteur de violations est à 0 : deux informations pouvant laisser penser que tout va bien. Toutefois, dans le mode **protect**, la commande **show port-security interface** ne montre pas d'information confirmant la présence d'infractions. La seule indication fournie est qu'un trafic utilisateur n'atteint pas la destination voulue.

Si cet exemple avait utilisé le mode **restrict**, l'état de port serait également resté sur *secure-up*, mais le compteur de violations aurait été supplémenté de 1 pour chaque trame fautive.

Lors de l'examen, une violation de sécurité pourrait être le but recherché, l'énoncé vous précisant même explicitement la configuration de la sécurité de port. Dans ce cas, vous pouvez gagner du temps en examinant directement celle-ci, puis en la comparant aux adresses MAC des équipements connectés à l'interface. Un problème fréquent est que les adresses MAC aient été mal configurées ou que le nombre d'adresses maximal ait été spécifié avec une valeur trop basse. Le livre *Préparation à la certification CCNA ICND1 et CCENT* décrit au chapitre 9 le détail des instructions de configuration.

Une dernière fonction de sécurité qui mérite d'être mentionnée est la norme IEEE 802.1x (à ne pas confondre avec la norme de négociation automatique IEEE 802.3x), qui définit un processus permettant d'authentifier l'utilisateur du PC connecté à un port du commutateur. La norme 802.1x peut faire partie d'une stratégie globale de contrôle NAC (*Network Admission Control*) qui conditionne l'emploi du LAN à la fourniture de certaines données d'authentification.

Avec la norme 802.1x, chaque utilisateur communique avec un serveur de contrôle d'accès AAA au moyen d'une série de messages d'authentification. Le commutateur d'accès analyse les messages et rejette les trames à l'exception de celles du protocole 802.1x émises par le PC ou s'y destinant. Lorsque le commutateur détecte le message du serveur AAA confirmant le succès de l'authentification, il autorise la circulation du trafic sur le port concerné. Sinon, il interdit le trafic. Les détails de la configuration de 802.1x et la reconnaissance d'un échec d'authentification comme étant la raison d'un problème sortent du cadre de ce livre.

Étape 4 : identifier les problèmes de VLAN et de trunking

Le processus de transmission d'un commutateur dépend de la définition de l'accès aux VLAN configurée sur les interfaces d'accès ou sur les tronçons de VLAN. De plus, avant qu'un commutateur ne puisse transmettre des trames se destinant à un VLAN, outre que ce dernier soit actif, il doit de plus en connaître l'existence, soit par voie de configuration soit par l'intermédiaire du protocole VTP. Les sections suivantes examinent certains des outils intervenant dans le cadre de problèmes liés aux VLAN.

Objectif : Vérifier comme suit les VLAN et les tronçons de VLAN :

1. Identifier toutes les interfaces d'accès et les VLAN qui leur auront été assignés, et les réaffecter correctement au besoin.
2. Déterminer si les VLAN concernés existent bien et sont bien actifs sur chaque commutateur, suite à une configuration ou grâce à VTP. Dans le cas contraire, configurer et activer les VLAN.
3. Identifier les interfaces configurées pour le trunking sur chaque commutateur et déterminer les VLAN accessibles par l'intermédiaire de chaque tronçon.

Les trois prochaines sections décrivent l'un après l'autre chacun de ces trois points.

Contrôle des associations interfaces/VLAN

Pour vérifier la bonne affectation de chaque interface d'accès au VLAN voulu, les techniciens doivent simplement déterminer les interfaces utilisées en tant qu'interfaces d'accès et non de tronçon, et comparer les informations à la documentation. Les trois commandes **show** reprises dans le tableau 3.5 peuvent se révéler particulièrement utiles lors de cette procédure.

Sujet clé

Tableau 3.5 : Commandes *show* d'identification des ports d'accès et des VLAN associés

Commande EXEC	*Description*
show vlan brief	Cite chaque VLAN et les interfaces qui lui sont assignées, à l'exception de celles configurées en tant que tronçon (*trunk*).
show vlan	
show interfaces *numéro type* **switchport**	Identifie un VLAN d'accès, un VLAN vocal, et les modes administratif (configuré) et opérationnel (access ou trunking).
show mac address-table dynamic	Énumère les entrées de la table d'adressage MAC, incluant les adresses, les interfaces et les VLAN associés.

Si possible, commencez cette étape par l'exécution des commandes **show vlan** et **show vlan brief**, car elles renvoient tous les VLAN connus et les interfaces d'accès associées à chacun d'eux. Sachez toutefois que leur résultat comprend toutes les interfaces qui ne réalisent pas actuellement le trunking. Ainsi, elles recensent les interfaces dans un état *notconnect* et *err-disabled* et, le plus important dans ce cas, celles qui pourraient agir en tant que tronçon après l'activation d'une interface connectée. Par exemple, ces commandes pourraient inclure l'interface Gi0/2 dans la liste des interfaces du VLAN 1, mais dès que

Gi0/1 devient active, l'interface pourrait négocier l'usage du trunking et ne plus être une interface d'accès, auquel cas elle n'apparaîtrait plus dans le résultat de la commande **show vlan brief**.

Si les commandes **show vlan** et **show interface switchport** ne sont pas disponibles dans l'énoncé d'une question, la commande **show mac address-table** peut aussi vous aider à identifier les VLAN d'accès. Cette commande affiche la table d'adressage MAC avec pour chaque entrée, l'adresse MAC, l'interface et l'ID de VLAN. Si la question suggère qu'une interface de commutateur se connecte à un seul PC, vous ne devriez voir qu'une seule entrée mentionnant cette interface et l'identifiant cité est celui du VLAN d'accès. Une telle affirmation n'est pas possible dans le cas d'une interface de trunking.

Si après avoir déterminé les interfaces et les VLAN associés vous remarquez une interface mal affectée, utilisez **switchport access vlan** *id-vlan* pour assigner l'identifiant approprié.

VLAN d'accès non définis ou non actifs

L'étape de dépannage suivante (point 2 de cette procédure) examine le cas d'un commutateur ne relayant pas les trames d'un VLAN non défini, ou défini mais non actif. Cette section résume les meilleures méthodes pour vérifier qu'un commutateur a connaissance d'un VLAN et déterminer son état.

Avec les serveurs et les clients VTP, la commande **show vlan** ne permet d'obtenir que la liste actuelle des VLAN connus. Les fichiers *running-config* et *startup-config* ne contiennent ni les commandes de configuration **vlan** *id-vlan* qui définissent un VLAN, ni **name** qui le nomment. En revanche, les commutateurs dans le mode transparent placent bien ces commandes dans les fichiers *vlan.dat* et *running-config*, ce qui vous permet de les consulter à l'aide de la commande **show running-config**.

Après avoir identifié l'absence d'un VLAN comme étant la source de votre problème, vous devez simplement le définir. Dans ce cas, suivez la procédure de configuration décrite au chapitre 1 et résumée ci-après :

- **Sur les serveurs et les clients VTP, en supposant que VTP est opérationnel.** Le VLAN doit être configuré sur un serveur VTP, généralement avec la commande **vlan** *id-vlan*, et les autres serveurs et clients VTP le découvriront ensuite grâce au protocole. Le VLAN peut également être configuré au moyen de la sous-commande **switchport access vlan** *id-vlan*, sur le serveur VTP où il n'existe pas encore, et celui-ci le crée alors automatiquement.
- **Sur les serveurs et les clients VTP, en supposant que VTP n'est pas opérationnel.** Dépannez VTP comme décrit au chapitre 1 à la section « Dépannage de VTP ».
- **Sur un commutateur dans le mode VTP transparent.** La configuration est la même que celle d'un serveur, mais elle doit être réalisée sur chaque commutateur car les commutateurs dans ce mode n'annoncent pas les VLAN créés.

Pour tout VLAN existant, vérifiez aussi que le VLAN est bien dans un état actif. La commande **show vlan** permet d'afficher l'un des deux états de VLAN : *active* et *act/lshut*. Le second état signifie que le VLAN est désactivé. Pour résoudre ce problème, utilisez la commande globale **no shutdown vlan** *id-vlan*. Notez que cette commande doit être émise sur chaque commutateur, car cet état n'est pas annoncé par VTP.

Identifier les tronçons et les VLAN accessibles

Dans cette étape (point 3 de la procédure), vous pouvez répartir les problèmes en deux catégories générales : ceux liés aux détails de fonctionnement d'un tronçon opérationnel, et ceux en rapport avec une interface qui, bien que configurée comme tronçon, est non opérationnelle en tant que tel.

Les problèmes de la première catégorie sont facilement identifiables au moyen de la commande **show interfaces trunk**, qui renseigne uniquement sur les tronçons actifs. La dernière section du résultat retourné liste les VLAN dont le trafic est transmis sur le tronçon. Tous les VLAN qui apparaissent dans cette partie répondent aux critères suivants :

Sujet clé

- Le VLAN existe et est actif sur ce commutateur (comme décrit dans la section précédente et visible dans la commande **show vlan**).
- Le VLAN n'a pas été supprimé de la liste des VLAN autorisés sur ce tronçon (comme configuré à l'aide de la sous-commande **switchport trunk allowed vlan**).
- Le VLAN n'a pas été supprimé du tronçon par la fonction de pruning VTP (comme réalisé automatiquement par VTP, en supposant que le pruning ait été activé au moyen de la commande **vtp pruning**.
- Le tronçon est dans l'état STP de transmission (*Forwarding*) pour ce VLAN (comme constaté à l'aide de **show spanning-tree vlan** *id-vlan*).

L'exemple 3.6 illustre un exemple de résultat de la commande **show interfaces trunk**, avec la dernière partie en grisé. Dans ce cas, le tronçon ne transporte que le trafic des VLAN 1 et 4.

Exemple 3.6 *Listes des VLAN autorisés et actifs*

```
SW1#show interfaces trunk

Port        Mode         Encapsulation  Status        Native vlan
Gi0/1       desirable    802.1q         trunking      1

Port        Vlans allowed on trunk
Gi0/1       1-2,4-4094
```

```
Port        Vlans allowed and active in management domain
Gi0/1       1,4

Port        Vlans in spanning tree forwarding state and not pruned
Gi0/1       1,4
```

L'absence d'un VLAN dans la dernière section du résultat retourné ne signifie pas nécessairement qu'un problème s'est produit. En fait, un VLAN pourrait être exclu à juste titre d'un tronçon s'il ne correspond pas aux critères d'inclusion énumérés dans la liste précédant l'exemple 3.6. Il peut toutefois être utile pour une question d'examen de savoir pourquoi le trafic d'un certain VLAN n'est pas transmis sur un tronçon. Les trois listes du résultat de **show interfaces trunk** indique les raisons possibles. Pour un rappel des détails, revoyez les explications données au chapitre 1 pour l'exemple 1.4, ainsi que les quelques paragraphes qui précèdent ce dernier.

À cette étape, la configuration du VLAN natif d'un tronçon doit aussi être vérifiée. L'ID du VLAN natif pourrait être configuré différemment sur chaque extrémité du tronçon. Dans ce cas, les commutateurs concernés provoqueront accidentellement la sortie et l'entrée dans ces VLAN différents des trames concernées. Par exemple, si un commutateur SW1 envoie une trame du VLAN natif 1 sur un tronçon 802.1Q, aucun en-tête ne serait normalement ajouté pour ce VLAN. Lorsque le commutateur SW2 reçoit la trame en remarquant l'absence d'en-tête 802.1Q, il suppose qu'elle fait partie de son VLAN natif. S'il a toutefois été configuré pour considérer le VLAN 2 comme étant natif pour ce tronçon, il y transmettra la trame.

Notre seconde catégorie de problèmes de trunking est celle d'une interface dont le trunking est inopérant alors qu'il devrait l'être. Une mauvaise configuration de la fonctionnalité sur les deux extrémités de la liaison pourrait être à l'origine d'un tel problème. La sous-commande en charge de la définition du trunking et de ses règles de négociation est **switchport mode {access | trunk | dynamic {desirable | auto}}**. Vous pouvez afficher le mode administratif (configuré) d'une interface à l'aide de la commande **show interface switchport**. Veillez à connaître la signification de chaque option de cette commande (voir tableau 1.4 du chapitre 1) ainsi que les combinaisons sur chaque extrémité du segment (voir le tableau 1.5).

Dans certains cas, une interface peut ne pas utiliser le trunking en raison d'une mauvaise configuration du type de trunking, ISL ou 802.1Q. Par exemple, si les deux commutateurs concernés sont respectivement configurés avec les commandes **switchport trunk encapsulation isl** et **switchport trunk encapsulation dot1Q**, le tronçon ne sera pas formé car les types d'encapsulation ne correspondent pas.

Exemple de dépannage du plan de données

Cette section présente un scénario incluant plusieurs problèmes qui nous permettra d'appliquer les procédures décrites précédemment. Nous utiliserons pour cela l'exemple de réseau illustré figure 3.5. Au départ, l'exécution d'un ping sur les ordinateurs PC1, PC2 et PC3 permet de constater qu'ils ne peuvent atteindre leur passerelle par défaut, R1, à l'adresse IP 2.2.2.9. Nous résumons ci-après la procédure à suivre :

Sujet clé

1. Vérifier l'exactitude des informations données dans le schéma du réseau et les compléter au moyen de CDP.
2. Vérifier l'absence de problème d'interfaces :
   a. Déterminer les codes d'état de chaque interface et résoudre tout problème les empêchant d'être dans un état *connect* ou *up/up*.
   b. Pour les interfaces dans un état *connect* (*up/up*), vérifier aussi l'absence des deux types d'incohérence suivants : non-concordance du mode duplex et différences de configuration de la sécurité de port entraînant le rejet de trames.
3. S'assurer de l'absence de problèmes de sécurité de port :
   a. Identifier toutes les interfaces sur lesquelles la sécurité de port est activée (**show running-config** ou **show port-security**).
   b. Déterminer si une violation de sécurité se produit en s'appuyant sur le mode de violation configuré :
      - **shutdown :** L'interface sera dans un état *err-disabled*.
      - **restrict :** L'interface sera dans un état *connect*, mais la commande **show port-security interface** retournera un compteur de violations supplémenté.
      - **protect :** L'interface sera dans un état *connect*, et la commande **show port-security interface** ne montrera pas un compteur de violations supplémentés.
   c. Dans tous les cas, comparer la configuration de la sécurité de port avec le diagramme ainsi que le champ « *last source address* » (dernière adresse source) du résultat de **show port-security interface**.
4. Vérifier les VLAN et les tronçons de VLAN :
   a. Identifier toutes les interfaces d'accès et le VLAN auquel elles ont été respectivement assignées, et en cas d'erreur, réaffectez-les correctement.
   b. Déterminer que les VLAN existent bien (correctement configurés ou découverts avec VTP) et sont bien actifs sur chaque commutateur. En cas de besoin, configurer le VLAN manquant ou le réactiver.
   c. Identifier les interfaces fonctionnant actuellement en trunking sur chaque commutateur et déterminer les VLAN qui peuvent être joints par chaque tronçon.

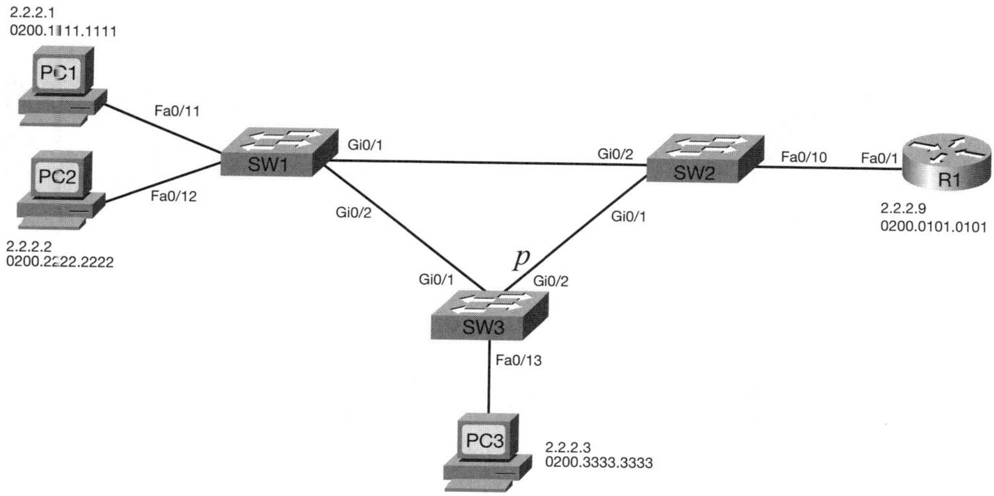

Figure 3.5
Le réseau de l'exemple de dépannage du plan de données.

Étape 1 : Vérifier l'exactitude du diagramme au moyen de CDP

L'exemple 3.7 montre quelques résultats de commandes **show cdp neighbors** et **show cdp entry** sur les trois commutateurs de la figure 3.5. Une simple comparaison permet de confirmer l'exactitude des noms et des interfaces dans la figure, excepté pour l'interface Fa0/9 de SW2 qui est connectée au router R1 à la place de Fa0/10.

Exemple 3.7 *Vérification des détails de la figure 3.5 au moyen de CDP*

```
SW1#show cdp neighbors
Capability Codes: R - Router, T - Trans Bridge, B - Source Route Bridge
                  S - Switch, H - Host, I - IGMP, r - Repeater, P - Phone

Device ID        Local Intrfce     Holdtme    Capability  Platform    Port ID
SW2              Gig 0/1            122           S I     WS-C2960-2  Gig 0/2
SW3              Gig 0/2            144           S I     WS-C3550-2  Gig 0/1
```

```
! Commandes exécutées sur SW2
SW2#show cdp neighbors
Capability Codes: R - Router, T - Trans Bridge, B - Source Route Bridge
                  S - Switch, H - Host, I - IGMP, r - Repeater, P - Phone
```

Exemple 3.7 *Vérification des détails de la figure 3.5 au moyen de CDP (suite)*

```
Device ID       Local Intrfce      Holdtme    Capability    Platform    Port ID
SW1             Gig 0/2             125          S I        WS-C2960-2  Gig 0/1
SW3             Gig 0/1             170          S I        WS-C3550-2  Gig 0/2
R1              Fas 0/9             157        R S I        1841        Fas 0/1
SW2#show cdp entry R1
-------------------------
Device ID: R1
Entry address(es):
  IP address: 2.2.2.10
Platform: Cisco 1841,  Capabilities: Router Switch IGMP
Interface: FastEthernet0/9,  Port ID (outgoing port): FastEthernet0/1
Holdtime : 150 sec

Version :
Cisco IOS Software, 1841 Software (C1841-ADVENTERPRISEK9-M), Version 12.4(9)T,
RELEASE SOFTWARE (fc1)
Technical Support: http://www.cisco.com/techsupport
Copyright  1986-2006 by Cisco Systems, Inc.
Compiled Fri 16-Jun-06 21:26 by prod_rel_team

advertisement version: 2
VTP Management Domain: "
Duplex: full
Management address(es):
```

```
! Commandes exécutées sur SW3
SW3#show cdp neighbors
Capability Codes: R - Router, T - Trans Bridge, B - Source Route Bridge
                  S - Switch, H - Host, I - IGMP, r - Repeater, P - Phone

Device ID      Local Intrfce      Holdtme    Capability    Platform    Port ID
SW1            Gig 0/1             154          S I        WS-C2960-2  Gig 0/2
SW2            Gig 0/2             178          S I        WS-C2960-2  Gig 0/1
```

Cette erreur dans la documentation de la figure 3.5 – mentionnant l'interface Fa0/10 au lieu de Fa0/9 pour SW2 – n'influe pas sur le fonctionnement actuel du réseau. Toutefois, si le trunking était nécessaire entre SW2 et R1, l'interface Fa0/9, et non Fa0/10, devrait être explicitement configurée à cet effet, les routeurs ne pouvant négocier automatiquement cette fonctionnalité. Le chapitre 4 couvre les détails de cette configuration.

Notez que CDP n'identifie pas les problèmes de documentation concernant les interfaces reliées aux PC d'utilisateurs. En ce qui concerne notre exemple, sachez que les autres interfaces de la figure 3.5 sont correctes.

Étape 2 : Vérifier l'absence de problème d'interface

Il s'agit ici d'examiner l'état fonctionnel de chacune des interfaces devant être actuellement utilisées. L'exemple 3.8 montre quelques commandes **show interface status** sur SW1 et SW3. Pour les besoins de notre exercice, considérez que toutes les interfaces sur SW2 fonctionnent correctement. Examinez les résultats et recensez toute situation problématique qui nécessiterait un approfondissement.

Exemple 3.8 *Problèmes d'interfaces sur SW1*

```
SW1#show interfaces fa0/11 status

Port      Name               Status       Vlan       Duplex  Speed Type
Fa0/11                       connected    3          a-full  a-100 10/100BaseTX
SW1#show interfaces fa0/12 status

Port      Name               Status       Vlan       Duplex  Speed Type
Fa0/12                       notconnect   3            auto   auto 10/100BaseTX
SW1#show interfaces Gi0/1 status

Port      Name               Status       Vlan       Duplex  Speed Type
Gi0/1                        connected    trunk     a-full a-1000 10/100/1000BaseTX
SW1#show interfaces Gi0/2 status

Port      Name               Status       Vlan       Duplex  Speed Type
Gi0/2                        connected    1         a-full a-1000 10/100/1000BaseTX
! Commandes sur SW3
SW3#sh interfaces fa0/13 status

Port      Name               Status       Vlan       Duplex  Speed Type
Fa0/13                       connected    3          a-half  a-100 10/100BaseTX
SW3#show interfaces Gi0/1 status

Port      Name               Status       Vlan       Duplex  Speed Type
Gi0/1                        connected    1          a-full a-1000 1000BaseTX
SW3#show interfaces Gi0/2 status


Port      Name               Status       Vlan       Duplex  Speed Type
Gi0/2                        connected    trunk      a-full a-1000 1000BaseTX
```

Un problème évident sur SW1 est que l'interface Fa0/12 se trouve dans un état *notconnect*. Il y a plusieurs raisons possibles à cela, la plupart étant liées à un problème de câblage : cela peut aller du câble mal inséré aux problèmes d'interférences plus difficiles à détecter (voir le tableau 3.2 pour les raisons suggérées).

Les interfaces de SW3 semblent exemptes de problèmes. Toutes les trois interfaces présentent toutefois un mode duplex qui pourrait être celui issu d'une négociation qui aurait échoué, notamment pour Fa0/3 avec le mode *a-half*. Il pourrait donc y avoir un problème de non-concordance de mode, comme nous l'avons vu plus haut, avec une interface dans un état *connect*.

Vous pouvez déterminer que les interfaces Gi0/1 and Gi0/2 ne souffrent pas de non-concordance de mode de transmission simplement en observant le résultat des commandes **show interfaces status** sur SW1 et SW2 à l'extrémité de ces liaisons. Les ports connectés à un PC présentent cependant un problème de dépannage si vous n'êtes pas à proximité de l'ordinateur. Il vous faudra alors guider l'utilisateur dans une procédure quelconque pour contrôler les paramètres de vitesse et de mode de transmission. Il est néanmoins utile d'examiner les valeurs significatives de compteurs, tels que ceux de *runts* et de *collisions*, comme obtenus à l'aide de la commande **show interfaces** (voir l'exemple 3.9).

Exemple 3.9 *Signes de non-concordance de mode de transmission*

```
SW3#show interfaces fa0/13
FastEthernet0/13 is up, line protocol is up (connected)
  Hardware is Fast Ethernet, address is 000a.b7dc.b78d (bia 000a.b7dc.b78d)
  MTU 1500 bytes, BW 100000 Kbit, DLY 100 usec,
     reliability 255/255, txload 1/255, rxload 1/255
  Encapsulation ARPA, loopback not set
  Keepalive set (10 sec)
  Half-duplex, 100Mb/s, media type is 10/100BaseTX
  input flow-control is off, output flow-control is unsupported
  ARP type: ARPA, ARP Timeout 04:00:00
  Last input never, output 00:00:01, output hang never
  Last clearing of "show interface" counters never
  Input queue: 0/75/0/0 (size/max/drops/flushes); Total output drops: 0
  Queueing strategy: fifo
  Output queue: 0/40 (size/max)
  5 minute input rate 0 bits/sec, 0 packets/sec
  5 minute output rate 0 bits/sec, 0 packets/sec
     108 packets input, 6946 bytes, 0 no buffer
     Received 3 broadcasts (0 multicast)
     54 runts, 0 giants, 0 throttles
     0 input errors, 0 CRC, 0 frame, 0 overrun, 0 ignored
     0 watchdog, 2 multicast, 0 pause input
     0 input packets with dribble condition detected
     722 packets output, 52690 bytes, 0 underruns
     0 output errors, 114 collisions, 5 interface resets
     0 babbles, 78 late collision, 19 deferred
     0 lost carrier, 0 no carrier, 0 PAUSE output
     0 output buffer failures, 0 output buffers swapped out
```

Dans cette situation, il existe bien une discordance de mode. Notez toutefois que ces compteurs peuvent également augmenter dans le cas d'un fonctionnement normal en semi-duplex, et ne sont donc pas nécessairement caractéristiques d'un tel problème.

Dans ce cas, la configuration de SW3 a été changé pour utiliser le mode *full-duplex* sur l'interface Fa0/13, ce qui correspond au paramètre manuel sur PC3.

Étape 3 : Vérifier l'absence de problème de sécurité de port

Il faut maintenant examiner la configuration et l'état de la sécurité de port sur chaque commutateur. À cette fin, la commande **show port-security** est particulièrement utile car elle retourne une liste des interfaces sur lesquelles la fonction a été activée. L'exemple 3.10 illustre un ensemble de commandes dont celle précédemment mentionnée sur SW1 et SW2. Notez que la fonction n'y est pas activée.

Examinez le résultat de l'exemple. Avant d'aller plus loin, indiquez comment vous vous y prendriez pour définitivement exclure la possibilité d'un problème de sécurité de port, ou citez la commande que vous utiliseriez pour identifier plus précisément un éventuel problème.

Exemple 3.10 *Sécurité de port sur SW1 et SW2*

```
SW1#show port-security
Secure Port  MaxSecureAddr  CurrentAddr  SecurityViolation  Security Action
                (Count)        (Count)          (Count)
---------------------------------------------------------------------------
     Fa0/11              1            1                 97         Restrict
---------------------------------------------------------------------------
Total Addresses in System (excluding one mac per port)     : 0
Max Addresses limit in System (excluding one mac per port) : 8320
! Comme vu ci-après sur SW2, aucune interface n'utilise la sécurité de port.
SW2#show port-security
Secure Port  MaxSecureAddr  CurrentAddr  SecurityViolation  Security Action
                (Count)        (Count)          (Count)
---------------------------------------------------------------------------
---------------------------------------------------------------------------
Total Addresses in System (excluding one mac per port)     : 0
Max Addresses limit in System (excluding one mac per port) : 8320
```

Les commandes **show port-security** dans l'exemple identifient les interfaces utilisant la sécurité de port – en l'occurrence, l'interface Fa0/11 sur SW1, mais aucune sur SW2. En cas de dépannage sur SW1, l'information notable est représentée par l'en-tête *Security Action*, correspondant au paramètre de mode de violation et indique le mode *restrict*.

Avec ce paramètre, l'interface Fa0/11 sur SW1 peut se trouver dans l'état *connect* (comme vu dans l'exemple 3.8), mais la sécurité de port peut rejeter le trafic qui enfreint la configuration définie. Il apparait donc sensé d'analyser plus en détail cette configuration, comme illustré dans l'exemple 3.11.

Exemple 3.11 *Sécurité de port sur SW1 et SW2*

```
SW1#show port-security interface fa0/11
Port Security              : Enabled
Port Status                : Secure-up
Violation Mode             : Restrict
Aging Time                 : 0 mins
Aging Type                 : Absolute
SecureStatic Address Aging : Disabled
Maximum MAC Addresses      : 1
Total MAC Addresses        : 1
Configured MAC Addresses   : 1
Sticky MAC Addresses       : 0
Last Source Address:Vlan   : 0200.1111.1111:3
Security Violation Count   : 97
!
! La configuration montre que l'adresse MAC configurée
! ne correspond pas à l'adresse MAC de PC1.
SW1#show running-config interface fa0/11

interface FastEthernet0/11
 switchport access vlan 3
 switchport mode access
 switchport port-security
 switchport port-security violation restrict
 switchport port-security mac-address 0200.3333.3333
!
! Le journal indique aussi un problème de sécurité de port.
01:46:58: %PORT_SECURITY-2-PSECURE_VIOLATION: Security violation occurred,
caused by MAC address 0200.1111.1111 on port FastEthernet0/11.
```

L'exemple débute par une vérification du mode configuré, du compteur de violations et de la dernière adresse source (0200.1111.1111) reçue sur l'interface Fa0/11. L'adresse de PC1 (cette même adresse) ne correspond pas à celle de la configuration – comme vu dans la seconde partie de l'exemple –, qui n'accepte que l'adresse configurée manuellement (0200.3333.3333). Une solution simple consiste à reconfigurer la sécurité de port pour qu'elle prenne à la place l'adresse de PC1. Notez que le technicien n'aurait pas besoin d'utiliser **shutdown** suivi de **no shutdown** sur cette interface pour la rétablir, car la configuration emploie le mode de violation *restrict*, qui maintient l'interface active tout en rejetant le trafic émis par PC1 ou s'y destinant.

Finalement, la fin de l'exemple montre un message consigné dans le journal par le commutateur pour chaque violation dans le mode *restrict*. Ce message serait vu de la console ou à partir d'une connexion au commutateur *via* Telnet ou SSH (*Secure Shell*) si l'utilisateur émettait la commande EXEC **terminal monitor**.

Étape 4 : Vérifier l'absence de problème de VLAN ou de tronçon de VLAN

Nous examinons ici les interfaces d'accès pour nous assurer qu'elles ont été assignées au VLAN voulu. Dans la figure 3.5, toutes les interfaces connectées à des PC et des routeurs devraient avoir été affectées au VLAN 3. L'exemple 3.12 fournit un résultat de commande **show** utile. Prenez quelques instants pour lire la totalité de l'exemple et reconnaître tout problème d'affectation de VLAN.

Exemple 3.12 *Contrôle des associations interfaces d'accès/VLAN*

```
SW1#show interfaces fa0/11 status

Port      Name               Status       Vlan       Duplex  Speed Type
Fa0/11                       connected    3          a-full  a-100 10/100BaseTX
SW1#show interfaces fa0/12 status

Port      Name               Status       Vlan       Duplex  Speed Type
Fa0/12                       notconnect   3            auto   auto 10/100BaseTX
! Commandes exécutées sur SW2
SW2#show interfaces status
! Lignes omises
Fa0/9                        connected    1          a-full  a-100 10/100BaseTX
Fa0/10                       notconnect   3            auto   auto 10/100BaseTX
! Commandes exécutées sur SW3
SW3#show interfaces fa0/13 status

Port      Name               Status       Vlan       Duplex  Speed Type
Fa0/13                       connected    3            full  a-100 10/100BaseTX
```

Le seul problème dans ce cas réside dans le fait que l'interface Fa0/10 de SW2 a été affectée au VLAN 3, selon la figure 3.5, alors que SW2 se connecte à R1 par l'intermédiaire de Fa0/9 (comme vu avec CDP dans l'exemple 3.7). L'interface Fa0/9 est par défaut dans le VLAN 1. Pour résoudre ce problème particulier, sur SW2, reconfigurez-la au moyen de la sous-commande **switchport access vlan 3**.

La suite de notre procédure de dépannage (point 4b) suggère de vérifier l'existence et l'activité des VLAN sur chaque commutateur. Notre exemple utilisant le VLAN 3, l'exemple 3.13 permet de confirmer qu'il existe effectivement sur tous les commutateurs. Examinez l'exemple et identifiez tout problème éventuel concernant ce VLAN.

Exemple 3.13 *Détermination de l'existence et de l'activité du VLAN 3*

```
SW1#show vlan id 3

VLAN Name                             Status    Ports
---- -------------------------------- --------- -------------------------------
3    book-vlan3                       active    Fa0/11, Fa0/12, Gi0/1, Gi0/2
! Lignes omises
! Commandes sur SW2
SW2#show vlan brief

VLAN Name                             Status    Ports
---- -------------------------------- --------- -------------------------------
-
1    default                          active    Fa0/1, Fa0/2, Fa0/3, Fa0/4
                                                Fa0/5, Fa0/6, Fa0/7, Fa0/8
                                                Fa0/11, Fa0/12, Fa0/13, Fa0/14
                                                Fa0/15, Fa0/16, Fa0/17, Fa0/18
                                                Fa0/19, Fa0/20, Fa0/21, Fa0/22
                                                Fa0/23, Fa0/24
3    VLAN0003                         active    Fa0/9, Fa0/10
! Lignes omises
! Commandes sur SW3
SW3#show vlan brief

VLAN Name                             Status    Ports
---- -------------------------------- --------- -------------------------------
-
1    default                          active    Fa0/1, Fa0/2, Fa0/3, Fa0/4
                                                Fa0/5, Fa0/6, Fa0/7, Fa0/8
                                                Fa0/9, Fa0/10, Fa0/11, Fa0/12
                                                Fa0/14, Fa0/15, Fa0/16, Fa0/17
                                                Fa0/18, Fa0/19, Fa0/20, Fa0/21
                                                Fa0/22, Fa0/23, Fa0/24
3    book-vlan3                       active    Fa0/13
! Lignes omises
```

Le VLAN 3 existe bien et est actif sur les trois commutateurs. Toutefois, SW2 indique un nom différent de celui des deux autres commutateurs, une différence qui n'a pas d'incidence pour le fonctionnement du VLAN et que nous pouvons négliger. En fait, SW2 utilise le mode transparent de VTP, avec SW1 et SW3 agissant respectivement en tant que commutateurs client et serveur VTP. Aussi, le nom VLAN 3 (*book-vlan3*) correspond sur SW1 et SW3.

La dernière partie de notre exemple de procédure de dépannage (point 4c) suggère de vérifier l'état du trunking de toutes les interfaces configurées en tant que tronçon (*trunk*). Il est aussi utile de connaître le tronçon concerné par tel ou tel VLAN, c'est-à-dire quel tronçon transportera le trafic de quel VLAN. L'exemple 3.14 présente les informations qui vous aideront à cet effet. Examinez l'exemple et identifiez les tronçons qui ne transmettent pas le trafic du VLAN 3, puis donnez les raisons possibles.

Exemple 3.14 *Vérification du trunking pour le VLAN 3*

```
SW1#show interfaces trunk

Port        Mode          Encapsulation  Status        Native vlan
Gi0/1       desirable     802.1q         trunking      1
Gi0/2       desirable     802.1q         trunking      1

Port        Vlans allowed on trunk
Gi0/1       1-4094
Gi0/2       1-4094

Port        Vlans allowed and active in management domain
Gi0/1       1,3
Gi0/2       1,3

Port        Vlans in spanning tree forwarding state and not pruned
Gi0/1       3
Gi0/2       1,3
! Commandes exécutées sur SW2
SW2#show interfaces trunk

Port        Mode          Encapsulation  Status        Native vlan
Gi0/1       auto          802.1q         trunking      1
Gi0/2       auto          802.1q         trunking      1

Port        Vlans allowed on trunk
Gi0/1       1-4094
Gi0/2       1-4094

Port        Vlans allowed and active in management domain
Gi0/1       1,3
Gi0/2       1,3
```

Exemple 3.14 *Vérification du trunking pour le VLAN 3 (suite)*

```
Port        Vlans in spanning tree forwarding state and not pruned
Gi0/1       1,3
Gi0/2       1
! Commandes exécutées sur SW3
SW3#show interfaces trunk

Port        Mode         Encapsulation  Status        Native vlan
Gi0/1       auto         n-802.1q       trunking      1
Gi0/2       desirable    n-802.1q       trunking      1

Port        Vlans allowed on trunk
Gi0/1       1-4094
Gi0/2       1-4094

Port        Vlans allowed and active in management domain
Gi0/1       1,3
Gi0/2       1,3

Port        Vlans in spanning tree forwarding state and not pruned
Gi0/1       1,3
Gi0/2       1,3
```

En examinant la fin du résultat de la commande **show interfaces trunk** sur chaque commutateur, vous pouvez voir que des deux interfaces opérant en trunking, seule Gi0/2 sur SW2 ne transmet pas le trafic du VLAN 3. À la section « Identifier les tronçons et les VLAN accessibles » de ce chapitre, nous avons vu quatre raisons pour lesquelles un VLAN pourrait ne pas être desservi par un tronçon. Toutefois, d'après le résultat des commandes de l'exemple 3.14, et de quelques autres exemples du chapitre, trois d'entre elles peuvent être exclues. Tout d'abord, si le VLAN 3 était exclu parce qu'il ne figurait pas dans la liste des VLAN autorisés, ou qu'il n'était pas actif, il ne serait pas omis des deux premières listes de VLAN retournées par la commande **show interfaces trunk** sur SW2. En outre, la raison impliquant le pruning VTP peut aussi être exclue car les exemples présentés précédemment ont montré que les trois commutateurs ont au moins une interface dans le VLAN 3 et dans un état *connect*. Aussi, même si les trois commutateurs utilisaient correctement VTP, avec la fonction de pruning activée, le VLAN 3 ne serait pas exclu par cette fonction. Dans ce cas, nous concluons que ce dernier est omis en raison du protocole STP.

Après avoir identifié et corrigé tous les problèmes de notre scénario, un ping sur PC1, PC3 et R1 montre qu'ils peuvent communiquer entre eux. PC2 n'est toujours pas accessible en raison d'un problème de câblage non spécifié.

Fonctionnement normal du plan de données de la commutation LAN

Une des étapes de dépannage utile est d'étudier ce qui devrait se produire pour obtenir une base de référence avec laquelle comparer la situation actuelle et, éventuellement, identifier la cause d'un problème. Les dernières sections de ce chapitre complètent notre étude sur le fonctionnement de la commutation LAN en analysant deux exemples de transmission de trames. Nous utiliserons une version opérationnelle du même réseau que celui utilisé dans l'exemple de procédure de dépannage décrit précédemment. Le but de ces sections est d'expliquer comment interpréter le résultat de commandes **show** sur des commutateurs pour prévoir la décision de transmission qui serait prise pour relayer une certaine trame. Le premier exemple utilise une trame envoyée en broadcast par PC1, et le second illustre le processus de transmission d'une trame unicast envoyée par R1 à PC1.

Envoi broadcast de PC1 dans le VLAN 3

Le premier exemple du fonctionnement du plan de données étudie le chemin que parcourrait une trame broadcast émise par l'ordinateur PC1 pour connaître l'adresse MAC de R1 qui ne se trouverait pas dans son cache ARP. PC1 utiliserait alors l'adresse IP de destination 255.255.255.255 et l'adresse Ethernet de destination FFFF.FFFF.FFFF. Nous verrons ce que chaque commutateur réalise dans cette situation pour transmettre cette trame dans toutes les parties du VLAN 3, comme illustré figure 3.6.

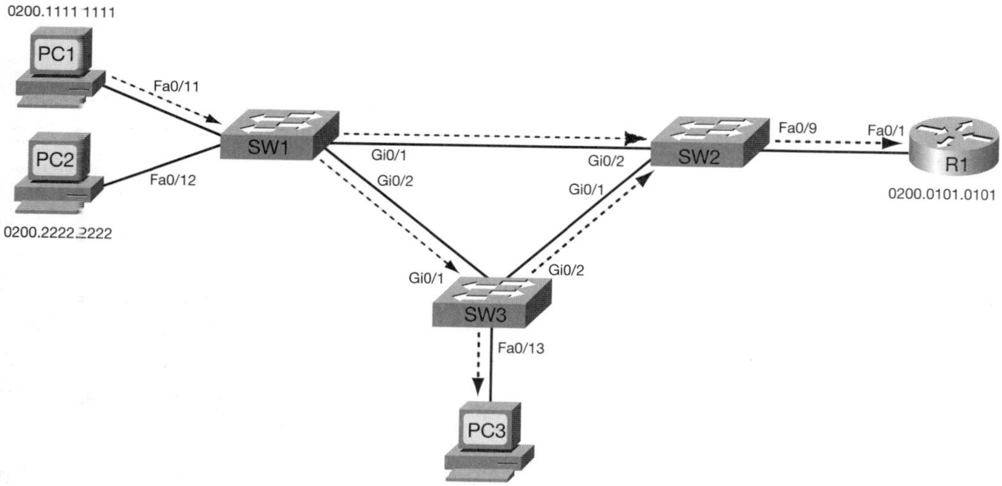

Figure 3.6

Itinéraire de transmission de PC1 à R1 conformément à l'Exemple 3.14.

Pour analyser le flux de transmission de l'envoi broadcast, reportez-vous au processus de transmission générique tel qu'il est résumé à la section « Présentation du processus de transmission normal d'un commutateur » dans ce chapitre. Les exemples vus précédemment ont permis de constater que le port Fa0/11 de SW1 est assigné au VLAN 3 et que Fa0/11 est une interface d'accès. Puisque la trame est broadcast, SW1 doit procéder à une diffusion générale appropriée. En partant de cela, nous pouvons prévoir les interfaces sur lesquelles SW1 transmettra notre trame grâce aux informations obtenues dans l'exemple 3.15 à l'aide de la commande **show spanning-tree vlan 3 active**.

Exemple 3.15 *Liste des interfaces actives sur SW1*

```
SW1#show spanning-tree vlan 3 active

VLAN0003
  Spanning tree enabled protocol ieee
  Root ID    Priority    24579
             Address     000a.b7dc.b780
             Cost        1
             Port        26 (GigabitEthernet0/2)
             Hello Time   2 sec  Max Age 20 sec  Forward Delay 15 sec

  Bridge ID  Priority    32771  (priority 32768 sys-id-ext 3)
             Address     0019.e86a.6f80
             Hello Time   2 sec  Max Age 20 sec  Forward Delay 15 sec
             Aging Time 300

Interface        Role Sts Cost      Prio.Nbr Type
---------------- ---- --- --------- -------- --------------------------------
Fa0/11           Desg FWD 19        128.11   P2p
Gi0/1            Desg FWD 4         128.25   P2p
Gi0/2            Root FWD 1         128.26   P2p
```

Notez que SW1 ne transmettra pas la trame par l'intermédiaire de l'interface Fa0/11 puisqu'elle en provient, mais par les deux interfaces de tronçon, Gi0/1 et Gi0/2. Comme nous l'avons vu précédemment, l'exemple 3.14 montre que les deux tronçons de SW1 emploient 802.1Q avec le VLAN 1 natif, et un en-tête 802.1Q sera ajouté à chaque copie d'une trame broadcast envoyée sur ces deux tronçons pour le VLAN 3.

Les décisions de SW1 signifient que SW2 et SW3 devraient recevoir une copie de la trame broadcast. Dans le cas de SW2, celui-ci rejettera la copie de la trame reçue sur son interface Gi0/2, comme décrit à l'étape 3 de la procédure de transmission normale, car cette interface est dans un état STP bloquant (*Blocking*) pour le VLAN 3, ce que montrent l'exemple 3.14 et le texte descriptif subséquent. Notez que cet état sur SW2 n'empêche pas SW1 d'envoyer la trame à SW2, qui l'ignore.

Sur SW3, la copie de la trame reçue sur Gi0/1 est diffusée sur les autres ports, car l'équipement détermine le VLAN de destination grâce à l'en-tête 802.1Q et voit que l'interface de réception est dans l'état STP de transmission (*Forwarding*). Le commutateur transmet donc la trame dans le VLAN 3. L'exemple 3.16 montre les informations requises pour connaître les interfaces sur lesquelles SW3 transmet la trame broadcast du VLAN 3.

Exemple 3.16 *Transmission d'une trame broadcast dans le VLAN 3*

```
SW3#show mac address-table dynamic vlan 3
          Mac Address Table
-------------------------------------------

Vlan    Mac Address       Type        Ports
----    -----------       --------    -----
   3    0200.0101.0101    DYNAMIC     Gi0/2
   3    0200.1111.1111    DYNAMIC     Gi0/1
   3    0200.3333.3333    DYNAMIC     Fa0/13
Total Mac Addresses for this criterion: 3

SW3#show spanning-tree vlan 3 active

VLAN0003
  Spanning tree enabled protocol ieee
  Root ID    Priority    24579
             Address     000a.b7dc.b780
             This bridge is the root
             Hello Time   2 sec  Max Age 20 sec  Forward Delay 15 sec

  Bridge ID  Priority    24579  (priority 24576 sys-id-ext 3)
             Address     000a.b7dc.b780
             Hello Time   2 sec  Max Age 20 sec  Forward Delay 15 sec
             Aging Time 300

Interface        Role Sts Cost      Prio.Nbr Type
---------------- ---- --- --------- -------- --------------------------------
Fa0/13           Desg FWD 19        128.13     P2p
Gi0/1            Desg FWD 4         128.25     P2p
Gi0/2            Desg FWD 4         128.26     P2p
```

À l'instar de SW1, SW3 ne transmet pas la trame broadcast sur l'interface par laquelle elle est arrivée, soit Gi0/1, mais sur ses autres ports affectés à ce VLAN et placés dans l'état de transmission STP, à savoir Fa0/13 et Gi0/2. Aussi, comme son interface Gi0/2 utilise actuellement le trunking 802.1Q avec le VLAN 1 natif, SW3 ajoute un en-tête 802.1Q pour le VLAN 3, comme indiqué.

Finalement, lorsque SW2 reçoit de la part de SW3 une copie de la trame sur son interface Gi0/1, il exécute le même processus générique que les autres commutateurs. SW2 identifie le VLAN en se fondant sur l'en-tête 802.1Q et vérifie que l'interface de réception se trouve dans un état de transmission STP. Puis, il diffuse la trame sur toutes les autres interfaces dans cet état et faisant partie du VLAN 3, en l'occurrence, seulement sur l'interface Fa0/9 connectée au routeur R1. L'exemple 3.17 affiche les informations associées.

Exemple 3.17 *Transmission par SW2 de la trame broadcast reçue de SW3 pour le VLAN 3*

```
! Tout d'abord notez que l'adresse broadcast FFFF.FFFF.FFFF
! ne figure pas dans la table MAC du VLAN 3.
SW2#show mac address-table dynamic vlan 3
          Mac Address Table
-------------------------------------------

Vlan    Mac Address       Type        Ports
----    -----------       --------    -----
   3    000a.b7dc.b79a    DYNAMIC     Gi0/1
   3    0200.0101.0101    DYNAMIC     Fa0/9
   3    0200.1111.1111    DYNAMIC     Gi0/1
   3    0200.3333.3333    DYNAMIC     Gi0/1
Total Mac Addresses for this criterion: 4
! Notez que Fa0/9 et Gi0/1 sont dans un état de transmission STP et que
! la trame broadcast arrive sur Gi0/1. SW2 n'envoie la trame que sur Fa0/9.
SW2#show spanning-tree vlan 3 active
! Lignes omises

Interface           Role Sts Cost      Prio.Nbr Type
------------------- ---- --- --------- -------- --------------------------------
Fa0/9               Desg FWD 19        128.25   P2p
Gi0/1               Root FWD 4         128.25   P2p
Gi0/2               Altn BLK 4         128.26   P2p
```

Comme expliqué précédemment, SW2 ne transmet pas la trame sur Gi0/1.

Envoi unicast de R1 à PC1

Dans cet exemple de processus du plan de données, nous examinerons comment un commutateur transmet une trame unicast. Considérons pour cela la réponse de R1 émise suite à la requête ARP broadcast de PC1. Les adresses de destination IP et MAC de sa réponse sont celles de PC1. La figure 3.7 illustre l'itinéraire de transmission. Les listings qui suivent décrivent le processus de transmission générique, tel qu'il s'applique dans ce scénario particulier.

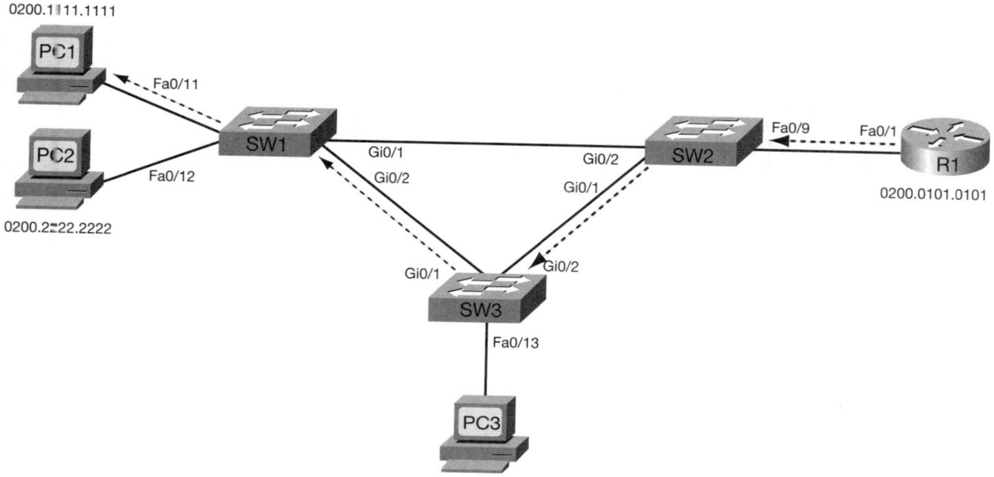

Figure 3.7
Itinéraire de transmission de R1 à PC1.

Lorsque SW2 reçoit la trame de R1 sur Fa0/9, il identifie cette interface comme faisant partie du VLAN 3. À la fin du listing de l'exemple 3.17, nous voyons que Fa0/9 se trouve dans un état de transmission STP (*FWD, Forwarding*) pour le VLAN 3. Ces informations confirment que SW2 doit essayer de transmettre la trame. Comme le montre l'exemple 3.18, la table d'adressage de SW2 révèle que l'adresse MAC de PC1 (0200.1111.1111) est accessible via l'interface Gi0/1 qui fait partie du VLAN 3. SW2 transmet donc la trame à SW3 via cette interface.

Exemple 3.18 *Logique décisionnelle de SW2 pour l'envoi d'une trame unicast à PC1*

```
SW2#show mac address-table dynamic vlan 3
          Mac Address Table
-------------------------------------------

Vlan    Mac Address       Type        Ports
----    -----------       --------    -----
   3    000a.b7dc.b79a    DYNAMIC     Gi0/1
   3    0200.0101.0101    DYNAMIC     Fa0/9
   3    0200.1111.1111    DYNAMIC     Gi0/1
Total Mac Addresses for this criterion: 3
```

Lorsque SW3 reçoit la trame en provenance de SW2, il note qu'elle arrive par Gi0/2 qui est configurée en tant qu'interface de trunking, et que l'en-tête de trunking indique l'ID de

VLAN 3. Grâce aux informations révélées à la fin l'exemple 3.16, nous savons que Gi0/2 se trouve dans un état de transmission STP pour le VLAN 3, ce qui implique que le commutateur cherchera à transmettre la trame. Comme nous le montre l'exemple 3.19, la table MAC de SW3 signale que l'adresse de PC1 est accessible *via* l'interface Gi0/1 affectée au VLAN 3. SW3 transmet donc la trame à SW1 par l'intermédiaire de cette interface.

Exemple 3.19 *Logique décisionnelle de SW3 pour l'envoi d'une trame unicast à PC1*

```
SW3#show mac address-table dynamic vlan 3
          Mac Address Table
-------------------------------------------

Vlan    Mac Address       Type        Ports
----    -----------       --------    -----
   3    0200.0101.0101    DYNAMIC     Gi0/2
   3    0200.1111.1111    DYNAMIC     Gi0/1
   3    0200.3333.3333    DYNAMIC     Fa0/13
Total Mac Addresses for this criterion: 3
```

Ici aussi, SW1 recherchera à transmettre la trame reçue de SW3, car son interface de réception, Gi0/2, est dans un état de transmission, comme nous le prouve l'exemple 3.15. L'en-tête de trunking indique le VLAN 3, et SW1 détermine que l'adresse de PC1 est accessible *via* Fa0/11 dans le VLAN 3, comme le montre l'exemple 3.20. L'équipement envoie la trame sur cette interface, en extrayant toutefois l'en-tête 802.1Q, puisque c'est une interface d'accès.

Exemple 3.20 *Logique décisionnelle de SW1 pour l'envoi d'une trame unicast à PC1*

```
SW1#show mac address-table dynamic vlan 3
          Mac Address Table
-------------------------------------------

Vlan    Mac Address       Type        Ports
----    -----------       --------    -----
   3    000a.b7dc.b799    DYNAMIC     Gi0/2
   3    0200.0101.0101    DYNAMIC     Gi0/2
   3    0200.3333.3333    DYNAMIC     Gi0/2
Total Mac Addresses for this criterion: 3
SW1#show mac address-table vlan 3
          Mac Address Table
```

```
-------------------------------------------
Vlan    Mac Address       Type        Ports
----    -----------       --------    -----
 All    0100.0ccc.cccc    STATIC      CPU
 All    0100.0ccc.cccd    STATIC      CPU
 All    0180.c200.0000    STATIC      CPU
 All    0180.c200.0001    STATIC      CPU
 All    0180.c200.0002    STATIC      CPU
 All    0180.c200.0003    STATIC      CPU
 All    0180.c200.0004    STATIC      CPU
 All    0180.c200.0005    STATIC      CPU
 All    0180.c200.0006    STATIC      CPU
 All    0180.c200.0007    STATIC      CPU
 All    0180.c200.0008    STATIC      CPU
 All    0180.c200.0009    STATIC      CPU
 All    0180.c200.000a    STATIC      CPU
 All    0180.c200.000b    STATIC      CPU
 All    0180.c200.000c    STATIC      CPU
 All    0180.c200.000d    STATIC      CPU
 All    0180.c200.000e    STATIC      CPU
 All    0180.c200.000f    STATIC      CPU
 All    0180.c200.0010    STATIC      CPU
 All    ffff.ffff.ffff    STATIC      CPU
   3    000a.b7dc.b799    DYNAMIC     Gi0/2
   3    0200.0101.0101    DYNAMIC     Gi0/2
   3    0200.1111.1111    STATIC      Fa0/11
Total Mac Addresses for this criterion: 23
```

Cette dernière étape souligne un point important concernant la table d'adressage MAC et la sécurité de port. Notez que la commande **show mac address-table dynamic** sur SW1 ne retourne pas l'adresse MAC de PC1 (0200.1111.1111). Vous pourriez alors penser que SW1 procéderait par une diffusion générale de la trame unicast de destination inconnue. Toutefois, étant donné que SW1 a été configuré avec une sécurité de port sur Fa0/11, incluant la sous-commande **switchport port-security mac-address 0200.1111.1111**, la logique du système IOS considère qu'il s'agit d'une adresse statique. Ainsi, en omettant le mot-clé **dynamic**, c'est-à-dire en utilisant à la place la commande **show mac address-table vlan 3**, nous obtenons toutes les adresses connues du VLAN, dont 0200.1111.1111. Cette commande nous confirme que SW1 transmettra la trame unicast uniquement *via* son interface Fa0/11 à destination de cette adresse.

Préparation à l'examen

Révision des sujets clés

Sujet clé

Révisez les sujets les plus importants du chapitre, repérés dans la marge par le pictogramme « Sujet clé » et récapitulés dans le tableau 3.6.

Tableau 3.6 : Sujets clés du chapitre 3

Emplacement	*Description*	*Numéro de page*
Tableau 3.2	Codes d'état des interfaces de commutateur LAN et leurs causes principales.	134
Figure 3.4	Exemple d'utilisation des câbles UTP croisé et droit.	135
Tableau 3.3	Paires de broches utilisées pour le câblage 10Base-T et 100Base-Tx.	136
Liste	Suggestions pour l'identification des problèmes de non-concordance de mode de transmission.	139
Liste	Négociation automatique du mode de transmission selon la vitesse de transmission.	139
Liste	Fonctionnalités de sécurité de port.	139
Tableau 3.4	Actions prédéfinies selon le mode de violation configuré pour la sécurité de port.	140
Tableau 3.5	Commandes show d'identification des ports d'accès et des VLAN associés.	144
Liste	Les quatre raisons conditionnant la transmission du trafic d'un VLAN sur un certain tronçon.	146
Liste	Récapitulation de la procédure de dépannage décrite dans ce chapitre (nul besoin de la mémoriser dans le détail).	148

Tableaux et listes à compléter

Complétez de mémoire les tableaux et listes concernant ce chapitre qui figurent dans l'annexe J, puis reportez-vous à l'annexe K pour comparer vos réponses à celles qui vous sont fournies. Ces annexes figurent sur le CD-ROM.

II

Routage IP

Sujets de l'examen ICND2* publiés par Cisco et traités dans cette partie

Configurer, vérifier et dépanner un commutateur dans le cadre de communications VLAN et inter-commutateurs.

- Configurer, vérifier et dépanner le routage inter-VLAN.

Mettre en œuvre une stratégie d'adressage IP et des services IP qui répondent aux exigences d'un réseau de succursale d'une entreprise de taille moyenne.

- Concevoir et appliquer un plan d'adressage IP avec VLSM.
- Déterminer un plan d'adressage IP sans classe avec VLSM et l'agrégation de route qui satisfasse aux besoins d'adressage d'un environnement LAN/WAN.
- Identifier et résoudre les problèmes courants rencontrés lors de la configuration de l'adressage IP et des hôtes.

Configurer et dépanner le fonctionnement de base et le routage sur des équipements Cisco

- Vérifier la configuration et la connectivité au moyen de ping, traceroute et telnet ou SSH.
- Dépanner les problèmes d'implémentation du processus de routage.
- Vérifier le fonctionnement de l'équipement et des processus de routage au moyen des commandes `show` et `debug`.
- Mettre en œuvre la sécurité de base d'un routeur.

Mettre en œuvre, vérifier et dépanner les processus NAT et ACL sur un réseau de succursale d'une entreprise de taille moyenne.

- Décrire le but et les types de listes de contrôle d'accès.
- Configurer et appliquer une liste de contrôle d'accès pour limiter l'accès au routeur par l'intermédiaire de telnet et de SSH.
- Vérifier et surveiller les listes de contrôle d'accès dans un environnement de réseau.
- Dépanner les problèmes de mise en œuvre des listes de contrôle d'accès.

* Consultez le site **http://www.cisco.com** pour obtenir la liste de sujets d'examen la plus récente.

4

Le routage IP : routes statiques et routes connectées

Au sommaire de ce chapitre :

- **Le routage et l'adressage IP.** Cette section examine la relation entre l'adressage IP et le routage IP et décrit en détail le fonctionnement du routage lorsque des routes se chevauchent.
- **Routes vers des sous-réseaux directement connectés.** Cette section décrit comment un routeur ajoute des routes pour les sous-réseaux connectés à ses interfaces.
- **Routes statiques.** Cette dernière section explique comment configurer des routes statiques, y compris des routes statiques par défaut.

Ce chapitre marque le début de la Partie II de ce livre. Celle-ci traite des fonctions qui entrent en jeu dans le processus de routage IP – également appelé transmission IP – par lequel les paquets sont acheminés d'un équipement à un autre. Elle aborde aussi ponctuellement des sujets liés aux protocoles de routage, notamment parce que le routage, une fonctionnalité du plan de données (*data plane*), s'appuie fortement sur le traitement effectué par les protocoles de routage au niveau du plan de contrôle (*control plane*).

Le présent chapitre couvre aussi plusieurs sujets relatifs aux routes connectées – les routes permettant d'atteindre des sous-réseaux rattachés directement aux interfaces d'un routeur. Il explique également ce que sont les routes statiques, y compris les routes par défaut, et se penche sur les sujets connexes d'adressage IP et de routage IP.

Questionnaire d'évaluation

Grâce à ce questionnaire, vous pourrez déterminer s'il vous faut ou non lire la totalité du chapitre. Si vous n'échouez qu'à une question, vous pourrez envisager de passer directement à la section « Préparation à l'examen » . Le tableau 4.1 reprend les principaux titres de section de la partie « Connaissances fondamentales » de ce chapitre ainsi que les numéros des questions s'y rapportant. Vous pourrez ainsi évaluer votre niveau de maîtrise de ces sujets. Les réponses sont données à l'annexe A.

Tableau 4.1 : Questions d'évaluation et sections concernées

Connaissances fondamentales	*Questions*
Routage et adressage IP	1 et 2
Routes vers des sous-réseaux directement connectés	3 et 4
Routes statiques	5 à 8

1. Dès l'allumage de son PC, un utilisateur lance son navigateur pour se connecter au site **http://www.ciscopress.com**. Quel protocole n'est pas utilisé lors de ce processus ?

   a. DHCP.

   b. DNS.

   c. ARP.

   d. ICMP.

2. Dès l'allumage de son PC, un utilisateur ouvre une invite de commande. Il y exécute la commande **ping 2.2.2.2** qui réussit à 100 %. L'adresse du PC est 1.1.1.1 avec le masque 255.255.255.0. Quel paramètre est requis sur le PC pour que la commande réussisse ?

   a. L'adresse IP d'un serveur DNS.

   b. L'adresse IP d'une passerelle par défaut.

   c. L'adresse IP d'un serveur ARP.

   d. L'adresse IP d'un serveur DHCP.

3. Le routeur 1 possède une interface Fast Ethernet 0/0 avec l'adresse IP 10.1.1.1, connectée à un commutateur. Cette connexion est actualisée pour utiliser le trunking 802.1Q. Quelles commandes pourraient figurer dans une configuration valide de l'interface Fa0/0 du routeur 1 ?

   a. interface fastethernet 0/0.4

b. **dot1q enable**

c. **dot1q enable 4**

d. **trunking enable**

e. **trunking enable 4**

f. **encapsulation dot1q**

4. Un routeur est configuré avec la commande globale de configuration **no ip subnet-zero**. Quelle sous-commande d'interface ne serait pas acceptée par ce routeur ?

a. **ip address 10.1.1.1 255.255.255.0**

b. **ip address 10.0.0.129 255.255.255.128**

c. **ip address 10.1.2.2 255.254.0.0**

d. **ip address 10.0.0.5 255.255.255.252**

5. Quelle affirmation doit être vraie pour que le système IOS liste une route avec le code « S » dans le résultat de la commande **show ip route** ?

a. L'adresse IP doit être configurée sur une interface.

b. Le routeur doit recevoir une mise à jour de routage de la part d'un routeur voisin.

c. La commande **ip route** doit être ajoutée à la configuration.

d. La commande **ip address** doit inclure le mot-clé **special**.

e. L'interface doit être dans un état *up/up*.

6. Quelle commande configure correctement une route statique ?

a. **ip route 10.1.3.0 255.255.255.0 10.1.130.253**

b. **ip route 10.1.3.0 serial 0**

c. **ip route 10.1.3.0 /24 10.1.130.253**

d. **ip route 10.1.3.0 /24 serial 0**

7. Quelle décision est affectée par le fait qu'un routeur effectue un routage avec ou sans classe ?

a. Quand utiliser une route par défaut.

b. Quand utiliser des masques dans les mises à jour de routage.

c. Quand convertir l'adresse IP de destination d'un paquet en un numéro de réseau.

d. Quand procéder à l'affectation d'un paquet à une certaine file d'attente en se basant sur sa classification.

8. Un routeur a été configuré avec la commande globale **ip classless**. Il reçoit un paquet destiné à l'adresse IP 168.13.4.1. L'extrait de code suivant correspond au contenu de la table de routage du routeur. Quelle affirmation est vraie quant à la façon dont le routeur transmet le paquet ?

```
Gateway of last resort is 168.13.1.101 to network 0.0.0.0

     168.13.0.0/24 is subnetted, 2 subnets
C       168.13.1.0 is directly connected,  FastEthernet0/0
R       168.13.3.0 [120/1] via 168.13.100.3, 00:00:05, Serial0.1
```

a. Il l'envoie à l'adresse 168.13.100.3.

b. Il l'envoie à l'adresse 168.13.1.101.

c. Il l'envoie directement à l'hôte de destination *via* son interface Fa0/0.

d. Il supprime le paquet.

Connaissances fondamentales

Ce chapitre introduit plusieurs concepts simples relatifs à la manière dont un routeur ajoute des routes dans sa table de routage sans utiliser de protocole de routage dynamique. Il couvre en particulier les routes connectées, y compris dans le contexte du trunking. Il aborde aussi les routes statiques et l'emploi de routes statiques spéciales appelées routes par défaut. Toutefois, puisqu'il s'agit du premier chapitre consacré à IP, nous commencerons par une brève présentation de deux sujets connexes : le routage IP et l'adressage IP.

INFO

L'introduction de ce livre décrit un autre plan de lecture pour les lecteurs qui visent l'examen CCNA 640-802, les faisant alterner entre l'ouvrage *Préparation à la certification CCNA ICND1 et CCENT* et le présent livre. Si vous suivez ce plan, notez que la première section principale passe en revue des sujets de l'ICND1. N'hésitez donc pas à passer directement à la section « Transmission IP et choix de la route la plus spécifique ».

Routage et adressage IP

Le routage IP dépend des règles de l'adressage IP, lequel a été conçu avec comme principal objectif de permettre un routage efficace. Il définit de quelle manière un paquet peut être acheminé, de l'hôte qui l'a créé jusqu'à l'hôte de destination. Les conventions d'adressage regroupent consécutivement les adresses en ensembles appelés sous-réseaux qui facilitent le processus de transmission ou de routage.

INFO

Ce livre emploie les termes *routage* et *transmission* comme des synonymes. Le terme *protocoles de routage* désigne les protocoles utilisés par les routeurs pour remplir dynamiquement leur table de routage avec les meilleures routes actuelles.

Processus de routage

Les hôtes comme les routeurs participent au processus de routage IP. La liste suivante résume la logique d'un hôte lorsqu'il transmet un paquet, en supposant qu'il se trouve sur un LAN Ethernet ou un LAN sans fil :

1. Lors de l'envoi d'un paquet, il compare l'adresse IP de destination du paquet à la plage d'adresses connues sur le sous-réseau connecté, sur la base de sa propre adresse IP et de son masque de sous-réseau. Sujet clé

   a. Si l'hôte destinataire se trouve sur le même sous-réseau que lui, il lui transmet directement le paquet. Le protocole ARP (*Address Resolution Protocol*) est requis pour déterminer l'adresse MAC de cet hôte.

   b. Si l'hôte destinataire ne se trouve pas sur le même sous-réseau, il envoie le paquet directement à la passerelle, ou routeur, par défaut de l'hôte. ARP est requis pour trouver l'adresse MAC de ce routeur.

Quant aux routeurs, ils suivent les étapes générales détaillées ci-après, sachant qu'avec un routeur le paquet doit d'abord être reçu, tandis qu'avec l'hôte émetteur le paquet part de la mémoire :

1. Pour chaque trame reçue, le routeur utilise le champ FCS (*Frame Check Sequence*) dans l'en-queue de liaison de données pour s'assurer qu'elle ne contient pas d'erreur. S'il en trouve, il supprime la trame (et ne passe pas à l'étape suivante). Sujet clé

2. Il vérifie l'adresse de destination de liaison de données de la trame et traite cette dernière seulement si elle lui est destinée ou si elle est destinée à une adresse broadcast ou multicast.

3. Il supprime les anciens en-tête et en-queue de liaison de données de la trame pour ne conserver que le paquet IP.

4. Il compare l'adresse IP de destination du paquet au contenu de sa table de routage et détermine la route qui correspond à cette adresse. Cette route identifie l'interface de sortie du routeur et éventuellement aussi le routeur de prochain saut.

5. Il détermine l'adresse de liaison de données de destination utilisée pour transmettre des paquets au prochain routeur ou à l'hôte destinataire (comme indiqué dans la table de routage).

6. Il encapsule le paquet IP dans de nouveaux en-tête et en-queue de liaison de donnés appropriés pour l'interface de sortie et y envoie la trame.

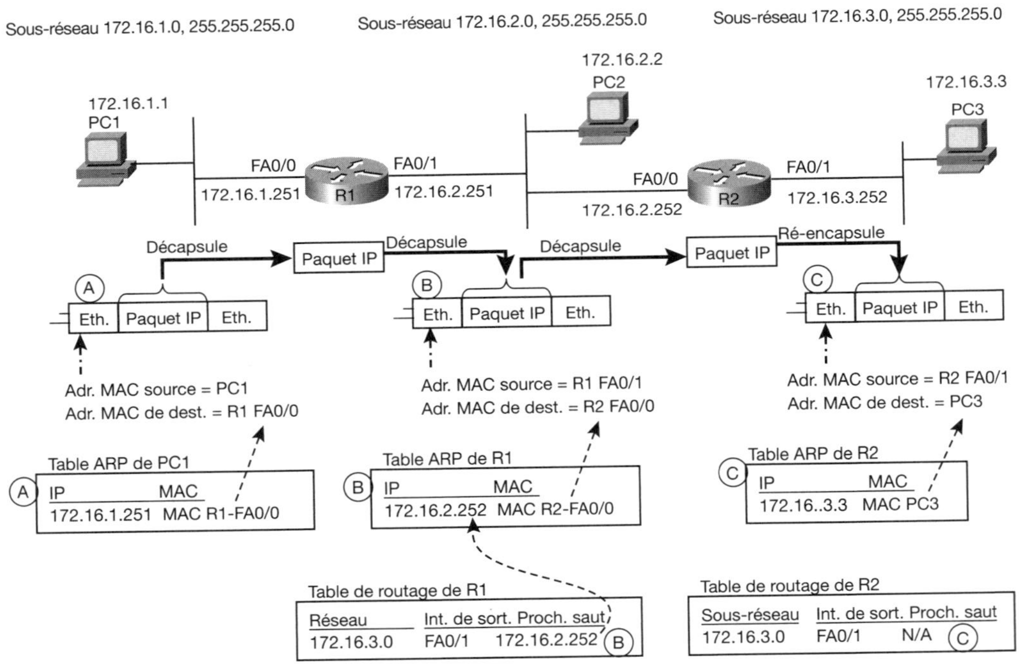

Figure 4.1

Exemple de processus de routage IP.

Examinez l'exemple de la figure 4.1 qui montre un simple réseau avec deux routeurs et trois hôtes. Ici, PC1 crée un paquet à destination de l'adresse IP de PC3, c'est-à-dire 172.16.3.3. La figure présente trois étapes principales du processus de routage : A, la logique de routage de l'hôte PC1 qui transmet le paquet vers R1 ; B, la logique de routage de

R1 qui transmet le paquet vers R2 ; et C, la logique de routage de R2 qui transmet le paquet vers PC2.

Considérez d'abord l'étape A. PC1 connaît sa propre adresse IP, soit 172.16.1.1 avec le masque 255.255.255.0 (dans cet exemple, toutes les interfaces utilisent le masque simple 255.255.255.0). PC1 peut calculer son numéro de sous-réseau (172.16.1.0/24) et sa plage d'adresses (172.16.1.1 à 172.16.1.254). Étant donné que l'adresse de destination 172.16.3.3 ne se trouve pas dans ce sous-réseau, PC1 utilise l'étape 1B du résumé de la logique de routage d'un hôte, c'est-à-dire qu'après avoir encapsulé le paquet il l'envoie dans une trame Ethernet vers l'adresse de sa passerelle par défaut 172.16.1.251.

Cette première étape est l'occasion de revoir quelques concepts importants. Comme vous pouvez le voir dans la figure, PC1 utilise sa propre adresse MAC comme adresse MAC source mais utilise l'adresse MAC de R1 comme adresse MAC de destination. De cette façon, tous les commutateurs de LAN peuvent acheminer correctement cette trame vers l'interface Fa0/0 de R1. Notez également que PC1 a recherché et a trouvé l'adresse MAC 172.16.1.251 dans son cache ARP. S'il ne l'y avait pas trouvé, il aurait dû employer ARP pour découvrir dynamiquement l'adresse MAC utilisée par 172.16.1.251 (R1) avant de pouvoir envoyer la trame.

Passons maintenant à l'étape B qui illustre le traitement réalisé par R1 pour acheminer le paquet. D'après les six étapes du résumé de la logique de routage d'un routeur, voici comment il procède :

1. R1 vérifie le champ FCS. La trame ne comporte pas d'erreur.
2. Il trouve l'adresse MAC de sa propre interface Fa0/0 dans le champ d'adresse MAC de destination de la trame, ce qui signifie qu'il doit traiter le paquet qui y est encapsulé.
3. Il supprime les anciens en-tête et en-queue pour ne conserver que le paquet IP (comme illustré directement sous R1 dans la figure 4.1).
4. Il compare l'adresse IP de destination du paquet (172.16.3.3) au contenu de sa table de routage et trouve une route (voir centre inférieur de la figure) partant de son interface Fa0/1 vers le routeur de prochain saut 172.16.2.525.
5. Il doit déterminer l'adresse MAC du routeur de prochain saut (R2). Il examine pour cela sa table ARP et y trouve l'adresse.
6. Il encapsule le paquet IP dans une nouvelle trame Ethernet, avec l'adresse MAC de son interface Fa0/1 comme adresse MAC source et l'adresse MAC de l'interface Fa0/0 de R2 comme adresse MAC de destination. Puis il envoie la trame.

Ces étapes peuvent sembler laborieuses, mais vous pouvez vous en tenir à une version abrégée pour les questions qui ne nécessitent pas ce niveau de détail. Par exemple, pour le dépannage de problèmes de routage, l'étape 4 – la comparaison de l'adresse IP de destination du paquet avec la table de routage – compte probablement parmi les plus importantes. Ainsi, une version plus concise du processus de routage pourrait se traduire de la façon suivante : le routeur reçoit un paquet, compare l'adresse de destination avec sa table de routage, et choisit l'interface de sortie en fonction de la route trouvée. Même si cette description omet certains détails, elle peut permettre d'accélérer le travail lors du dépannage ou de réflexions concernant le routage.

Pour compléter notre exemple, considérez les six étapes du processus de routage réalisées cette fois par le routeur R2 et correspondant à la lettre C dans la figure 4.1 :

1. R2 vérifie le champ FCS. La trame ne comporte pas d'erreur.
2. Il trouve l'adresse MAC de sa propre interface Fa0/0 dans le champ d'adresse MAC de destination de la trame, ce qui signifie qu'il doit traiter le paquet qui y est encapsulé.
3. Il supprime les anciens en-tête et en-queue pour ne conserver que le paquet IP (comme illustré directement sous R2 dans la figure).
4. Il compare l'adresse IP de destination du paquet (172.16.3.3) au contenu de sa table de routage et trouve une route (voir centre droit de la figure) partant de son interface Fa0/1 sans routeur de prochain saut.
5. En l'absence d'un routeur de prochain saut, il doit déterminer directement l'adresse MAC de l'hôte de destination (PC3). Il examine pour cela sa table ARP et y trouve l'adresse.
6. Il encapsule le paquet IP dans une nouvelle trame Ethernet, avec l'adresse MAC de son interface Fa0/1 comme adresse MAC source et l'adresse MAC de PC3 comme adresse MAC de destination. Puis il envoie la trame.

Lorsque cette trame parvient à PC3, ce dernier voit sa propre adresse MAC listée comme adresse MAC de destination et commence à traiter la trame.

Le même processus général s'applique aux liaisons WAN, à quelques différences près. Comme illustré figure 4.2, aucune table ARP n'est requise sur les liaisons point à point. Étant donné que ce type de lien peut n'avoir qu'un seul autre routeur connecté, vous pouvez ignorer l'adressage de niveau liaison de données. Dans le cas du Frame Relay, toutefois, le processus de routage prend en compte les adresses de liaison de données, appelées identifiants de connexion ou DLCI (*Data Link Connection Identitier*). Le routage dans le cadre du Frame Relay est détaillé au chapitre 13.

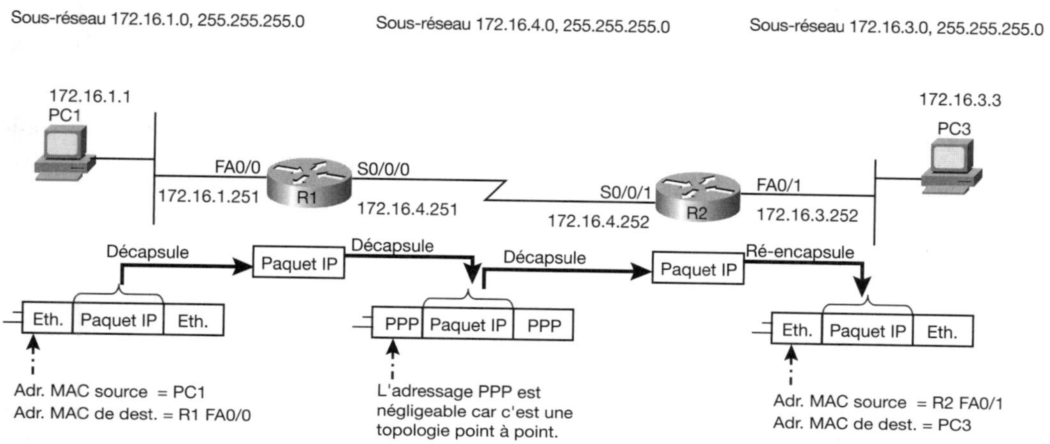

Figure 4.2
Exemple de processus de routage IP.

Qu'il soit assuré par les hôtes ou par les routeurs, le processus de routage dépend de la capacité de ces équipements à comprendre l'adressage et à déterminer quelles adresses se trouvent dans chaque groupe ou sous-réseau. La prochaine section passe brièvement en revue l'adressage IP et la subdivision en sous-réseaux.

Adressage IP et sous-réseaux

Les règles de l'adressage IP facilitent le processus de routage IP en demandant que les adresses soient regroupées de façon consécutive en ensembles appelés sous-réseaux. Pour pouvoir se référer de manière concise à un sous-réseau, l'adressage définit les concepts de numéro de sous-réseau et de masque de sous-réseau qui, ensemble, identifient précisément la plage des adresses disponibles dans un sous-réseau.

Par exemple, les routeurs des figures 4.1 et 4.2 utilisent des routes indiquant le numéro de sous-réseau 172.16.3.0 pour transmettre le paquet à PC3 (172.16.3.3). Le masque de sous-réseau a été omis pour gagner de la place, mais n'importe quel équipement examinant le numéro 172.16.3.0 et le masque 255.255.255.0 sait que ces deux valeurs représentent précisément le sous-réseau suivant :

- Numéro de sous-réseau 172.16.3.0.
- Plage d'adresses utilisables dans ce sous-réseau : 172.16.3.1 à 172.16.3.254.
- Adresse de broadcast du sous-réseau (non utilisable pour des hôtes individuels) : 172.16.3.255.

La liste suivante passe brièvement en revue certains des concepts les plus importants de l'adressage IP. Notez que ce chapitre couvre uniquement la version 4 d'IP (IPv4), la version 6 étant le sujet du chapitre 17.

Sujet clé

- Les adresses unicast sont des adresses qui peuvent être assignées à des interfaces individuelles pour leur permettre d'envoyer et de recevoir des paquets.
- Chaque adresse unicast fait partie d'un réseau de classe A, B ou C spécifique appelé réseau IP avec classe.
- Lorsqu'un tel réseau est subdivisé en sous-réseaux, ce qui est presque toujours le cas, chaque adresse unicast appartient aussi à l'un de ces sous-réseaux.
- Le masque de sous-réseau, qui est écrit soit sous forme décimale (par exemple, 255.255.255) soit avec un préfixe (par exemple, /24), identifie la structure d'une adresse unicast et permet aux équipements et aux techniciens de déterminer le numéro du sous-réseau auquel elle appartient, la plage des adresses que celui-ci couvre, ainsi que l'adresse broadcast du sous-réseau.
- Les équipements faisant partie d'un même sous-réseau doivent tous utiliser le même masque, sous peine d'avoir une vue différente de la plage d'adresses couverte, ce qui pourrait empêcher un fonctionnement correct du processus de routage.
- Les équipements appartenant à un même VLAN devraient également appartenir à un même sous-réseau.
- Inversement, les équipements appartenant à des VLAN différents devraient appartenir à des sous-réseaux distincts.
- Pour acheminer des paquets entre deux sous-réseaux, il est nécessaire de recourir à un équipement assurant des fonctions de routage. Bien que cet ouvrage illustre uniquement l'emploi de routeurs, sachez que les commutateurs multicouches assurent également ces fonctions.
- Les liaisons série point à point utilisent d'autres sous-réseaux que ceux de réseaux locaux. Ils ne requièrent que deux adresses IP, une pour chaque interface de routeur à chaque extrémité de la liaison.
- Les hôtes séparés par un routeur doivent se trouver dans des sous-réseaux distincts.

La figure 4.3 montre un exemple d'interréseau qui possède nombre de ces caractéristiques. Toutes les interfaces du commutateur SW1 sont placées par défaut dans le VLAN 1, aussi tous les hôtes sur la gauche (PC1 inclus) se trouvent-ils dans un seul sous-réseau. Notez que l'adresse IP de gestion de SW1, également dans le VLAN 1, appartient au même sous-réseau. De même, tous les ports de SW2 sont placés par défaut dans le VLAN 1, nécessitant un deuxième sous-réseau. La liaison point à point demande quant à elle un troisième sous-réseau. La figure donne le numéro de sous-réseau, le masque et la plage d'adresses de chacun d'eux. Remarquez que tous ces sous-réseaux et adresses font partie du même réseau de classe B (avec classe) 172.16.0.0 et qu'ils utilisent tous le masque 255.255.255.0.

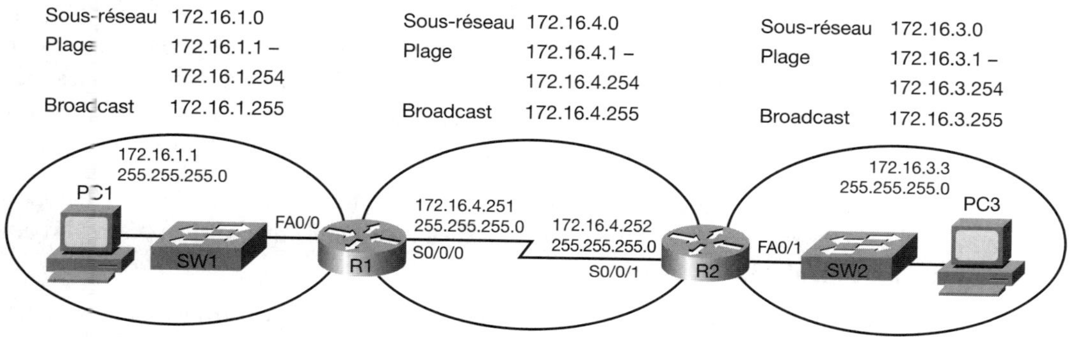

Figure 4.3
Exemple d'adressage IP.

La figure 4.3 liste les numéros de sous-réseaux, les plages d'adresses et les adresses broadcast de ces trois sous-réseaux. Chaque équipement de la figure est en mesure de déterminer lui-même ces informations pour son propre sous-réseau à partir de sa configuration d'adresse IP et de masque.

L'examen CCNA vous demande de maîtriser non seulement ces principes d'adressage et de subdivision en sous-réseaux, mais aussi la logique mathématique permettant d'analyser des réseaux existants et d'en concevoir de nouveaux. Il est conseillé de bien maîtriser ces notions avant de poursuivre votre lecture.

Cette section couvre les fondements de l'adressage IP mais pas le calcul de sous-réseaux. Pour en savoir plus à ce sujet, plusieurs options s'offrent à vous. Si vous possédez le livre *Préparation à la certification CCNA ICND1 et CCENT*, étudiez son chapitre 12 et réalisez les problèmes posés. Si vous ne disposez que du présent livre, sachez que les annexes D, E et H du CD-ROM d'accompagnement (en anglais) incluent toutes les ressources du livre ICND1 relatives au calcul de sous-réseaux.

Si vous êtes capable de solutionner les problèmes suivants, en prenant le temps qu'il vous faut, vous ne rencontrerez pas de difficultés avec le calcul de sous-réseaux dans la suite de l'ouvrage (sachez toutefois que vous disposerez d'un délai limité lors de l'examen).

- Soit un masque en notation décimale, convertissez-le en notation préfixée et vice-versa (temps estimé lors de l'examen : 5 secondes).

- Soient une adresse IP et un masque, déterminez le numéro de sous-réseau, la plage d'adresses et l'adresse broadcast de ce sous-réseau (temps estimé : 15 secondes).
- Soient un masque de sous-réseau et une classe de réseau (A, B ou C), déterminez le nombre de sous-réseaux et d'hôtes par sous-réseau (temps estimé : 15 secondes).
- Soient une classe de réseau (A, B ou C) et des exigences de conception relatives au nombre de sous-réseaux et d'hôtes qu'ils contiennent, déterminez tous les masques correspondant à ces exigences et choisissez celui qui autorise le maximum de sous-réseaux ou d'hôtes (temps estimé : 30 secondes).
- Soient un réseau avec classe et un masque unique pour tous les sous-réseaux, listez les numéros de sous-réseaux et identifiez le sous-réseau zéro ainsi que le sous-réseau broadcast (temps estimé : 30 secondes).

La section suivante décrit comment un routeur se comporte lorsqu'il trouve dans sa table de routage plusieurs routes qui se chevauchent vers une même destination.

Transmission IP et choix de la route la plus spécifique

Le processus de routage IP demande au routeur de comparer l'adresse IP de destination de chaque paquet avec le contenu de sa table de routage. Le plus souvent, une seule route correspond à l'adresse de destination, mais il peut néanmoins arriver que le routeur identifie plusieurs routes qui se chevauchent. Voici les explications possibles :

- l'utilisation de l'agrégation automatique de routes ;
- l'emploi de l'agrégation manuelle de routes ;
- le recours à des routes statiques ;
- une subdivision en sous-réseaux incorrecte provoquant un chevauchement de certaines plages d'adresses.

Le chapitre 5 explore chaque point en détail. Parfois, le chevauchement de routes est dû à un problème, mais il peut aussi résulter du mode de fonctionnement normal de certaines fonctions.

Voici un résumé de la logique de transmission mise en œuvre par un routeur confronté à des routes se chevauchant :

Sujet clé

> Lorsqu'une adresse IP de destination correspond à plusieurs routes dans la table de routage, utiliser la route la plus spécifique, c'est-à-dire celle possédant le préfixe le plus long.

Pour comprendre concrètement ce que cela signifie, la table de routage présentée dans l'exemple 4.1 inclut une série de routes qui se chevauchent. Avant de lire le texte qui suit cet exemple, essayez de déterminer la route qui serait utilisée pour envoyer des paquets aux adresses IP suivantes : 172.16.1.1, 172.16.1.2, 172.16.2.3, et 172.16.4.3.

Exemple 4.1 *La commande* **show ip route** *avec des routes qui se chevauchent*

```
R1#show ip route rip

     172.16.0.0/16 is variably subnetted, 5 subnets, 4 masks
R       172.16.1.1/32 [120/1] via 172.16.25.2, 00:00:04, Serial0/1/1
R       172.16.1.0/24 [120/2] via 172.16.25.129, 00:00:09, Serial0/1/0
R       172.16.0.0/22 [120/1] via 172.16.25.2, 00:00:04, Serial0/1/1
R       172.16.0.0/16 [120/2] via 172.16.25.129, 00:00:09, Serial0/1/0
R       0.0.0.0/0 [120/3] via 172.16.25.129, 00:00:09, Serial0/1/0
R1#show ip route 172.16.4.3
Routing entry for 172.16.0.0/16
  Known via "rip", distance 120, metric 2
  Redistributing via rip
  Last update from 172.16.25.129 on Serial0/1/0, 00:00:19 ago
  Routing Descriptor Blocks:
  * 172.16.25.129, from 172.16.25.129, 00:00:19 ago, via Serial0/1/0
      Route metric is 2, traffic share count is 1
```

Bien qu'un diagramme puisse accompagner la question, seuls deux éléments d'information sont réellement nécessaires pour déterminer la route qui sera choisie : l'adresse IP de destination du paquet et le contenu de la table de routage. En examinant chaque sous-réseau et masque dans la table de routage, vous pouvez identifier les plages d'adresses couvertes. Voici les plages couvertes dans l'exemple :

- 172.16.1.1 (seulement cette adresse)
- 172.16.1.0 à 172.16.1.255
- 172.16.0.0 à 172.16.3.255
- 172.16.0.0 à 172.16.255.255
- 0.0.0.0 à 255.255.255.255 (toutes les adresses)

INFO

La route 0.0.0.0/0 est la route par défaut et correspond à toutes les adresses IP. Elle est expliquée plus loin dans ce chapitre.

Comme vous pouvez le voir, ces routes incluent plusieurs plages d'adresses qui se chevauchent. Dans une telle situation, c'est la route au préfixe le plus long qui est utilisée. Par exemple :

- 172.16.1.1 : les cinq routes correspondent à cette adresse ; le préfixe le plus long est /32, la route vers 172.16.1.1/32.
- 172.16.1.2: les quatre dernières routes correspondent à cette adresse ; le préfixe le plus long est /24, la route vers 172.16.1.0/24.
- 172.16.2.3: les trois dernières routes correspondent à cette adresse ; le préfixe le plus long est /22, la route vers 172.16.0.0/22.
- 172.16.4.3 : les deux dernières routes correspondent à cette adresse ; le préfixe le plus long est /16, la route vers 172.16.0.0/16.

Outre le fait de calculer les sous-réseaux pour chaque route présente dans la table de routage, la commande **show ip route** *adresse-IP* peut être très utile à d'autres égards. Elle donne notamment des informations détaillées sur la route que le routeur trouve pour l'adresse spécifiée. Si plusieurs routes existent, cette commande indique la plus efficace, autrement dit celle possédant le préfixe le plus long. L'exemple 4.1 présente le résultat de la commande **show ip route 172.16.4.3.** La première ligne (qui apparaît en gris) contient la route identifiée, celle vers 172.16.0.0/16, et le reste du listing donne des détails sur cette route. Cette commande est très pratique aussi bien dans la vie courante que pour les questions d'examen simulées.

DNS, DHCP, ARP et ICMP

Le processus de routage IP fait intervenir plusieurs protocoles associés, parmi lesquels le protocole ARP déjà mentionné dans ce chapitre. Nous évoquons ici rapidement leur rôle.

Avant qu'un hôte ne soit en mesure d'envoyer un paquet IP, il doit avoir connaissance des paramètres suivants relatifs à IP, qu'il découvre souvent grâce au protocole DHCP (*Dynamic Host Configuration Protocol*) :

Sujet clé

- sa propre adresse IP ;
- le masque de sous-réseau associé ;
- l'adresse IP de la passerelle (routeur) par défaut ;
- l'adresse IP du ou des serveurs DNS.

Pour obtenir ces informations, l'hôte – un client DHCP – envoie un message broadcast qui finit par atteindre un serveur DHCP. Le serveur prête une adresse à cet hôte, qui peut alors l'utiliser comme adresse source, et lui fournit les autres informations de la liste.

Il peut alors prendre une décision de routage simple : envoyer les paquets directement à un autre hôte (du même sous-réseau), ou bien à la passerelle par défaut (dans un autre sous-réseau). Sous Windows XP, la commande **ipconfig /all** liste ces informations pour toutes les interfaces de l'hôte.

Généralement, un hôte se réfère directement ou indirectement au nom d'un autre hôte. Par exemple le fait d'ouvrir un navigateur et de taper l'URL **http://www.cisco.com** identifie le nom d'hôte d'un serveur Web appartenant à Cisco. Ouvrir une application de messagerie cliente telle que Outlook entraîne des références indirectes à un nom d'hôte. Le client de messagerie possède typiquement dans sa configuration le nom d'hôte de deux serveurs de messagerie (entrant et sortant).

Pour résoudre un nom d'hôte en adresse IP, les machines emploient le service DNS (*Domain Name System*). Un hôte source devient alors un client DNS, envoyant des messages à l'adresse unicast du serveur DNS. La requête qu'il envoie contient le nom à résoudre (par exemple, **www.cisco.com**) et la réponse du serveur contient l'adresse IP correspondante. L'hôte place ensuite ces informations sous forme d'une entrée en cache et n'aura plus besoin de résolution DNS tant qu'elle n'a pas expiré. Sous Windows XP, la commande **ipconfig /displaydns** renvoie la liste des correspondances nom/adresse courantes.

Le protocole ICMP (*Internet Control Message Protocol*) assure plusieurs fonctions, toutes liées au contrôle et à la gestion d'IP. Il définit un ensemble varié de messages aux fonctions différentes, parmi lesquels la requête d'écho et sa réponse. La commande **ping** teste la route vers un hôte distant ainsi que la route inverse vers l'hôte d'origine en envoyant des messages de requête d'écho (Echo Request) vers l'adresse IP de destination. L'hôte destinataire répond normalement par des messages de réponse d'écho (Echo Reply), ce qui indique que la route qui les sépare fonctionne.

Tous ces protocoles participent au processus de routage IP mais n'interviennent pas nécessairement pour chaque paquet. Imaginez qu'un nouvel hôte se connecte au LAN et que l'utilisateur tape **ping www.cisco.com**. Il est fort probable que DHCP soit utilisé au démarrage du PC pour permettre à l'hôte d'obtenir une adresse IP et d'autres informations, mais ce protocole peut ensuite rester inutilisé pendant des jours. Le PC emploie ensuite DNS pour résoudre le nom **www.cisco.com** en une adresse IP, mais ne sollicitera de nouveau ce système que pour résoudre un nouveau nom d'hôte. Lors de l'émission de la commande **ping**, l'hôte local crée un paquet IP contenant une requête d'écho ICMP avec comme adresse de destination celle apprise *via* DNS. Pour finir, comme l'hôte vient juste d'arriver sur le réseau, il ne possède pas encore d'entrée ARP pour sa passerelle par défaut et doit donc utiliser ce protocole pour déterminer l'adresse IP de cet équipement. Alors seulement il peut envoyer un paquet à l'hôte destinataire, comme décrit dans la première partie du chapitre. Pour les paquets subséquents, il ne fait pas appel à ces protocoles.

Voici la synthèse de ces étapes :

Sujet clé

1. Si l'hôte ne connaît pas encore son adresse IP, son masque de sous-réseau, l'adresse d'un serveur DNS et celle de sa passerelle par défaut, il utilise DHCP pour les obtenir. Sinon, il ignore cette étape.
2. Si l'utilisateur se réfère à un nom qui est absent du cache, l'hôte émet une requête DNS pour obtenir l'adresse IP correspondante. Sinon, l'hôte ignore cette étape.
3. Si l'utilisateur a émis une commande **ping**, le paquet IP contient une requête d'écho ICMP. S'il a employé à la place une application TCP/IP typique, les protocoles requis par cette application sont utilisés.
4. Pour créer la trame Ethernet, l'hôte utilise l'entrée qui se trouve dans son cache ARP pour l'équipement de prochain saut – soit la passerelle par défaut (si l'hôte destinataire se trouve sur un autre sous-réseau) soit directement l'hôte destinataire (s'il se trouve sur le même sous-réseau). Si le cache ne contient pas cette entrée, l'hôte utilise ARP pour obtenir cette information.

Fragmentation et MTU

TCP/IP définit une longueur maximale pour les paquets IP, qualifiée d'*unité maximale de transmission*, ou *MTU* (*Maximal Transmission Unit*). La MTU varie selon la configuration et selon les caractéristiques de l'interface. Par défaut, un ordinateur calcule la MTU d'une interface à partir de la taille maximale de la portion des données de la trame (où le paquet est encapsulé). Par exemple, la valeur MTU par défaut pour les interfaces Ethernet est de 1500.

Les routeurs, comme les hôtes IP, peuvent envoyer des paquets qui dépassent la MTU d'une interface en les fragmentant. La fragmentation consiste à subdiviser un paquet en paquets plus petits, chacun d'eux étant égal ou inférieur à la MTU de l'interface sortante. La figure 4.4 illustre un exemple de fragmentation sur un réseau où la MTU de la liaison série a été abaissée à 1000 octets par voie de configuration.

Comme le montre la figure, l'hôte Koufax envoie un paquet de 1500 octets au routeur LA. À réception, ce dernier élimine l'en-tête Ethernet, mais il ne peut transmettre le paquet tel quel car la liaison HDLC (*High-Level Data Link Control*) n'accepte qu'une MTU de 1000 octets. Le routeur effectue alors le calcul nécessaire pour déterminer le nombre minimal de fragments (deux dans ce cas) et divise le paquet d'origine en deux paquets de taille égale, à savoir 750 octets. Les routeurs subséquents sur l'itinéraire n'auront ainsi pas besoin de recourir à la fragmentation. Après émission des deux paquets, Boston les reçoit puis les retransmet *sans les réassembler*. C'est l'hôte final, ici Clemens, qui se chargera du réassemblage.

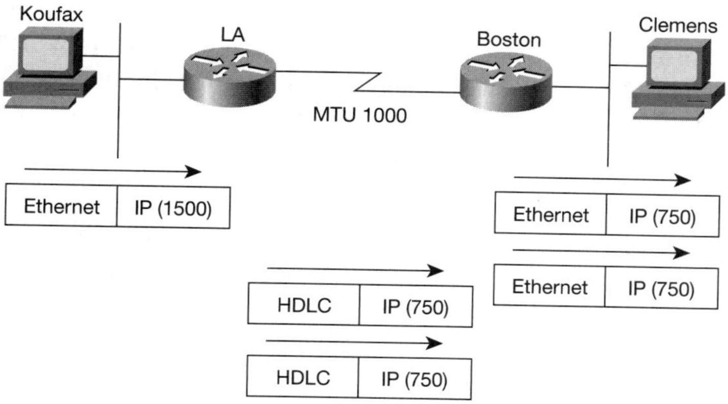

Figure 4.4
Fragmentation IP.

L'en-tête IP inclut des champs utiles au réassemblage des fragments, parmi lesquels une valeur d'identifiant qui est la même dans chaque fragment ainsi qu'une valeur d'offset qui définit quelle portion du paquet d'origine contient chaque fragment. Les fragments arrivant dans le désordre peuvent ainsi être identifiés comme faisant partie du même paquet initial et être réassemblés dans l'ordre approprié.

Deux sous-commandes de configuration d'interface peuvent être utilisées pour changer la MTU IP d'une interface : **mtu** et **ip mtu**. La première définit la MTU pour tous les protocoles de couche 3, c'est la commande employée couramment, et la seconde permet de spécifier une valeur différente pour IP. Lorsque les deux ont été appliquées à une interface, la seconde est prioritaire sur la première. Toutefois, si la première a été appliquée ultérieurement, la MTU IP est alors réinitialisée avec la même valeur. Soyez donc prudent lorsque vous modifiez ces valeurs.

La révision des principes du routage et de l'adressage IP est maintenant terminée. Ce chapitre aborde à présent les routes connectées, y compris en rapport avec le trunking de VLAN et les adresses IP secondaires.

Routes vers des sous-réseaux directement connectés

Un routeur ajoute automatiquement à sa table de routage une route pour le sous-réseau relié à chacune de ses interfaces en supposant ce qui suit :

Sujet clé

- L'interface se trouve dans un état actif. Autrement dit, le résultat de la commande **show interfaces** indique un état *up* à la fois pour la ligne et pour le protocole.
- Une adresse IP a été assignée à l'interface, soit par le biais de la sous-commande d'interface **ip address**, soit *via* DHCP.

Le concept de route connectée est relativement simple. Le routeur doit bien entendu connaître le numéro de sous-réseau utilisé sur le réseau physique relié à chacune de ses interfaces, mais si l'une d'elles est inactive, il doit éliminer la route correspondante de sa table de routage. La commande **show ip route** liste ces routes avec en regard le code *C* (*connected*). La commande **show ip route connected** n'affiche que les routes connectées.

Les sections suivantes abordent quelques variations de configuration qui influent sur les routes connectées et, par là même, sur la façon dont les routeurs transmettent les paquets. Nous traiterons en premier de l'adressage IP secondaire avant de passer à la configuration d'un routeur pour le trunking de VLAN.

Adressage IP secondaire

Imaginez que vous ayez subdivisé un réseau. Par la suite, un de ses sous-réseaux se développe au point que toutes les adresses IP valides sont utilisées. Vous disposez dans ce cas de trois options principales :

- Agrandir le sous-réseau existant.
- Migrer les hôtes pour qu'ils utilisent les adresses d'un autre sous-réseau plus grand.
- Recourir à l'adressage IP secondaire.

Ces trois options sont raisonnables mais s'accompagnent aussi de certains problèmes.

Pour agrandir le sous-réseau il suffit de changer son masque, avec toutefois le risque de provoquer un chevauchement de plages d'adresses. Par exemple, si le sous-réseau 10.1.4.0/24 a épuisé toutes ses adresses et que vous changez son masque en 255.255.254.0 (soit 9 bits pour la portion hôte et 23 bits pour la portion réseau/sous-réseau), le nouveau sous-réseau inclura les adresses 10.1.4.0 à 10.1.5.255. En supposant que vous ayez déjà attribué le sous-réseau 10.1.5.0/24, avec les adresses assignables 10.1.5.1 à 10.1.5.254, cela provoquerait un chevauchement, ce qui n'est pas autorisé. Si en revanche les adresses 10.1.5.x sont inutilisées, l'option d'agrandir le sous-réseau est alors envisageable.

La deuxième option consiste à choisir un nouveau sous-réseau non utilisé et plus grand, ce qui oblige toutefois à changer toutes les adresses IP. La modification est relativement simple lorsque tous les hôtes ou presque emploient DHCP, mais peut se révéler laborieuse si nombre d'entre eux ont été configurés avec des adresses IP statiques.

Notez que les deux options précitées impliquent d'utiliser différents masques dans différentes parties du réseau, une fonctionnalité appelée VLSM (*Variable-Length Subnet Mask*), ou masques de sous-réseau de longueur variable. Celle-ci introduit davantage de complexité notamment pour les personnes chargées de surveiller et de dépanner le réseau.

La troisième option est l'emploi de l'*adressage IP secondaire*, c'est-à-dire de plusieurs réseaux ou sous-réseaux sur une même liaison de données. Utiliser plusieurs sous-réseaux sur le même support de transmission augmente le nombre d'adresses disponibles. Pour que cela fonctionne, le routeur a besoin d'une adresse dans chaque sous-réseau, de sorte que leurs hôtes respectifs disposent d'une adresse de passerelle par défaut. Prenez par exemple le sous-réseau 10.1.2.0/24 de la figure 4.5. En supposant que toutes ses adresses aient été assignées et que l'adressage secondaire soit la solution choisie, le sous-réseau 10.1.7.0/24 pourrait également être utilisé sur le même lien Ethernet. L'exemple 4.2 montre la configuration de l'adressage IP secondaire sur le routeur Yosemite.

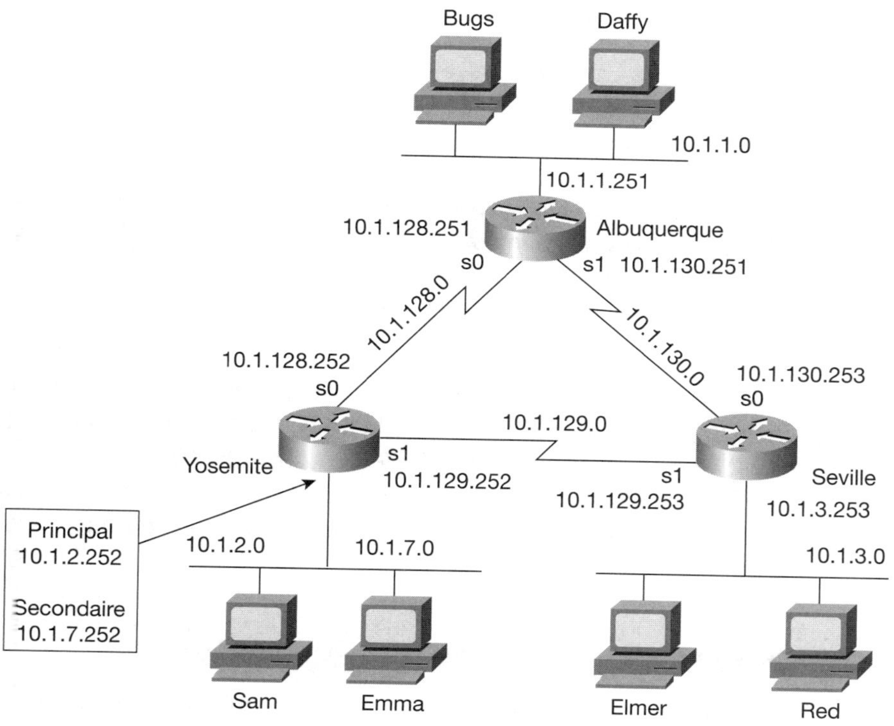

Figure 4.5
Un réseau TCP/IP avec des adresses IP secondaires.

Le routeur possède des routes connectées vers les sous-réseaux 10.1.2.0/24 et 10.1.7.0/24, et peut donc y envoyer des paquets. Les hôtes de chaque sous-réseau du même LAN peuvent utiliser soit 10.1.2.252 soit 10.1.7.252 comme adresse de passerelle par défaut, selon le sous-réseau où ils se trouvent.

Exemple 4.2 *Configuration de l'adressage IP secondaire et commande* **show ip route** *sur Yosemite*

```
! Extrait du résultat de show running-config...
Hostname Yosemite
ip domain-lookup
ip name-server 10.1.1.100 10.1.2.100
interface ethernet 0
 ip address 10.1.7.252  255.255.255.0 secondary
 ip address 10.1.2.252  255.255.255.0
interface serial 0
 ip address 10.1.128.252  255.255.255.0
interface serial 1
 ip address 10.1.129.252  255.255.255.0

Yosemite# show ip route connected
     10.0.0.0/24 is subnetted, 4 subnets
C       10.1.2.0 is directly connected, Ethernet0
C       10.1.7.0 is directly connected, Ethernet0
C       10.1.129.0 is directly connected, Serial1
C       10.1.128.0 is directly connected, Serial0
```

Le principal inconvénient de l'adressage IP secondaire se traduit par une possible inefficacité du routage des paquets échangés par les hôtes du LAN. Par exemple, lorsqu'un hôte du sous-réseau 10.1.2.0 envoie un paquet à un hôte du sous-réseau 10.1.7.0, sa logique lui indique de transmettre le paquet à sa passerelle par défaut car la destination se trouve sur un autre sous-réseau. Il envoie donc le paquet au routeur qui le renvoie ensuite sur le même LAN.

Routes connectées vers le sous-réseau zéro

Le système IOS peut empêcher qu'un routeur soit configuré avec une commande **ip address** spécifiant une adresse du sous-réseau zéro. Ce sous-réseau, qui existe pour chaque réseau avec classe, possède tous ses bits à 0 dans la portion sous-réseau du numéro de sous-réseau binaire. Lorsqu'il est exprimé sous forme décimale, il apparaît identique au numéro de réseau avec classe.

Lorsque la commande **ip subnet-zero** a été appliquée, l'IOS permet que le sous-réseau zéro devienne une route connectée en réponse à une commande **ip address** configurée sur une interface. Sachez que cette commande est un vieux paramètre par défaut ayant été créé lors de la version IOS 12.0. Au cours de l'examen, si vous voyez qu'elle a été appliquée ou si la question ne précise pas si la commande **no ip subnet-zero** a été utilisée, partez du principe que le sous-réseau zéro peut être configuré.

INFO

Les anciennes éditions de ce livre suggéraient que le sous-réseau zéro ne pouvait pas être utilisé, sauf indication contraire. Les examens CCNA actuels, et par conséquent le présent livre, supposent que ce sous-réseau peut être utilisé, sauf indication contraire dans la question d'examen. En particulier, si une question utilise un protocole de routage avec classe (comme évoqué au chapitre 5) ou utilise la commande **no ip subnet-zero**, les sous-réseaux zéro et broadcast devraient être évités.

Lorsque la commande **no ip subnet-zero** a été appliquée à un routeur, celui-ci rejette toute commande **ip address** qui emploie une combinaison adresse/masque correspondant au sous-réseau zéro. Par exemple, la sous-commande d'interface **ip address 10.0.0.1 255.255.255.0** qui désigne le sous-réseau 10.0.0.0/24 serait rejeté par le routeur si la commande globale de configuration **no ip subnet-zero** avait été appliquée. Notez que le message d'erreur indique simplement l'emploi d'un masque erroné au lieu d'indiquer que le problème est lié au sous-réseau zéro.

La commande **no ip subnet-zero** configurée sur un routeur n'affecte pas les autres routeurs et n'empêche pas non plus le routeur concerné de découvrir un sous-réseau zéro par le biais d'un protocole de routage. Elle l'empêche simplement de placer une de ses interfaces dans un sous-réseau zéro.

Configuration de ISL et de 802.1Q sur un routeur

Comme il a été dit au chapitre 1, le trunking de VLAN peut être mis en œuvre entre deux commutateurs ou entre un commutateur et un routeur. Cette fonctionnalité permet de réduire le nombre d'interfaces de routeur requises. En effet, plutôt que de dédier une interface physique de routeur à chaque VLAN configuré sur le commutateur, une seule interface physique suffit au routeur pour pouvoir acheminer les paquets d'un VLAN à un autre.

La figure 4.6 illustre un routeur avec une seule interface Fast Ethernet et une seule connexion à un commutateur. Il est possible d'utiliser soit ISL (*Inter-Switch Link*) soit le trunking 802.1Q, les différences de configuration entre ces deux fonctionnalités étant minimes. Le routage entre deux VLAN est simple : le commutateur marque chaque trame entrante avec l'identifiant du VLAN dont elle provient et le routeur marque chaque trame sortante avec l'identifiant du VLAN de destination. L'exemple 4.3 présente la configuration requise sur un routeur pour pouvoir gérer l'encapsulation ISL et la transmission entre les VLAN de la figure.

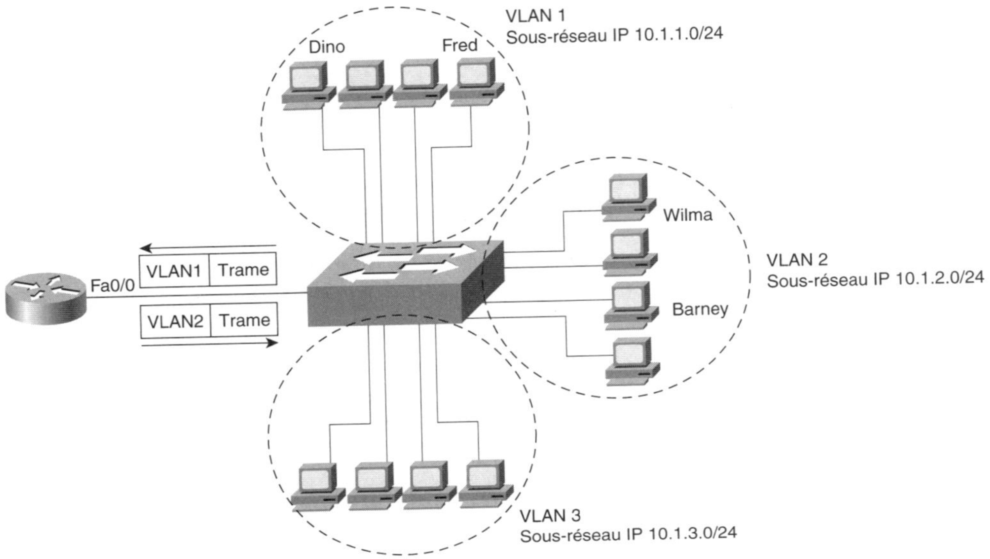

Figure 4.6
Routage entre des VLAN.

Exemple 4.3 *Configuration du routeur de la figure 4.6 pour l'encapsulation ISL*

```
interface fastethernet 0/0.1
 ip address 10.1.1.1 255.255.255.0
encapsulation isl 1
!
interface fastethernet 0/0.2
 ip address 10.1.2.1 255.255.255.0
 encapsulation isl 2
!
interface fastethernet 0/0.3
 ip address 10.1.3.1 255.255.255.0
 encapsulation isl 3
```

Ce listing contient la configuration de trois sous-interfaces sur l'interface Fast Ethernet du routeur. Une sous-interface est une subdivision logique d'une interface physique. Le routeur attribue à chacune d'elles une adresse IP et assigne chaque sous-interface à un VLAN différent. Ainsi, au lieu d'avoir trois interfaces physiques, une pour chaque VLAN, il n'en utilise qu'une seule et ce sont les sous-interfaces logiques qui sont reliées à chaque sous-réseau/VLAN. La commande **encapsulation** numérote les VLAN, ces numéros devant correspondre aux identifiants de VLAN configurés sur le commutateur.

Cet exemple emploie des numéros de sous-interfaces qui correspondent aux identifiants de VLAN. Ce n'est pas obligatoire mais c'est néanmoins une pratique généralisée qui rend la configuration plus lisible et facilite le dépannage. Par exemple, les sous-interfaces associées aux VLAN 1, 2 et 3 auraient pu être numérotées 4, 5 et 6 puisque ces numéros sont propres au fonctionnement interne du routeur.

L'exemple 4.4 concerne le même réseau mais configuré cette fois avec 802.1Q à la place d'ISL. La norme IEEE 802.1Q inclut le concept de VLAN natif. Il s'agit d'un VLAN spécial sur chaque tronçon (*trunk*), pour lequel aucun en-tête 802.1Q n'est ajouté aux trames. Par défaut, le VLAN 1 est le VLAN natif.

Exemple 4.4 *Configuration du routeur de la figure 4.6 pour l'encapsulation 802.1Q*

```
interface fastethernet 0/0
 ip address 10.1.1.1 255.255.255.0
!
interface fastethernet 0/0.2
 ip address 10.1.2.1 255.255.255.0
 encapsulation dot1q 2
!
interface fastethernet 0/0.3
 ip address 10.1.3.1 255.255.255.0
 encapsulation dot1q 3
```

Cette configuration crée trois VLAN sur l'interface Fa0/0 du routeur. Deux d'entre eux, les VLAN 2 et 3, sont configurés comme dans l'exemple 4.3, sauf que la commande **encapsulation** spécifie ici le type d'encapsulation 802.1Q.

Le VLAN natif, ici le VLAN 1, peut être configuré de deux manières différentes. Dans cet exemple, son adresse IP est configurée sur l'interface physique. Du coup, le routeur n'utilise pas d'en-tête de trunking sur ce VLAN, comme c'est normalement le cas pour le VLAN natif. L'autre option est de configurer cette adresse sur une sous-interface et d'utiliser la sous-commande d'interface **encapsulation dot1q 1 native**. Cette commande indique au routeur que la sous-interface est associée au VLAN 1, mais le mot-clé **native** lui enjoint de ne pas utiliser d'en-tête de trunking sur cette sous-interface.

Les routeurs n'effectuent pas une négociation dynamique du trunking. Cela demande de configurer manuellement le trunking sur le commutateur connecté à une interface de routeur, comme décrit au chapitre 1. Par exemple, le commutateur situé à l'autre extrémité de l'interface Fa0/0 du routeur serait configuré avec la sous-commande d'interface **switchport mode trunk** (pour activer le trunking) et, s'il gère les deux types de trunking, avec la commande **switchport trunk encapsulation dot1q** pour utiliser 802.1Q.

Routes statiques

Les routeurs emploient principalement trois méthodes pour ajouter des routes à leur table de routage : les routes connectées, les routes statiques et les protocoles de routage dynamique. Ils ajoutent toujours des routes connectées pour leurs interfaces opérationnelles et dotées d'une adresse IP. Dans la plupart des cas, les ingénieurs configurent également le support de protocoles de routage dynamique pour que les routeurs découvrent eux-mêmes le reste des routes de l'interréseau. L'emploi de routes statiques, c'est-à-dire de routes ajoutées manuellement aux tables de routage, reste cependant la méthode la moins usitée.

Le routage statique est configuré à l'aide de plusieurs commandes globales de configuration **ip route**, chacune définissant une route individuelle. Cette commande inclut une référence au sous-réseau de destination (numéro et masque) et indique où envoyer les paquets destinés à ce sous-réseau. Pour illustrer la nécessité de routes statiques et leur configuration, l'exemple 4.5 présente deux commandes **ping** qui servent à tester la connectivité entre Albuquerque et Yosemite (voir figure 4.7).

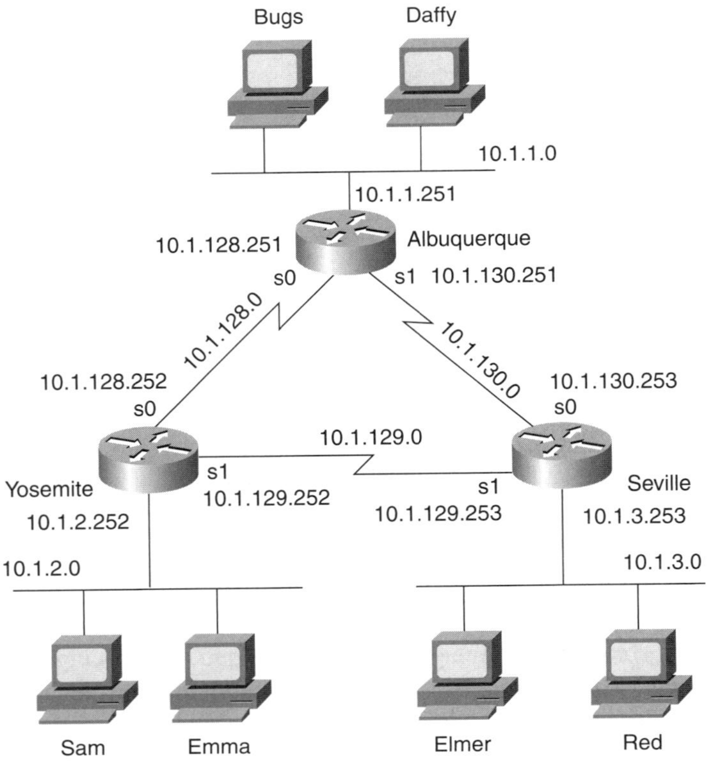

Figure 4.7

Réseau de base pour les exemples de configuration de routes statiques.

Exemple 4.5 *Commandes EXEC sur Albuquerque avec uniquement des routes connectées*

```
Albuquerque#show ip route
Codes: C - connected, S - static, I - IGRP, R - RIP, M - mobile, B - BGP
       D - EIGRP, EX - EIGRP external, O - OSPF, IA - OSPF inter area
       N1 - OSPF NSSA external type 1, N2 - OSPF NSSA external type 2
       E1 - OSPF external type 1, E2 - OSPF external type 2, E - EGP
       i - IS-IS, L1 - IS-IS level-1, L2 - IS-IS level-2, ia - IS-IS inter area
       * - candidate default, U - per-user static route, o - ODR
       P - periodic downloaded static route

Gateway of last resort is not set

     10.0.0.0/24 is subnetted, 3 subnets
C       10.1.1.0 is directly connected, Ethernet0
C       10.1.130.0 is directly connected, Serial1
C       10.1.128.0 is directly connected, Serial0
Albuquerque#ping 10.1.128.252
Type escape sequence to abort.
Sending 5, 100-byte ICMP Echos to 10.1.128.252, timeout is 2 seconds:
!!!!!
Success rate is 100 percent (5/5), round-trip min/avg/max = 4/4/8 ms

Albuquerque#ping 10.1.2.252
Type escape sequence to abort.
Sending 5, 100-byte ICMP Echos to 10.1.2.252, timeout is 2 seconds:
.....
Success rate is 0 percent (0/5)
```

La fin de ce listing contient deux commandes **ping** différentes émises sur le routeur Albuquerque, l'une vers 10.1.128.252 (l'adresse IP de l'interface S0 de Yosemite) et l'autre vers 10.1.2.252 (l'adresse IP du LAN de Yosemite). Cette commande envoie par défaut cinq paquets ICMP de requête d'écho (Echo Request). Dans la réponse, le point d'exclamation (!) signifie qu'une réponse d'écho (Echo Reply) a été reçue et le point (.) signifie l'absence de réponse. Dans cet exemple, la première occurrence, **ping 10.1.128.252**, donne lieu à cinq réponses (soit 100%) et la seconde occurrence, **ping 10.1.2.252**, à aucune réponse (soit 0%). La première a réussi car Albuquerque possède une route vers le sous-réseau dont 10.1.128.2 fait partie (à savoir le sous-réseau 10.1.128.0/24). La seconde échoue car ce routeur ne possède aucune route correspondant à l'adresse 10.1.2.252. À ce stade, il ne dispose de routes que pour ses trois sous-réseaux connectés. Aussi, les paquets ICMP générés par la commande **ping 10.1.2.252** sont simplement supprimés par le routeur puisqu'aucune route n'existe.

Configuration de routes statiques

Une solution simple à l'échec de la commande **ping 10.1.2.252** consiste à activer un protocole de routage IP sur les trois routeurs. C'est d'ailleurs la solution la plus courante. Une autre option est de configurer des routes statiques. Nombre de réseaux possèdent quelques routes statiques, aussi aurez-vous besoin d'en configurer de temps à autre. L'exemple 4.6 illustre la commande **ip route** sur Albuquerque, qui a pour effet d'ajouter des routes statiques et de rendre par conséquent possible la commande **ping** de l'exemple 4.5.

Exemple 4.6 *Routes statiques ajoutées sur Albuquerque*

```
ip route 10.1.2.0 255.255.255.0 10.1.128.252
ip route 10.1.3.0 255.255.255.0 10.1.130.253
```

La commande **ip route** définit une route statique en spécifiant le numéro du sous-réseau et l'adresse IP du prochain saut. La première occurrence de cet exemple définit une route vers 10.1.2.0 (masque 255.255.255.0). Ce sous-réseau étant accessible par le biais de Yosemite, l'adresse IP du prochain saut configurée sur Albuquerque est donc 10.1.128.252, c'est-à-dire l'adresse IP de l'interface S0 de Yosemite. De même, la route vers 10.1.3.0, le sous-réseau accessible *via* Seville, désigne l'adresse IP de l'interface S0 de ce routeur, soit 10.1.130.253. Notez que l'adresse IP de prochain saut fait partie d'un sous-réseau directement connecté, le but étant de définir le prochain routeur auquel envoyer les paquets. Albuquerque peut à présent transmettre des paquets vers ces deux sous-réseaux.

La commande **ip route** possède deux variantes. Elle peut se référer à une adresse IP de prochain saut, comme ici. Ou bien, pour les routes statiques qui utilisent des liaisons point à point, elle peut se référer à une interface de sortie. Sur la première ligne de l'exemple 4.6, nous aurions pu utiliser la commande globale de configuration **ip route 10.1.2.0 255.255.255.0 serial0**.

Malheureusement, les deux routes statiques ajoutées à Albuquerque ne résolvent pas tous les problèmes de routage du réseau. Elles aident le routeur à envoyer des paquets vers ces deux sous-réseaux, mais les deux autres routeurs ne possèdent pas suffisamment d'informations de routage pour pouvoir envoyer à leur tour des paquets à Albuquerque. Par exemple, la commande **ping** émise depuis l'hôte Bugs en direction de l'hôte Sam échoue, malgré l'ajout des commandes de l'exemple 4.6. En effet, bien qu'Albuquerque dispose d'une route vers le sous-réseau 10.1.2.0, où Sam réside, Yosemite ne possède pas de route vers 10.1.1.0, où Bugs réside. En conséquence, les paquets de requête d'écho sont correctement acheminés de Bugs vers Sam, mais ceux de réponse d'écho émis par ce dernier ne peuvent pas être routés par Yosemite vers Bugs *via* Albuquerque.

Commande ping étendue

Dans la pratique, vous n'iriez pas forcément chercher un utilisateur tel que Bugs pour lui demander de tester la connectivité du réseau. Vous pourriez plutôt employer la commande **ping** étendue sur le routeur pour tester le routage d'une façon semblable à un **ping** émis directement depuis Bugs vers Sam. L'exemple 4.7 sur Albuquerque montre une commande **ping 10.1.2.252** standard réussie et une commande **ping 10.1.2.252** étendue qui agit tel un ping de Bugs vers Sam mais échoue ici (seules les deux routes statiques de l'exemple 4.6 ont été ajoutées à ce stade).

Exemple 4.7 *ping réussi après l'ajout de deux routes par défaut et échec d'un ping étendu sur Albuquerque*

```
Albuquerque#show ip route
Codes: C - connected, S - static, I - IGRP, R - RIP, M - mobile, B - BGP
       D - EIGRP, EX - EIGRP external, O - OSPF, IA - OSPF inter area
       N1 - OSPF NSSA external type 1, N2 - OSPF NSSA external type 2
       E1 - OSPF external type 1, E2 - OSPF external type 2, E - EGP
       i - IS-IS, L1 - IS-IS level-1, L2 - IS-IS level-2, ia - IS-IS inter area
       * - candidate default, U - per-user static route, o - ODR
       P - periodic downloaded static route

Gateway of last resort is not set

     10.0.0.0/24 is subnetted, 5 subnets
S       10.1.3.0 [1/0] via 10.1.130.253
S       10.1.2.0 [1/0] via 10.1.128.252
C       10.1.1.0 is directly connected, Ethernet0
C       10.1.130.0 is directly connected, Serial1
C       10.1.128.0 is directly connected, Serial0
Albuquerque#ping 10.1.2.252

Type escape sequence to abort.
Sending 5, 100-byte ICMP Echos to 10.1.2.252, timeout is 2 seconds:
!!!!!
Success rate is 100 percent (5/5), round-trip min/avg/max = 4/4/8 ms

Albuquerque#ping
Protocol [ip]:
Target IP address: 10.1.2.252
Repeat count [5]:
Datagram size [100]:
Timeout in seconds [2]:
Extended commands [n]: y
```

Exemple 4.7 *ping réussi après l'ajout de deux routes par défaut et échec d'un ping étendu sur Albuquerque (suite)*

```
Source address or interface: 10.1.1.251
Type of service [0]:
Set DF bit in IP header? [no]:
Validate reply data? [no]:
Data pattern [0xABCD]:
Loose, Strict, Record, Timestamp, Verbose[none]:
Sweep range of sizes [n]:
Type escape sequence to abort.
Sending 5, 100-byte ICMP Echos to 10.1.2.252, timeout is 2 seconds:
.....
Success rate is 0 percent (0/5)
```

La commande **ping 10.1.2.252** simple fonctionne pour deux raisons, l'une évidente et l'autre moins. La première est qu'Albuquerque peut transmettre un paquet vers le sous-réseau 10.1.2.0 grâce à la route statique configurée. La seconde est que le paquet de réponse envoyé par Yosemite est destiné à l'adresse 10.1.128.251 – soit l'adresse IP de l'interface Serial0 d'Albuquerque – et que Yosemite possède une route connectée pour atteindre le sous-réseau 10.2.128.0. Mais pourquoi envoie-t-il la réponse d'écho ICMP à cette adresse ? Les deux points suivants sont vrais pour toute commande **ping** émise sur un routeur Cisco :

Sujet clé

- La commande **ping** utilise par défaut l'adresse IP de l'interface de sortie comme adresse source du paquet, sauf spécification différente dans une commande étendue. Aussi le premier **ping** de l'exemple 4.7 utilise-t-il l'adresse source 10.1.128.251 car elle représente l'interface (Serial0) d'Albuquerque d'où part la route empruntée pour envoyer des paquets vers 10.1.2.252.
- Dans le paquet de réponse, les adresses IP sont inversées par rapport au paquet de requête. Ainsi, la réponse de Yosemite au premier **ping** de l'exemple 4.7 utilise 10.1.128.251 comme adresse de destination et 10.1.2.252 comme adresse source.

Étant donné que la commande **ping 10.1.2.252** sur Albuquerque emploie 10.1.128.251 comme adresse source du paquet, Yosemite peut envoyer une réponse à cette adresse puisqu'il dispose d'une route (connectée) vers 10.1.128.0.

Utiliser un **ping** standard pour le dépannage risque de causer des problèmes de routage qui peuvent persister malgré la réussite de la commande. Aussi, il est recommandé de recourir à la version étendue qui agit comme si vous émettiez un **ping** directement depuis un ordinateur du sous-réseau sans avoir à appeler l'utilisateur et lui demander de taper la commande pour vous. Cette version est utile pour déterminer plus précisément la cause du problème puisqu'elle vous permet de changer plusieurs détails dans la requête. En fait, lorsqu'un **ping** fonctionne à partir d'un routeur mais pas à partir d'un hôte, la version étendue peut vous aider à « recréer » le problème afin de tester seul votre réseau.

Dans l'exemple 4.7, la commande étendue sur Albuquerque envoie un paquet avec comme adresse source 10.1.1.251 (l'interface Ethernet d'Albuquerque) et comme adresse de destination 10.1.2.252 (l'interface Ethernet de Yosemite). D'après le résultat, Albuquerque ne reçoit pas de réponse. Normalement, l'origine d'un paquet de requête d'écho est l'adresse de l'interface de sortie. Avec l'option d'adresse source de la commande étendue, le paquet indique l'adresse Ethernet d'Albuquerque, ce qui donne l'impression qu'il émane d'un hôte du sous-réseau 10.1.1.0. Yosemite génère une réponse d'écho destinée à l'adresse 10.1.1.251, mais comme il ne possède pas de route vers ce sous-réseau il ne peut envoyer la réponse à Albuquerque.

Pour résoudre ce problème, tous les routeurs pourraient être configurés pour utiliser un protocole de routage. Une autre solution consisterait à définir simplement des routes statiques sur tous les routeurs du réseau.

Routes par défaut

Une route par défaut est une route spéciale à laquelle correspondent tous les paquets quelle que soit leur destination. Les routes par défaut peuvent être particulièrement utiles lorsqu'il n'existe qu'un seul chemin physique entre deux parties d'un réseau ou lorsqu'un seul routeur assure la connectivité à Internet pour l'ensemble de l'entreprise. Dans la figure 4.8, les routeurs R1, R2 et R3 sont reliés au reste du réseau uniquement *via* l'interface LAN de R1. Ils doivent donc passer par cette interface pour transmettre des paquets à Dist1.

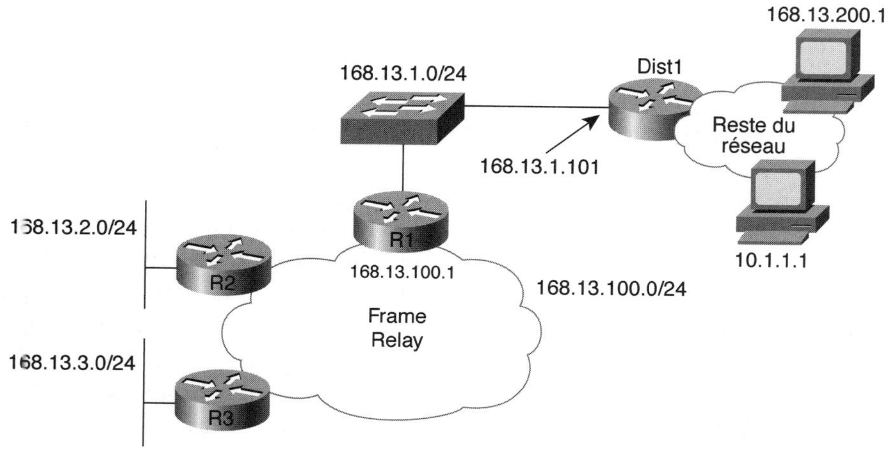

Figure 4.8
Réseau utilisant une route par défaut.

Les sections suivantes décrivent deux options pour configurer des routes statiques par défaut : la commande **ip route** et la commande **ip default-network**.

Routes par défaut configurées avec *ip route*

La routage par défaut peut être activé en configurant une route par défaut sur R1, avec comme routeur de prochain saut Dist1, et en faisant en sorte que R1 annonce cette route à R2 et R3. Grâce à cette route, les trois routeurs n'ont pas besoin de routes spécifiques vers les sous-réseaux connectés à Dist1. L'exemple 4.8 présente la définition de cette route et les informations résultantes dans la table de routage de R1.

Exemple 4.8 *Configuration d'une route par défaut et table de routage sur R1*

```
R1(config)#ip route 0.0.0.0 0.0.0.0 168.13.1.101
R1#show ip route
Codes: C - connected, S - static, I - IGRP, R - RIP, M - mobile, B - BGP
       D - EIGRP, EX - EIGRP external, O - OSPF, IA - OSPF inter area
       N1 - OSPF NSSA external type 1, N2 - OSPF NSSA external type 2
       E1 - OSPF external type 1, E2 - OSPF external type 2, E - EGP
       i - IS-IS, L1 - IS-IS level-1, L2 - IS-IS level-2, ia - IS-IS inter area
       * - candidate default, U - per-user static route, o - ODR
       P - periodic downloaded static route

Gateway of last resort is 168.13.1.101 to network 0.0.0.0

     168.13.0.0/24 is subnetted, 4 subnets
C       168.13.1.0 is directly connected,  FastEthernet0/0
R       168.13.3.0 [120/1] via 168.13.100.3, 00:00:05, Serial0.1
R       168.13.2.0 [120/1] via 168.13.100.2, 00:00:21, Serial0.1
C       168.13.100.0 is directly connected, Serial0.1
S*   0.0.0.0/0 [1/0] via 168.13.1.101
```

La commande **ip route** statique définit sur R1 une route par défaut avec la destination 0.0.0.0 et le masque 0.0.0.0. La commande **show ip route** qui est ensuite émise sur ce routeur liste une route statique vers cette destination avec comme prochain saut 168.13.1.101, soit les mêmes informations que celles spécifiées par la commande globale de configuration **ip route 0.0.0.0 0.0.0.0 168.13.1.101**. Cette destination et ce masque combinés représentent par convention toutes les destinations. R1 dispose ainsi d'une route statique à laquelle peut correspondre n'importe quel paquet IP.

Notez également dans le résultat de **show ip route** la mention *Gateway of last resort*, signifiant littéralement *passerelle de dernier recours*, associée à l'adresse 168.13.1.101.

Lorsqu'un routeur a connaissance d'au moins une route par défaut ou s'il en découvre plusieurs, par le biais d'une configuration statique ou d'un protocole de routage, il les marque d'un astérisque dans sa table de routage. Il choisit ensuite la meilleure route par défaut et la déclare comme passerelle de dernier recours – la distance administrative de la source de l'information de routage, telle que définie par le paramètre de distance administrative, influe sur ce choix (comme vous le découvrirez au chapitre 8 dans la section « Distance administrative »).

Bien que la configuration du protocole RIP (*Routing Information Protocol*) ne soit pas présentée ici, R1 annonce aussi cette route par défaut à R2 et R3, comme indiqué par le résultat de la commande **show ip route** émise sur R3 (voir exemple 4.9).

Exemple 4.9 *Conséquences sur R3 de la configuration d'une route par défaut sur R1*

```
R3#show ip route
Codes: C - connected, S - static, I - IGRP, R - RIP, M - mobile, B - BGP
       D - EIGRP, EX - EIGRP external, O - OSPF, IA - OSPF inter area
       N1 - OSPF NSSA external type 1, N2 - OSPF NSSA external type 2
       E1 - OSPF external type 1, E2 - OSPF external type 2, E - EGP
       i - IS-IS, L1 - IS-IS level-1, L2 - IS-IS level-2, ia - IS-IS inter area
       * - candidate default, U - per-user static route, o - ODR
       P - periodic downloaded static route

Gateway of last resort is 168.13.100.1 to network 0.0.0.0

     168.13.0.0/24 is subnetted, 4 subnets
R       168.13.1.0 [120/1] via 168.13.100.1, 00:00:13, Serial0.1
C       168.13.3.0 is directly connected, Ethernet0
R       168.13.2.0 [120/1] via 168.13.100.2, 00:00:06, Serial0.1
C       168.13.100.0 is directly connected, Serial0.1
```

Les protocoles de routage ne procèdent pas tous de la même manière pour annoncer des routes par défaut. Par exemple, lorsque R3 découvre l'existence d'une route par défaut par le biais de R1 en utilisant RIP, il inclut dans sa table la destination de cette route (0.0.0.0) ainsi que le routeur de prochain saut associé, ici R1 (168.13.100.1), comme indiqué en grisé dans l'exemple 4.9. Ainsi, lorsque R3 a besoin d'utiliser sa route par défaut, il envoie les paquets à R1 (168.13.100.1).

Routes par défaut configurées avec *ip default-network*

La commande **ip default-network** permet aussi de recevoir comme paramètre un réseau IP avec classe, indiquant au routeur d'utiliser les informations de routage qu'il possède pour ce réseau comme route par défaut. Cette commande est surtout utile pour atteindre des réseaux situés au-delà du réseau interne à l'entreprise. Dans la figure 4.8, imaginez que tous les sous-réseaux du réseau de classe B 168.13.0.0 de l'entreprise soient connus ; ils existent seulement près des routeurs R1, R2 et R3 et ces routes se trouvent toutes dans leur table de routage.

Un technicien pourrait ainsi utiliser la commande **ip default-network** pour configurer une route par défaut afin que des paquets puissent être transmis sur la droite de Dist1. Le routeur Dist1 annonce déjà à R1 une route pour le réseau avec classe 10.0.0.0. La route de R1 vers ce réseau pointe vers l'adresse 168.13.1.101 de Dist1 comme prochain saut. Sachant cela, le technicien peut exécuter la commande **ip default-network 10.0.0.0** sur R1 pour dire à ce dernier de définir sa route par défaut à partir de celle qu'il a découverte pour le réseau 10.0.0.0/8. L'exemple 4.10 présente plusieurs détails de ce scénario.

Exemple 4.10 *Commande* **ip default-network** *sur R1*

```
R1#configure terminal
R1(config)# ip default-network 10.0.0.0
R1(config)#exit
R1#show ip route
Codes: C - connected, S - static, I - IGRP, R - RIP, M - mobile, B - BGP
       D - EIGRP, EX - EIGRP external, O - OSPF, IA - OSPF inter area
       N1 - OSPF NSSA external type 1, N2 - OSPF NSSA external type 2
       E1 - OSPF external type 1, E2 - OSPF external type 2, E - EGP
       i - IS-IS, L1 - IS-IS level-1, L2 - IS-IS level-2, ia - IS-IS inter area
       * - candidate default, U - per-user static route, o - ODR
       P - periodic downloaded static route

Gateway of last resort is 168.13.1.101 to network 10.0.0.0

     168.13.0.0/24 is subnetted, 5 subnets
R       168.13.200.0 [120/1] via 168.13.1.101, 00:00:12, FastEthernet0/0
C       168.13.1.0 is directly connected, FastEthernet0/0
R       168.13.3.0 [120/1] via 168.13.100.3, 00:00:00, Serial0.1
R       168.13.2.0 [120/1] via 168.13.100.2, 00:00:00, Serial0.1
C       168.13.100.0 is directly connected, Serial0.1
R*   10.0.0.0/8 [120/1] via 168.13.1.101, 00:00:12, FastEthernet0/0
```

Ce listing présente la route vers le réseau 10.0.0.0 découverte normalement *via* RIP ainsi que l'effet de la commande globale **ip default-network 10.0.0.0**. La route RIP de R1 pour 10.0.0.0/8 inclut l'adresse IP de prochain saut 168.13.1.101, c'est-à-dire l'adresse de Dist1 sur leur LAN commun. Suite à la commande **ip default-network 10.0.0.0**, R1 décide d'utiliser les détails de sa route vers le réseau 10.0.0.0 comme route par défaut. La ligne qui débute par « Gateway of last resort » se termine par le réseau par défaut 10.0.0.0. Notez également, à la dernière ligne, l'astérisque en regard de la route spécifiée dans la commande **ip default-network**.

En résumé : routes par défaut

Se souvenir des détails de configuration des routes par défaut, notamment ceux contenus dans le résultat de la commande **show ip route**, n'est pas évident. Vous devriez néanmoins mémoriser au minimum les deux points suivants :

- Les routes par défaut peuvent être configurées de manière statique à l'aide de la commande **ip route 0.0.0.0 0.0.0.0** *adresse-prochain-saut* ou **ip default-network** *numéro-sous-réseau*.
- Lorsqu'un paquet correspond seulement à la route par défaut, le routeur utilise les détails de transmission qui figurent sur la ligne « Gateway of last resort ».

Sujet clé

Quelle que soit la forme sous laquelle la route par défaut apparaît – passerelle de dernier recours, route vers 0.0.0.0, ou route vers un autre réseau avec un astérisque en regard dans la table de routage –, elle est exploitée en conformité avec les règles de routage sans classe ou avec classe, comme expliqué à la prochaine section.

Routage avec/sans classe

Le routage avec ou sans classe définit la façon dont un routeur utilise une route par défaut. Dans le cas du routage sans classe, la route par défaut est utilisée chaque fois qu'un paquet ne correspond à aucune autre route. Le routage avec classe impose une restriction qui donne lieu à des situations où le routeur choisit de supprimer un paquet alors qu'il possède une route par défaut.

Les expressions *avec classe* et *sans classe* caractérisent aussi l'adressage IP et les protocoles de routage IP. Il règne donc une certaine confusion quant à leur signification exacte. Avant d'expliquer en détail ces deux modes de routage, la section suivante clarifie l'emploi de ces termes.

Signification des termes *avec classe* et *sans classe*

Les termes *sans classe* et *avec classe* appliqués à l'adressage se réfèrent à deux manières différentes d'interpréter une adresse IP subdivisée en sous-réseaux. Tandis que l'adressage sans classe considère une structure en deux parties, celui avec classe considère une structure en trois parties. Avec ce dernier, l'adresse inclut toujours un champ de 8, 16 ou 24 bits consacré à la portion réseau, selon qu'il s'agit d'une adresse de classe A, B ou C. La fin de l'adresse inclut un champ hôte qui identifie de façon unique chaque hôte d'un sous-réseau. Les bits situés entre ces deux champs représentent la portion sous-réseau. Dans le cas de l'adressage sans classe, les portions réseau et sous-réseau se confondent en une seule, souvent appelée sous-réseau ou préfixe, l'adresse se terminant par la portion hôte.

Lorsqu'ils qualifient des protocoles de routage, ces termes désignent des propriétés qui ne peuvent être ni activées ni désactivées. Un protocole de routage est par nature sans classe ou avec classe. Lorsqu'il est sans classe, il transmet dans ses mises à jour des informations de masque pour chaque sous-réseau – ce qui lui permet de supporter à la fois les masques de sous-réseau de longueur variable (VLSM) et l'agrégation de routes. Au contraire, un protocole avec classe n'annonce pas ces informations et ne supporte donc pas ces fonctionnalités.

Appliqués au routage, ces termes ont trait à la façon dont le processus de routage IP utilise la route par défaut, un aspect que vous pouvez configurer vous-même au niveau du routeur. Le tableau 4.2 résume les trois emplois de ces termes. La section qui suit le tableau décrit plus explicitement ces deux formes de routage, et le chapitre 5 approfondira davantage ces notions.

Sujet clé

Tableau 4.2 : Comparaison des termes *avec classe* et *sans classe*

Appliqués à	*Avec classe*	*Sans classe*
Adresse	Comprend trois parties : réseau, sous-réseau et hôte.	Comprend deux parties : sous-réseau ou préfixe et hôte.
Protocole	N'annonce pas les masques et ne prend pas en charge VLSM. Exemples : RIP-1 et IGRP.	Annonce les masques et prend en charge VLSM. Exemples : RIP-2, EIGRP et OSPF.
Routage	Le processus de routage IP est limité dans son utilisation de la route par défaut.	Le processus de routage IP n'est pas limité dans son utilisation de la route par défaut.

Comparaison du routage sans classe et du routage avec classe

Le routage sans classe fonctionne comme l'on pourrait s'attendre à ce que le routage fonctionne lorsque le routeur connaît une route par défaut. En comparaison, les principes du routage avec classe ne sont pas aussi simples, imposant une restriction sur l'usage de la route par défaut. Avant de donner de donner des exemples, voici une description générale du fonctionnement de ces deux types de routage :

Sujet clé

- **Routage sans classe.** Lorsque la destination d'un paquet correspond uniquement à la route par défaut et à aucune autre route, le routeur utilise la route par défaut.
- **Routage avec classe.** Lorsque la destination d'un paquet correspond uniquement à la route par défaut et à aucune autre route, le routeur utilise cette route par défaut à condition qu'il n'en connaisse aucune autre du réseau auquel l'adresse de destination appartient.

L'emploi du terme *avec classe* indique que le processus de routage tient compte des règles d'adressage IP avec classe, autrement dit du réseau (A, B ou C) auquel l'adresse de destination du paquet appartient. Pour mieux comprendre, l'exemple 4.11 présente un routeur avec une route par défaut et illustre comment le routage avec classe autorise l'utilisation de cette route dans un cas mais pas dans un autre. Cet exemple s'appuie sur la figure 4.8 vue précédemment. R3 et R1 possèdent tous deux une route par défaut qui pourrait leur permettre de transmettre des paquets à Dist1. Mais comme le montre l'extrait de code suivant obtenu sur R3, la commande **ping 10.1.1.1** fonctionne tandis que la commande **ping 168.13.200.1** échoue.

INFO

Cet exemple utilise la route par défaut sur R1, telle que définie par la commande **ip route** et illustrée dans les exemples 4.8 et 4.9. Mais cela aurait fonctionné quel que soit le mode de découverte de la route par défaut.

Exemple 4.11 *Le routage avec classe provoque l'échec d'une commande* **ping** *sur R3*

```
R3#show ip route
Codes: C - connected, S - static, I - IGRP, R - RIP, M - mobile, B - BGP
       D - EIGRP, EX - EIGRP external, O - OSPF, IA - OSPF inter area
       N1 - OSPF NSSA external type 1, N2 - OSPF NSSA external type 2
       E1 - OSPF external type 1, E2 - OSPF external type 2, E - EGP
       i - IS-IS, L1 - IS-IS level-1, L2 - IS-IS level-2, ia - IS-IS inter area
       * - candidate default, U - per-user static route, o - ODR
       P - periodic downloaded static route

Gateway of last resort is 168.13.100.1 to network 0.0.0.0

     168.13.0.0/24 is subnetted, 4 subnets
R       168.13.1.0 [120/1] via 168.13.100.1, 00:00:13, Serial0.1
C       168.13.3.0 is directly connected, Ethernet0
R       168.13.2.0 [120/1] via 168.13.100.2, 00:00:06, Serial0.1
C       168.13.100.0 is directly connected, Serial0.1
R3#ping 10.1.1.1

Type escape sequence to abort.
Sending 5, 100-byte ICMP Echos to 10.1.1.1, timeout is 2 seconds:
!!!!!
Success rate is 100 percent (5/5), round-trip min/avg/max = 84/89/114 ms
R3#
R3#ping 168.13.200.1

Type escape sequence to abort.
Sending 5, 100-byte ICMP Echos to 168.13.200.1, timeout is 2 seconds:
.....
Success rate is 0 percent (0/5)
```

Considérons pour commencer la tentative de R3 de faire correspondre les deux destinations (10.1.1.1 et 168.13.200.1) aux routes de sa table de routage. Outre la route par défaut, il n'en possède aucune autre qui corresponde à l'une ou l'autre des deux adresses IP de destination. Sa seule option est donc d'utiliser cette route.

R3 est configuré pour utiliser le routage avec classe. Il recherche donc d'abord une correspondance pour le numéro de réseau de classe A, B ou C dans lequel la destination réside. S'il en trouve une, il effectue alors une recherche pour le sous-réseau spécifique, sinon, il supprime le paquet. C'est ce qui se produit avec les paquets ICMP d'écho envoyés par la commande **ping 168.13.200.1**. Cependant, en l'absence d'une entrée pour le réseau de l'adresse de destination, s'il existe une route par défaut, il y expédie le paquet. C'est pourquoi R3 peut transmettre les paquets générés par la commande **ping 10.1.1.1**.

En bref, dans le cas du routage avec classe, la route par défaut est employée uniquement lorsque le routeur ne connaît pas de route vers un sous-réseau du réseau de classe A, B ou C de destination du paquet.

Vous pouvez basculer entre le routage sans classe et le routage avec classe au moyen des commandes globales de configuration **ip classless** et **no ip classless**, respectivement. Lorsque vous activez le routage sans classe, le logiciel Cisco IOS recherche la meilleure correspondance, ignorant les règles de classification IP. Si une route par défaut existe, le paquet correspond toujours au moins à cette route. Si une route plus spécifique existe, c'est celle-ci qui est empruntée. L'exemple 4.12 illustre l'activation du routage sans classe sur R3 et la réussite de la commande **ping 168.13.200.1**.

Exemple 4.12 *Le routage sans classe rend possible la commande* **ping 168.13.200.1**

```
R3#configure terminal
Enter configuration commands, one per line.  End with CNTL/Z.
R3(config)# ip classless
R3(config)#^Z
R3# ping 168.13.200.1

Type escape sequence to abort.
Sending 5, 100-byte ICMP Echos to 168.13.200.1, timeout is 2 seconds:
!!!!!
Success rate is 100 percent (5/5), round-trip min/avg/max = 80/88/112 ms
```

Préparation à l'examen

Sujets clés à réviser

Révisez les sujets les plus importants du chapitre, repérés dans la marge par le pictogramme « Sujet clé » et récapitulés dans le tableau 4.3.

Sujet clé

Tableau 4.3 : Sujets clés du chapitre

Emplacement	*Description*	*Numéro de page*
Liste	Étapes accomplies par un hôte pour transmettre un paquet IP	175
Liste	Étapes accomplies par un routeur pour transmettre un paquet IP	175
Liste	Révision des principes clés de l'adressage IP	180
Note récapitulative	Résumé de la logique que suit un routeur lorsqu'il possède plusieurs routes vers la destination d'un paquet	182
Liste	Informations découvertes typiquement via DHCP	184
Liste	Étapes et protocoles utilisés par un hôte pour communiquer avec un autre hôte	186
Liste	Règles relatives à la création d'une route connectée par un routeur	187
Liste	Règles relatives à l'adresse source utilisée pour les paquets générés par la commande IOS ping	198
Liste	Faits importants concernant la définition de routes statiques	203
Tableau 4.2	Résumé des trois emplois distincts mais liés des termes sans classe et avec classe	204
Liste	Définition du routage sans classe et du routage avec classe	204

Tableaux et listes à compléter

Complétez de mémoire les tableaux et listes concernant ce chapitre qui figurent dans l'annexe J, puis reportez-vous à l'annexe K pour comparer vos réponses à celles qui vous sont fournies. Ces annexes figurent sur le CD-ROM.

Termes clés à définir

Donnez la définition des termes suivants et comparez vos réponses avec le glossaire :

> Adressage avec classe, routage avec classe, protocole de routage avec classe, adressage sans classe, routage sans classe, protocole de routage sans classe, commande **ping** étendue, adressage IP secondaire, et sous-réseau zéro.

Référence de commandes

La lecture du chapitre et la réalisation des exercices de préparation à l'examen devraient vous avoir appris indirectement les commandes de configuration et EXEC qui y sont utilisées. Même s'il ne vous est pas demandé de mémoriser dans le détail les descriptions données, les tableaux 4.4 et 4.5 de cette section vous permettront de contrôler votre niveau de connaissance du rôle de ces commandes. Pour cela, masquez la partie gauche du tableau et tentez d'identifier les commandes concernées à partir des informations données.

Tableau 4.4 : Référence des commandes de configuration de ce chapitre

Commande	*Description*
encapsulation dot1q *id-vlan* [**native**]	Sous-commande de sous-interface qui indique au routeur d'utiliser le trunking 802.1Q pour un VLAN spécifique. Le mot-clé **native** lui indique de ne pas utiliser d'en-tête de trunking.
encapsulation isl *id-vlan*	Sous-commande de sous-interface qui indique au routeur d'utiliser le trunking ISL pour un VLAN spécifique.
[no] ip classless	Commande globale qui active (**ip classless**) ou désactive (**no ip classless**) le routage sans classe.
[no] ip subnet-zero	Commande globale qui autorise (**ip subnet-zero**) ou interdit (**no ip subnet-zero**) la configuration de l'adresse IP d'une interface dans un sous-réseau zéro.
ip address *adresse-ip masque* [**secondary**]	Sous-commande d'interface qui assigne une adresse IP à l'interface et, optionnellement, en fait une adresse secondaire.
ip route *préfixe masque* { *adresse-ip* | *type-interface numéro-interface* } [*distance*] [**permanent**]	Commande globale de configuration qui crée une route statique.
ip default-network *numéro-réseau*	Commande globale qui crée une route par défaut fondée sur la route dont dispose le routeur pour atteindre le réseau avec classe spécifié.

Tableau 4.5 : Référence des commandes EXEC de ce chapitre

Commande	*Description*
show ip route	Affiche la table de routage complète du routeur.
show ip route *adresse-ip*	Affiche des informations détaillées sur la route qu'un routeur trouve en direction de l'adresse IP spécifiée.
ping {*nom-hôte* | *adresse-ip*}	Teste les routes IP en envoyant un paquet ICMP vers l'hôte de destination.
traceroute { *nom-hôte* | *adresse-ip* }	Teste les routes IP en découvrant les adresses IP sur le chemin entre un routeur et la destination spécifiée.

5

VLSM et l'agrégation de routes

Au sommaire de ce chapitre :

- **VLSM.** Cette section présente les problèmes et solutions auxquels vous serez confrontés lorsque vous concevrez un interréseau qui utilise VLSM.
- **Agrégation manuelle de route.** Cette section développe le concept d'agrégation manuelle de routes et décrit comment concevoir un interréseau qui en facilite l'implémentation.
- **Agrégation automatique et réseaux discontinus avec classes.** Cette section détaille les caractéristiques du processus d'agrégation automatique et explique la façon dont il doit être pris en compte dans les interréseaux utilisant des réseaux discontinus.

Après avoir assimilé les concepts relatifs au routage IP présentés au chapitre précédent, vous étudierez ici les notions de masque de réseau de longueur variable, ou VLSM (*Variable-Length Subnet Mask*), et d'agrégation de routes, manuelle et automatique, qui sont liées à l'adressage IP.

Ce chapitre traite principalement de concepts, des commandes **show** et de quelques commandes de configuration.

Questionnaire d'évaluation

Grâce à ce questionnaire, vous pourrez déterminer s'il vous faut ou non lire la totalité du chapitre. Si vous n'échouez qu'à une question, vous pourrez envisager de passer directement à la section « Préparation à l'examen ». Le tableau 5.1 reprend les titres des sections principales de la partie « Connaissances fondamentales » de ce chapitre ainsi que les numéros des questions s'y rapportant. Vous pourrez ainsi évaluer votre niveau de maîtrise de ces sujets. Les réponses sont données à l'annexe A.

Tableau 5.1 : Questions d'évaluation et sections concernées

Connaissances fondamentales	*Questions*
VLSM	1 à 3
Agrégation manuelle de routes	4 à 6
Agrégation automatique de routes et réseaux discontinus avec classes	7 et 8

1. Quels protocoles de routage gèrent VLSM ?

a. RIP-1.

b. RIP-2.

c. EIGRP.

d. OSPF.

2. Que signifie le sigle anglais VLSM ?

a. *Variable-Length Subnet Mask.*

b. *Very Long Subnet Mask.*

c. *Vector-Length Subnet Mask.*

d. *Vector Loop Subnet Mask.*

3. L'interface Fa0/0 du routeur R1 a été configurée avec la commande **ip address 10.5.48.1 255.255.240.0**. Parmi les routes VLSM suivantes, laquelle ne serait pas considérée comme recouvrant l'adresse précitée en étant configurée sur une autre interface de R1 ?

a. 10.5.0.0 255.255.240.0

b. 10.4.0.0 255.254.0.0

c. 10.5.32.0 255.255.224.0

d. 10.5.0.0 255.255.128.0

4. Quelle route englobe la plage d'adresses la plus petite, incluant les sous-réseaux 10.3.95.0, 10.3.96.0 et 10.3.97.0 avec le masque 255.255.255.0 ?

a. 10.0.0.0 255.0.0.0

b. 10.3.0.0 255.255.0.0

c. 10.3.64.0 255.255.192.0

d. 10.3.64.0 255.255.224.0

5. Quelle route ne serait pas considérée comme une agrégation valide pour englober les sous-réseaux 10.1.55.0, 10.1.56.0 et 10.1.57.0 avec le masque 255.255.255.0 ?

a. 10.0.0.0 255.0.0.0

b. 10.1.0.0 255.255.0.0

c. 10.1.55.0 255.255.255.0

d. 10.1.48.0 255.255.248.0

e. 10.1.32.0 255.255.224.0

6. Quels protocoles de routage acceptent l'agrégation manuelle de routes ?

a. RIP-1.

b. RIP-2.

c. EIGRP.

d. OSPF.

7. Quel(s) protocole(s) de routage accepte(nt) par défaut le processus d'agrégation automatique ?

a. RIP-1.

b. RIP-2.

c. EIGRP.

d. OSPF.

8. Un interréseau comprend un réseau discontinu 10.0.0.0 qui génère certains problèmes. Tous les routeurs utilisent RIP-1 avec les paramètres de configuration par défaut. Quelle action permettrait de résoudre les problèmes et d'autoriser la présence de ce réseau ?

a. Faire migrer les routeurs vers OSPF en utilisant autant de paramètres de configuration que possible.

b. Désactiver l'agrégation de routes automatique avec la commande **no auto-summary rip**.

c. Faire migrer tous les routeurs vers EIGRP en utilisant autant de paramètres de configuration que possible.

d. Le problème ne peut être résolu sans rétablir la continuité du réseau 10.0.0.0.

Connaissances fondamentales

Ce chapitre traite de trois sujets apparentés : VLSM, l'agrégation de routes manuelle et l'agrégation de routes automatique. Le lien qui les unit est l'arithmétique binaire utilisée pour analyser un numéro de sous-réseau avec son masque pour identifier la plage d'adresses englobée.

Adressage VLSM

La technique d'adressage avec VLSM (*Variable-Length Subnet Mask*) permet à un interréseau d'employer plusieurs masques pour un seul réseau des classes A, B ou C. VLSM permet de réduire le nombre d'adresses IP gaspillées dans chaque sous-réseau, ce qui évite de devoir obtenir un autre numéro de réseau auprès des organismes officiels d'allocation. Cette précaution peut même s'imposer dans le cas de réseaux privés de grandes entreprises (comme défini dans la RFC 1918) réclamant l'usage de VLSM.

La figure 5.1 illustre un exemple d'emploi de VLSM sur un réseau 10.0.0.0 de la classe A.

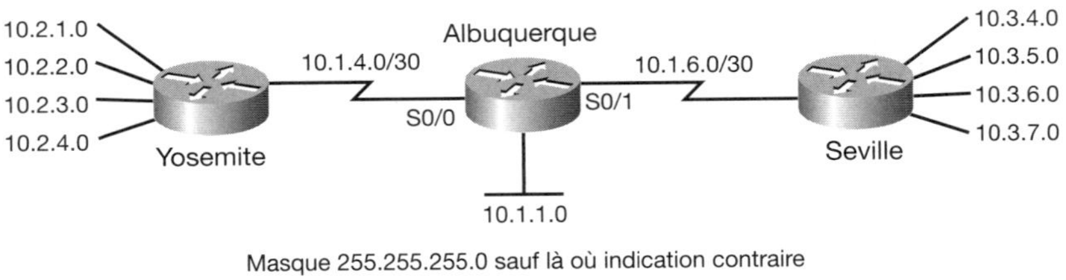

Figure 5.1
VLSM dans le réseau 10.0.0.0 : masques 255.255.255.0 et 255.255.255.252.

L'exemple montre un emploi typique du préfixe /30 (masque 255.255.255.252) sur les liaisons série point à point et l'usage du préfixe /24 (soit 255.255.255.0) sur les réseaux locaux.

L'exemple 5.1 montre la table de routage du routeur Albuquerque dans la figure 5.1. Celle-ci indique l'emploi de deux masques à l'intérieur du réseau 10.0.0.0.

Exemple 5.1 *Table de routage sur Albuquerque avec VLSM*

```
Albuquerque#show ip route
Codes: C - connected, S - static, I - IGRP, R - RIP, M - mobile, B - BGP
       D - EIGRP, EX - EIGRP external, O - OSPF, IA - OSPF inter area
       N1 - OSPF NSSA external type 1, N2 - OSPF NSSA external type 2
       E1 - OSPF external type 1, E2 - OSPF external type 2, E - EGP
```

```
       i - IS-IS, L1 - IS-IS level-1, L2 - IS-IS level-2, ia - IS-IS inter area
       * - candidate default, U - per-user static route, o - ODR
       P - periodic downloaded static route

Gateway of last resort is not set

     10.0.0.0/8 is variably subnetted, 11 subnets, 2 masks
D       10.2.1.0/24 [90/2172416] via 10.1.4.2, 00:00:34, Serial0/0
D       10.2.2.0/24 [90/2172416] via 10.1.4.2, 00:00:34, Serial0/0
D       10.2.3.0/24 [90/2172416] via 10.1.4.2, 00:00:34, Serial0/0
D       10.2.4.0/24 [90/2172416] via 10.1.4.2, 00:00:34, Serial0/0
D       10.3.4.0/24 [90/2172416] via 10.1.6.2, 00:00:56, Serial0/1
D       10.3.5.0/24 [90/2172416] via 10.1.6.2, 00:00:56, Serial0/1
D       10.3.6.0/24 [90/2172416] via 10.1.6.2, 00:00:56, Serial0/1
D       10.3.7.0/24 [90/2172416] via 10.1.6.2, 00:00:56, Serial0/1
C       10.1.1.0/24 is directly connected, Ethernet0/0
C       10.1.6.0/30 is directly connected, Serial0/1
C       10.1.4.0/30 is directly connected, Serial0/0
```

Protocoles de routage sans classe et avec classe

Pour gérer VLSM, un protocole de routage doit, lors de ses annonces ou de l'envoi de mises à jour, indiquer les masques associés aux numéros de sous-réseaux.

Chaque protocole de routage IP est aussi dit être *sans classe* ou *avec classe*, selon qu'il envoie ou non, respectivement, le masque associé à un sous-réseau annoncé. Notez que cette caractéristique lui est intrinsèque de par sa conception et non le résultat d'une quelconque action ou commande. Le tableau 5.2 reprend les divers protocoles de routages avec cette caractéristique et ses capacités VLSM.

Tableau 5.2 : Protocoles de routage interne avec ou sans classe

Sujet clé

Protocole de routage	*Avec ou sans classe*	*Envoi des masques dans les mises à jour*	*Gestion VLSM*	*Gère l'agrégation manuelle de routes*
RIP-1	Avec	Non	Non	Non
IGRP	Avec	Non	Non	Non
RIP-2	Sans	Oui	Oui	Oui
EIGRP	Sans	Oui	Oui	Oui
OSPF	Sans	Oui	Oui	Oui

Chevauchement de plages d'adresses

Lors de la conception d'un interréseau, les plages d'adresses des sous-réseaux utilisés ne doivent pas se chevaucher. Avec un seul masque sur un réseau, un recouvrement partiel est relativement évident, mais avec VLSM, il est plus difficile de le repérer. Lorsque cela se produit, cela se reflète au niveau des entrées des tables de routage et les décisions de routage deviennent imprévisibles, un hôte étant alors accessible depuis n'importe quel emplacement de l'interréseau. Une telle conception est considérée comme fautive et ne devrait pas être utilisée.

Lors de l'examen, vous pourrez être confronté au problème de devoir analyser une conception et d'identifier les plages d'adresses qui se chevauchent afin de choisir d'autres sous-réseaux. La figure 5.2 en illustre un exemple avec un réseau de classe B (172.16.0.0) implémentant VLSM et utilisant trois préfixes (masques) différents : /23, /24 et /30.

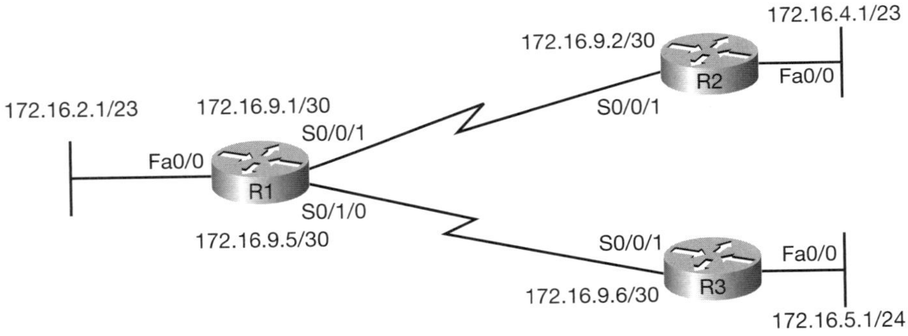

Figure 5.2
Une conception avec VLSM et un chevauchement possible de sous-réseaux.

Une question d'examen pourrait directement mentionner un chevauchement à résoudre, mais aussi seulement le suggérer indirectement, par exemple, en indiquant simplement qu'un ping n'est pas possible entre certains hôtes. Pour répondre à une telle question, vous pourriez suivre la procédure suivante, quelque peu laborieuse :

Sujet clé

1. Calculez le numéro et l'adresse broadcast de chaque sous-réseau pour déterminer la plage d'adresses qu'il comprend.
2. Comparez les plages trouvées et identifiez les éventuels chevauchements.

En partant de la figure 5.2, vous commenceriez à analyser les cinq sous-réseaux en réalisant l'étape 1 de la procédure. Les plages calculées sont reprises dans le tableau 5.3.

Tableau 5.3 : Sous-réseaux et plages d'adresses de la figure 5.2

Emplacement de sous-réseau	*Numéro de sous-réseau*	*Première adresse*	*Dernière adresse*	*Adresse broadcast*
LAN R1	172.16.2.0	172.16.2.1	172.16.3.254	172.16.3.255
LAN R2	172.16.4.0	172.16.4.1	172.16.5.254	172.16.5.255
LAN R3	172.16.5.0	172.16.5.1	172.16.5.254	172.16.5.255
Liaison série R1-R2	172.16.9.0	172.16.9.1	172.16.9.2	172.16.9.3
Liaison série R1-R3	172.16.9.4	172.16.9.5	172.16.9.6	172.16.9.7

Bien que tous les numéros de sous-réseau soient distincts, les sous-réseaux de R2 et R3 se chevauchent. La conception est invalide et il faut modifier l'une des deux configurations.

Subdivision de réseau avec VLSM

L'ouvrage *Préparation à la certification CCNA ICND1 et CCENT* décrit comment subdiviser un réseau avec classe en utilisant un seul masque de sous-réseau. La procédure demande d'analyser les exigences, de choisir le masque adéquat et de déterminer les sous-réseaux. Par exemple, s'il fallait créer dix sous-réseaux pouvant héberger 200 hôtes dans le réseau de classe B 172.16.0.0, le masque 255.255.255.0 conviendrait. En effet, les 8 bits d'adressage de sous-réseau et les 8 bits d'adressage des hôtes offrent la capacité de créer 256 sous-réseaux de 254 hôtes chacun. Les numéros de sous-réseaux seraient 172.16.0.0, 172.16.1.0, 172.16.2.0, et ainsi de suite.

Avec VLSM, la procédure est un peu plus exigeante, il faut identifier les différents sous-réseaux et préfixes/masques qui peuvent être utilisés pour subdiviser le réseau. Bien que cela soit logique, précisons que les préfixes les plus longs offriront les plages d'adresses les plus petites, et les préfixes les plus courts, les plages les plus grandes. C'est la raison pour laquelle la plupart des sous-réseaux pour une liaison série, n'accueillant que deux adresses IP, utilisent le préfixe /30. Et pour les sous-réseaux de LAN, plus les besoins en hébergement seront grands, plus on utilisera des préfixes courts.

INFO

Pour réviser la subdivision de réseaux à l'aide d'un masque statique, reportez-vous au chapitre 12 du livre *Préparation à la certification CCNA ICND1 et CCENT*, ou à l'annexe H, en anglais (version électronique de ce chapitre), fournie sur le CD-ROM d'accompagnement du présent ouvrage.

Après avoir déterminé le nombre de sous-réseaux pour les masques requis, identifiez les numéros de sous-réseaux correspondant à chaque masque qui répondent aux exigences. Cette tâche n'est pas particulièrement difficile si vous comprenez déjà comment déterminer des numéros de sous-réseaux avec un masque statique. Une procédure plus formelle pourra être utile :

1. Déterminez le nombre de sous-réseaux requis pour chaque préfixe en fonction des exigences.
2. En commençant par le préfixe le plus court (laissant le plus grand nombre de bits d'hôtes), identifiez les numéros de sous-réseaux possibles jusqu'à ce que le nombre de sous-réseaux requis soit atteint.
3. Déterminez ensuite le prochain numéro de sous-réseaux en utilisant le même masque qu'à l'étape précédente.
4. En commençant par le numéro identifié à l'étape 3, identifiez les numéros de sous-réseaux possibles en utilisant le prochain préfixe immédiatement plus long, jusqu'à ce que le nombre de sous-réseaux utiles soit atteint.
5. Répétez les étapes 3 et 4 jusqu'à ce que tous les sous-réseaux pour tous les préfixes nécessaires à la conception aient été trouvés.

Cette procédure théorique mérite d'être appuyée par un exemple. Imaginez une conception demandant l'usage du numéro de réseau 172.16.0.0 de la classe B, pour créer plusieurs sous-réseaux selon les exigences suivantes :

- trois sous-réseaux avec le masque /24 (255.255.255.0) ;
- trois sous-réseaux avec le masque /26 (255.255.255.192) ;
- trois sous-réseaux avec le masque /30 (255.255.255.252).

Selon l'étape 2 de la procédure, nous devons identifier trois sous-réseaux du réseau 172.16.0.0 avec le préfixe le plus court, soit /24. À l'aide de quelques conversions binaires, comme traité dans le livre préparant à l'ICND1, nous trouvons les sous-réseaux suivants :

- 172.16.0.0/24 : plage 172.16.0.1–172.16.0.254 ;
- 172.16.1.0/24 : plage 172.16.1.1–172.16.1.254 ;
- 172.16.2.0/24 : plage 172.16.2.1–172.16.2.254.

L'étape 3 demande alors de trouver le prochain sous-réseau avec le préfixe /24. Ce serait 172.16.3.0/24.

Avant de passer à l'étape 4, examinez la figure 5.3 qui illustre les résultats trouvés à l'étape 2, ainsi que le sous-réseau trouvé à l'étape 3 et non encore assigné dans la conception.

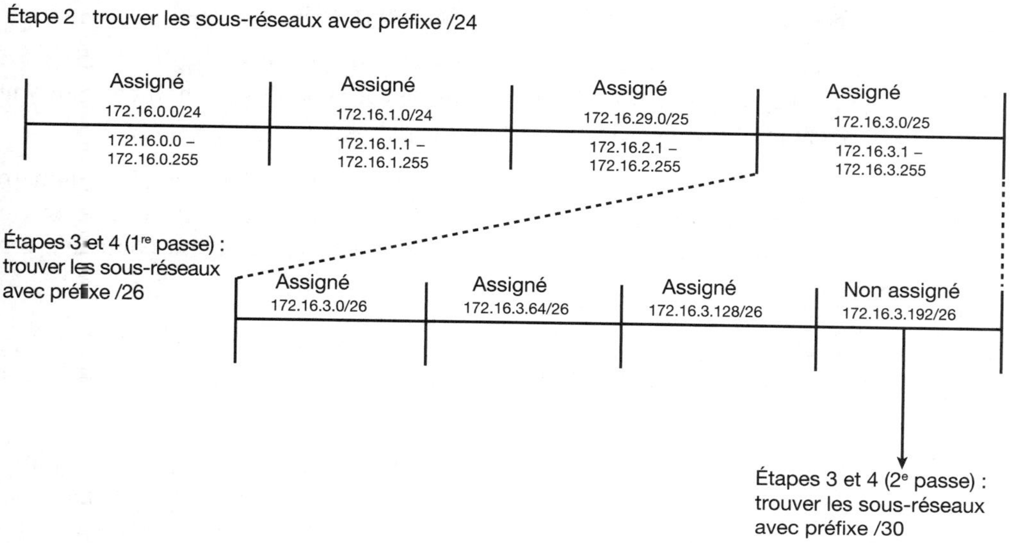

Figure 5.3

Conception de sous-réseaux avec VLSM.

Pour réaliser l'étape 4, commencez par le sous-réseau non assigné de l'étape 3, mais appliquez le préfixe suivant immédiatement plus long, soit /26. Le premier numéro de sous-réseau est toujours celui qui a été trouvé à l'étape précédente, ici 172.16.3.0. Les trois sous-réseaux comprenant ce préfixe sont :

- 172.16.3.0/26 : plage 172.16.3.1–172.16.3.62 ;
- 172.16.3.64/26 : plage 172.16.3.65–172.16.3.126 ;
- 172.16.3.128/26 : plage 172.16.3.129–172.16.3.190.

L'étape 5 consiste en la répétition des étapes 3 et 4 jusqu'à ce que tous les sous-réseaux de la conception aient été trouvés. Dans ce cas, nous trouvons à l'étape 3 le sous-réseau 172.16.3.192, par lequel nous commençons l'étape 4, cette fois avec le préfixe /30. Voici les sous-réseaux identifiés avec ce préfixe :

- 172.16.3.192/30 : plage 172.16.3.193–172.16.3.194 ;
- 172.16.3.196/30 : plage 172.16.3.197–172.16.3.198 ;
- 172.16.3.200/30 : plage 172.16.3.201–172.16.3.202 ;
- 172.16.3.204/30 : plage 172.16.3.205–172.16.3.206.

Cette procédure semble quelque peu laborieuse, mais cette approche structurée allant des sous-réseaux les plus grands aux plus petits permet la création d'un ensemble de sous-réseaux sans chevauchement de plages d'adresses.

Ajout d'un nouveau sous-réseau à une conception existante

Il est parfois nécessaire d'ajouter un sous-réseau VLSM en veillant à ce qu'il n'y ait pas de recouvrement avec les sous-réseaux existants. Dans le cadre de l'examen, il pourrait vous être demandé de choisir le numéro le plus petit ou le plus grand.

La démarche pour résoudre un tel problème, vise essentiellement à recenser les numéros de sous-réseaux admissibles et d'en choisir un en vous assurant qu'il ne crée pas de chevauchement avec la configuration existante. Voici de façon formelle comment vous pourriez procéder :

Sujet clé

1. S'il n'est pas cité dans la question, choisissez le préfixe de sous-réseau à utiliser par rapport aux exigences de conception, ou plus spécifiquement, au nombre d'hôtes devant être hébergés.
2. Calculez les numéros de sous-réseaux admissibles avec le masque déterminé à l'étape 1 (vous pourrez limiter vos calculs aux quelques premiers ou derniers sous-réseaux si la question ne demande que le numéro de sous-réseau le plus élevé ou le plus bas).
3. Pour chaque sous-réseau trouvé à l'étape 2, calculez l'adresse broadcast et la plage d'adresses qu'il couvre.
4. Comparez ces plages à celles des sous-réseaux existants et éliminez les nouveaux sous-réseaux qui créent un chevauchement.
5. Choisissez un numéro parmi les sous-réseaux qui ne créent pas de chevauchement.

Mettons en pratique cette procédure en utilisant le réseau 172.16.0.0 de la figure 5.2. Imaginez qu'une question d'examen vous demande d'ajouter un sous-réseau avec le préfixe /23 (étape 1), et de choisir le plus petit numéro de sous-réseau. Le tableau 5.4 donne les premiers résultats pour les étapes 2 et 3 de la procédure.

Tableau 5.4 : Les cinq premiers sous-réseaux possibles avec le préfixe /23

Sous-réseau	*Numéro*	*Première adresse*	*Dernière adresse*	*Adresse broadcast*
Premier (zéro)	172.16.0.0	172.16.0.1	172.16.1.254	172.16.1.255
Deuxième	172.16.2.0	172.16.2.1	172.16.3.254	172.16.3.255
Troisième	172.16.4.0	172.16.4.1	172.16.5.254	172.16.5.255
Quatrième	172.16.6.0	172.16.6.1	172.16.7.254	172.16.7.255
Cinquième	172.16.8.0	172.16.8.1	172.16.9.254	172.16.9.255

L'étape 4 demande de comparer ces résultats avec les sous-réseaux existants. Dans ce cas, les deuxième, troisième et quatrième sous-réseaux du tableau empiètent sur des sous-réseaux existants de la figure 5.2.

Notre question demande de trouver le plus petit numéro, et le sous-réseau zéro est toujours disponible. Si l'énoncé autorisait explicitement l'emploi de ce sous-réseau, 172.16.0.0/23 serait la réponse correcte. Si au contraire, il en interdisait l'usage, les quatre premiers sous-réseaux listés dans le tableau 5.4 seraient exclus, et la cinquième réponse (172.16.8.0/23) serait correcte. Notez que le scénario 5 de l'annexe F du CD-ROM vous donne l'opportunité de vous familiariser avec l'utilisation de cette procédure.

INFO

Pour l'examen, évitez l'emploi du sous-réseau zéro si la question implique l'emploi d'un protocole de routage avec classe, ou si la configuration des routeurs contient la commande **no ip subnet-zero**. Dans le cas contraire, vous pouvez supposer qu'il peut être utilisé.

Configuration avec VLSM

La technique du masque de sous-réseau de longueur variable n'est pas une fonctionnalité en soi que les routeurs peuvent ou non activer. Elle peut être vue comme une conséquence indirecte de l'emploi de la commande **ip address** et de la capacité que les routeurs ont de recevoir deux interfaces configurées avec des adresses provenant du même réseau avec classe, mais utilisant deux masques distincts. L'exemple 5.2 illustre un exemple simple sur le routeur R3 de la figure 5.2, avec les interfaces Fa0/0 et S0/0/1 respectivement configurées avec les adresses 172.16.5.1/24 et 172.16.9.6/30 du réseau 172.16.0.0.

Exemple 5.2 *Configuration avec VLSM*

```
R3#configure terminal
R3(config)#interface Fa0/0
R3(config-if)#ip address 172.16.5.1 255.255.255.0
R3(config-if)#interface S0/0/1
R3(config-if)#ip address 172.16.9.6 255.255.255.252
```

Il n'est pas nécessaire de configurer explicitement un protocole de routage sans classe pour qu'il gère VLSM. C'est simplement une fonctionnalité inhérente à cette catégorie de protocoles.

Agrégation manuelle de routes

Il existe des tables de routage qui ne contiennent qu'une dizaine d'entrées, mais plus le réseau est grand, plus le nombre de routes augmente. Sur Internet, il existe des cas où un routeur peut avoir à gérer plus de 100 000 routes. Cependant, une table de routage trop importante consomme de la mémoire et ralentit le processus décisionnel d'acheminement, et en cas de problèmes, le dépannage devient également plus ardu.

Grâce à l'agrégation de routes, la taille des tables de routage diminue, ce qui améliore les performances. Le temps de convergence est également réduit, car le moindre changement sur un sous-réseau n'aura pas forcément besoin d'être annoncé par certains routeurs ne déclarant qu'une route globale, c'est à dire située plus haut dans la hiérarchie.

Cette section aborde l'agrégation de routes en tant que processus manuel de configuration, par opposition à l'agrégation automatique qui se produit sans l'exécution d'une commande spécifique. Nous introduirons brièvement les concepts sous-jacents et verrons comment déterminer des routes globales efficaces.

Le concept d'agrégation

Les techniciens réseau utilisent l'agrégation de routes pour réduire la taille des tables de routage. Elle consiste à remplacer plusieurs routes de sous-réseaux spécifiques par une route globale les contenant.

Une route globale doit être configurée par le technicien. Bien que la commande utilisée ne ressemble pas exactement à la commande **static route**, il faut indiquer les mêmes informations de base.

Sachez que l'agrégation fonctionne bien mieux lorsque les concepteurs prévoient déjà de l'utiliser lors de la conception du réseau. Dans l'exemple de la figure 5.1, l'ingénieur avait planifié le choix des numéros de sous-réseaux en ayant l'agrégation de routes à l'esprit, et tous les numéros de sous-réseaux partant d'un même routeur commencent par les mêmes nombres : 10.1 pour ceux reliés à Albuquerque, liaisons WAN incluses, 10.2 pour les LAN connectés à Yosemite, et 10.3 pour ceux desservis par Seville.

L'exemple 5.1 a présenté une copie de la table de routage d'Albuquerque sans agrégation, avec quatre entrées pour les sous-réseaux commençant par 10.2, accessibles à partir de son interface série 0/0 en direction de Yosemite. De même, les quatre LAN débutant par 10.3 faisaient l'objet de quatre routes à partir de son interface série 0/1 reliée à Seville. Grâce à cette conception, les routeurs Yosemite et Seville pourraient chacun annoncer une seule route à la place des quatre routes qu'ils communiquent actuellement à Albuquerque.

L'exemple 5.3 illustre le résultat d'une configuration manuelle regroupant ces routes sur ces deux routeurs. Yosemite annonce une route globale 10.2.0.0/16, englobant la plage 10.2.0.0–10.2.255.255, et Seville annonce la route 10.3.0.0/16 couvrant la plage 10.3.0.0–10.3.255.255.

Exemple 5.3 *La table de routage d'Albuquerque après une agrégation manuelle de routes*

```
Albuquerque#show ip route
Codes: C - connected, S - static, I - IGRP, R - RIP, M - mobile, B - BGP
       D - EIGRP, EX - EIGRP external, O - OSPF, IA - OSPF inter area
       N1 - OSPF NSSA external type 1, N2 - OSPF NSSA external type 2
       E1 - OSPF external type 1, E2 - OSPF external type 2, E - EGP
       i - IS-IS, L1 - IS-IS level-1, L2 - IS-IS level-2, ia - IS-IS inter area
       * - candidate default, U - per-user static route, o - ODR
       P - periodic downloaded static route

Gateway of last resort is not set

     10.0.0.0/8 is variably subnetted, 5 subnets, 3 masks
D       10.2.0.0/16 [90/2172416] via 10.1.4.2, 00:05:59, Serial0/0
D       10.3.0.0/16 [90/2172416] via 10.1.6.3, 00:05:40, Serial0/1
C       10.1.1.0/24 is directly connected, Ethernet0/0
C       10.1.6.0/30 is directly connected, Serial0/1
C       10.1.4.0/30 is directly connected, Serial0/0
```

Le routage sur Albuquerque se fait toujours correctement, mais plus efficacement avec une consommation de mémoire moindre. Ramener 11 itinéraires à 5 entrées n'est pas très avantageux, mais le même concept appliqué à de plus grands réseaux s'avère très utile.

Les effets de l'agrégation sont également visibles sur les deux autres routeurs de la figure, comme le montrent les informations provenant de la configuration de Yosemite et de Seville dans les exemples 5.4 et 5.5, respectivement.

Exemple 5.4 *La configuration de Yosemite et sa table de routage après une agrégation de routes*

```
Yosemite#configure terminal
Enter configuration commands, one per line.  End with CNTL/Z.
Yosemite(config)#interface serial 0/0
Yosemite(config-if)#ip summary-address eigrp 1 10.2.0.0 255.255.0.0
Yosemite(config-if)#^Z
```

Exemple 5.4 *La configuration de Yosemite et sa table de routage après une agrégation de routes (suite)*

```
Yosemite#show ip route
Codes: C - connected, S - static, I - IGRP, R - RIP, M - mobile, B - BGP
       D - EIGRP, EX - EIGRP external, O - OSPF, IA - OSPF inter area
       N1 - OSPF NSSA external type 1, N2 - OSPF NSSA external type 2
       E1 - OSPF external type 1, E2 - OSPF external type 2, E - EGP
       i - IS-IS, L1 - IS-IS level-1, L2 - IS-IS level-2, ia - IS-IS inter area
       * - candidate default, U - per-user static route, o - ODR
       P - periodic downloaded static route

Gateway of last resort is not set

     10.0.0.0/8 is variably subnetted, 9 subnets, 3 masks
D       10.2.0.0/16 is a summary, 00:04:57, Null0
D       10.3.0.0/16 [90/2684416] via 10.1.4.1, 00:04:30, Serial0/0
C       10.2.1.0/24 is directly connected, FastEthernet0/0
D       10.1.1.0/24 [90/2195456] via 10.1.4.1, 00:04:52, Serial0/0
C       10.2.2.0/24 is directly connected, Loopback2
C       10.2.3.0/24 is directly connected, Loopback3
C       10.2.4.0/24 is directly connected, Loopback4
D       10.1.6.0/30 [90/2681856] via 10.1.4.1, 00:04:53, Serial0/0
C       10.1.4.0/30 is directly connected, Serial0/0
```

Exemple 5.5 *La configuration de Seville et sa table de routage après une agrégation de routes*

```
Seville#configure terminal
Enter configuration commands, one per line.
 End with CNTL/Z.
Seville(config)#interface serial 0/0
Seville(config-if)#ip summary-address eigrp 1 10.3.0.0 255.255.0.0
Seville(config-if)#^Z
Seville#show ip route
Codes: C - connected, S - static, I - IGRP, R - RIP, M - mobile, B - BGP
       D - EIGRP, EX - EIGRP external, O - OSPF, IA - OSPF inter area
       N1 - OSPF NSSA external type 1, N2 - OSPF NSSA external type 2
       E1 - OSPF external type 1, E2 - OSPF external type 2, E - EGP
       i - IS-IS, L1 - IS-IS level-1, L2 - IS-IS level-2, ia - IS-IS inter area
       * - candidate default, U - per-user static route, o - ODR
       P - periodic downloaded static route
```

```
Gateway of last resort is not set

     10.0.0.0/8 is variably subnetted, 9 subnets, 3 masks
D       10.2.0.0/16 [90/2684416] via 10.1.6.1, 00:00:36, Serial0/0
D       10.3.0.0/16 is a summary, 00:00:38, Null0
D       10.1.1.0/24 [90/2195456] via 10.1.6.1, 00:00:36, Serial0/0
C       10.3.5.0/24 is directly connected, Loopback5
C       10.3.4.0/24 is directly connected, FastEthernet0/0
C       10.1.6.0/30 is directly connected, Serial0/0
C       10.3.7.0/24 is directly connected, Loopback7
D       10.1.4.0/30 [90/2681856] via 10.1.6.1, 00:00:36, Serial0/0
C       10.3.6.0/24 is directly connected, Loopback6
```

La configuration de routes globales est différente selon le protocole de routage utilisé. Dans cet exemple avec EIGRP (*Enhanced IGRP*), la sous-commande **ip summary-address** sur Yosemite et Seville permet de spécifier une route globale. Le protocole ne devra donc annoncer que cette route sur l'interface série concernée, et non plus les routes vers les quatre LAN, comme c'était le cas auparavant.

Notez que dans l'exemple 5.3 de la configuration d'Albuquerque, la table de routage contient maintenant une route vers 10.2.0.0/16 (255.255.0.0), mais aucun des quatre sous-réseaux initiaux commençant par 10.2. La même chose se produit en ce qui concerne la route 10.3.0.0/16.

Les tables de routage sur Yosemite et Seville diffèrent de ce que nous obtenons pour Albuquerque. Sur Yosemite, nous voyons les quatre routes menant aux sous-réseaux 10.2, car ils sont directement connectés. En revanche, sa table de routage n'indique pas les quatre routes commençant par 10.3, puisque Albuquerque n'annonce qu'une route globale 10.3.0.0/16. L'inverse est vrai sur Seville concernant ses sous-réseaux directement connectés, débutant par 10.3, et la route globale 10.2.0.0/16 annoncée par Albuquerque.

La partie la plus intéressante dans la table de routage de Yosemite est la présence d'une entrée 10.2.0.0/16 associée à une interface de sortie configurée avec la valeur **null0**. Le protocole a ajouté cette route suite à la commande **ip summary-address**. Cette valeur signifie que les paquets dont l'adresse correspond à cette route doivent être rejetés si elle ne correspond pas à l'une des entrées plus spécifiques des sous-réseaux 10.2 directement connectés.

Les raisons justifiant la table de routage sur Seville sont similaires.

Méthodes d'agrégation

Comme nous l'avons vu précédemment, l'agrégation fonctionne le mieux lorsqu'elle a été envisagée dès la conception. Toutefois, même si une route globale remplace plusieurs entrées dans une table de routage, elle ne représente pas forcément le meilleur choix. Par exemple, Yosemite a été configuré pour grouper les quatre sous-réseaux 10.2.1.0, 10.2.2.0, 10.2.3.0, et 10.2.4.0 (avec le préfixe /24) sous une seule route globale 10.2.0.0/16. Cette agrégation fonctionne bien pour notre conception, mais elle comprend toutefois de nombreux autres numéros de sous-réseaux /24 non encore assignés.

Dans la pratique, pour être optimale, une agrégation doit englober outre les sous-réseaux requis, le minimum de sous-réseaux parmi ceux non encore assignés. Voici une procédure utilisable à cette fin :

Sujet clé

1. Listez sous forme binaire les numéros de tous les sous-réseaux spécifiques à regrouper.
2. Partant de la gauche vers la droite, identifiez les *n* bits communs des numéros.
3. Pour trouver le numéro de sous-réseau global à configurer, notez les bits communs identifiés à l'étape 2, puis complétez les positions binaires restantes avec des 0. Reconvertissez ensuite le numéro sous forme décimale, par tranche de 8 bits.
4. Pour rechercher le masque de sous-réseau, ou préfixe, de la route globale, notez *n* 1 chiffres binaires – *n* étant le nombre de bits communs trouvés à l'étape 2. Ensuite, complétez le masque avec des 0 et reconvertissez le numéro sous forme décimale, par tranche de 8 bits.
5. Vérifiez votre travail en calculant la plage d'adresses IP valides couverte par la route globale, laquelle devrait comprendre toutes celles des sous-réseaux spécifiques agrégés.

La conversion en binaire permet de plus facilement déterminer la portion des bits communs. Plus cette portion est longue, meilleure est l'agrégation. Nous allons appliquer cette procédure au moyen de deux exemples pour trouver de meilleures routes d'agrégation pour les LAN de la figure 5.1.

Détermination d'une meilleure route d'agrégation sur Seville

Le routeur Seville annonce les sous-réseaux 10.3.4.0, 10.3.5.0, 10.3.6.0, et 10.3.7.0, avec le préfixe /24 (255.255.255.0). Commencez par les convertir sous forme binaire (étape 1) :

```
0000 1010 0000 0011 0000 01|00 0000 0000 - 10.3.4.0
0000 1010 0000 0011 0000 01|01 0000 0000 - 10.3.5.0
0000 1010 0000 0011 0000 01|10 0000 0000 - 10.3.6.0
0000 1010 0000 0011 0000 01|11 0000 0000 - 10.3.7.0
```

Une analyse des nombres trouvés permet de constater 22 bits communs (étape 2). Elaborez un numéro global représentant ces sous-réseaux en prenant la portion commune et en écrivant un 0 pour chacun des 10 bits restants (étape 3) :

```
0000 1010 0000 0011 0000 01|00 0000 0000 - 10.3.4.0
```

Créez ensuite le préfixe/masque en écrivant un 1 pour chacun des 22 bits communs et un 0 pour chacun des 10 bits restants :

```
1111 1111 1111 1111 1111 11|00 0000 0000 - 255.255.252.0
```

Nous obtenons l'entrée 10.3.4.0 avec le préfixe /22.

Cette route globale doit couvrir toutes les adresses des routes agrégées en commençant par 10.3.4.0. La première adresse IP valide est 10.3.4.1, et la dernière est 10.3.7.254. L'adresse broadcast est 10.3.7.255. Ainsi, cette agrégation comprend toutes les adresses IP des quatre sous-réseaux groupés, sans inclusion superflue d'autres adresses.

Détermination d'une meilleure route d'agrégation sur Yosemite

Les quatre entrées pour les sous-réseaux connectés à Yosemite ne peuvent pas être réduites aussi efficacement que ce qui a été réalisé précédemment. Comme vous le verrez, la route globale sur Yosemite englobera deux fois plus d'adresses que celles des quatre sous-réseaux initiaux.

Le routeur Yosemite est relié aux sous-réseaux 10.2.1.0, 10.2.2.0, 10.2.3.0, et 10.2.4.0, utilisant le masque 255.255.255.0. Nous convertissons les quatre numéros sous forme binaire (étape 1) :

```
0000 1010 0000 0010 0000 0|001 0000 0000 - 10.2.1.0
0000 1010 0000 0010 0000 0|010 0000 0000 - 10.2.2.0
0000 1010 0000 0010 0000 0|011 0000 0000 - 10.2.3.0
0000 1010 0000 0010 0000 0|100 0000 0000 - 10.2.4.0
```

L'analyse des quatre nombres binaires montre qu'ils ont 21 bits communs (étape 2).

Nous créons un numéro de sous-réseau global pour le routeur en prenant la partie commune et en écrivant des 0 pour les 11 bits restants (étape 3) :

```
0000 1010 0000 0010 0000 0|000 0000 0000 - 10.2.0.0
```

Nous écrivons ensuite le préfixe/masque associé en écrivant des 1 pour les 21 bits de la partie commune et des 0 pour les 11 bits restants :

```
1111 1111 1111 1111 1111 1|000 0000 0000 - 255.255.248.0
```

La meilleure agrégation est donc la route 10.2.0.0/21.

Dans cet exemple, la route globale représente un sur-ensemble des sous-réseaux agrégés qui englobe davantage d'adresses que ceux-ci. La plage d'adresses couverte commence par 10.2.0.0. La première adresse valide est 10.2.0.1, et la dernière est 10.2.7.254. L'adresse broadcast est 10.2.7.255.

Agrégation automatique et réseaux discontinus

Nous l'avons vu précédemment, l'agrégation manuelle de routes améliore les performances de routage en réduisant considérablement la taille de la table de routage. Les sections suivantes traitent de l'agrégation automatique de routes aux limites des réseaux avec classe.

Les protocoles de routage avec classe annoncent les sous-réseaux sans information de masque. Un routeur qui reçoit une mise à jour doit alors faire certaines suppositions concernant le masque associé à un sous-réseau. Pour cela, il se base sur le masque configuré sur son interface puisqu'un masque statique est utilisé pour la totalité d'un réseau d'une certaine classe.

Sujet clé

Lorsque des routes menant à des sous-réseaux d'un réseau X de la classe A, B ou C, sont annoncées sur une interface dont l'adresse n'appartient pas à ce dernier, elles peuvent être annoncées agrégées sous forme d'une seule route globale qui vaut pour la totalité de ce réseau. Cette fonctionnalité est appelée *agrégation automatique*.

Concrètement, si un routeur possède plusieurs interfaces dans les réseaux 10.0.0.0 et 11.0.0.0, il peut annoncer une seule route 10.0.0.0 sur les interfaces dont l'adresse commence par 11, et une seule route 11.0.0.0 sur celles dont l'adresse débute par 10.

Exemple d'agrégation automatique

Comme à l'accoutumée, quelques informations extraites d'un routeur vous permettront de mieux comprendre ce concept. Nous nous appuierons sur l'illustration de la figure 5.4 qui montre deux réseaux : 10.0.0.0 et 172.16.0.0. Seville est directement connecté à quatre routes menant aux sous-réseaux du réseau 10.0.0.0. L'exemple 5.6 illustre le résultat des commandes **show ip route** et **debug ip rip** pour RIIP-1 sur Albuquerque.

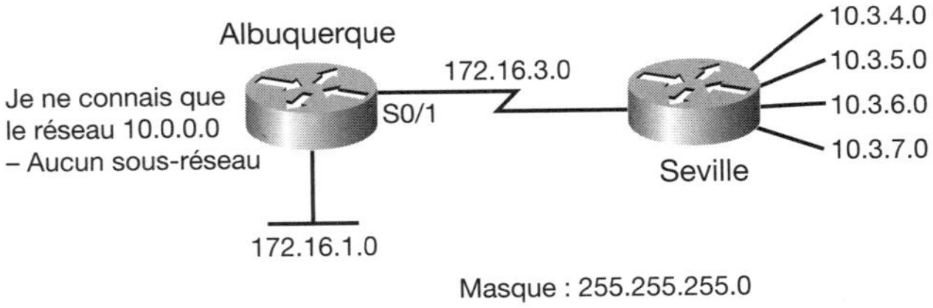

Figure 5.4
Agrégation automatique de routes.

Comme le montre l'exemple 5.6, Albuquerque reçoit sur l'interface Serial0/1 une mise à jour de Seville qui n'annonce qu'une route globale pour la totalité du réseau 10.0.0.0 de classe A en raison de sa fonctionnalité d'agrégation automatique (qui est activée par défaut. Par conséquent, la table de routage d'Albuquerque ne liste aussi qu'une seule route globale vers ce réseau.

Exemple 5.6 *Informations de routage et de debug RIP sur Albuquerque*

```
Albuquerque#show ip route
Codes: C - connected, S - static, I - IGRP, R - RIP, M - mobile, B - BGP
       D - EIGRP, EX - EIGRP external, O - OSPF, IA - OSPF inter area
       N1 - OSPF NSSA external type 1, N2 - OSPF NSSA external type 2
       E1 - OSPF external type 1, E2 - OSPF external type 2, E - EGP
       i - IS-IS, L1 - IS-IS level-1, L2 - IS-IS level-2, ia - IS-IS inter area
       * - candidate default, U - per-user static route, o - ODR
       P - periodic downloaded static route

Gateway of last resort is not set

     172.16.0.0/24 is subnetted, 2 subnets
C       172.16.1.0 is directly connected, Ethernet0/0
C       172.16.3.0 is directly connected, Serial0/1
R    10.0.0.0/8 [120/1] via 172.16.3.3, 00:00:28, Serial0/1

Albuquerque#debug ip rip
RIP protocol debugging is on

00:05:36: RIP: received v1 update from 172.16.3.3 on Serial0/1
00:05:36:      10.0.0.0 in 1 hops
```

Cet exemple montre aussi la façon dont les protocoles de routage déduisent le masque associé à une route. Albuquerque n'a pas d'interface directement connectée au réseau 10.0.0.0, aussi suppose-t-il à réception de la mise à jour que le masque utilisé est 255.0.0.0, celui d'un réseau de classe A. En d'autres termes, les protocoles de routage avec classe s'attendent à un fonctionnement avec agrégation automatique.

Réseaux avec classe discontinus

L'agrégation automatique ne pose pas de problème tant qu'il s'agit d'un réseau continu. Nous nous appuierons sur les définitions suivantes pour expliquer le sens de ce terme appliqué aux réseaux :

- **Réseau continu.** Un réseau avec classe dans lequel les paquets envoyés entre deux sous-réseaux de ce réseau ne passent par aucun réseau autre que celui-là.

Sujet clé

- **Réseau discontinu.** Un réseau avec classe dans lequel les paquets échangés entre deux sous-réseaux de ce réseau transitent par un réseau autre que celui-là.

La figure 5.5 donne un exemple de réseau discontinu (10.0.0.0) où les paquets échangés entre les sous-réseaux respectivement reliés à Yosemite et Seville doivent traverser les sous-réseaux d'un autre réseau (172.16.0.0).

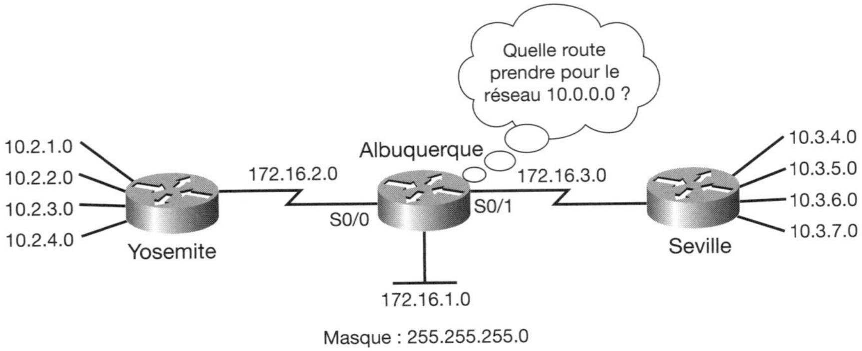

Figure 5.5
Réseau 10.0.0.0 discontinu.

L'agrégation automatique empêche le bon fonctionnement d'un interréseau comportant un réseau discontinu. Dans l'exemple 5.7, nous pouvons constater son effet sur l'interréseau de la figure 5.5, ici avec l'emploi du protocole de routage RIP-1.

Exemple 5.7 *Problème de routage pour le réseau discontinu 10.0.0.0 dû à l'agrégation automatique*

```
Albuquerque#show ip route
Codes: C - connected, S - static, I - IGRP, R - RIP, M - mobile, B - BGP
       D - EIGRP, EX - EIGRP external, O - OSPF, IA - OSPF inter area
       N1 - OSPF NSSA external type 1, N2 - OSPF NSSA external type 2
       E1 - OSPF external type 1, E2 - OSPF external type 2, E - EGP
       i - IS-IS, L1 - IS-IS level-1, L2 - IS-IS level-2, ia - IS-IS inter area
       * - candidate default, U - per-user static route, o - ODR
       P - periodic downloaded static route

Gateway of last resort is not set

     172.16.0.0/24 is subnetted, 3 subnets
C       172.16.1.0 is directly connected, Ethernet0/0
C       172.16.2.0 is directly connected, Serial0/0
C       172.16.3.0 is directly connected, Serial0/1
R    10.0.0.0/8 [120/1] via 172.16.3.3, 00:00:13, Serial0/1
                [120/1] via 172.16.2.2, 00:00:04, Serial0/0
```

Comme le révèle l'exemple 5.7, Albuquerque possède maintenant deux itinéraires dans sa table de routage pour le réseau 10.0.0.0/8 : l'un vers Yosemite et l'autre vers Seville. Lors de ses décisions de routage, le routeur enverra parfois des paquets se destinant à Yosemite sur son interface S0/1 à destination de Seville, en guise de répartition de charge. En effet, ce sont pour lui deux routes d'un coût égal vers la même destination, la totalité du réseau 10.0.0.0. Les applications de ce réseau ne fonctionneront alors pas correctement.

La solution à ce problème consiste à désactiver l'agrégation. Puisque les protocoles de routage avec classe doivent utiliser l'agrégation automatique, la solution demande de migrer vers un protocole de routage sans classe et de désactiver la fonctionnalité, comme le montre l'exemple 5.8 avec l'emploi du protocole EIGRP sans classe en utilisant le même réseau.

Exemple 5.8 *Routage sans classe et sans agrégation*

```
Albuquerque#show ip route
Codes: C - connected, S - static, I - IGRP, R - RIP, M - mobile, B - BGP
       D - EIGRP, EX - EIGRP external, O - OSPF, IA - OSPF inter area
       N1 - OSPF NSSA external type 1, N2 - OSPF NSSA external type 2
       E1 - OSPF external type 1, E2 - OSPF external type 2, E - EGP
       i - IS-IS, L1 - IS-IS level-1, L2 - IS-IS level-2, ia - IS-IS inter area
       * - candidate default, U - per-user static route, o - ODR
       P - periodic downloaded static route

Gateway of last resort is not set

     172.16.0.0/24 is subnetted, 3 subnets
C       172.16.1.0 is directly connected, Ethernet0/0
C       172.16.2.0 is directly connected, Serial0/0
C       172.16.3.0 is directly connected, Serial0/1
     10.0.0.0/24 is subnetted, 8 subnets
D       10.2.1.0/24 [90/2172416] via 172.16.2.2, 00:00:01, Serial0/0
D       10.2.2.0/24 [90/2297856] via 172.16.2.2, 00:00:01, Serial0/0
D       10.2.3.0/24 [90/2297856] via 172.16.2.2, 00:00:01, Serial0/0
D       10.2.4.0/24 [90/2297856] via 172.16.2.2, 00:00:01, Serial0/0
D       10.3.5.0/24 [90/2297856] via 172.16.3.3, 00:00:29, Serial0/1
D       10.3.4.0/24 [90/2172416] via 172.16.3.3, 00:00:29, Serial0/1
D       10.3.7.0/24 [90/2297856] via 172.16.3.3, 00:00:29, Serial0/1
D       10.3.6.0/24 [90/2297856] via 172.16.3.3, 00:00:29, Serial0/1
```

Sans agrégation automatique, les routeurs Yosemite et Seville n'annoncent pas de route globale pour le réseau 10.0.0.0/8 et détaillent leurs sous-réseaux directement connectés. Albuquerque prend alors connaissance de leurs sous-réseaux directement connectés.

Support et configuration de la fonction d'agrégation

Les protocoles de routage avec classe doivent utiliser la fonction d'agrégation automatique. Certains protocoles sans classe la gèrent aussi, avec toutefois la possibilité de la désactiver au moyen de la sous-commande de routeur **no autosummary**. OSPF (*Open Shortest Path First*) ne l'autorise pas du tout. Le tableau 5.5 récapitule les protocoles de routage proposant éventuellement cette fonction sur les routeurs Cisco.

Sujet clé

Tableau 5.5 : Fonction d'agrégation automatique et sa configuration sur les routeurs Cisco

Protocole de routage	*Sans classe*	*Support de l'agrégation auto*	*Activation par défaut*[1]	*Désactivation possible*
RIP-1	Non	Oui	Oui	Non
RIP-2	Oui	Oui	Oui	Oui
EIGRP	Oui	Oui	Oui	Oui
OSPF	Oui	Non	—	—

1. Depuis la version IOS 12.4.

La fonction d'agrégation automatique n'a pas d'influence sur les routeurs qui sont connectés à un seul réseau. Par exemple, dans la figure 5.5, la solution illustrée dans l'exemple 5.8 a nécessité la configuration de la sous-commande EIGRP **no auto-summary** à la fois sur Yosemite et Seville. En revanche, Albuquerque, dont les interfaces sont connectées au même réseau de classe B, 172.16.0.0, ne changera pas son comportement, tant avec **auto-summary** que **no auto-summary**.

Préparation à l'examen

Sujets clés à réviser

Révisez les sujets les plus importants du chapitre, repérés dans la marge par le pictogramme « Sujet clé » et récapitulés dans le tableau 5.6.

Sujet clé

Tableau 5.6 : Sujets clés du chapitre

Emplacement	*Description*	*Numéro de page*
Tableau 5.2	Protocoles de routage interne avec ou sans classe	213
Liste	Procédure à deux étapes pour identifier un chevauchement de sous-réseaux VLSM	214
Liste	Procédure à cinq étapes pour choisir un nouveau sous-réseau VLSM sans chevauchement	218
Liste	Procédure à cinq étapes pour déterminer manuellement la meilleure agrégation de routes	224
Définition	Définition de l'agrégation automatique	226
Définitions	Définitions d'un réseau continu et discontinu	227
Tableau 5.5	Liste des protocoles de routage et configuration de l'agrégation automatique	230

Tableaux et listes à compléter

Complétez de mémoire les tableaux et listes concernant ce chapitre qui figurent dans l'annexe J, puis reportez-vous à l'annexe K pour comparer vos réponses à celles qui vous sont fournies. Ces annexes figurent sur le CD-ROM.

Termes clés à définir

Donnez la définition des termes suivants et comparez vos réponses avec le glossaire :

Agrégation automatique, réseau avec classe (*classful network*), protocole de routage avec classe, protocole de routage sans classe, réseau continu, réseau discontinu, chevauchement de sous-réseaux, agrégation de routes, masque de sous-réseau de longueur variable.

Scénarios de l'annexe F à lire

L'annexe F « *Additional Scenarios* » contient cinq scénarios supplémentaires, mettant en application l'interrelation de concepts de divers chapitres, qui vous permettront de vous entraîner d'avantage à l'analyse de conceptions, de problèmes et de résultats de commandes. Ce sont les scénarios 1, *Part A*, et la totalité du scénario 5 qui traitent de VLSM.

Référence de commandes

Ce chapitre n'a introduit qu'une seule nouvelle commande, **[no] auto-summary**, qui configure la fonction d'agrégation automatique de routes.

6

Listes de contrôle d'accès pour IP

Au sommaire de ce chapitre

- **ACL standard pour IP.** Cette section explique le fonctionnement des ACL standard pour IP et comment les configurer.
- **ACL étendues pour IP.** Cette section expose la complexité des ACL étendues pour IP et comment les configurer.
- **Progrès dans la configuration des ACL.** Cette section décrit deux améliorations majeures dans la configuration des ACL, à savoir les ACL nommées et les numéros de séquence.
- **Sujets divers relatifs aux ACL.** Cette dernière section examine quelques concepts importants en rapport avec les ACL.

La sécurité informatique compte actuellement parmi les sujets qui suscitent le plus d'intérêt dans le monde des réseaux. Bien qu'elle ait toujours été importante, l'explosion de la taille d'Internet a entraîné un accroissement des menaces à son encontre. Par le passé, la plupart des entreprises n'étaient pas connectées au réseau mondial de façon permanente, et se trouvaient donc relativement à l'abri d'un accès illégal à leurs réseaux. Aujourd'hui, elles y sont presque toutes raccordées, et nombreuses sont celles qui tirent un revenu significatif des activités conduites par son intermédiaire, augmentant ainsi leur exposition et l'impact de brèches dans la sécurité.

Les routeurs Cisco peuvent être employés dans le cadre d'une stratégie de sécurité globale. Le logiciel Cisco IOS qu'ils exécutent dispose d'une fonctionnalité essentielle dans ce contexte, les *listes de contrôle d'accès*, ou *ACL* (*Access Control List*). Ces listes définissent des règles qui permettent d'empêcher certains paquets de circuler sur le réseau. Que votre objectif soit d'interdire l'accès au serveur de paie à toute personne extérieure au service de comptabilité, ou d'éviter que des pirates n'immobilisent votre serveur d'e-commerce depuis Internet, c'est l'outil qu'il vous faut.

La raison pour laquelle ce chapitre se trouve dans la partie II du présent livre, laquelle est consacrée aux routage d'IP, est que les ACL servent généralement à filtrer les paquets IP. Tandis que les chapitres 4 et 5 exposent diverses fonctionnalités qui permettent au processus de routage d'IP de faire circuler les paquets, ce chapitre-ci décrit comment les ACL peuvent au contraire empêcher leur circulation.

Questionnaire d'évaluation

Grâce à ce questionnaire, vous pourrez déterminer s'il vous faut ou non lire la totalité du chapitre. Si vous n'échouez qu'à une question, vous pouvez envisager de passer directement à la section « Préparation à l'examen ». Le tableau 6.1 reprend les principaux titres de section de la partie « Connaissances fondamentales » de ce chapitre ainsi que les numéros des questions d'évaluation afférentes. Vous pourrez ainsi évaluer votre niveau de maîtrise de ces sujets. Les réponses sont données à l'annexe A.

Tableau 6.1 : Questions d'évaluation et sections concernées

Connaissances fondamentales	*Questions*
ACL standard pour IP	1 à 3
ACL étendues pour IP	4 à 6
Progrès dans la configuration des ACL	7 et 8
Sujets divers relatifs aux ACL	9 et 10

1. Barney est un hôte qui possède l'adresse IP 10.1.1.1 sur le sous-réseau 10.1.1.0/24. Quelles adresses une ACL standard permettrait-elle de contrôler ?

a. L'adresse IP source exacte.

b. Les adresses IP 10.1.1.1 à 10.1.1.4, au moyen d'une seule commande **access-list**

c. Les adresses IP du sous-réseau de Barney, au moyen d'une seule commande **access-list**

d. L'adresse IP de destination du paquet uniquement.

2. Quel masque générique convient le mieux pour contrôler tous les paquets du sous-réseau 10.1.128.0, masque 255.255.255.0 ?

a. 0.0.0.0

b. 0.0.0.31

c. 0.0.0.240

d. 0.0.0.255

e. 0.0.15.0

f. 0.0.248.255

3. Quel masque générique convient le mieux pour contrôler tous les paquets du sous-réseau 10.1.128.0, masque 255.255.240.0 ?

a. 0.0.0.0

b. 0.0.0.31

c. 0.0.0.240

d. 0.0.0.255

e. 0.0.15.255

f. 0.0.248.255

4. Quels sont les champs qu'une ACL étendue ne permet pas d'examiner ?

a. Protocole.

b. Adresse IP source.

c. Adresse IP de destination.

d. Octet TOS.

e. URL.

f. Nom de fichier pour les transferts FTP.

5. Quelles commandes **access-list** autorisent les paquets provenant de 10.1.1.1 en direction de tous les serveurs Web dont l'adresse commence par 172.16.5 ?

a. **access-list 101 permit tcp host 10.1.1.1 172.16.5.0 0.0.0.255 eq www**

b. **access-list 1951 permit ip host 10.1.1.1 172.16.5.0 0.0.0.255 eq www**

c. **access-list 2523 permit ip host 10.1.1.1 eq www 172.16.5.0 0.0.0.255**

d. **access-list 2523 permit tcp host 10.1.1.1 eq www 172.16.5.0 0.0.0.255**

e. **access-list 2523 permit tcp host 10.1.1.1 172.16.5.0 0.0.0.255 eq www**

6. Quelle commande **access-list** autorise les paquets en direction d'un client Web provenant de tous les serveurs Web dont l'adresse commence par 172.16.5 ?

a. **access-list 101 permit tcp host 10.1.1.1 172.16.5.0 0.0.0.255 eq www**

b. **access-list 1951 permit ip host 10.1.1.1 172.16.5.0 0.0.0.255 eq www**

c. **access-list 2523 permit tcp any eq www 172.16.5.0 0.0.0.255**

d. **access-list 2523 permit tcp 172.16.5.0 0.0.0.255 eq www 172.16.5.0 0.0.0.255**

e. **access-list 2523 permit tcp 172.16.5.0 0.0.0.255 eq www any**

7. Quel champ peut être examiné à l'aide d'une ACL étendue nommée et non d'une ACL étendue numérotée ?

   a. Protocole.

   b. Adresse IP source.

   c. Adresse IP de destination.

   d. Octet TOS.

   e. Aucun des choix précités.

8. Le technicien a besoin de supprimer la deuxième ligne de l'ACL 101, laquelle comporte quatre commandes, sur un routeur qui exécute le système IOS 12.3. Quelles options sont envisageables ?

   a. Supprimer l'ACL entière et reconfigurer les trois instructions qui doivent être conservées.

   b. Supprimer une ligne de l'ACL au moyen de la commande **no access-list…**

   c. Entrer dans le mode de configuration d'ACL et supprimer uniquement la deuxième ligne en utilisant son numéro de séquence.

   d. Supprimer les trois dernières lignes à partir du mode de configuration d'ACL et reconfigurer les deux dernières instructions qui doivent être conservées.

9. Quelle directive générale faut-il suivre pour le placement des ACL étendues ?

   a. Réaliser le filtrage en sortie lorsque c'est possible.

   b. Placer les instructions plus générales en début de liste.

   c. Filtrer les paquets le plus près possible de la source.

   d. Classer les commandes ACL en fonction des adresses IP source, de la plus petite à la plus grande, afin d'améliorer les performances.

10. Quel type d'ACL demande à l'utilisateur final d'ouvrir une session Telnet sur un routeur pour pouvoir accéder aux hôtes situés de l'autre côté de ce dernier ?

    a. ACL nommées.

    b. ACL réflexives.

    c. ACL dynamiques.

    d. ACL avec contraintes de temps.

Connaissances fondamentales

Le système Cisco IOS supporte les ACL pour IP quasiment depuis l'introduction des premiers routeurs Cisco vers la fin des années 1980. Au départ, ces ACL étaient identifiées au moyen d'un numéro. Des années plus tard, avec la version 11.2 de l'IOS, Cisco a ajouté la possibilité de créer des ACL nommées. Ce type d'ACL présentait quelques avantages par rapport aux ACL numérotées, mais les deux permettaient de filtrer les mêmes paquets d'après les mêmes règles. Avec l'IOS 12.3, Cisco a encore amélioré la gestion des ACL en facilitant notamment la modification de listes existantes. À l'heure actuelle, les ACL nommées et numérotées offrent exactement les mêmes fonctionnalités, malgré une identification différente.

En raison de l'évolution progressive qu'ont connue les ACL, les examens CCNA couvrent en grande partie les informations et commandes de configuration qui sont en usage avec les routeurs Cisco depuis presque vingt ans. Pour englober cet historique, le présent chapitre consacre beaucoup de temps aux ACL numérotées en présentant les commandes et la syntaxe disponibles depuis les débuts de l'IOS. Il commence par une description de la forme d'ACL la plus simple, la liste standard. La deuxième grande section traite des ACL étendues, qui sont plus complexes puisqu'elles permettent de contrôler plusieurs champs d'un paquet IP. Nous aborderons ensuite l'introduction des ACL nommées avec la version 11.2 de l'IOS, puis l'ajout des numéros de séquence et des possibilités de modification avancées avec l'IOS 12.3. Pour conclure, ce chapitre examine plusieurs sujets connexes.

ACL standard pour IP

Les *listes de contrôle d'accès*, ou *ACL* (*Access Control List*), permettent à un routeur de supprimer certains paquets en fonction de critères définis par le technicien de réseau. Le but de ces listes, également appelées *filtres*, est de protéger le réseau contre tout trafic indésirable, qu'il provienne de tentatives d'intrusion par des pirates ou d'utilisation abusives de systèmes par des employés en interne. Les ACL devraient simplement être intégrées à la stratégie de sécurité d'une entreprise.

Sachez également qu'elles peuvent servir à filtrer des mises à jour de routage et à contrôler des paquets à des fins de priorisation, de tunneling VPN, et d'implémentation de fonctions de qualité de service. Le chapitre 16 décrit aussi leur utilisation dans le cadre de la configuration de la fonction NAT (*Network Address Translation*). Au cours de votre évolution professionnelle, vous rencontrerez donc ce sujet dans la plupart des autres examens de certification Cisco.

Ce chapitre décrit deux catégories principales de listes de contrôle d'accès pour IP : standard et étendues. Les secondes font appel à une logique plus complexe que les premières. Elles sont étudiées respectivement dans les deux premières sections de ce chapitre. Les autres sections abordent des considérations relatives à leur utilisation.

Logique des ACL standard

Pour chaque ACL qu'ils configurent, les techniciens doivent prendre deux décisions importantes : quel trafic filtrer et à quel endroit implémenter le filtrage. Sur le réseau de la figure 6.1, Bob ne doit pas être autorisé à accéder à Serveur 1, contrairement à Larry.

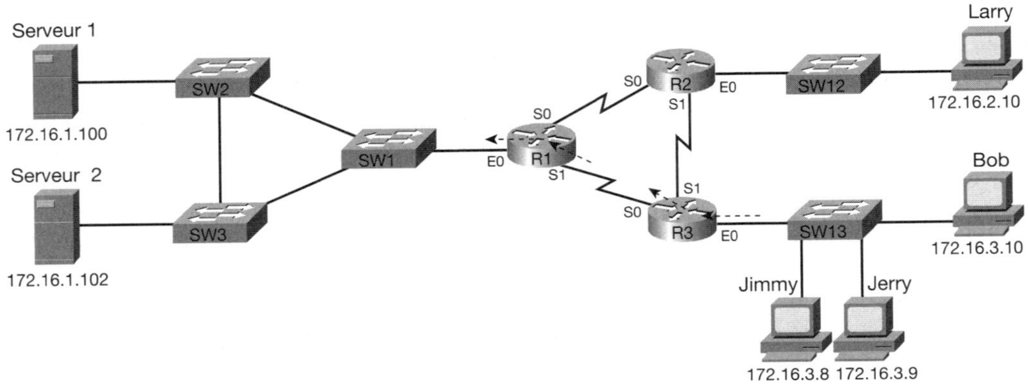

Figure 6.1

Choix de l'emplacement où appliquer la logique de filtrage ACL.

La logique de filtrage pourrait être configurée sur n'importe quelle interface des trois routeurs. Il y a néanmoins des points d'application plus appropriés que d'autres et qui sont représentés par les lignes en pointillés dans la figure 6.1. Puisque seul le trafic provenant de Bob en direction de Serveur 1 doit être filtré, la liste d'accès peut être appliquée sur R1 ou sur R3. R2 n'entre pas en ligne de compte, car les tentatives de Bob pour accéder à Serveur 1 ne passeraient pas par ce routeur. Pour notre exemple, nous choisirons R1.

Le logiciel Cisco IOS applique la logique de filtrage d'une ACL soit à l'arrivée d'un paquet sur une interface, soit lorsqu'il en sort. Autrement dit, il associe une ACL à une interface, spécifiquement pour le trafic entrant ou sortant. Après avoir choisi le routeur sur lequel placer la liste, reste à savoir à laquelle de ses interfaces l'appliquer et à quels paquets, entrants ou sortants. La figure 6.2 illustre ces possibilités.

Nous avons le choix entre imposer la logique de filtrage aux paquets de Bob destinés à Serveur 1 lorsqu'ils entrent sur l'interface S1 ou lorsqu'ils quittent l'interface E0 sur R1. En général, vous pouvez filtrer des paquets en créant et en activant des listes d'accès à la fois pour le trafic entrant et pour le trafic sortant sur chaque interface. Voici certaines des caractéristiques essentielles des listes d'accès Cisco :

- Les paquets peuvent être filtrés lorsqu'ils entrent sur une interface, avant la décision de routage.
- Les paquets peuvent être filtrés avant de quitter une interface, après la décision de routage.

- Le système Cisco IOS emploie le mot clé **deny** pour signifier que les paquets doivent être filtrés.
- Le système Cisco IOS utilise le mot clé **permit** pour signifier que les paquets ne doivent pas être filtrés.
- La logique de filtrage est configurée dans les listes d'accès.
- Une instruction implicite indiquant qu'il faut rejeter tout le trafic (*deny all*) est incluse à la fin de chaque liste d'accès. Par conséquent, lorsqu'un paquet ne correspond à aucune des instructions de la liste, il est bloqué.

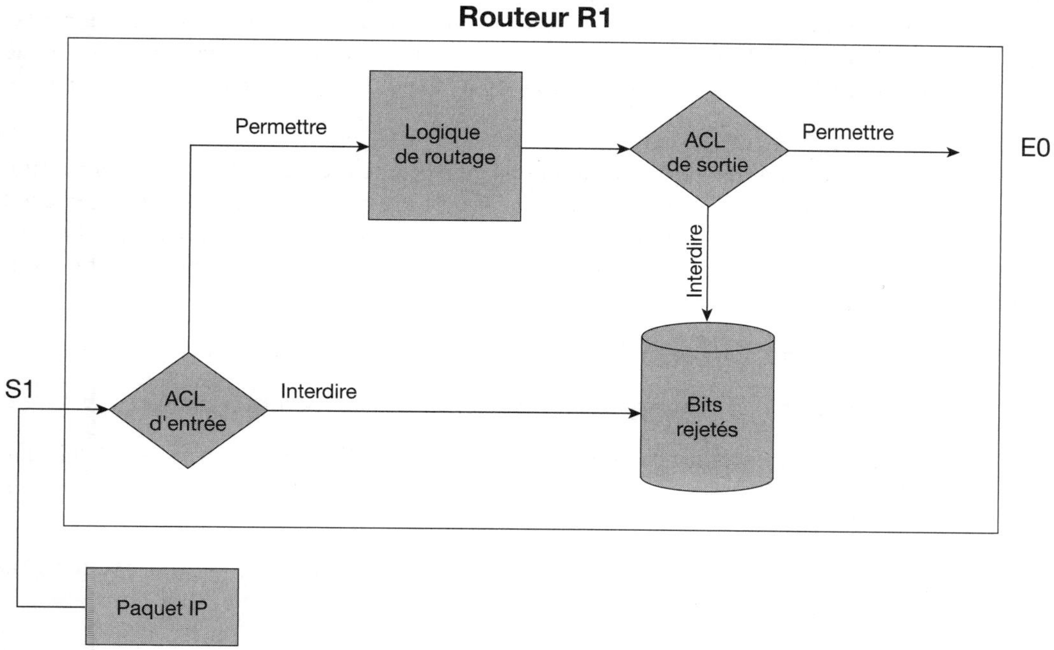

Figure 6.2
Traitement interne sur R1 selon l'endroit où se fait le filtrage.

Sujet clé

Par exemple, vous pourriez créer une liste d'accès sur R1 et l'appliquer à son interface S1 pour entraîner l'examen des paquets provenant de Bob. La liste devrait donc être activée en entrée, car les paquets émanant de Bob arrivent sur cette interface et ceux qui lui sont destinés en sortent.

Une liste d'accès implique un traitement en deux étapes : recherche de correspondance (*matching*) et action. La première consiste à examiner chaque paquet afin de déterminer s'il correspond à l'une des instructions **access-list** de la liste.

Lorsqu'une correspondance est trouvée, deux actions sont possibles : rejeter le paquet (**deny**) ou l'accepter (**permit**). En cas de rejet, le paquet est supprimé, et en cas d'acceptation, le routeur poursuit son traitement.

Ainsi, dans notre exemple, la liste d'accès empêchant le trafic issu de Bob d'atteindre Serveur 1 aurait comme buts :

1. Supprimer les paquets dont l'adresse IP source est celle de Bob et dont l'adresse de destination est celle de Serveur 1.
2. Transmettre tous les autres paquets.

La réalité n'est évidemment pas aussi simple. Même si les critères de comparaison sont peu nombreux, leur implémentation peut nécessiter la configuration de listes d'accès complexes sur plusieurs interfaces de routeurs. Sur certains grands réseaux, du personnel est même parfois entièrement dédié à la planification et à la configuration de listes de contrôle d'accès.

Une ACL est composée d'une série d'instructions qui spécifient chacune un ou plusieurs critères de comparaison et l'action à entreprendre en cas de correspondance. Lorsqu'une liste inclut plusieurs entrées, l'IOS la lit en séquence et c'est la première instruction pour laquelle il trouve une correspondance qui détermine l'action résultante. La logique de traitement des instructions peut être résumée ainsi :

Sujet clé

1. Le paquet est comparé aux paramètres de la première instruction **access-list**.
2. S'il y a correspondance, l'action spécifiée par cette instruction (**permit** ou **deny**) est exécutée.
3. En l'absence de correspondance, le paquet est comparé à l'instruction **access-list** suivante dans la liste. Cette étape se répète jusqu'à ce qu'il y ait correspondance ou bien jusqu'à épuisement des entrées.
4. Lorsqu'aucune correspondance n'a été trouvée pour le paquet, l'instruction implicite de rejet en fin de liste est exécutée.

Masques génériques

Les critères de comparaison spécifiés dans les ACL peuvent se fonder sur des champs d'en-têtes IP, TCP et UDP. Les ACL étendues peuvent examiner les adresses IP sources et destinataires ainsi que les numéros de ports sources et destinataires, et plusieurs autres champs. Les ACL standard ne peuvent examiner que l'adresse IP source.

Quel que soit le type de liste employé, il est possible de spécifier la partie de l'adresse IP qui doit servir de critère de comparaison. Dans notre exemple, l'adresse IP de Bob et celle de Serveur 1 seraient utilisées en entier. Mais imaginez maintenant que l'on veuille empêcher tous les hôtes situés sur le même sous-réseau que Bob d'atteindre Serveur 1. Comme l'adresse de chacun d'eux débute par les trois mêmes octets, une seule instruction **access-list** qui demande d'examiner uniquement ces octets-là serait nécessaire pour filtrer les paquets provenant de ce sous-réseau.

Pour spécifier quelle partie d'une adresse IP examiner, Cisco prévoit l'emploi de *masques génériques* (*wildcard mask*). Un tel masque est associé à une adresse IP dans les instructions de la liste d'accès, comme vous le verrez dans la prochaine section. Par exemple, pour cibler tous les hôtes d'un même sous-réseau IP lorsque le masque de sous-réseau 255.255.255.0 est utilisé, vous pourriez choisir un masque générique impliquant seulement la comparaison des trois premiers octets.

Un masque générique ressemble à un masque de sous-réseau mais n'a pas la même fonction. Bien qu'ils comprennent tous deux 32 bits, la signification de ces bits est différente. Dans un masque générique, les bits à 0 indiquent au routeur qu'il doit comparer les bits situés aux positions correspondantes dans l'adresse d'un paquet. Les bits à 1 lui indiquent que les bits correspondants sont à ignorer (*don't care bits*).

Pour mieux vous faire comprendre le fonctionnement de ces masques, le tableau 6.2 présente certains des plus connus, accompagnés de leur signification.

Tableau 6.2 : Exemples de masques génériques pour ACL

Sujet clé

Masque générique	*Version binaire*	*Description*
0.0.0.0	00000000.00000000.00000000.00000000	Tous les bits de l'adresse doivent être examinés.
0.0.0.255	00000000.00000000.00000000.11111111	Les 24 premiers bits doivent être examinés.
0.0.255.255	00000000.00000000.11111111.11111111	Les 16 premiers bits doivent être examinés.
0.255.255.255	00000000.11111111.11111111.11111111	Les 8 premiers bits doivent être examinés.
255.255 255.255	11111111.11111111.11111111.11111111	L'adresse n'a pas besoin d'être examinée. Tous les bits sont supposés correspondre d'emblée et sont donc ignorés.
0.0.15.255	00000000.00000000.00001111.11111111	Les 20 premiers bits doivent être examinés.
0.0.3.255	00000000.00000000.00000011.11111111	Les 22 premiers bits doivent être examinés.

Vous pouvez constater qu'un masque générique de liste d'accès est différent d'un masque de sous-réseau. Parmi les masques génériques les plus appliqués, le premier, 0.0.0.0, signifie que l'adresse IP toute entière doit être examinée, et être identique à celle spécifiée dans l'instruction **access-list** pour qu'il y ait correspondance. Le second, 0.0.0.255, signifie que le dernier octet de l'adresse correspond automatiquement (et n'a donc pas besoin d'être comparé), mais que les trois premiers octets doivent être examinés. Et ainsi de suite. Plus généralement, il faut interpréter un masque générique de la façon suivante :

> Les bits à 0 dans le masque signifient que les valeurs des bits de même position dans l'adresse IP du paquet et dans l'adresse IP spécifiée par l'instruction **access-list** doivent être comparées pour déterminer s'il y a correspondance. Les bits à 1 signifient que les valeurs des bits de même position dans ces deux adresses n'ont pas besoin d'être comparées car elles sont automatiquement considérées comme correspondantes.

Les deux derniers masques du tableau 6.2 sont moins évidents à analyser. La version binaire du masque 0.0.15.255 est constituée de 20 bits à 0 suivis de 12 bits à 1, ce qui signifie que les 20 premiers bits de l'adresse doivent être examinés. De la même manière, le masque 0.0.3.255 indique qu'il faut examiner seulement les 22 premiers bits. Vous vous interrogez probablement sur l'utilité de tels masques. En supposant que le masque de sous-réseau soit 255.255.240.0 et que vous souhaitiez cibler tous les hôtes d'un même sous-réseau, le masque 0.0.15.255 permettrait d'examiner tous les bits des parties réseau et sous-réseau et d'ignorer les bits d'hôte, considérant que ces derniers correspondent automatiquement. De même, le masque générique 0.0.3.255 indiquerait qu'il faut ignorer la partie hôte du masque de sous-réseau 255.255.252.0. Sachez que pour obtenir un masque générique qui englobe tous les hôtes d'un sous-réseau, il vous suffit généralement d'inverser la valeur des bits du masque de sous-réseau.

Interprétation rapide des masques génériques

Les ACL standard (adresse IP source uniquement) et les ACL étendues (adresses IP source et de destination) peuvent être configurées pour contrôler tout ou partie d'une adresse IP sur la base du masque générique. Parfois, comme lors des examens, travailler avec des masques binaires peut se révéler laborieux, à moins que vous ne maîtrisiez parfaitement la conversion entre les formats binaire et décimal. Cette section propose une méthode plus rapide qui est efficace lorsque le calcul des sous-réseaux vous est déjà familier.

Souvent, une ACL doit permettre d'établir une correspondance avec tous les hôtes d'un sous-réseau donné. Pour cela, vous pouvez employer les raccourcis suivants :

Sujet clé

- Utiliser le numéro de sous-réseau comme valeur d'adresse dans la commande **access-list**.
- Utiliser le masque générique résultant de la soustraction du masque de sous-réseau de 255.255.255.255.

Par exemple, pour le sous-réseau 172.16.8.0 255.255.252.0, utilisez le numéro de sous-réseau (172.16.8.0) comme paramètre d'adresse, puis effectuez l'opération suivante pour déterminer le masque générique :

```
  255.255.255.255
– 255.255.252.0
-----------------
    0.  0.  3.255
```

Plutôt que de vous demander de choisir l'instruction ACL qui doit être configurée, certaines questions d'examen vous demandent d'interpréter des commandes **access-list** existantes. À partir d'instructions d'ACL déjà configurées, données dans la question ou affichées par vos soins à partir d'un simulateur, vous devez déterminer l'instruction qui s'applique pour un paquet donné. Pour cela, vous devez déterminer la plage d'adresses IP ciblée par la combinaison adresse/masque générique particulière de chaque instruction ACL.

Si vous maîtrisez les techniques de détermination rapide des adresses de sous-réseaux dans le système décimal, il existe une méthode rapide d'analyse des combinaisons adresse/masque générique des instructions ACL :

Étape 1 Utilisez l'adresse spécifiée dans la commande **access-list** en tant que numéro de sous-réseau. Sujet clé

Étape 2 Utilisez le numéro résultant de la soustraction du masque générique de 255.255.255.255 en tant que masque de sous-réseau.

Étape 3 Traitez les deux valeurs des étapes précédentes comme numéro de sous-réseau et masque de sous-réseau, respectivement, puis déterminez l'adresse broadcast du sous-réseau. L'ACL doit cibler la plage d'adresses délimitée par (et incluant) le numéro de sous-réseau et l'adresse broadcast.

Prenons comme exemple la commande **access-list 1 permit 172.16.200.0 0.0.7.255**. La première étape implique de considérer l'adresse 172.16.200.0 comme étant le numéro de sous-réseau. Ensuite, il faut déterminer le masque de sous-réseau (255.255.248.0) en utilisant la formule suivante :

```
  255.255.255.255
 – 0.  0.  7.255
 ----------------
  255.255.248.0
```

Reste à déterminer l'adresse broadcast de ce sous-réseau (172.16.207.255) par la méthode de calcul de votre choix. Ainsi, la plage d'adresses ciblée par cette instruction ACL va de 172.16.200.0 à 172.16.207.255.

Le scénario 3 de L'annexe F sur le CD-ROM permet de s'exercer à choisir un masque générique correspondant à un sous-réseau particulier.

Configuration des ACL standard

Il est généralement plus simple de configurer une ACL que d'interpréter sa signification et les actions qu'elle induit. Cette section décrit comment procéder à l'aide de deux exemples et en profite aussi pour passer en revue les concepts implémentés.

Voici la syntaxe générale d'une commande de configuration d'ACL standard :

access-list *numéro-ACL* {**deny** | **permit**} *source* [*masque-générique-source*]

Une ACL standard inclut une série de commandes **access-list** qui possèdent le même numéro, signifiant qu'elles appartiennent à la même liste, et positionnées dans l'ordre de leur ajout à la configuration. Chacune d'elles peut désigner une certaine plage d'adresses IP source ou bien une adresse spécifique. Lorsqu'une correspondance est trouvée, l'ACL autorise (**permit**) le paquet à poursuivre son chemin ou bien le supprime (**deny**). Les ACL standard peuvent être numérotées de 1 à 99 et de 1300 à 1999.

La procédure de configuration proposée ci-après est censée seulement vous aider dans votre phase d'étude et ne doit nullement être mémorisée en vue de l'examen :

Sujet clé

Étape 1 Prévoir l'emplacement (routeur et interface) et le sens du filtrage (en entrée ou en sortie de l'interface) :

a. Une ACL standard devrait être placée près de la destination pour éviter qu'elle ne supprime des paquets qui ne devraient pas l'être.

b. Étant donné que ce type d'ACL effectue un filtrage fondé uniquement sur l'adresse IP source, il convient de contrôler l'adresse source des paquets lorsqu'ils quittent l'interface en direction de la destination.

Étape 2 Exécuter une ou plusieurs commandes globales de configuration **access-list** pour créer l'ACL, en ayant à l'esprit les points suivants :

a. Les entrées de la liste sont examinées en séquence. Lorsqu'un paquet correspond à une instruction **access-list**, l'action spécifiée est accomplie et la recherche se termine même si le paquet pourrait correspondre à des instructions subséquentes.

b. Si aucune correspondance n'est trouvée pour le paquet, l'action par défaut de fin de liste (**deny**) est exécutée, autrement dit le paquet est supprimé.

Étape 3 Activer l'ACL sur l'interface choisie dans le sens qui convient au moyen de la sous-commande d'interface **ip access-group** *numéro* {**in** | **out**}.

Nous allons poursuivre avec deux exemples concrets de configuration d'ACL standard.

ACL standard : exemple 1

Reprenons le réseau de la figure 6.1. Pour rappel, une ACL devait être définie sur R1 pour empêcher Bob d'accèder à Serveur 1. Dans l'exemple 6.1, une liste d'accès standard pour IP indiquant qu'il faut examiner l'adresse source des paquets est configurée sur R1 pour tout le trafic qui quitte son interface E0. Notez que les commandes **access-list** sont situées en fin de listing, après celles de configuration d'interface, car c'est ainsi qu'elles apparaissent dans le résultat de la commande **show running-config**.

Exemple 6.1 *ACL standard sur R1 empêchant Bob d'atteindre Serveur 1*

```
interface Ethernet0
ip address 172.16.1.1 255.255.255.0
ip access-group 1 out
!
access-list 1 remark Bloque le trafic dont la source IP est Bob
access-list 1 deny 172.16.3.10 0.0.0.0
access-list 1 permit 0.0.0.0 255.255.255.255
```

Ce listing appelle plusieurs remarques. D'abord, comme évoqué précédemment, les ACL standard pour IP sont numérotées de 1 à 99 ou de 1300 à 1999 inclus. Le numéro 1 a été choisi ici, mais n'importe quel autre numéro situé dans les plages valides conviendrait. Ensuite, les commandes **access-list**, qui définissent les critères pour la comparaison et les actions résultantes, sont des commandes de configuration globale. Pour activer une ACL sur une interface et préciser dans quel sens, on fait appel à la commande **ip access-group**. Ici, l'ACL 1 est activée sur l'interface E0 pour les paquets sortants.

L'ACL 1 empêche les paquets émis par Bob de sortir par l'interface Ethernet de R1 grâce à la commande **access-list 1 deny 172.16.3.10 0.0.0.0**. Le masque générique 0.0.0.0 demande ici de comparer tous les bits de l'adresse, donc seuls les paquets qui possèdent l'adresse source 172.16.3.10 correspondent à cette instruction et sont supprimés. La commande **access-list 1 permit 0.0.0.0 255.255.255.255**, qui apparaît en dernier dans la liste, autorise tous les autres paquets. En effet, le masque générique 255.255.255.255 étant composé uniquement de bits ignorés (*don't care bits*), toutes les adresses IP correspondent à cette instruction.

Pour finir, notez que le technicien a aussi ajouté une commande **access-list 1 remark** à l'ACL. Cette commande permet d'insérer un commentaire, lequel indique ici l'utilité de la liste. Ce commentaire apparaît uniquement dans la configuration, pas dans le résultat de commandes **show**.

Bien que cet exemple soit simple, l'ACL 1 empêche également Bob d'accéder à Serveur 2. En fait, la topologie de la figure 6.1 ne se prête pas bien à l'emploi d'une ACL standard pour filtrer comme souhaité le trafic de Bob. Il convient dans ce cas de recourir à une ACL étendue pour contrôler à la fois l'adresse IP source et l'adresse IP de destination.

Il est intéressant de noter que l'IOS change la syntaxe de certaines commandes lorsqu'elles sont saisies dans le mode de configuration. Le résultat de la commande **show running-config** dans l'exemple 6.2 montre ce qu'il place réellement dans le fichier de configuration.

Exemple 6.2 *ACL standard sur R1 empêchant Bob d'atteindre Serveur 1 - version révisée*

```
interface Ethernet0
  ip address 172.16.1.1 255.255.255.0
  ip access-group 1 out

access-list 1 remark Bloque le trafic dont la source IP est Bob
access-list 1 deny host 172.16.3.10
access-list 1 permit any
```

Ces différences sont dues au fait que le logiciel Cisco IOS supporte à la fois un ancien et un nouveau style de configuration pour certains paramètres. Dans l'exemple 6.1, l'ancien style est employé. Dans l'exemple 6.2, on peut voir que le routeur change la configuration pour appliquer le nouveau style. D'abord, le masque générique 0.0.0.0 spécifié initialement indique au routeur qu'il doit rechercher l'adresse IP d'un hôte spécifique, donc comparer tous les bits. Ce masque est maintenant remplacé par le mot clé **host** placé devant l'adresse. L'autre changement concerne le masque générique 255.255.255.255, qui stipule qu'il faut ignorer tous les bits de l'adresse. De la même manière, ce masque est aujourd'hui remplacé par le mot clé **any**.

ACL standard : exemple 2

Nous allons examiner un autre exemple de réseau qui implique davantage de restrictions d'accès. La figure 6.3, de même que les exemples 6.3 et 6.4, illustrent une utilisation basique de listes d'accès standard, avec deux omissions typiques lors de la première tentative de configuration. Les restrictions d'accès suivantes sont censées être appliquées :

- Sam ne doit pouvoir accéder ni à Bugs ni à Daffy.
- Les hôtes du sous-réseau Ethernet de Seville ne sont pas autorisés à accéder au sous-réseau Ethernet de Yosemite.
- Tous les autres accès sont autorisés.

Exemple 6.3 *Configuration d'une ACL standard sur Yosemite*

```
interface serial 0
 ip access-group 3 out
!
access-list 3 deny host 10.1.2.1
access-list 3 permit any
```

Exemple 6.4 *Configuration d'une ACL standard sur Seville*

```
interface serial 1
 ip access-group 4 out
!
access-list 4 deny 10.1.3.0 0.0.0.255
access-list 4 permit any
```

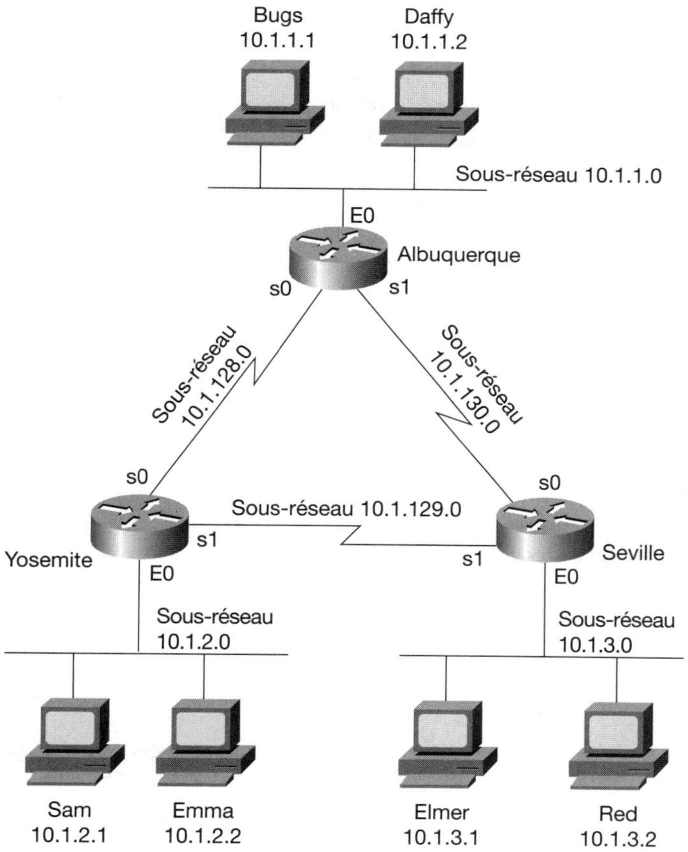

Figure 6.3
Diagramme de réseau pour la configuration d'une liste d'accès standard.

À première vue, ces deux listes d'accès semblent produire l'effet escompté. L'ACL 3, activée en sortie sur l'interface S0 de Yosemite, satisfait au premier critère en bloquant uniquement les paquets qui émanent de Sam. L'ACL 4, activée en sortie sur l'interface S1 de Seville, satisfait au deuxième critère en filtrant tous les paquets qui proviennent du sous-réseau 10.1.3.0/24.

Quant au troisième critère, il est satisfait sur les deux routeurs puisque leur liste d'accès respective inclut en dernière position une instruction **permit any**, qui remplace le comportement par défaut consistant à supprimer tous les autres paquets.

Toutefois, en cas de défaillance d'une liaison WAN, des failles risqueraient d'apparaître dans les ACL. Par exemple, en supposant que le lien d'Albuquerque vers Yosemite devienne inutilisable, ce dernier découvrirait qu'il existe une route alternative vers le sous-réseau 10.1.1.0/24 qui passe par Seville. Il transmettrait alors sur son interface série 1 les paquets qui proviennent de Sam et qui sont destinés aux hôtes du sous-réseau d'Albuquerque, ignorant le premier critère. De façon analogue, Seville routerait les paquets destinés à Yosemite *via* Albuquerque, faisant fi du deuxième critère.

L'exemple 6.5 propose une solution qui élimine tout risque de faille en cas de panne d'un lien WAN, demandant de placer toute la configuration sur Yosemite.

Exemple 6.5 *Centralisation du filtrage sur Yosemite*

```
interface serial 0
 ip access-group 3 out
!
interface serial 1
 ip access-group 3 out
!
interface ethernet 0
 ip access-group 4 out
!
access-list 3 remark Répond au critère 1
access-list 3 deny host 10.1.2.1
access-list 3 permit any
!
access-list 4 remark Répond au critère 2
access-list 4 deny 10.1.3.0 0.0.0.255
access-list 4 permit any
```

Cette configuration résout le problème de contournement de la logique de filtrage. L'ACL 3 recherche uniquement l'adresse IP de Sam, et est activée en sortie sur les deux interfaces série. Par conséquent, si le trafic devait être rerouté suite à une défaillance de liaison, les paquets émis par Sam seraient toujours filtrés. Pour satisfaire au deuxième critère en toutes circonstances, Yosemite filtre les paquets qui proviennent du sous-réseau de Seville lorsqu'ils quittent son interface Ethernet.

ACL étendues pour IP

La liste de contrôle d'accès étendue pour IP (*extended IP Access Control List*) possède ses spécificités, mais présente aussi des points communs avec l'ACL standard. À l'instar de celle-ci, elle peut être activée sur des interfaces soit en entrée soit en sortie. Ses entrées sont également examinées en séquence par l'IOS. La première instruction qui s'applique provoque l'arrêt de la recherche et définit l'action à entreprendre.

Une différence essentielle est qu'elle permet d'examiner davantage de champs que l'ACL standard. Une seule instruction peut demander au routeur de contrôler plusieurs champs d'en-tête à la fois. L'action spécifiée est exécutée seulement lorsqu'une correspondance est trouvée pour chacun des paramètres qu'elle définit. Si l'un d'eux ne fait l'objet d'aucune correspondance, l'instruction est ignorée et l'entrée suivante dans la liste est traitée. Cette caractéristique rend les ACL étendues beaucoup plus utiles et complexes que les ACL standard.

Cette section commence par décrire la différence de logique qui existe entre ces deux types de listes et aborde ensuite les détails de configuration des ACL étendues.

Logique des ACL étendues

Les ACL étendues autorisent la définition d'une logique de comparaison puissante car de nombreuses informations peuvent être examinées dans un paquet. La figure 6.4 présente certains des champs d'en-tête qui peuvent être comparés aux paramètres ACL.

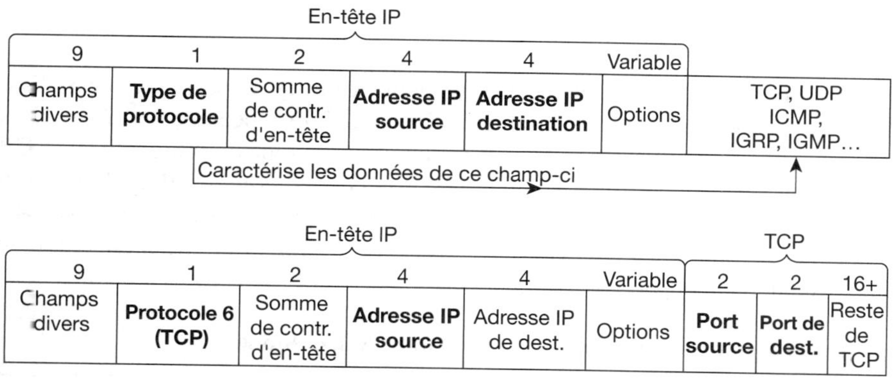

Figure 6.4

Champs d'en-tête qui peuvent être examinés avec une ACL étendue.

Dans la partie supérieure de la figure 6.4, vous pouvez voir qu'un champ IP de type de protocole identifie l'en-tête qui suit l'en-tête IP. Une instruction ACL peut donc cibler tous les paquets IP, ou ceux qui contiennent un en-tête TCP, UDP, ICMP, etc. Les champs d'adresses IP source et de destination peuvent également être contrôlés. La partie inférieure illustre le cas où un en-tête TCP suit l'en-tête IP, montrant l'emplacement des numéros de ports TCP source et de destination. Ces numéros servent à identifier l'application à laquelle appartiennent les paquets transmis. Par exemple, le Web utilise par défaut le port 80. Par conséquent, lorsque vous spécifiez un protocole tel que TCP ou UDP, vous pouvez également préciser les numéros de ports à examiner.

Le tableau 6.3 présente la liste complète des éléments qui peuvent être contrôlés grâce à une ACL étendue pour IP, par comparaison avec une ACL standard.

Sujet clé

Tableau 6.3 : Champs comparables au moyen d'une ACL étendue

Type d'ACL	*Champ*
IP standard et étendue	Adresse IP source
	Partie de l'adresse IP source (spécifiée au moyen d'un masque générique)
IP étendue	Adresse IP de destination
	Partie de l'adresse IP de destination (spécifiée au moyen d'un masque générique)
	Type de protocole (TCP, UDP, ICMP, IGRP, IGMP, etc.)
	Port source
	Port de destination
	Tous les flux TCP, sauf le premier
	IP TOS (*Type of Service*)
	Priorité IP

L'IOS compare un paquet à tous les paramètres inclus dans une commande **access-list**. Il doit établir une correspondance pour chacun d'eux afin que l'action spécifiée soit exécutée, sinon il ignore l'instruction. Les options à examiner débutent par le type de protocole (IP, TCP, UDP, ICMP, etc.), suivi de l'adresse IP source, du port source, de l'adresse IP de destination, et du port de destination. Le tableau 6.4 propose plusieurs exemples d'instructions **access-list** pour ACL étendue, avec différentes options configurées, accompagnées d'une explication. Seuls les critères de comparaison apparaissent en gras.

Tableau 6.4 : Exemples d'instructions *access-list* pour ACL étendue

Commande	*Correspondance recherchée*
access-list 101 deny ip any host 10.1.1.1	N'importe quel paquet IP avec n'importe quelle adresse source, mais avec l'adresse de destination 10.1.1.1.
access-list 101 deny tcp any gt 1023 host 10.1.1.1 eq 23	Paquet avec un en-tête TCP et n'importe quelle adresse source, mais avec un port source supérieur (**gt,** *greater*) à 1023, l'adresse de destination 10.1.1.1 et le port de destination 23.
access-list 101 deny tcp any host 10.1.1.1 eq 23	Paquet identique au précédent, mais avec n'importe quel port source puisque ce paramètre est omis.

Tableau 6.4 : Exemples d'instructions *access-list* pour ACL étendue *(suite)*

Commande	*Correspondance recherchée*
access-list 101 deny tcp any host 10.1.1.1 eq telnet	Paquet identique au précédent, sauf que le mot clé **telnet** est utilisé à la place de **23**.
access-list 101 deny udp 1.0.0.0 0.255.255.255 lt 1023 any	Paquet avec une adresse source sur le réseau 1.0.0.0, n'importe quel port source UDP inférieur (**lt**, *less than*) à 1023, et n'importe quelle adresse de destination.

Filtrage des numéros de port TCP et UDP

Les ACL étendues permettent de contrôler également le champ de protocole de l'en-tête IP, ainsi que les numéros de port source et destinataire TCP et UDP. Toutefois, nombreux sont ceux qui éprouvent des difficultés à configurer des ACL qui filtrent sur la base du numéro de port, notamment lorsqu'il s'agit du port source.

Pour toute question d'examen impliquant des numéros de port TCP ou UDP, vous devriez avoir à l'esprit les points suivants :

- La commande **access-list** doit inclure le mot-clé **tcp** pour les ports TCP et le mot-clé **udp** pour les ports UDP. Le mot-clé **ip** ne permet pas d'effectuer un filtrage par numéro de port. Sujet clé
- C'est l'emplacement des paramètres de port dans la commande **access-list** qui détermine s'ils s'appliquent au port source ou au port de destination.
- Souvenez-vous qu'une ACL peut filtrer les paquets envoyés à un serveur en comparant le port de destination au numéro de port connu correspondant. Pour les paquets émis par le serveur, l'ACL doit contrôler le port source.
- Il peut être utile de mémoriser les applications TCP et UDP les plus connues et les numéros de port correspondants (voir tableau 6.5).

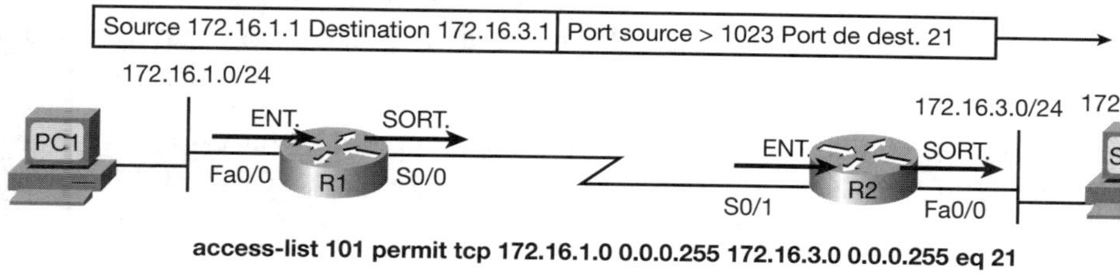

Figure 6.5
Filtrage des paquets d'après le port de destination.

Considérez par exemple le simple réseau de la figure 6.5. Le serveur FTP se trouve sur la droite et le client, sur la gauche. Cette figure illustre la syntaxe d'une ACL qui filtre le trafic suivant :

- les paquets incluant un en-tête TCP ;

- les paquets provenant du sous-réseau du client ;
- les paquets envoyés au sous-réseau du serveur ;
- les paquets dont le port de destination TCP est 21.

Pour comprendre comment le paramètre **eq 21** est interprété, considérez les paquets circulant de PC1 en direction du serveur. En supposant que ce dernier utilise le port connu 21 (port de contrôle FTP), l'en-tête TCP du paquet émis par PC1 possède la valeur 21 comme port de destination. Dans la commande **access-list**, le paramètre **eq 21** est positionné après l'adresse IP de destination, signifiant qu'il s'applique au port de destination. Cette instruction permet donc de filtrer le paquet et ce, qu'elle soit située sur n'importe laquelle des interfaces marquées par une flèche noire dans la figure.

La figure 6.6 illustre le flux inverse, avec un paquet émis par le serveur en direction de PC1. Ici, l'en-tête TCP du paquet indique le port source 21, aussi l'ACL doit-elle rechercher la valeur de port source 21 et être positionnée sur des interfaces différentes.

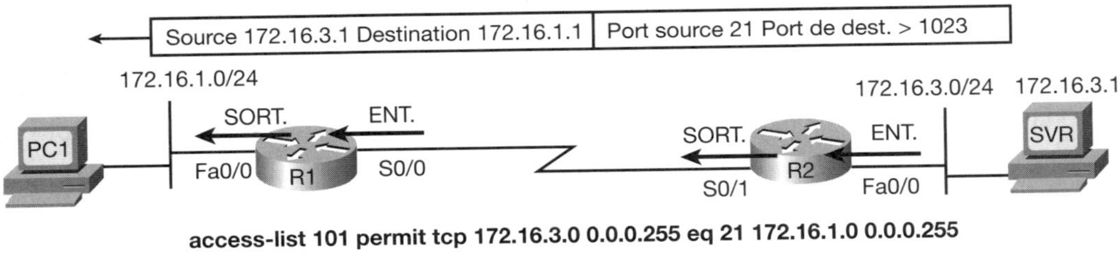

Sujet clé

Figure 6.6
Filtrage des paquets d'après le port source.

Pour les questions d'examen qui impliquent des ACL avec des numéros de port, déterminez en premier lieu s'il vous est demandé de placer l'ACL à un endroit et dans un sens précis. Si c'est le cas, vous devez alors déterminer si la liste est censée filtrer les paquets envoyés ou reçus par le serveur, après quoi vous pouvez décider s'il convient d'examiner le port source ou de destination des paquets.

À titre de référence, le tableau 6.5 énumère les numéros de port les plus connus ainsi que le protocole de transport et l'application qui correspondent. Notez que la syntaxe de la commande **access-list** accepte aussi bien un numéro de port qu'une version abrégée du nom de l'application.

Tableau 6.5 : Applications connues et numéros de port correspondants

Numéro(s) de port	*Protocole*	*Application*	*Désignation dans la commande access-list*
20	TCP	Données FTP	**ftp-data**
21	TCP	Contrôle FTP	**ftp**

Tableau 6.5 : Applications connues et numéros de port correspondants *(suite)*

Numéro(s) de port	*Protocole*	*Application*	*Désignation dans la commande access-list*
22	TCP	SSH	**Aucune**
23	TCP	Telnet	**telnet**
25	TCP	SMTP	**smtp**
53	UDP, TCP	DNS	**domain**
67, 68	UDP	DHCP	**nameserver**
69	UDP	TFTP	**tftp**
80	TCP	HTTP (WWW)	**www**
110	TCP	POP3	**pop3**
161	UDP	SNMP	**snmp**
443	TCP	SSL	**Aucune**
16, 384-32, 767	UDP	Voix (VoIP) et vidéo RTP	**Aucune**

Configuration d'ACL étendues

Étant donné que les ACL étendues permettent de contrôler de nombreux critères différents dans les divers en-têtes d'un paquet IP, leur syntaxe de configuration ne peut pas être synthétisée en une seule commande générique. Le tableau 6.6 présente la syntaxe des deux commandes les plus courantes.

Tableau 6.6 : Commandes de configuration de listes d'accès étendues pour IP

Commande	*Mode de configuration et description*
access-list *numéro-ACL* {**deny** | **permit**} *protocole source masque-gén.-source destination masque-gén.-destination* [**log** | **log-input**]	Commande globale pour des ACL étendues numérotées. Utiliser des numéros entre 100 et 199 ou entre 2000 et 2699 inclus.
access-list *numéro-ACL* {**deny** | **permit**} {**tcp** | **udp**} *source masque-gén.-source* [*opérateur* [*port*]] *destination masque-gén.-destination* [*opérateur* [*port*]] [**established**] [**log**]	Variante de la commande **access-list** pour TCP.

Le processus de configuration des ACL étendues est en grande partie le même que pour les ACL standard. Il convient d'abord de déterminer l'emplacement et le sens d'application de l'ACL de façon à pouvoir planifier ses paramètres en fonction des données contenues dans les paquets circulant dans le sens identifié. L'ACL doit ensuite être configurée au moyen de commandes **access-list** puis activée avec la même commande **ip access-group** que pour les ACL standard. Les étapes de configuration sont donc essentiellement les mêmes, à quelques différences près que voici :

Sujet clé

- Les ACL étendues devraient être placées le plus près possible de la source des paquets à filtrer, car elles peuvent être configurées de manière à ne pas supprimer des paquets qui ne devraient pas l'être. Un filtrage proche de la source permet notamment d'économiser de la bande passante.
- Pour qu'une correspondance soit établie, tous les champs spécifiés dans la commande **access-list** doivent correspondre au paquet.
- Les commandes **access-list** doivent utiliser des numéros entre 100 et 199 et entre 2000 et 2699, aucun numéro n'étant préférable à un autre.

Les commandes **access-list** étendues emploient divers opérateurs pour établir des correspondances avec les numéros de port contenus dans les paquets. Le tableau 6.7 présente ces opérateurs et leur signification.

Sujet clé

Tableau 6.7 : Opérateurs utilisés pour un filtrage par numéros de port

Opérateur	***Signification***
eq (*equal to*)	Égal à
neq (*not equal to*)	Différent de
lt (*less than*)	Inférieur à
gt (*greater than*)	Supérieur à
range	Plage de numéros de port

ACL étendue : exemple 1

Ce premier exemple vous permet de mieux comprendre la syntaxe de base des instructions **access-list** pour ACL étendue. Ici, Bob se voit refuser l'accès à tous les serveurs FTP joignables *via* l'interface Ethernet de R1, et Larry n'a pas le droit de se connecter au serveur Web sur Serveur 1. La figure 6.7 est un rappel de la topologie de réseau. L'exemple 6.6 présente ensuite la configuration de ces restrictions d'accès sur R1.

Exemple 6.6 *Configuration d'une ACL étendue sur R1*

```
interface Serial0
 ip address 172.16.12.1 255.255.255.0
 ip access-group 101 in
!
```

```
interface Serial1
 ip address 172.16.13.1 255.255.255.0
 ip access-group 101 in
!
access-list 101 remark Bloque Bob vers serveurs FTP et Larry vers Serveur1
access-list 101 deny tcp host 172.16.3.10 172.16.1.0 0.0.0.255 eq ftp
access-list 101 deny tcp host 172.16.2.10 host 172.16.1.100 eq www
access-list 101 permit ip any any
```

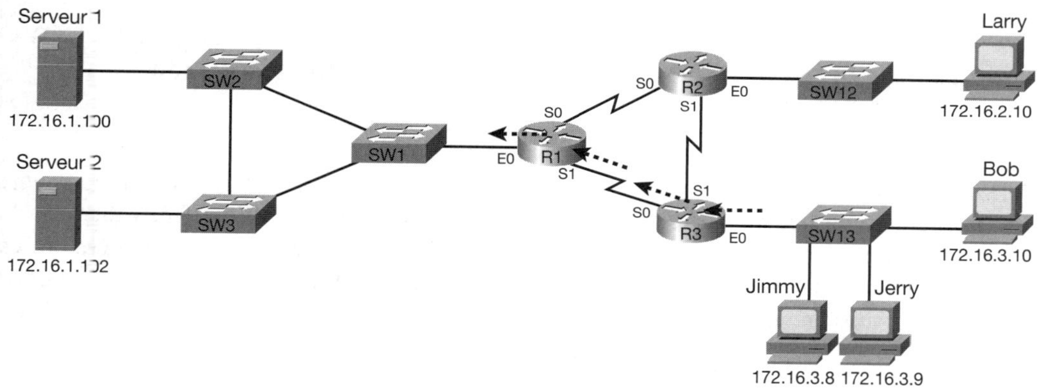

Figure 6.7

Diagramme de réseau pour la configuration d'une liste d'accès étendue - exemple 1.

Dans cet exemple, la première instruction **access-list** empêche Bob d'accéder aux serveurs FTP du sous-réseau 172.16.1.0. La deuxième instruction empêche Larry d'accéder aux services Web sur Serveur 1. La dernière instruction autorise tout le reste du trafic.

Quelques remarques sur la syntaxe pour commencer. Les listes d'accès étendues sont numérotées de 100 à 199 ou de 2000 à 2699 inclus. Un paramètre de protocole doit également figurer immédiatement après le mot clé **deny** ou **permit** pour préciser si la correspondance recherchée concerne tous les paquets IP ou seulement ceux qui contiennent un en-tête TCP ou UDP.

Le paramètre **eq**, qui signifie « égal à », sert ici à filtrer le trafic de contrôle FTP (mot-clé **ftp**) et le trafic HTTP (mot-clé **www**) sur la base du port de destination. Pour désigner un port, vous avez le choix entre employer une valeur numérique ou un nom pour les services les plus connus. En supposant par exemple que vous tapiez **eq 80**, la configuration contiendrait **eq www**

En fait, ces listes d'accès auraient pu être placées sur R2 et R3 au lieu de R1. Comme vous le découvrirez en fin de chapitre, Cisco émet des recommandations spécifiques quant au choix de l'emplacement des ACL pour IP. Les ACL étendues devraient être placées le plus près possible de la source des paquets. Par conséquent, l'exemple 6.7 aboutit au même résultat que l'exemple 6.6 en ce qu'il bloque le trafic de Bob destiné aux serveurs FTP du site principal, mais cette fois sur R3.

Exemple 6.7 *Blocage du trafic de Bob vers les serveurs FTP configuré sur R3*

```
interface Ethernet0
 ip address 172.16.3.1 255.255.255.0
 ip access-group 101 in

access-list 101 remark Bloque Bob vers serveurs FTP du sous-réseau 172.16.1.0/24
access-list 101 deny tcp host 172.16.3.10 172.16.1.0 0.0.0.255 eq ftp
access-list 101 permit ip any any
```

Cette ACL 101 ressemble beaucoup à celle de l'exemple précédent, sauf qu'elle n'implémente pas le critère de filtrage du trafic de Larry, lequel n'entrera jamais sur l'interface Ethernet0 de R3. Comme elle a été placée près de Bob, elle contrôle les paquets émis par ce dernier dès qu'ils arrivent sur l'interface Ethernet0 de R3. Le trafic de Bob destiné à 172.16.1.0/24 est donc supprimé, et tous le reste du trafic est transmis.

ACL étendue : exemple 2

L'exemple 6.8, qui se fonde sur le réseau de la figure 6.8 (laquelle reprend la topologie introduite à la figure 6.3), illustre la configuration d'une liste d'accès étendue pour implémenter les mêmes restrictions d'accès que celles définies pour le deuxième exemple de liste d'accès standard, à savoir :

- Sam ne doit pouvoir accéder ni à Bugs ni à Daffy.
- Les hôtes du sous-réseau Ethernet de Seville ne sont pas autorisés à accéder au sous-réseau Ethernet de Yosemite.
- Tous les autres accès sont autorisés.

Exemple 6.8 *Configuration d'une ACL étendue sur Yosemite*

```
interface ethernet 0
 ip access-group 110 in
!
access-list 110 deny ip host 10.1.2.1 10.1.1.0 0.0.0.255
access-list 110 deny ip 10.1.2.0 0.0.0.255 10.1.3.0 0.0.0.255
access-list 110 permit ip any any
```

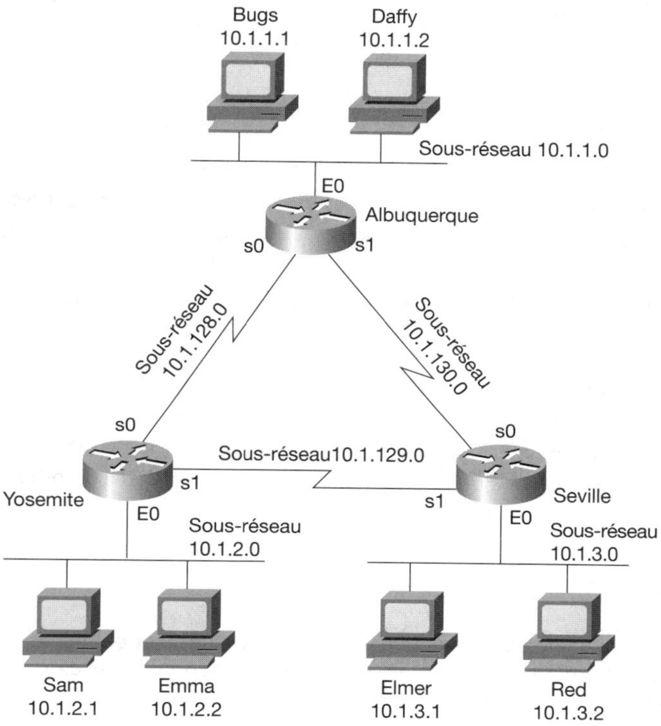

Figure 6.8

Diagramme de réseau pour la configuration d'une liste d'accès étendue - exemple 2.

Cette configuration satisfait aux critères de filtrage en quelques instructions seulement, tout en respectant la directive de conception énoncée par Cisco qui consiste à placer une ACL étendue le plus près possible de la source du trafic. Cette liste contrôle les paquets qui arrivent sur l'interface E0 de Yosemite, qui est le point d'arrivée des paquets de Sam. Le problème de contournement des listes d'accès que l'on rencontre avec les interfaces série est éliminé en plaçant la liste sur la seule interface Ethernet de Yosemite. Le deuxième critère de filtrage (empêcher les hôtes de Seville d'accéder à ceux de Yosemite) est satisfait avec la deuxième instruction **access-list**. Le fait de stopper le trafic provenant du LAN de Yosemite a pour conséquence l'arrêt de la communication entre ces deux sous-réseaux. La logique inverse aurait également pu être configurée sur Seville.

Progrès dans la configuration des ACL

Maintenant que vous avez une bonne compréhension des concepts sous-jacents aux ACL pour IP, cette section examine les améliorations apportées à leur gestion au niveau de l'IOS, à savoir les ACL nommées et les numéros de séquence. Bien que ces deux fonctionnalités soient utiles et importantes, aucune n'influe sur ce qu'un routeur peut ou non filtrer. Elles représentent des options de configuration qui facilitent la maintenance et la modification d'ACL existantes.

ACL nommées pour IP

Introduites avec la version 11.2 de l'IOS, les ACL nommées pour IP (*named IP Access Control List*) permettent d'implémenter un filtrage identique à celui qu'autorisent les ACL numérotées standard et étendues, avec les mêmes paramètres. Elles présentent toutefois quelques différences, certaines d'entre elles facilitant leur utilisation. La différence la plus évidente tient au fait que l'IOS les identifie au moyen d'un nom que vous spécifiez, et non d'un numéro. L'avantage des noms est qu'ils sont plus aisés à mémoriser.

Elles présentent également l'avantage de supporter la suppression d'instructions individuelles depuis le départ. Pour les ACL numérotées, il a fallu attendre la version 12.3 de l'IOS pour que cela soit possible. Par le passé, si vous aviez saisi, par exemple, la commande **ip access-list 101 permit tcp any any eq 80** suivie de la commande **no ip access-list 101 permit tcp any any eq 80**, l'ACL 101 entière aurait été supprimée.

INFO

Depuis l'IOS 12.3, Cisco a également étendu la possibilité de supprimer des lignes individuelles aux ACL numérotées. Les ACL nommées et numérotées bénéficient donc depuis lors d'un support équivalent.

Une différence importante subsiste néanmoins entre les listes nommées et les listes numérotées. La commande globale employée pour configurer les premières place l'utilisateur dans un sous-mode de liste au niveau duquel les paramètres de comparaison et l'action à entreprendre sont définis.

L'exemple 6.9 présente la configuration d'une ACL nommée. Vous pouvez observer le changement d'invite de commande indiquant que l'utilisateur est placé dans le mode de configuration d'ACL. Ce listing inclut également les extraits intéressants du résultat d'une commande **show running-configuration**, ainsi que la suppression d'une instruction individuelle.

Exemple 6.9 *Configuration d'une ACL nommée*

```
Router#conf t
Enter configuration commands, one per line.  End with Ctrl-Z.
Router(config)#ip access-list extended barney
Router(config-ext-nacl)#permit tcp host 10.1.1.2 eq www any
Router(config-ext-nacl)#deny udp host 10.1.1.1 10.1.2.0 0.0.0.255
Router(config-ext-nacl)#deny ip 10.1.3.0 0.0.0.255 10.1.2.0 0.0.0.255
!L'instruction suivante est délibérément erronée pour pouvoir
```

```
 !illustrer la procédure de modification.
Router(config-ext-nacl)#deny ip 10.1.2.0 0.0.0.255 10.2.3.0 0.0.0.255

Router(config-ext-nacl)#deny ip host 10.1.1.130 host 10.1.3.2
Router(config-ext-nacl)#deny ip host 10.1.1.28 host 10.1.3.2
Router(config-ext-nacl)#permit ip any any
Router(config-ext-nacl)#interface serial1
Router(config-if)#ip access-group barney out
Router(config-if)#^Z
Router#show running-config
Building configuration...

Current configuration:

.
. (instructions omises...)
.
interface serial 1
 ip access-group barney out
!
ip access-list extended barney
 permit tcp host 10.1.1.2 eq www any
 deny   udp host 10.1.1.1 10.1.2.0 0.0.0.255
 deny   ip 10.1.3.0 0.0.0.255 10.1.2.0 0.0.0.255
 deny   ip 10.1.2.0 0.0.0.255 10.2.3.0 0.0.0.255
 deny   ip host 10.1.1.130 host 10.1.3.2
 deny   ip host 10.1.1.28 host 10.1.3.2
 permit ip any any
Router#conf t
Enter configuration commands, one per line.  End with Ctrl-Z.
Router(config)#ip access-list extended barney
Router(config-ext-nacl)#no deny ip 10.1.2.0 0.0.0.255 10.2.3.0 0.0.0.255
Router(config-ext-nacl)#^Z
Router#show access-list

Extended IP access list barney
    10 permit tcp host 10.1.1.2 eq www any
    20 deny   udp host 10.1.1.1 10.1.2.0 0.0.0.255
    30 deny   ip 10.1.3.0 0.0.0.255 10.1.2.0 0.0.0.255
    50 deny   ip host 10.1.1.130 host 10.1.3.2
    60 deny   ip host 10.1.1.28 host 10.1.3.2
    70 permit ip any any
```

La commande **ip access-list extended barney** crée une ACL étendue nommée barney et place l'utilisateur dans le mode de configuration d'ACL. Ensuite, sept instructions **permit** et **deny** différentes définissent la logique de comparaison et l'action à exécuter en cas de correspondance. Notez que leur syntaxe est la même que celle de commandes **access-list** de listes numérotées, sauf qu'elles débutent par les mots clés **permit** et **deny**. Un commentaire a été ajouté avant l'instruction qui est supprimée plus loin dans l'exemple.

La commande **show running-config** affiche la configuration de la liste nommée. La commande **no deny ip...** qui lui fait suite peu après supprime une seule entrée de la liste. Ce changement est reflété dans la seconde commande **show running-config** qui affiche six instructions **permit** et **deny** au lieu de sept.

Modification d'ACL au moyen de numéros de séquence

Les ACL numérotées datent des premiers routeurs Cisco. Depuis le début et jusqu'à la version 12.2 de l'IOS, la seule façon de modifier une ACL existante – pour supprimer une ligne, par exemple – était de supprimer la liste entière puis de la reconfigurer. Plus précisément, il fallait supprimer l'ACL, la désactiver des interfaces appropriées, la reconfigurer, puis la réactiver sur les interfaces voulues. Dans l'intervalle, les contrôles nécessaires n'étaient pas tous réalisés, ce qui pouvait poser des problèmes ou exposer le réseau à diverses attaques.

Comme évoqué précédemment, l'introduction des ACL nommées avec l'IOS 11.2 a facilité la modification de listes existantes. Il devenait en effet possible de supprimer des lignes individuelles, comme illustré dans l'exemple 6.9. Néanmoins, les commandes de configuration ne permettaient pas à l'utilisateur d'insérer où bon lui semblait de nouvelles instructions **permit** ou **deny**. Les nouvelles commandes étaient systématiquement ajoutées en fin de liste.

Avec l'IOS 12.3, Cisco a introduit plusieurs autres options de configuration qui s'appliquent à la fois aux ACL nommées et aux ACL numérotées. Ces options tirent parti d'un numéro de séquence qui est associé à chaque instruction **permit** ou **deny**, ces numéros reflétant la séquence des instructions dans la liste. Voici en quoi ces numéros facilitent la modification d'une ACL :

Sujet clé

- Une instruction **permit** ou **deny** individuelle peut être supprimée en désignant simplement son numéro de séquence, sans avoir à supprimer la liste entière.
- Les instructions **permit** et **deny** ajoutées à une ACL existante peuvent être configurées avec un numéro de séquence qui détermine leur emplacement dans la liste.
- Les instructions **permit** et **deny** qui sont ajoutées à une ACL existante sans numéro de séquence en reçoivent quand même un de la part de l'IOS, lequel les place automatiquement en fin de liste.

Pour pouvoir exploiter cette possibilité de suppression et d'insertion de lignes individuelles, il convient d'appliquer le même style général de configuration et les mêmes commandes aux deux types d'ACL, numérotées et nommées. La seule différence est d'ordre syntaxique puisque la liste reçoit soit un nom soit un numéro. L'exemple 6.10 illustre la configuration d'une ACL pour IP numérotée standard avec des numéros de séquence. Voici ce qui se passe dans cet exemple :

Étape 1 L'ACL 24 est créée avec trois commandes **permit** en utilisant le nouveau style de configuration.

Étape 2 La commande **show ip access-list** montre ces trois commandes, dont les numéros de séquence sont respectivement 10, 20 et 30.

Étape 3 Le technicien supprime la deuxième instruction **permit** en exécutant la sous-commande **no 20**, laquelle se réfère simplement au numéro de séquence 20.

Étape 4 La commande **show ip access-list** confirme ensuite qu'il ne reste plus que deux instructions dans l'ACL (numéros de séquence 10 et 30).

Étape 5 Le technicien insère une instruction **deny** au début de l'ACL, en utilisant la sous-commande **5 deny 10.1.1.1**.

Étape 6 La commande **show ip access-list** confirme la prise en compte du changement, affichant trois instructions numérotées 5, 10 et 30.

INFO

Pour cet exemple, notez que l'utilisateur ne quitte pas le mode de configuration, utilisant la commande **do** pour indiquer à l'IOS d'exécuter la commande EXEC **show ip access-list** à partir de ce mode.

Exemple 6.10 *Modification d'une ACL au moyen de numéros de séquence*

```
! Étape 1 : Création d'une ACL standard numérotée avec trois lignes.
R1#configure terminal
Enter configuration commands, one per line.  End with Ctrl-Z.
R1(config)# ip access-list standard 24
R1(config-std-nacl)#permit 10.1.1.0 0.0.0.255
R1(config-std-nacl)#permit 10.1.2.0 0.0.0.255
R1(config-std-nacl)#permit 10.1.3.0 0.0.0.255
! Étape 2 : Affichage du contenu de l'ACL sans quitter le mode
!           de configuration.
R1(config-std-nacl)#do show ip access-list 24
Standard IP access list 24
    10 permit 10.1.1.0, wildcard bits 0.0.0.255
    20 permit 10.1.2.0, wildcard bits 0.0.0.255
    30 permit 10.1.3.0, wildcard bits 0.0.0.255
! Étape 3 : Dans le mode de configuration de l'ACL 24, suppression
!           de la ligne numéro 20.
```

Exemple 6.10 *Modification d'une ACL au moyen de numéros de séquence (suite)*

```
R1(config-std-nacl)#no 20
! Étape 4 : Affichage du contenu de l'ACL sans quitter le mode
! de configuration. Notez l'absence de l'entrée 20.
R1(config-std-nacl)#do show ip access-list 24
Standard IP access list 24
    10 permit 10.1.1.0, wildcard bits 0.0.0.255
    30 permit 10.1.3.0, wildcard bits 0.0.0.255
! Étape 5 : Insertion d'une nouvelle ligne en début de liste.
R1(config-std-nacl)#5 deny 10.1.1.1
! Étape 6 : Affichage du contenu de l'ACL. Notez la présence
! de la nouvelle instruction en début de liste.
R1(config-std-nacl)#do show ip access-list 24
Standard IP access list 24
     5 deny   10.1.1.1
    10 permit 10.1.1.0, wildcard bits 0.0.0.255
    30 permit 10.1.3.0, wildcard bits 0.0.0.255
```

Il est intéressant de noter que les ACL numérotées peuvent être créées avec le nouveau style de configuration, comme le montre l'exemple 6.10, ou bien avec l'ancien style, à l'aide de commandes globales **access-list**, comme illustré dans les premiers exemples de ce chapitre. Il est même possible d'appliquer les deux styles de configuration à une même ACL. Mais quel que soit le style choisi, la commande **show running-config** affiche toujours les instructions dans leur forme ancienne. L'exemple 6.11 illustre cela, poursuivant l'exemple précédent avec les étapes additionnelles suivantes :

Étape 7 Le technicien affiche la configuration (**show running-config**), laquelle apparaît dans l'ancien style malgré le fait que l'ACL a été créée avec le nouveau style.

Étape 8 Il ajoute une instruction au moyen de la commande globale de configuration **access-list 24 permit 10.1.4.0 0.0.0.255** (ancien style). La nouvelle ligne est donc insérée en fin de liste.

Étape 9 La commande **show ip access-list** confirme l'ajout de la nouvelle instruction en fin de liste.

Étape 10 Le technicien affiche une nouvelle fois la configuration. Les parties de l'ACL 24 configurées dans des styles différents sont toutes deux affichées dans leur forme ancienne.

Exemple 6.11 *Complément et affichage de la configuration d'une ACL numérotée*

```
! Étape 7 : Extrait de la configuration de l'ACL 24.
R1#show running-config
access-list 24 deny   10.1.1.1
access-list 24 permit 10.1.1.0 0.0.0.255
access-list 24 permit 10.1.3.0 0.0.0.255

! Étape 8 : Ajout d'une commande access-list 24
R1#configure terminal
Enter configuration commands, one per line.  End with CNTL/Z.
R1(config)# access-list 24 permit 10.1.4.0 0.0.0.255
R1(config)#^Z
! Étape 9 : Affichage du contenu de l'ACL, avec les numéros de séquence.
! La nouvelle instruction reçoit automatiquement un numéro de séquence.
R1#show ip access-list 24
Standard IP access list 24
    5 deny   10.1.1.1
    10 permit 10.1.1.0, wildcard bits 0.0.0.255
    30 permit 10.1.3.0, wildcard bits 0.0.0.255
    40 permit 10.1.4.0, wildcard bits 0.0.0.255
!
! Étape 10 : La configuration de l'ACL demeure dans l'ancien style.
R1#show running-config
access-list 24 deny   10.1.1.1
access-list 24 permit 10.1.1.0 0.0.0.255
access-list 24 permit 10.1.3.0 0.0.0.255
access-list 24 permit 10.1.4.0 0.0.0.255
```

Sujets divers relatifs aux ACL

Cette dernière section aborde des sujets divers en rapport avec les ACL. Elle décrit d'abord comment filtrer le trafic Telnet et SSH en utilisant des ACL. Elle expose ensuite certaines règles générales d'implémentation, puis termine par une brève présentation de trois autres types d'ACL : les ACL réflexives, les ACL dynamiques et les ACL avec contraintes de temps.

Contrôle de l'accès Telnet et SSH avec des ACL

Il est possible de contrôler l'accès distant à un routeur en utilisant des ACL qui examinent les ports connus empruntés par le trafic Telnet (23) et le trafic SSH (22). Si le technicien procédait en activant des ACL sur les interfaces au moyen de la sous-commande **ip access-group**, il faudrait contrôler toutes les adresses IP du routeur ainsi que les ports Telnet et SSH. Et l'ajout de toute nouvelle interface demanderait de mettre à jour les ACL.

L'IOS offre une option beaucoup plus simple pour filtrer le trafic qui entre et sort des ports de lignes vty (terminaux virtuels). Les ports vty servent à accéder *via* Telnet ou SSH à l'IOS d'un routeur à partir d'un hôte ou d'un autre routeur. Vous pouvez donc appliquer des ACL à ces ports pour limiter les hôtes IP autorisés à ouvrir une session Telnet sur un routeur mais aussi ceux auxquels ce dernier peut accéder.

Par exemple, imaginez que les hôtes du sous-réseau 10.1.1.0/24 soient les seuls à pouvoir établir une connexion Telnet sur les routeurs Cisco d'un réseau. La configuration présentée dans l'exemple 6.12 pourrait être appliquée à chacun des routeurs pour refuser l'accès à des adresses IP provenant d'un autre sous-réseau.

Exemple 6.12 *Contrôle de l'accès Telnet au moyen de la commande* **access-class**

```
line vty 0 4
 login
 password cisco
 access-class 3 in
! La commande suivante est globale
 access-list 3 permit 10.1.1.0 0.0.0.255
```

La commande **access-class** se réfère à la logique de comparaison de la commande **access-list 3**. Le mot clé **in** signifie qu'elle s'applique aux connexions Telnet en direction de ce routeur. Telle qu'elle est configurée, l'ACL 3 indique à ce dernier qu'il doit vérifier l'adresse IP source des paquets pour les connexions Telnet entrantes.

Si la commande **access-class 3 out** avait été spécifiée, la liste aurait indiqué qu'il fallait vérifier les connexions Telnet sortantes, et donc l'adresse IP de destination des paquets. En effet, contrôler l'adresse source - qui par définition serait celle de l'une des interfaces du routeur – n'aurait pas grand sens étant donné le but recherché. Par conséquent, l'emploi de cette commande, et en particulier du mot clé **out**, est une des rares occasions où une ACL standard sert à examiner l'adresse IP de destination, et non l'adresse source.

Considérations relatives à l'implémentation de listes d'accès

Sur les réseaux IP de production, la création, le dépannage et la mise à jour de listes de contrôle d'accès peut consommer beaucoup de temps. Même si l'examen ICND2 ne comprend que peu de questions sur les aspects délicats de l'implémentation de ces listes, il en aborde néanmoins certains qui sont traités dans cette section.

Cisco émet les recommandations générales suivantes dont la certification CCNA s'inspire en partie :

Sujet clé

- Créez vos ACL dans un éditeur de texte en dehors du routeur et copiez-les ensuite dans sa configuration (malgré la possibilité actuelle de supprimer et d'insérer des lignes individuelles, cette approche reste préférable car plus rapide).

- Placez les ACL étendues au plus près de la source des paquets pour que ceux qui doivent être éliminés le soient rapidement.
- Placez les ACL standard au plus près de la destination des paquets, car lorsqu'elles sont placées près de la source, elles provoquent souvent l'élimination de paquets qui devraient normalement être transmis.
- Placez les instructions plus spécifiques en début de liste.
- Désactivez une ACL (au moyen de la commande **no ip access-group**) avant d'y apporter des modifications.

Le fait d'élaborer vos ACL dans un éditeur de texte et de les stocker en dehors du routeur vous permet de corriger plus facilement les erreurs de frappe et de configuration. Cette suggestion n'est plus aussi importante qu'elle l'était avant la version 12.3 de l'IOS, car depuis les lignes d'une ACL peuvent être numérotées ainsi que supprimées et insérées individuellement.

INFO

Lorsque vous créez toutes vos ACL dans un éditeur de texte, il peut être commode de débuter chaque fichier par la commande **no access-list** *numéro*, suivie des commandes de configuration de l'ACL. Ensuite, chaque fois que vous apportez des modifications à l'ACL, il vous suffit de copier-coller le contenu entier du fichier, la première ligne supprimant l'ACL existante et le reste des instructions recréant l'ACL.

Les deuxième et troisième points concernent le placement de vos ACL sur le réseau. Le fait de filtrer les paquets le plus près possible de leur source économise la bande passante du réseau, et constitue par conséquent l'approche la plus efficace. C'est ce que Cisco préconise pour les ACL étendues.

Il suggère toutefois l'inverse pour les ACL standard (du moins dans le cours CCNA), c'est-à-dire de les placer le plus près possible de la destination des paquets. Pourquoi ? Étant donné qu'elles examinent uniquement l'adresse IP source, elles ont tendance à filtrer plus de paquets qu'elles ne le devraient lorsqu'elles sont proches de la source. Par exemple, imaginez que Fred et Barney soient séparés par quatre routeurs. Si vous bloquez le trafic de Barney en direction de Fred sur le premier routeur, il ne pourra atteindre aucun des hôtes proches des trois autres routeurs.

Ensuite, en plaçant les instructions plus spécifiques en premier dans chaque liste, vous aurez plus de chances de filtrer tous les paquets voulus. Par exemple, imaginez une instruction qui accepte tout le trafic provenant de 10.1.1.1 vers 10.2.2.2 et destiné au port 80 (Web), et une autre instruction qui rejette tous les paquets qui proviennent du sous-réseau 10.1.1.0/24. Il se trouve que les paquets de l'hôte 10.1.1.1 envoyés à un serveur Web sur 10.2.2.2 correspondent aux deux instructions. Comme les entrées d'une liste sont traitées en séquence, vous préférerez probablement placer la seconde instruction avant la première.

Enfin, il est recommandé de désactiver une ACL avant de la modifier. Heureusement, lorsqu'une liste a été activée sur une interface à l'aide de la commande **ip access-group** et que vous la supprimez, l'IOS cesse de filtrer les paquets (ce qui n'était pas toujours le cas avec les versions précédentes de l'IOS). Mais dès que vous ajoutez une commande à une liste ACL, l'IOS commence à filtrer. Supposez que l'ACL 101 soit activée sur l'interface S0 en sortie. Vous la supprimez pour que tous les paquets soient de nouveau autorisés à circuler. Puis vous saisissez une seule commande **access-list 101**. Aussitôt que vous appuyez sur Entrée, la liste est créée et le routeur commence à contrôler tous les paquets qui quittent l'interface S0 sur la base de cette seule instruction. Ainsi, lors de la configuration d'une longue ACL, vous risquez de filtrer temporairement des paquets que vous ne voudriez pas bloquer. La meilleure approche consiste donc d'abord à désactiver la liste puis à la réactiver sur l'interface une fois les changements nécessaires accomplis.

ACL réflexives

Les ACL réflexives, également appelées filtres de session IP, permettent de se protéger contre un certain type d'attaque en autorisant chaque session TCP ou UDP sur une base individuelle. Lorsque le routeur voit le premier paquet d'une nouvelle session entre deux hôtes, il ajoute une instruction **permit** à l'ACL pour autoriser le trafic de cette session sur la base des adresses IP et des ports TCP/UDP source et de destination.

La figure 6.9 illustre la faille de sécurité créée par une ACL traditionnelle. Une ACL réflexive serait ici nécessaire. Dans la plupart des entreprises, les utilisateurs doivent pouvoir se connecter aux serveurs Web sur Internet au moyen d'un navigateur. Une ACL étendue pourrait autoriser le trafic entre deux adresses IP quelles qu'elles soient, à condition de contrôler également le port TCP utilisé par HTTP (port 80). La figure présente une ACL qui contrôle les paquets arrivant sur le réseau de l'entreprise et dont le port source est 80, signifiant qu'ils proviennent d'un serveur Web.

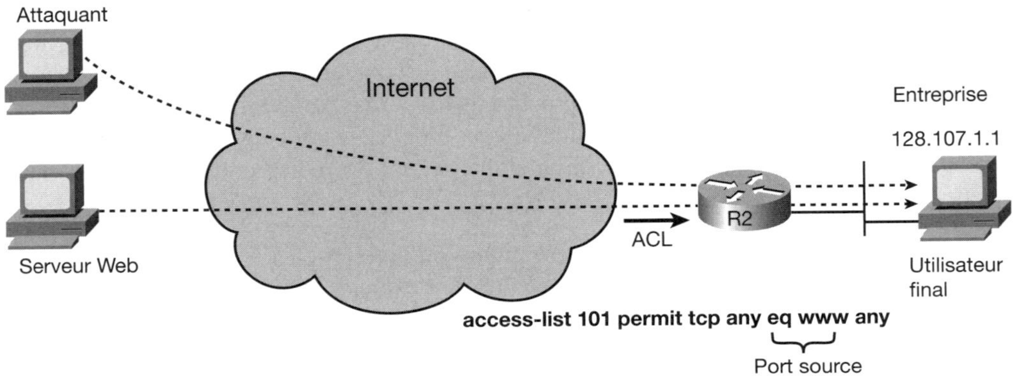

Figure 6.9
Nécessité de recourir à des ACL réflexives.

L'ACL configurée sur R2 filtre tout le trafic entrant à l'exception de celui en provenance des serveurs Web. Cela permet au serveur Web sur la gauche d'envoyer des paquets à l'utilisateur final sur la droite. Le problème est que le routeur autoriserait aussi dans ce cas les paquets d'un attaquant éventuel utilisant le port source 80. Et ces paquets n'ont pas besoin de faire partie d'une connexion TCP existante pour être dangereux. Plusieurs attaques connues sont possibles, depuis une simple attaque par déni de service (DoS) à des attaques touchant directement le système d'exploitation.

Les ACL réflexives autorisent les utilisateurs légitimes à envoyer et recevoir des paquets *via* le routeur tout en supprimant les paquets des autres hôtes, comme ceux de l'attaquant dans la figure 6.9. Lorsque l'utilisateur au sein de l'entreprise crée une nouvelle session, le routeur le remarque et consigne les adresses IP et les ports source et de destination de cette session. Ainsi, l'ACL sur R2 n'autoriserait pas tout le trafic pour le port 80 mais seulement les paquets dont les adresses et les ports correspondent à ceux du paquet initial. En supposant que l'ordinateur sur la droite entame une session avec le serveur Web légitime, avec le port source 1030, R2 autoriserait uniquement les paquets suivants en provenance d'Internet : adresse IP source 64.100.2.2, adresse IP de destination 128.107.1.1, port source 80, port de destination 1030. Seuls les paquets de cette session pourrait traverser le routeur, le reste du trafic étant supprimé.

Ce type d'ACL demande une configuration additionnelle ainsi que l'utilisation d'ACL étendues nommées.

ACL dynamiques

Les ACL dynamiques permettent de résoudre un autre problème contre lequel les ACL traditionnelles ne peuvent rien. Imaginez un groupe de serveurs auquel seuls quelques utilisateurs sont en droit d'accéder. Pour contrôler les adresses IP de ces hôtes, vous pourriez employer des ACL traditionnelles. Cependant, en supposant qu'un utilisateur emprunte un autre PC, obtienne un autre bail DHCP, ou emporte son ordinateur portable chez lui, il se retrouverait avec une adresse IP différente. L'ACL classique devrait donc être modifiée pour supporter chaque nouvelle adresse IP. La maintenance d'une ACL qui contrôle toutes ces adresses se révélerait laborieuse avec le temps, sans compter la faille potentielle de sécurité avant l'introduction d'une nouvelle adresse dans l'ACL.

Une ACL dynamique permet de préserver la sécurité du réseau en ce qu'elle est associée au processus d'authentification d'un utilisateur. Avant de pouvoir se connecter à un serveur donné, l'utilisateur doit d'abord ouvrir une session Telnet sur un routeur en fournissant à ce dernier une combinaison nom d'utilisateur/mot de passe correcte. Si l'utilisateur est authentifié, le routeur modifie dynamiquement l'ACL associée, autorisant le trafic pour l'adresse IP de l'hôte de l'utilisateur. À l'issue d'une certaine période d'inactivité, le routeur supprime l'entrée dynamique de l'ACL, éliminant ainsi la faille de sécurité potentielle. La figure 6.10 illustre ce processus.

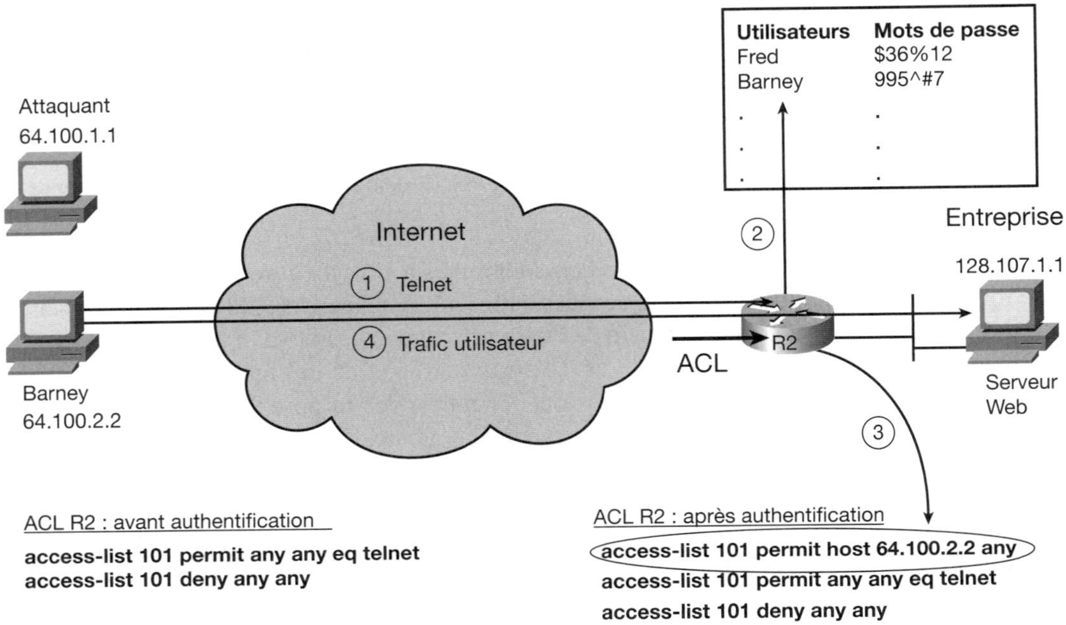

Figure 6.10
ACL dynamiques.

Dans cet exemple, le routeur bloque tous les paquets à l'exception du trafic Telnet (bien que la figure montre une ACL qui autorise le trafic Telnet vers n'importe quelle adresse IP, ce trafic devrait normalement être limité à une des adresses IP du routeur). Pour déclencher le processus illustré, voici ce qui se produit :

Étape 1 L'utilisateur se connecte au routeur *via* Telnet.

Étape 2 Il fournit une combinaison nom d'utilisateur/mot de passe que le routeur compare à une liste pour procéder à l'authentification.

Étape 3 À l'issue de l'authentification, le routeur ajoute dynamiquement une entrée au début de l'ACL pour autoriser le trafic émis par l'hôte identifié.

Étape 4 Les paquets émis par cet hôte peuvent alors traverser le routeur en direction du serveur.

ACL avec contraintes de temps

Les ACL pour IP (numérotées et nommées) peuvent également être configurées avec des contraintes de temps. Dans certains cas, il peut en effet être utile de contrôler les paquets à des moments précis de la journée ou certains jours de la semaine. Après avoir défini des contraintes de temps, l'IOS se charge automatiquement d'activer ou de désactiver les instructions correspondantes aux moments voulus.

Préparation à l'examen

Sujets clés à réviser

Révisez les sujets les plus importants du chapitre, repérés dans la marge par le pictogramme « Sujet clé » et récapitulés dans le tableau 6.8.

Sujet clé

Tableau 6.8 : Sujets clés du chapitre

Emplacement	*Description*	*Numéro de page*
Figure 6.2	Logique de filtrage d'une ACL selon qu'elle est configurée en entrée ou en sortie	239
Liste	Logique de traitement des instructions d'une ACL	240
Tableau 6.2	Exemples de masques génériques pour des ACL	241
Liste	Raccourcis pour déterminer les valeurs d'une commande **access-list** permettant d'établir une correspondance avec un numéro de sous-réseau, à partir du numéro et du masque de sous-réseau	242
Liste	Raccourcis pour interpréter l'adresse et le masque générique d'une commande **access-list** en tant que numéro et masque de sous-réseau	243
Liste	Étapes de planification et de configuration d'une ACL	244
Tableau 6.3	Champs comparables au moyen d'une ACL standard et d'une ACL étendue	250
Liste	Points importants pour un filtrage ACL impliquant des numéros de ports TCP/UDP	251
Figure 6.6	Filtrage des paquets d'après le port source	252
Liste	Différences de configuration entre une ACL standard et une ACL étendue	254
Tableau 6.7	Opérateurs utilisés pour un filtrage par numéros de port	254
Liste	Avantages des numéros de séquence pour les ACL nommées et numérotées	260
Liste	Recommandations d'après la certification CCNA	264

Tableaux et listes à compléter

Complétez de mémoire les tableaux et listes concernant ce chapitre qui figurent dans l'annexe J, puis reportez-vous à l'annexe K pour comparer vos réponses à celles qui vous sont fournies. Ces annexes figurent sur le CD-ROM.

Termes clés à définir

Donnez la définition des termes suivants et comparez vos réponses avec le glossaire :

ACL étendue, ACL nommée, ACL standard, masque générique, ACL dynamique, ACL réflexive.

Scénarios de l'annexe F à lire

L'annexe F « *Additional Scenarios* » contient cinq scénarios supplémentaires, mettant en application l'interrelation de concepts de divers chapitres, qui vous permettront de vous entraîner d'avantage à l'analyse de conceptions, de problèmes et de résultats de commandes. C'est le scénario 3 qui traite des ACL pour IP.

Référence de commandes

La lecture du chapitre et la réalisation des exercices de préparation à l'examen devraient vous avoir appris indirectement les commandes de configuration et EXEC qui y sont utilisées. Même s'il ne vous est pas demandé de mémoriser dans le détail les descriptions données, les tableaux 6.9 et 6.10 de cette section vous permettront de contrôler votre niveau de connaissance du rôle de ces commandes. Pour cela, masquez la partie gauche du tableau et tentez d'identifier les commandes concernées à partir des informations données.

Tableau 6.9 : Référence des commandes de configuration de ce chapitre

Commande	*Description*
access-list *numéro-ACL* {**deny** | **permit**} *source* [*masque-gén.-source*] [**log**]	Commande globale pour des ACL standard numérotées. Utiliser des numéros entre 1 et 99 ou entre 1300 et 1999 inclus.
access-list *numéro-ACL* {**deny** | **permit**} *protocole source masque-gén.-source destination masque-gén.-destination* [**log**]	Commande globale pour des ACL étendues numérotées. Utiliser des numéros entre 100 et 199 ou entre 2000 et 2699 inclus.
access-list *numéro-ACL*{**deny** | **permit**} **tcp** *source masque-gén.-source* [*opérateur* [*port*]] *destination masque-gén.-destination* [*opérateur* [*port*]] [**log**]	Variante **access-list** pour TCP.
access-list *numéro-ACL* **remark** *texte*	Définit un commentaire qui rappelle l'effet de la liste d'accès.
ip access-group {*numéro* | *nom* [**in** | **out**]}	Sous-commande d'interface pour activer des listes d'accès.
access-class *numéro* | *nom* [**in** | **out**]	Sous-commande de ligne pour activer des listes standard ou étendues.

Tableau 6.9 : Référence des commandes de configuration de ce chapitre *(suite)*

Commande	*Description*
ip access-list {**standard** | **extended**} *nom*	Commande globale pour configurer des listes standard ou étendues nommées et entrer dans le mode de configuration d'ACL.
{**deny** | **permit**} *source* [*masque-gén.-source*] [**log**]	Sous-commande du mode d'ACL pour configurer les détails de filtrage et l'action de listes standard nommées.
{**deny** | **permit**} *protocole source masque-gén.-source destination masque-gén.-destination* [**log**]	Sous-commande du mode d'ACL pour configurer les détails de filtrage et l'action de listes étendues nommées.
{**deny** | **permit**} **tcp** *source masque-gén.-source* [*opérateur* [*port*]] *destination masque-gén.-destination* [*opérateur* [*port*]] [**log**]	Sous-commande du mode d'ACL pour configurer les détails de filtrage et l'action de listes nommées pour TCP.
remark *texte*	Sous-commande du mode d'ACL pour configurer une description de listes nommées.

Tableau 6.10 : Référence des commandes EXEC de ce chapitre

Commande	*Description*
show ip interface [*type numéro*]	Affiche une référence aux listes d'accès activées sur l'interface.
show access-lists [*numéro-ACL*| *nom-ACL*]	Affiche des détails sur les listes d'accès configurées pour tous les protocoles.
show ip access-list [*numéro-ACL*| *nom-ACL*]	Affiche les listes d'accès pour IP.

7

Dépannage du routage IP

Au sommaire de ce chapitre

- **Les commandes *ping* et *traceroute*.** Cette section explique le fonctionnement des commandes **ping** et **traceroute** et leur utilité dans le cadre du dépannage des problèmes de routage.
- **Dépannage du processus de transmission des paquets.** Cette section examine le processus de transmission des paquets au niveau des hôtes et des routeurs. Elle aborde également la transmission entre deux hôtes, dans les deux directions.
- **Outils et conseils de dépannage.** Cette dernière section couvre une variété d'aspects qui affectent le processus de transmission des paquets, et donne de nombreux conseils sur divers principes et commandes facilitant le dépannage.

Ce chapitre de dépannage aborde différents thèmes. Il examine divers outils et fonctions non couverts dans les chapitres 4 à 6, pouvant être très utiles pour l'analyse de problèmes. Il revoit aussi des concepts issus des trois autres chapitres de la Partie II, en décrivant un processus de dépannage de problèmes de routage. De plus, la seconde moitié du chapitre suggère des conseils de dépannage relatifs à divers sujets traités dans les chapitres 4 à 6.

Questionnaire d'évaluation

Les chapitres de dépannage de ce livre n'incluent pas de questionnaire de révision, car ils rassemblent des concepts traités dans de nombreux autres chapitres, y compris dans ceux du livre *Préparation à la certification CCNA ICND1 et CCENT*, et montrent comment aborder certaines des questions d'examen les plus difficiles. Aussi, devriez-vous les lire quel que soit le niveau actuel de vos connaissances. Cependant, si vous pensez maîtriser les principes de dépannage du routage IP présentés dans ce livre et celui dédié à l'ICND1, vous pouvez envisager d'aborder directement la section « Préparation à l'examen » en fin de chapitre.

Connaissances fondamentales

Ce chapitre se consacre au dépannage du processus de routage IP. Il débute par la présentation de deux outils de dépannage essentiels que sont les commandes **ping** et **traceroute**, se poursuit avec l'identification des problèmes et de leurs causes, puis finit en abordant une variété de sujets susceptibles de vous aider lors de procédures de dépannage.

INFO

Ce chapitre et le chapitre 15 de l'ouvrage *Préparation à la certification CCNA ICND1 et CCENT* expliquent en détail comment dépanner le processus de routage IP. Le routage IP étant un sujet fondamental, aussi bien pour les examens ICND1 et ICND2 que l'examen CCNA, il en résulte des recouvrements au niveau des examens comme des livres. Le présent chapitre traite néanmoins de nombreux sujets qui dépassent le niveau de détail requis pour l'examen ICND1. Pour être parfaitement préparé, lisez-le en entier, mais n'hésitez pas à ignorer les sections faisant double emploi avec le livre ICND1.

Commandes ping et traceroute

Cette section suggère une approche de dépannage du routage IP – en d'autres termes, du processus de niveau plan de données par lequel les hôtes et les routeurs transmettent des paquets IP. Elle commence par examiner certains outils et protocoles utiles à cette fin, en particulier le protocole ICMP et les commandes **ping** et **traceroute**, puis donne quelques exemples de l'approche générale à suivre.

Protocole ICMP (Internet Control Message Protocol)

La suite TCP/IP inclut ICMP, un protocole participant au contrôle et à la gestion du fonctionnement d'un réseau TCP/IP. Il fournit une variété d'informations sur la santé du réseau et son état fonctionnel. Il définit pour cela un ensemble de messages et de procédures relatives au fonctionnement d'IP, raison pour laquelle il est considéré comme faisant partie de la couche Réseau de TCP/IP. Ces messages étant véhiculés dans des paquets IP sans en-tête de la couche Transport, il s'agit véritablement d'une extension d'IP.

Il est défini dans le RFC 792 dont voici un extrait :

> Occasionnellement, une passerelle (un routeur) ou un hôte de destination peut vouloir communiquer avec un hôte source, par exemple pour signaler une erreur dans le traitement d'un datagramme. C'est dans ce type de situations que le protocole ICMP est employé. Il s'appuie sur IP, comme s'il s'agissait d'un protocole de couche supérieure. Il fait toutefois partie intégrante d'IP et doit être implémenté par chaque module IP.

Le tableau 7.1 présente les différents types de messages utilisés par ICMP pour accomplir diverses tâches.

Tableau 7.1 : Types de messages ICMP

Sujet clé

Message	*Description*
Destination inaccessible (*Destination Unreachable*)	Signale à l'hôte source un problème de livraison d'un paquet.
Temps dépassé (*Time Exceeded*)	Le délai imparti à la livraison d'un paquet a expiré et le paquet a été supprimé.
Redirection (*Redirect*)	Le routeur à l'origine de ce message a reçu un paquet pour lequel il existait une meilleure route par l'intermédiaire d'un autre routeur. Ce message demande à l'émetteur du paquet d'utiliser cette route.
Écho (*Echo*)	Ce message est utilisé par la commande **ping** pour vérifier la connectivité.

Requête et réponse d'écho ICMP

Les messages ICMP de requête et de réponse d'écho (*Echo Request* et *Echo Reply*) sont envoyés et reçus au moyen de la commande **ping**. En fait, lorsque quelqu'un dit « *faire un ping* », il s'agit de l'envoi d'une requête d'écho ICMP, et l'hôte destinataire doit répondre par un message ICMP de réponse d'écho. La requête peut contenir des informations spécifiées dans la commande **ping** et qui seront renvoyées dans la réponse.

La commande **ping** offre de nombreuses options. Elle permet par exemple de spécifier la longueur des datagrammes ainsi que les adresses des hôtes source et de destination. Elle autorise aussi la définition d'autres champs dans l'en-tête. Le chapitre 4 donne un exemple de commande **ping** étendue listant les différentes options.

Message ICMP de destination inaccessible

Bien que ce livre se concentre sur IP, il ne faut pas perdre de vue que c'est la pile TCP/IP tout entière qui est chargée de transmettre les données de l'application émettrice à l'application réceptrice. Le message Destination Unreachable est envoyé à l'hôte émetteur par un hôte ou un routeur lorsque celui-ci n'a pas pu remettre un paquet dans sa totalité à l'application qui se trouve sur l'hôte de destination.

Étant donné qu'il peut y avoir de nombreuses raisons à la non-livraison d'un paquet, cinq codes d'inaccessibilité ont été prévus pour préciser le problème signalé par ce message. Ces codes se rapportent directement à certaines fonctionnalités des protocoles IP, TCP ou UDP. Le réseau de la figure 7.1 nous servira dans la description de certains de ces codes.

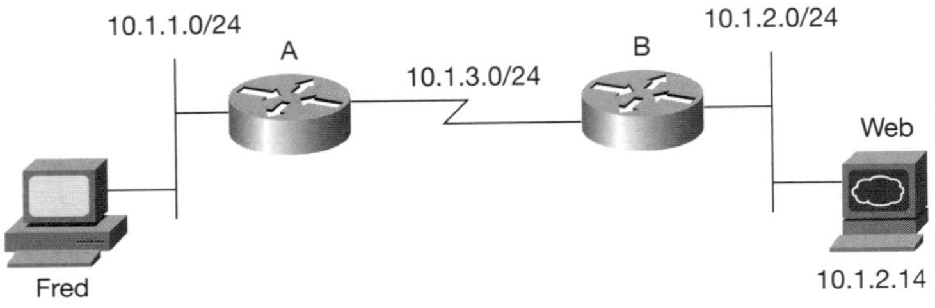

Figure 7.1
Exemple de réseau servant à l'explication des codes ICMP d'inaccessibilité.

Imaginez que Fred tente de se connecter au serveur Web (qui utilise HTTP, lequel s'appuie sur TCP comme protocole de transport). Trois des codes ICMP d'inaccessibilité peuvent être employés par les routeurs A et B. Les deux autres codes sont utilisés par le serveur Web. Ces codes sont transmis à Fred en réponse à un paquet qu'il a initialement émis.

Le tableau 7.2 présente les codes ICMP d'inaccessibilité les plus fréquemment rencontrés. La section qui suit décrit, pour chaque code, la situation dans laquelle on pourrait faire appel à lui dans le contexte du réseau illustré figure 7.1.

Tableau 7.2 : Codes ICMP d'inaccessibilité

Code	*Condition d'utilisation*	*Généralement employé par*
Réseau inaccessible (*network unreachable*)	Aucune correspondance n'est trouvée dans la table de routage pour la destination du paquet.	Routeur
Hôte inaccessible (*host unreachable*)	Le paquet peut être routé vers un routeur connecté au sous-réseau de destination, mais l'hôte de destination ne répond pas.	Routeur
Fragmentation impossible (*can't fragment*)	Le bit de non-fragmentation du paquet a été activé, mais le routeur doit fragmenter le paquet pour pouvoir le transmettre.	Routeur
Protocole inaccessible (*protocol unreachable*)	Le paquet est remis à l'hôte de destination, mais le protocole de la couche transport n'est pas disponible sur cet hôte.	Hôte de destination
Port inaccessible (*port unreachable*)	Le paquet est remis à l'hôte de destination, mais le port de destination n'a été ouvert par aucune application.	Hôte de destination

Chacun des codes du tableau 7.2 est décrit ci-après plus en détail, en prenant pour exemple le réseau de la figure 7.1 :

- **Réseau inaccessible.** Le routeur A utilise ce code si sa table de routage ne contient aucune route lui indiquant où transmettre le paquet. Dans notre exemple, il a besoin d'une route vers le sous-réseau 10.1.2.0/24. En l'absence d'une route adéquate, il envoie un message ICMP avec le code de réseau inaccessible à Fred, en réponse au paquet que ce dernier a émis à destination de 10.1.2.14.

- **Hôte inaccessible.** Ce code indique que l'hôte de destination est inaccessible. Si le routeur A possède une route vers 10.1.2.0/24, le paquet est remis au routeur B. Si l'interface LAN de B fonctionne, ce routeur possède aussi une route connectée vers 10.1.2.0/24. Par contre, si le serveur Web présente un dysfonctionnement, B n'obtient pas de réponse ARP de sa part. Il envoie alors à Fred un message ICMP avec le code d'hôte inaccessible, signifiant qu'il possède une route mais ne peut transmettre directement le paquet à 10.1.2.14.
- **Fragmentation impossible.** Ce code est le dernier des trois codes ICMP d'inaccessibilité qui peuvent être envoyés par un routeur. Lorsqu'un routeur doit transmettre un paquet, mais que l'interface de sortie supporte seulement des paquets de plus petite taille, il peut le fragmenter. Si A ou B ont besoin de fragmenter un paquet mais que le bit de non-fragmentation a été activé dans l'en-tête IP, ils suppriment le paquet. Le routeur envoie alors à Fred un message ICMP avec le code de fragmentation impossible.
- **Protocole inaccessible.** Lorsqu'un paquet émis par Fred vers le serveur Web arrive à destination, deux autres codes ICMP d'inaccessibilité peuvent être utilisés. Le code de protocole inaccessible implique que le protocole au-dessus d'IP, généralement TCP ou UDP, n'est pas exécuté sur l'hôte. C'est fort peu probable dans la mesure où la plupart des systèmes d'exploitation qui implémentent TCP/IP fournissent les protocoles IP, TCP et UDP sous la forme d'une même suite protocolaire. Supposons néanmoins que le serveur Web reçoive un paquet de Fred alors que TCP ou UDP n'est pas disponible, il répond dans ce cas à Fred avec un message ICMP contenant le code de protocole inaccessible.
- **Port inaccessible.** Le code de port inaccessible, dont l'utilisation est aujourd'hui plus probable, est le second code d'inaccessibilité que peut employer l'hôte de destination. Si la machine hébergeant le serveur Web reçoit un paquet de Fred à destination du serveur Web, mais que le processus serveur n'est pas actif, le paquet ne peut pas lui être remis. Elle envoie alors à Fred un message ICMP avec ce code.

INFO

La plupart des stratégies de sécurité actuelles filtrent les divers messages ICMP d'inaccessibilité pour renforcer le profil de sécurité du réseau.

La commande **ping** liste diverses réponses qui, dans certains cas, impliquent qu'un message d'inaccessibilité a été reçu.

Le tableau 7.3 énumère les divers codes d'inaccessibilité pouvant être affichés par la commande **ping** du logiciel Cisco IOS.

Tableau 7.3 : Codes reçus par la commande *ping* en réponse à une requête d'écho ICMP

Code	*Description*
!	Réponse d'écho reçue.
.	Rien n'a été reçu avant l'expiration de la commande **ping**.
U	Message d'inaccessibilité (destination) reçu.
N	Message d'inaccessibilité (réseau/sous-réseau) reçu.
M	Message de fragmentation impossible reçu.
?	Paquet inconnu reçu.

Message ICMP de redirection

Les messages ICMP de redirection (*Redirect*) permettent aux routeurs d'indiquer aux hôtes d'utiliser un autre routeur que leur passerelle par défaut pour certaines adresses de destination. La plupart des hôtes sont configurés avec une adresse IP de routeur par défaut, à laquelle ils envoient les paquets destinés à d'autres sous-réseaux. Cependant, lorsque plusieurs routeurs sont rattachés au même sous-réseau, la passerelle par défaut d'un hôte ne représente pas forcément le routeur le plus approprié sur ce sous-réseau en direction de certaines adresses. La passerelle peut reconnaître cela et envoyer à l'hôte un message de redirection lui indiquant d'envoyer ses paquets à un autre routeur.

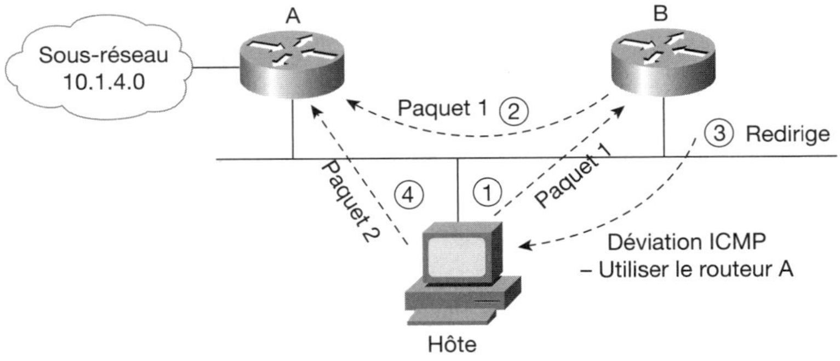

Figure 7.2
Redirection ICMP.

Par exemple, dans la figure 7.2, le PC utilise le routeur B comme routeur par défaut. Il envoie donc à B un paquet (étape 1 de la figure 7.2) destiné au sous-réseau 10.1.4.0 (le masque 255.255.255.0 s'applique à tous les sous-réseaux de l'exemple). B transmet le paquet en s'appuyant sur les indications de sa table de routage (étape 2) ; la route qu'il utilise passe par A qui possède une meilleure route vers ce sous-réseau. B envoie alors au PC un message ICMP de redirection (étape 3) pour lui demander d'envoyer directement à A les prochains paquets destinés au sous-réseau 10.1.4.0 (étape 4). Notez que le PC a néanmoins la possibilité d'ignorer ce message et de continuer à transmettre ses paquets à B.

Message ICMP de temps dépassé

Le message ICMP de temps dépassé (*Time Exceeded*) signale à un hôte que le paquet qu'il a envoyé a été supprimé parce que sa durée de vie a été dépassée. Les paquets ne sont en réalité pas chronométrés, mais pour empêcher que des paquets soient transmis indéfiniment en cas de boucle sur l'itinéraire, l'en-tête IP contient un champ de durée de vie, dénommé champ TTL (*Time To Live*), qui est diminué de 1 par chaque routeur rencontré sur l'itinéraire. Lorsqu'un routeur atteint une valeur TTL nulle lors de la décrémentation, il supprime le paquet. La figure 7.3 illustre ce processus.

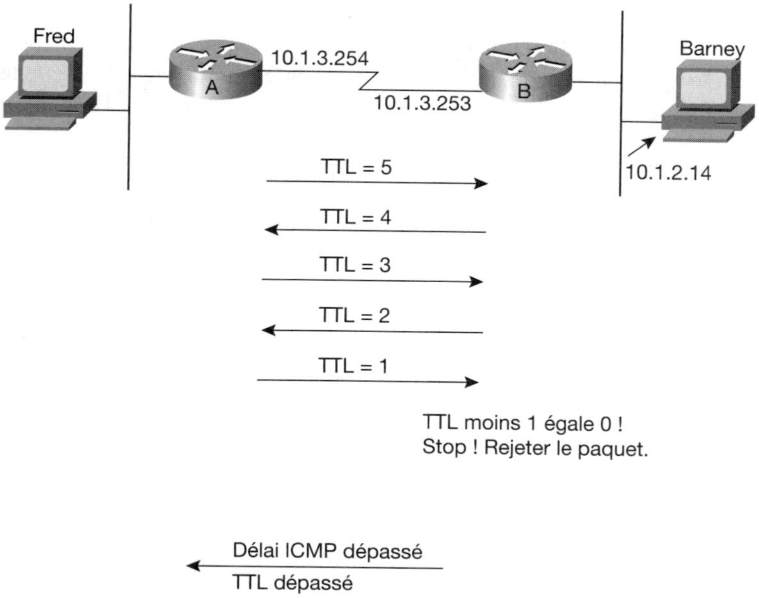

Figure 7.3
Décrémentation de la valeur TTL jusqu'à zéro.

Sujet clé

Comme vous pouvez le voir dans la figure, le routeur qui supprime le paquet envoie également à l'hôte émetteur un message ICMP de temps dépassé avec un code indiquant une durée de vie écoulée. Ainsi, l'émetteur sait que le paquet n'est pas arrivé à destination. Ces messages sont aussi utiles pour dépanner un réseau. Heureusement, ils ne sont pas trop fréquents. Lorsqu'ils le deviennent, cela signifie que vous êtes confronté à des problèmes de routage.

Commande *traceroute*

La commande **ping** est un puissant outil de dépannage qui permet de déterminer si une route donnée entre deux points du réseau fonctionne bien. Cependant, certains lui préfèrent la commande **traceroute**, car elle permet non seulement de déterminer si une route est opérationnelle, mais fournit aussi l'adresse IP de chaque routeur rencontré sur le parcours. Lorsqu'une route ne fonctionne pas, **traceroute** peut identifier l'endroit idéal où entamer le processus de dépannage.

Dans son fonctionnement, la commande IOS **traceroute** utilise les messages ICMP de temps dépassé ainsi que le champ TTL d'IP. Elle envoie des séries de messages avec des valeurs TTL croissantes en commençant par 1, et s'attend à ce qu'ils soient supprimés successivement par chaque routeur rencontré, lorsque la valeur TTL atteint 0, lequel envoie en retour un message ICMP de temps dépassé. L'adresse IP source du message permet d'identifier le routeur, et elle peut être affichée par la commande.

Pour mieux comprendre le fonctionnement de cette commande, examinons le premier ensemble de paquets qu'elle envoie, qui sont au nombre de trois par défaut. Il s'agit de paquets IP (s'appuyant sur UDP comme protocole de transport) dont le champ TTL contient la valeur 1. Lorsque le premier routeur en direction de la destination les reçoit, il en décrémente la valeur TTL qui atteint zéro, et supprime le paquet. Il envoie en réponse un message ICMP de temps dépassé. À réception de ce message, la commande **traceroute** découvre l'adresse IP du premier routeur.

Elle émet ensuite trois autres paquets avec la valeur TTL 2. Ceux-ci sont transmis par le premier routeur, puis par le deuxième, sur lequel la valeur TTL atteint zéro. Celui-ci envoie à son tour un message ICMP de temps dépassé, ce qui permet à la commande de prendre connaissance du deuxième routeur sur la route. Le processus se poursuit ainsi jusqu'à l'hôte de destination.

Pour que la commande **traceroute** puisse déterminer quand les paquets de test sont enfin arrivés à destination, ils incluent un numéro de port de destination UDP ayant peu de chances d'être utilisé. À réception, l'hôte de destination retourne alors un message ICMP de port inaccessible, ce qui permet à la commande de savoir qu'ils ont atteint le destinataire. Une fois la route complète connue, la commande se termine.

La figure 7.4 illustre ce processus avec un seul message (au lieu de trois) pour chaque valeur TTL. La commande **traceroute** est exécutée sur le routeur A pour déterminer la route vers Barney. L'exemple 7.1 présente le résultat sur A ainsi que la commande **debug** émise sur B montrant les trois messages de temps dépassé.

Exemple 7.1 *Commande* **traceroute** *sur le routeur A et commande* **debug** *sur le routeur B*

```
RouterA#traceroute 10.1.2.14


Type escape sequence to abort.
Tracing the route to 10.1.2.14
```

```
 1 10.1.3.253 8 msec 4 msec 4 msec
 2 10.1.2.14 12 msec 8 msec 4 msec
RouterA#
```

```
! Sur le routeur B maintenant.
! Le code suivant résulte de la commande traceroute sur A.
RouterB#debug ip icmp
RouterB#
ICMP: time exceeded (time to live) sent to 10.1.3.254 (dest was 10.1.2.14)
ICMP: time exceeded (time to live) sent to 10.1.3.254 (dest was 10.1.2.14)
ICMP: time exceeded (time to live) sent to 10.1.3.254 (dest was 10.1.2.14)
```

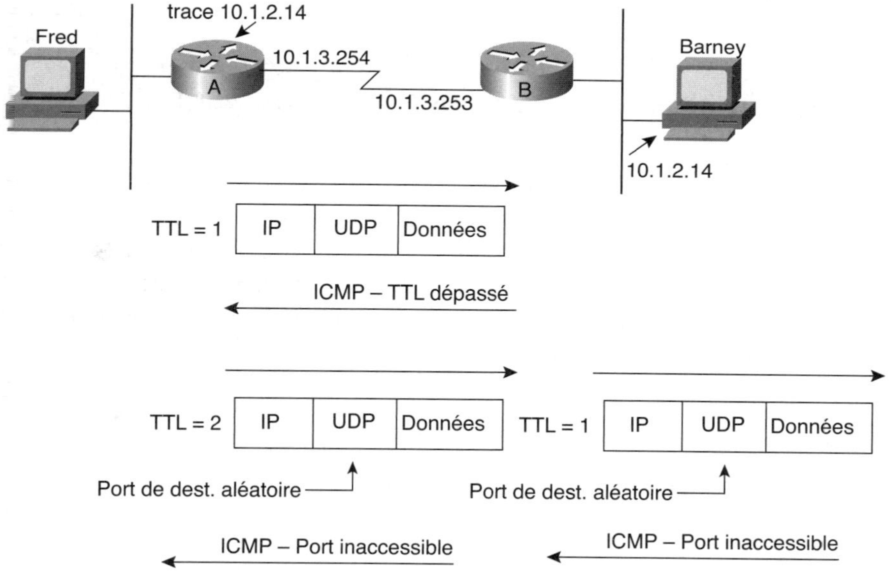

Figure 7.4
*Messages générés par la commande IOS **traceroute**.*

Sujet clé

Nous voyons que la commande **traceroute** retourne l'adresse IP du routeur B sur la première ligne, puis celle de l'hôte de destination sur la seconde ligne. B répond par un message *Time Exceeded* contenant comme adresse source l'adresse IP de son interface de sortie, qui est donc listée par la commande **traceroute**. Si cette adresse est connue d'un serveur DNS, ou si elle se trouve dans la table de noms d'hôtes du routeur A, la commande peut alors retourner le nom d'hôte à la place de l'adresse.

À l'instar de la commande **ping** étendue vue au chapitre 4, la version étendue de la commande **traceroute** est plus efficace pour simuler un hôte final comme source des paquets qu'elle émet, surtout pour tester la communication en retour. Dans l'exemple 7.1, la commande **traceroute** standard teste la route vers 10.1.2.14 et celle de retour vers 10.1.3.254, l'adresse de sortie utilisée par A. Avec la commande étendue, il serait possible de faire un test de retour plus pertinent, par exemple pour vérifier la communication jusqu'au sous-réseau du LAN situé à gauche du routeur A dans la figure. L'exemple 7.2 que nous verrons plus loin, exemplifie la commande étendue.

INFO

La commande **tracert** sur les systèmes d'exploitation Microsoft fonctionne de façon très analogue à la commande **traceroute** d'IOS, excepté qu'elle envoie des requêtes d'écho ICMP et n'utilise pas UDP. Ainsi, la présence de listes de contrôle d'accès IP pourrait provoquer l'échec de l'une ou l'autre de ces commandes alors que l'autre pourrait fonctionner.

Dépannage du processus de transmission de paquets

Le dépannage du processus de routage IP est l'une des tâches les plus complexes auxquelles sont confrontés les techniciens de réseau. Il sera donc utile d'adopter, là encore, une approche structurée. Le chapitre 4 en particulier, ainsi que les chapitres 5 et 6 ont déjà fourni des explications sur la première partie de la procédure de dépannage, à savoir ce qui doit se produire sur un réseau. Cette section est dédiée à la seconde partie de la procédure, l'identification du problème – pour des informations générales sur les techniques de dépannage, reportez-vous au chapitre 3.

INFO

Le dépannage détaillé de protocoles de routage sera décrit au chapitre 11.

Identification des problèmes de routage sur les hôtes

La procédure décrite dans ce chapitre séparera les étapes de dépannage liées aux hôtes de celles concernant les routeurs. Nous examinerons d'abord la situation où deux hôtes ne peuvent communiquer, relativement à leur passerelle par défaut, puis les problèmes liés au processus de transmission des routeurs.

Les étapes suivantes permettent de tester la connectivité entre l'hôte et le premier routeur sur l'itinéraire :

Sujet clé

Étape 1 Contrôlez la capacité de l'hôte à émettre au sein de son propre sous-réseau. Pour cela, faites un **ping** de l'adresse IP de la passerelle par défaut à partir de l'hôte, ou vice-versa. Si le **ping** échoue, procédez comme suit :

a. Vérifiez que l'interface utilisée sur le routeur se trouve dans un état *up/up*.

b. Vérifiez la concordance des masques et numéros de sous-réseau entre l'adresse de l'hôte et celle du routeur passerelle, ainsi que la conformité des adresses à l'égard de la plage d'adresses valides du sous-réseau.

c. Si le routeur utilise le trunking de VLAN, résolvez tout problème de configuration d'interface *trunk*, en vous assurant que le routeur est bien configuré pour accepter le VLAN hébergeant l'hôte.

d. Si les étapes précédentes ne sont pas satisfaisantes, recherchez un problème des couches 1/2 au niveau du LAN, comme traité au chapitre 3, par exemple un VLAN non défini.

Étape 2 Vérifiez la configuration de la passerelle par défaut sur l'hôte en réalisant un **ping** de l'une des autres adresses IP du routeur. Une autre possibilité est d'effectuer un **ping** étendu de l'adresse de l'hôte en utilisant comme adresse source l'une des autres adresses du routeur.

Par exemple, dans la figure 7.5, imaginez comme symptôme l'impossibilité pour PC1 d'interroger le serveur Web sur PC4. L'exécution de la commande **ping 10.1.1.1**, c'est-à-dire vers sa passerelle, ou l'inverse avec la commande **ping 10.1.1.10** depuis le routeur, permettrait de tester sa capacité à envoyer et à recevoir des paquets *via* le sous-réseau. Quel que soit l'emplacement choisi pour la commande, elle implique l'envoi de paquets dans les deux sens. Si le test échoue, examinez les autres sources de problème possibles des étapes 1a, 1b, 1c, ou 1d.

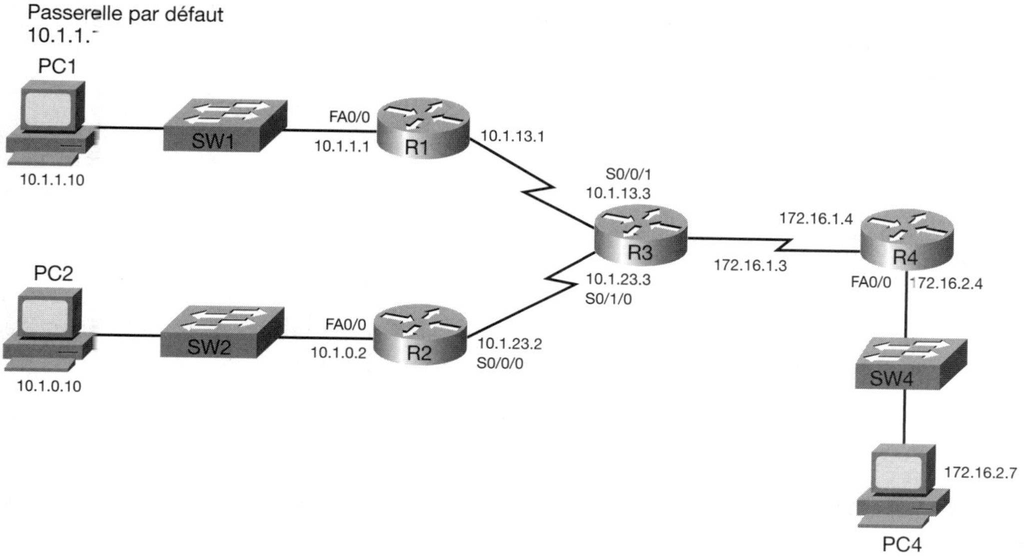

Figure 7.5

Réseau utilisé pour les scénarios de dépannage.

L'étape 2 met l'accent sur un aspect souvent omis, la configuration du routeur par défaut. En effet, aucun contrôle de l'étape 1 ne requiert que l'hôte utilise cette configuration, les adresses source et de destination des paquets de la commande **ping** faisant partie du même sous-réseau. En revanche, l'étape 2 force l'hôte à envoyer un paquet vers une adresse située dans un autre sous-réseau, ce qui demande l'utilisation de la passerelle configurée. De plus, le fait d'utiliser une autre adresse appartenant à la passerelle au lieu d'une quelconque adresse plus lointaine permet de limiter le test au bon fonctionnement de la passerelle en évitant les complexités supplémentaires dues au routage IP. C'est ce qui se passerait dans le réseau de la figure 7.5 avec une commande **ping 10.1.13.1** sur PC1. L'adresse est extérieure à son sous-réseau (10.1.1.0/24), mais appartient au routeur R1. Ainsi, une cause d'échec possible du ping ne serait pas imputable à un quelconque dispositif dans le reste de l'interréseau.

Identification des problèmes de routage liés aux routeurs

Une fois la question de la connectivité des hôtes résolue – les **ping** réussissent sur l'émetteur comme le destinataire –, tout problème de routage IP non solutionné devrait se situer entre les premier et dernier routeurs sur le parcours entre les deux hôtes. Les étapes suivantes reprennent la procédure de dépannage au niveau du routeur passerelle de l'émetteur avec l'emploi de la commande **traceroute** – notez qu'une commande équivalente sur l'hôte peut aussi être utilisée, telle que **tracert** sur un système Microsoft.

INFO

La procédure suivante, ainsi présentée, est relativement longue. Ne vous enlisez pas dans les détails et lisez les exemples d'application qui suivent, ils jetteront un éclairage sur nombre d'étapes. Comme déjà introduit, il n'est pas utile de mémoriser chaque procédure telle quelle, elles doivent être vues comme des outils utiles à l'édification de vos compétences.

Sujet clé

Étape 3 Vérifiez la connectivité vers le destinataire au moyen d'une commande **traceroute** étendue sur le routeur passerelle de l'hôte, en utilisant l'interface reliée à l'émetteur comme adresse source des paquets. Si la commande réussit :

a. Il n'y a pas de problème de routage dans les deux directions.

b. Si la communication ne fonctionne toutefois pas, vérifiez les ACL sur les interfaces et les routeurs rencontrés sur l'itinéraire, dans les deux sens.

Étape 4 Si la commande **traceroute** de l'étape 3 ne se termine pas, testez la route *montante* (vers le destinataire) de la manière suivante :

a. Connectez-vous *via* **telnet** au dernier routeur recensé par la commande **traceroute**.

b. Identifiez sur ce routeur, la route qui convient pour l'adresse utilisée dans la commande **traceroute** (**show ip route**, **show ip route** *adresse-ip*).

c. Si aucune route ne lui correspond, cherchez la raison de cette omission. Il s'agit en général d'un problème de protocole de routage ou de mauvaise configuration d'une route statique, ou encore de route connectée manquante.

d. Si vous trouvez une route qui convient et qu'il s'agit d'une route par défaut, vérifiez qu'elle est bien utilisée en vous basant sur la configuration des commandes **ip classless/no ip classless**.

e. Si vous identifiez une route correspondante, faites un **ping** de l'adresse du routeur de prochain saut (*next hop*) indiquée dans la route, ou, s'il s'agit d'une route directe, de l'adresse de destination.

- Si le **ping** échoue, recherchez un problème de niveau 2 entre ce routeur et l'adresse ciblée dans la commande **ping**, et éventuellement au niveau des ACL.
- Si le **ping** réussit, recherchez un problème d'ACL.

f. S'il existe une route appropriée et qu'aucun autre problème n'est identifié, vérifiez que la route ne pointe pas vers une mauvaise direction.

Étape 5 Si l'étape 4 ne révèle pas de problème, testez la route *descendante* (vers l'émetteur) :

Si la route montante sur le dernier routeur recensé par **traceroute** se réfère à un autre routeur en tant que prochain saut, réitérez les tests de l'étape 3 à partir de ce dernier. Analysez la route inverse, en direction de l'adresse source utilisée par la commande **traceroute** qui a échoué.

Si la route montante sur le dernier routeur recensé se réfère à un sous-réseau directement connecté, vérifiez la configuration IP de l'hôte destinataire, et plus particulièrement, les paramètres d'adresse, de masque et de passerelle par défaut.

Par exemple, si dans la figure 7.5 PC1 ne peut communiquer avec PC4, mais qu'ils peuvent tous deux communiquer avec leur passerelle, l'étape 3 pourrait débuter par une commande **traceroute 172.16.2.7**, en utilisant l'adresse de Fa0/0 sur R1 (10.1.1.1) comme adresse source. Si cette commande ne se termine pas et indique 10.1.13.3 comme dernière adresse dans son résultat, démarrez alors l'étape 4 pour examiner la route montante de R3 vers 172.16.2.7. Si l'analyse à l'étape 4 ne révèle pas le problème, l'étape 5 passerait au routeur de prochain saut, en l'occurrence R4, et testerait la route descendante, vers l'adresse source initiale 10.1.1.1.

Nous allons examiner deux scénarios distincts exemplifiant comment appliquer ces étapes de dépannage pour identifier quelques problèmes.

Scénario 1 de dépannage : problème avec la route montante

Ce premier exemple s'appuie sur le réseau illustré figure 7.5. PC1 ne peut utiliser son navigateur Web pour se connecter au service serveur http exécuté sur PC4. L'exécution de **ping 172.16.2.7** (PC4) sur PC1 échoue. L'exemple 7.2 montre la commande utilisée sur R1 et R4 dans le cadre des étapes de dépannage 1 et 2 orientées hôte, ainsi que le début de l'étape 3 orientée routeur.

Exemple 7.2 *Scénario 1 - étapes de dépannage 1 et 2 et début de l'étape 3*

```
R1#ping 10.1.1.10

Type escape sequence to abort.
Sending 5, 100-byte ICMP Echos to 10.1.1.10, timeout is 2 seconds:
!!!!!
Success rate is 100 percent (5/5), round-trip min/avg/max = 1/2/4 ms
R1#ping
Protocol [ip]:
Target IP address: 10.1.1.10
Repeat count [5]:
Datagram size [100]:
Timeout in seconds [2]:
Extended commands [n]: y
Source address or interface: 10.1.13.1
Type of service [0]:
Set DF bit in IP header? [no]:
Validate reply data? [no]:
Data pattern [0xABCD]:
Loose, Strict, Record, Timestamp, Verbose[none]:
Sweep range of sizes [n]:
Type escape sequence to abort.
Sending 5, 100-byte ICMP Echos to 10.1.1.10, timeout is 2 seconds:
Packet sent with a source address of 10.1.13.1
!!!!!
Success rate is 100 percent (5/5), round-trip min/avg/max = 1/2/4 ms
R1#
```

```
! Réitération du test sur R4.
R4#ping 172.16.2.7

Type escape sequence to abort.
Sending 5, 100-byte ICMP Echos to 172.16.2.7, timeout is 2 seconds:
.....
Success rate is 0 percent (0/5)
R4#show ip interface brief
Interface              IP-Address      OK? Method Status                Protocol
FastEthernet0/0        172.16.2.4      YES manual administratively down down
FastEthernet0/1        172.16.1.4      YES manual up                    up
Serial0/0/0            unassigned      YES unset  administratively down down
Serial0/0/1            unassigned      YES unset  administratively down down
Serial0/1/0            unassigned      YES unset  administratively down down
```

Les commandes **ping** standard et étendue sur R1 au début de l'exemple représentent les étapes 1 et 2 de la procédure de dépannage orientée hôte qui confirment que PC1 semble bien fonctionner. Toutefois, l'exemple suivant montre que R4 ne peut atteindre PC4 car l'interface de LAN de R4 a été désactivée, comme montré en fin d'exemple. Bien que ce scénario soit simple, il représente un bon point de départ pour entamer une procédure de dépannage d'un problème.

Pour avoir une vue plus complète de la procédure de dépannage, voyons un deuxième scénario présentant le même problème de fond, mais sans qu'il soit possible d'accéder au routeur R4 pour le dépannage. Ainsi, vous pouvez réaliser les étapes 1 et 2 concernant PC1, qui réussissent, mais pas l'étape concernant PC4 à partir de R4. Dans l'exemple 7.3, nous passons alors aux étapes 3 et 4. Le début de l'exemple montre l'étape 3 avec la commande **traceroute 172.16.2.7** sur R1, avec 10.1.1.1 comme adresse source. Cette commande ne se termine pas et renvoie l'adresse 10.1.13.3 (R3) comme dernier routeur. L'étape 4 vérifie comment R3 route les paquets se destinant à 172.16.2.7.

Exemple 7.3 *Scénario 1 - étape de dépannage 4*

```
R1#traceroute
Protocol [ip]:
Target IP address: 172.16.2.7
Source address: 10.1.1.1
Numeric display [n]:
Timeout in seconds [3]:
Probe count [3]:
Minimum Time to Live [1]:
Maximum Time to Live [30]:
Port Number [33434]:
Loose, Strict, Record, Timestamp, Verbose[none]:
Type escape sequence to abort.
Tracing the route to 172.16.2.7

  1 10.1.13.3 0 msec 4 msec 0 msec
  2 10.1.13.3 !H  *  !H
! Notez plus haut que la commande s'arrête d'elle-même, mais n'indique pas
! l'hôte de destination 172.16.2.7.
R3# show ip route 172.16.2.7
% Subnet not in table
R3#show ip route
Codes: C - connected, S - static, R - RIP, M - mobile, B - BGP
       D - EIGRP, EX - EIGRP external, O - OSPF, IA - OSPF inter area
       N1 - OSPF NSSA external type 1, N2 - OSPF NSSA external type 2
       E1 - OSPF external type 1, E2 - OSPF external type 2
       i - IS-IS, su - IS-IS summary, L1 - IS-IS level-1, L2 - IS-IS level-2
       ia - IS-IS inter area, * - candidate default, U - per-user static route
       o - ODR, P - periodic downloaded static route
```

Exemple 7.3 *Scénario 1 - étape de dépannage 4 (suite)*

```
Gateway of last resort is not set

     172.16.0.0/24 is subnetted, 1 subnets
C       172.16.1.0 is directly connected, FastEthernet0/0
     10.0.0.0/24 is subnetted, 4 subnets
C       10.1.13.0 is directly connected, Serial0/0/1
R       10.1.1.0 [120/1] via 10.1.13.1, 00:00:04, Serial0/0/1
R       10.1.0.0 [120/1] via 10.1.23.2, 00:00:01, Serial0/1/0
C       10.1.23.0 is directly connected, Serial0/1/0
```

La commande **traceroute** étendue au début de l'exemple liste R3 (10.1.13.3) comme étant le dernier routeur (étape 3). L'étape 4 consiste en un contrôle sur R3 de la route vers 172.16.2.7. La commande **show ip route 172.16.2.7** est explicite. Le message *subnet not in table* (sous-réseau absent de la table de routage) signifie que R3 ne possède pas de route pour cette adresse. S'il s'agissait d'une question d'examen ne prévoyant pas l'accès à un simulateur et ne fournissant que le résultat de la commande **show ip route**, vous devriez alors examiner toutes les routes pour voir si l'une d'elle représente une plage d'adresses incluant 172.16.2.7.

À chaque fois que vous identifiez une route manquante lors d'une procédure de dépannage, l'étape suivante est de déterminer comment le routeur aurait dû prendre connaissance de cette route. Ici, R3 aurait dû utiliser le protocole de routage dynamique RIP-2. Il est donc logique de rechercher un problème en rapport avec ce protocole.

La cause première de ce problème n'a pas changé : l'interface Fa0/0 de R4 est désactivée, mais les symptômes sont intéressants. Puisque cette interface est inactive, R4 n'annonce pas à R3 de route pour le sous-réseau 172.16.2.0/24. En revanche, R3 annonce à R1 et à R2 une route (une agrégation automatique) vers le réseau 172.16.0.0/16, ce qui leur permet, en raison du paramètre par défaut d'agrégation automatique de RIP-2, de lui transmettre des paquets à destination de 172.16.2.7. Par conséquent, la commande **traceroute** sur R1 peut envoyer des paquets vers R3.

Scénario 2 de dépannage : problème avec la route descendante

Nous utiliserons de nouveau le réseau de la figure 7.5 avec les mêmes informations.

Dans ce scénario, PC1 ne communique toujours pas avec PC4. Les contrôles suggérés aux étapes 1 et 2 concernant la passerelle de PC1 réussissent dans le sens montant, mais les tests ne peuvent être réalisés dans la direction inverse, l'ingénieur ne pouvant accéder ni à PC4, ni à R4. L'exemple 7.4 débute la procédure de dépannage à l'étape 3 avec le résultat de la commande **traceroute** étendue sur R1. Notez que le résultat n'indique même pas l'adresse 10.1.13.3 de R3. Le reste de l'exemple se consacre aux contrôles de l'étape 4 de la procédure.

Exemple 7.4 *Scénario 2 - étapes de dépannage 3 et 4*

```
R1# traceroute ip 172.16.2.7 source fa0/0

Type escape sequence to abort.
Tracing the route to 172.16.2.7

  1  *  *  *
  2  *  *  *
  3  *
R1#show ip route 172.16.2.7
Routing entry for 172.16.0.0/16
  Known via "rip", distance 120, metric 1
  Redistributing via rip
  Last update from 10.1.13.3 on Serial0/1/0, 00:00:05 ago
  Routing Descriptor Blocks:
  * 10.1.13.3, from 10.1.13.3, 00:00:05 ago, via Serial0/1/0
      Route metric is 1, traffic share count is 1

R1#ping 10.1.13.3

Type escape sequence to abort.
Sending 5, 100-byte ICMP Echos to 10.1.13.3, timeout is 2 seconds:
!!!!!
Success rate is 100 percent (5/5), round-trip min/avg/max = 1/2/4 ms
R1# show ip access-lists

! Sur R3
R3# show ip access-lists

R3#
```

L'exemple débute par l'étape 3 de la procédure, avec le résultat de **traceroute** ne présentant que des astérisques. Ceci signifie que même le premier routeur sur l'itinéraire n'a pas été identifié.

Nous procédons alors aux contrôles de l'étape 4, tels qu'ils sont appliqués dans cet exemple :

Étape 4a L'exemple a déjà débuté par une connexion telnet avec R1.

Étape 4b La commande **show ip route 172.16.2.7** montre ensuite que R1 possède une route explicite pour le réseau 172.16.0.0, passant par R3 (10.1.13.3) comme routeur de prochain saut.

Étape 4c Cette étape ne s'applique pas puisque le contrôle précédent révèle l'existence d'une route appropriée.

Étape 4d Cette étape ne s'applique pas non plus, la route trouvée n'étant pas une route par défaut vers 0.0.0.0/0.

Étape 4e La commande suivante, **ping 10.1.13.3**, teste la capacité de R1 à envoyer des paquets vers le prochain saut identifié à l'étape 4b. Ce que la commande confirme.

Étape 4f Sur R1 et le routeur de prochain saut, R3, la commande **show ip access-lists** confirme qu'aucune ACL n'est configurée sur ces routes.

Puisque toutes les étapes contrôlant la route dans le sens montant réussissent, nous procédons aux contrôles de l'étape 5 de la procédure. La commande **traceroute** initiale dans l'exemple 7.4 a utilisé l'interface Fa0/0 de R1 comme adresse source (10.1.1.1). Dans l'étape 5, nous commençons sur R3 par un contrôle de la route inverse, c'est-à-dire vers 10.1.1.1. Examinez l'exemple 7.5, et tentez d'identifier tout problème avant de lire les explications qui suivent.

Exemple 7.5 *Scénario 2 - étape de dépannage 5*

```
! La commande suivante révèle la route pour le sous-réseau
! correspondant 10.1.1.0/26, avec 10.1.23.2 comme prochain saut.
R3#show ip route 10.1.1.1
Routing entry for 10.1.1.0/26
  Known via "static", distance 1, metric 0
  Routing Descriptor Blocks:
  * 10.1.23.2
      Route metric is 0, traffic share count is 1

! La commande suivante révèle le chevauchement des sous-réseaux 10.1.1.0/26
! et 10.1.1.0/24.
R3#show ip route
Codes: C - connected, S - static, R - RIP, M - mobile, B - BGP
       D - EIGRP, EX - EIGRP external, O - OSPF, IA - OSPF inter area
       N1 - OSPF NSSA external type 1, N2 - OSPF NSSA external type 2
       E1 - OSPF external type 1, E2 - OSPF external type 2
       i - IS-IS, su - IS-IS summary, L1 - IS-IS level-1, L2 - IS-IS level-2
       ia - IS-IS inter area, * - candidate default, U - per-user static route
       o - ODR, P - periodic downloaded static route

Gateway of last resort is not set

     172.16.0.0/24 is subnetted, 2 subnets
C       172.16.1.0 is directly connected, FastEthernet0/0
R       172.16.2.0 [120/1] via 172.16.1.4, 00:00:18, FastEthernet0/0
     10.0.0.0/8 is variably subnetted, 5 subnets, 2 masks
C       10.1.13.0/24 is directly connected, Serial0/0/1
S       10.1.1.0/26 [1/0] via 10.1.23.2
R       10.1.1.0/24 [120/1] via 10.1.13.1, 00:00:10, Serial0/0/1
R       10.1.0.0/24 [120/1] via 10.1.23.2, 00:00:11, Serial0/1/0
C       10.1.23.0/24 is directly connected, Serial0/1/0
```

R3 possède une route statique mal configurée pour le réseau 10.1.1.0/26. Ce sous-réseau inclut la plage d'adresses 10.1.1.0 à 10.1.1.63 qui comprend l'adresse 10.1.1.1. Lorsque R3 tente d'envoyer un paquet vers cette adresse, il dispose de deux entrées de routage lui correspondant. Il choisit la plus spécifique (avec le préfixe le plus long), celle du sous-réseau 10.1.1.0/26, ce qui provoque la transmission du paquet vers R2 au lieu de R1.

Bien que vous ne puissiez déterminer la fonction réelle de cette route statique, la procédure a identifié la racine du problème : la route statique vers 10.1.1.0/26 sur le routeur R3. Si le LAN à partir de R1 devait inclure toutes les adresses entre 10.1.1.0 et 10.1.1.255, la route statique devrait simplement être supprimée.

Procédure de remplacement pour les étapes de dépannage 3, 4 et 5

Les étapes orientées routeur de la procédure de dépannage d'un problème de routage IP dépendent de la commande **traceroute**, et plus précisément de sa capacité à identifier le routeur sur lequel le dépannage devrait commencer. Une autre possibilité est d'utiliser les commandes **ping** et **telnet**. Comme elles ne permettent pas d'identifier rapidement le routeur vraisemblablement à l'origine d'un problème, elles demandent de réaliser un ensemble de tâches sur le premier routeur de l'itinéraire (la passerelle par défaut de l'émetteur), sur le deuxième, sur le troisième, et ainsi de suite jusqu'à ce que le problème soit identifié.

Pour être précis, notez que vous pouvez exécuter les mêmes contrôles décrits aux étapes 4 et 5, mais lorsque vous utilisez **ping**, répétez successivement les étapes sur chaque routeur. Par exemple, pour appliquer cette procédure dans le cas des deux scenarios vus précédemment, il faudrait commencer sur R1, le routeur par défaut de PC1. Puisqu'il ne présentait aucun problème de routage vers 172.16.2.7 (PC4) ou dans le sens inverse, et pas de problème d'ACL non plus, il aurait fallu passer au routeur suivant, R3, où l'absence de route vers 172.16.2.7 aurait été identifiée.

Outils et conseils de dépannage

La seconde moitié de ce chapitre couvre un large éventail d'outils et de conseils de dépannage qui vous aideront lors de procédures de dépannage. Les informations de cette section vous seront aussi utiles, directement et indirectement, pour les examens du CCNA. Vous pourrez aussi les apprendre en même temps que vous travaillerez sur des réseaux réels, ce qui améliorera votre préparation aux examens.

Routage sur un hôte

Cette section concerne la transmission des paquets sur un hôte. Elle donne plusieurs conseils de dépannage et revoit aussi certaines informations traitées dans le guide *Préparation à la certification CCNA ICND1 et CCENT* relativement à la configuration d'un commutateur de LAN.

Conseils de dépannage

Les conseils répertoriés dans le tableau 7.4 vous aideront lors du dépannage de problèmes au niveau d'un hôte. Ils sont organisés par symptômes avec leurs causes probables les plus courantes.

Tableau 7.4 : Symptômes et causes de problèmes courants sur un hôte

Symptôme	*Cause courante*
L'hôte peut envoyer des paquets sur son sous-réseau mais pas vers un autre sous-réseau.	L'hôte n'a pas de passerelle par défaut configurée ou l'adresse de la passerelle est incorrecte.
L'hôte peut envoyer des paquets sur son sous-réseau mais pas vers un autre sous-réseau.	La passerelle par défaut de l'hôte se trouve dans un autre sous-réseau.
Seuls certains hôtes d'un sous-réseau peuvent communiquer avec d'autres sous-réseaux.	La passerelle par défaut utilise un masque différent et il s'ensuit que certains hôtes ne sont pas inclus dans l'entrée de routage pour la route connectée.
Seuls certains hôtes d'un même VLAN peuvent s'échanger des paquets.	Tous les hôtes n'emploient pas le même masque.

Dans la pratique, prenez l'habitude de penser en termes de symptômes lorsque vous rencontrez des problèmes, ils sont généralement le point de départ de la procédure de dépannage. Pour ce qui est des examens, la plupart des problèmes de communication sont toutefois provoqués par une poignée de causes :

Sujet clé

Étape 1 Vérifiez que tous les hôtes et routeurs devant se trouver dans un même sous-réseau utilisent le même masque et que leurs adresses soient bien comprises dans le même sous-réseau.

Étape 2 Vérifiez que la configuration de la passerelle par défaut sur chaque hôte correspond bien à l'adresse du routeur.

Étape 3 Si les deux premières étapes ne révèlent aucun désaccord, recherchez un problème des niveaux 1/2, comme traité dans les chapitres 1 à 3.

Fonctionnalité pour IP sur un commutateur de LAN

Les commutateurs Ethernet n'ont pas besoin de savoir quoi que ce soit de la couche Réseau (niveau 3) pour réaliser leurs fonctions de la couche Liaison de données (niveau 2) afin de relayer les trames Ethernet. Toutefois, pour gérer des fonctionnalités importantes, telles qu'accepter des connexions par l'intermédiaire de telnet ou SSH dans le cadre de procédures de dépannage, ils doivent recevoir une adresse IP.

Pour ce qui est de leur configuration IP, les commutateurs se comportent comme de simples hôtes. La différence par rapport à un PC est qu'un commutateur Cisco n'utilise pas de carte réseau (NIC, *Network Interface Card*). Il utilise à la place une interface virtuelle associée au VLAN 1. Il est ensuite possible de configurer sur cette interface les mêmes éléments que pour un PC : adresse, masque et passerelle par défaut, et même des adresses de serveurs DNS.

La liste suivante reprend la check-list de configuration IP d'un commutateur provenant du livre *Préparation à la certification CCNA ICND1 et CCENT.* À la suite de la liste, l'exemple 7.6 montre la configuration du commutateur SW1 vu plus haut dans la figure 7.5.

Sujet clé

Étape 1 Entrez dans le mode de configuration du VLAN 1 avec la commande globale **interface vlan 1** (à partir de n'importe mode de configuration).

Étape 2 Assignez une adresse IP et un masque à l'aide de la sous-commande d'interface **ip address** *masque-adresse*.

Étape 3 Activez l'interface du VLAN 1 au moyen de la sous-commande d'interface **no shutdown**.

Étape 4 Ajoutez la commande globale **ip default-gateway** *adresse-IP* pour configurer la passerelle par défaut.

Exemple 7.6 *Configuration statique d'une adresse de commutateur*

```
SW1#configure terminal
SW1(config)#interface vlan 1
SW1(config-if)# ip address 10.1.1.200 255.255.255.0
SW1(config-if)#no shutdown
00:25:07: %LINK-3-UPDOWN: Interface Vlan1, changed state to up
00:25:08: %LINEPROTO-5-UPDOWN: Line protocol on Interface Vlan1, changed
  state to up
SW1(config-if)#exit
SW1(config)#ip default-gateway 10.1.1.1
```

INFO

L'interface de VLAN sur un commuateur reste dans un état administratif *down* jusqu'à ce que l'utilisateur émette la commande **no shutdown**. Le commutateur ne peut envoyer de paquet IP tant que l'interface VLAN 1 n'est pas dans l'état *up*.

Il est courant d'omettre la configuration de trunking, lors de la configuration ou du dépannage de connectivité de commutateurs sur un LAN. Cisco recommande généralement d'éviter de placer les équipements d'utilisateurs finals dans le VLAN 1, mais l'adresse du commutateur peut avoir été configurée dans ce VLAN. Pour permettre au commutateur d'acheminer les paquets d'hôtes situés dans des sous-réseaux différents, et d'accepter aussi une connexion telnet à partir de ces sous-réseaux, la configuration de trunking du routeur doit inclure à la fois la configuration pour le VLAN 1 ainsi que les VLAN des utilisateurs finals.

La commande show ip route

La commande **show ip route** joue un rôle prépondérant lors de procédures de dépannage liées au routage ou aux protocoles de routage pour IP. Elle a été maintes fois mentionnée dans ce livre et le livre sur l'ICND1. Nous regroupons ici les différents concepts abordés à son sujet à des fins de référence.

La figure 7.6 illustre le résultat de cette commande utilisée dans le cadre de l'exemple 7.3. Le tableau 7.5 reprend les différentes parties numérotées avec leur description.

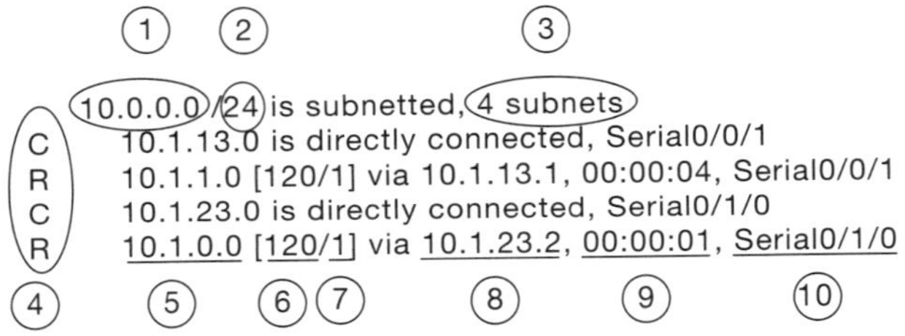

Figure 7.6
*Description de la commande **show ip route**.*

Tableau 7.5 : Description des différentes parties de la commande *show ip route*

Numéro	*Partie*	*Valeur dans la figure*	*Description*
1	Réseau avec classe	`10.0.0.0`	La table de routage est organisée par réseau d'une certaine classe. Cette ligne représente l'en-tête pour le réseau 10.0.0.0.
2	Longueur du préfixe	`/24`	Si le routeur ne connaît qu'un masque de sous-réseau pour tous les sous-réseaux, cette entrée indique le masque (par défaut dans le format avec préfixe).
3	Nombre de sous-réseaux	`4 subnets`	Liste le nombre de routes pour les sous-réseaux du réseau avec classe connus par le routeur.
4	Code de légende	`R, C`	Un code identifiant la source des informations de routage. R signifie RIP et C (*connected*) renvoie à une route directe ou connectée. La figure omet le texte de légende au sommet du résultat de la commande, mais il peut être vu dans l'exemple 7.3.

Tableau 7.5 : Description des différentes parties de la commande *show ip route (suite)*

Numéro	*Partie*	*Valeur dans la figure*	*Description*
5	Numéro de sous-réseau	`10.1.0.0`	Le numéro de sous-réseau de cette route particulière.
6	Distance administrative	`120`	Si un routeur découvre des routes pour le sous-réseau indiqué à partir de plusieurs sources, il utilise la source avec la distance administrative la plus faible.
7	Métrique	`1`	La métrique pour cette route.
8	Routeur de prochain saut	`10.1.23.2`	Pour les paquets correspondant à cette route, l'adresse IP du prochain routeur auquel le paquet doit être transmis.
9	Horodatage	`00:00:01`	Le temps écoulé depuis l'annonce de cette route dans une mise à jour de routage.
10	Interface de sortie	`Serial0/1/0`	L'interface sur laquelle envoyer les paquets associés à cette route.

Le résultat de la commande diffère légèrement lorsque VLSM est utilisé. Dans l'exemple de la figure, VLSM n'est pas utilisé dans le réseau 10.0.0.0, le masque /24 servant à tous les sous-réseaux de ce réseau. Aussi, la commande indique une seule fois le masque dans la ligne d'en-tête. Si VLSM était mis en œuvre, celle-ci mentionnerait juste que le réseau utilise les masques de longueur variable, et chaque entrée de routage serait accompagnée de son masque (reportez-vous à l'exemple 5.1 dans le chapitre 5).

État d'interface

L'une des étapes de la procédure décrite plus haut dans la section « Dépannage du processus de transmission de paquets » indique de contrôler l'état de l'interface et de s'assurer qu'elle est opérationnelle. Et pour cela, les deux codes d'état doivent être indiqués comme étant actifs (*up/up*).

Ce chapitre n'explique pas le dépannage d'interfaces de routeur et part du principe qu'elles sont effectivement dans un état *up/up*. La section intitulée « Dépannage de liaisons série » du chapitre 12 couvre nombre d'aspects de ce type de dépannage. Pour les interfaces de routeur connectées à un commutateur de LAN, il faut vérifier la concordance des paramètres de mode duplex et de vitesse entre les équipements, et au besoin, qu'ils aient bien été configurés manuellement pour le trunking, les routeurs ne négociant pas dynamiquement cette fonctionnalité.

Problèmes relatifs à VLSM

Cette section étudie certaines questions se posant avec l'emploi de VLSM :

- Reconnaître si VLSM est utilisé et, dans ce cas, les protocoles de routage pouvant être employés.
- Comprendre les conditions dans lesquelles les routeurs peuvent autoriser la configuration erronée de sous-réseaux VLSM se chevauchant.
- Identifier les symptômes d'un chevauchement de sous-réseaux VLSM.

Reconnaître lorsque VLSM est utilisé

Lorsque l'on dépanne un interréseau que l'on connaît peu, il arrive d'oublier de vérifier si VLSM est ou non utilisé. Comme défini dans le chapitre 5, c'est le cas lorsque différents masques sont employés pour différents sous-réseaux d'un même réseau.

Seuls les protocoles de routage sans classe (RIP-2, EIGRP, OSPF) acceptent VLSM ; les protocoles de routage avec classe (RIP-1, IGRP) ne le gèrent pas. Ainsi, déterminer si VLSM est mis en œuvre permettra de connaître le type de protocole de routage requis. Notez que le protocole ne demande pas de configuration spéciale pour accepter VLSM, c'est simplement une de ses fonctionnalités.

Configuration de sous-réseaux VLSM se chevauchant

Les règles de subdivision de sous-réseaux IP demandent que leurs plages d'adresses respectives utilisées au sein d'un interréseau ne se chevauchent pas. IOS peut détecter un chevauchement lors de l'émission d'une commande **ip address**, mais dans certains cas seulement :

Sujet clé

- **Prévention d'un chevauchement.** Le système IOS détecte un chevauchement entre deux commandes **ip address** si elles sont émises sur le même routeur. Si l'interface provoquant le chevauchement est dans l'état *up/up*, le système rejette la commande. Sinon, il l'accepte sans toutefois jamais activer l'interface.
- **Création d'un chevauchement.** Le système IOS ne peut détecter un chevauchement entre deux commandes **ip address** émises sur deux routeurs différents.

Dans l'exemple 7.7, le système IOS sur R3 empêche la configuration d'un sous-réseau VLSM sur Fa0/1 avec une plage d'adresses provoquant un empiètement avec la configuration de Fa0/0. Les plages d'adresses de leurs sous-réseaux respectifs sont :

Sous-réseau 172.16.5.0/24 : 172.16.5.1–172.16.5.254

Sous-réseau 172.16.5.192/26 : 172.16.5.193–172.16.5.254

Exemple 7.7 *Rejet d'un chevauchement d'adresses configuré sur un seul routeur*

```
R3#configure terminal
R3(config)#interface Fa0/0
R3(config-if)#ip address 172.16.5.1 255.255.255.0
R3(config-if)#interface Fa0/1
R3(config-if)#ip address 172.16.5.193 255.255.255.192
% 172.16.5.192 overlaps with FastEthernet0/0
R3(config-if)#
```

Dans l'exemple 7.7, IOS détecte une violation des règles de subdivision, car il s'agit de sous-réseaux connectés au même routeur, et empêche la configuration de l'interface fautive.

En revanche, un chevauchement reste possible s'il est configuré sur un routeur différent de celui gérant la plage déjà existante entrant en conflit. La figure 7.7 et l'exemple 7.8 montrent la configuration de sous-réseaux se recouvrant partiellement sur les routeurs R2 et R3.

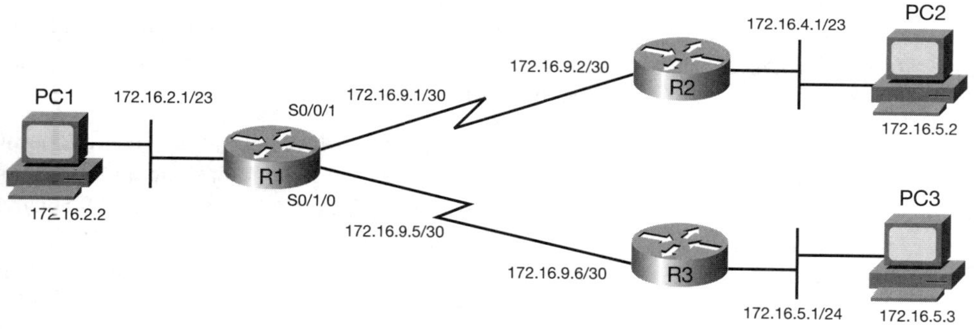

Figure 7.7
Chevauchement de sous-réseaux dans un interrréseau.

Exemple 7.8 *Chevauchement d'adresses issu de la configuration de deux routeurs*

```
R2#configure terminal
R2(config)#interface Fa0/0
R2(config-if)#ip address 172.16.4.1 255.255.254.0
```

```
R3#configure terminal
R3(config)#interface Fa0/0
R3(config-if)# ip address 172.16.5.1 255.255.255.0
```

Lors d'un examen, gardez donc à l'esprit que la configuration d'un recouvrement d'adresses reste possible si les sous-réseaux en conflit ne sont pas reliés à un même routeur. Ainsi, l'acceptation de votre commande **ip address** lors d'une question d'examen vous demandant de configurer une interface ne signifiera pas nécessairement un calcul correct d'adresses.

Nous traiterons dans la section suivante de quelques symptômes apparaissant dans ce type de situation.

Symptômes d'un chevauchement de sous-réseaux

INFO

Bien que cette section complète ce qui a été vu précédemment, les types de problèmes qu'elle aborde peuvent dépasser le cadre des examens du CCNA.

Les symptômes d'un conflit d'adresses peuvent être divers selon que les adresses se trouvent ou non dans la portion commune des sous-réseaux impliqués et si elles sont utilisées par plus d'un hôte. Elles peuvent ne pas fonctionner du tout alors que celles situées hors de cette portion peuvent être entièrement opérationnelles. En reprenant l'exemple de chevauchement des sous-réseaux de la figure 7.6, 172.16.4.0/23 et 172.16.5.0/24, ce sont plus spécifiquement les adresses 172.16.5.0 à 172.16.5.255 qui entrent en conflit, et il est probable que les hôtes de la plage 172.16.4.0–172.16.4.255 fonctionnent sans encombre.

En ce qui concerne les hôtes détenant une adresse de la plage commune, ils fonctionnent souvent correctement s'ils appartiennent au sous-réseau le plus petit, et donc au détriment de ceux du sous-réseau plus étendu. À titre d'illustration, considérez le cas de PC1 dans la figure 7.7 tentant un **ping** vers 172.16.5.2 (PC2 connecté à R2) et vers 172.16.5.3 (PC3 connecté à R3). Pour notre propos, supposez que l'adresse de PC2 n'a pas été utilisée dans le sous-réseau de PC3, et inversement. Comme vous pouvez le voir à partir des tables de routage de R1 et R3 et de la commande **traceroute 172.16.5.2** dans l'exemple 7.9, le paquet envoyé à PC2 par PC1 serait transmis de R1 à R3, puis sur le LAN de R3.

Exemple 7.9 *Routage avec chevauchement d'adresses issu de la configuration de deux routeurs*

```
! La route de R1 pour 172.16.5.2 connecté à R2 passe par R3.
R1#show ip route 172.16.5.2
Routing entry for 172.16.5.0/24
  Known via "rip", distance 120, metric 1
  Redistributing via rip
  Last update from 172.16.9.6 on Serial0/1/0 , 00:00:25 ago
  Routing Descriptor Blocks:
  * 172.16.9.6 , from 172.16.9.6, 00:00:25 ago, via Serial0/1/0
      Route metric is 1, traffic share count is 1
```

```
! La route de R1 pour 172.16.5.3 passe par R3.
R1#show ip route 172.16.5.3
Routing entry for 172.16.5.0/24
  Known via "rip", distance 120, metric 1
  Redistributing via rip
  Last update from 172.16.9.6 on Serial0/1/0, 00:00:01 ago
  Routing Descriptor Blocks:
  * 172.16.9.6, from 172.16.9.6, 00:00:01 ago, via Serial0/1/0
      Route metric is 1, traffic share count is 1
! L itinéraire traceroute vers PC2 indique R3 et non R2 comme premier routeur.
! Le paquet n'atteint jamais PC2, et la commande ne se termine pas
! sans intervention de l'utilisateur.
R1#traceroute 172.16.5.2
Type escape sequence to abort.
Tracing the route to 172.16.5.2

  1 172.16.9.6 4 msec 0 msec 4 msec
  2  *  *  *
  3  *  *  *
  4
R1#traceroute 172.16.5.3

Type escape sequence to abort.
Tracing the route to 172.16.5.3

  1 172.16.9.6 0 msec 4 msec 0 msec
  2 172.16.5.3 4 msec *  0 msec
```

L'exemple montre que R1 envoie d'abord à R3 les paquets destinés à 172.16.5.2 (PC2) et 172.16.5.3 (PC3). R3 tente de les envoyer sur le sous-réseau directement connecté, ce qui fonctionne pour PC3 mais pas pour PC2. Ainsi, PC3 se trouvant sur le plus petit des deux sous-réseaux en conflit fonctionne correctement alors que PC2 non.

Les symptômes empirent lorsque les adresses sont dupliquées. Par exemple, imaginez qu'un hôte PC22 soit ajouté au LAN connecté à R2 avec l'adresse 172.16.5.3, dupliquant celle de PC3. Lorsque l'utilisateur de PC22 se plaint de son isolement, ne pouvant communiquer avec d'autres équipements, le technicien chargé de l'assistance aux utilisateurs émet un **ping 172.16.5.3** pour rechercher le problème, qui réussit. De fait, la commande fonctionne, mais avec la mauvaise occurrence d'adresse 172.16.5.3. Un tel problème est particulièrement difficile à identifier.

Une autre difficulté dans le cas d'un chevauchement de sous-réseaux VLSM est que le problème peut ne pas se révéler pendant un certain temps. Dans le même exemple, imaginez que toutes les adresses des deux sous-réseaux soient assignées par l'intermédiaire d'un serveur DHCP qui commence par les adresses numériquement les plus basses. Pendant les six premiers mois, le serveur n'a assigné que les adresses commençant par 172.16.4.x sur le LAN connecté à R2. Davantage d'hôtes ont ensuite été installés sur ce LAN, nécessitant l'allocation des adresses débutant par 172.16.5, comme l'adresse 172.16.5.2 de PC2 utilisée dans l'exemple précédent. Malheureusement, personne ne peut communiquer avec ces hôtes. Au départ, l'incident sera masqué par le fait qu'il apparaît longtemps après la configuration du routeur.

Résumé d'une procédure de dépannage avec l'utilisation de VLSM

Voici une liste récapitulant les points à considérer lors du dépannage de problèmes avec VLSM pour l'examen :

Sujet clé

- Vérifiez si la conception prise pour exemple utilise vraiment VLSM, et dans ce cas, si un protocole de routage sans classe est utilisé.
- N'oubliez pas qu'un chevauchement de sous-réseaux peut effectivement être configuré.
- Les symptômes visibles d'un chevauchement peuvent être que certains hôtes d'un sous-réseau sont opérationnels alors que d'autres ne peuvent envoyer de paquets hors de leur sous-réseau.
- Utilisez la commande **traceroute** pour rechercher des routes qui dirigent les paquets dans la mauvaise partie d'un réseau. Ce peut être la conséquence d'un recouvrement de sous-réseaux.
- Lors de l'examen, vous pourriez avoir une question vous laissant penser qu'il s'agit d'un problème d'adresses avec VLSM. Dans ce cas, la meilleure stratégie pourrait être d'analyser les plages d'adresses de chaque sous-réseau pour vous assurer qu'il n'y aucun chevauchement plutôt que de vous lancer dans un dépannage avec les commandes **ping** et **traceroute**.

Réseaux discontinus et agrégation automatique

Le chapitre 5 a expliqué le concept de réseaux discontinus avec la solution : l'utilisation d'un protocole de routage sans classe avec désactivation de l'agrégation automatique. Cette section étudie le cas particulier d'un réseau continu devenant parfois discontinu. La figure 7.8 illustre un interréseau composé de deux réseaux avec classe : 10.0.0.0 et 172.16.0.0.

Sur ce réseau, une commande **ping** entre tous les hôtes réussirait si toutes les liaisons étaient actives et qu'un protocole de routage avec l'agrégation automatique activée par défaut était utilisé. Dans cette conception, les paquets du réseau 172.16.0.0 circulent sur l'itinéraire dans le haut de l'illustration, et ceux du réseau 10.0.0.0 transiteraient par celui du bas.

Un problème surviendrait si l'un des liens de cette conception tombait en panne, car l'un des deux réseaux deviendrait discontinu. Ce serait, par exemple, le cas du réseau 10.0.0.0 si la liaison entre R3 et R4 subissait un dysfonctionnement, car la route de R1 à R4 passerait alors par les sous-réseaux du réseau 172.16.0.0. Même en présence d'un protocole de routage sans classe, mais avec l'agrégation automatique activée, R1 et R4 annoncent à R2 une route vers

10.0.0.0/8, et celui-ci voit alors deux routes vers tous les sous-réseaux de 10.0.0.0. La solution, comme toujours, est d'utiliser un protocole de routage sans classe avec l'agrégation automatique désactivée.

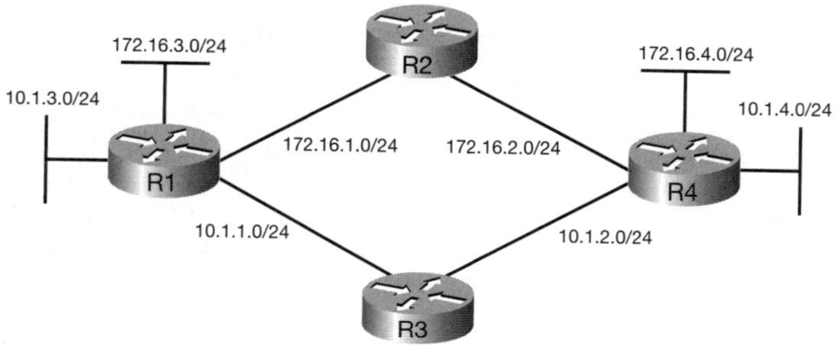

Figure 7.8
Un interréseau avec des réseaux contigus.

Bien que la conception dans la figure 7.8 semble exagérée, on la rencontre souvent en raison du rythme effréné d'achats et de ventes de sociétés. À la fois dans la pratique et pour l'examen, gardez à l'esprit la notion de réseau discontinu pour les cas habituels et pour ceux dans lesquels une liaison redondante tombe en panne.

Conseils de dépannage en présence d'ACL

Dans la pratique, les dépannages pouvant être influencés par la configuration de listes de contrôle d'accès comptent parmi les tâches les plus difficiles. L'une des principales difficultés provient du fait que les outils traditionnels tels que **ping** et **traceroute** n'envoient pas de paquets pouvant correspondre à la variété de champs inclus dans les ACL étendues. Ainsi, bien qu'une commande **ping** puisse fonctionner, il est possible qu'un hôte ne parvienne pas à communiquer avec l'application appropriée, et vice-versa.

Cette section résume certains conseils utiles concernant les problèmes liés aux ACL :

Sujet clé

Étape 1 Déterminez les interfaces contrôlées par des ACL et le sens d'action de celles-ci (**show running-config**, **show ip interfaces**).

Étape 2 Identifiez les instructions d'ACL ciblant les paquets de test (**show access-lists**, **show ip access-lists**).

Étape 3 Analysez les ACL pour prévoir les paquets qui seront filtrés par les ACL, en vous concentrant sur les points suivants :

a. Souvenez-vous que les ACL utilisent la logique du premier critère qui s'applique (*first-match*).

b. Envisagez l'utilisation de la méthode de calcul éventuellement plus rapide décrite au chapitre 6, qui convertit les paires masque générique/adresse d'ACL en paires adresse/masque de sous-réseau, permettant l'usage de la même méthode de calcul que pour la subdivision en sous-réseaux.

c. Notez le sens du paquet relativement au serveur (en direction ou en provenance du serveur). Veillez à ce que les paquets aient des valeurs particulières d'adresse et de port, pour la source ou la destination, lorsqu'ils sont traités par une ACL activée dans une certaine direction (entrée ou sortie).

d. Rappelez-vous que les mots-clés **tcp** et **udp** doivent être utilisés si la commande doit contrôler les numéros de ports. Voyez le tableau 6.5 dans le chapitre 6 pour une liste des numéros de ports UDP et TCP communs.

e. Notez que les paquets ICMP n'utilisent pas UDP ou TCP. ICMP est considéré comme étant un autre protocole pouvant être ciblé à l'aide du mot-clé **icmp** (au lieu de **ip**, **tcp** ou **udp**).

f. Au lieu d'utiliser un rejet (*deny*) implicite à la fin de chaque ACL, utilisez une commande de configuration explicite pour rejeter tout trafic à la fin de l'ACL pour que les compteurs de commande **show** soient incrémentés lorsque l'action concernée se produit.

Le chapitre 6 a traité des concepts sous-jacents aux conseils donnés à l'étape 3. Le reste de cette section se consacre aux commandes dont vous disposez lors de la recherche de problèmes survenant dans le cadre des deux premières étapes.

Si un problème survient dans la transmission de paquets et qu'une ACL existante peut avoir une influence sur la situation, la première étape de votre investigation devra être de trouver l'emplacement et le sens d'action de l'ACL. Le moyen le plus rapide de réaliser ceci est d'examiner le résultat retourné par la commande **show running-config** et de rechercher les commandes **ip access-group** pour chaque interface. Dans certains cas toutefois, l'accès au mode *enable* peut ne pas être permis et il faut faire appel à des commandes **show**. Le seul moyen d'identifier les interfaces et le sens d'action d'une ACL est la commande **show ip interfaces**, comme montré dans l'exemple 7.10.

Exemple 7.10 *Exemple de commande* **show ip interface**

```
R1>show ip interface s0/0/1
Serial0/0/1 is up, line protocol is up
  Internet address is 10.1.2.1/24
  Broadcast address is 255.255.255.255
  Address determined by setup command
  MTU is 1500 bytes
```

```
  Helper address is not set
  Directed broadcast forwarding is disabled
  Multicast reserved groups joined: 224.0.0.9
  Outgoing access list is not set
  Inbound  access list is 102
! Par souci de simplification, environ 26 lignes ont été omises.
```

Notez que le résultat de la commande indique si une ACL est activée, la direction de son application, et l'ACL dont il s'agit. L'exemple est une version abrégée de la commande **show ip interface S0/0/1**. La commande **show ip interface** seule renseignerait sur chaque interface du routeur.

L'étape 2 indique ensuite d'identifier le contenu de l'ACL. La façon la plus rapide de le faire est d'examiner l'ACL et d'utiliser la commande **show running-config**. Si le mode *enable* n'est pas autorisé, vous pouvez utiliser les commandes **show access-lists** et **show ip access-lists** qui donnent le même résultat. La seule différence avec la première est que si d'autres ACL non IP ont été configurées, la commande retourne aussi des informations les concernant. Le résultat fournit les mêmes informations que les commandes de configuration, ainsi que le nombre de paquets correspondant à chaque ligne de l'ACL, comme le montre l'exemple 7.11.

Exemple 7.11 *Exemple de commande* **show ip access-lists**

```
R1#show ip access-lists
Extended IP access list 102
    10 permit ip 10.1.2.0 0.0.0.255 10.1.1.0 0.0.0.255 (15 matches)
```

Après découverte des informations d'emplacement, de sens d'action et de configuration des différentes ACL aux étapes 1 et 2, il vous faut interpréter leur action réelle. Le troisième point s'avère particulièrement intéressant dans la liste de conseils de dépannage. En effet, dans l'ACL montrée dans l'exemple 7.11, certains paquets (au nombre de 15 ici) ont été ciblés par la seule instruction **access-list** de l'ACL 102. Toutefois, certains paquets ont probablement été rejetés en raison du *deny* implicite en fin d'ACL. En configurant une commande **access-list 102 deny ip any any** à la fin d'une ACL, qui ciblerait et rejetterait explicitement tous les autres paquets, la commande **show ip access-lists** indiquerait le nombre de paquets concernés. Cisco recommande parfois d'ajouter une instruction **deny all** en fin d'ACL pour faciliter le dépannage.

Préparation à l'examen

Sujets clés à réviser

Sujet clé

Révisez les sujets les plus importants du chapitre, repérés dans la marge par le pictogramme « Sujet clé » et récapitulés dans le tableau 7.6.

Tableau 7.6 : Sujets clés du Chapitre

Emplacement	*Description*	*Numéro de page*
Tableau 7.1	Messages ICMP courants et leur fonction	275
Figure 7.3	Diagramme de fonctionnement du champ d'en-tête IP TTL et du message ICMP de temps dépassé	279
Figure 7.4	Démonstration de la façon dont la commande **traceroute** utilise le champ TTL et le message de temps dépassé	281
Liste	Deux étapes principales de la procédure suggérée pour dépanner un problème de routage sur un hôte	282
Liste	Trois étapes principales de la procédure suggérée pour dépanner un problème de routage IP sur un routeur, faisant suite aux étapes de dépannage du routage sur un hôte	284
Liste	Trois conseils généraux pour la vérification de certains aspects lors du dépannage d'un problème de connectivité sur un hôte	292
Liste	Check-liste de configuration IP d'un commutateur de LAN	293
Liste	Circonstances autorisant ou interdisant la configuration d'un chevauchement indésirable de sous-réseaux	296
Liste	Liste récapitulative des points à considérer lors du dépannage de problèmes avec VLSM	300
Liste	Trois étapes de dépannage de problèmes liés aux ACL, surtout lorsque la configuration ne peut être affichée	301

Tableaux et listes à compléter

Complétez de mémoire les tableaux et listes concernant ce chapitre qui figurent dans l'annexe J, puis reportez-vous à l'annexe K pour comparer vos réponses à celles qui vous sont fournies. Ces annexes figurent sur le CD-ROM.

Termes clés à définir

Donnez la définition des termes suivants et comparez vos réponses avec le glossaire :

Route montante (*forward route*), route descendante (*reverse route*)

III

Théorie des protocoles de routage

Sujets de l'examen ICND2* publiés par Cisco et traités dans cette partie

Implémenter un schéma d'adressage IP et des services IP satisfaisant les contraintes réseau reliant les bureaux d'une entreprise de taille moyenne.

- Identifier et corriger les problèmes fréquents associés aux configuration de l'adressage IP et des hôtes.

Configurer et dépanner le fonctionnement élémentaire et le routage sur les appareils Cisco.

- Comparer les méthodes et protocoles de routage.
- Configurer, vérifier et dépanner OSPF.
- Configurer, vérifier et dépanner EIGRP.
- Vérifier la configuration et la connectivité à l'aide des commandes **ping**, **traceroute** et **telnet** ou SSH.
- Dépanner les soucis d'implémentation de routage.
- Vérifier le matériel du routeur et son fonctionnement logiciel à l'aide des commandes **SHOW** et **DEBUG**.

* Consultez le site **http://www.cisco.com** pour obtenir la liste de sujets d'examen la plus récente.

8

Théorie des protocoles de routage

Au sommaire de ce chapitre

- **Vue d'ensemble des protocoles de routage dynamique.** Cette section introduit les concepts fondamentaux du fonctionnement des protocoles de routage et le vocabulaire associé.
- **Fonctionnalités des protocoles de routage à vecteur de distance.** Cette section expose le fonctionnement de cette famille de protocoles de routage, en insistant sur ce qui leur permet d'éviter les boucles.
- **Fonctionnalités des protocoles à état de lien.** Cette section présente le fonctionnement d'une autre famille de protocoles de routage, en s'appuyant sur l'exemple d'OSPF.

La deuxième partie, « Le routage IP », s'est intéressée au processus de routage IP (*forwarding* de paquets) en mentionnant parfois comment les routeurs renseignaient leurs tables de routage. La troisième partie, « Théorie des protocoles de routage », qui débute avec le présent chapitre, se penche plus particulièrement sur ce dernier point, dans le cadre des protocoles de routage dynamiques.

Les protocoles de routage travaillent sur un ensemble de routeurs en envoyant des messages aux routeurs voisins pour les aider à connaître les meilleures routes vers chaque sous-réseau. Cet objectif principal, simple en soi, produit pourtant des processus à l'origine des questions les plus complexes de l'examen du CCNA. Ce chapitre aborde les protocoles de routage IP en en présentant les concepts fondamentaux et la théorie sous-tendant leur fonctionnement. Les chapitres 9 et 10 détailleront respectivement le cas d'OSPF et d'EIGRP. Enfin, le chapitre 11 conclura le sujet en donnant quelques astuces de dépannage pour ces deux standards.

Questionnaire d'évaluation

Grâce à ce questionnaire, vous pourrez déterminer s'il vous faut ou non lire la totalité du chapitre. Si vous n'échouez qu'à une question, vous pourrez envisager de passer directement à la section « Préparation à l'examen ». Le tableau 8.1 reprend les titres des sections principales de la partie « Connaissances fondamentales » de ce chapitre ainsi que les numéros des questions s'y rapportant. Vous pourrez ainsi évaluer votre niveau de maîtrise de ces sujets. Les réponses sont données à l'annexe A.

Tableau 8.1 : Questions d'évaluation et sections concernées

Connaissances fondamentales	*Questions*
Vue d'ensemble des protocoles de routage dynamique	1 à 5
Fonctionnalités des protocoles de routage à vecteur de distance	6 à 8
Fonctionnalités des protocoles à état de lien	9 et 10

1. Quels protocoles de routage utilisent la technique des vecteurs de distance ?

- **a.** RIP-1
- **b.** RIP-2
- **c.** EIGRP
- **d.** OSPF
- **e.** BGP
- **f.** IS-IS intégré

2. Quels protocoles de routage utilisent la technique de l'état de lien ?

- **a.** RIP-1
- **b.** RIP-2
- **c.** EIGRP
- **d.** OSPF
- **e.** BGP
- **f.** IS-IS intégré

3. Quels protocoles utilisent une métrique qui, par défaut, dépend au moins partiellement de la bande passante des liens ?

- **a.** RIP-1
- **b.** RIP-2
- c. EIGRP

d. OSPF

e. EGP

4. Quels protocoles de routage internes prennent en charge VLSM ?

a. RIP-1

b. RIP-2

c. EIGRP

d. OSPF

e. IS-IS intégré

5. Quelles situations pourraient inciter un routeur employant RIP-2 à effacer toutes les routes apprises d'un voisin donné ?

a. Échec de la fonction *keepalive* RIP.

b. Ne plus recevoir de mises à jour de ce voisin.

c. Réception de mises à jour au moins cinq secondes après avoir envoyé à ce voisin la dernière mise à jour.

d. Les mises à jour issues de ce voisin arborent le drapeau global « mauvaise route » (*route bad*).

6. Quelles fonctionnalités des vecteurs de distance évitent les boucles de routage en s'assurant que le protocole de routage ne publie qu'un sous-ensemble des routes connues (et non pas la table de routage complète), dans des conditions stables et normales ?

a. Compter jusqu'à l'infini (*counting to infinity*)

b. Inverse empoisonné (*poison reverse*)

c. Maintenance en panne (*holddown*)

d. Horizon divisé (*split horizon*)

e. Empoisonnement de route

7. Quelles fonctionnalités du vecteur de distance évitent les boucles de routage en publiant une métrique infinie en cas de panne d'une route ?

a. Maintenance en panne (*holddown*)

b. Mises à jour complètes

c. Horizon divisé (*split horizon*)

d. Empoisonnement de route

8. Un routeur employant un protocole à vecteur de distance vient de recevoir une mise à jour de routage indiquant qu'une route présente une métrique infinie. La mise à jour de routage

précédente issue de ce voisin mentionnait une métrique valide. Parmi les réactions suivantes, laquelle ne peut pas survenir dans un tel scénario ?

a. Émettre immédiatement une mise à jour partielle incorporant une route empoisonnée pour la route en échec

b. Maintenir la route en panne (c'est-à-dire la placer dans l'état *holddown*)

c. Suspendre l'horizon divisé de cette route puis émettre un inverse empoisonné

d. Envoyer une mise à jour totale incorporant une route empoisonnée pour la route en échec

9. Un interréseau emploie un protocole de routage à état de lien. Les routeurs ont diffusé toutes les LSA, et le réseau est stable. Parmi les assertions suivantes, laquelle décrit ce que les routeurs feront pour diffuser à nouveau toutes les LSA ?

a. Chaque routeur rediffuse chaque LSA à intervalle périodique comparable à celui des mises à jour des vecteurs de distance.

b. Chaque routeur rediffuse chaque LSA à intervalle périodique bien plus long que celui des mises à jour des vecteurs de distance.

c. Aucun routeur ne rediffuse les LSA tant que celles-ci ne changent pas.

d. Les routeurs rediffusent toutes les LSA dès que l'une d'elles change.

10. Comment un routeur employant un protocole de routage à état de lien choisit-il la meilleure route pour atteindre un sous-réseau ?

a. Il la trouve dans la base de données des états de liens.

b. Il la calcule en appliquant l'algorithme SPF aux informations de la base de données des états de liens.

c. Il compare les métriques données pour ce sous-réseau dans les mises à jour reçues de chaque voisin et choisit la route de meilleure (plus petite) métrique.

Connaissances fondamentales

Les protocoles de routage définissent plusieurs manières de dialoguer entre routeurs afin de choisir les meilleures routes pour chaque destination. Alors que les réseaux gagnaient en complexité, les routeurs se dotaient de toujours plus de puissance de calcul et de mémoire vive. Les ingénieurs ont donc conçu des protocoles de routage plus modernes, exploitant ces liens plus rapides et ces nouvelles possibilités. Ce chapitre reprend plus ou moins cette évolution : après avoir introduit les protocoles de routage, il se penchera sur la théorie des protocoles à vecteur de distance, les premiers protocoles de routage IP apparus. Enfin, il présentera la notion d'état de lien, sur laquelle reposent certains des protocoles les plus modernes.

Vue d'ensemble des protocoles de routage dynamique

INFO

Si vous suivez le plan de lecture suggéré à l'Introduction, vous avez déjà pris connaissance des protocoles de routage dans l'ouvrage *Préparation à la certification CCNA ICND1 et CCENT.* Dans ce cas, passez directement à la section « Synthèse des comparaisons d'IGP », car les quelques pages suivantes reviennent sur des éléments déjà présentés au chapitre 14 de ce manuel.

Les routeurs incorporent des routes IP à leurs tables de routage à l'aide de trois méthodes : les routes connectées, les routes statiques et les routes apprises à travers des protocoles de routage dynamiques. Avant d'avancer dans leur présentation, il convient de définir quelques termes de vocabulaire et de lever les idées reçues incorrectes concernant les expressions *protocole de routage*, *protocole routé* et *protocole routable*. Les concepts sous-jacents ne présentent pas de difficultés particulières, mais la proximité des mots et la légèreté de certaines publications les employant indifféremment perturbent parfois les idées. En voici donc les définitions généralement admises :

- **Protocole de routage.** Ensemble de messages, règles et algorithmes utilisés par les routeurs pour remplir leur objectif principal, à savoir apprendre de nouvelles routes, ce qui suppose d'échanger et d'analyser des informations de routage. Chaque routeur retient la meilleure route vers chaque sous-réseau (choix du chemin) puis place toutes ces routes dans sa table de routage IP. On peut citer les protocoles RIP, EIGRP, OSPF et BGP.

- **Protocole routé** et **protocole routable.** Ces deux expressions définissent une structure de paquet et un adressage logique permettant aux routeurs de transmettre (*forward*) ou de router des paquets. Citons IP et IPX (qui fait partie du modèle de protocole *Novell NetWare*).

INFO

L'expression *choix du chemin* fait parfois référence à la portion du protocole de routage dans laquelle la meilleure route est retenue.

Bien que les protocoles de routage (comme RIP) diffèrent des protocoles routés (comme IP), tous travaillent main dans la main. Le processus de routage transmet des paquets IP, qui seront rejetés si le routeur ne dispose d'aucune route correspondant à leur adresse de destination dans sa table de routage. Les routeurs ont besoin de protocoles de routage pour apprendre toutes les routes possibles et les intégrer à leurs tables, de manière que le processus de routage puisse transmettre (ou *router*) des protocoles routables comme IP.

Fonctions d'un protocole de routage

L'IOS de Cisco propose plusieurs protocoles de routage IP réalisant les mêmes fonctions générales :

Sujet clé

1. Apprendre des routeurs voisins des informations de routage concernant les sous-réseaux IP.
2. Diffuser aux routeurs voisins des informations de routage concernant les sous-réseaux IP.
3. Quand plusieurs routes permettent d'atteindre un même sous-réseau, choisir la meilleure en se fondant sur une métrique.
4. En cas de modification de la topologie du réseau – comme lors de la panne d'un lien –, il faut réagir en diffusant les routes en échec puis choisir la nouvelle meilleure route disponible (ce processus se nomme *convergence*).

INFO

Des routeurs voisins sont connectés au même lien (par exemple un lien WAN ou LAN Ethernet).

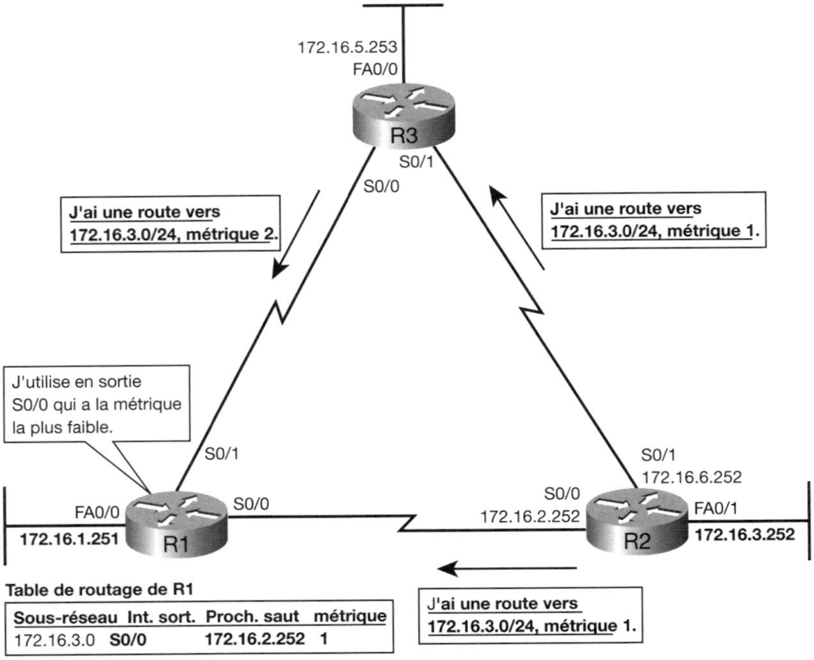

Figure 8.1

Trois des quatre fonctions élémentaires des protocoles de routage.

La figure 8.1 illustre les trois premières fonctions de la liste. R2 enseigne à R1 comme à R3 une route menant vers le sous-réseau 172.16.3.0/24 (fonction 1). R3 diffuse cette route auprès de R1 (fonction 2). R1 doit ensuite décider laquelle des deux routes retenir pour atteindre le sous-réseau 172.16.3.0/24 : celle de métrique 1, apprise de R2, ou celle de métrique 2, apprise de R3 ? Il opte évidemment pour la route la plus efficace, de métrique la plus faible (fonction 3).

La quatrième fonction du protocole de routage citée ici est la convergence. Ce terme désigne le processus qui se déroule en cas de modification de la topologie du réseau – c'est-à-dire quand un routeur ou un lien tombe en panne ou redevient actif. Lors d'un tel changement, les meilleures routes disponibles dans le réseau sont susceptibles de changer. La convergence est simplement l'opération par laquelle les routeurs prennent collectivement conscience de l'événement et le diffusent les uns vers les autres pour mettre à jour leurs tables. Une convergence rapide ne provoquant pas de boucle constitue l'un des paramètres les plus importants à prendre en compte lors du choix d'un protocole de routage IP.

La situation de la figure 8.1 pourrait provoquer une convergence si le lien entre R1 et R2 tombait en panne. Dans ce cas, R1 cesserait d'utiliser son ancienne route vers le sous-réseau 172.16.3.0/24 et passant directement à travers R2, pour préférer envoyer les paquets *via* R3.

Protocoles de routage intérieurs et extérieurs

Les protocoles de routage relèvent de deux catégories principales : les protocoles de routage intérieurs (*Interior Gateway Protocols*, ou IGP) et les protocoles de routage extérieurs (*Exterior Gateway Protocols*, ou EGP) :

- **IGP.** Protocole de routage destiné à être employé dans un unique système autonome (*autonomous system*, ou AS). Sujet clé
- **EGP.** Protocole de routage destiné à être employé entre plusieurs systèmes autonomes.

INFO

Les acronymes IGP et EGP incorporent le mot *gateway* (passerelle) car c'est là l'ancienne dénomination des routeurs.

Ces définitions introduisent un nouveau concept : celui de système autonome (*autonomous system*, ou AS). Il s'agit d'un interréseau placé sous le contrôle administratif d'une seule organisation, comme dans le cas d'un interréseau créé et financé par une entreprise ou un établissement d'enseignement. On trouve encore le cas des ministères, des collectivités locales et des fournisseurs d'accès à Internet, qui gèrent chacun leur propre système autonome.

Certains protocoles de routage, qui fonctionnent mieux dans le cadre d'un seul AS, sont appelés IGP. À l'inverse, les protocoles de routage conçus pour échanger des routes entre des routeurs relevant de systèmes autonomes différents sont des EGP (actuellement, il n'existe qu'un seul EGP : *Border Gateway Protocol*, ou BGP).

Chaque AS reçoit un identifiant unique appelé numéro AS (*AS number*, ou ASN). À l'image des adresses IP publiques, l'*Internet Corporation for Assigned Network Numbers* (ICANN, www.icann.org) contrôle leur distribution au niveau mondial, pouvoir qu'elle délègue à des autorités régionales (ce sont souvent des organisations responsables de l'affectation des adresses IP publiques). En Europe, il s'agit des *Réseaux IP Européens Network Coordination Centre* (RIPE NCC, www.ripe.net).

La figure 8.2 présente une vue simplifiée d'Internet où l'on trouve deux entreprises et trois fournisseurs d'accès employant des IGP (OSPF et EIGRP) dans leurs propres réseaux mais se servant de BGP pour communiquer entre les ASN.

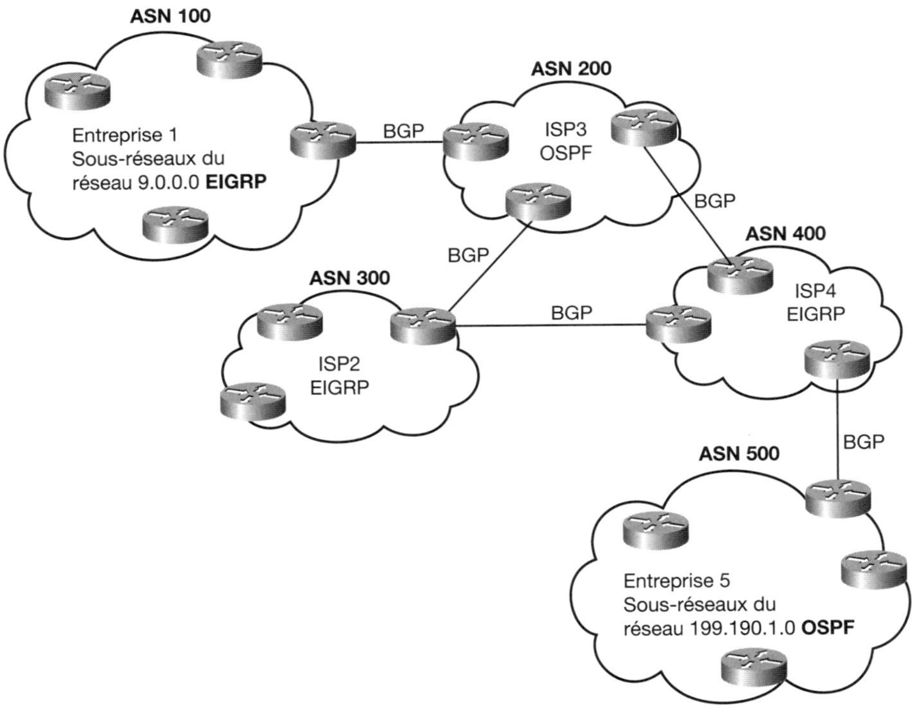

Figure 8.2
Comparaison des zones d'action des IGP et des EGP.

Comparaison des IGP

Actuellement, il n'existe qu'un seul EGP : BGP. En revanche, toute organisation souhaitant mettre en place un IGP dispose de plusieurs choix, dont les plus raisonnables de nos jours sont

RIP-2, EIGRP et OSPF. Le premier est assez détaillé dans la *Préparation à la certification CCNA ICND1 et CCENT* ; le présent manuel se penchera respectivement sur OSPF et EIGRP aux chapitres 9 et 10. À cette section, nous évoquerons quelques éléments de comparaison entre les divers IGP IP.

Algorithmes des protocoles de routage IGP

L'algorithme sous-jacent d'un protocole de routage détermine la manière dont celui-ci s'acquitte de sa tâche ; il s'agit simplement des calculs et des opérations lui permettant de résoudre les problèmes qu'il rencontre – apprendre toutes les routes, choisir la meilleure vers chaque sous-réseau et converger lors de toute modification survenant dans l'interréseau. Il existe pour cela trois familles principales d'algorithmes de routage IGP :

- à vecteur de distance (on parle parfois d'algorithme de Bellman-Ford, du nom de ses créateurs) ;
- à état de lien ;
- hybride équilibré (ou encore à vecteur de distance amélioré).

Sujet clé

Historiquement, les protocoles à vecteur de distance sont apparus les premiers, au début des années 1980. RIP fut le premier algorithme répandu, et l'*Interior Gateway Routing Protocol* (IGRP) propriétaire de Cisco a vu le jour un peu plus tard. Au début des années 1990, la convergence lente et la possibilité d'y voir apparaître des boucles de routage ont nui aux protocoles à vecteur de distance et motivé le développement d'algorithmes plus modernes. Les protocoles à état de lien – et notamment OSPF et IS-IS intégré – évitaient les écueils principaux de leurs ancêtres, mais imposaient bien plus de planification dans le cas de réseaux de taille moyenne ou importante.

Au moment de l'invention d'OSPF, Cisco a créé un protocole de routage propriétaire appelé *Enhanced Interior Gateway Routing Protocol* (EIGRP), reprenant quelques fonctionnalités de son prédécesseur IGRP. EIGRP résolvait les mêmes problèmes que les protocoles à état de lien, en imposant moins de planification lors de l'implémentation du réseau. Peu à peu, on y a reconnu un protocole de routage unique – ne relevant ni du vecteur de distance, ni de l'état de lien. C'est ainsi qu'EIGRP est qualifié de protocole hybride équilibré, ou encore de protocole à vecteur de distance avancé.

Les deux sections principales qui suivent détailleront le cas des algorithmes à vecteur de distance ou à état de lien. Le chapitre 10 expose les concepts du protocole hybride équilibré que constitue EIGRP.

Métrique

Les protocoles de routage retiennent la meilleure route permettant d'atteindre un sous-réseau en choisissant celle de métrique la plus faible. RIP emploie ainsi un décompte du nombre de routeurs (sauts ou *hops*) séparant un routeur du sous-réseau de destination. Le tableau 8.2

présente les principaux protocoles de routage intervenant dans les examens CCNA en expliquant comment chacun calcule sa métrique.

Tableau 8.2 : Métriques IGP IP

IGP	*Métrique*	*Description*
RIP-1, RIP-2	Nombre de sauts	Nombre de routeurs (sauts ou hops) séparant un routeur du sous-réseau de destination
OSPF	Coût	Somme de tous les coûts d'interfaces traversées par les liens de la route, le coût par défaut d'une interface dépendant de sa bande passante
EIGRP	Mélange de bande passante et de latence	Le calcul dépend du lien le plus lent de la route et de la latence cumulée associée à chacune de ses interfaces

À la différence de RIP-1 et RIP-2, les métriques OSPF et EIGRP dépendent des divers réglages de bandes passantes pour les interfaces (voir figure 8.3).

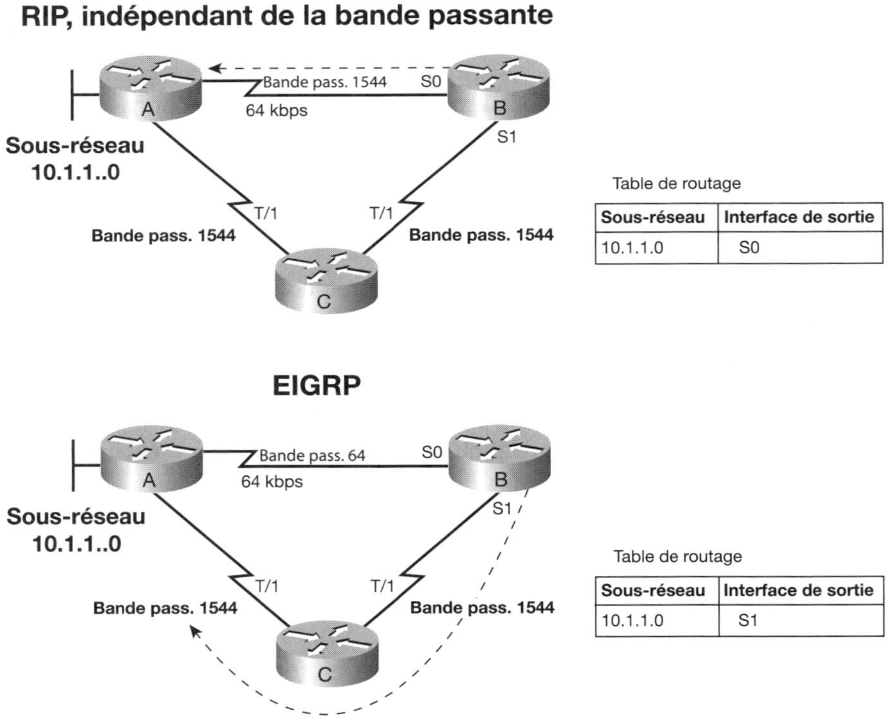

Figure 8.3
Comparaison des métriques de RIP et d'EIGRP.

Comme on le voit en haut de la figure, la route RIP du routeur B menant vers 10.1.1.0 passe à travers le routeur A car elle présente un nombre de sauts plus petit (1) que la route *via* le routeur C (2). Cependant, dans la seconde moitié, quand le routeur B emploie EIGRP, il choisit la route à deux sauts *via* le routeur C car les bandes passantes des deux liens de la route sont bien plus rapides (donc meilleures) que celle de la route à un saut. On remarquera que, pour assister EIGRP dans ce choix, l'ingénieur aura dû configurer correctement la bande passante de l'interface pour qu'elle reflète les vitesses réelles des liens. (La sous-commande d'interface **bandwidth** ne modifie en rien la situation physique de l'interface ; elle se contente d'indiquer à l'IOS la vitesse supposée de l'interface.)

Synthèse des comparaisons d'IGP

Pour vous assister dans la comparaison et l'étude de ces questions, le tableau 8.3 synthétise de nombreuses fonctionnalités proposées par différents IGP. On y trouve des éléments évoqués ici ou au cours des chapitres précédents.

Tableau 8.3 : Comparaison de protocoles de routage IP intérieurs

Sujet clé

Fonctionnalité	*RIP-1*	*RIP-2*	*EIGRP*	*OSPF*	*IS-IS*
Sans classe	Non	Oui	Oui	Oui	Oui
Supporte VLSM	Non	Oui	Oui	Oui	Oui
Envoie le masque dans les mises à jour	Non	Oui	Oui	Oui	Oui
À vecteurs de distance	Oui	Oui	Non[1]	Non	Non
À état de lien	Non	Non	Non[1]	Oui	Oui
Supporte l'agrégation automatique	Non	Oui	Oui	Non	Non
Supporte l'agrégation manuelle	Non	Oui	Oui	Oui	Oui
Propriétaire	Non	Non	Oui	Non	Non
Les mises à jour de routage sont diffusées sur une adresse IP multicast	Non	Oui	Oui	Oui	–
Supporte l'authentification	Non	Oui	Oui	Oui	Oui
Convergence	Lente	Lente	Très rapide	Rapide	Rapide

1. Pour EIGRP, on parle souvent de protocole hybride équilibré, plutôt que d'état de lien ou de vecteur de distance. Certains documents y voient un protocole à vecteur de distance avancé.

Complément au tableau 8.3, le tableau 8.4 présente d'autres éléments de comparaison entre RIP-2, OSPF et EIGRP. Ces derniers seront approfondis aux chapitres 9 et 10, mais on les reprend ici pour tout rassembler au même endroit.

Sujet clé

Tableau 8.4 : Comparaison des fonctionnalités de plusieurs IGP : RIP-2, EIGRP et OSPF

Fonctionnalité	*RIP-2*	*OSPF*	*EIGRP*
Métrique	Nombre de sauts ou *hops*	Coût d'un lien	Fonction de la bande passante et de la latence
Envoi de mises à jour périodiques	Oui (toutes les trente secondes)	Non	Non
Mises à jour de routage partielles ou complètes	Complètes	Partielles	Partielles
Destination des mises à jour	(224.0.0.9)[1]	(224.0.0.5, 224.0.0.6)	(224.0.0.10)
Métrique considérée « infiniment grande »	16	$(2^{24} - 1)$	$(2^{32} - 1)$
Prise en charge d'un équilibrage à coûts inégaux	Non	Non	Oui

1. Ce tableau évoque spécifiquement les fonctionnalités de RIP-2, mais ce protocole ne diffère de RIP-1 que dans la mesure où ce dernier envoie les *broadcasts* des mises à jour à l'adresse 255.255.255.255.

Distance administrative

De nombreuses entreprises et organisations emploient un seul protocole de routage. Cependant, il arrive que plusieurs protocoles interviennent ; c'est notamment le cas lorsqu'on relie deux réseaux distincts qui doivent échanger des informations de routage. Si l'un utilise RIP tandis que l'autre utilise EIGRP, il faudra qu'un routeur au moins œuvre sous ces deux protocoles : lors d'un processus appelé redistribution, il devra diffuser en EIGRP des routes apprises en RIP, et inversement.

Selon la topologie du réseau, les deux protocoles de routage sont susceptibles d'apprendre des routes menant vers les mêmes sous-réseaux. En général, la métrique permet de trancher et de retenir la meilleure route ; ici, l'IOS dispose de métriques différentes, reposant sur des informations distinctes, issues de deux protocoles différents. RIP pourra ainsi apprendre une route vers le sous-réseau 10.1.1.0 de métrique 1, alors qu'EIGRP évoquera pour ce sous-réseau une route de coût 2 195 416. Il est évidemment impossible de comparer ces deux quantités.

Quand il lui faut choisir entre des routes apprises à l'aide de protocoles de routage différents, l'IOS fait appel au concept de *distance administrative*. Il s'agit d'un nombre indiquant la confiance accordée à l'ensemble d'un protocole de routage sur un seul routeur. Plus ce nombre sera faible, plus on sera porté à croire le protocole de routage, meilleur celui-ci sera. Ainsi, RIP présente une distance administrative de 120, moins crédible que la valeur 90 d'EIGRP. Par conséquent, si ces deux protocoles de routage apprennent des routes menant vers le même sous-réseau, le routeur se contentera d'incorporer la route EIGRP à sa table de routage.

Les valeurs de distance administrative, configurées sur un seul routeur, ne sont pas échangées avec les autres machines. Le tableau 8.5 présente diverses sources d'informations de routage et les distances administratives par défaut de chacune.

Tableau 8.5 : Distances administratives par défaut

Type de route	*Distance administrative*
Connectée	0
Statique	1
BGP (routes externes)	20
EIGRP (routes internes)	90
IGRP	100
OSPF	110
IS-IS	115
RIP	120
EIGRP (routes externes)	170
BGP (routes internes)	200
Inutilisable	255

INFO

La commande **show ip route** renvoie deux nombres entre crochets : la distance administrative de chaque route, puis sa métrique.

Ce tableau présente les valeurs par défaut des distances administratives, mais on peut configurer l'IOS pour modifier la distance administrative d'un protocole de routage particulier, d'une route précise, ou même d'une route statique. Ainsi, la commande **ip route 10.1.3.0 255.255.255.0 10.1.130.253** définit une route statique avec la distance administrative (qui, par défaut, vaut 1), tandis que **ip route 10.1.3.0 255.255.255.0 10.1.130.253 210** attribue à la même route statique la distance administrative 210.

Fonctionnalités des protocoles de routage à vecteur de distance

Cette section expose les principes fondamentaux des protocoles de routage à vecteur de distance, en prenant l'exemple de RIP. On commence par se pencher sur les opérations normales élémentaires des protocoles à vecteur de distance, pour enchaîner sur une explication détaillée de leurs nombreuses fonctionnalités d'évitement de boucles.

Concepts de distance et de vecteur

L'expression *vecteur de distance* décrit ce qu'un routeur sait de chaque route. À l'issue du processus, quand un routeur prend connaissance d'une route menant vers un sous-réseau, il n'en connaît qu'une mesure de distance (la métrique), le routeur correspondant au prochain saut, ou hop, et l'interface à employer pour cette route (à savoir un vecteur, ou direction). Pour illustrer plus précisément le fonctionnement d'un protocole à vecteur de distance, la figure 8.4 présente une vue de ce qu'un routeur apprend à l'aide d'un tel protocole. On y voit un inter-réseau où R1 découvre trois routes menant vers le sous-réseau X :

- une route à quatre sauts à travers R2 ;
- une route à trois sauts à travers R5 ;
- la route à deux sauts à travers R7.

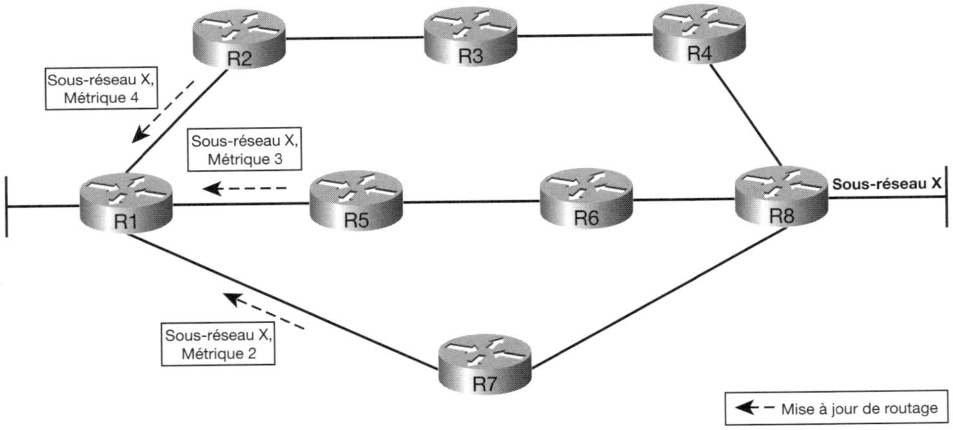

Figure 8.4
Informations apprises en employant des protocoles à vecteur de distance.

R1 découvre le sous-réseau et une métrique qui lui est associée, rien de plus. Il doit ensuite choisir la meilleure route qui mène au sous-réseau X. Dans le cas présent, il opte pour la route à deux sauts passant par R7, car elle présente la métrique la plus faible. Pour mieux apprécier le sens de l'expression « vecteur de distance », passez à la figure 8.5, qui montre ce que R1 connaît vraiment du sous-réseau X de la figure 8.4.

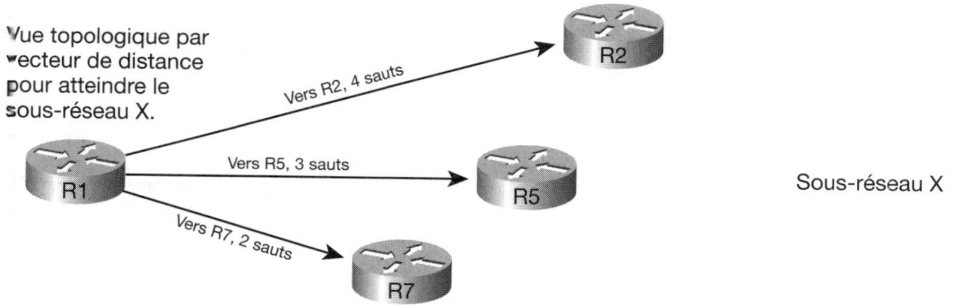

Figure 8.5
Représentation graphique du concept de vecteur de distance.

Sujet clé

Dans la pratique, R1 ne connaît du sous-réseau X que trois vecteurs – leur longueur représente la métrique, quantité signalant la bonne (ou mauvaise) qualité de chaque route ; leur direction donne le routeur du prochain saut (qui a diffusé la route). Dans l'algorithme des vecteurs de distance, après réception de mises à jour de routage, les protocoles de routage n'en savent pas beaucoup plus sur un réseau. Ils ne manipulent qu'un concept simplifié, un vecteur dont on interprète les caractéristiques comme indiqué précédemment.

Fonctionnement du vecteur de distance dans un réseau stable

Les protocoles de routage à vecteur de distance diffusent des mises à jour de routage complètes à intervalles réguliers. La figure 8.6 illustre cela dans le cas d'un interréseau comptant deux routeurs, trois sous-réseaux de type LAN et un sous-réseau de type WAN. On y voit les tables de routage complètes des deux routeurs, les quatre routes qu'elles contiennent et les mises à jour totales émises par chacun.

Pour bien comprendre le fonctionnement des vecteurs de distance présentés à cette figure, concentrez-vous sur certains des éléments importants appris par le routeur R1 au sujet du sous-réseau 172.30.22.0/24, connecté à l'interface Fa0/1 de R2 :

1. R2, considérant qu'il dispose d'une route de 0 saut vers le sous-réseau 172.30.22.0/24, émet une mise à jour de routage (et qui apparaît sous son icône) qui mentionne une route de métrique 1 (comptant 1 saut).
2. R1 reçoit la mise à jour RIP de R2. Comme il ne dispose d'aucune autre route possible vers 172.30.22.0/24, c'est la meilleure route connue par R1 et menant vers ce sous-réseau.
3. R1 incorpore le sous-réseau à sa table de routage, en mentionnant qu'il s'agit d'une route apprise par RIP.
4. Pour la route ainsi apprise, R1 emploie l'interface de sortie S0/0, car c'est là que ce routeur a reçu la mise à jour de R2.
5. Pour la route ainsi apprise, R1 précise pour routeur de prochain saut 172.30.1.2, car il a pris connaissance de cette route à travers une mise à jour RIP d'adresse IP source 172.30.1.2.

Table de routage de R1

Source	Sous-réseau	Int. sort.	Proch. saut	Métrique
RIP	172.30.21.0/24	S0/0	172.30.1.2	1
RIP	**172.30.22.0/24**	**S0/0**	**172.30.1.2**	**1**
Conn.	172.30.1.0/24	S0/0	N/A	0
Conn.	172.30.11.0/24	Fa0/0	N/A	0

Table de routage de R2

Source	Sous-réseau	Int. sort.	Proch. saut	Métrique
Conn.	172.30.21.0/24	Fa0/0	N/A	0
Conn.	**172.30.22.0/24**	**Fa0/1**	**N/A**	**0**
Conn.	172.30.1.0/24	S0/1/0	N/A	0
RIP	172.30.11.0/24	S0/1/0	172.30.1.1	1

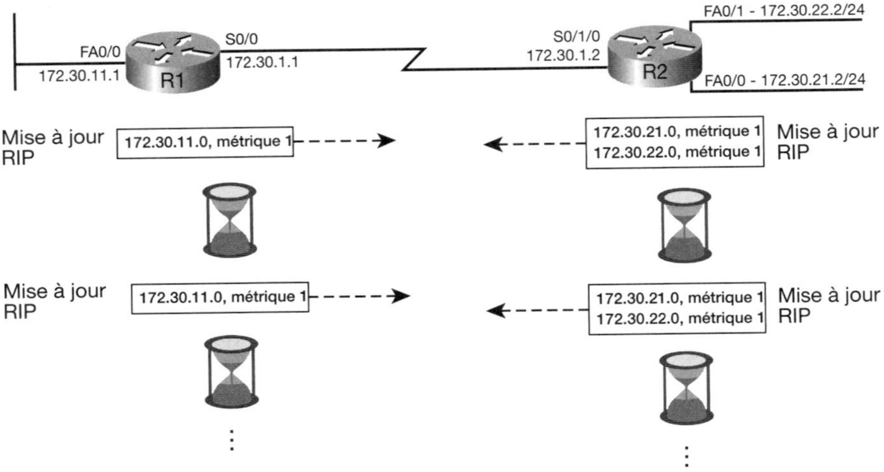

Figure 8.6

Fonctionnement de RIP en situation stable.

À l'issue du processus, R1 a donc appris une nouvelle route. Les autres routes apprises par RIP au cours de cet exemple obéissent au même schéma.

En plus d'expliquer la diffusion et l'apprentissage de routes, la figure 8.6 souligne également quelques propriétés importantes des protocoles à vecteur de distance :

Sujet clé

- **Périodicité.** Les icônes de sabliers dénotent l'envoi de mises à jour régulières. Par défaut, RIP utilise un intervalle de trente secondes.
- **Mises à jour complètes.** Les routeurs émettent des mises à jour totales chaque fois, au lieu de se contenter de signaler les informations de routage qui sont apparues ou qui ont changé.
- **Mises à jour complètes limitées par les règles de split horizon (horizon divisé).** Le protocole de routage omet certaines routes des mises à jour complètes périodiques à cause des règles de split horizon. Il s'agit d'une fonctionnalité évitant la création de boucles et décrite sur les quelques pages qui suivent.

Évitement des boucles en vecteur de distance

On le constate, dans la pratique, le processus des vecteurs de distance est assez simple. Malheureusement, la simplicité de ces protocoles entraîne parfois l'apparition de boucles de routage. Il s'agit de situations où les routeurs se renvoient les paquets les uns aux autres en cycle fermé, les données n'atteignant jamais leur destination. Sur des réseaux de production, ce trafic est susceptible de provoquer une congestion fatale ; c'est pourquoi on évitera autant que possible de créer des boucles de routage. À partir de ce point, notre présentation des protocoles à vecteur de distance décrira un certain nombre de fonctionnalités y limitant la formation de boucles.

Empoisonnement de route (*route poisoning*)

Quand une route échoue, les protocoles de routage à vecteur de distance risquent de provoquer des boucles tant que tous les routeurs de l'interréseau ne sont pas informés de la panne. Il leur faut donc un moyen d'identifier précisément les routes non fonctionnelles.

Les protocoles à vecteur de distance diffusent la mauvaise nouvelle d'une panne de route en invalidant celle-ci. L'*empoisonnement de route* (ou *route poisoning*) consiste à la signaler en la dotant d'une valeur spéciale de métrique, *infinie*. En effet, les routeurs considèrent ce genre de route comme défectueuse ; chaque protocole de routage à vecteur de distance réserve une valeur spéciale à cet usage (16 dans le cas de RIP).

La figure 8.7 présente un empoisonnement de route avec RIP, quand l'interface Fa0/1 de R2 échoue, entraînant dans sa chute la route de R2 vers 172.30.22.0/24.

INFO

Même si avec RIP les routes empoisonnées reçoivent une métrique de 16, la commande **show ip route** n'affiche pas cette valeur. Elle la remplace par le message « possibly down » (probablement en panne).

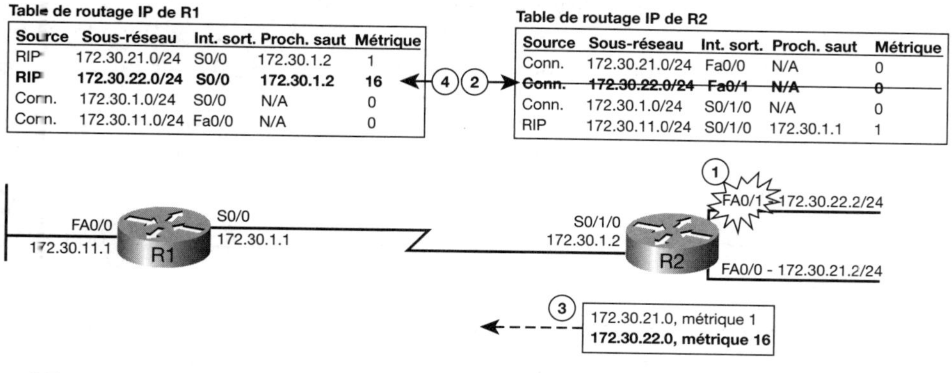

Figure 8.7
Empoisonnement de route (route poisoning).

Sujet clé

La figure 8.7 illustre le processus suivant :

1. L'interface Fa0/1 de R2 échoue.

2. R2 efface de sa table de routage la route connectée pour 172.30.22.0/24.
3. R2 diffuse 172.30.22.0 en la dotant d'une métrique infinie (16 dans le cas de RIP).
4. R1 conserve la route dans sa table de routage, avec une métrique infinie, jusqu'à l'en ôter.

Toute valeur de métrique non infinie peut représenter une route valide. Avec RIP, on peut donc trouver des routes comptant jusqu'à 15 sauts. Les plus gros réseaux d'entreprise au monde comptent au plus quatre ou cinq routeurs dans la route la plus longue reliant deux sous-réseaux (à savoir, leur diamètre) ; cette valeur maximale de 15 sauts suffit donc largement.

Problème : compter jusqu'à l'infini sur un seul lien

Les protocoles de routage à vecteur de distance risquent de provoquer des boucles entre le moment où le premier routeur prend conscience de la panne d'une route et celui où tous les routeurs en sont informés. Sans les mécanismes d'évitement des boucles exposés ici, ils pourraient « compter jusqu'à l'infini ». C'est évidemment impossible au sens littéral du terme, mais tout routeur est susceptible d'incrémenter un compteur jusqu'à sa propre version de l'infini.

De ce problème en découlent deux autres, que plusieurs fonctionnalités du mécanisme d'évitement de boucles en vecteur de distance visent à empêcher :

- Les paquets vont et viennent sur l'interréseau pendant que les routeurs comptent jusqu'à l'infini, consommant toute la bande passante disponible et mettant le réseau à genoux.
- Compter jusqu'à l'infini peut prendre plusieurs minutes ; la création de la boucle fera donc croire aux utilisateurs que le réseau est tombé.

Quand les routeurs comptent jusqu'à l'infini, ils changent d'avis en permanence quant à la métrique d'une route en panne. Ce nombre augmente peu à peu jusqu'à atteindre la valeur maximale ; c'est alors que les routeurs sont convaincus de l'échec de la route (voir figure 8.8).

La clé de cet exemple réside dans le fait que la mise à jour périodique de R1 vers R2 (de gauche à droite à la figure 8.8) se produit quasiment au même moment où R2 diffuse à R1 son empoisonnement de la route. On observe donc le processus suivant :

1. L'interface Fa0/1 de R2 échoue, aussi ce routeur supprime-t-il de sa table de routage sa route connectée vers 172.30.22.0/24.
2. R2 diffuse un empoisonnement de route (de métrique 16 dans le cas de RIP) vers R1, tandis qu'au même moment ou presque le compte à rebours de mise à jour périodique de R1 expire. R1 émet donc sa mise à jour régulière, en y diffusant une métrique 2 pour 172.30.22.0.
3. R2 reçoit de R1 l'information qu'il existe une route de métrique 2 permettant d'atteindre 172.30.22.0. Comme R2 ne dispose plus de route pour ce sous-réseau, il incorpore à sa table de routage cette route en deux sauts, de prochain saut le routeur R1.

4. Environ au même moment que survient l'étape 3, R1 reçoit une mise à jour de R2 l'informant de l'échec de la route précédente vers 172.30.22.0 *via* R2. En conséquence, R1 modifie sa table de routage, associant la métrique 16 à la route vers 172.30.22.0.

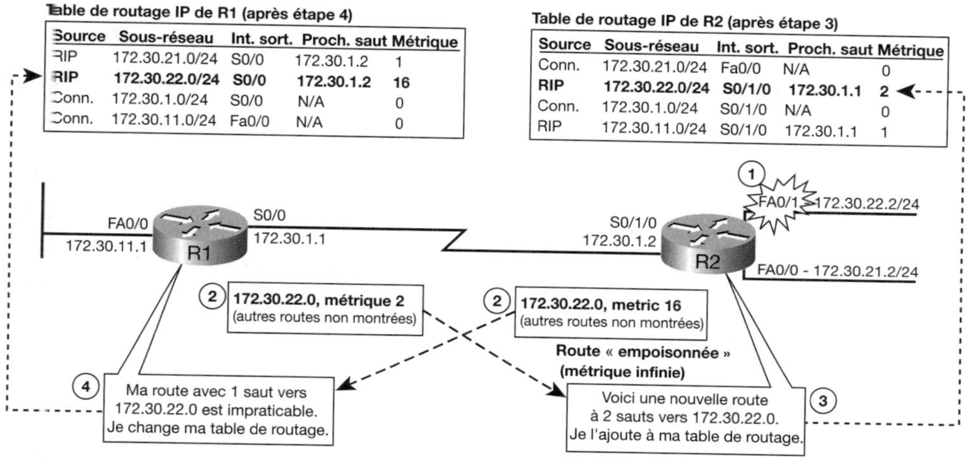

Figure 8.8

R2 croit à tort que R1 dispose d'une route vers 172.16.22.0/24.

Dès lors, R1 et R2 s'échangent tour à tour les paquets destinés à 172.30.22.0/24. Cette boucle ne prendra fin que lorsqu'ils auront compté jusqu'à l'infini (voir figure 8.9).

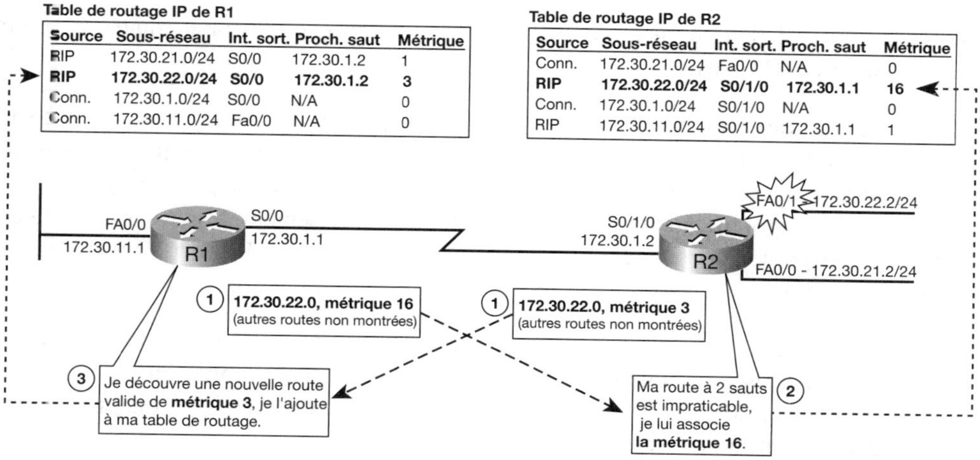

Figure 8.9

R1 et R2 comptent jusqu'à l'infini.

On y observe les prochaines mises à jour périodiques des deux routeurs, comme suit :

1. Les comptes à rebours de mise à jour de R1 et de R2 expirent environ au même moment. R1 diffuse une route empoisonnée (de métrique 16), et R2 diffuse une route de métrique 3 (rappelons que les routeurs RIP incrémentent la métrique d'une unité avant de diffuser une route).
2. R2 reçoit la mise à jour de R2 et modifie sa route vers 172.30.22.0 pour la doter d'une métrique de 16.
3. Environ au même moment que survient l'étape 2, R1 reçoit une mise à jour de R2 et dote sa route vers 172.30.22.0 d'une métrique 3.

Le processus se répète à chaque cycle de mise à jour, jusqu'à ce que les deux routeurs atteignent la métrique 16. Dès lors, tous deux épuisent le compte à rebours pour les routes concernées, qui disparaissent donc de leurs tables de routage.

Horizon divisé (*Split Horizon*)

Dans l'interréseau simple des figures 8.8 et 8.9, le routeur R2 dispose d'une route connectée vers 172.30.22.0, dont R1 prend connaissance à travers une mise à jour de routage issue de R2. En revanche, il n'y a guère d'intérêt pour R1 de rediffuser cette même route auprès de R2, sa source d'information en la matière. Pour éviter le problème du décompte jusqu'à l'infini représenté dans cette situation, on peut donc faire en sorte que R1 ne diffuse pas le sous-réseau 172.30.22.0. Pour cela, on fait appel à la notion d'*horizon divisé* (ou *split horizon*), défini comme suit :

Sujet clé

> Dans les mises à jour transmises sur l'interface X, on exclura toute route s'y référant comme interface de sortie.

Le fonctionnement des protocoles à vecteur de distance rappelle beaucoup la manière dont les rumeurs se répandent dans un groupe. Chacun s'épanche auprès de son voisin, qui répercute à son tour la nouvelle, jusqu'à ce que tout le voisinage soit informé. Mais, personne n'irait raconter à son voisin un ragot truculent qu'il vient d'apprendre précisément de ce voisin ! De même, l'horizon divisé signifie que, quand R1 apprend une route du routeur R2, il n'a aucun besoin de la rediffuser auprès de ce dernier.

La figure 8.10 présente l'effet d'un horizon divisé sur les routeurs R1 et R2, toujours dans le cadre du même interréseau. La table de routage de R1 (au sommet) abrite quatre routes, dont trois sortent par l'interface S0/0 de R1. L'horizon divisé dissuade donc R1 d'inclure ces routes dans la mise à jour émise précisément à travers cette interface.

La figure 8.10 détaille le processus suivant :

1. R1 émet normalement sa mise à jour complète périodique. Conséquence des règles d'horizon divisé, celle-ci n'inclut qu'une seule route.
2. R2 émet normalement sa mise à jour complète périodique. Conséquence des règles d'horizon divisé, celle-ci n'inclut que deux routes.
3. L'interface Fa0/1 de R2 tombe en panne.
4. R2 efface de sa table de routage sa route connectée vers 172.30.22.0/24.
5. R2 diffuse 172.30.22.0 en la dotant d'une métrique infinie (16 dans le cas de RIP).
6. R1 conserve temporairement dans sa table de routage la route vers 172.30.22.0, avant de l'en ôter un peu plus tard.
7. Dans sa prochaine mise à jour régulière, appliquant les règles d'horizon divisé, R1 persiste à ne pas diffuser la route vers 172.30.22.0.

Table de routage IP de R1

Source	Sous-réseau	Int. sort.	Proch. saut	Métrique
RIP	172.30.21.0/24	S0/0	172.30.1.2	1
RIP	**172.30.22.0/24**	**S0/0**	**172.30.1.2**	**16** ← (6)
Conn.	172.30.1.0/24	S0/0	N/A	0
Conn.	172.30.11.0/24	Fa0/0	N/A	0

Table de routage IP de R2

Source	Sous-réseau	Int. sort.	Proch. saut	Métrique
Conn.	172.30.21.0/24	Fa0/0	N/A	0
(4) → ~~Conn.~~	~~172.30.22.0/24~~	~~Fa0/1~~	~~N/A~~	~~0~~
Conn.	172.30.1.0/24	S0/1/0	N/A	0
RIP	172.30.11.0/24	S0/1/0	172.30.1.1	1

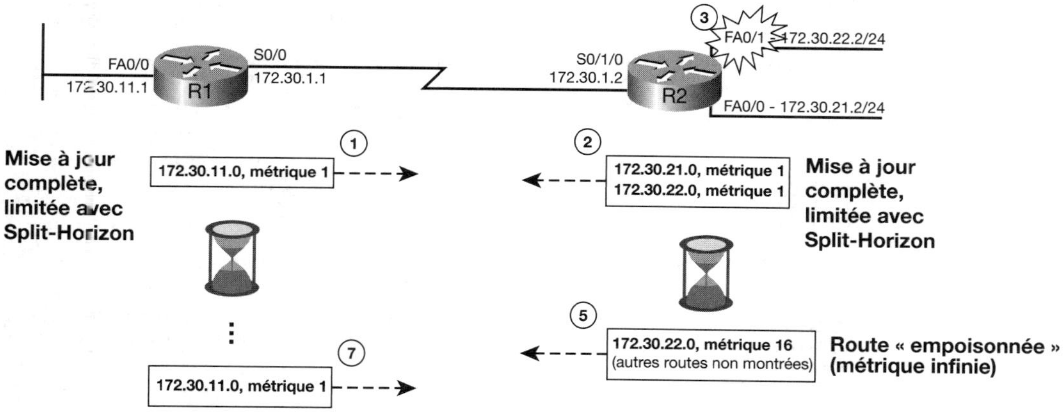

Figure 8.10

Effets de l'horizon divisé (split horizon) sans empoisonnement inverse (reverse poisoning).

L'horizon divisé évite le problème du décompte jusqu'à l'infini présenté aux figures 8.8 et 8.9 car R1 ne diffuse jamais 172.30.22.0 auprès de R2. En conséquence, R2 n'entend jamais parler d'une route alternative (et incorrecte) vers 172.30.22.0. Par défaut, l'IOS de Cisco emploie cette technique sur toutes les interfaces.

INFO

L'implémentation de RIP de l'IOS de Cisco ne se comporte pas exactement comme à l'étape 7 de cet exemple précis. Elle lui préfère la méthode dite d'empoisonnement inverse (ou *poison reverse*), décrite ci-après.

Empoisonnement inverse (*poison reverse*) et mises à jour déclenchées (*triggered updates*)

Les protocoles à vecteur de distance peuvent résoudre le problème du décompte à l'infini en s'assurant que chaque routeur prenne connaissance de l'échec de la route, par tous les moyens possibles, aussi vite que possible. C'est précisément l'objet des deux techniques d'évitement de boucle qui suivent (voir figure 8.11) :

Sujet clé

- **Mise à jour déclenchée** (*triggered update*). Quand une route échoue, on n'attend pas la prochaine mise à jour périodique. On déclenche immédiatement une diffusion de route empoisonnée.
- **Empoisonnement inverse** (*poison reverse*). Quand on prend connaissance d'une route en panne, on suspend les règles d'horizon divisé pour celle-ci et on publie un message de route empoisonnée.

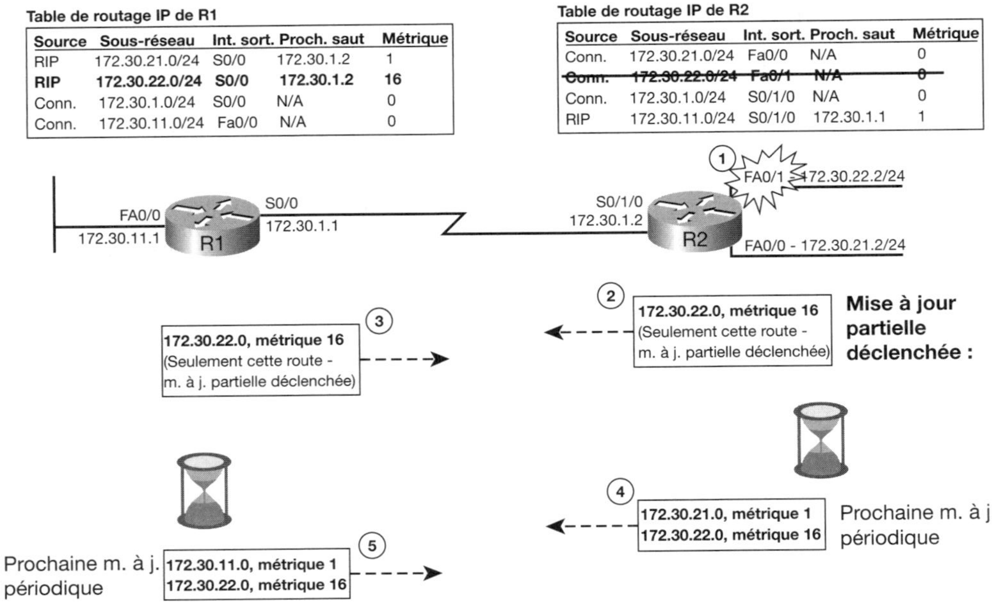

Figure 8.11

R2 émet une mise à jour déclenchée, tandis que R1 diffuse une route par empoisonnement inverse.

Le processus représenté figure 8.11 se déroule comme suit :

1. L'interface Fa0/1 de R2 échoue.
2. R2 diffuse immédiatement une mise à jour partielle déclenchée ne reprenant que les informations modifiées – dans le cas présent, il s'agit d'une route empoisonnée vers 172.30.22.0.
3. R1 réagit en modifiant sa table de routage et en renvoyant une mise à jour partielle immédiate et déclenchée, ne mentionnant que 172.30.22.0, dotée d'une métrique infinie (à savoir 16). C'est la route d'empoisonnement inverse.
4. Lors de la prochaine mise à jour périodique normale de R2, ce routeur diffuse toutes les routes habituelles, y compris, temporairement, la route empoisonnée vers 172.30.22.0.
5. Lors de la prochaine mise à jour périodique normale de R1, ce routeur diffuse toutes les routes habituelles, ainsi que, exceptionnellement, la route empoisonnée vers 172.30.22.0.

Dans cet exemple, R2 réagit immédiatement par une mise à jour déclenchée. R1 répond tout aussi vite, en suspendant les règles d'horizon divisé portant sur la route en panne pour émettre un empoisonnement inverse, car R2 diffusait déjà une route vers 172.30.22.0. Cependant, dans le cas de R1, on parle d'empoisonnement inverse car la route est émise auprès du routeur qui l'avait initialement signalée. De fait, certains ouvrages qualifient l'empoisonnement inverse d'*horizon divisé avec empoisonnement inverse* (ou *split horizon with poison reverse*) car le routeur suspend la règle d'horizon divisé pour la route en échec.

Problème : compter jusqu'à l'infini sur un réseau redondant

Ainsi, l'horizon divisé évite à deux routeurs de souffrir du problème de décompte jusqu'à l'infini. Cependant, la plupart des interréseaux d'aujourd'hui renferment des chemins redondants, où cette seule technique ne suffit plus à éviter la formation de boucles (voir figures 8.12, 8.13 et 8 14).

INFO

Pour alléger la présentation, la figure 8.12 ne reprend pas les mises à jour RIP émises sur les interfaces de LAN.

En plus de représenter le fonctionnement normal d'un autre exemple de réseau, la figure 8.12 illustre aussi celui de l'horizon divisé. En reprenant le cas du sous-réseau 172.30.22.0, voici ce qui se produit dans cet interréseau :

1. Dans ses mises à jour vers R1 et R3, R2 diffuse une route de métrique 1.
2. R1 diffuse alors vers R3 une route de métrique 2 pour 172.30.22.0, tandis que R3 diffuse vers R2 une route de métrique 2 pour 172.30.22.0.

3. R1 et R3 incorporent tous deux à leur table de routage la route de métrique 1 apprise directement de R2, en ignorant les routes à deux sauts qu'ils reçoivent l'un de l'autre. Ainsi, R1 inscrit dans sa table de routage la route vers 172.30.22.0, d'interface de sortie S0/0 et de prochain routeur de saut 172.30.1.2 (à savoir R2).

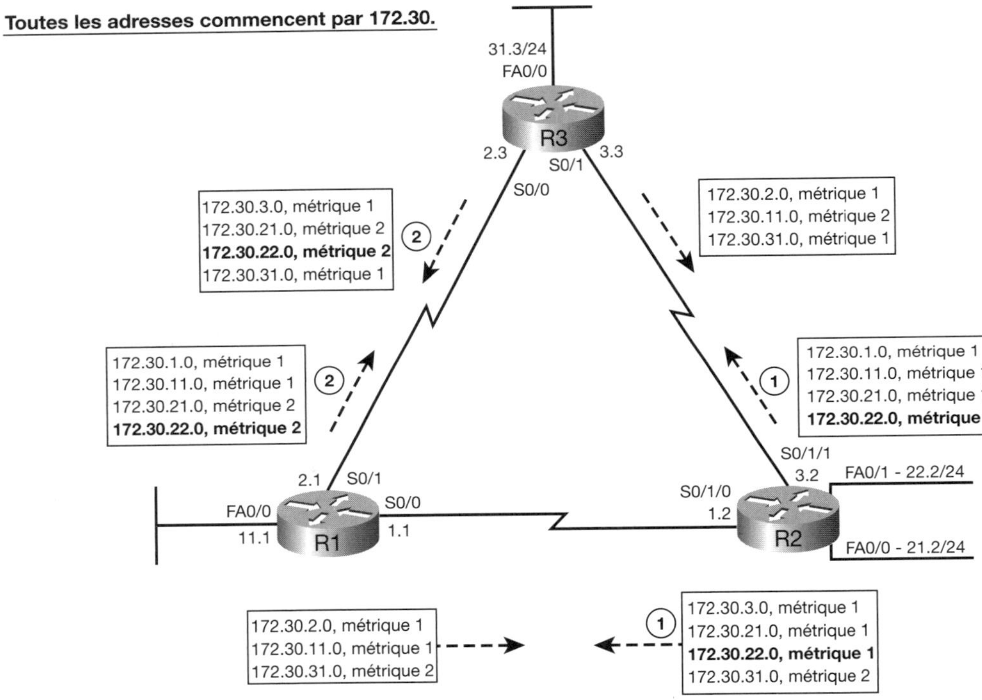

Figure 8.12
Mises à jour périodiques dans un interréseau triangulaire stable.

L'horizon divisé empêche R1 et R3 de rediffuser le sous-réseau 172.30.22.0 auprès de R2 (à la figure 8.12, toutes les diffusions de routes concernant 172.30.22.0 sont écrites en gras). R1 et R3 n'incorporent pas 172.30.22.0 dans leurs mises à jour renvoyées sur R2. De fait, toutes les mises à jour de routage apparaissant figure 8.12 manifestent les effets de l'horizon divisé.

L'interréseau représenté à la figure 8.13 présente les prémices d'un problème de décompte à l'infini, malgré l'activation de l'horizon divisé. À nouveau, tout provient d'une panne de l'interface Fa0/1 sur R2.

À nouveau, cet exemple repose sur des coïncidences malheureuses dans les instants où les mises à jour périodiques de routage surviennent (quasiment en même temps que la panne).

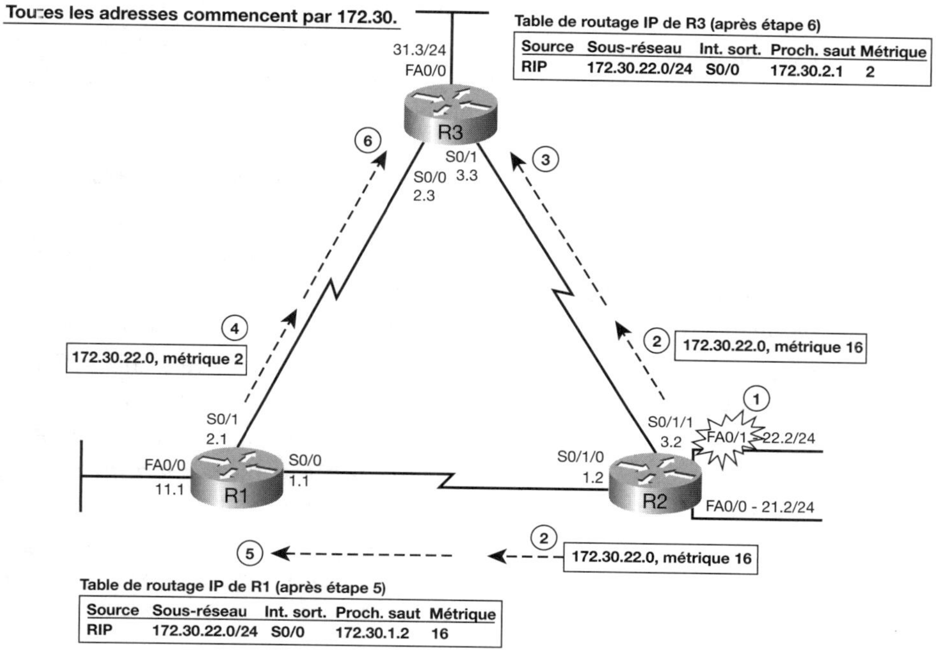

Figure 8.13

Compter jusqu'à l'infini sur un interréseau redondant.

Le processus de la figure 8.13 se déroule comme suit :

1. L'interface Fa0/1 de R2 échoue.
2. R2 diffuse immédiatement une mise à jour partielle déclenchée, empoisonnant la route vers 172.30.22.0. Ces messages sont émis sur toutes les interfaces encore fonctionnelles.
3. R3 reçoit la mise à jour déclenchée de R2 empoisonnant la route pour 172.30.22.0, aussi modifie-t-il sa table de routage pour y associer la métrique 16.
4. Avant que la mise à jour de l'étape 2 ne parvienne jusqu'à R1, ce dernier diffuse auprès de R3 sa mise à jour périodique normale, en mentionnant 172.30.22.0 comme de métrique 2 (pour alléger l'illustration, nous avons simplifié cette mise à jour périodique).
5. R1 reçoit la mise à jour déclenchée de R2 (décrite à l'étape 2) empoisonnant la route vers 172.30.22.0, aussi consigne-t-il une métrique 16 en regard de cette route dans sa table de routage.
6. R3 reçoit la mise à jour périodique émise par R1 (et décrite à l'étape 4) associant une métrique 2 à 172.30.22.0. En conséquence, il inscrit cette information dans sa table de routage, avec R1 comme routeur de prochain saut et S0/0 comme interface de sortie.

Dès lors, R3 dispose d'une métrique incorrecte (de valeur 2) pour 172.30.22.0, renvoyant vers R1. Selon la synchronisation des entrées et des sorties d'informations, il est possible que les routeurs s'échangent continuellement les paquets destinés au sous-réseau 172.30.22.0/24, tandis que le processus du décompte à l'infini se poursuit.

Maintenance en panne (*holddown*) : processus et temporisateur (*holddown timer*)

La dernière technique d'évitement des boucles traitée ici, le processus de *maintenance en panne* (ou *holddown*), évite les boucles et le problème du décompte à l'infini. Les protocoles à vecteur de distance l'emploient afin d'éviter précisément les boucles mises en place dans ce genre de contexte (un interréseau redondant). Le choix du terme trahit sa signification :

> Dès qu'une route est considérée non fonctionnelle, la maintenir en panne suffisamment longtemps pour que tous les routeurs prennent connaissance de la situation.

Le processus de *holddown* indique à un routeur d'ignorer toute nouvelle information concernant la route en panne, pendant un intervalle de temps contrôlé par le *temporisateur de maintenance en panne* (ou *holddown timer*). On peut le résumer comme suit :

Sujet clé

> Quand on prend connaissance d'une route empoisonnée, déclencher un temporisateur de maintenance en panne pour celle-ci. Tant qu'il n'a pas expiré, ignorer toute information de routage portant sur cette route, à l'exception des données reçues du voisin ayant initialement diffusé la route.

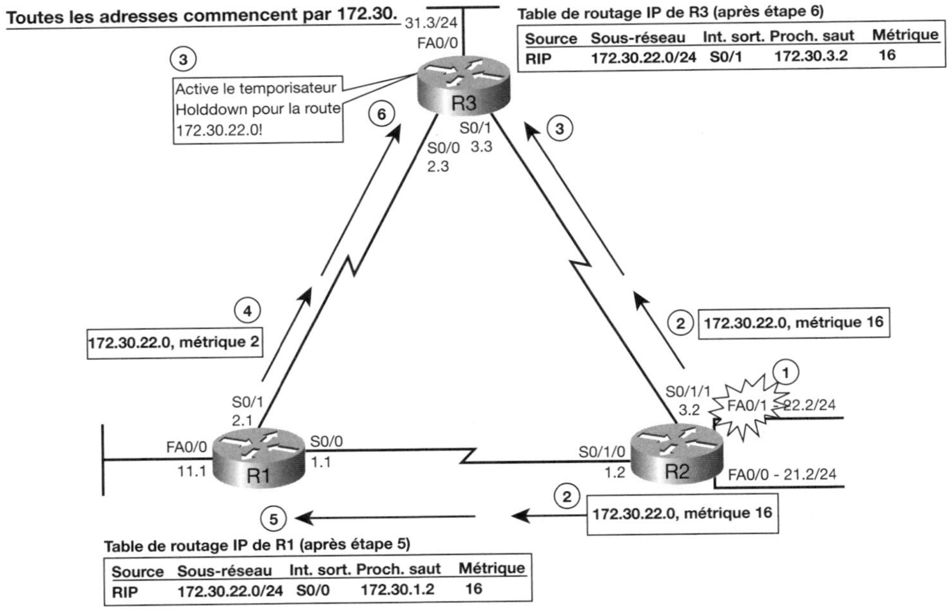

Figure 8.14

Emploi de la maintenance en panne (holddown) pour éviter le décompte à l'infini.

À nouveau, un exemple aidera le lecteur à bien comprendre la notion. La figure 8.14 reprend l'exemple de la figure 8.13, à ceci près que R3 applique la technique du *holddown* pour éviter le problème du décompte à l'infini. L'illustration montre de quelle manière R3 ignore toute information issue du sous-réseau maintenu en panne, 172.30.22.0. Comme précédemment, la situation initiale, où toutes les interfaces sont activées et fonctionnelles, voit à l'étape 1 tomber une interface du routeur R2, toujours la même.

Le processus illustré figure 8.14 se déroule comme suit, les étapes 3 et 6 différant de celles de la figure 8.13 :

1. L'interface Fa0/1 de R2 échoue.
2. R2 diffuse immédiatement une mise à jour partielle déclenchée, empoisonnant la route vers 172.30.22.0. Ces messages sont émis sur toutes les interfaces encore fonctionnelles.
3. R3 reçoit la mise à jour déclenchée de R2 empoisonnant la route pour 172.30.22.0, aussi modifie-t-il sa table de routage pour y associer la métrique 16. D'autre part, R3 maintient en panne la route vers 172.30.22.0 et déclenche le compte à rebours de maintenance en panne associée à la route (dont la valeur par défaut, sous RIP, est 180 secondes).
4. Avant que la mise à jour de l'étape 2 ne parvienne jusqu'à R1, ce dernier diffuse auprès de R3 sa mise à jour périodique normale, en mentionnant 172.30.22.0 comme de métrique 2 (pour alléger l'illustration, nous avons simplifié cette mise à jour périodique).
5. R1 reçoit de R2 une mise à jour déclenchée (décrite à l'étape 2) qui empoisonne la route vers 172.30.22.0, aussi R1 corrige-t-il sa table de routage pour y associer la métrique 16 à cette route.
6. R3 reçoit de R1 une mise à jour (décrite à l'étape 4), précisant une métrique 2 pour la route vers 172.30.22.0. R3 maintenant cette route en panne, et cette nouvelle métrique 2 étant issue d'un autre routeur (R1) que celui de la route originale (R2), R3 ne tient aucun compte de ces nouvelles informations de routage.

En conséquence du raisonnement de R3 tenu à l'étape 6, les trois routeurs associent désormais une route de métrique 16 à 172.30.22.0. Dès lors, toute mise à jour de routage concernant ce sous-réseau ne mentionnera que cette valeur – à tout le moins tant qu'on n'aura pas découvert une véritable route.

La définition du *holddown* accorde du crédit au routeur ayant initialement diffusé la route, même avant l'expiration du temporisateur. C'est pourquoi l'ensemble des opérations détaillées figure 8.14 pourra ne prendre que quelques secondes, grâce aux mises à jour déclenchées. Si l'interface Fa0/1 de R2 revient, ce routeur diffuse à nouveau une route de métrique 1 vers 172.30.22.0. Si R1 et R3 souscrivent à cette publication, ils gagneront trois minutes en évitant à leurs temporisateurs de maintenance en panne d'expirer pour le sous-réseau 172.30.22.0.

On le voit, accepter la mise à jour de routage issue du routeur ayant précisément diffusé la route ne pose aucun risque de provoquer une boucle. En conséquence, la maintenance en panne permet aux routeurs (dans le cas présent, il s'agit de R1 et de R3) de prendre pour argent comptant la diffusion de R2.

Résumé des vecteurs de distance

Avant de clore la question de l'évitement des boucles en vecteur de distance, il convient de revenir sur les notions évoquées. Cette section a couvert bien des aspects théoriques, pas toujours faciles à assimiler. Toutefois, on peut aisément en synthétiser les propriétés principales :

- Lors des périodes de stabilité, les routeurs s'échangent régulièrement des mises à jour complètes de routage reposant sur un petit temporisateur (dont la valeur par défaut en RIP s'élève à 30 secondes). Les mises à jour mentionnent toutes les routes connues, à l'exception des cas particuliers filtrés en application des règles d'horizon divisé (ou *split horizon*).
- Lors de toute modification faisant tomber une route, le routeur détectant la panne réagit en déclenchant immédiatement des mises à jour partielles, ne mentionnant que les routes empoisonnées (c'est-à-dire en situation d'échec) et en les dotant d'une métrique infinie.
- Les autres routeurs prenant connaissance de la route empoisonnée déclenchent eux aussi des mises à jour partielles et propagent la mauvaise nouvelle.
- Chaque routeur suspend les règles d'horizon divisé portant sur la route en échec en renvoyant un empoisonnement inverse (ou *poison reverse*) au routeur qui l'a initialement informé de la route empoisonnée.
- Tous les routeurs maintiennent la route en panne et activent un temporisateur (ou *holddown timer*) quand ils ont connaissance de l'événement. Chaque routeur ignore alors toute information portant sur la route en échec jusqu'à l'expiration du compteur, à moins que la communication ne soit issue du routeur ayant précisément diffusé la bonne route concernant ce sous-réseau.

Fonctionnalités des protocoles à état de lien

Comme les protocoles à vecteur de distance, les protocoles à état de lien émettent des mises à jour de routage destinées à leurs voisins, lesquels transmettent à leur tour l'information à leurs proches, et ainsi de suite. À l'issue du processus, les routeurs suivant des protocoles à état de lien enrichissent eux aussi leurs tables de routage en les dotant des meilleures routes (les métriques constituant le critère discriminant). Malgré tout, ce sont là à peu près les seuls points communs de ces deux types d'algorithmes de protocoles de routage.

La présente section s'intéresse aux mécanismes les plus élémentaires du fonctionnement des protocoles à état de lien et fonde ses exemples sur le premier d'entre eux, *Open Shortest Path First* (OSPF). Après avoir exposé le flux des informations de routage à travers l'interréseau dans le cadre de ces protocoles, nous nous pencherons sur la manière dont ils traitent ces données pour retenir les meilleures routes.

Construire la même base de données des états de liens (LSDB) sur chaque routeur

Les routeurs employant des protocoles de routage à état de lien doivent pratiquement diffuser tout détail concernant l'interréseau auprès des autres routeurs. À l'issue de ce processus, appelé inondation (*flooding*), tous les systèmes disposent exactement des mêmes connaissances, qu'ils stockent en mémoire vive dans une base de données des états de liens (*link-state database*, LSDB). Elles leur permettent de calculer les meilleures routes actuelles pour chaque sous-réseau. Diffuser autant d'informations auprès de tous les acteurs de l'interréseau paraît une tâche dantesque, impression non usurpée en regard de ce qui se passe dans le cadre des protocoles de routage à vecteur de distance.

OSPF, protocole de routage à état de lien le plus populaire, diffuse des informations dans des messages de mise à jour de plusieurs types, baptisés annonces d'état de lien (*link-state advertisements*, ou LSA). Les LSA se présentent sous des types différents, dont les deux principaux sont les suivants :

- **LSA de routeur** (*router LSA*). Incorpore un nombre identifiant le routeur (*router ID*), les adresses IP des interfaces du routeur et leurs masques, leur état (activé ou non) et le coût (ou métrique) associé.
- **LSA de lien** (*link LSA*). Identifie chaque lien (ou sous-réseau), les routeurs attachés et l'état du lien (activé ou non).

Certains routeurs doivent d'abord créer les LSA de routeur et de lien avant d'en inonder tous les autres routeurs. Chaque routeur crée une LSA de routeur pour lui-même, qu'il diffuse ensuite auprès de tous les autres à l'aide de messages de mise à jour de routage. Pour cela, il se contente de la transmettre à ses voisins. À leur tour, ces derniers passeront le message à leurs proches, et ainsi de suite, jusqu'à ce que tous les routeurs en aient pris connaissance. Dans le cas des LSA de lien, un routeur attaché à un sous-réseau crée également une LSA de lien pour chaque sous-réseau, avant de la diffuser (dans certains cas, cela n'est pas nécessaire, notamment quand un seul routeur est relié à un sous-réseau donné). À l'issue du processus, chaque routeur dispose de la LSA de chacun des autres, ainsi que d'une copie de toutes les LSA de lien.

La figure 8.15 expose l'idée générale du processus d'inondation : R8 y crée sa LSA de routeur avant de la diffuser auprès de tous les autres routeurs. Attention, cette illustration ne reprend qu'un sous-ensemble des informations apparaissant véritablement dans la LSA de routeur de R8.

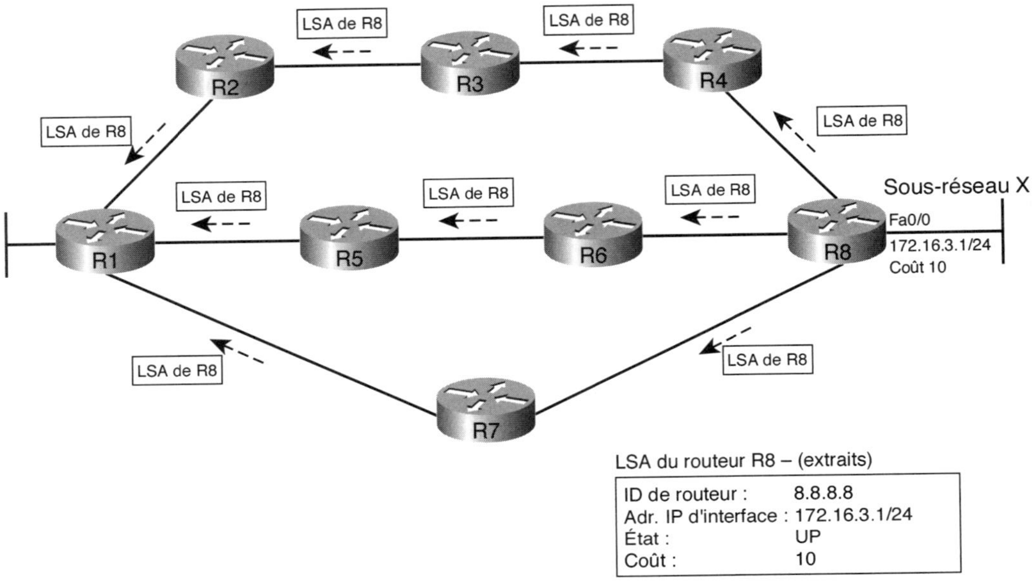

Figure 8.15
Inonder le réseau de LSA à l'aide d'un protocole à état de lien.

La figure 8.15 donne aussi les grandes lignes du processus élémentaire d'inondation : R8 émet la LSA originale le concernant, et les autres routeurs transmettent l'information jusqu'à ce que chacun en ait reçu une copie. Pour éviter les boucles dans les diffusions des LSA, un routeur informé commence par demander à son voisin si lui aussi connaît le message en question. Ainsi, R8 lancerait la communication en se renseignant auprès de R4, R6 et R7, séparément, pour savoir s'ils disposent déjà de la LSA du routeur R8. Ce n'est que dans la négative qu'il leur transmet l'information, et le processus se répète de proche en proche. Si un routeur connaît déjà la LSA – par quelque chemin que ce soit –, il en informera poliment son interlocuteur, évitant ainsi la survenue de toute boucle sur le réseau.

L'étymologie de l'expression *état de lien* renvoie au contenu (partiel) de la LSA de routeur présentée figure 8.15. On y reconnaît l'une des quatre adresses IP d'interface apparaissant sur la LSA de routeur de R8, associée à l'état de l'interface concernée. Les protocoles à état de lien tirent leur nom du fait que les LSA diffusent des informations portant sur chaque interface (lien) accompagnée de son état (est-elle active ou non ?). La LSDB abrite donc non seulement des données indiquant quels routeurs, interfaces et liens sont activés, mais aussi tous les éléments du réseau, même ceux qui ne sont pas fonctionnels.

Après transmission de la LSA auprès de tous les éléments du réseau, même si celle-ci ne varie pas, les protocoles à état de lien imposent une diffusion régulière, rappelant les mises à jour périodiques rencontrées dans les protocoles à vecteur de distance. Toutefois, ces derniers emploient un compte à rebours relativement rapide ; RIP émet ses mises à jour périodiques toutes les trente secondes, ainsi qu'une mise à jour complète rappelant toutes les routes normalement connues. OSPF rafraîchit les LSA en se fondant sur le compte à rebours de rafraîchissement de chacune (dont la valeur par défaut est trente minutes). Par conséquent, et dans le cadre d'un interréseau stable, les protocoles à état de lien sont moins gourmands en bande passante que les protocoles à vecteur de distance dès lors qu'il s'agit d'émettre des informations de routage. Si une LSA évolue, le routeur diffuse immédiatement sa nouvelle version. Si par exemple, à la figure 8.15, l'interface de LAN de R8 devait tomber en panne, ce routeur inonderait à nouveau l'interréseau de sa LSA, en précisant qu'elle n'est plus fonctionnelle.

Choix des meilleures routes par l'algorithme du plus court chemin

Le processus d'inondation à état de lien aboutit à ce que chaque routeur dispose en mémoire d'une copie de la LSDB. Pourtant, cela ne suffit pas pour savoir quelles routes incorporer dans la table de routage IP. Aussi incroyablement riches et détaillées qu'elles soient, les informations de la LSDB n'explicitent pas la meilleure route permettant à chaque routeur d'atteindre telle ou telle destination. Pour cela, les protocoles à état de lien font appel à un algorithme, qui calcule les routes à intégrer à la table de routage IP, en précisant un numéro de sous-réseau et un masque, une interface de sortie, et l'adresse IP du routeur de prochain saut. Il s'agit de l'algorithme de recherche du plus court chemin de Dijkstra (*Dijkstra Shortest Path First*, ou SPF).

On peut le comparer à la manière dont un être humain planifie un voyage sur une carte. Chacun pouvant acheter ce genre de documents, tout le monde dispose potentiellement des mêmes informations. Cependant, on procède en y recherchant le point de départ et le point d'arrivée, avant d'analyser plus en détail la situation afin de découvrir les itinéraires possibles. Quand plusieurs voies se présentent, on préférera parfois une autoroute à un chemin de traverse. Un autre voyageur, employant la même carte mais démarrant d'un autre point en visant un objectif distinct, retiendra un parcours qui n'a rien à voir.

Dans cette analogie, la LSDB représente la carte, et l'algorithme SPF le raisonnement du voyageur. La LSDB renferme les informations portant sur tous les routeurs et leurs liens. SPF définit la manière dont un routeur pourrait traiter la LSDB, en se considérant comme le point de départ (en effet, il s'agit pour lui d'enrichir sa propre table de routage). L'algorithme calcule toutes les routes permettant d'atteindre un sous-réseau, ainsi que la métrique cumulée associée à chacune, pour chaque sous-réseau de destination possible (considéré comme le point d'arrivée). Chaque routeur applique donc le SPF pour produire un graphe étoilé d'itinéraires tous issus de sa propre position et couvrant l'ensemble des sous-réseaux de destination possibles.

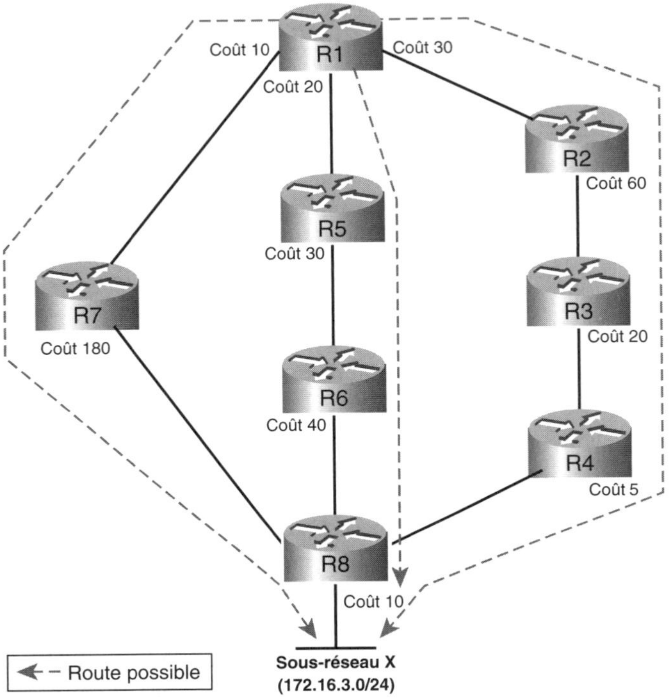

Sujet clé

Figure 8.16
Arbre SPF donnant la route de R1 vers 172.16.3.0/24.

La figure 8.16 représente sous forme graphique les résultats de l'algorithme SPF appliqué par le routeur R1 quand celui-ci recherche la meilleure route lui permettant d'atteindre le sous-réseau 172.16.3.0/24 (en reprenant la situation de la figure 8.15). L'arbre mathématique ainsi produit place sa racine (l'origine, soit ici le routeur R1) au sommet, les branches (sous-réseaux) se déployant alors vers le bas.

Ce schéma ne détaille pas les calculs de l'algorithme SPF (cela dit, qui s'en soucie ?) ; il se contente de dessiner les types d'analyses réalisées par ce dernier dans le cas de R1. En général, chaque routeur applique le processus du SPF pour découvrir toutes les routes menant à chaque sous-réseau, avant que l'algorithme ne retienne la meilleure. Pour cela, il calcule le coût total de chaque lien séparant l'origine (lui-même) au sous-réseau de destination, pour chaque route possible. La figure 8.16 présente les coûts associés à chaque route aux côtés des liens, les pointillés correspondant aux trois routes identifiées par R1 entre lui et le sous-réseau X (172.16.3.0/24).

Le tableau 8.6 rassemble les trois routes présentées figure 8.16, en précisant leurs coûts cumulés. On observe ainsi que la meilleure route menant du routeur R1 au sous-réseau 172.16.3.0/24 passe d'abord par le routeur R5.

Tableau 8.6 : Comparaison des trois routes possibles entre le routeur R1 et le sous-réseau 172.16.3 0/24

Route	*Emplacement à la figure 8.16*	*Coût cumulé*
R1–R7–R8	Gauche	10 + 180 + 10 = 200
R1–R5–R6–R8	Milieu	20 + 30 + 40 + 10 = 100
R1–R2–R3–R4–R8	Droite	30 + 60 + 20 + 5 + 10 = 125

Après l'analyse menée par l'algorithme SPF sur la LSDB, R1 enrichit sa table de routage d'une route vers le sous-réseau 172.16.3.0/24 ; son routeur de prochain saut est R5.

Convergence des protocoles à état de lien

Dès que l'interréseau se stabilise, les protocoles à état de lien rediffusent régulièrement chaque LSA (pour OSPF, la valeur par défaut est de trente minutes). En revanche, toute modification d'une LSA produit une réaction rapide, qui fait converger le réseau aussi vite que possible vers les nouvelles meilleures routes disponibles. Imaginons par exemple que dans l'interréseau des figures 8.15 et 8.16, le lien placé entre R5 et R6 tombe en panne. Les étapes suivantes reprennent le processus suivi par R1 pour passer sur une autre route (les étapes seraient comparables pour d'autres routeurs ou d'autres routes).

1. R5 et R6 diffusent des LSA précisant que leurs interfaces sont en panne (état *down*). Dans un réseau de cette taille, il faut généralement une ou deux secondes pour transmettre un tel message.

2. Tous les routeurs exécutent à nouveau l'algorithme SPF pour savoir quelles routes ont éventuellement changé (cette étape prend environ une seconde dans un tel cas de figure).

3. Au besoin, et en fonction des résultats obtenus, chaque routeur met à jour ses routes (cela se produit instantanément après que SPF a rendu la main). Ainsi, la route de R1 vers le sous-réseau X (172.16.3.0/24) passera désormais par R2 comme routeur de prochain saut.

Ces étapes assurent au protocole de routage à état de lien une convergence bien plus rapide que celle des protocoles à vecteur de distance.

Synthèse et comparaison avec les protocoles à vecteur de distance

Les protocoles de routage à état de lien convergent rapidement – c'est probablement la propriété la plus importante d'un protocole de routage disposant déjà d'un mécanisme d'évitement des boucles. Les protocoles à état de lien ne nécessitent pas toute une palette de techniques d'évitement de boucles, ce qui participe d'ailleurs à leur prompte stabilisation. En voici les propriétés principales :

Sujet clé

- Tous les routeurs disposent des mêmes informations relatives aux autres routeurs et aux sous-réseaux de l'interréseau.
- Les informations élémentaires de topologie, baptisées LSA, sont toutes stockées en mémoire vive dans une structure de données appelée la base de données d'état de lien (*link-state database*, ou LSDB).
- Les routeurs diffusent des LSA : 1) à leur création, 2) régulièrement (mais à des intervalles importants) si rien ne change, 3) dès qu'une LSA varie.
- La LSDB ne renferme aucune route, mais on y trouve des informations dont l'analyse par l'algorithme du plus court chemin de Dijkstra (*Dijkstra Shortest Path First*, ou SPF) produira la meilleure route permettant à un routeur d'atteindre un sous-réseau donné.
- Tous les routeurs exécutent l'algorithme SPF sur les données fournies par la LSDB. Ainsi, seules les meilleures routes (celles dont le coût, c'est-à-dire la métrique, est le plus faible) rejoignent les tables de routage IP.
- Les protocoles à état de lien convergent rapidement et rediffusent immédiatement toute modification de LSA, pour enchaîner sur une nouvelle exécution de l'algorithme SPF par chaque routeur.

L'un des critères discriminants différenciant le plus les deux familles de protocoles de routage relève de leur rapidité de convergence. Il ne fait aucun doute qu'en la matière, l'état de lien domine largement le vecteur de distance. La liste ci-après reprend les critères de comparaison principaux permettant de distinguer les différents protocoles de routage, selon les points forts des algorithmes sous-jacents :

- **Convergence.** Les protocoles à état de lien convergent bien plus vite.
- **Puissance de calcul et mémoire vive.** Les protocoles à état de lien sont plus gourmands, mais une conception soigneuse limitera ce défaut.
- **Évitement des boucles de routage.** Propriété garantie par construction par les protocoles à état de lien. Elle est plus difficile à assurer dans le cas des vecteurs de distance, où il faut faire intervenir bien des techniques d'appoint (comme l'horizon divisé).
- **Difficultés de conception.** Les protocoles à vecteur de distance sont rapides à mettre en place, tandis que l'état de lien suppose bien plus de planification et de conception, notamment dans le cas des réseaux de taille importante.
- **Configuration.** Les protocoles à vecteur de distance sont plus faciles à configurer, notamment quand l'état de lien fait intervenir des fonctionnalités plus évoluées.

Préparation à l'examen

Sujets clés à réviser

Révisez les sujets les plus importants du chapitre, repérés dans la marge par le pictogramme « Sujet clé » et récapitulés dans le tableau 8.7.

Sujet clé

Tableau 8.7 : Sujets clés du chapitre

Emplacement	*Description*	*Numéro de page*
Liste	Définitions et comparaison des expressions protocole de routage, protocole routé et protocole routable	315
Liste	Fonctions principales d'un protocole de routage	316
Liste	Définitions d'IGP et d'EGP	317
Liste	Trois types d'algorithmes pour les protocoles de routage de la famille IGP	319
Tableau 8.3	Critères de comparaison pour les protocoles IGP	321
Tableau 8.4	D'autres comparaisons entre RIP-2, OSPF, et EIGRP	322
Tableau 8.5	Liste des sources d'informations de routage et de leurs distances administratives respectives	323
Figure 8.5	Vue graphique et interprétation du vecteur de distance	325
Liste	Description des mises à jour régulières du vecteur de distance, des mises à jour complètes et des mises à jour complètes limitées par l'horizon divisé (*split horizon*)	326
Figure 8.7	Exemple d'empoisonnement de route (*route poisoning*)	327
Définition	Horizon divisé (*split horizon*)	330
Définitions	Mises à jour déclenchées, empoisonnement inverse (*poison reverse*)	332
Définition	Maintenance en panne (*holddown*) et temporisateur (*holddown timer*)	336
Figure 8.16	Représentation graphique de l'application de l'algorithme SPF dans le cas de l'état de lien	342
Liste	Synthèse des opérations à état de lien	344

Tableaux et listes à compléter

Complétez de mémoire les tableaux et les listes concernant ce chapitre qui figurent à l'annexe J, puis reportez-vous à l'annexe K pour comparer vos réponses à celles qui vous sont fournies. Ces annexes figurent sur le CD-ROM.

Termes clés à définir

Donnez la définition des termes suivants et comparez vos réponses avec le glossaire :

> Hybride équilibré, compter jusqu'à l'infini, algorithme de recherche du plus court chemin de Dijkstra (SPF), vecteur de distance, protocole de routage extérieur (EGP), mise à jour complète, maintenance en panne et temporisateur (*holddown* et *holddown timer*), protocole de routage intérieur (IGP), état de lien, annonce d'état de lien (LSA), base de données des états de liens (LSDB), métrique, mise à jour partielle, mise à jour périodique, inverse empoisonné (*reverse poisoning*), route empoisonnée (*route poisoning*), protocole routable, protocole routé, protocole de routage, horizon divisé (*split horizon*), mise à jour déclenchée (*triggered update*).

Référence de commandes

Ce chapitre ne mentionne aucune commande qui ne soit pas détaillée davantage ailleurs. C'est pourquoi, contrairement à la plupart des autres chapitres, on n'y présente aucun tableau de référence en la matière.

9

OSPF

Au sommaire de ce chapitre

- **Le protocole OSPF et sa mise en œuvre.** Cette partie termine la présentation des protocoles à état de lien, commencée au chapitre 8, « Théorie des protocoles de routage », par l'étude détaillée d'OSPF.
- **Configuration d'OSPF.** Cette partie présente la configuration d'OSPF simple et multi-aire, l'authentification OSPF et quelques autres fonctionnalités d'OSPF.

Les protocoles à état de lien ont été développés principalement au milieu des années 1990. Leurs concepteurs ont supposé que la vitesse des liens, le CPU des routeurs et la mémoire des routeurs allaient continuer à s'améliorer et ils ont conçu des protocoles qui exploitaient ces caractéristiques. En communiquant plus d'informations et en effectuant des traitements plus coûteux sur les routeurs, les protocoles à état de lien présentent des avantages sur les protocoles à vecteur de distance, en particulier une convergence beaucoup plus rapide. L'objectif reste le même – ajouter les meilleures routes à la table de routage –, mais ces protocoles utilisent des méthodes différentes pour y parvenir.

Ce chapitre présente *Open Shortest Path First* (OSPF), le protocole de routage IP à état de lien le plus utilisé. L'autre protocole important de routage IP à état de lien, *Integrated IS-IS*, sort du cadre de l'examen CCNA.

Questionnaire d'évaluation

Grâce à ce questionnaire, vous pourrez déterminer s'il vous faut ou non lire la totalité du chapitre. Si vous n'échouez qu'à une question, vous pourrez envisager de passer directement à la section « Préparation à l'examen ». Le tableau 9.1 reprend les titres des sections principales de ce chapitre ainsi que les numéros des questions s'y rapportant.

Vous pourrez ainsi évaluer votre niveau de maîtrise de ces sujets. Les réponses sont données à l'annexe A.

Tableau 9.1 : Questions d'évaluation et sections concernées

Connaissances fondamentales	*Questions*
Le protocole OSPF et sa mise en œuvre	1 à 5
La configuration d'OSPF	6 à 10

1. Quels paramètres influent sur le calcul des routes OSPF quand les valeurs par défaut sont utilisées ?

a. Bande passante

b. Délai

c. Charge

d. Fiabilité

e. MTU

f. Nombre de sauts

2. Quel est le nom de l'algorithme qu'utilise OSPF pour calculer la meilleure route ?

a. SPF

b. DUAL

c. Feasible successor (*successeur réalisable*)

d. Dijkstra

e. Le bon sens

3. Deux routeurs OSPF sont connectés au même VLAN *via* leur interface Fa0/0. Parmi ces configurations d'interfaces de ces deux routeurs voisins potentiels, lesquelles pourraient les empêcher de devenir des voisins OSPF ?

a. Adresses IP 10.1.1.1/24 et 10.1.1.254/25.

b. L'ajout d'une adresse IP secondaire à l'une des interfaces des routeurs mais pas à l'autre.

c. Affecter les interfaces des deux routeurs dans l'aire 3.

d. L'un des routeurs est configuré pour utiliser l'authentification MD5 et l'autre ne l'est pas.

4. Quel est l'état des voisins OSPF lorsque l'échange des informations de topologie est terminé et que les routeurs ont le même LSDB ?

a. Two-way (bidirectionnel)

b. Full (complet)

c. Exchange (échange)

d. Loading (chargement)

5. Qu'est-ce qui est vrai d'un routeur désigné OSPF (*Designated Router, DR*) ?

a. Un routeur qui vient juste d'être connecté dans le même sous-réseau avec une priorité OSPF plus élevée devient le nouveau DR à la place du DR courant.

b. Un routeur qui vient juste d'être connecté dans le même sous-réseau avec une priorité OSPF moins élevée devient le nouveau DR à la place du DR courant.

c. Le DR est élu s'il a le plus petit identifiant de routeur OSPF.

d. Le DR est élu s'il a le plus grand identifiant de routeur OSPF.

e. Le DR tente de devenir adjacent avec tous les voisins du sous-réseau.

6. Après que la commande **router ospf** 1 a été exécutée, laquelle de ces commandes **network** demande au routeur d'utiliser OSPF sur les interfaces d'adresses IP 10.1.1.1, 10.1.100.1 et 10.1.120.1 ?

a. **network 10.0.0.0 255.0.0.0 area 0**

b. **network 10.0.0.0 0.255.255.255 area 0**

c. **network 10.0.0.1 255.0.0.255 area 0**

d. **network 10.0.0.1 0.255.255.0 area 0**

7. Après que la commande **router ospf** 1 a été exécutée, laquelle de ces commandes **network** demande au routeur d'utiliser OSPF sur les interfaces d'adresses IP 10.1.1.1, 10.1.100.1 et 10.1.120.1 ?

a. **network 0.0.0.0 255.255.255.255 area 0**

b. **network 10.0.0.0 0.255.255.0 area 0**

c. **network 10.1.1.0 0.x.1.x.0 area 0**

d. **network 10.1.1.0 255.0.0.0 area 0**

e. **network 10.0.0.0 255.0.0.0 area 0**

8. Laquelle de ces commandes liste les voisins OSPF sur l'interface série 0/0 ?

a. **show ip ospf neighbor**

b. **show ip ospf interface**

c. **show ip neighbor**

d. **show ip interface**

e. **show ip ospf neighbor interface serial 0/0**

9. Les routeurs OSPF R1, R2 et R3, sont dans le même VLAN. R2 a été configuré avec la sous-commande d'interface **ip ospf authentication message-digest** sur l'interface LAN connectée au VLAN commun. La commande **show ip ospf neighbor** montre R1 et R3 voisins dans l'état Init et Full, respectivement. Qu'est-ce qui est vrai ?

- **a.** R3 doit nécessairement avoir été configuré avec la sous-commande **ip ospf authentication message-digest**.
- **b.** R3 doit nécessairement avoir été configuré avec la sous-commande **ip ospf authentication message-digest-key**.
- **c.** L'échec de R1 est obligatoirement dû au fait que le type d'authentification configurée n'est pas le bon.
- **d.** L'échec de R1 peut être lié à l'authentification mais pas forcément.

10. Un routeur OSPF apprend six routes possibles pour atteindre le sous-réseau 10.1.1.0/24. Toutes les six ont un coût de 55 et toutes sont des routes interaires. Par défaut, combien y en a-t-il de placées dans la table de routage ?

- **a.** 1
- **b.** 2
- **c.** 3
- **d.** 4
- **e.** 5
- **f.** 6

Connaissances fondamentales

Ce chapitre présente les concepts et la configuration d'*Open Shortest Path First (OSPF)*, tout en poursuivant l'étude des protocoles à état de lien là où elle avait été interrompue au chapitre 8. La première partie explique les principes du fonctionnement d'OSPF et la seconde, la manière de configurer OSPF sur les routeurs Cisco.

Le protocole OSPF et sa mise en œuvre

Le fonctionnement du protocole OSPF fait appel à une grande variété de mécanismes parfois complexes. Afin de faciliter leur compréhension, nous pouvons les subdiviser en trois catégories principales : la notion de voisins, l'échange de la base de données et le calcul des routes. Les routeurs OSPF construisent une relation de voisinage sur laquelle se fondent toutes les opérations de communication qui suivent. Une fois que les routeurs sont devenus voisins, ils échangent le contenu de leurs bases de données d'état de lien LSDB (*Link State Data Base*) au cours d'un processus appelé « échange de bases de données ». Dès qu'un routeur possède l'information de topologie dans sa base de données d'état de lien, il emploie l'algorithme de recherche du plus court chemin de Dijkstra (*Shortest Path First* ou *SPF*) pour calculer les meilleures routes et les ajouter à la table de routage IP.

Les commandes IOS reprennent cette même structure. L'IOS a une table de voisins OSPF (**show ip ospf neighbor**), une LSDB OSPF (**show ip ospf database**) et, évidemment, une table de routage IP (**show ip route**). Les processus expliqués au cours de la première moitié de ce chapitre peuvent alors être observés sur des routeurs, si on affiche les contenus de ces trois tables.

Voisins OSPF

À quelques exceptions près, la définition générale d'un voisin OSPF est, du point de vue du routeur, un autre routeur connecté au même lien avec lequel le premier peut et devrait échanger des informations de routage utilisant OSPF. Bien que cette définition soit correcte, on comprend mieux le concept de voisins OSPF en considérant l'objectif de la relation de voisinage OSPF. Premièrement, les voisins contrôlent et vérifient certaines caractéristiques indispensables au bon fonctionnement d'OSPF avant tout échange d'informations de routage. Deuxièmement, le processus de surveillance permanente de la connexion avec le voisin et de détection de défaillance de cette connexion permet de déclencher le recalcul des entrées de la table de routage pour converger vers de nouvelles routes. De plus, le processus des *Hello* OSPF (messages de « Bonjour ») définit la façon dont des voisins peuvent être dynamiquement découverts, permettant ainsi l'ajout de nouveaux routeurs au réseau, sans qu'il soit nécessaire de reconfigurer tous les autres.

Le processus Hello d'OSPF est comparable à la façon dont vous rencontreriez vos nouveaux voisins si vous déménagiez. Quand vous les voyez pour la première fois, vous dites « bonjour » et vous échangez vos noms. Après avoir discuté un peu, vous vous faites votre propre opinion à leur égard, en particulier si vous aimeriez discuter avec eux à l'occasion ou, si vous vous contenteriez d'un signe de la main la prochaine fois que vous les croiseriez. De la même façon, le processus OSPF commence par des messages appelés « messages de Hello », lesquels échangent les identifiants de routeurs (*router ID*) qui sont les noms OSPF uniques de chaque routeur. Enfin, OSPF vérifie un certain nombre d'informations dans ces messages pour s'assurer que les deux routeurs peuvent devenir des voisins.

Identifiant de routeur OSPF (*Router ID*)

OSPF doit identifier individuellement chaque routeur pour plusieurs raisons. D'abord, les voisins ont besoin de savoir quel routeur a envoyé un message particulier OSPF. De plus, les LSDB OSPF listent un ensemble d'annonces d'état de lien, LSA (*Link State Advertisement*), dont certaines décrivent des routeurs dans le réseau. De ce fait, la LSDB a besoin d'un identifiant unique pour chaque routeur. À cette fin, OSPF utilise un identifiant de routeur (*OSPF Routeur ID* ou *RID*).

Un RID OSPF est un nombre de 32 bits au format décimal pointé. L'utilisation d'une adresse IP permet d'en trouver un par défaut facilement. Il peut aussi être configuré directement comme illustré à la section « Configuration de l'ID du routeur (*Router ID*) OSPF » de ce chapitre.

Reconnaissance des voisins avec les messages de Hello

Une fois qu'un routeur a choisi son RID OSPF, et si des interfaces sont actives, il est prêt à reconnaître ses voisins OSPF. Des routeurs OSPF peuvent devenir voisins s'ils sont dans le même sous-réseau (et dans quelques autres cas particuliers qui sortent du cadre du CCNA). Afin de découvrir d'autres routeurs OSPF, un routeur envoie des paquets multicast Hello OSPF sur chaque interface et attend d'en recevoir des autres routeurs connectés à ces interfaces (voir figure 9.1).

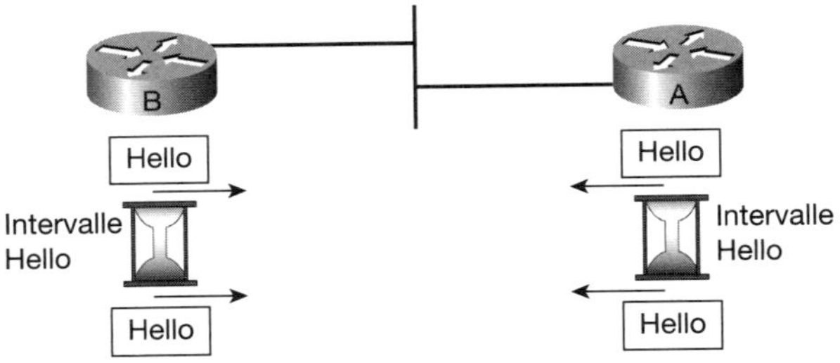

Figure 9.1
Paquets d'état de lien Hello.

Les routeurs A et B envoient des messages Hello sur le LAN pendant un intervalle de temps programmé : l'intervalle Hello (ou *Hello Timer).* Ensuite, ils peuvent commencer à échanger des informations de topologie. Enfin, ils utilisent l'algorithme de Dijkstra pour remplir la table de routage avec les meilleures routes. On peut relever les caractéristiques suivantes :

- Le message de Hello suit l'en-tête du paquet IP, avec le type de protocole de paquet IP 89.
- Des paquets Hello sont envoyés à l'adresse IP multicast 224.0.0.5, prévue pour tous les routeurs OSPF.
- Les routeurs d'OSPF écoutent les paquets envoyés à l'adresse multicast IP 224.0.0.5 en attendant de recevoir des paquets de messages Hello et de faire la connaissance de nouveaux voisins.

Les routeurs apprennent des informations importantes à partir des paquets Hello reçus. Ceux-ci contiennent le RID du routeur d'envoi, l'identifiant (ID) d'aire, l'intervalle de Hello, l'intervalle d'inactivité, la priorité du routeur, le RID du routeur désigné ou DR (*Designated Router*), le RID du routeur désigné de secours ou BDR (*Backup Designated Router*) et une liste de voisins que le routeur émetteur connaît déjà sur le sous-réseau. (Chacun de ces points sera expliqué par la suite.)

La liste de voisins est particulièrement importante pour les messages Hello. Par exemple, quand le routeur A reçoit un Hello du routeur B, il a besoin de lui répondre, d'une façon ou d'une autre, qu'il l'a reçu. Pour cela, il ajoute le RID de routeur B à la liste des voisins OSPF dans le prochain (et futur) Hello qu'il diffuse par multicast sur le réseau. De la même façon, après que le routeur B a reçu un Hello de routeur A, ses prochains Hello contiendront le RID de routeur A dans la liste des voisins.

Dès qu'un routeur voit son propre RID dans le Hello reçu, il estime que la communication bidirectionnelle (*two way*) a été établie avec ce voisin. L'état bidirectionnel (ou *two-way state*) pour un voisin est important, car des informations plus détaillées, telles que les LSA, peuvent être échangées avec lui. Dans certains cas, sur des LAN, les voisins peuvent atteindre l'état bidirectionnel et s'arrêter là. Nous verrons ce cas plus en détail à la section « Choix du routeur désigné (DR) » de ce chapitre.

Problèmes possibles lors de l'établissement du voisinage

Pour un routeur donné, recevoir un Hello d'un autre routeur sur le même sous-réseau ne signifie pas pour autant qu'ils vont devenir voisins. C'est comme dans la vraie vie. Si vous êtes en désaccord avec un voisin sur de nombreux points et que vous ne vous entendiez pas bien, vous risquez fort de ne pas beaucoup vous parler. De même en OSPF, les routeurs sur un même sous-réseau doivent être d'accord sur plusieurs des paramètres échangés dans les messages de Hello, sinon, ils ne communiquent pas. Entre autres, ils doivent s'accorder sur les points suivants :

Le masque de sous-réseau utilisé ; l'adresse de sous-réseau (dérivée du masque de sous-réseau et de l'adresse IP de l'interface de chaque routeur) ;

- l'intervalle de Hello ;
- l'intervalle d'inactivité ; **Sujet clé**
- l'ID d'aire OSPF ;
- la validation de l'étape d'authentification (s'il y en a une) ;
- la valeur du *stub area flag*.

Si un seul de ces paramètres diffère, les routeurs ne deviennent pas voisins. Conséquence : si vous cherchez un problème OSPF relatif à l'établissement du voisinage, vérifiez cette liste !

INFO

Le *stub area flag* correspond à des notions qui dépassent le cadre du CCNA. Disons simplement qu'il fait partie des paramètres indispensables pour que deux routeurs deviennent voisins. Il est ici donné pour que la liste soit complète.

Certains points de cette liste doivent être éclaircis. Premièrement, un routeur vérifie qu'il est dans le même sous-réseau qu'un voisin potentiel en comparant l'adresse IP et le masque de sous-réseau du candidat indiqué dans le message Hello avec sa propre adresse et son propre masque. S'ils sont exactement dans le même sous-réseau, avec le même intervalle d'adresses, cette étape est validée.

Deuxièmement, les deux temporisateurs – l'intervalle de Hello et l'intervalle d'inactivité – doivent être égaux. Les routeurs OSPF envoient les messages Hello à chaque intervalle Hello. Quand un routeur n'en reçoit plus d'un voisin pendant le temps défini par l'intervalle d'inactivité, il considère que ce voisin n'est plus accessible et déclenche une convergence du réseau. Par exemple, sur des interfaces Ethernet, les routeurs Cisco ont un intervalle Hello de dix secondes et un intervalle d'inactivité de quatre fois l'intervalle de Hello, soit quarante secondes. Si un routeur ne reçoit plus de messages Hello d'un voisin pendant quarante secondes, il le marque comme « en panne » dans la table des voisins. À ce stade, les routeurs peuvent déclencher une convergence pour regénérer les meilleures routes.

Les états des voisins

OSPF utilise un nombre important de types de communications entre deux routeurs voisins. Au cours du déroulement du protocole, chaque voisin possède un état qui reflète la quantité de travail réalisée par deux routeurs voisins. Par exemple, si les routeurs R1 et R2 sont connectés au même LAN et deviennent des voisins, R1 attribue un état à R2 qui traduit sa perception de ce qui s'est déjà passé avec R2 jusqu'ici. De même, R2 attribue un état à R1, représentant sa perception de ce qui s'est déjà passé entre eux jusqu'ici. (La commande pour lister les états des voisins est **show ip ospf neighbor**.)

Comme les états voisins reflètent les avancées des différentes étapes du processus OSPF entre deux routeurs, il est utile de les étudier avec les processus et messages d'OSPF. En outre, en comprenant les états des voisins OSPF et leur signification, on peut plus facilement déterminer si un voisin OSPF fonctionne normalement ou s'il y a un problème (voir figure 9.2).

Sujet clé

Figure 9.2

États de voisins OSPF lors de l'établissement de voisinage.

Les deux premiers états, Down et Init, sont relativement faciles à comprendre. Si un routeur connaît un voisin, mais que l'interface se soit désactivée (*down*), le voisin est listé avec un état Down (ou *en panne*). Dès que l'interface se réactive (*up*), les deux routeurs s'envoient des Hello et le voisin passe dans l'état Init, ce qui signifie que l'établissement de voisinage est engagé.

Un routeur passe d'Init à two-way (bidirectionnel) – et peut alors communiquer avec son voisin – lorsque les deux conditions suivantes sont satisfaites : un Hello reçu liste le RID du routeur et tous les paramètres sont valides. Son prochain Hello inclut le RID du voisin dans la liste des routeurs « vus ». Après le contrôle de paramètres et l'envoi de ce Hello, les deux routeurs devraient avoir atteint l'état bidirectionnel.

Par exemple, à la figure 9.2, R2 reçoit le premier Hello, qui contient « vu (nul) ». Cette notation signifie que R1 n'a encore vu aucun voisin potentiel approuvé. Quand R2 envoie son Hello, il liste le RID de R1. Cela signifie qu'il a vu le Hello de R1 et vérifié que tous les paramètres étaient valides. R1 fait de même dans le troisième Hello, qu'il envoie un intervalle de Hello plus tard que son premier. Une fois dans l'état bidirectionnel, les deux routeurs sont prêts à échanger les informations de topologie, que nous allons voir à la prochaine section.

Échange de la base de données topologiques OSPF

Les routeurs OSPF échangent le contenu de leurs LSDB pour en avoir chacun une copie identique à la fin du processus : il s'agit d'un principe fondamental des protocoles de routage à état de lien. Le processus compte de nombreuses étapes qui sont ici simplifiées. On commence par décrire la globalité du processus avant de descendre dans le détail.

Principe du processus d'échange de la base de données topologiques OSPF

Après être devenus voisins et avoir atteint l'état two-way, les routeurs ne commencent pas nécessairement par échanger les informations topologiques. En se fondant sur différents facteurs, ils décident soit d'échanger directement leurs informations topologiques, soit de les apprendre indirectement sous la forme de messages LSA. Une fois l'opération d'échange terminée, le processus passe à une étape relativement tranquille de maintenance pendant laquelle les routeurs inondent occasionnellement le réseau de LSA et observent les changements sur le réseau.

Le processus se déroule de la façon suivante :

Étape 1 S'appuyant sur le type d'interface OSPF, les routeurs peuvent ou non élire collectivement un DR (routeur désigné) et un BDR (routeur désigné de secours).

Sujet clé

Étape 2 Pour chaque paire de routeurs qui doivent être complètement adjacents, il y a échange mutuel du contenu de leurs LSDB.

Étape 3 Une fois le processus terminé, les routeurs surveillent les changements et diffusent périodiquement les LSA durant l'état *Full Neighbor* (voisin complètement adjacent).

Choix du routeur désigné (DR)

OSPF spécifie qu'un sous-réseau devrait (ou pas) avoir un *Designated Router* ou Routeur désigné (DR) et un *Backup Designated Router* ou Routeur désigné de secours (BDR) en fonction du type d'interface (appelée le type de réseau OSPF). Plusieurs types d'interfaces OSPF existent dont deux sont à connaître pour le CCNA : *point à point* et *diffusion* (ou *broadcast*), qui peuvent être configurés avec la commande **ip ospf network** *type*. Ils font référence au protocole de liaison de données utilisé sur l'interface. Comme leurs noms l'indiquent, le type point à point est destiné à être utilisé sur les liens point à point et le type diffusion, aux liens qui supportent les trames de diffusion comme les LAN.

La figure 9.3 montre un exemple classique des deux types de voisins, l'un avec le type d'interface par défaut sur un lien série – point à point –, et l'autre, le type d'interface par défaut du LAN – diffusion. L'élection du DR se traduit par le fait que l'information de topologie est échangée uniquement entre les voisins figurant à droite dans la partie inférieure de la figure.

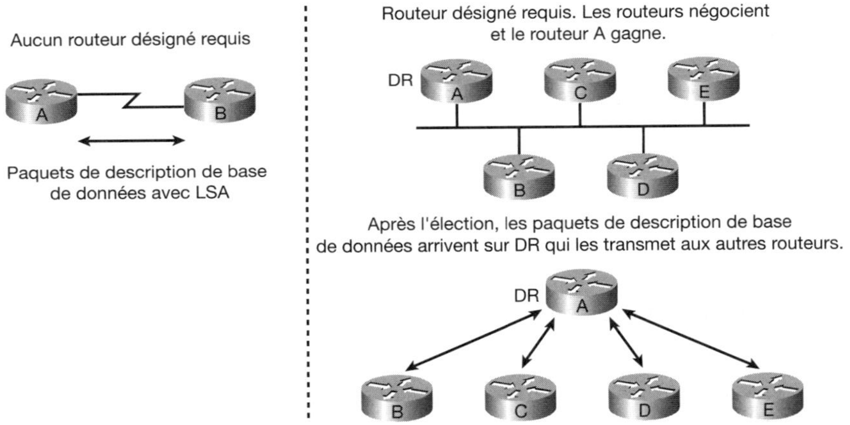

Sujet clé

Figure 9.3
Pas de DR sur un lien point à point, avec un DR sur un LAN.

Lorsqu'un DR n'est pas nécessaire, les routeurs voisins peuvent commencer à échanger des informations topologiques, comme illustré à la partie gauche de la figure. Suivant la terminologie OSPF, ils devraient continuer ainsi et devenir complètement adjacents. En revanche, sur la partie droite de la figure, une élection de DR a eu lieu sur un LAN et c'est le routeur A qui a été choisi. L'échange de topologies se passe alors entre le DR et tous les autres routeurs mais pas entre paires de routeurs. En conséquence, tout le trafic de mises à jour de routage passe par le routeur A qui redistribue les informations vers les autres routeurs. Chaque routeur apprend les informations topologiques à partir de tous ses semblables, mais le processus n'engendre d'échanges directs d'informations de routage qu'entre le DR et chacun des autres routeurs non DR.

Le concept de DR permet de limiter la surcharge du sous-réseau par le trafic OSPF quand il y a beaucoup de routeurs. En effet, un nombre important de routeurs peuvent être interconnectés sur un LAN, et c'est la raison pour laquelle la notion de DR peut être utile. Par exemple, si dix routeurs sont connectés au même LAN, et qu'ils émettent des mises à jour OSPF vers chacun des neuf autres routeurs, celles-ci circulent entre 45 paires différentes de voisins avec la plupart des informations redondantes. Avec un DR, le même LAN ne nécessite des mises à jour de routes qu'entre le DR et les neuf routeurs, réduisant de manière significative l'inondation d'informations OSPF sur le LAN.

Comme le DR est très important pour les échanges d'informations de routes, le perdre pourrait entraîner des retards dans la convergence. C'est la raison pour laquelle on a également un DR de secours , le *Backup* DR (BDR), sur chaque sous-réseau. Ainsi, en cas de perte du DR, le BDR prend le relais en tant que DR. (Les routeurs autres que le DR et le BDR sont appelés « DROther » dans la commande **show** de l'IOS.)

INFO

Tous les routeurs autres que le DR et le BDR essayent de devenir complètement adjacents avec le DR et le BDR. La figure 9.3 ne montre que les adjacences avec le DR pour simplifier.

Quand un DR est nécessaire, les routeurs voisins procèdent à une élection. Pour cela, ils étudient deux champs des paquets Hello qu'ils reçoivent et choisissent le DR à partir des critères suivants :

- Le routeur qui envoie le Hello avec *la priorité OSPF la plus élevée* devient le DR. Sujet clé
- Si deux routeurs, ou davantage, ont la priorité OSPF la plus élevée, celui qui envoie le Hello avec *le RID le plus élevé* est retenu. En général, le routeur avec *la deuxième priorité la plus élevée* devient le BDR, mais ce n'est pas toujours le cas.
- Une priorité de 0 signifie que le routeur ne participe pas à l'élection et ne peut jamais devenir le DR ou le BDR.
- L'intervalle des valeurs de priorité, permettant à un routeur d'être candidat, va de 1 à 255.Un nouveau candidat, même meilleur, qui se présente après l'élection des DR et BDR ne peut les remplacer.

Échange de la base de données

L'échange de la base de données peut être un processus complexe d'OSPF. Les détails ne sont pas indispensables, mais une brève description générale peut aider à comprendre le fonctionnement global.

Après que deux routeurs décident d'échanger leurs bases de données, ils n'en envoient pas simplement le contenu. D'abord, ils s'envoient seulement une liste des LSA de leur base de données respective. Chacun compare alors la liste reçue à sa propre LSBD. Quand un routeur ne possède pas de copie d'une LSA, il la demande au voisin, lequel envoie la copie complète.

Quand deux voisins ont terminé ce processus, on considère qu'ils ont entièrement échangé leurs bases de données. L'état des voisins OSPF est alors dit *Full* (ou *complet*).

Maintenance de la LSDB durant l'adjacence

Les voisins dans un état Full effectuent toujours des opérations de maintenance. Ils continuent d'envoyer des messages de Hello à chaque intervalle de Hello. L'absence de Hello pendant un temps égal à l'intervalle d'inactivité signifie que la connexion avec le voisin est perdue. Si des changements de topologie se produisent, les voisins s'envoient de nouvelles copies des LSA modifiés de sorte qu'ils puissent changer leur LSDB. Par exemple, si un sous-réseau est défectueux, le routeur met à jour la LSA pour prendre en compte l'état du sous-réseau inactif. Il l'envoie alors à ses voisins, qui, à leur tour, l'envoient à leurs voisins, jusqu'à ce que tous les routeurs aient de nouveau une copie identique de la LSDB. Chaque routeur peut alors utiliser SPF pour recalculer toutes les routes affectées par le sous-réseau défectueux.

Le routeur qui crée une LSA a également la responsabilité de la diffuser de nouveau toutes les trente minutes (par défaut), même s'il n'y a pas de changement. Ce principe est très différent des mises à jour périodiques des protocoles à vecteurs de distance. Ces derniers envoient des mises à jour complètes à de courts intervalles de temps, en listant toutes les routes (excepté celles omises pour éviter les boucles avec le *split horizon*). OSPF n'envoie pas l'intégralité des routes toutes les trente minutes. Chaque LSA a son propre temporisateur, basé sur la date de création du LSA. Ainsi, à aucun moment, OSPF ne diffuse l'intégralité de toutes les LSA. Au lieu de cela, chaque LSA est rediffusée toutes les trente minutes par le routeur qui l'a créée.

Il faut se souvenir que tous les routeurs n'essaient pas forcément de devenir complètement adjacents. En particulier, sur les interfaces avec un DR élu, les routeurs qui ne sont ni DR ni BDR deviennent voisins, sans être complètement adjacents. Ils n'échangent alors pas directement des LSA. En outre, la commande **show ip ospf neighbor** signale ces voisins en état two-way, comme état voisin stable normal, et le DR et le BDR en état Full, comme état stable normal.

Résumé des états des voisins

Le tableau 9.2 résume les différents états de voisins que nous venons d'aborder.

Sujet clé

Tableau 9.2 : Les états des voisins OSPF et leur signification

État de voisins	*Signification*
Down	Un voisin connu n'est plus atteignable, souvent à cause d'une interface défectueuse
Init	État intermédiaire dans lequel un message Hello reçu du voisin ne liste pas le RID du routeur comme ayant été vu
Two-way (*bidirectionnel*)	Le voisin a envoyé un message Hello qui inclut le RID du routeur dans sa liste des routeurs vus, ce qui signifie que les vérifications de voisinage ont été validées
Full	Les deux routeurs ont la même LSDB et sont complètement adjacents

Construction de la table de routage IP

Les routeurs OSPF envoient des messages pour découvrir des voisins qu'ils listent dans la table des voisins OSPF. Ils leur envoient alors des messages pour échanger leurs informations de topologie qu'ils stockent dans leur table de topologie OSPF, appelée LSDB ou base de données OSPF. Pour remplir la troisième table importante d'OSPF, la table de routage IP, OSPF n'envoie pas de messages. Chaque routeur exécute l'algorithme SPF de Dijkstra sur la base de données topologique OSPF et retient les meilleures routes résultantes.

La base de données topologiques OSPF contient une liste de sous-réseaux (appelés des *liens* [links], d'où le nom *base de données d'état de lien* [Link State Data Base]). Elle contient également une liste de routeurs associés aux liens (sous-réseau) auxquels chaque routeur est connecté. Grâce à ces informations, un routeur peut exécuter l'algorithme SPF et calculer la meilleure route vers tous les sous-réseaux. Le principe est comparable à un puzzle. La couleur et la forme de chaque pièce guident pour trouver quelle pièce va à côté de quelle autre. De la même façon, les informations de chaque LSA, les liens, les routeurs connectés à ces liens, les adresses IP et les masques fournissent à l'algorithme SPF suffisamment d'informations pour trouver quel routeur est relié à chaque sous-réseau et reconstituer un modèle mathématique du réseau.

Chaque routeur exécute l'algorithme SPF de Dijkstra indépendamment des autres sur sa propre base OSPF LSDB pour trouver la meilleure route depuis lui-même jusqu'à chaque sous-réseau. Puis il introduit dans sa table de routage IP ces meilleures routes pour chaque sous-réseau. Ça semble être une tâche simple à partir d'un schéma complet du réseau. Heureusement, bien que les propriétés mathématiques de l'algorithme SPF soient difficiles, il n'est pas nécessaire de les connaître pour mener à bien cette tâche. Cependant, être capable de prévoir les routes qu'OSPF choisira peut être utile.

Chaque interface OSPF a un coût qui lui est associé. Le routeur regarde chaque route possible entre lui et le sous-réseau, fait la somme des coûts OSPF des interfaces de sortie que traverserait le paquet empruntant cette route et choisit la route de moindre coût. Par exemple, la figure 9.4 montre un réseau simple avec les coûts OSPF de chaque interface. Le routeur R4 a deux chemins possibles pour atteindre le sous-réseau 10.1.5.0/24 :

R4 Fa0/0 – R1 S0/1 – R5 Fa0/0

R4 Fa0/0 – R2 S0/1 – R5 Fa0/0

Si on fait la somme des coûts des interfaces, la première des deux routes a un coût de 111, alors que la seconde a un coût de 75. R4 ajoute donc la route passant par R1 comme meilleure route et l'adresse IP de R1 comme adresse de prochain saut.

Maintenant que nous avons vu comment un routeur OSPF réalise les fonctionnalités de base, nous allons détailler des points plus avancés.

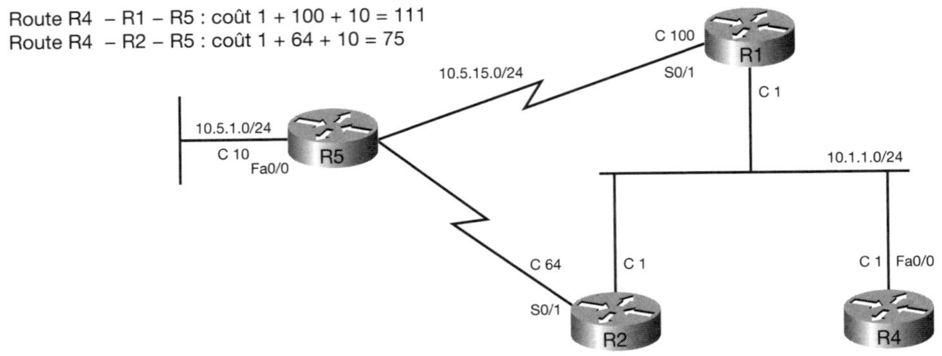

Figure 9.4
Réseau OSPF simple avec les coûts.

Extension hiérarchique d'OSPF

Il est possible d'utiliser OSPF dans un réseau sans faire de travail de conception complexe préalable. Il suffit de l'activer sur tous les routeurs, et ça marche ! Cependant, lorsque la taille du réseau s'accroît, il est nécessaire de réfléchir pour tirer le meilleur parti d'OSPF (voir figure 9.5).

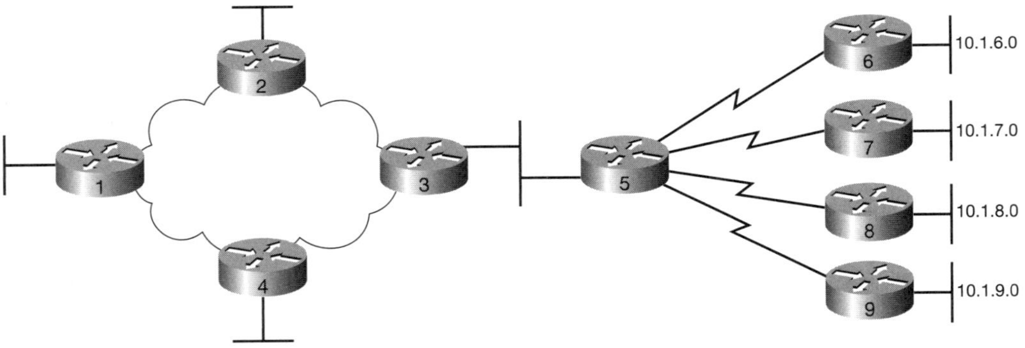

Figure 9.5
OSPF à aire unique.

Dans ce réseau, la base de données topologiques est la même sur les 9 routeurs et correspond à la topologie du réseau. Sur un réseau de cette taille, il suffit d'activer OSPF et tout marche bien. Mais imaginons un réseau de 900 routeurs, au lieu de 9, et plusieurs milliers de sous-réseaux. Sur un réseau de cette taille, la capacité de calcul alors nécessaire à l'exécution de l'algorithme SPF va ralentir la convergence et les routeurs risquent de manquer de mémoire. Autrement dit :

Sujet clé

- Une plus grande base de données topologiques demande plus de mémoire sur chaque routeur.

- Dans le cas d'une base de données topologiques de plus grande taille, l'algorithme SPF exécuté nécessite une capacité de calcul qui croît exponentiellement avec la taille de la base de données topologiques.
- Un simple changement de statut d'une interface (*up* ou *down*) déclenche une exécution de SPF sur tous les routeurs !

Bien qu'il ne soit pas facile de définir la notion *de grande taille* pour un réseau, à partir de cinquante routeurs et de quelques centaines de sous-réseaux, les ingénieurs doivent mettre en œuvre les fonctionnalités étendues d'OSPF afin de réduire ces problèmes. Ces nombres sont très approximatifs, ils dépendent très largement des caractéristiques du réseau, de la puissance des CPU des routeurs, de leur capacité mémoire, etc.

Aires OSPF

Les aires OSPF sont la solution à la majorité des problèmes d'OSPF liés aux réseaux de grande taille. Elles permettent de segmenter le réseau de telle sorte que les routeurs d'une aire aient besoin de moins d'informations topologiques sur les sous-réseaux des autres aires ; de plus, ils ignorent tout des routeurs des autres aires. Avec de plus petites bases de données topologiques, les routeurs consomment moins de mémoire et ont besoin de moins de ressources de calcul pour exécuter SPF (voir figure 9.6).

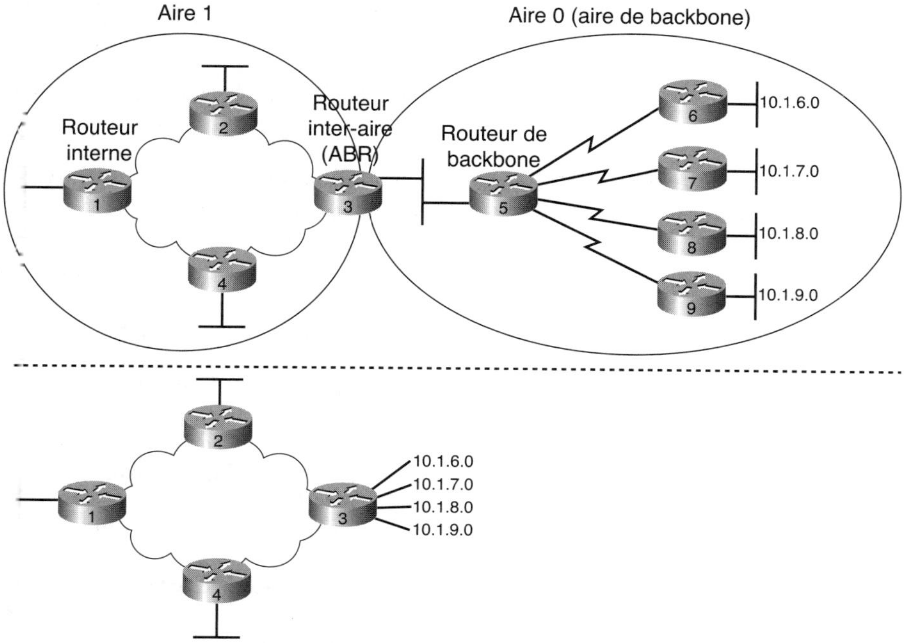

Figure 9.6
OSPF à deux aires.

La même topologie qu'à la figure 9.5 est illustrée à la partie supérieure, alors que la partie inférieure montre la base de données topologiques des routeurs 1, 2 et 4. En plaçant une partie du réseau dans une autre aire, on masque certains détails aux routeurs de l'Aire 1. Le routeur 3 est un *Area Border Router* (ABR ou routeur de frontière d'aire) OSPF, car il est sur la frontière entre deux aires. Il ne diffuse pas des informations topologiques complètes relatives aux réseaux de l'Aire 0 aux routeurs 1, 2 et 4, uniquement des résumés d'informations sur les sous-réseaux de l'Aire 0, ce qui fait que les routeurs 1, 2 et 4 « pensent » que la topologie du réseau est celle visible à la partie inférieure de cette figure. Donc, ils voient le réseau comme s'il avait moins de routeurs. L'algorithme SPF s'exécute en moins de temps et la base de données topologiques occupe moins de mémoire.

OSPF définit un certain nombre de notions importantes à connaître pour l'examen et listées au tableau 9.3.

Sujet clé

Tableau 9.3 : Notions importantes OSPF

Nom	*Description*
Aire (*area*)	Ensemble de routeurs et de liens qui partagent les mêmes informations de LSDB mais pas avec les routeurs des autres aires pour être plus efficaces.
Aire de backbone	Une aire OSPF particulière à laquelle sont connectées toutes les autres (par défaut l'aire 0).
Area Border Router (ABR)	Routeur OSPF avec des interfaces connectées à l'aire de backbone et à au moins une autre aire.
Autonomous System Border Router (ASBR ou *routeur de frontière de système autonome*)	Routeur OSPF connecté à d'autres routeurs qui n'utilisent pas OSPF pour échanger des routes externes dans le domaine OSPF et hors de celui-ci.
Routeur de Backbone	Un routeur situé dans une seule aire, l'aire de backbone.
Routeur interne (*Intenal Router*)	Un routeur situé dans une seule aire mais autre que l'aire de backbone.
Route externe	Route apprise hors du domaine OSPF et diffusée dans celui-ci.
Route intra-aire	Route vers un sous-réseau situé dans la même aire OSPF.
Route inter-aire	Route vers un sous-réseau situé dans une autre aire OSPF.
Système autonome	En OSPF, un ensemble de routeurs qui utilisent OSPF.

Il est important de ne pas confondre les routes résumées illustrées à la figure 9.6 et l'agrégation de routes vue au chapitre 5, « VLSM et l'agrégation de routes ». Dans le cas d'OSPF, les routeurs d'une aire donnée reçoivent moins d'informations dans les LSA sur les sous-réseaux des autres aires, ce qui réduit la quantité de mémoire nécessaire au stockage des informations. Par exemple, à la figure 9.6, le routeur R1 (dans l'Aire 1) ne reçoit qu'une LSA allégée sur les sous-réseaux de l'Aire 0. Cela permet de réduire la complexité de l'algorithme SPF. Il est aussi possible de faire de l'agrégation de routes avec OSPF. Cela permet de limiter le nombre de sous-réseaux, réduisant du même coup le coût du calcul de SPF.

INFO

Bien que l'exemple de la figure 9.6 ne présente que le point de vue des routeurs de l'Aire 1, de la même manière, ceux de l'Aire 0 ne connaissent pas les détails de la topologie de l'Aire 1.

Remarquons que la ligne de séparation entre deux aires n'est pas un lien mais un routeur (ici, le routeur R3 qui est dans les Aires 0 et 1). OSPF utilise le terme *Area Border Router* (ABR ou routeur de frontière d'aire) pour les routeurs qui appartiennent à plus d'une aire. Un ABR possède la base de données des deux aires et exécute SPF lorsqu'un lien change dans l'une des deux. Donc, bien que les aires OSPF permettent la gestion de grands réseaux en réduisant la taille des LSDB et le temps de calcul des tables de routage, la capacité mémoire et CPU des ABR peut augmenter. En conséquence, les ABR doivent être des routeurs plus puissants avec plus de mémoire.

Avantages de la conception par aires OSPF

La notion d'aire rend OSPF plus efficace pour la gestion des grands réseaux. Ainsi :

- Les LSDB d'aire plus réduite nécessitent moins de mémoire.
- Les routeurs ont besoin de moins de CPU pour traiter les LSDB plus réduites avec l'algorithme SPF ce qui diminue la charge CPU et améliore le temps de convergence.
- L'algorithme SPF n'a besoin d'être exécuté sur les routeurs internes que lorsqu'une LSA est modifiée à l'intérieur de l'aire, ce qui permet d'exécuter SPF moins souvent.
- Il y a moins d'informations à diffuser entre les aires, ce qui réduit le besoin en bande passante pour diffuser les LSA.
- L'agrégation de routes manuelle peut seulement être effectuée sur les ABR et les ASBR, et, grâce à elle, les aires permettent de réduire la taille des tables de routage IP.

Configuration d'OSPF

Peu d'étapes sont indispensables à la configuration d'OSPF mais il y a de très nombreuses étapes optionnelles. Concevoir un réseau OSPF sur un réseau IP de grande taille peut être une tâche difficile, mais le configurer est aussi simple que l'activer sur les interfaces des routeurs et que placer les interfaces dans les bonnes aires OSPF.

Cette section montre quelques exemples de configuration, d'abord celui d'un réseau à une seule aire puis d'un réseau multi-aire. Ensuite, nous présenterons quelques options de configuration.

Les principales étapes de la configuration OSPF sont recensées ici :

Sujet clé

Étape 1 Entrer en mode de configuration OSPF pour un processus OSPF particulier avec la commande globale **router ospf** *id-processus.*

Étape 2 (Optionnelle) Configuration du *Router ID* :

a. utiliser la sous-commande de configuration **router-id** *valeur-id* ;

b. configurer une adresse IP sur une interface de loopback.

Étape 3 Utiliser la sous-commande **network** *adresse-ip masque* **area** *id-aire* pour ajouter à l'aire les interfaces correspondantes.

Étape 4 (Optionnelle) Modifier les intervalles de Hello et d'inactivité avec les sous-commandes **ip ospf hello-interval** *temps* et **ip ospf dead-interval** *temps.*

Étape 5 (Optionnelle) Changer les coûts des interfaces pour modifier les choix de routes :

a. configuration directe du coût par la sous-commande **ip ospf cost** *valeur* ;

b. changer la bande passante de l'interface avec la sous-commande d'interface **bandwith** *valeur* ;

c. modifier le numérateur de la formule de calcul du coût basé sur la bande passante avec la sous-commande **auto-cost reference-bandwidth** *valeur.*

Étape 6 (Otionnelle) Configurer l'authentification OSPF :

a. sur chaque interface individuelle avec la sous-commande d'interface **ip ospf authentication** ;

b. pour toutes les interfaces dans une aire avec la sous-commande **area authentication**.

Étape 7 (Optionnelle) Configurer la prise en compte de routes multiples de même coût avec la sous-commande **maximum-paths** *nombre.*

Configuration d'OSPF à aire unique

La configuration OSPF diffère quelque peu de celle de RIP lorsqu'on a une seule aire. La meilleure façon d'illustrer la différence de configuration entre OSPF et d'autres protocoles de routage est de prendre un exemple (voir figure 9.7 et exemple 9.1).

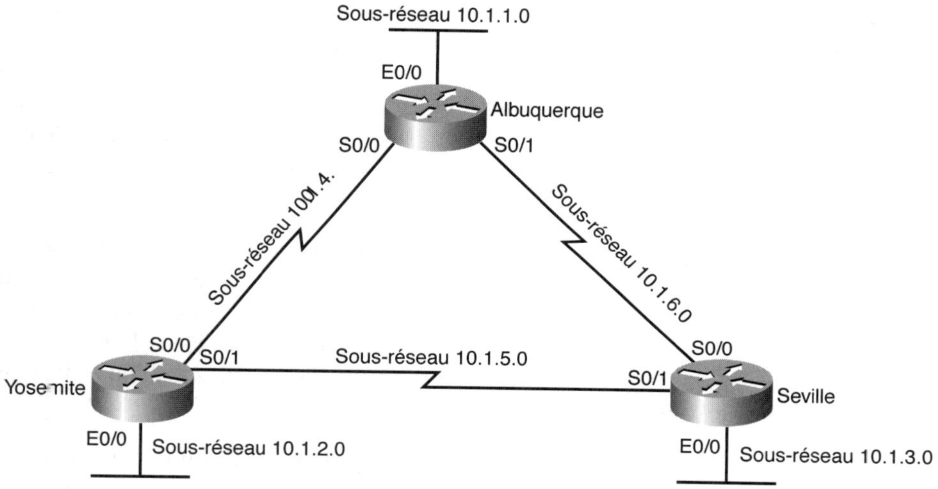

Figure 9.7

Exemple de réseau simple et de configuration OSPF à aire unique.

Exemple 9.1 *Configuration d'OSPF à aire unique sur Albuquerque*

```
interface ethernet 0/0
 ip address 10.1.1.1 255.255.255.0
interface serial 0/0
 ip address 10.1.4.1 255.255.255.0
interface serial 0/1
 ip address 10.1.6.1 255.255.255.0

!
router ospf 1
 network 10.0.0.0 0.255.255.255 area 0
```

La configuration active OSPF sur les trois interfaces du routeur Albuquerque. La commande globale **router ospf 1** place l'utilisateur en mode de configuration OSPF. La commande **router ospf** a un paramètre appelé l'*id-processus* OSPF. Dans certains cas, il peut être intéressant d'exécuter plusieurs processus d'OSPF sur un même routeur et l'*id-processus* permet de les différencier. Il n'a qu'une signification locale et ne doit pas forcément être le même sur tous les routeurs ; c'est un entier entre 1 et 65535.

La commande **network** demande au routeur d'activer OSPF sur les interfaces correspondantes au sous-réseau, d'y découvrir les voisins, d'affecter ces interfaces dans l'aire donnée et de diffuser les sous-réseaux qui y sont connectés. Par exemple, la commande **network 10.0.0.0 0.255.255.255 area 0** correspond aux trois interfaces du routeur Albuquerque car la commande de configuration OSPF **network** utilise un masque générique comme celui des ACL IP. Le masque générique est 0.255.255.255 avec l'adresse 10.0.0.0. D'après les explications du chapitre 6, « Listes de contrôle d'accès pour IP », cette combinaison correspond à toutes les adresses dont le premier octet est 10. Donc, cette unique commande **network** sélectionne les trois interfaces du routeur Albuquerque, les place dans l'Aire 0 et y active la recherche de voisins OSPF. Il active aussi la diffusion des trois sous-réseaux.

Le masque générique de la commande OSPF **network** fonctionne comme celui des ACL, excepté qu'il ne doit compter qu'une seule suite de bits à 1 contigus et une seule suite de bits 0 contigus. Par exemple, le masque 0.0.255.255 est valide car il compte 16 bits à 0 et 16 bits à 1. De la même façon, le masque 255.255.255.0 est correct car il compte 24 bits à 1 et 8 bits à 0. Par contre, le masque 0.255.255.0 n'est pas correct car il compte **deux** suites de 8 bits à 0 contigus, séparées par une suite de 16 bits à 1.

L'exemple 9.2 montre une autre configuration possible d'Albuquerque, qui active aussi OSPF sur les trois interfaces. Dans ce cas-là, OSPF est activé sur chaque interface par une commande **network** spécifique. Le masque générique 0.0.0.0 signifie que tous les 32 bits de l'adresse doivent correspondre, donc la commande **network** comprend l'adresse IP spécifique d'une interface. Ce type de commande de configuration est préférable dans les réseaux de production car elle évite toute ambiguïté sur les interfaces sur lesquelles OSPF est activé.

Exemple 9.2 *Configuration OSPF à aire unique avec trois commandes* **réseau**

```
interface ethernet 0/0
 ip address 10.1.1.1 255.255.255.0
interface serial 0/0
 ip address 10.1.4.1 255.255.255.0
interface serial 0/1
 ip address 10.1.6.1 255.255.255.0
!
router ospf 1
network 10.1.1.1 0.0.0.0 area 0
network 10.1.4.1 0.0.0.0 area 0
network 10.1.6.1 0.0.0.0 area 0
```

Configuration d'OSPF multi-aire

La configuration d'OSPF multi-aire est simple une fois qu'on a compris la configuration d'OSPF à aire unique. La partie difficile est la conception du réseau, c'est-à-dire déterminer quels sous-réseaux sont placés dans quelles aires ! Une fois cette étape réalisée, la configuration est facile (voir figure 9.8).

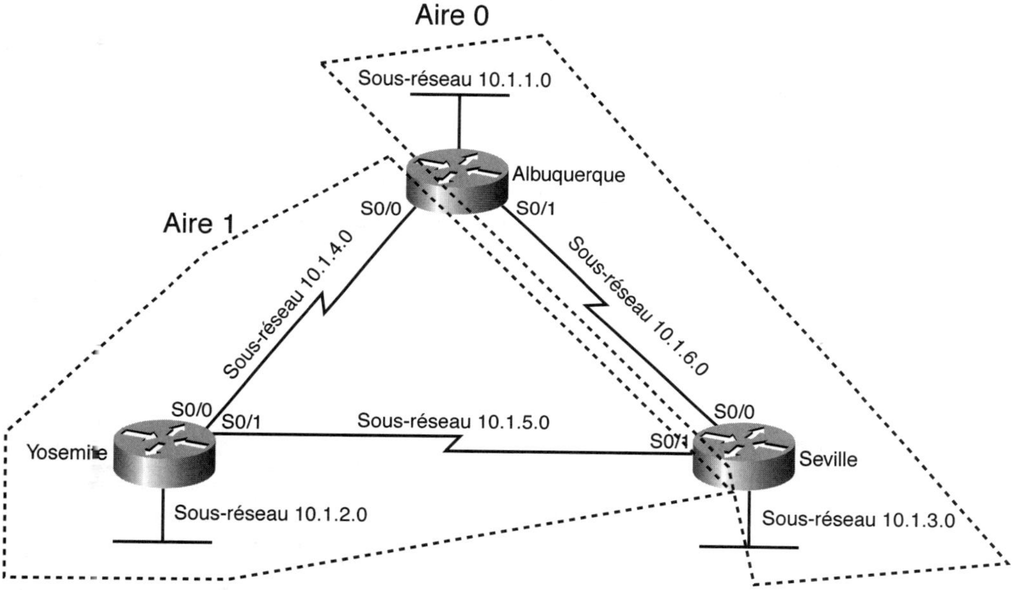

Figure 9.8
Réseau OSPF multi-aire.

Un réseau de cette taille ne nécessite pas plusieurs aires mais, ici, deux sont utilisées pour l'exemple. Remarquons que Albuquerque et Seville sont des ABR, alors que Yosemite est complètement dans l'Aire 1 et n'est donc pas un ABR. Les exemples 9.3 et 9.4 montrent les configurations d'Albuquerque et de Yosemite ainsi que des commandes **show**.

Exemple 9.3 *Configuration OSPF multi-aire et commande* **show** *sur Albuquerque*

```
! Ne montre que la configuration OSPF
!
router ospf 1
network 10.1.1.1 0.0.0.0 area 0
network 10.1.4.1 0.0.0.0 area 1
network 10.1.6.1 0.0.0.0 area 0
```

Exemple 9.3 *Configuration OSPF multi-aire et commande* **show** *sur Albuquerque (suite)*

```
Albuquerque#show ip route
Codes: C - connected, S - static, I - IGRP, R - RIP, M - mobile, B - BGP
       D - EIGRP, EX - EIGRP external, O - OSPF , IA - OSPF inter area
       N1 - OSPF NSSA external type 1, N2 - OSPF NSSA external type 2
       E1 - OSPF external type 1, E2 - OSPF external type 2, E - EGP
       i - IS-IS, L1 - IS-IS level-1, L2 - IS-IS level-2, ia - IS-IS inter area
       * - candidate default, U - per-user static route, o - ODR
       P - periodic downloaded static route
Gateway of last resort is not set
    10.0.0.0/24 is subnetted, 6 subnets
O     10.1.3.0 [110/65] via 10.1.6.3, 00:01:04, Serial0/1
O     10.1.2.0 [110/65] via 10.1.4.2, 00:00:39, Serial0/0
C     10.1.1.0 is directly connected, Ethernet0/0
C     10.1.6.0 is directly connected, Serial0/1
O     10.1.5.0 [110/128] via 10.1.4.2, 00:00:39, Serial0/0
C     10.1.4.0 is directly connected, Serial0/0
Albuquerque#show ip route ospf
    10.0.0.0/24 is subnetted, 6 subnets
O     10.1.3.0 [110/65] via 10.1.6.3, 00:01:08, Serial0/1
O     10.1.2.0 [110/65] via 10.1.4.2, 00:00:43, Serial0/0
O     10.1.5.0 [110/128] via 10.1.4.2, 00:00:43, Serial0/0
```

Exemple 9.4 *Configuration OSPF multi-aire et commande* **show** *sur Yosemite*

```
! Ne montre que la configuration OSPF
router ospf 1
network 10.0.0.0 0.255.255.255 area 1
Yosemite#show ip route
Codes: C - connected, S - static, I - IGRP, R - RIP, M - mobile, B - BGP
       D - EIGRP, EX - EIGRP external, O - OSPF, IA - OSPF inter area
       N1 - OSPF NSSA external type 1, N2 - OSPF NSSA external type 2
       E1 - OSPF external type 1, E2 - OSPF external type 2, E - EGP
       i - IS-IS, L1 - IS-IS level-1, L2 - IS-IS level-2, ia - IS-IS inter area
       * - candidate default, U - per-user static route, o - ODR
       P - periodic downloaded static route
```

Exemple 9.4 *Configuration OSPF multi-aire et commande* **show** *sur Yosemite (suite)*

```
Gateway of last resort is not set
     10.0.0.0/24 is subnetted, 6 subnets
IA      10.1.3.0 [110/65] via 10.1.5.1, 00:00:54, Serial0/1
IA      10.1.1.0 [110/65] via 10.1.4.1, 00:00:49, Serial0/0
C       10.1.2.0 is directly connected, Ethernet0/0
C       10.1.5.0 is directly connected, Serial0/1
IA      10.1.6.0 [110/128] via 10.1.4.1, 00:00:38, Serial0/0
C       10.1.4.0 is directly connected, Serial0/0
```

La configuration doit affecter le bon numéro d'aire à la bonne interface. Par exemple, la commande **network 10.1.4.1 0.0.0.0 area 1** au début de l'exemple 9.3 correspond à l'adresse IP de l'interface Serial 0/0 d'Albuquerque qu'il place dans l'Aire 1. Les commandes **network 10.1.6.1 0.0.0.0 area 0** et **network 10.1.1.1 0.0.0.0 area 0** affectent les interfaces Serial 0/1 et Ethernet 0/0 dans l'Aire 0. Contrairement à ce qu'on a vu à l'exemple 9.1, il n'est pas possible d'utiliser une seule commande **network** pour configurer les trois interfaces d'Albuquerque à la fois car l'interface Serial 0/0 est dans un sous-réseau différent des deux autres.

Toujours à l'exemple 9.3, la commande **show ip route ospf** permet de ne lister que les routes apprises par OSPF. La commande **show ip route** liste les routes directement connectées en plus de celles apprises par OSPF. Remarquons que la route 10.1.2.0 d'Albuquerque est précédée d'un **O** qui signifie *intra-aire*, car ce sous-réseau est dans l'Aire 1 et Albuquerque fait partie des Aires 1 et 0.

À l'exemple 9.4, la configuration OSPF sur Yosemite ne nécessite qu'une seule commande **network** car toutes les interfaces de Yosemite sont dans l'Aire 1. Remarquons que les routes apprises des deux autres routeurs par Yosemite sont précédées de IA, pour *interaire*, car ces sous-réseaux sont dans l'Aire 0 et Yosemite est dans l'Aire 1.

Configuration de l'ID du routeur (Router ID) OSPF

Les routeurs OSPF doivent avoir un Router ID (*ID de Router* ou RID). Pour trouver le sien, un routeur Cisco passe par les étapes suivantes lors du rechargement (*reload*) et le processus OSPF démarre. Le routeur arrête ce processus dès qu'il a trouvé un RID.

Sujet clé

1. Si la sous-commande de configuration OSPF **router-id** *rid* a été utilisée, elle détermine le RID.
2. Si une interface de loopback est configurée avec une adresse IP et que le statut du protocole et de la ligne soit *up/up*, le routeur choisit la plus élevée des adresses IP des interfaces de loopback *up/up*.

3. Le routeur choisit l'adresse IP la plus élevée des interfaces *up/up*.

Les premier et dernier critères sont simples : le RID est soit configuré, soit affecté d'après l'adresse IP d'une interface active. Cependant, nous n'avons pas encore traité les interfaces de *loopback* (rebouclage) de l'étape 2. Ce sont des interfaces virtuelles qui peuvent être configurées par la commande **interface loopback** *numero-interface* où le *numero-interface* est un entier. Elles sont toujours *up/up* sauf si elles sont explicitement placées en état *shutdown*. Par exemple, la commande **interface loopback 0**, suivie de **ip address 192.168.200.1 255.255.255.0**, crée une interface de loopback et lui affecte une adresse IP. Comme ces interfaces ne reposent sur aucun matériel, elles peuvent être *up/up* dès le démarrage de l'IOS, ce qui les rend intéressantes pour définir le RID OSPF.

Chaque routeur choisit son RID au moment de l'initialisation d'OSPF, laquelle se passe au chargement initial de l'IOS. Donc, si OSPF est activé, et que d'autres interfaces avec des adresses IP plus élevées soient activées plus tard, le RID OSPF n'est pas modifié jusqu'au redémarrage du processus OSPF. Celui-ci peut également être relancé par la commande **clear ip ospf process**, mais, en fonction du contexte, l'IOS peut ne pas changer le RID OSPF jusqu'au prochain rechargement de l'IOS. À l'exemple 9.5, le premier voisin sur la sortie de la commande **show ip ospf neighbor** liste le router ID 10.1.5.2, Yosemite, puis la commande **show ip ospf** liste le propre RID d'Albuquerque.

Exemple 9.5 *Affichage d'informations OSPF sur Albuquerque*

```
Albuquerque#show ip ospf neighbor
Neighbor ID     Pri   State       Dead Time    Address       Interface
10.1.6.3          1   FULL/ -     00:00:35     10.1.6.3      Serial0/1
10.1.5.2          1   FULL/ -     00:00:37     10.1.4.2      Serial0/0
Albuquerque#show ip ospf neighbor
Routing Process "ospf 1" with ID 10.1.6.1
! lignes supprimées
```

Temporisateurs OSPF de messages de Hello et d'inactivité

Les temporisateurs OSPF de messages de Hello et d'inactivité fonctionnent bien en général. Cependant, il faut savoir que deux configurations différentes sur deux routeurs potentiellement voisins ont pour conséquence que ces deux routeurs ne deviendront jamais voisins et n'atteindront jamais l'état two-way. L'exemple 9.6 montre comment afficher la configuration courante avec la commande **show ip ospf interface** sur le routeur Albuquerque, sur le réseau multi-aire des exemples 9.3 et 9.4.

Exemple 9.6 *Affichage des temporisateurs de Hello et d'inactivité sur le routeur Albuquerque*

```
Albuquerque#show ip ospf interface
Serial0/1 is up, line protocol is up
  Internet Address 10.1.6.1/24, Area 0
  Process ID 1, Router ID 10.1.6.1, Network Type POINT_TO_POINT, Cost: 64
  Transmit Delay is 1 sec, State POINT_TO_POINT,
  Timer intervals configured, Hello 10, Dead 40, Wait 40, Retransmit 5
    Hello due in 00:00:07
  Index 2/3, flood queue length 0
  Next 0x0(0)/0x0(0)
  Last flood scan length is 2, maximum is 2
  Last flood scan time is 0 msec, maximum is 0 msec
  Neighbor Count is 1, Adjacent neighbor count is 1
    Adjacent with neighbor 10.1.6.3
  Suppress hello for 0 neighbor(s)
Ethernet0/0 is up, line protocol is up
  Internet Address 10.1.1.1/24, Area 0
  Process ID 1, Router ID 10.1.6.1, Network Type BROADCAST, Cost: 10
  Transmit Delay is 1 sec, State DR, Priority 1
  Designated Router (ID) 10.1.6.1, Interface address 10.1.1.1
  No backup designated router on this network
  Timer intervals configured, Hello 10, Dead 40, Wait 40, Retransmit 5
    Hello due in 00:00:08
  Index 1/1, flood queue length 0
  Next 0x0(0)/0x0(0)
  Last flood scan length is 0, maximum is 0
  Last flood scan time is 0 msec, maximum is 0 msec
  Neighbor Count is 0, Adjacent neighbor count is 0
  Suppress hello for 0 neighbor(s)
Serial0/0 is up, line protocol is up
  Internet Address 10.1.4.1/24, Area 1
  Process ID 1, Router ID 10.1.6.1, Network Type POINT_TO_POINT, Cost: 64
  Transmit Delay is 1 sec, State POINT_TO_POINT,
  Timer intervals configured, Hello 10, Dead 40, Wait 40, Retransmit 5
    Hello due in 00:00:01
  Index 1/2, flood queue length 0
  Next 0x0(0)/0x0(0)
  Last flood scan length is 1, maximum is 1
  Last flood scan time is 0 msec, maximum is 0 msec
  Neighbor Count is 1, Adjacent neighbor count is 1
    Adjacent with neighbor 10.1.5.2
  Suppress hello for 0 neighbor(s)
```

Remarquons que la commande **show ip ospf interface** affiche des informations détaillées à propos de la configuration d'OSPF sur chaque interface. Par exemple, elle donne le numéro d'aire, le coût OSPF, les voisins connus sur une interface. Elle affiche bien sûr également les temporisateurs de Hello et d'inactivité de l'interface en question.

Les sous-commandes d'interface **ip ospf hello-interval** *valeur* et **ip ospf dead-interval** *valeur* permettent de configurer les temporisateurs de Hello et d'inactivité. Si le temporisateur de Hello est configuré, l'IOS reconfigure automatiquement le temporisateur d'inactivité à 4 fois la valeur du temporisateur de Hello.

Métrique OSPF (Coût)

OSPF calcule le coût de chaque route possible en faisant la somme des coûts OSPF des interfaces de sortie. Ce coût peut être soit configuré, soit calculé, par le routeur à partir de la bande passante de l'interface.

Rappelons que la bande passante d'une interface peut être positionnée par la sous-commande d'interface **bandwidth**. Celle-ci permet de configurer la perception que le routeur a de la vitesse de l'interface en Kbit/s. Cette perception ne correspond pas forcément à la vitesse physique de l'interface. Sur les interfaces Ethernet, la bande passante correspond à la vitesse courante négociée : pour Ethernet 10 Mbit/s, 10000 (c'est-à-dire 10 000 Kbit/s ou 10 Mbit/s) ; pour Ethernet 100 Mbit/s, 100000 (c'est-à-dire 100 000 Kbit/s ou 100 Mbit/s). Pour les interfaces séries, la bande passante par défaut est de 1544 (c'est-à-dire 1 544 Kbit/s, soit la vitesse T1), mais l'IOS ne peut pas ajuster ce paramètre dynamiquement.

L'IOS définit le coût d'une interface en appliquant les règles suivantes :

1. Le coût peut être affecté explicitement avec la sous-commande d'interface **ip ospf cost** *x* à une valeur comprise entre 1 et 65535.
2. L'IOS évalue une valeur basée sur la formule *Ref-BW/Int-BW*, où *Ref-BW* est une bande passante de référence (100 Mbit/s par défaut) et *Int-BW*, la bande passante configurée sur l'interface.
3. La bande passante de référence peut être configurée à partir de sa configuration par défaut de 100 (100 Mbit/s) avec la sous-commande de configuration OSPF **auto-cost reference-bandwidth** *ref-bw* qui influence directement le calcul du coût par défaut de l'interface.

Il faut prendre garde à utiliser les mêmes unités au numérateur et dénominateur de la formule du calcul du coût OSPF par défaut, sans quoi les commandes **bandwidth** et **auto-cost reference-bandwidth** vont utiliser des unités différentes. Par exemple, l'IOS Cisco affecte par défaut un coût aux interfaces Ethernet de 10000 (10 000 Kbit/s ou 10 Mbit/s). La bande passante par défaut est de 100 (100 Mbit/s). Donc, le coût OSPF par défaut d'une interface

Ethernet est de 100 Mbit/s/10 Mbit/s, si on utilise la même unité. Les liens séries à haut débit ont une bande passante par défaut de 1544, avec un coût par défaut de 10^8 bit/s/1 544 000 bit/s, résultat arrondi à 64 (voir l'interface S0/1 de l'exemple 9.6). Si on changeait la bande passante de référence à 1000 avec la sous-commande OSPF **auto-cost reference-bandwidth 1000**, la métrique calculée serait 647.

Changer la bande passante de référence permet que le routeur ait des coûts différents pour les interfaces à 100 Mbit/s et plus. Avec la configuration par défaut, une interface avec une bande passante de 100 Mbit/s (par exemple, une interface FE) et une autre, avec une bande passante de 1 000 Mbit/s (par exemple, une interface GE), auraient le même coût de 1. Mettre à 1000 (1 000 Mbit/s) la bande passante de référence aboutit à un coût par défaut de 10 pour une interface de bande passante de 100 Mbit/s, au lieu de 1 pour une interface de bande passante de 1 000 Mbit/s.

INFO

Cisco recommande de configurer les mêmes bandes passantes de référence OSPF sur tous les routeurs OSPF d'un réseau.

Authentification OSPF

L'authentification est sans doute la fonctionnalité optionnelle la plus importante d'OSPF. Sans elle, n'importe qui peut connecter un routeur pirate au réseau et diffuser vers les routeurs légitimes des informations erronées. L'individu peut alors facilement faire une attaque par déni de service (*denial of service* ou DoS) en faisant supprimer aux routeurs toutes les routes légitimes vers tous les sous-réseaux et en les remplaçant par des routes qui renvoient tous les paquets vers lui. Il peut aussi faire une attaque de reconnaissance en interprétant les messages OSPF.

OSPF supporte trois types d'authentification : l'authentification nulle (c'est-à-dire pas d'authentification), l'authentification par mot de passe en clair – facilement cassable –, et l'authentification par MD5. Quitte à vous préoccuper de configurer une option d'authentification, autant choisir MD5 qui est la seule option raisonnable. Lorsque l'authentification OSPF est activée sur une interface, tous les messages OSPF, avec tous les voisins, doivent valider le processus d'authentification. Ce qui veut dire que le même type d'authentification doit impérativement être configuré sur les interfaces concernées de chaque routeur voisin avec le même mot de passe.

La configuration nécessite deux sous-commandes d'interface, l'une pour activer le type d'authentification et l'autre pour définir le mot de passe utilisé.

L'exemple 9.7 montre une configuration avec un mot de passe en clair sur l'interface Fa0/0, et une authentification MD5 sur Fa0/1.

Exemple 9.7 *Authentification OSPF avec les sous-commandes d'interface*

```
! La commande active l'authentification par mot de passe en clair
! Le mot de passe est "key-t1".
R1#show running-config
! Lignes omises
interface FastEthernet0/0
 ip ospf authentication
 ip ospf authentication-key key-t1
! Le voisinage est constitué, donc l'authentification a fonctionné
R1# show ip ospf neighbor fa 0/0
Neighbor ID  Pri   State        Dead Time   Address     Interface
2.2.2.2        1   FULL/BDR     00:00:37    10.1.1.2    FastEthernet0/0
! Le type d'authentification OSPF est affiché dans les deux
! dernières lignes de la commande show ip ospf
R1# show ip ospf interface fa 0/0
! Lignes omises
 Simple password authentication enabled

! L'interface Fa0/1 de R1 est configurée avec une
! authentification de type 2
! La clé doit être définie par ip ospf message-digest-key
R1#show running-config
! Lignes omises
interface FastEthernet0/1
 ip ospf authentication message-digest
 ip ospf message-digest-key 1 md5 key-t2
! On vérifie que l'authentification est bien type 2 (MD5) clé no 1
R1# show ip ospf interface fa 0/1
! Lignes omises
Message digest authentication enabled
Youngest key id is 1
```

La difficulté de la configuration est de se souvenir de la syntaxe des sous-commandes d'interface pour les deux types d'authentification. En effet, notez bien que la syntaxe de la commande qui définit la clé varie en fonction du type d'authentification choisi (voir tableau 9.4).

Tableau 9.4 : Types d'authentification OSPF

Sujet clé

Type	*Nom*	*Commande*	*Commande de mot de passe*
0	aucune	**ip ospf authentication null**	--
1	en clair	**ip ospf authentication**	**ip ospf authentication-key** *valeur-clé*
2	MD5	**ip ospf authentication message-digest**	**ip ospf message-digest-key** *numéro-clé* **md5** *valeur-clé*

Remarquons que les mots de passe, ou clé d'authentification (*authentication key*), sont conservés en clair dans la configuration, sauf si vous avez activé la commande de configuration globale **service password-encryption** (voir *Préparation à la certification CCNA ICND1 et CCNET*, chapitre 9, pour plus d'informations sur la commande **service password-encryption**).

La configuration par défaut, qui est le type d'authentification 0 (aucune authentification), peut être contournée au niveau de la configuration de l'aire grâce à la commande **area authentication**. Par exemple, le routeur R1 de l'exemple 9.7 pourrait être configuré grâce à la sous-commande de routeur **area 1 authentication message-digest** qui lui impose d'utiliser l'authentification MD5 sur toutes ses interfaces dans l'Aire 1. De la même façon, la sous-commande de routeur **area 1 authentication** active l'authentification par mot de passe en clair pour toutes les interfaces de l'Aire 1, ce qui annule la sous-commande d'interface **ip ospf authentication**. Remarquons cependant que les mots de passe doivent toujours être configurés avec les sous-commandes d'interface listées au tableau 9.4.

Équilibrage de charges OSPF (load balancing)

Lorsque OSPF exécute l'algorithme SPF pour rechercher le coût de plusieurs routes pour atteindre un sous-réseau, s'il en trouve une de plus faible coût, il l'insère dans sa table de routage. Mais lorsque tous les coûts sont similaires, le routeur peut ajouter jusqu'à seize routes différentes de même coût (par défaut, quatre routes différentes) en fonction de la configuration de la sous-commande **maximum-paths** *nombre.* Par exemple, s'il y a six chemins possibles entre des parties séparées d'un réseau, et que l'ingénieur réseau souhaite que toutes les routes soient utilisées, le routeur peut être configuré avec la sous-commande de **router ospf** suivante : **maximum-paths 6**.

La subtilité réside dans l'exploitation de ces routes multiples par le routeur. Celui-ci peut équilibrer la charge au niveau des paquets. Par exemple, s'il connaît trois routes OSPF de même coût vers le même sous-réseau, il peut envoyer un paquet sur la première route, le suivant sur la deuxième, le suivant encore sur la troisième, et ainsi de suite en recommençant à la première route. Il peut également équilibrer la charge au niveau des adresses IP de destination.

Préparation à l'examen

Sujets clés à réviser

Sujet clé

Révisez les sujets les plus importants du chapitre, repérés dans la marge par le pictogramme « Sujet clé » et récapitulés au tableau 9.5.

Tableau 9.5 : Sujets clés du chapitre

Sujet	*Description*	*Numéro de page*
Liste	Points qui doivent correspondre pour que deux voisins OSPF deviennent voisins et atteignent l'état de two-way (bidirectionnel)	353
Figure 9.2	États des voisins et constitution du voisinage OSPF	354
Liste	Échange de la base de données topologiques OSPF en trois étapes	355
Figure 9.3	Comparaison de l'adjacence complète avec DR et sans DR	356
Liste	Règles d'élection du routeur désigné (*DR* ou *Designated Router*)	357
Tableau 9.2	États des voisins OSPF et leurs significations	358
Liste	Raisons pour lesquelles la notion d'aire permet l'extensibilité d'OSPF	360
Tableau 9.3	Terminologie OSPF importante	362
Liste	Étapes de la configuration d'OSPF	364
Liste	Détermination du coût d'une interface par l'IOS	369
Tableau 9.4	Types et commandes d'authentification OSPF	375

Tableaux et listes à compléter

Complétez de mémoire les tableaux et les listes concernant ce chapitre qui figurent dans l'annexe J, puis reportez-vous à l'annexe K pour comparer vos réponses à celles qui vous sont fournies. Ces annexes figurent sur le CD-ROM.

Termes clés à définir

Donnez la définition des termes suivants et comparez vos réponses avec le glossaire :

État two-way (*bidirectionnel*), Area Border Router (ABR ou *routeur de frontière d'aire*), Autonomous System Border Router (ASBR ou *routeur de frontière de système autonome*), Backup Designated Router (BDR ou *routeur désigné de secours*), description de base de données, intervalle d'inactivité, Designated Router (DR ou *routeur désigné*), état Full (*complètement adjacent*), intervalle de Hello, Link State Advertisement (LSA ou *annonce d'état de lien*), Link State Request (LSR ou *demande d'état de lien*), Link State Update (LSU ou *mise à jour d'état de lien*), voisins, table de voisins, ID de routeur (RID ou *Router ID*), base de données topologiques.

Référence de commandes

La lecture du chapitre et la réalisation des exercices de préparation à l'examen devraient vous avoir appris indirectement les commandes de configuration et EXEC qui y sont utilisées et que vous devriez mémoriser. Le tableau suivant vous permettra de contrôler votre niveau de connaissance du rôle de ces commandes. Pour cela, masquez-en la partie gauche et tentez d'identifier les commandes concernées à partir des informations données.

Tableau 9.6 : Référence des commandes de configuration de ce chapitre

Commande	*Description*
router ospf id-processus	Entre en mode de configuration OSPF pour le processus OSPF id-processus.
network adresse-ip masque-générique **area** id-aire	Sous-commande de routeur qui active OSPF sur les interfaces correspondantes à la combinaison adresse IP/masque générique et positionne l'aire.
ip ospf cost cout-interface	Sous-commande d'interface pour configurer son coût.
bandwidth bande-passante	Sous-commande d'interface pour configurer sa bande passante en Kbit/s.
auto-cost reference-bandwisth nombre	Sous-commande du routeur pour configurer le numérateur de la formule *Ref-BW/Int-BW* utilisée pour calculer le coût OSPF à partir de la bande passante.
ip ospf hello nombre	Sous-commande d'interface pour configurer le temporisateur de Hello et l'intervalle d'inactivité à 4 fois ce nombre.
ip ospf dead-interval nombre	Sous-commande d'interface pour configurer le temporisateur d'inactivité.
ip ospf network type	Sous-commande d'interface pour configurer le type de réseau OSPF.
router-id id	Commande OSPF pour configurer l'ID du routeur (*Router ID* ou *RID*).
ip ospf hello-interval secondes	Sous-commande d'interface pour configurer le temporisateur de Hello.
ip ospf priority valeur	Sous-commande d'interface pour configurer la priorité OSPF sur cette interface.

Tableau 9.6 : Référence des commandes de configuration de ce chapitre *(suite)*

Commande	*Description*
maximum-paths nombre-chemins	Sous-commande du routeur pour configurer le nombre maximal de routes de même coût qui peuvent être ajoutées à la table de routage.
ip ospf authentication [null|message-digest]	Sous-commande d'interface pour activer l'authentification de type 0 (aucune ou null), de type 1 (pas de paramètre) ou de type 2 (message-digest).
ip ospf message-digest-key numero-clé **md5** valeur-clé	Sous-commande d'interface pour configurer la clé d'authentification si MD5 est utilisé.
ip ospf authentification valeur-clé	Sous-commande d'interface pour configurer la clé d'authentification si le mot de passe en clair est utilisé.
area area **authentification [message-digest|null]**	Sous-commande du routeur pour configurer l'authentification par défaut des interfaces de l'aire spécifiée.

Tableau 9.7 : Référence des commandes EXEC de ce chapitre

Commande	*Description*
show ip route ospf	Liste des routes de la table de routage apprises par OSPF.
show ip protocoles	Liste les paramètres des protocoles de routages avec leurs temporisateurs.
show ip ospf interface	Liste des aires des interfaces, des voisins adjacents sur cette interface, des temporisateurs de Hello et d'inactivité.
show ip ospf neighbor [*neighbor*-RID]	Liste des voisins avec leur statut, par interface, et les détails pour les RID éventuellement fournis en argument.
debug ip ospf events	Affiche des informations sur chaque paquet OSPF.
debug ip ospf packet	Affiche le contenu de chaque paquet OSPF.
debug ip ospf hello	Affiche des informations sur les messages de Hello.

10

EIGRP

Au sommaire de ce chapitre

- **Concepts et fonctionnement d'EIGRP.** Cette section décrit les voisins EIGRP, l'échange d'informations de topologie et le calcul de routes.
- **Configuration et contrôle d'EIGRP.** Cette section montre comment configurer EIGRP et présente notamment l'authentification et le réglage de la métrique, ainsi que la manière de déterminer la route successeur et les routes successeur réalisables dans la sortie de la commande **show**.

Le protocole amélioré pour le routage interne (*Enhanced Interior Gateway Routing Protocol*, ou EIGRP) fournit une grande quantité de fonctionnalités pour satisfaire son objectif principal : apprendre des routes IP. EIGRP converge très rapidement, égalant voire surpassant OSPF, mais sans en présenter certains des inconvénients. Soulignons les économies substantielles réalisées en matière de temps de traitement, de mémoire et de conception. Seul revers à cette médaille : EIGRP est une technologie propriétaire, aussi ne peut-on la déployer que sur les interréseaux constitués exclusivement de routeurs Cisco.

EIGRP entre mal dans les catégories génériques de protocoles de routage à vecteur de distance ou à état de lien. Selon les moments, Cisco s'y réfère comme un protocole à vecteur de distance plus avancé, ou comme un nouveau type de protocole de routage, hybride équilibré. Quoi qu'il en soit, ses concepts et ses processus sous-jacents rappellent ceux d'autres protocoles de routage, mais EIGRP présente suffisamment de différences pour se distinguer du lot. Ce chapitre présente d'abord quelques concepts clés du fonctionnement d'EIGRP. Dans un second temps, il se penchera sur sa configuration et sur sa vérification.

Questionnaire d'évaluation

Grâce à ce questionnaire, vous pourrez déterminer s'il vous faut ou non lire la totalité du chapitre. Si vous n'échouez qu'à une question, vous pourrez envisager de passer directement à la section « Préparation à l'examen ». Le tableau 10.1 reprend les titres des sections principales de la partie « Connaissances fondamentales » de ce chapitre ainsi que les numéros des questions s'y rapportant. Vous pourrez ainsi évaluer votre niveau de maîtrise de ces sujets. Les réponses sont données à l'annexe A.

Tableau 10.1 : Questions d'évaluation et sections concernées

Connaissances fondamentales	*Questions*
Concepts et fonctionnement d'EIGRP	1 à 4
Configuration et contrôle d'EIGRP	5 à 9

1. Quels éléments interviennent dans le calcul de la métrique d'EIGRP quand on emploie les valeurs par défaut ?

a. Bande passante

b. Latence

c. Charge

d. Fiabilité

e. MTU

f. Nombre de *hops* (ou sauts)

2. Comment EIGRP prend-il en compte une panne sur un routeur voisin ?

a. Le voisin défectueux envoie un message avant de planter.

b. Le voisin défectueux envoie un message de « dernier soupir ».

c. Le routeur remarque l'absence de mises à jour dans le routage pendant une certaine durée.

d. Le routeur remarque l'absence de messages de salutation (*Hello*) pendant une certaine durée.

3. Quelles assertions la notion de distance réalisable pour EIGRP vérifie-t-elle ?

a. La distance réalisable d'une route est le calcul de la métrique d'une route successeur réalisable.

b. La distance réalisable d'une route est le calcul de la métrique de la route successeur.

c. La distance réalisable est la métrique d'une route du point de vue d'un routeur voisin.

d. La distance réalisable est la métrique EIGRP associée à chacune des routes possibles pour atteindre un sous-réseau.

4. Quelles assertions la notion de distance rapportée pour EIGRP vérifie-t-elle ?

a. La distance réalisable d'une route est le calcul de la métrique d'une route successeur réalisable.

b. La distance rapportée d'une route est le calcul de la métrique d'une route successeur.

c. La distance rapportée est la métrique d'une route du point de vue d'un routeur voisin.

d. La distance rapportée est la métrique EIGRP associée à chacune des routes possibles pour atteindre un sous-réseau.

5. Laquelle des commandes **network** suivantes, si elle suit la commande **router eigrp 1**, indique au routeur d'utiliser EIGRP sur les interfaces d'adresses IP 10.1.1.1, 10.1.100.1 et 10.1.120.1 ?

a. **network 10.0.0.0**

b. **network 10.1.1x.0**

c. **network 10.0.0.0 0.255.255.255**

d. **network 10.0.0.0 255.255.255.0**

6. Les routeurs R1 et R2, d'adresses IP respectives 10.0.0.1 et 10.0.0.2, sont attachés au même VLAN. On a configuré R1 avec les commandes **router eigrp 99** et **network 10.0.0.0**. Parmi les commandes suivantes, lesquelles sont susceptibles d'intervenir dans une configuration EIGRP fonctionnelle sur R2 ayant pour effet que ces deux routeurs deviennent voisins et s'échangent des routes ?

a. **network 10**

b. **router eigrp 98**

c. **network 10.0.0.2 0.0.0.0**

d. **network 10.0.0.0**

7. Étant donné l'extrait suivant de l'interface en ligne de commande du routeur :

```
P 10.1.1.0/24, 1 successors, FD is 2172416
          via 10.1.6.3 (2172416/28160), Serial0/1
          via 10.1.4.2 (2684416/2284156), Serial0/0
          via 10.1.5.4 (2684416/2165432), Serial1/0
```

Quelles sont les adresses IP de prochain saut sur une route successeur réalisable ?

a. 10.1.6.3

b. 10.1.4.2

c. 10.1.5.4

d. Cette sortie ne fournit pas assez d'informations pour en décider.

8. Que faut-il faire pour doter EIGRP d'une authentification par MD5 ?

a. Mettre sa clé en place à l'aide de quelques sous-commandes d'interface

b. Configurer au moins un porte-clés

c. Définir une durée de vie valide pour la clé

d. Activer l'authentification MD5 pour EIGRP sur une interface

9. Dans la commande **show ip route**, quel code signale qu'une route a été apprise par EIGRP ?

a. E

b. I

c. G

d. R

e. P

f. D

Connaissances fondamentales

Concepts et fonctionnement d'EIGRP

À l'instar d'OSPF, EIGRP procède en trois étapes pour enrichir la table de routage IP :

1. **Découverte des voisins.** Les routeurs EIGRP envoient des messages Hello pour découvrir les éventuels routeurs EIGRP proches et réalisent des contrôles élémentaires de paramètres pour déterminer lesquels considérer comme voisins.

2. **Échange de topologie.** Les voisins échangent toutes les mises à jour de topologie chaque fois qu'ils établissent une nouvelle relation de voisinage. Par la suite, il leur suffira de mises à jour partielles pour toute modification de la topologie du réseau.

3. **Choix des routes.** Chaque routeur analyse ses tables de topologie EIGRP respectives, en retenant la route de plus faible métrique pour atteindre chaque sous-réseau.

En conséquence, l'IOS maintient trois tables EIGRP importantes. La table des voisins EIGRP, qu'on obtient par la commande **show ip eigrp neighbor**, donne la liste des routeurs voisins. La table de topologie EIGRP, affichée par la commande **show ip eigrp topology**, consigne toutes les informations de structure du réseau issues des voisins EIGRP. Enfin, la commande **show ip route** produit la table de routage IP, où l'on trouvera toutes les meilleures routes.

Les sections suivantes décrivent la manière dont EIGRP établit des relations de voisinage, échange des routes et enrichit la table de routage IP. On y trouvera également un algorithme propre à EIGRP pour converger et réagir à toute modification apportée à un interréseau.

Voisins EIGRP

Un voisin EIGRP est un autre routeur communiquant par EIGRP, relié à un sous-réseau commun et avec lequel le routeur est disposé à échanger des informations de topologie EIGRP. Pour découvrir des voisins potentiels, on emploie des messages Hello destinés à l'adresse IP multicast 224.0.0.10. C'est en recevant un Hello qu'un routeur découvre la présence de telles machines à proximité.

Avant de faire d'une autre machine un voisin EIGRP, les routeurs effectuent quelques vérifications élémentaires. Un voisin potentiel est un routeur dont on a reçu un message Hello EIGRP. Le routeur contrôle ensuite les aspects suivants pour accepter définitivement le candidat :

- Il doit satisfaire le processus d'authentification.
- Sa configuration doit employer le même numéro AS. **Sujet clé**
- L'adresse IP source apparaissant dans le message Hello du voisin doit relever du même sous-réseau.

INFO

Les valeurs K EIGRP doivent également correspondre, mais cet aspect sort du cadre du présent manuel.

Ces contrôles sont assez rapides. Le cas échéant, les deux routeurs doivent employer le même type d'authentification et la même clé. La configuration EIGRP incorpore pour paramètre un numéro de système autonome (*autonomous system number*, ou ASN) qui doit être identique sur les deux routeurs. Enfin, les adresses IP apparaissant dans les messages EIGRP Hello – et représentant les interfaces IP respectives des routeurs – doivent chacune appartenir à l'intervalle des adresses IP du sous-réseau connecté à l'autre routeur.

Dans EIGRP, la relation de voisinage est bien plus simple que dans OSPF : on n'y trouve pas les notions d'adjacence totale et d'états de voisinage. Sitôt qu'un routeur EIGRP est découvert et s'il satisfait les contrôles élémentaires, il devient un voisin et les deux machines peuvent dès lors échanger des informations de topologie. Régulièrement (la fréquence est définie par l'intervalle Hello EIGRP), les voisins s'échangent des messages Hello. Un routeur considère qu'il n'est plus possible d'atteindre son voisin EIGRP quand ce dernier cesse d'en envoyer pendant un nombre de secondes défini par le paramètre *Hold Timer* d'EIGRP – qui correspond en quelque sorte au *Dead Interval* d'OSPF.

Échange d'informations de topologie par EIGRP

EIGRP emploie des *messages Update* (de mise à jour) pour envoyer des informations de topologie aux voisins. Si le routeur d'origine s'adresse à plusieurs routeurs relevant du même sous-réseau, ces messages peuvent avoir pour destination l'adresse IP multicast 224.0.0.10 ; dans le cas contraire, ils ne cibleront que l'adresse IP unicast du voisin concerné. (Les messages Hello sont, eux, toujours destinés à l'adresse IP multicast 224.0.0.10). À la différence d'OSPF, on ne trouve dans EIGRP aucune notion de routeur désigné (*Designated Router*, ou DR), ni de routeur désigné de sauvegarde (*Backup Designated Router*, ou BDR). En revanche, l'emploi de paquets multicast sur des réseaux locaux permet à EIGRP d'échanger efficacement des informations de routage avec tous les voisins situés sur le LAN.

Les messages de mise à jour sont véhiculés par le protocole de transport fiable (*Reliable Transport Protocol*, ou RTP). EIGRP se comporte comme OSPF et renvoie les mises à jour de routage qui seraient perdues ; RTP l'aide à mieux éviter les boucles.

INFO

L'acronyme RTP désigne aussi un autre protocole, le protocole de transport en temps réel (*Real-time Transport Protocol*), employé pour la transmission de voix et de vidéo sur IP.

Les voisins utilisent des mises à jour de routage complètes et partielles (voir figure 10.1). Dans une mise à jour totale (déclenchée lors de la découverte d'un voisin), le routeur envoie les informations correspondant à toutes les routes connues, tandis qu'un correctif – déclenché lors de modifications – ne mentionne que les routes qui ont récemment changé.

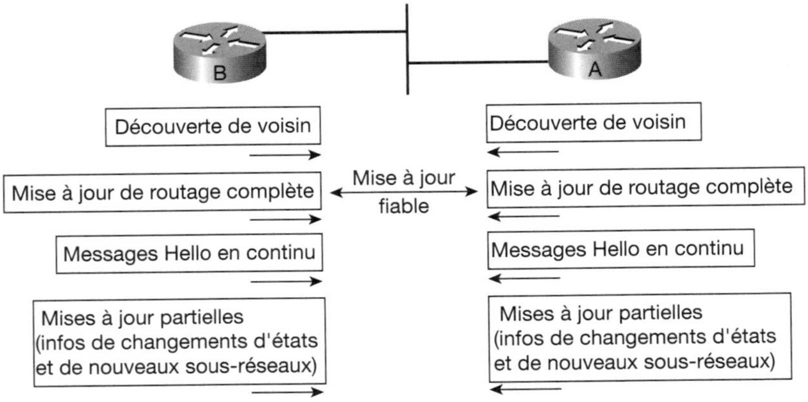

Sujet clé

Figure 10.1
Mises à jour EIGRP totales et partielles.

Lue de haut en bas, la figure 10.1 illustre le processus de découverte d'un voisin : messages Hello, envoi des mises à jour complètes, maintenance de la relation de voisinage avec des messages Hello réguliers et transmission des correctifs.

Calcul des meilleures routes pour la table de routage

Le calcul des distances représente l'un des intérêts majeurs d'EIGRP. Ce protocole repose sur une métrique composite, dépendant de la bande passante et de la latence par défaut. On peut aussi y intégrer la charge et la fiabilité d'une interface, bien que Cisco déconseille ces derniers paramètres. EIGRP calcule le poids de toutes les routes possibles en remplaçant, dans une formule, chaque paramètre par sa valeur.

INFO

Dans le passé, documentations et manuels précisaient souvent qu'EIGRP et son prédécesseur IGRP pouvaient intégrer la MTU dans l'équation, mais en fait c'est impossible et cela n'a jamais été le cas.

La formule de calcul de la métrique EIGRP met en lumière certains de ses aspects les plus importants. Si l'on reprend les paramètres par défaut, à savoir la bande passante et la latence, elle se présente comme suit :

$$\text{Métrique} = \left(\left(\frac{10^7}{\text{bande passante minimale}}\right) + \text{latence cumulée}\right) * 256$$

Dans cette équation, l'expression *bande passante minimale* représente le lien de la route disposant de la plus petite bande passante, exprimée en kilobit par seconde (Kbit/s). S'il s'agit d un lien Ethernet à 10 Mbit/s, la première partie de la formule s'écrira $10^7/10^4$, c'est-à-dire 1 000. La valeur *latence cumulée* correspond à la somme de toutes les latences des liens de la route, exprimées en dizaines de microsecondes. On pourra préciser la bande passante et la latence de chaque lien en recourant respectivement aux sous-commandes d'interface **bandwidth** et **delay**.

INFO

La plupart des commandes **show**, et notamment **show ip eigrp topology** ou encore **show interfaces**, expriment les valeurs des latences en microsecondes. La formule de calcul de la métrique emploie des dizaines de microsecondes.

Les mises à jour EIGRP donnent le numéro et le masque de sous-réseau, la latence cumulée, la bande passante minimale et les paramètres non employés de la métrique composite. Le routeur prend alors en compte les réglages de bande passante et de latence sur l'interface où il a reçu la mise à jour et calcule une nouvelle métrique. La figure 10.2 présente ainsi la machine Albuquerque informée par Seville du sous-réseau 10.1.3.0/24. La mise à jour mentionne une bande passante minimale de 100 000 Kbit/s et une latence cumulée de 100 microsecondes.

R1 dispose d'une bande passante d'interface de 1 544 Kbit/s – soit la bande passante par défaut sur un lien série – et d'une latence de 20 000 microsecondes.

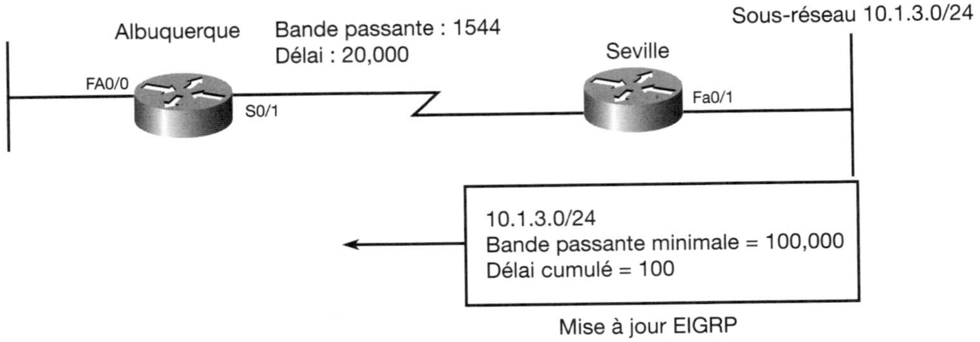

Figure 10.2
Calcul par Albuquerque de sa métrique EIGRP pour 10.1.3.0/24.

Dans ce cas de figure, Albuquerque découvre que la bande passante de son interface S0/1 (1544) est plus petite que la bande passante minimale signalée (100 000) ; il emploie donc cette nouvelle valeur dans son calcul de métrique. (Si, en revanche, son interface S0/1 disposait d'une bande passante de 100 000 ou plus, Albuquerque reprendrait la bande passante minimale indiquée dans la mise à jour EIGRP reçue de Seville.) Albuquerque intègre également la latence de l'interface S0/1 (à savoir 20 000 microsecondes, converties en deux mille dizaines de microsecondes pour la formule) à la latence cumulée reçue de Seville dans la mise à jour (100 microsecondes, converties en dix dizaines de microsecondes). On obtient alors l'équation suivante :

$$\text{Métrique} = \left(\left(\frac{10^7}{1544}\right) + (10 + 2000)\right) * 256 = 2\ 172\ 416$$

INFO

L'IOS arrondit le résultat de la division à l'entier inférieur avant de passer à la suite du calcul. Dans le cas présent, $10^7/1\ 544$ est tronqué à 6 476.

Si plusieurs routes menaient au sous-réseau 10.1.3.0/24, Albuquerque en calculerait également la métrique et choisirait, pour la table de routage, la solution la moins coûteuse (c'est-à-dire la route produisant le résultat le plus faible). En cas d'égalité, un routeur peut placer jusqu'à quatre routes équivalentes dans la table de routage et transmettre une portion du trafic sur chacune. Plus loin, la section « Chemins maximaux et variance EIGRP » détaille un peu plus comment EIGRP peut incorporer dans la table de routage plusieurs routes de métriques identiques ou différentes.

Distances réalisable et rapportée

L'exemple décrit figure 10.2 plante un décor idéal pour définir quelques autres termes EIGRP :

- **distance réalisable** (*Feasible Distance*, ou FD) : métrique de la meilleure route permettant d'atteindre un sous-réseau, telle que calculée sur un routeur ; Sujet clé
- **distance rapportée** (*Reported Distance*, ou RD) : métrique telle que calculée sur un routeur voisin puis rapportée et apprise lors d'une mise à jour (*Update*) EIGRP.

À la figure 10.2, Albuquerque calcule ainsi une FD de 2 195 631 pour atteindre le sous-réseau 10.1.3.0/24 *via* Seville. Ce dernier calcule sa propre métrique pour atteindre le sous-réseau 10.1.3.0/24, qu'il communique à Albuquerque sous forme de mise à jour EIGRP. L'illustration fournit en fait suffisamment d'éléments pour établir la FD de Seville vers ce sous-réseau, valeur ensuite connue par Albuquerque en tant que RD de Seville pour atteindre 10.1.3.0/24 :

$$\left(\left(\frac{10^7}{100{,}000}\right) + (10)\right) * 256 = 28{,}160$$

FD et RD apparaissent ci-après, dans le cadre d'une présentation de la manière dont EIGRP réagit et converge lors d'un changement dans un interréseau.

Pièges de la bande passante sur les liens série

La métrique robuste d'EIGRP lui donne la capacité de choisir des routes comptant plus de sauts mais reposant sur des liens plus rapides. Pour s'assurer que les routes correctes soient retenues, les ingénieurs doivent donc configurer avec soin des réglages pertinents pour la bande passante comme pour la latence. En particulier, les liens série reçoivent par défaut une bande passante de 1544 et une latence de 20 000 microsecondes. Cependant, l'IOS ne peut pas modifier automatiquement ces réglages reposant sur la vitesse de la couche 1 d'un lien série. Par conséquent, reprendre les réglages par défaut pour les liens série pourra poser des problèmes.

La figure 10.3 illustre cela par l'emploi de réglages de bande passante par défaut ; on y voit comment EIGRP retient la meilleure route (c'est-à-dire la plus rapide) quand la bande passante est correctement renseignée. En particulier, on y présente dans chaque cas de figure la route du routeur B vers le sous-réseau 10.1.1.0/24. L'illustration supérieure utilise les valeurs par défaut pour toutes les interfaces série, bien que le lien du haut soit limité à 64 Kbit/s. Le schéma inférieur présente les résultats quand la commande **bandwidth** du lien lent est modifiée pour refléter sa (faible) vitesse réelle.

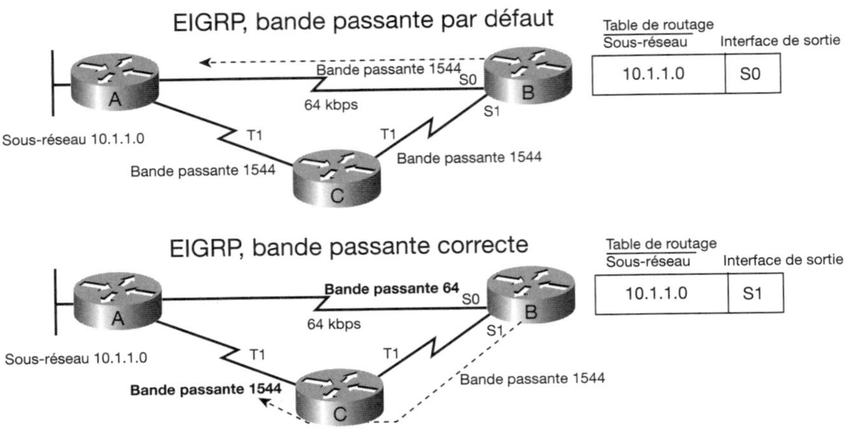

Figure 10.3
Impact de la bande passante sur le calcul de la métrique EIGRP.

Convergence EIGRP

Dans tout protocole de routage dynamique, éviter les boucles constitue l'un des problèmes les plus difficiles. Les protocoles à vecteur de distance s'en sortent grâce à plusieurs outils, dont certains sont responsables des longs délais de convergence observés (ils durent quelques minutes) quand un lien tombe en panne. Les protocoles à état de lien résolvent la question en stockant sur chaque routeur la topologie complète du réseau, de sorte qu'un modèle mathématique assez complexe permet d'échapper aux boucles.

EIGRP traite cet obstacle en conservant des informations élémentaires de topologie, mais évite d'y consacrer trop de temps de calcul ou de mémoire en limitant leur volume. Quand un routeur découvre que plusieurs routes mènent au même sous-réseau, il ne retient que la meilleure pour sa table de routage. EIGRP conserve quelques informations de topologie pour la même raison qu'OSPF – de manière à converger très rapidement pour trouver une nouvelle route, sans provoquer de boucle.

L'algorithme de convergence EIGRP a deux options, selon que la route en panne dispose ou non d'une route *successeur réalisable*. Dans l'affirmative, le routeur y recourt immédiatement. À défaut, il emploie un processus de *requêtes et réponses* pour découvrir une autre route, dépourvue de boucles. Ces deux méthodes assurent une convergence rapide, généralement en moins de dix secondes, mais la seconde est un peu plus longue.

Successeurs et successeurs réalisables EIGRP

Pour chaque sous-réseau, EIGRP calcule la métrique de chaque route possible. La meilleure (dont la métrique, comme déjà exposé, s'appelle *distance réalisable* ou Feasible Distance, FD), appelée successeur, est renseignée par le routeur dans la table de routage IP.

Parmi les autres routes possibles menant au même sous-réseau – et dont, par définition, les métriques sont supérieures à la FD –, EIGRP doit découvrir celle qui pourra remplacer immédiatement la meilleure route en cas de panne, cela sans provoquer de boucle de routage. Pour cela, le protocole emploie un algorithme simple, en conservant ces routes de secours dans sa table de topologie pour les utiliser en cas de besoin. Ces routes de remplacement, immédiatement utilisables, sont dites *successeur réalisables* ou Feasible Successor, FS, car elles peuvent prendre au pied levé la relève de la route successeur. C'est la condition de réalisabilité qui permet de décider si une route constitue un successeur réalisable : si la RD d'une route qui n'est pas successeur ne dépasse pas la FD, cette route convient en tant que successeur réalisable.

Bien que techniquement correcte, cette définition prendra tout son sens grâce à l'exemple présenté figure 10.4. On y voit comment EIGRP détermine les routes constituant des successeurs réalisables pour le sous-réseau 1. Le routeur E prend connaissance de trois routes menant vers le sous-réseau 1, depuis les routeurs B, C et D. Après avoir calculé la métrique de chacune en s'appuyant sur les informations de bande passante et de latence reçues dans la mise à jour de routage et sur ses interfaces sortantes correspondantes, le routeur E conclut que la route passant par le routeur D est la moins coûteuse. Par conséquent, il l'incorpore à sa table de routage. La FD est la métrique calculée pour cette route (14 000 dans le cas présent).

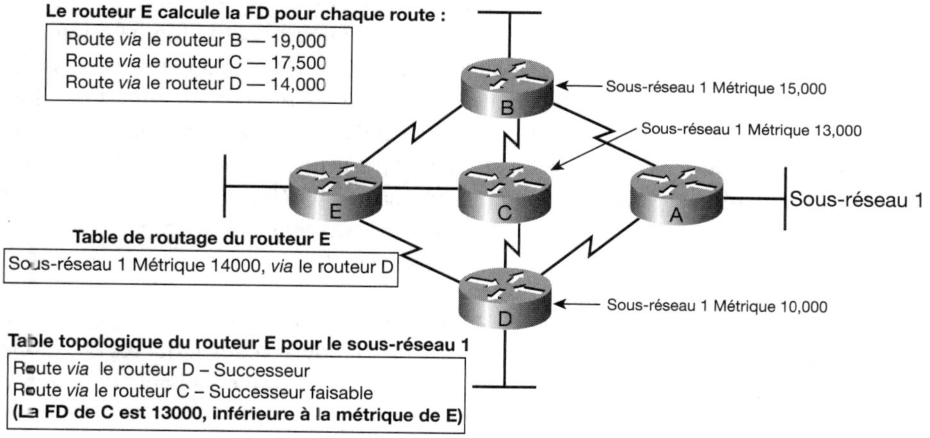

Figure 10.4

Successeurs et successeurs réalisables avec EIGRP.

Sujet clé

EIGRP décide qu'une route constitue un successeur réalisable si la distance rapportée pour elle (à savoir la métrique telle que calculée par son voisin) est inférieure à sa propre meilleure métrique calculée (c'est-à-dire la FD). Quand un tel voisin dispose d'une route moins coûteuse vers le sous-réseau considéré, cette route remplit la *condition de réalisabilité*. Ainsi, le routeur E calcule une métrique (FD) de 14 000 sur sa meilleure route (*via* le routeur D). La métrique calculée par le routeur C – la distance qu'il rapporte pour cette route – est plus petite ;

elle vaut 13 000. En conséquence, le routeur E sait que la meilleure route de C vers ce sous-réseau ne peut en aucun cas renvoyer vers lui-même ; il peut donc l'employer sans causer de boucle. Le routeur E incorpore alors la route passant par le routeur C à sa table de topologie en tant que route successeur réalisable. À l'inverse, la distance rapportée par le routeur B, 15 000, dépasse la FD du routeur E (14 000). Ce dernier n'en tient donc aucun compte dans sa recherche de successeurs réalisables.

Si la route menant vers le sous-réseau 1 *via* le routeur D tombe en panne, le routeur E peut immédiatement l'incorporer *via* le routeur C à sa table de routage sans crainte de provoquer une boucle. Dans ce cas de figure, la convergence est quasiment instantanée.

Le processus de requête et de réponse

Quand une route échoue et qu'on ne dispose pas de successeur réalisable, EIGRP emploie un algorithme distribué dit de « mise à jour par diffusion » (*Diffusing Update Algorithm*, ou DUAL). Il s'agit d'envoyer des requêtes à la recherche d'une route sans boucles menant vers le sous-réseau concerné. Quand il a trouvé la nouvelle route, DUAL l'incorpore à la table de routage.

Le processus DUAL d'EIGRP se contente d'utiliser des messages pour confirmer l'existence d'une route ne provoquant pas de boucles, avant de décider de l'utiliser en lieu et place d'une route en panne. À la figure 10.4, si on suppose que les routeurs C et D tombent tous deux en panne, le routeur E ne dispose plus de route successeur réalisable menant vers le sous-réseau 1. En revanche, il existe un chemin physique évident *via* le routeur B. Pour l'employer, le routeur E envoie des messages de requête (*query*) EIGRP à ses voisins encore fonctionnels (réduits au seul routeur B dans le cas présent). Le routeur B disposant encore d'une route fonctionnelle vers le sous-réseau 1, lui répond par un message EIGRP *reply* se contentant d'annoncer ses caractéristiques et confirmant son bon fonctionnement. Le routeur E peut alors en enrichir sa table de routage sans craindre de créer une boucle.

Pour remplacer une route en panne par un successeur réalisable, il faut très peu de temps – moins d'une à deux secondes en général. Quand il faut recourir à des requêtes et réponses, la convergence tarde un peu plus, mais sur la plupart des réseaux tout est bouclé en moins de dix secondes.

Résumé d'EIGRP et comparaisons avec OSPF

La popularité du protocole de routage interne (*Interior Gateway Protocol*, ou IGP) EIGRP s'explique par bien des raisons. Il fonctionne bien, converge vite tout en évitant les boucles grâce à ses algorithmes sous-jacents, hybrides équilibrés ou à vecteur de distance amélioré. Il n'impose ni configuration lourde, ni planification complexe, même quand on passe à des inter-réseaux plus volumineux.

EIGRP présente aussi un autre avantage, moins important de nos jours qu'il y a quelques années : la prise en charge des protocoles de couche 3 IPX de Novell et AppleTalk d'Apple. Les routeurs peuvent employer EIGRP pour apprendre des routes IP, IPX et AppleTalk, tout en présentant les mêmes performances remarquables. Cependant, IP s'est largement imposé sur IPX et AppleTalk, de sorte que la prise en charge de ces derniers ne représente plus qu'un avantage mineur.

Le tableau 10.2 résume plusieurs fonctionnalités importantes d'EIGRP en les comparant à OSPF.

Tableau 10.2 : Fonctionnalités comparées d'EIGRP et d'OSPF

Sujet clé

Fonctionnalité	*EIGRP*	*OSPF*
Converge rapidement	Oui	Oui
Évite de créer des boucles	Oui	Oui
Envoie des mises à jour partielles de routages, en ne publiant que les informations nouvelles ou modifiées	Oui	Oui
Sans classes ; permet par conséquent l'agrégation manuelle et VLSM	Oui	Oui
Permet l'agrégation manuelle sur tout routeur	Oui	Non
Envoie les informations de routage sur les LAN à l'aide de multicast IP	Oui	Oui
Emploie le concept de routeur désigné sur un LAN	Non	Oui
Déploiement facile, sans nécessité de créer des aires	Oui	Non
Permet l'équilibrage de charge à métriques égales ou différentes	Oui	Non
Métrique robuste reposant sur la bande passante et la latence	Oui	Non
Peut diffuser des routes IP, IPX et AppleTalk	Oui	Non
Standard public	Non	Oui

Configuration et contrôle d'EIGRP

La configuration élémentaire d'EIGRP rappelle beaucoup celles de RIP et d'OSPF. La commande **router eigrp** active le protocole et place l'utilisateur dans son mode de configuration, où on met en place une ou plusieurs commandes **network**. Pour toute interface correspondant à l'une d'entre elles, EIGRP tente d'en découvrir les voisins et publie le sous-réseau qui s'y trouve connecté.

La présente section se penche sur la configuration d'EIGRP, en mentionnant plusieurs fonctionnalités facultatives. Elle explique aussi comment interpréter la sortie des commandes **show** pour associer la théorie exposée à la première partie du chapitre avec la réalité d'EIGRP tel qu'implémenté dans le système IOS. La liste de contrôle suivante reprend les principales étapes de configuration couvertes ici :

Sujet clé

Étape 1 Entrer dans le mode de configuration EIGRP et définir l'ASN EIGRP à l'aide de la commande globale **router eigrp** *asn.*

Étape 2 Configurer une ou plusieurs sous-commandes de routeur **network** *ip-address [masque-générique].* Elles activeront EIGRP sur toute interface ainsi reconnue et provoqueront la publication du sous-réseau connecté.

Étape 3 (Facultatif) Modifier le message Hello et les comptes à rebours (*hold timers*) à l'aide des sous-commandes d'interface **ip hello-interval eigrp** *asn temps* et **ip hold-time eigrp** *asn temps.*

Étape 4 (Facultatif) Modifier les calculs des métriques en réglant bande passante et latence à l'aide des sous-commandes d'interface **bandwidth** *valeur* et **delay** *valeur.*

Étape 5 (Facultatif) Configurer l'authentification EIGRP.

Étape 6 (Facultatif) Configurer la prise en charge de plusieurs routes de coût égal à l'aide des sous-commandes de routeur **maximum-paths** *nombre* et **variance** *multiplicateur.*

Configuration élémentaire d'EIGRP

L'exemple 10.1 présente un extrait de configuration EIGRP, mentionnant les commandes **show**, sur le routeur Albuquerque (voir figure 10.5). La configuration EIGRP nécessaire sur Yosemite et Seville correspond exactement aux deux lignes de configuration EIGRP sur Albuquerque.

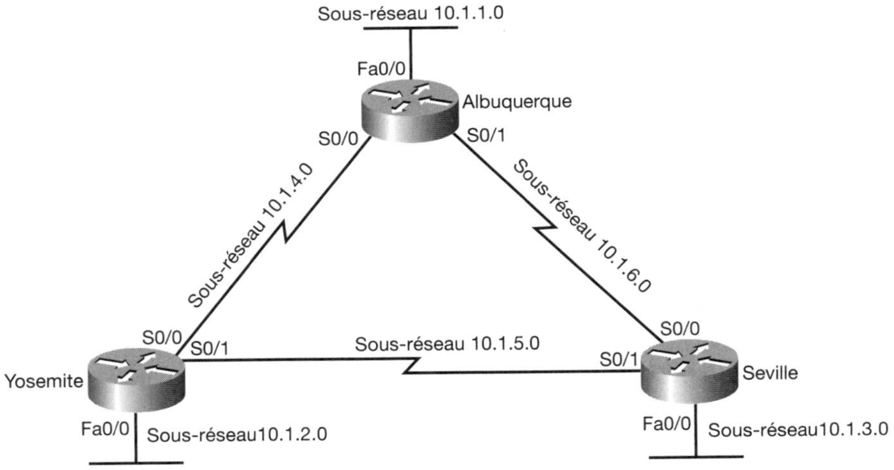

Figure 10.5

Exemple de réseau utilisé dans la plupart des exemples d'EIGRP.

Exemple 10.1 *Extrait de configuration de routeur activant EIGRP*

```
router eigrp 1
 network 10.0.0.0
Albuquerque#show ip route
Codes: C - connected, S - static, I - IGRP, R - RIP, M - mobile, B - BGP
       D - EIGRP, EX - EIGRP external, O - OSPF, IA - OSPF inter area
       N1 - OSPF NSSA external type 1, N2 - OSPF NSSA external type 2
       E1 - OSPF external type 1, E2 - OSPF external type 2, E - EGP
       i - IS-IS, L1 - IS-IS level-1, L2 - IS-IS level-2, ia - IS-IS inter area
       * - candidate default, U - per-user static route, o - ODR
       P - periodic downloaded static route

Gateway of last resort is not set

     10.0.0.0/24 is subnetted, 6 subnets
D       10.1.3.0 [90/2172416] via 10.1.6.3, 00:00:43, Serial0/1
D       10.1.2.0 [90/2172416] via 10.1.4.2, 00:00:43, Serial0/0
C       10.1.1.0 is directly connected, FastEthernet0/0
C       10.1.6.0 is directly connected, Serial0/1
D       10.1.5.0 [90/2681856] via 10.1.6.3, 00:00:45, Serial0/1
                 [90/2681856] via 10.1.4.2, 00:00:45, Serial0/0
C       10.1.4.0 is directly connected, Serial0/0

Albuquerque#show ip route eigrp
     10.0.0.0/24 is subnetted, 6 subnets
D       10.1.3.0 [90/2172416] via 10.1.6.3, 00:00:47, Serial0/1
D       10.1.2.0 [90/2172416] via 10.1.4.2, 00:00:47, Serial0/0
D       10.1.5.0 [90/2681856] via 10.1.6.3, 00:00:49, Serial0/1
                 [90/2681856] via 10.1.4.2, 00:00:49, Serial0/0

Albuquerque#show ip eigrp neighbors
IP-EIGRP neighbors for process 1
H   Address                 Interface   Hold Uptime   SRTT   RTO  Q  Seq Type
                                        (sec)         (ms)        Cnt Num
0   10.1.4.2                Se0/0         11 00:00:54   32   200  0  4
1   10.1.6.3                Se0/1         12 00:10:36   20   200  0  24

Albuquerque#show ip eigrp interfaces
IP-EIGRP interfaces for process 1

                    Xmit Queue   Mean   Pacing Time   Multicast    Pending
Interface   Peers   Un/Reliable  SRTT   Un/Reliable   Flow Timer   Routes
Fa0/0         0         0/0         0       0/10           0           0
Se0/0         1         0/0        32       0/15          50           0
Se0/1         1         0/0        20       0/15          95           0
Albuquerque#show ip eigrp topology summary
IP-EIGRP Topology Table for AS(1)/ID(10.1.6.1)
Head serial 1, next serial 9
6 routes, 0 pending replies, 0 dummies
IP-EIGRP(0) enabled on 3 interfaces, 2 neighbors present on 2 interfaces
Quiescent interfaces:  Se0/1/0 Se0/0/1
```

Pour la configuration EIGRP, ces trois routeurs emploient le même numéro AS dans la commande **router eigrp** – ici, il s'agit de **router eigrp 1**. Le numéro précis n'a pas d'importance, tant qu'il est identique pour tous. (L'intervalle des numéros AS valides s'étend de 1 jusqu'à 65 535, tout comme celui des identifiants de processus valides pour la commande **router ospf**.) La commande **network 10.0.0.0** active EIGRP sur toutes les interfaces dont les adresses IP relèvent du réseau 10.0.0.0, ce qui est notamment le cas des trois d'Albuquerque. Exécuter les mêmes instructions de configuration sur les deux autres routeurs permet d'y activer EIGRP sur leurs trois interfaces, car toutes relèvent également du réseau 10.0.0.0.

Les commandes **show ip route** et **show ip route eigrp** donnent toutes deux la liste des routes apprises par EIGRP, accompagnées de la lettre « D ». Cette dernière dénote ce protocole, la lettre « E » étant déjà réservée pour *Exterior Gateway Protocol* (EGP) lors de la création d'EIGRP. Cisco a donc opté pour la lettre libre la plus proche, à savoir « D », pour les routes apprises par EIGRP.

La commande **show ip eigrp neighbors** fournira des informations sur le voisinage EIGRP, tandis que **show ip eigrp interfaces** donnera le nombre de voisins actifs (appelés pairs, ou *peers*, dans sa sortie). Ces deux commandes, qui apparaissent à la fin de l'exemple, lèvent un coin du voile masquant les processus sous-jacents d'EIGRP ; les transmissions fiables y sont notamment assurées par RTP. D'autre part, la commande **show ip eigrp neighbors** présente une colonne « Q Cnt » (*Queue Count*), qui donne le nombre de paquets en attente d'envoi vers un voisin ou le nombre de paquets émis pour lesquels on n'a encore reçu aucune confirmation de réception (*acknowledgment*). La commande **show ip eigrp interfaces** présente des données comparables dans la colonne « *Xmit Queue Un/Reliable* », qui distingue dans ses statistiques les messages envoyés avec RTP (fiables) ou sans ce protocole (de manière non sûre).

L'exemple se conclut par l'affichage du RID d'Albuquerque. EIGRP alloue son RID exactement comme OSPF : en se fondant sur la valeur configurée, la plus haute adresse IP d'une interface de bouclage (*loopback*) *up/up*, ou sur la plus haute adresse IP d'une autre interface, dans cet ordre de priorité. Ce protocole se distingue d'OSPF par le fait que le RID d'EIGRP est configuré avec la sous-commande de routeur **eigrp router-id** *valeur*.

On peut configurer la commande **network** d'EIGRP sans lui fournir de masque générique, comme illustré à l'exemple 10.1. En l'absence d'un tel élément, la commande **network** doit employer pour seul paramètre un réseau avec classe ; toutes ses interfaces seront alors reconnues. L'exemple 10.2 présente une autre configuration, employant une commande **network** suivie d'une adresse et d'un masque générique. Dans un tel cas de figure, la commande reconnaît l'adresse IP de l'interface qui serait reconnue si l'adresse et le masque de la commande **network** faisaient partie d'une ACL. L'exemple donne trois commandes **network** sur Albuquerque, correspondant respectivement à chacune de ses trois interfaces.

Exemple 10.2 *Emploi de masques génériques dans la configuration d'EIGRP*

```
Albuquerque#router eigrp 1
Albuquerque(config-router)#network 10.1.1.0 0.0.0.255
Albuquerque(config-router)#network 10.1.4.0 0.0.0.255
Albuquerque(config-router)#network 10.1.6.0 0.0.0.255
```

Métriques EIGRP, successeurs et successeurs réalisables

Comme on l'a déjà vu, une route successeur EIGRP est une route présentant la meilleure métrique pour atteindre un sous-réseau, tandis qu'un successeur réalisable (*Feasible Successor*, FS) est une route qu'on pourrait employer en cas de panne de la route successeur. La présente section expose comment considérer les routes successeur et FS dans EIGRP, ainsi que les métriques calculées. À cette fin, l'exemple 10.3 donne l'unique meilleure route d'Albuquerque pour atteindre le sous-réseau 10.1.3.0/24, dans la table de routage et en tant que route successeur dans la table de topologie EIGRP. Il donne aussi les deux routes successeur de métrique identique pour le sous-réseau 10.1.5.0/24, chacune étant mise en valeur dans la table de topologie EIGRP. Quelques commentaires émaillent cet exemple, et de plus amples explications le suivront.

Exemple 10.3 *Emploi de masques génériques dans la configuration EIGRP et examen des successeurs réalisables*

```
! Ci-dessous, on remarquera l'unique route vers le sous-réseau 10.1.3.0,
! ainsi que les deux routes d'égale métrique vers 10.1.5.0.
Albuquerque#show ip route
Codes: C - connected, S - static, R - RIP, M - mobile, B - BGP
       D - EIGRP, EX - EIGRP external, O - OSPF, IA - OSPF inter area
       N1 - OSPF NSSA external type 1, N2 - OSPF NSSA external type 2
       E1 - OSPF external type 1, E2 - OSPF external type 2
       i - IS-IS, L1 - IS-IS level-1, L2 - IS-IS level-2, ia - IS-IS inter area
       * - candidate default, U - per-user static route, o - ODR
       P - periodic downloaded static route

Gateway of last resort is not set

     10.0.0.0/24 is subnetted, 6 subnets
D       10.1.3.0 [90/2172416] via 10.1.6.3, 00:00:57, Serial0/1
D       10.1.2.0 [90/2172416] via 10.1.4.2, 00:00:57, Serial0/0
C       10.1.1.0 is directly connected, Ethernet0/0
C       10.1.6.0 is directly connected, Serial0/1
D       10.1.5.0 [90/2681856] via 10.1.4.2, 00:00:57, Serial0/0
                 [90/2681856] via 10.1.6.3, 00:00:57, Serial0/1
C       10.1.4.0 is directly connected, Serial0/0
```

Exemple 10.3 *Emploi de masques génériques dans la configuration EIGRP et examen des successeurs réalisables (suite)*

```
! Ensuite, la table de topologie d'EIGRP présente un successeur pour la route
! vers 10.1.3.0, et deux successeurs vers 10.1.5.0, confirmant à nouveau
! qu'EIGRP met en place des routes successeur (et non des routes successeur
! réalisables) dans la table de routage IP.
Albuquerque#show ip eigrp topology
IP-EIGRP Topology Table for AS(1)/ID(10.1.6.1)

Codes: P - Passive, A - Active, U - Update, Q - Query, R - Reply,
       r - reply Status, s - sia Status

P 10.1.3.0/24, 1 successors, FD is 2172416
         via 10.1.6.3 (2172416/28160), Serial0/1
P 10.1.2.0/24, 1 successors, FD is 2172416
         via 10.1.4.2 (2172416/28160), Serial0/0
P 10.1.1.0/24, 1 successors, FD is 281600
         via Connected, Ethernet0/0
P 10.1.6.0/24, 1 successors, FD is 2169856
         via Connected, Serial0/1
P 10.1.5.0/24, 2 successors, FD is 2681856
         via 10.1.4.2 (2681856/2169856), Serial0/0
         via 10.1.6.3 (2681856/2169856), Serial0/1
P 10.1.4.0/24, 1 successors, FD is 2169856
         via Connected, Serial0/0
```

Les commentaires de l'exemple soulignent les difficultés principales, dont la plupart restent assez élémentaires. En se penchant d'un peu plus près sur la commande **show ip eigrp topology**, on remarque toutefois certains détails. Concentrons-nous d'abord sur la table de topologie EIGRP et sa liste de nombres de routes successeur. En regard de 10.1.3.0/24, on trouve un seul successeur ; la table de routage IP précise donc une route apprise par EIGRP pour le sous-réseau 10.1.3.0/24. En comparaison, l'entrée correspondant au sous-réseau 10.1.5.0/24 dans la même table de topologie EIGRP indique deux successeurs ; la table de routage reprend donc ce nombre de routes apprises par EIGRP pour cet autre sous-réseau.

Voyons ensuite les numéros placés entre parenthèses dans la table de topologie EIGRP pour 10.1.3.0/24. Le premier donne la métrique calculée par Albuquerque pour chaque route ; le second précise la RD, à savoir la métrique calculée par le routeur voisin 10.1.6.3 (Seville), telle que rapportée à Albuquerque. Ces deux machines reprenant les valeurs par défaut pour la bande passante et la latence, les résultats correspondent aux calculs menés à la section « Calcul des meilleures routes pour la table de routage ».

Création et visualisation d'une route successeur réalisable

Quand on reprend tous les réglages par défaut pour cet interréseau, aucune des routes d'Albuquerque ne satisfait la condition de réalisabilité : la RD d'une route alternative ne doit pas dépasser la FD, ou métrique de la meilleure route. L'exemple 10.4 modifie la bande passante sur l'une des interfaces de Yosemite, abaissant la FD de Yosemite vers le sous-réseau 10.1.3.0/24. En conséquence, la RD de Yosemite pour cette même route, telle que rapportée auprès d'Albuquerque, diminue et satisfait la condition de réalisabilité ; Albuquerque dispose désormais d'une route FS.

Exemple 10.4 *Création d'une route successeur réalisable sur Albuquerque*

```
! Ci-dessous, la bande passante du lien entre Yosemite et Seville (à savoir
! l'interface S0/1 de Yosemite) passe de 1544 à 2000, ce qui abaisse la métrique
! de Yosemite pour le sous-réseau 10.1.3.0.
Yosemite(config)#interface S0/1
Yosemite(config-if)# bandwidth 2000
```

```
! Revenons sur Albuquerque
! Ci-dessous la table de topologie EIGRP signale une seule route successeur pour
! 10.1.3.0 mais précise deux entrées --- la nouvelle est une route successeur
! réalisable et correspond à une route vers 10.1.3.0 via 10.1.4.2 (c'est-à-dire
! Yosemite).
Albuquerque#show ip eigrp topology
IP-EIGRP Topology Table for AS(1)/ID(10.1.6.1)

Codes: P - Passive, A - Active, U - Update, Q - Query, R - Reply,
       r - reply Status, s - sia Status

P 10.1.3.0/24, 1 successors, FD is 2172416
         via 10.1.6.3 (2172416/28160), Serial0/1
         via 10.1.4.2 (2684416/1794560), Serial0/0
! Lignes omises...
```

```
! Revenons sur Yosemite
Yosemite#show ip route eigrp
     10.0.0.0/24 is subnetted, 5 subnets
D       10.1.3.0 [90/ 1794560 ] via 10.1.5.3, 00:40:14, Serial0/1
D       10.1.1.0 [90/2195456] via 10.1.4.1, 00:42:19, Serial0/0
```

Pour trouver la route successeur réalisable et comprendre pourquoi elle convient, observez les deux nombres entre parenthèses dans le résultat produit par la commande **show ip eigrp topology** sur Albuquerque (deuxième ligne mise en valeur). On y voit d'abord la métrique calculée par le routeur Albuquerque pour cette route, suivie de la RD du voisin. Des deux routes possibles – l'une *via* 10.1.6.3 (Seville), l'autre *via* 10.1.4.2 (Yosemite) – la route *via* Seville présente la métrique la plus faible (2 172 416). Cela en fait la route successeur et place la FD à ce niveau ; Albuquerque l'incorpore dans la table de routage IP. On remarquera toutefois que la RD sur la seconde route, qui passe *via* Yosemite, vaut 1 794 560. Cela satisfait la condition de réalisabilité (la valeur est en effet inférieure à celle de la FD pour le même sous-réseau de destination), ce qui fait de Yosemite une route successeur réalisable. Voici une synthèse des informations clés portant sur les routes successeur et successeur réalisable de cet exemple :

Sujet clé

- La route vers 10.1.3.0 *via* 10.1.6.3 (Seville) est la route successeur car la métrique calculée (2 172 416), premier nombre apparaissant entre parenthèses, est la meilleure de toutes.
- La route vers 10.1.3.0 *via* 10.1.4.2 (Yosemite) est une route successeur réalisable, car la distance rapportée (*Reported Distance*, ou RD) par le voisin, à savoir 1 794 560, deuxième nombre placé entre parenthèses, est plus faible que la FD d'Albuquerque.
- Bien que les routes successeur et successeur réalisable apparaissent toutes deux dans la table de topologie EIGRP, seule la route successeur est incorporée à la table de routage IP.

INFO

La commande **show ip eigrp topology** ne renvoie que les routes successeur et successeur réalisable. Si l'on souhaite observer les autres, on optera pour la commande **show ip eigrp topology all-links**.

Convergence employant la route successeur réalisable

EIGRP présente pour avantage une convergence très rapide, illustrée à l'exemple 10.5 (où des messages de débogage **debug** détaillent le processus). Certains messages ne veulent pas dire grand-chose, mais ce scénario en souligne quelques-uns aussi importants que compréhensibles.

Dans cet exemple, le lien entre Albuquerque et Seville est coupé, mais cela n'apparaît pas. Les messages **debug** sur Albuquerque explicitent l'algorithme EIGRP quand il passe de la route originale pour 10.1.3.0/24 à la nouvelle route, *via* Yosemite. Observez notamment les estampilles temporelles, qui montrent que le processus de convergence prend moins d'une seconde.

Exemple 10.5 *Messages de débogage lors de la convergence vers la route successeur réalisable pour le sous-réseau 10.1.3.0/24*

```
!!!!!!!!!!!!!!!!!!!!!!!!!!!!!!!!!!!!!!!!!!!!!!!!!!!!!!!!!!!!!!!!!!!!!!!!!!!!!!!
! Ci-dessous, on active debug eigrp fsm avant de couper le lien de
! Seville à Albuquerque (correspondant à l'interface S0/0 de Seville)
! --- mais cela n'apparaît pas dans le texte.
Albuquerque#debug eigrp fsm
EIGRP FSM Events/Actions debugging is on
```

```
Albuquerque#
*Mar  1 02:35:31.836: %LINK-3-UPDOWN: Interface Serial0/1, changed state to down
*Mar  1 02:35:31.848: DUAL: rcvupdate: 10.1.6.0/24 via Connected metric 42949672
95/4294967295
*Mar  1 02:35:31.848: DUAL: Find FS for dest 10.1.6.0/24. FD is 2169856, RD is 2
169856
*Mar  1 02:35:31.848: DUAL: 0.0.0.0 metric 4294967295/4294967295 not found D
min is 4294967295
*Mar  1 02:35:31.848: DUAL: Peer total/stub 2/0 template/full-stub 2/0
*Mar  1 02:35:31.848: DUAL: Dest 10.1.6.0/24 entering active state.
*Mar  1 02:35:31.852: DUAL: Set reply-status table. Count is 2.
*Mar  1 02:35:31.852: DUAL: Not doing split horizon
!
! Comprenant alors que son voisin 10.1.6.3 (Seville) ne répond plus,
! Albuquerque réagit.
!
*Mar  1 02:35:31.852: %DUAL-5-NBRCHANGE: IP-EIGRP(0) 1: Neighbor 10.1.6.3
  (Serial0/1) is down: interface down
!
! Les deux messages mis en valeur ci-dessous impliquent la suppression
! de l'ancienne route, 10.1.3.0 et l'ajout de la nouvelle route successeur
! (auparavant successeur réalisable) à la table de routage (ou RT).
!
*Mar  1 02:35:31.852: DUAL: Destination 10.1.3.0/24
*Mar  1 02:35:31.852: DUAL: Find FS for dest 10.1.3.0/24. FD is 2172416
  RD is 2172416
*Mar  1 02:35:31.856: DUAL: 10.1.6.3 metric 4294967295/4294967295
*Mar  1 02:35:31.856: DUAL: 10.1.4.2 metric 2684416/1794560 found Dmin is 2684416
!
! Les deux messages mis en valeur ci-dessous signalent la destruction de l'ancienne
! route et l'ajout de la nouvelle, via Yosemite, à la table de routage (RT)
!
*Mar  1 02:35:31.856: DUAL: Removing dest 10.1.3.0/24, nexthop 10.1.6.3
*Mar  1 02:35:31.856: DUAL: RT installed 10.1.3.0/24 via 10.1.4.2
*Mar  1 02:35:31.856: DUAL: Send update about 10.1.3.0/24.  Reason: metric chg
*Mar  1 02:35:31.860: DUAL: Send update about 10.1.3.0/24.  Reason: new if
```

Authentification EIGRP

EIGRP propose un seul type d'authentification : MD5. Pour la configurer, on procédera en plusieurs étapes :

Sujet clé

Étape 1 Création d'un porte-clés, ou *key chain* (d'authentification) :

a. On crée le porte-clés, qu'on baptise avec la commande globale **key chain nom** (ce qui place également l'utilisateur en mode de configuration de porte-clés).

b. On crée un ou plusieurs numéros de clés à l'aide de la commande **key** *numéro* dans ce mode.

c. On définit la valeur de la clé d'authentification par la commande **key-string** *valeur*, toujours dans le même mode.

d. (Facultatif) On peut ensuite définir la durée de vie de cette clé précise.

Étape 2 Activation de l'authentification par MD5 sur une interface, pour un ASN EIGRP donné, à l'aide de la sous-commande d'interface **ip authentication mode eigrp** *asn* **md5**.

Étape 3 On signale le bon porte-clés à employer sur une interface avec la sous-commande d'interface **ip authentication key-chain eigrp** *asn nom-de-chaîne*.

La première étape détaille assez longuement la configuration, mais les deux suivantes sont plus simples. En résumé, l'IOS configure les valeurs des clés séparément, avant d'exiger d'une sous-commande d'interface qu'elle s'y réfère. Pour permettre l'emploi de plusieurs clés, voire de plusieurs trousseaux, la configuration intègre la notion de porte-clés et peut attacher plusieurs clés à chacun.

Dans l'IOS, un porte-clés (*key chain*) rappelle ceux que tout le monde utilise : on y attache les clés qui nous servent tous les jours. Ceux qui ont besoin de nombreuses clés pour le travail comme pour la maison prévoiront peut-être deux trousseaux afin de s'y retrouver plus facilement. Certains placent même sur un porte-clés particulier, exilé quelque part sur une étagère, les clés qu'ils n'utilisent presque jamais. De la même manière, l'IOS permet de configurer plusieurs porte-clés, un pour chaque interface, chacun pouvant rassembler plusieurs clés. Disposer de plusieurs clés sur chaque anneau permet de maintenir les voisins en état de bon fonctionnement pendant qu'on change les clés (un remplacement régulier renforcera en effet la sécurité, comme c'est le cas pour toutes les questions de mots de passe et autres clés d'authentification). La configuration de ces détails est exposée aux étapes **1.a**, **1.b** et **1.c** (création du porte-clés, d'une ou plusieurs clés et mise en place du texte de la clé, ou mot de passe).

L'authentification EIGRP prévoit encore une durée de vie valide pour chaque clé (à défaut, celle-ci sera éternelle). Si on la précise, le routeur n'emploiera la clé que dans l'intervalle de temps spécifié. On peut ainsi mettre en place sur le porte-clés plusieurs clés dont les périodes de validité se succèdent (par exemple une par mois de l'année à venir). Les routeurs sélectionnent automatiquement la clé de plus petit numéro en cours de validité, et, dans notre exemple, changeront de clé chaque mois. Un ingénieur peut donc configurer les clés bien à l'avance tout en assurant leur rotation automatique sur le routeur, améliorant ainsi la sécurité.

Pour satisfaire les contraintes de période de validité, un routeur doit connaître la date et l'heure. C'est la commande EXEC **clock set** qui permet de régler l'horloge. Par ailleurs, les routeurs peuvent aussi se synchroniser par réseau grâce au *Network Time Protocol* (NTP), protocole conçu à cette fin.

Clarifions l'exposé à l'aide de l'exemple 10.6, qui emploie deux porte-clés pour sa configuration. Le premier, « fred », compte deux clés de périodes de validité distinctes ; il en changera donc automatiquement au cours du temps. On observe aussi que les deux porte-clés sont référencés sur deux interfaces différentes.

Exemple 10.6 *Authentification EIGRP*

```
! Le trousseau «clesdevoiture» servira sur l'interface Fa0/0 de R1.
! R1 utilisera la clé «fred» environ un mois avant de passer à «wilma».
!
key chain clesdevoiture
  key 1
  key-string fred
  accept-lifetime 08:00:00 Jan 11 2005 08:00:00 Feb 11 2005
  send-lifetime 08:00:00 Jan 11 2005 08:00:00 Feb 11 2005
 key 2
  key-string wilma
  accept-lifetime 08:00:00 Feb 10 2005 08:00:00 Mar 11 2005
  send-lifetime 08:00:00 Feb 10 2005 08:00:00 Mar 11 2005
! Le porte-clés «autretrousseau» définit ensuite la clé à employer
! sur l'interface Fa0/1.
key chain autretrousseau
 key 1
 key-string barney
!
! On présente ci-dessous les sous-commandes de l'interface de R1. Le trousseau
! est d'abord mentionné dans la commande ip authentication key-chain, et la
! commande ip authentication mode eigrp demande au routeur d'utiliser
! un haché MD5 de la chaîne de clé.
interface FastEthernet0/0
 ip address 172.31.11.1 255.255.255.0
 ip authentication mode eigrp 1 md5
 ip authentication key-chain eigrp 1 clesdevoiture
!
! R1 active ci-dessous l'authentification EIGRP sur l'interface Fa0/1,
! en utilisant l'autre porte-clés.
interface FastEthernet0/1
 ip address 172.31.12.1 255.255.255.0
 ip authentication eigrp 1 md5
 ip authentication key-chain eigrp 1 autretrousseau
```

Pour que l'authentification fonctionne, les routeurs voisins doivent avoir activé l'authentification MD5 EIGRP et disposer des trousseaux correspondants (il n'est toutefois pas nécessaire qu'ils portent le même nom). Les problèmes les plus fréquents relèvent de périodes de validité différentes ou d'horloges désynchronisées sur les deux routeurs. En production, on veillera à employer et à activer NTP avant de restreindre la période de validité des clés.

On contrôle le bon fonctionnement de l'authentification avec la commande **show ip eigrp neighbors**. En cas d'échec, la relation liant le routeur à son voisin n'aura pas lieu. D'autre part, tout apprentissage de routes depuis un voisin sur cette interface suffit à garantir la mise en place de l'authentification. La commande **debug eigrp packets** détaille le processus d'authentification, notamment en cas d'échec.

Chemins maximaux et variance EIGRP

À l'image d'OSPF, EIGRP permet de placer plusieurs routes de même métrique dans la table de routage. Par défaut, il propose de prendre en charge quatre routes pour chaque sous-réseau, mais on peut augmenter cette quantité jusqu'à 16 à l'aide de la sous-commande EIGRP **maximum-paths** *nombre*. Cependant, la granularité des calculs de métriques réalisés par EIGRP (dont les résultats valent souvent plusieurs millions avec une précision d'une unité) rend peu probable l'apparition de plusieurs routes identiques de ce point de vue.

L'IOS contourne cet écueil en proposant la notion de variance EIGRP. Elle permet de confondre des routes de métriques relativement proches, et donc d'inscrire dans la table de routage plusieurs routes de métriques distinctes vers le même sous-réseau.

La sous-commande de routeur EIGRP **variance** *multiplier* définit un entier compris entre 1 et 128, par lequel on multiplie la FD d'une route (à savoir la meilleure métrique permettant d'atteindre le sous-réseau considéré). Toute route FS de métrique inférieure au résultat de ce produit est alors considérée équivalente et pourra apparaître dans la table de routage, selon le réglage de la commande **maximum-paths**.

Un cas concret clarifiera la question (on s'y limite à de petites quantités pour faciliter le calcul mental). Le tableau 10.3 donne les métriques de trois routes menant vers le même sous-réseau, telles que calculées sur le routeur R4. On y trouve encore la RD des routeurs voisins et les conséquences de divers réglages de variance sur la décision d'ajouter les routes.

Tableau 10.3 : Exemples de routes considérées équivalentes de par la variance

Prochain saut	*Métrique*	*RD*	*Ajout à RT en variance 1 ?*	*Ajout à RT en variance 2 ?*	*Ajout à RT en variance 3 ?*
R1	50	30	Oui	Oui	Oui
R2	90	40	Non	Oui	Oui
R3	120	60	Non	Non	Non

Avant de prendre en compte la variance, on remarquera que, dans ce cas de figure, la route *via* R1 est la route successeur car elle présente la métrique la plus faible ; sa métrique, 50, constitue donc la FD. La route *via* R2 est une route FS, car sa RD de 40 est plus petite que 50. En revanche, la route *via* R3 n'est pas une route FS, car sa RD de 60 dépasse de 10 la FD.

Quand le réglage de la variance reçoit la valeur par défaut (un), deux métriques ne sont considérées équivalentes que si elles sont absolument égales. C'est pourquoi seule la route successeur rejoint la table de routage. En variance deux, la FD (50) est doublée pour produire 100. La route *via* R2, de FD 90, ne dépassant pas ce seuil, R4 l'incorpore à la table de routage ; le routeur équilibrera ensuite le trafic entre ces deux routes.

Dans le dernier cas de figure, en variance trois, le produit de la FD (50) par trois donne 150, nombre qui dépasse les métriques calculées pour les trois routes. Cependant, la route *via* R3 n'est pas FS, aussi ne l'incorporera-t-on pas à la table de routage par crainte de provoquer une boucle.

Ci-après, vous trouverez une synthèse des aspects principaux de la variance :

Sujet clé

- On multiplie la variance par la FD actuelle (c'est la métrique de la meilleure route vers le sous-réseau considéré).
- Toutes les routes FS dont la métrique calculée ne dépasse pas le produit de la variance par la FD sont incorporées à la table de routage IP, à supposer que cela est autorisé par le réglage **maximum-paths**.
- Les routes ne constituant pas des successeurs, réalisables ou non, n'apparaîtront jamais dans la table de routage IP, quel que soit le réglage de la variance.

Dès lors qu'on a incorporé de nouvelles routes dans la table de routage, le routeur propose un certain nombre d'options pour équilibrer le trafic entre elles. Il peut procéder de manière (inversement) proportionnelle à la métrique : les routes les moins coûteuses véhiculent un plus grand nombre de paquets. Le routeur peut encore ne s'intéresser qu'à la route la plus efficace, en conservant les autres dans la table de routage en cas de défaillance de celle-là. Cependant, les détails de ces techniques supposent une compréhension bien plus profonde des mécanismes de suivi (*forwarding*) d'IOS, qui sortent du cadre de cet ouvrage.

Réglage du calcul de la métrique EIGRP

Par défaut, EIGRP évalue une métrique entière fondée sur la bande passante et la latence, deux réglages susceptibles d'être modifiés par les sous-commandes d'interface respectives **bandwidth** *valeur* et **delay** *valeur*.

Cisco recommande de renseigner correctement la valeur de la bande passante de chaque interface, plutôt que de l'inféoder au résultat souhaité sur la métrique. Les interfaces de LAN fournissent par défaut des valeurs correctes de bande passante, mais les liens série des routeurs seront configurés avec la commande **bandwidth** *vitesse*, exprimée en Kbit/s et représentant le débit réel de l'interface en question.

Moins de fonctionnalités reposant sur le réglage de latence de l'interface, c'est sur celle-ci que Cisco recommande d'intervenir si l'on souhaite modifier la métrique EIGRP. Pour cela, on fera appel à la commande **delay** *valeur*, dont l'unité est inhabituelle (il s'agit de dizaines de microsecondes). Étrangement, c'est la même que celle de la formule de la métrique EIGRP ; attention toutefois, car les commandes **show** expriment leurs résultats en microsecondes. L'exemple 10.7 détaille un cas d'espèce pour la situation suivante :

1. L'interface Fa0/0 du routeur reçoit pour réglage de latence par défaut la valeur 100 microsecondes (*usec*).
2. La commande de configuration **delay 123**, appliquée sur l'interface, indique 123 dizaines de microsecondes.
3. La commande **show interfaces fa0/0** renvoie alors une latence de 1 230 microsecondes.

Exemple 10.7 *Configuration de la latence de l'interface*

```
Yosemite#show interfaces fa0/0
FastEthernet0/0 is up, line protocol is up
  Hardware is Gt96k FE, address is 0013.197b.5026 (bia 0013.197b.5026)
  Internet address is 10.1.2.252/24
  MTU 1500 bytes, BW 100000 Kbit, DLY 100 usec,
! Lignes omises...
Yosemite#configure terminal
Enter configuration commands, one per line.  End with CNTL/Z.
Yosemite(config)#interface fa0/0
Yosemite(config-if)#delay 123
Yosemite(config-if)#^Z
Yosemite#show interfaces fa0/0
FastEthernet0/0 is up, line protocol is up
  Hardware is Gt96k FE, address is 0013.197b.5026 (bia 0013.197b.5026)
  Internet address is 10.1.2.252/24
  MTU 1500 bytes, BW 100000 Kbit, DLY 1230 usec,
! Lignes omises
```

Préparation à l'examen

Sujets clés à réviser

Révisez les sujets les plus importants du chapitre, repérés dans la marge par le pictogramme « Sujet clé » et récapitulés dans le tableau 10.4.

Sujet clé

Tableau 10.4 : Sujets clés du chapitre

Emplacement	*Description*	*Numéro de page*
Liste	Raisons empêchant des routeurs EIGRP de devenir des voisins	383
Figure 10.1	Présente la progression normale : découverte de voisins, mises à jour totales de routages, messages Hello continus et mises à jour partielles	384
Liste	Définitions des distances réalisable et rapportée	387
Figure 10.4	Exemple de la manière dont les routeurs choisissent les routes qui constitueront des successeurs réalisables	387
Tableau 10.2	Comparaison des fonctionnalités d'EIGRP et d'OSPF	391
Liste	Liste de contrôle de la configuration d'EIGRP	392
Liste	Points principaux permettant de reconnaître une route successeur réalisable dans la sortie de la commande **show**	398
Liste	Liste de contrôle de la configuration d'authentification MD5 EIGRP	399
Liste	Points principaux relatifs à la variance EIGRP	403

Tableaux et listes à compléter

Complétez de mémoire les tableaux et listes concernant ce chapitre qui figurent à l'annexe J, puis reportez-vous à l'annexe K pour comparer vos réponses à celles qui vous sont fournies. Ces annexes figurent sur le CD-ROM.

Termes clés à définir

Donnez la définition des termes suivants et comparez vos réponses avec le glossaire :

Condition de réalisabilité, distance réalisable (ou *Feasible Distance*, FD), successeur réalisable (ou *Feasible Successor*, FS), mise à jour totale, mise à jour partielle, distance rapportée (ou *Reported Distance*, RD), successeur.

Référence de commandes

La lecture du chapitre et la réalisation des exercices de préparation à l'examen devraient vous avoir appris indirectement les commandes de configuration et EXEC qui y sont utilisées. Même si vous n'avez pas besoin de mémoriser dans le détail les descriptions données, vous pouvez contrôler votre niveau de connaissance du rôle de ces commandes à partir des tableaux 10.5 et 10.6. Pour cela, masquez la partie gauche du tableau et tentez d'identifier les commandes concernées à partir des informations données.

Tableau 10.5 : Référence des commandes de configuration de ce chapitre

Commande	*Description*
router eigrp *asn*	Commande globale plaçant l'utilisateur en mode de configuration EIGRP pour l'ASN précisé.
network *numéro-de-réseau [masque-générique]*	Sous-commande de routeur EIGRP reconnaissant toutes les interfaces dans un réseau avec classe, ou un sous-ensemble des interfaces identifié par un masque générique dans le style d'ACL, et activant EIGRP sur ces interfaces.
maximum-paths *nombre-de-chemins*	Sous-commande de routeur définissant le nombre maximal de routes de coût équivalent susceptibles d'être incorporées à la table de routage.
variance *multiplicateur*	Sous-commande de routeur définissant un multiplicateur EIGRP permettant de décider si la métrique d'une route successeur réalisable est suffisamment proche de celle de la route successeur pour être considérée équivalente.
bandwidth *bande-passante*	Sous-commande d'interface définissant directement la bande passante de l'interface, exprimée en Kbit/s.
delay *valeur-de-latence*	Sous-commande d'interface définissant la latence de l'interface, exprimée en dizaines de microsecondes.
ip hello-interval eigrp *asn valeur-de-délai*	Sous-commande d'interface établissant l'intervalle séparant les messages Hello pour ce processus EIGRP.
ip hold-time eigrp *asn valeur-de-délai*	Sous-commande d'interface définissant la durée du compte à rebours EIGRP pour l'interface.
ip authentication key-chain eigrp *asn nom-du-porte-clés*	Sous-commande d'interface référençant le porte-clés employé pour le processus d'authentification MD5 EIGRP.
ip authentication mode eigrp *asn* **md5**	Sous-commande d'interface activant l'authentification MD5 EIGRP pour tous les voisins atteints sur l'interface.
key chain *nom*	Commande globale créant et baptisant un porte-clés d'authentification.
key *nombre-entier*	Commande en mode porte-clés créant un nouveau numéro de clé.

Tableau 10.5 : Référence des commandes de configuration de ce chapitre *(suite)*

Commande	*Description*
key-string *text*	Commande en mode porte-clés définissant la valeur de la clé d'authentification.
accept-lifetime *date-de-début* {**infinite** | *date-de-fin* | **duration** *secondes*}	Commande en mode porte-clés établissant l'intervalle temporel durant lequel un routeur acceptera une clé donnée.
send-lifetime *date-de-début* {**infinite** | *date-de-fin* | **duration** *secondes*}	Commande en mode porte-clés établissant l'intervalle temporel durant lequel un routeur enverra des messages EIGRP à l'aide d'une clé donnée.

Tableau 10.6 : Référence des commandes EXEC de ce chapitre

Commande	*Description*
show ip route eigrp	Donne la liste des routes de la table de routage apprises par EIGRP.
show ip route *adresse-ip* [*masque*]	Présente l'intégralité de la table de routage ou un sous-ensemble de celle-ci en présence de paramètres.
show ip protocols	Affiche les paramètres du protocole de routage et les valeurs actuelles des compteurs temporels.
show ip eigrp neighbors	Produit la liste des voisins EIGRP et leur état.
show ip eigrp topology	Écrit la table de topologie EIGRP, en mentionnant notamment les successeurs et successeurs réalisables.
show ip eigrp traffic	Donne des statistiques sur le nombre de messages EIGRP envoyés et reçus par un routeur.
debug eigrp packets	Affiche le contenu des paquets EIGRP.
debug eigrp fsm	Présente les modifications apportées aux routes successeur et successeur réalisables.
debug ip eigrp	Produit un résultat comparable à celui de la commande **debug eigrp packets**, en se limitant au protocole IP.

11

Dépannage des protocoles de routage

Au sommaire de ce chapitre

- **Perspectives sur le dépannage des protocoles de routage.** Cette section présente le processus à suivre pour dépanner les problèmes de protocoles de routage.
- **Interfaces activées pour un protocole de routage.** Cette section décrit comment identifier les interfaces sur lesquelles un routeur tente d'établir des relations de voisinage et dont les sous-réseaux connectés devraient être annoncés.
- **Relations de voisinage.** Cette dernière section explique pourquoi les routeurs ne parviennent pas toujours à établir de relations de voisinage avec les routeurs appropriés.

Les autres chapitres de dépannage de ce livre, chapitres 3 et 7, sont axés sur la transmission de données. En particulier, le chapitre 7 ignore la façon dont les routes sont ajoutées aux tables de routage, se concentrant entièrement sur les processus du plan de données et leur dépannage.

Le présent chapitre conclut donc le traitement du plan de contrôle IPv4 – autrement dit, le processus de remplissage des tables de routage avec des routes valides – en décrivant comment dépanner les problèmes liés aux protocoles OSPF et EIGRP. Le processus de dépannage lui-même est relativement simple, mais permet de s'assurer qu'aucun composant n'a été omis avant de passer au niveau de fonctionnalités suivant.

Si vous vous préparez à l'examen CCNA en suivant le plan de lecture proposé en introduction, vous devriez à l'issue de ce chapitre passer à la Partie IV de l'ouvrage *Préparation à la certification CCNA ICND1 et CCENT.*

Questionnaire d'évaluation

Les chapitres de dépannage de ce livre n'incluent pas de questionnaire de révision, car ils rassemblent des concepts traités dans de nombreux autres chapitres, y compris dans le livre *Préparation à la certification CCNA ICND1 et CCENT*, et montrent comment aborder certaines des questions les plus difficiles des examens liés au CCNA. Aussi, vous devriez les lire quel que soit le niveau actuel de vos connaissances. Cependant, si vous sentez que vous maîtrisez les principes de dépannage des protocoles OSPF et EIGRP, vous pouvez passer directement à la section « Préparation à l'examen » en fin de chapitre.

Connaissances fondamentales

La première chose à faire pour dépanner un protocole de routage consiste à examiner la configuration des routeurs. Comparer les configurations du protocole, et notamment les sous-commandes **network**, aux adresses IP des interfaces permet de confirmer rapidement s'il a été activé sur toutes les interfaces voulues. Si c'est le cas, un examen plus approfondi de la configuration de ces dernières et de leur authentification peut permettre de déterminer si certains paramètres empêchent les deux routeurs de devenir voisins malgré leur appartenance au même sous-réseau. En effet, s'ils ne remplissent pas tous les critères nécessaires à l'établissement d'une relation de voisinage, ils ne pourront pas échanger d'informations de routage.

Les chapitres 9 et 10 couvrent en détail la configuration des protocoles de routage, aussi celui-ci n'explique pas comment dépanner un problème en recherchant les erreurs dans la configuration, d'autant que celle-ci n'est pas toujours accessible lors des examens ou dans la vie réelle. Nous exposons ici comment opérer un dépannage uniquement à l'aide des commandes **show** et **debug**. Ce chapitre commence par décrire plusieurs options de dépannage, dont un processus recommandé en trois étapes générales. Les deux autres sections principales détaillent les deux dernières étapes, à la fois pour EIGRP et OSPF, la première étape ayant été traitée dans les chapitres précédents.

Perspectives sur le dépannage des protocoles de routage

Puisqu'un protocole de routage a pour but de remplir les tables de routage avec les meilleures routes courantes, nous débuterons le dépannage par l'examen de ces premières. Muni de certaines informations de base sur un interréseau – routeurs, adresses IP et masques, protocole de routage –, vous devriez pouvoir calculer les numéros de sous-réseaux devant se trouver dans les tables et identifier le routeur de prochain saut pour chaque route. Par exemple, la figure 11.1 illustre un interréseau comportant six sous-réseaux. La table de routage de R1 devrait donc inclure ces six sous-réseaux avec trois routes connectées, deux routes découvertes par l'intermédiaire de R2 (172.16.4.0/24 et 172.16.5.0/24) et une route découverte *via* R3 (172.16.6.0/24).

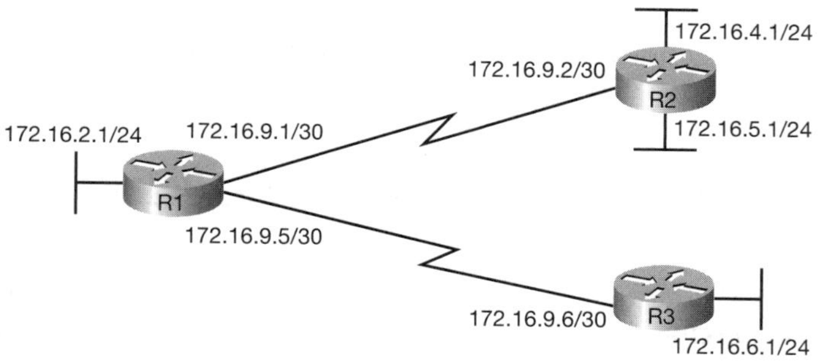

Figure 11.1
Interréseau avec six sous-réseaux.

Une possible approche de dépannage serait d'analyser l'interréseau, d'examiner les tables de routage et de rechercher les routes manquantes. Lorsqu'il manque une ou plusieurs routes, l'étape suivante consiste à déterminer si le routeur concerné a découvert des routes de la part de ses routeurs de prochain saut (voisins). Le reste de la procédure diffère ensuite grandement selon que le routeur ne parvient pas du tout à établir de relations de voisinage, ou s'il y est parvenu, mais n'arrive pas à découvrir de routes de la part de ses voisins.

Par exemple, imaginez que R1 ait découvert une route pour le sous-réseau 172.16.4.0/24, mais pas pour le sous-réseau 172.16.5.0/24. On peut déjà en déduire que sa relation de voisinage avec R2 fonctionne. Dans ce cas, le problème se situe ailleurs et ne provient pas forcément du protocole de routage. Il se peut que l'interface LAN de R2 soit tout simplement en panne. En revanche, si R1 n'a de route ni pour 172.16.4.0/24 ni pour 172.16.5.0/24, sa relation de voisinage avec R2 peut alors être en cause.

Le dépannage des problèmes de protocoles de routage sur un interréseau peut se révéler très complexe, bien plus que n'importe quelle question d'examen à laquelle vous serez confronté. Définir une procédure de dépannage s'attaquant à des problèmes de niveau de difficulté différent serait trop long et contre-productif pour la préparation aux examens CCNA. Aussi ce chapitre propose-t-il une procédure adaptée à leur complexité.

Lors de l'épreuve, si vous êtes confronté à un problème impliquant un protocole de routage, cette procédure vous servira à identifier rapidement certaines erreurs de configuration courantes, même si vous n'avez pas accès à la configuration ou la possibilité d'exécuter la commande **show running-config**. Cette procédure comporte trois étapes :

Étape 1 Examiner la conception de l'interréseau pour déterminer sur quelles interfaces le protocole de routage devrait être activé et quels routeurs sont censés devenir voisins.

Étape 2 Vérifier que le protocole est bien activé sur chacune des interfaces voulues. Si ce n'est pas le cas, déterminer la cause et résoudre le problème.

Étape 3 Vérifier que chaque routeur a formé les relations de voisinage attendues. Si ce n'est pas le cas, déterminer la cause et résoudre le problème.

À ce stade, c'est-à-dire après avoir étudié les chapitres 9 et 10, l'étape 1 ne requiert par d'explication supplémentaire. Les deux autres principales sections du présent chapitre décrivent les étapes 2 et 3.

Interfaces activées pour un protocole de routage

Cette section décrit la deuxième étape principale de dépannage mentionnée précédemment, à savoir comment contrôler les interfaces sur lesquelles le protocole de routage est censé avoir été activé. EIGRP et OSPF sont activés au moyen de la sous-commande de routeur **network**. Pour toutes les interfaces auxquelles cette commande est appliquée, le protocole réalise les deux actions suivantes :

Sujet clé

- Il tente de localiser les voisins potentiels sur le sous-réseau connecté à l'interface.
- Il annonce le sous-réseau connecté à l'interface.

La sous-commande de routeur **passive-interface** peut être exécutée sur une interface de sorte que le routeur n'y recherche pas les voisins (première action), mais il annoncera néanmoins le sous-réseau connecté (seconde action).

Trois commandes **show** seulement sont nécessaires pour savoir exactement quelles interfaces ont été configurées pour EIGRP ou OSPF et quelles interfaces sont passives. La commande **show ip eigrp interfaces** affiche toutes celles où EIGRP est exécuté et qui ne sont pas passives. La commande **show ip protocols** affiche le détail des commandes **network** qui ont été exécutées pour chaque protocole de routage ainsi qu'une liste des interfaces passives. Pour OSPF, la commande **show ip ospf interface brief** affiche toutes les interfaces sur lesquelles ce protocole est exécuté, y compris les interfaces passives. Le tableau 11.1 résume ces trois commandes.

Sujet clé

Tableau 11.1 : Commandes pour identifier les interfaces configurées avec EIGRP ou OSPF

Commande	*Description*
show ip eigrp interfaces	Affiche les interfaces sur lesquelles EIGRP est activé (en se basant sur les commandes **network**), sauf celles passives.
show ip ospf interface brief	Affiche les interfaces sur lesquelles OSPF est activé (en se basant sur les commandes **network**), y compris celles passives.
show ip protocols	Affiche le détail des commandes **network** pour chaque processus de routage ainsi que les interfaces passives mais activées.

INFO

Toutes les commandes du tableau 11.1 affichent les interfaces indépendamment de leur état, reflétant le contenu des commandes **network** et **passive-interface**.

Cette étape de dépannage consiste donc à utiliser les commandes du tableau 11.1 puis à analyser leur résultat. Nous commencerons par un exemple mettant en scène EIGRP, avant de passer à OSPF.

Dépannage d'une interface EIGRP

Cette section présente quelques exemples des commandes du tableau 11.1 dans le contexte de la figure 11.2 qui servira également pour les autres exemples du chapitre.

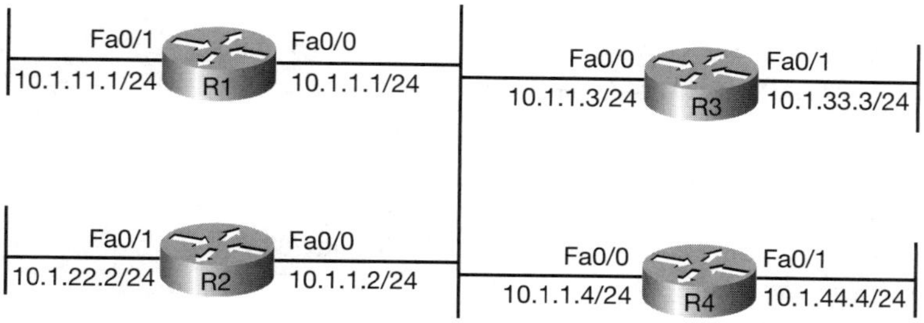

Figure 11.2
Exemple d'interréseau pour le dépannage des interfaces EIGRP/OSPF.

Ce réseau inclut quatre routeurs configurés comme suit :

- Les interfaces LAN de R1 et R2 sont correctement configurées.
- EIGRP n'est pas activé sur l'interface Fa0/1 de R3, ce qui constitue une erreur de configuration.
- La commande **passive-interface fa0/1** aurait dû être exécutée sur R4, car aucun autre routeur n'est accessible *via* cette interface, mais la commande **passive-interface fa0/0** a été appliquée à la place.

L'exemple 11.1 commence par montrer les commandes pertinentes sur R1 et R2. Il donne également la configuration de R1 à des fins de comparaison.

Exemple 11.1 *Recherche de problèmes avec EIGRP*

```
R1#show running-config
! Seules les lignes utiles sont conservées
router eigrp 99
 network 10.0.0.0
!
R1>show ip eigrp interfaces
```

Exemple 11.1 *Recherche de problèmes avec EIGRP (suite)*

```
IP-EIGRP interfaces for process 99

                        Xmit Queue   Mean   Pacing Time   Multicast    Pending
Interface        Peers  Un/Reliable  SRTT   Un/Reliable   Flow Timer   Routes
Fa0/0              2        0/0       620       0/10          50          0
Fa0/1              0        0/0         0       0/10           0          0
R1>show ip eigrp protocol
Routing Protocol is "eigrp 99"
  Outgoing update filter list for all interfaces is not set
  Incoming update filter list for all interfaces is not set
  Default networks flagged in outgoing updates
  Default networks accepted from incoming updates
  EIGRP metric weight K1=1, K2=0, K3=1, K4=0, K5=0
  EIGRP maximum hopcount 100
  EIGRP maximum metric variance 1
  Redistributing: eigrp 99
  EIGRP NSF-aware route hold timer is 240s
  Automatic network summarization is in effect
  Maximum path: 4
  Routing for Networks:
    10.0.0.0
  Routing Information Sources:
    Gateway         Distance      Last Update
    10.1.1.2              90      00:13:11
    10.1.1.3              90      00:13:09
  Distance: internal 90 external 170
```

```
! Commandes suivantes sur R2
!
R2>show ip eigrp interfaces
IP-EIGRP interfaces for process 99

                        Xmit Queue   Mean   Pacing Time   Multicast    Pending
Interface        Peers  Un/Reliable  SRTT   Un/Reliable   Flow Timer   Routes
Fa0/0              2        0/0       736       0/1         3684          0
Fa0/1              0        0/0         0       0/1            0          0
R2>show ip protocols
Routing Protocol is "eigrp 99"
  Outgoing update filter list for all interfaces is not set
  Incoming update filter list for all interfaces is not set
```

```
    Default networks flagged in outgoing updates
    Default networks accepted from incoming updates
    EIGRP metric weight K1=1, K2=0, K3=1, K4=0, K5=0
    EIGRP maximum hopcount 100
    EIGRP maximum metric variance 1
    Redistributing: eigrp 99
    EIGRP NSF-aware route hold timer is 240s
    Automatic network summarization is in effect
    Maximum path: 4
  Routing for Networks:
    10.0.0.0
    Routing Information Sources:
      Gateway         Distance      Last Update
      10.1.1.3              90      00:13:25
      10.1.1.1              90      00:13:25
    Distance: internal 90 external 170

R2>show ip route eigrp
     10.0.0.0/24 is subnetted, 3 subnets
D       10.1.11.0 [90/30720] via 10.1.1.1, 00:13:38, FastEthernet0/0
```

Le résultat de la commande **show ip eigrp interfaces** sur R1 et R2 montre que EIGRP a été configuré avec l'identifiant de processus 99 et activé sur les interfaces Fa0/0 et Fa0/1 de ces deux routeurs. Gardez à l'esprit que cette commande affiche seulement les interfaces sur lesquelles EIGRP a été activé, excluant celles passives.

Les lignes en grisé du résultat de **show ip protocols** sur chaque routeur sont particulièrement intéressantes, car elles donnent les paramètres des commandes **network** configurées, sous l'intitulé *Routing for Networks*. Par exemple, la commande **network 10.0.0.0** a été appliquée à R1 (voir en début de listing), comme le confirme la ligne *10.0.0.0* qui suit cet intitulé.

La fin de la commande **show ip protocols** sur R2 donne un aperçu du problème de R3. Elle liste deux sources d'informations de routage : 10.1.1.1 (R1) et 10.1.1.3 (R3). Cependant, R2 n'a découvert qu'une seule route EIGRP (10.1.11.0/24), comme indiqué dans le résultat de **show ip route eigrp**, alors qu'il devrait normalement en découvrir trois, une pour chaque sous-réseau de la figure 11.2.

L'exemple 11.2 met en évidence les problèmes sur R3 et R4 qui empêchent R1 et R2 de découvrir les sous-réseaux 10.1.33.0/24 et 10.1.44.0/24. Il présente la configuration des deux premiers pour une meilleure compréhension, ainsi que les commandes **show** pertinentes.

Exemple 11.2 *Problèmes EIGRP sur R3 et R4*

```
R3#show running-config
! Lignes omises...
router eigrp 99
network 10.1.1.3 0.0.0.0
 network 10.1.13.3 0.0.0.0
 auto-summary
R3#show ip eigrp interfaces
IP-EIGRP interfaces for process 99

                       Xmit Queue   Mean   Pacing Time   Multicast    Pending
Interface       Peers  Un/Reliable  SRTT   Un/Reliable   Flow Timer   Routes
Fa0/0             2       0/0         1       0/10           50           0
R3#show ip protocols
Routing Protocol is "eigrp 99"
  Outgoing update filter list for all interfaces is not set
  Incoming update filter list for all interfaces is not set
  Default networks flagged in outgoing updates
  Default networks accepted from incoming updates
  EIGRP metric weight K1=1, K2=0, K3=1, K4=0, K5=0
  EIGRP maximum hopcount 100
  EIGRP maximum metric variance 1
  Redistributing: eigrp 99
  EIGRP NSF-aware route hold timer is 240s
  Automatic network summarization is in effect
  Maximum path: 4
  Routing for Networks:
    10.1.1.3/32
    10.1.13.3/32
  Routing Information Sources:
    Gateway         Distance      Last Update
    10.1.1.2              90      00:28:16
    10.1.1.1              90      00:28:14
  Distance: internal 90 external 170
```

```
! Sur R4

R4#show running-config
! Lignes omises...
router eigrp 99
 passive-interface FastEthernet0/0
  network 10.0.0.0
  auto-summary
```

```
R4#show ip eigrp interfaces
IP-EIGRP interfaces for process 99

                        Xmit Queue   Mean   Pacing Time   Multicast    Pending
Interface        Peers  Un/Reliable  SRTT   Un/Reliable   Flow Timer   Routes
Fa0/1              0        0/0        0        0/1            0           0
R4#show ip protocols
Routing Protocol is "eigrp 99"
  Outgoing update filter list for all interfaces is not set
  Incoming update filter list for all interfaces is not set
  Default networks flagged in outgoing updates
  Default networks accepted from incoming updates
  EIGRP metric weight K1=1, K2=0, K3=1, K4=0, K5=0
  EIGRP maximum hopcount 100
  EIGRP maximum metric variance 1
  Redistributing: eigrp 99
  EIGRP NSF-aware route hold timer is 240s
  Automatic network summarization is in effect
  Maximum path: 4
  Routing for Networks:
    10.0.0.0
  Passive Interface(s):
    FastEthernet0/0
  Routing Information Sources:
    Gateway         Distance      Last Update
  Distance: internal 90 external 170
```

Le problème causé sur R3 provient du fait que la commande **network 10.1.13.3 0.0.0.0** qui lui a été appliquée ne correspond pas à l'adresse de son interface Fa0/1, qui est 10.1.33.3. En supposant que la configuration ne soit pas fournie dans la question d'examen, la commande **show ip protocols** pourrait être utilisée pour obtenir ces informations. Ici, cette commande indique *10.1.13.3/32* comme référence au contenu de la commande **network** incorrecte. Ainsi, R3 n'essaie pas de trouver de voisin sur son interface Fa0/1, ce qui est anodin dans ce cas, mais il n'annonce pas non plus le sous-réseau 10.1.33.0/24 qui y est connecté. Notez également que la commande **show ip eigrp interfaces** sur R3 ne mentionne pas cette interface, ce qui ne permet pas de déterminer la cause même du problème, mais peut aider à le révéler.

Sur R4, le technicien aurait pu exécuter de façon appropriée la sous-commande **passive-interface fastethernet0/1**, car aucun autre routeur n'est accessible *via* cette interface. Il a cependant spécifié par inadvertance l'interface Fa0/0. La commande **show ip eigrp interfaces** sur ce routeur omet par conséquent cette interface passive, et la commande **show ip protocols** confirme cet état. De ce fait, R4 ne tente même pas de créer une relation de voisinage sur le même LAN.

Dépannage d'une interface OSPF

Le protocole OSPF présente les mêmes exigences de base que EIGRP pour ce qui est des interfaces, à quelques exceptions près. D'abord, les routeurs EIGRP doivent utiliser le même numéro de système autonome (ASN, *Autonomous System Number*) ou identifiant de processus que leurs voisins, tel que configuré par la commande globale de configuration **router**. Les routeurs OSPF peuvent au contraire employer n'importe quel identifiant. En outre, OSPF requiert que les interfaces connectées au même sous-réseau soient placées dans la même aire OSPF, le concept d'aire étant inexistant avec EIGRP.

L'exemple 11.3 illustre un interréseau OSPF basé sur la figure 11.2, et qui présente les problèmes suivants :

> Les deux interfaces de R2 ont été placées dans l'aire 1. Les interfaces LAN de R1, R3 et R4 (Fa0/0 dans chaque cas) ont été placées dans l'aire 0, ce qui va à l'encontre des règles de conception OSPF.

Le listing suivant montre comment identifier la cause du problème.

Exemple 11.3 *Problèmes OSPF sur R2*

```
R1>show ip ospf interface brief
Interface    PID   Area           IP Address/Mask    Cost  State Nbrs F/C
Fa0/1        11    0              10.1.11.1/24       1     DR    0/0
Fa0/0        11    0              10.1.1.1/24        1     DROTH 2/2
R1>show ip protocols
Routing Protocol is "ospf 11"
  Outgoing update filter list for all interfaces is not set
  Incoming update filter list for all interfaces is not set
 Router ID 1.1.1.1
  Number of areas in this router is 1. 1 normal 0 stub 0 nssa
  Maximum path: 4
  Routing for Networks:
    10.0.0.0 0.255.255.255 area 0
  Routing Information Sources:
    Gateway         Distance      Last Update
    3.3.3.3              110      00:01:12
    4.4.4.4              110      00:01:12
    1.1.1.1              110      00:01:12
  Distance: (default is 110)
R1>show ip route ospf
     10.0.0.0/24 is subnetted, 5 subnets
O       10.1.44.0 [110/2] via 10.1.1.4, 00:01:19, FastEthernet0/0
O       10.1.33.0 [110/2] via 10.1.1.3, 00:01:19, FastEthernet0/0
```

```
! Sur R2
R2>show ip ospf interface brief
Interface    PID   Area           IP Address/Mask    Cost  State Nbrs F/C
Fa0/1        22    1              10.1.22.2/24       1     DR    0/0
Fa0/0        22    1              10.1.1.2/24        1     DR    0/0
R2>show ip protocols
Routing Protocol is "ospf 22"
  Outgoing update filter list for all interfaces is not set
  Incoming update filter list for all interfaces is not set
 --More-- ________     ________    Router ID 2.2.2.2
  Number of areas in this router is 1. 1 normal 0 stub 0 nssa
  Maximum path: 4
  Routing for Networks:
    10.0.0.0 0.255.255.255 area 1
 Reference bandwidth unit is 100 mbps
  Routing Information Sources:
    Gateway         Distance      Last Update
 Distance: (default is 110)
R2>
!!!! !!!!!!!!!!!!!!!!!!!!!!!!!!!!!!!!!!!!!!!!!!!!!!!!!!!!!!!!!!!!!!!!!!!!!!!!!!!
May 28 18:30:26.659: %OSPF-4-ERRRCV: Received invalid packet: mismatch area ID ,
from backbone area must be virtual-link but not found from 10.1.1.4,
FastEthernet0/0
```

La commande **show ip ospf interface brief** affiche un résultat semblable à celui de la commande **show ip eigrp interface**, avec une ligne pour chaque interface activée (la commande **show ip ospf interface**, absente du listing, donne des informations OSPF détaillées concernant chaque interface). On peut voir que OSPF a été activé sur les interfaces LAN de R1 et R2 et que celles de R2 se trouvent toutes deux dans l'aire 1. L'interface Fa0/0 de ce dernier appartient donc à une aire distincte des interfaces des autres routeurs du même LAN.

Un examen plus poussé du résultat de **show ip protocols** sur R2, notamment des lignes en grisé, met en évidence l'erreur de configuration. La ligne *10.0.0.0 0.255.255.255 area 1* correspond en fait à la syntaxe exacte de la commande **network** exécutée sur R2, moins le mot *network*. Reconfigurer R2 pour placer son interface Fa0/0 dans la même aire que les autres routeurs devrait ici résoudre le problème.

La fin du listing illustre un message de journal non sollicité généré par R2, indiquant à l'utilisateur de la console que ce routeur a reçu un message Hello de la part d'un routeur d'une autre aire.

Lorsque vous contrôlez les interfaces, vous pouvez aussi en profiter pour examiner plusieurs autres détails mentionnés au chapitre 7 et relatifs au dépannage d'IP. Il peut notamment être utile de vérifier les adresses IP, les masques, et l'état des interfaces à l'aide des commandes **show interfaces** et **show ip interface brief**. En particulier, il importe de déterminer quelles interfaces sont dans un état *up/up*, car un protocole de routage ne tentera pas de trouver de voisins ni d'annoncer les sous-réseaux connectés pour les interfaces qui se trouvent dans un autre état. Le chapitre 7 décrit comment procéder, aussi est-il inutile de revenir dessus ici.

Relations de voisinage

Comme évoqué précédemment dans ce chapitre, lorsqu'un protocole de routage a été activé sur une interface et que celle-ci n'a pas été configurée comme étant passive, le protocole tente de découvrir les voisins et de former des relations de voisinage avec ceux appartenant au même sous-réseau. Cette section examine les conditions requises pour l'établissement d'une telle relation entre deux routeurs.

Les protocoles OSPF et EIGRP emploient tous deux des messages Hello pour découvrir les voisins et échanger certaines informations de vérification. Par exemple, comme illustré dans l'exemple 11.3, un routeur OSPF ne doit pas devenir voisin avec un routeur d'une autre aire. En effet, un principe de conception fondamental demande que les routeurs d'un sous-réseau doivent appartenir à une même aire, une frontière étant délimitée par un routeur et non un lien.

Lorsqu'un routeur EIGRP ou OSPF reçoit un message Hello de la part d'un voisin potentiel, le protocole de routage examine les informations qu'il contient ainsi que certains paramètres locaux pour décider s'il faut établir une relation de voisinage. Il n'existe pas de terme formel pour désigner les critères que le protocole prend en compte pour son processus de décision, aussi les qualifierons-nous simplement d'exigences de voisinage. Le tableau 11.2 présente ces exigences pour EIGRP et OSPF. Les sections qui suivent détaillent certains paramètres, toujours avec des exemples inspirés de la figure 11.2.

Sujet clé

Tableau 11.2 : Exigences de voisinage pour EIGRP et OSPF

Exigence	*EIGRP*	*OSPF*
Les interfaces doivent être dans un état *up/up*	Oui	Oui
Les interfaces doivent se trouver dans le même sous-réseau	Oui	Oui
L'authentification des voisins doit réussir (si configurée)	Oui	Oui
Le même ASN/identifiant de processus doit être spécifié dans les commandes **router**	Oui	Non
Les temporisateurs Hello et de retenue (*hold*)/d'inactivité (*dead*) doivent correspondre	Non	Oui
Les MTU IP doivent correspondre	Non	Oui
Les identifiants de routeurs doivent être uniques	Non[1]	Oui
Les valeurs K doivent correspondre	Oui	Non applicable
Les interfaces doivent se trouver dans la même aire	Non applicable	Oui

[1] Le fait d'avoir des identifiants dupliqués n'empêche pas les routeurs de devenir voisins, mais cela peut causer des problèmes lorsque des routes EIGRP externes sont ajoutées à la table de routage.

INFO

Il importe que vous mémorisiez les éléments du tableau 11.2. Étant donné qu'ils sont mentionnés et décrits dans le reste du chapitre, poursuivez d'abord votre lecture et revenez ensuite au tableau pour assimiler plus facilement son contenu.

Contrairement aux autres exigences énumérées dans le tableau 11.2, la première a en réalité peu de rapport avec les protocoles de routage. Les deux routeurs doivent être en mesure de s'échanger des paquets *via* le réseau physique auquel ils sont raccordés. Pour cela, leurs interfaces respectives doivent être *up/up*. Dans la pratique, avant de chercher à comprendre pourquoi deux routeurs ne parviennent pas à devenir voisins, assurez-vous d'abord qu'un ping mutuel est possible sur le sous-réseau local. Si le ping échoue, passez en revue les problèmes de niveaux 1, 2 et 3 susceptibles d'être en cause (tels qu'une interface dans un état autre que *up/up*), comme expliqué dans plusieurs chapitres de ce livre et dans l'ouvrage *Préparation à la certification CCNA ICND1 et CCENT.*

Les détails différant légèrement selon le protocole de routage utilisé, cette section couvre d'abord EIGRP puis OSPF.

INFO

Cette section présuppose que le protocole de routage a bien été activé sur les interfaces requises, comme décrit précédemment à la section « Interfaces activées pour un protocole de routage ».

Exigences de voisinage EIGRP

Deux routeurs EIGRP raccordés au même lien ayant des interfaces actives et configurées pour utiliser ce protocole essaieront de devenir voisins. Pour identifier rapidement et assurément les voisins potentiels qui répondent aux exigences de voisinage EIGRP, consultez le résultat de la commande **show ip eigrp neighbors** qui a justement pour fonction de les énumérer. L'exemple 11.4 reprend les quatre routeurs de la figure 11.2 avec cette fois tous les problèmes de configuration EIGRP corrigés.

Exemple 11.4 *Commande* **show ip eigrp neighbors** *sur R1 avec tous les problèmes corrigés*

```
R1#show ip eigrp neighbors
IP-EIGRP neighbors for process 99
H   Address               Interface       Hold Uptime   SRTT   RTO  Q  Seq
                                          (sec)         (ms)        Cnt Num
2   10.1.1.3                Fa0/0           13 00:00:04  616   3696  0  8
1   10.1.1.4                Fa0/0           12 00:00:54    1    200  0  45
0   10.1.1.2                Fa0/0           14 00:01:19  123    738  0  43
```

Si la commande **show ip eigrp neighbors** n'affiche pas un ou plusieurs des voisins attendus et qu'un ping mutuel des deux routeurs réussit, le problème est probablement lié à une des exigences listées dans les tableaux 11.2 et 11.3. Ce dernier reprend les exigences de voisinage EIGRP en indiquant les commandes les plus efficaces pour déterminer si une exigence est la cause du problème.

Sujet clé

Tableau 11.3 : Exigences de voisinage EIGRP et commandes *show/debug* pertinentes

Exigence	***Meilleure(s) commande(s) pour identifier le problème***
Les interfaces doivent se trouver dans le même sous-réseau	**show interfaces**
L'authentification des voisins doit réussir	**debug eigrp packets**
Le même ASN/identifiant de processus doit être spécifié dans les commandes **router**	**show ip eigrp interfaces, show protocols**
Les valeurs K doivent correspondre	**show protocols**

Toutes les exigences du tableau 11.3, à l'exception de la dernière, ont été expliquées au chapitre 10. Les valeurs K du protocole EIGRP sont des paramètres qui peuvent être configurés pour influencer le calcul des métriques de ce protocole. Étant donné que Cisco recommande de conserver les valeurs par défaut, et de n'utiliser que la bande passante et le délai dans le calcul, ce problème n'est pas très fréquent. Vous pouvez néanmoins vérifier ces valeurs sur les deux routeurs au moyen de la commande **show ip protocols**.

Voici trois problèmes pouvant empêcher deux routeurs de devenir voisins EIGRP :

- R2 a été configuré avec l'adresse IP 10.1.2.2/24, soit un sous-réseau différent de R1, R3 et R4.
- R3 a été configuré avec l'ASN 199 à l'aide de la commande **router eigrp 199**, au lieu de l'ASN 99 configuré sur les trois autres routeurs.
- À l'instar des autres routeurs, R4 a été configuré pour utiliser l'authentification MD5, mais la valeur de clé FRED a été spécifiée au lieu de fred.

Il est en fait possible de détecter deux des problèmes directement sur R1 sans avoir à exécuter de commandes sur les autres routeurs. Ce routeur produit spontanément un message de journal signalant le problème de non concordance des sous-réseaux. De plus, une commande **debug** sur ce routeur révèle l'échec du processus d'authentification. Enfin, quelques commandes **show** sur R3 révèlent qu'un ASN incorrect a été spécifié dans la commande de configuration **router**. L'exemple 11.5 en montre les détails.

Exemple 11.5 *Problèmes courants empêchant la formation de relations de voisinage EIGRP*

```
! R1 n'a pas encore de relations de voisinage. Il utilise l'ASN 99.
R1#show ip eigrp neighbors
IP-EIGRP neighbors for process 99

R1#
! R1 génère un message de journalisation, qui apparaît sur la console,
! indiquant que le routeur possédant l'adresse 10.1.2.2 n'est pas
! dans le même sous-réseau que lui.
!
*May 28 20:02:22.355: IP-EIGRP(Default-IP-Routing-Table:99): Neighbor
    10.1.2.2 not on common subnet for FastEthernet0/0

! La commande debug sur R1 affiche un message pour chaque paquet reçu de R4,
! lequel utilise le mauvais mot de passe (valeur de clé incorrecte).
!
R1#debug eigrp packets
EIGRP Packets debugging is on
    (UPDATE, REQUEST, QUERY, REPLY, HELLO, IPXSAP, PROBE, ACK, STUB, SIAQUERY,
     SIAREPLY)
*May 28 20:04:00.931: EIGRP: pkt key id = 1, authentication mismatch
*May 28 20:04:00.931: EIGRP: FastEthernet0/0: ignored packet from 10.1.1.4,
  opcode = 5 (invalid authentication)
! Le reste du listing est généré sur R3.
! La première ligne de la commande suivante indique l'ASN 199.
!
R3#show ip protocols
 Routing Protocol is "eigrp 199"
!
! La première ligne de la commande suivante indique l'ASN 199.
!
R3#show ip eigrp interfaces
IP-EIGRP interfaces for process 199

                        Xmit Queue   Mean   Pacing Time   Multicast    Pending
Interface        Peers  Un/Reliable  SRTT   Un/Reliable   Flow Timer   Routes
Fa0/0              0        0/0        0       0/10           0           0
Fa0/1              0        0/0        0       0/10           0
```

Exigences de voisinage OSPF

Comme pour EIGRP, la commande **show ip ospf neighbor** liste tous les routeurs voisins qui répondent aux exigences de voisinage OSPF présentées au tableau 11.2, à une exception mineure près. En effet, dans le cas d'une non concordance des MTU, les deux routeurs concernés apparaissent quand même dans le résultat de la commande. Ce problème sera abordé plus loin dans le chapitre.

La première étape de dépannage des voisins OSPF consiste donc à examiner la liste. L'exemple 11.6 présente le résultat de la commande **show ip ospf neighbor** sur R2, toujours d'après la figure 11.2, les quatre routeurs étant correctement configurés.

Exemple 11.6 *Résultat de* **show ip ospf neighbors** *normal sur R2*

```
R2#show ip ospf neighbor


Neighbor ID     Pri   State           Dead Time   Address     Interface
1.1.1.1           1   FULL/BDR        00:00:37    10.1.1.1    FastEthernet0/0
3.3.3.3           1   2WAY/DROTHER    00:00:37    10.1.1.3    FastEthernet0/0
4.4.4.4           1   FULL/DR         00:00:31    10.1.1.4    FastEthernet0/0
```

Une brève révision de l'état des voisins OSPF (comme expliqué au chapitre 9) peut vous aider à saisir quelques subtilités du résultat de la commande **show ip ospf neighbor**. Dans une situation normale, l'état affiché pour chacun des voisins OSPF du routeur devrait être soit 2WAY soit FULL. Pour les voisins qui n'ont pas besoin d'échanger directement leurs bases de données, généralement deux routeurs non DR sur un LAN, l'état devrait être 2WAY. Dans la plupart des cas, deux routeurs voisins doivent toutefois s'échanger directement leur base de données complète. Une fois la procédure terminée, ils peuvent basculer dans l'état FULL. Dans l'exemple 11.6, R4 est le DR et R1, le BDR, aussi R2 et R3 (en tant que non DR) n'ont pas besoin de s'échanger de routes. Par conséquent, l'état de voisin de R3 sur R2 (RID 3.3.3.3) est ici 2WAY.

INFO

Ne perdez pas de vue que les routeurs OSPF n'ont pas besoin d'être configurés avec le même identifiant de processus dans la commande **router ospf** *id-processus* pour devenir voisins. Dans l'exemple 11.6, les quatre routeurs emploient des identifiants différents.

Si la commande **show ip ospf neighbor** n'affiche pas un ou plusieurs des voisins attendus, assurez-vous que le ping mutuel des deux routeurs sur le sous-réseau local fonctionne avant de vérifier s'ils répondent aux exigences de voisinage OSPF. Le tableau 11.4 présente ces exigences ainsi que les commandes les plus utiles pour identifier le problème.

Tableau 11.4 : Exigences de voisinage OSPF et commandes *show/debug* pertinentes

Sujet clé

Exigence	*Meilleure(s) commande(s) pour identifier le problème*
Les interfaces doivent se trouver dans le même sous-réseau	**show interfaces, debug ip ospf hello**
L'authentification des voisins doit réussir	**debug ip ospf adj**
Les temporisateurs Hello et de retenue (*hold*)/d'inactivité (*dead*) doivent correspondre	**show ip ospf interface, debug ip ospf hello**
Les interfaces doivent se trouver dans la même aire	**debug ip ospf adj, show ip ospf interface brief**
Les identifiants de routeurs doivent être uniques	**show ip ospf**

Le reste de cette section propose deux exemples dans lesquels deux routeurs OSPF devraient devenir voisins, mais ils n'y parviennent pas pour certaines des raisons évoquées au tableau 11.4. Elle se termine par une explication de l'exigence relative à la concordance des MTU.

Problèmes de voisinage OSPF – Exemple 1

Ce premier exemple s'appuie sur les quatre routeurs de la figure 11.2. Cet interréseau a été conçu pour utiliser une seule aire, l'aire 0. Les problèmes suivants ont été introduits dans la conception :

- Les deux interfaces LAN de R2 ont été placées dans l'aire 1, alors que les interfaces Fa0/0 des autres routeurs se trouvent dans l'aire 0.
- R3 utilise le même RID que R1 (1.1.1.1).
- R4 utilise l'authentification MD5 comme les autres routeurs, mais la valeur de clé de R4 est FRED au lieu de fred.

L'exemple 11.7 illustre ces problèmes.

Exemple 11.7 *Recherche de non concordance des aires, de RID dupliqué, et de problèmes d'authentification*

```
R1#debug ip ospf adj
OSPF adjacency events debugging is on
R1#
*May 28 23:59:21.031: OSPF: Send with youngest Key 1
*May 28 23:59:24.463: OSPF: Rcv pkt from 10.1.1.2, FastEthernet0/0, area 0.0.0.0
      mismatch area 0.0.0.1 in the header
```

Exemple 11.7 *Recherche de non concordance des aires, de RID dupliqué, et de problèmes d'authentification (Suite)*

```
*May 28 23:59:24.907: OSPF: Rcv pkt from 10.1.1.4, FastEthernet0/0 :
  Mismatch Authentication Key - Message Digest Key 1
R1#undebug all
All possible debugging has been turned off
R1#show ip ospf interface brief
Interface    PID   Area            IP Address/Mask    Cost  State Nbrs F/C
Fa0/1        11     0               10.1.11.1/24        1     DR    0/0
Fa0/0        11     0               10.1.1.1/24         1     DR    0/0
! Sur R2.
```

```
! Son interface Fa0/0 se trouve dans l'aire 1.
!
R2#show ip ospf interface brief
Interface    PID   Area            IP Address/Mask    Cost  State Nbrs F/C
Fa0/1        22     1              10.1.22.2/24        1     DR    0/0
Fa0/0        22     1              10.1.1.2/24         1     DR    0/0
```

```
! Sur R3.
! Son RID est 1.1.1.1.
!
R3#show ip ospf
 Routing Process "ospf 33" with ID 1.1.1.1
 Supports only single TOS(TOS0) routes
! Lignes omises...
```

```
! De retour sur R1.
! La commande suivante confirme que R1 tente aussi d'utiliser le RID 1.1.1.1.
!
R1#show ip ospf
 Routing Process "ospf 11" with ID 1.1.1.1
 Supports only single TOS(TOS0) routes
 ! lines omitted for brevity
*May 29 00:01:25.679: %OSPF-4-DUP_RTRID_NBR: OSPF detected duplicate router-id
1.1.1.1 from 10.1.1.3 on interface FastEthernet0/0
```

Comme indiqué au tableau 11.4, la commande **debug ip ospf adj** sert à dépanner les problèmes de non-concordance des aires OSPF ainsi que les problèmes d'authentification. Les premières lignes en grisé du listing signifient que le routeur possédant l'adresse 10.1.1.2 (R2) a été configuré avec un identifiant d'aire incorrect (*mismatch area*), 0.0.0.1, lequel désigne l'aire 1. Quant au message *mismatched authentication key*, il indique que le type d'authentification approprié est utilisé, avec toutefois des clés différentes, notamment pour le routeur 10.1.1.4 (R4).

INFO

Les routeurs traitent les messages de debug comme des messages de journalisation. Le système IOS les envoie par défaut sur la console. Pour voir ces messages à partir d'une connexion Telnet ou SSH, utilisez la commande **terminal monitor**. Pour désactiver leur affichage, utilisez la commande **terminal no monitor**.

Le listing illustre ensuite la commande **show ip ospf interface brief** sur R1 et sur R2, mettant en évidence le fait que l'interface Fa0/0 de chacun d'eux appartient à une aire OSPF distincte.

Les commandes **show ip ospf** en fin de listing montrent que R1 et R3 tentent d'employer tous deux le RID 1.1.1.1. Chacun génère d'ailleurs automatiquement un message de journalisation signalant le problème. Outre le fait d'empêcher deux routeurs de devenir voisins, un RID dupliqué est très problématique avec OSPF.

Problèmes de voisinage OSPF – Exemple 2

Dans cet exemple, toujours inspiré de la figure 11.2 , les problèmes précédents sur R2, R3 et R4 ont été résolus, mais de nouveaux problèmes décrits ci-dessous et illustrant les symptômes qui nous intéressent ici ont été introduits sur R2 et R4 :

- R2 a été configuré avec un temporisateur Hello/d'inactivité de 5/20 sur son interface Fa0/0, au lieu de 10/40 (par défaut) comme sur les autres routeurs.
- Les problèmes sur R3 ont été résolus ; il n'y a donc plus de problème relatif aux voisins OSPF.
- R4 utilise maintenant la valeur de clé correcte (fred), mais avec une authentification en clair au lieu de l'authentification MD5 utilisée par les autres routeurs.

L'exemple 11.8 met en évidence ces problèmes. Comme il vous a été mentionné plus tôt, la commande **debug ip ospf adj** permet, entre autres, de découvrir les problèmes d'authentification. Quant à la commande **debug ip ospf hello**, elle permet de révéler les non concordances découvertes dans le message Hello, incluant celles d'adresses IP/masques et de temporisateurs.

Exemple 11.8 *Recherche de non concordance des temporisateurs Hello/d'inactivité et des types d'authentification*

```
R1#debug ip ospf adj
OSPF adjacency events debugging is on
R1#
*May 29 10:41:30.639: OSPF: Rcv pkt from 10.1.1.4, FastEthernet0/0 :
  Mismatch Authentication type. Input packet specified type 1, we use type 2
```

Exemple 11.8 *Recherche de non concordance des temporisateurs Hello/d'inactivité et des types d'authentification (suite)*

```
R1#
R1#undebug all
All possible debugging has been turned off
R1#debug ip ospf hello
OSPF hello events debugging is on
R1#
*May 29 10:41:42.603: OSPF: Rcv hello from 2.2.2.2 area 0 from
   FastEthernet0/0 10.1.1.2
*May 29 10:41:42.603: OSPF: Mismatched hello parameters from 10.1.1.2
*May 29 10:41:42.603: OSPF: Dead R 20 C 40, Hello R 5 C 10
   Mask R 255.255.255.0 C 255.255.255.0
R1#undebug all
All possible debugging has been turned off
R1#show ip ospf interface fa0/0
FastEthernet0/0 is up, line protocol is up
   Internet Address 10.1.1.1/24, Area 0
   Process ID 11, Router ID 1.1.1.1, Network Type BROADCAST, Cost: 1
   Transmit Delay is 1 sec, State DR, Priority 1
   Designated Router (ID) 1.1.1.1, Interface address 10.1.1.1
   Backup Designated router (ID) 3.3.3.3, Interface address 10.1.1.3
   Timer intervals configured, Hello 10, Dead 40, Wait 40, Retransmit 5
! Lignes omises...
```

```
! Sur R2.
!
R2#show ip ospf interface fa0/0
FastEthernet0/0 is up, line protocol is up
   Internet Address 10.1.1.2/24, Area 0
   Process ID 22, Router ID 2.2.2.2, Network Type BROADCAST, Cost: 1
   Transmit Delay is 1 sec, State DR, Priority 1
   Designated Router (ID) 2.2.2.2, Interface address 10.1.1.2
   No backup designated router on this network
Timer intervals configured, Hello 5, Dead 20 , Wait 20, Retransmit 5

! Lignes omises...
```

Le listing débute par des messages de debug relatifs au problème d'authentification entre R1, qui emploie MD5, et R4, qui envoie en texte clair. Comme indiqué au tableau 9.4 du chapitre 9, l'IOS considère l'authentification OSPF en clair comme étant de type 1 et l'authentification

MD5 comme étant de type 2. Ces messages indiquent que R1 a reçu un paquet de la part de 10.1.1.4 (R4), avec le type d'authentification 1, alors qu'il s'attendait au type 2.

Le listing se poursuit avec les messages générés par la commande **debug ip ospf hello**, plus spécifiquement ceux relatifs à la non concordance des temporisateurs Hello/d'inactivité. Dans le message qui apparaît en grisé, la lettre C signifie *Configured value*, autrement dit la valeur configurée sur le routeur local, R1 dans ce cas. La lettre R signifie *Received value*, autrement dit la valeur contenue dans le message Hello reçu. Ici, la phrase *Dead R 20 C 40* signifie que le routeur à l'origine du message, R1, a reçu un message Hello avec un temporisateur d'inactivité de 20, alors que la valeur configurée sur son interface est 40. Le message révèle également la non concordance des temporisateurs Hello. Notez que la même commande de debug permettrait d'identifier n'importe quel problème de non concordance des sous-réseaux IP, à partir des masques de sous-réseau reçus et configurés.

La plus grande partie du listing est occupée par le résultat de la commande **show ip ospf interface** exécutée sur R1 et R2, qui liste les temporisateurs Hello et d'inactivité sur chaque interface, confirmant les détails produits par les messages de debug.

Exigence de correspondance des MTU

De tous les problèmes possibles énumérés au tableau 11.2 entre deux voisins OSPF potentiels, seul celui de non concordance des MTU n'empêche pas chaque routeur d'apparaître dans le résultat de la commande **show ip ospf neighbor** exécutée sur l'autre routeur. Lorsque deux routeurs sont reliés au même sous-réseau, avec des paramètres MTU différents, ils peuvent devenir voisins et atteindre l'état 2WAY. Cependant, lorsqu'ils tentent d'échanger leurs bases de données respectives, le processus échoue en raison de cette non concordance.

Dans ce cas, les routeurs passent généralement par plusieurs états de voisin pour tenter de résoudre le problème. L'état le plus courant est EXCHANGE, comme le montre l'exemple 11.9. Ici, mis à part que l'interface Fa0/0 de R3 a été configurée avec une MTU de 1200 octets au lieu de la MTU par défaut de 1500 octets utilisée par R1, aucun autre problème n'empêche les deux routeurs de devenir voisins.

Exemple 11.9 *Conséquences d'une non concordance des MTU pour les voisins OSPF*

```
R1#show ip ospf neighbor

Neighbor ID     Pri   State           Dead Time   Address         Interface
3.3.3.3           1   EXCHANGE/DR     00:00:36    10.1.1.3        FastEthernet0/0
```

Le routeur passe typiquement de l'état EXCHANGE à l'état INIT puis revient ensuite au premier.

Préparation à l'examen

Sujets clés à réviser

Révisez les sujets les plus importants du chapitre, repérés dans la marge par le pictogramme « Sujet clé », et récapitulés dans le tableau 11.5.

Sujet clé

Tableau 11.5 : Sujets clés du chapitre

Emplacement	*Description*	*Numéro de page*
Liste	Actions du protocole EIGRP ou OSPF sur l'interface sur laquelle il est activé	412
Tableau 11.1	Commandes pour identifier les interfaces configurées avec EIGRP ou OSPF	412
Tableau 11.2	Exigences de voisinage pour EIGRP et OSPF	420
Tableau 11.3	Exigences de voisinage EIGRP et commandes *show/debug* pertinentes	422
Tableau 11.4	Exigences de voisinage OSPF et commandes *show/debug* pertinentes	425

Tableaux et listes à compléter

Complétez de mémoire les tableaux et listes concernant ce chapitre qui figurent dans l'annexe J, puis reportez-vous à l'annexe K pour comparer vos réponses à celles qui vous sont fournies. Ces annexes figurent sur le CD-ROM.

Référence de commandes

La lecture du chapitre et la réalisation des exercices de préparation à l'examen devraient vous avoir appris indirectement les commandes EXEC de configuration qui y sont utilisées. Bien que vous ne deviez pas nécessairement retenir le contenu des tableaux 11.6 et 11.7 inclus dans cette section, ils vous permettront de contrôler le niveau avec lequel vous avez mémorisé ces commandes. Pour cela, dissimulez la partie gauche du tableau, lisez les descriptions et tentez d'identifier la commande concernée.

Tableau 11.6 : Référence des commandes de configuration de ce chapitre

Commande	*Description*
ip hello-interval eigrp *asn temps*	Sous-commande d'interface qui définit l'intervalle Hello pour EIGRP.
ip hold-time eigrp *asn temps*	Sous-commande d'interface qui définit le temporisateur de retenue EIGRP pour l'interface.

Tableau 11.6 : Référence des commandes de configuration de ce chapitre *(suite)*

Commande	*Description*
ip ospf hello-interval *secondes*	Sous-commande d'interface qui définit l'intervalle des messages Hello.
ip ospf dead-interval *nombre*	Sous-commande d'interface qui définit le temporisateur d'inactivité OSPF.

Tableau 11.7 : Référence des commandes EXEC de ce chapitre

Commande	*Description*
show ip protocols	Affiche les paramètres et les valeurs de temporisation des protocoles de routage, incluant une copie effective de la commande **network** et une liste des interfaces passives.
show ip eigrp interfaces	Affiche les interfaces sur lesquelles EIGRP a été activé pour chaque processus EIGRP, sauf les interfaces passives.
show ip eigrp interfaces	Affiche les interfaces sur lesquelles EIGRP a été activé pour chaque processus EIGRP, sauf les interfaces passives.
show ip route eigrp	Affiche les routes découvertes *via* EIGRP, à partir de la table de routage.
debug eigrp packets	Affiche le contenu des paquets EIGRP, incluant de nombreuses remarques utiles sur les raisons de l'échec des relations de voisinage.
show ip eigrp neighbors	Affiche les voisins EIGRP et leur état.
show ip ospf interface brief	Affiche les interfaces sur lesquelles OSPF a été activé (en se basant sur les commandes **network**), y compris les interfaces passives.
show ip ospf interface [*type numéro*]	Affiche des paramètres OSPF détaillés pour toutes les interfaces, ou pour celle spécifiée, y compris les temporisateurs Hello et d'inactivité et les aires OSPF.
show ip route ospf	Affiche les routes découvertes *via* OSPF, à partir de la table de routage.
show ip ospf neighbor	Affiche les voisins et leur état, par interface.
debug ip ospf events	Génère des messages de journalisation pour chaque action exécutée par OSPF, y compris la réception de messages.
debug ip ospf packet	Génère des messages de journalisation décrivant le contenu de tous les paquets OSPF.
debug ip ospf hello	Génère des messages de journalisation décrivant les messages Hello et les échecs Hello.

IV

Réseaux longue distance (WAN)

Sujets de l'examen ICND2* publiés par Cisco et traités dans cette partie

Configurer et dépanner le fonctionnement de base et le routage sur des équipements Cisco

- Vérifier le fonctionnement de l'équipement et des processus de routage au moyen des commandes `show` et `debug`

Implémenter et vérifier les liens WAN

- Configurer et vérifier Frame Relay sur les routeurs Cisco.
- Dépanner les problèmes d'implémentation WAN.
- Décrire les technologies VPN (dont l'importance, les bénéfices, le rôle, l'impact, les composants).
- Configurer et vérifier les connexions entre routeurs Cisco.

* Consultez le site **http://www.cisco.com** pour obtenir la liste de sujets d'examen la plus récente.

12

WAN point à point

Au sommaire de ce chapitre

- **Principes de PPP.** Cette section examine les principes de base de PPP ainsi que les protocoles de contrôle et l'authentification PAP/CHAP.
- **Configuration de PPP.** Cette section décrit comment configurer une liaison série PPP simple ainsi que l'authentification CHAP.
- **Dépannage de liaisons série.** Cette dernière section expose le processus de dépannage général d'une liaison série et explique les différents codes d'état d'une interface.

Ce chapitre débute la Partie IV qui est entièrement consacrée aux technologies WAN. Il complète le traitement des liaisons point à point en donnant davantage de détails sur le fonctionnement de PPP et en examinant divers aspects du dépannage de ce type de liaisons. Les chapitres 13 et 14 explorent la technologie Frame Relay, et le chapitre 15 expose les principes de base des réseaux privés virtuels, VPN (*Virtual Private Network*), lesquels représentent des chemins de communication sécurisés à travers des réseaux non sûrs comme Internet.

Questionnaire d'évaluation

Grâce à ce questionnaire, vous pourrez déterminer s'il vous faut ou non lire la totalité du chapitre. Si vous n'échouez qu'à une question, vous pourrez envisager de passer directement à la section « Préparation à l'examen ». Le tableau 15.1 reprend les titres des sections principales de la partie « Connaissances fondamentales » de ce chapitre ainsi que les numéros des questions s'y rapportant. Vous pourrez ainsi évaluer votre niveau de maîtrise de ces sujets. Les réponses sont données à l'annexe A.

Tableau 12.1 : Questions d'évaluation et sections concernées

Connaissances fondamentales	*Questions*
Principes de PPP	1 et 2
Configuration de PPP	3 à 5
Dépannage de liaisons série	6 et 7

1. Quel protocole d'authentification permet à PPP d'authentifier l'équipement situé à l'autre bout de la liaison sans envoyer de mot de passe en clair ?

a. MD5.

b. PAP.

c. CHAP.

d. DES.

2. Quel protocole de contrôle PPP utilise-t-il pour contrôler le fonctionnement de CHAP ?

a. CDPCP.

b. IPCP.

c. LCP.

d. IPXCP.

3. Deux routeurs, R1 et R2, ne possèdent aucune configuration initiale. Ils sont raccordés dans un environnement de test, avec un câble pour ETTD relié à R1 et un câble pour ETCD relié à R2, les deux câbles étant connectés entre eux. L'ingénieur souhaite mettre en place un lien PPP. Quelles commandes sont requises sur R1 pour placer la liaison dans un état permettant à ce dernier de réussir un ping de l'adresse IP série de R2, en supposant que le lien physique dos-à-dos soit opérationnel ?

a. **encapsulation ppp**

b. **no encapsulation hdlc**

c. **clock rate**

d. **ip address**

4. Imaginez deux routeurs, R1 et R2 reliés par une ligne louée. Leur configuration est effacée et ils sont redémarrés. R1 est ensuite configuré avec les commandes suivantes :

```
hostname R1
interface s0/0
 encapsulation ppp
 ppp authentication chap
```

Quelles commandes peuvent compléter la configuration de R1 de sorte que CHAP fonctionne correctement ? Supposez que R2 a été configuré correctement et que le mot de passe est fred.

a. Aucune autre configuration n'est requise.

b. **ppp chap** (commande globale).

c. **username R1 password fred**

d. **username R2 password fred**

e. **ppp chap password fred**

5. Considérez l'extrait suivant du résultat de la commande **show** :

```
Serial0/0/1 is up, line protocol is up
  Hardware is GT96K Serial
  Internet address is 192.168.2.1/24
  MTU 1500 bytes, BW 1544 Kbit, DLY 20000 usec,
     reliability 255/255, txload 1/255, rxload 1/255
  Encapsulation PPP, LCP Open
  Open: CDPCP, IPCP, loopback not set
```

Quelles affirmations sont vraies concernant l'interface S0/0/1 de ce routeur ?

a. L'interface utilise HDLC.

b. L'interface utilise PPP.

c. L'interface ne peut pas transmettre le trafic IPv4.

d. L'interface devrait pouvoir transmettre des trames PPP.

6. Considérez l'extrait suivant du résultat de la commande **show interfaces** sur une interface configurée pour utiliser PPP :

```
Serial0/0/1 is up, line protocol is down
  Hardware is GT96K Serial
  Internet address is 192.168.2.1/24
```

Un ping de l'adresse IP de l'autre extrémité de la liaison échoue. Quelles sont les causes possibles de cet échec, en supposant que chaque problème listé soit l'unique cause ?

a. La CSU/DSU de l'autre routeur n'est pas active.

b. L'adresse IP du routeur à l'autre extrémité ne se trouve pas dans le sous-réseau 192.168.2.0/24.

c. L'authentification CHAP a échoué.

d. Le routeur à l'autre extrémité a été configuré pour utiliser HDLC.

e. Aucune des réponses proposées n'est correcte.

7. Deux routeurs sont interconnectés par une liaison série configurée pour utiliser PPP. EIGRP a également été configuré correctement sur toutes les interfaces. Le technicien parvient à réaliser un ping de l'adresse IP à l'autre extrémité, mais pas de l'adresse IP de l'interface LAN de l'autre routeur. Quelle peut être la cause du problème ?

   a. La CSU/DSU reliée à l'autre routeur n'est pas active.

   b. L'adresse IP du routeur à l'autre extrémité ne se trouve pas dans le même sous-réseau que le routeur local.

   c. L'authentification CHAP a échoué.

   d. Le routeur à l'autre extrémité a été configuré pour utiliser HDLC.

Connaissances fondamentales

PPP (*Point-to-Point Protocol*) est un protocole de liaison de données qui, outre le fait de permettre à deux équipements de communiquer, possède de nombreuses autres fonctionnalités. Ce chapitre commence par examiner celles qui s'appliquent aux routeurs. Il aborde ensuite la configuration de PPP, ce qui inclut le processus d'authentification. Il se termine par une section sur le dépannage des liaisons série, couvrant une variété de sujets dont PPP.

INFO

Une compréhension des options WAN, telles que les lignes louées, la commutation de paquets et les CSU/DSU, ainsi qu'une connaissance de base de HDLC et de PPP, sont nécessaires pour l'examen ICND2 et pour l'étude de ce livre. Si vous ne disposez pas de l'ouvrage *Préparation à la certification CCNA ICND1 et CCENT*, le CD-ROM du présent livre inclut dans l'annexe I une copie de son chapitre 17 consacré à la configuration et au dépannage des WAN. Nous vous recommandons de consulter cette annexe avant de poursuivre la lecture de ce chapitre.

Principes de PPP

PPP offre plusieurs fonctions élémentaires importantes sur les liaisons série entre deux équipements :

Sujet clé

- En-tête et en-queue permettant le transport des données sur la liaison.
- Prise en charge des liaisons synchrones et asynchrones.
- Champ de type de protocole dans l'en-tête, permettant à plusieurs protocoles de niveau 3 d'emprunter la même liaison.

- Protocoles d'authentification intégrés : PAP (*Password Authentication Protocol*) et CHAP (*Challenge Handshake Authentication Protocol*).

Sujet clé

- Protocoles de contrôle pour les protocoles qui opèrent au-dessus de PPP, facilitant la prise en charge et l'intégration de ces derniers.

Les sections suivantes examinent de plus près le champ de protocole, le processus d'authentification et les protocoles de contrôle.

Champ de protocole

Le champ de protocole représente une des fonctionnalités essentielles du standard PPP, mais pas du standard HDLC. Ce champ sert à identifier le type de paquet contenu dans une trame. Lorsque PPP a été créé, ce champ autorisait déjà les paquets de nombreux protocoles de niveau 3 à transiter sur la même liaison. Aujourd'hui, il accepte aussi les deux versions d'IP (IPv4 et IPv6). La figure 12.1 compare la structure des trames HDLC et PPP, avec le champ de protocole propriétaire de HDLC et celui normalisé de PPP.

	1	1	2	2	Variable	4	1
HDLC	Drapeau	Adresse	Contrôle	Type (propriétaire)	Données	FCS	Drapeau

	1	1	2	2	Variable	4	1
PPP	Drapeau	Adresse	Contrôle	Type (Standardisé)	Données	FCS	Drapeau

Figure 12.1
Structure des trames HDLC et PPP.

PPP définit en ensemble de messages de niveau 2 qui assurent diverses fonctions de contrôle pouvant être réparties en deux catégories :

- celles qui sont nécessaires quel que soit le protocole de couche 3 utilisé sur la liaison ;
- celles qui sont spécifiques à chaque protocole de couche 3.

Pour les fonctions de contrôle qui s'appliquent indépendamment du protocole de couche 3 exécuté, PPP utilise LCP (*Link Control Protocol*) . Et pour accomplir les fonctions requises par un protocole de couche 3 donné, il supporte plusieurs *protocoles de contrôle*, ou CP (*Control Protocol*), tels que IPCP (*IP Control Protocol*). PPP emploie donc une occurrence de LCP par liaison ainsi qu'un protocole de contrôle (CP) pour chaque protocole de couche 3 configuré. Par exemple, sur une liaison PPP exécutant IPv4, IPv6 et CDP (*Cisco Discovery Protocol*), il y aurait une instance de LCP plus IPCP (pour IPv4), IPv6CP (pour IPv6) et CDPCP (pour CDP).

La section suivante présente d'abord les fonctions de LCP puis explique le processus d'authentification en détail.

Protocole LCP

Le protocole LCP (*Link Control Protocol*) offre quatre fonctionnalités principales qui sont optionnelles et désactivées par défaut. Le tableau 12.2 les présente brièvement ainsi que la fonction PPP correspondante. Chacune d'elles est ensuite explicitée en détail.

Sujet clé

Tableau 12.2 : Fonctionnalités de LCP pour PPP

Fonction	*Fonctionnalité de LCP*	*Description*
Détection de liaison en boucle	Nombre magique	Détecte si la liaison boucle et désactive l'interface, permettant un reroutage *via* une route valide.
Détection d'erreur	LQM (*Link Quality Monitoring)*	Désactive une interface qui dépasse un certain pourcentage d'erreurs, permettant un reroutage *via* une route plus efficace.
Support de liaisons multiples	Multilink PPP	Répartit le trafic sur plusieurs liaisons parallèles.
Authentification	PAP et CHAP	Échange des informations de nom et de mot de passe pour que chaque équipement puisse vérifier l'identité de l'autre.

Détection d'une liaison en boucle

La détection d'erreur et de liaison en boucle sont deux fonctions essentielles de PPP. La seconde permet d'accélérer la convergence en cas de boucle sur une liaison. Cependant, que signifie au juste une boucle dans ce contexte ? Pour tester un circuit, l'opérateur téléphonique peut avoir besoin de le faire boucler, signifiant que les bits envoyés par un routeur sur ce lien lui sont retournés.

Bien entendu, les routeurs ne peuvent pas s'échanger de bits tant que la liaison demeure dans cet état. Et comme ils reçoivent des données, même s'il s'agit de celles qu'eux-mêmes envoient, ils ne détectent pas forcément le problème. PPP les aide donc à reconnaître rapidement une liaison en boucle pour qu'ils puissent désactiver l'interface et localiser éventuellement une autre route.

Dans certains cas, la convergence du protocole de routage peut être accélérée du fait que LCP reconnaît la boucle. Si le routeur peut détecter immédiatement que la liaison boucle, il ne lui reste plus qu'à placer l'interface correspondante dans un état *down/down*, suite à quoi le protocole de routage peut annoncer ce changement dans ses mises à jour. Si le routeur ne remarque rien, le protocole de routage doit attendre que ses temporisateurs expirent.

LCP découvre l'existence de boucles au moyen d'une fonction appelée nombres magiques (*magic number*). Sur une liaison PPP, le routeur envoie des messages LCP à la place des messages keepalive propriétaires de Cisco. Ces messages contiennent un nombre magique qui diffère sur chaque routeur. Si la liaison boucle, le routeur reçoit un message avec son propre numéro magique au lieu de recevoir celui du routeur à l'autre extrémité de la liaison. Dans ce cas, il sait que la trame qu'il a envoyée est revenue et peut désactiver l'interface, ce qui accélère la convergence.

Détection d'erreur

À l'instar de nombreux autres protocoles de liaison de données, PPP emploie un champ FCS dans l'en-queue pour déterminer si une trame reçue contient des erreurs. Si c'est le cas, elle est supprimée. Comme PPP surveille la fréquence de réception des trames erronées, il peut être configuré pour désactiver une interface si trop d'erreurs se produisent.

Pour analyser le taux d'erreurs sur un lien, LCP fait appel à une fonction de surveillance de la qualité de la ligne appelée LQM (*Link Quality Monitoring*). De chaque côté, il envoie des messages décrivant le nombre de paquets et d'octets correctement reçus. Chaque routeur compare ces informations au nombre de paquets et d'octets envoyés pour calculer un pourcentage de perte. En cas de dépassement d'un seuil d'erreurs prédéfini configuré sur le routeur, la liaison est désactivée.

Cette fonction est utile uniquement lorsque des routes redondantes existent sur le réseau. En désactivant un lien qui provoque trop d'erreurs, les paquets sont reroutés vers un chemin plus efficace.

Multilink PPP

Lorsque plusieurs liaisons PPP existent entre deux routeurs – on parle alors de liaisons parallèles –, ceux-ci doivent déterminer comment les exploiter au mieux. Dans le cas de liens HDLC, mais aussi sur les liens PPP possédant une configuration rudimentaire, les routeurs doivent recourir à un équilibrage de charge de niveau 3. Autrement dit, ils disposent de plusieurs routes vers un même sous-réseau. Par exemple, la partie supérieure de la figure 12.2 illustre l'effet de la répartition de charge au niveau de R1 lorsqu'il envoie des paquets au sous-réseau 192.168.3.0/24.

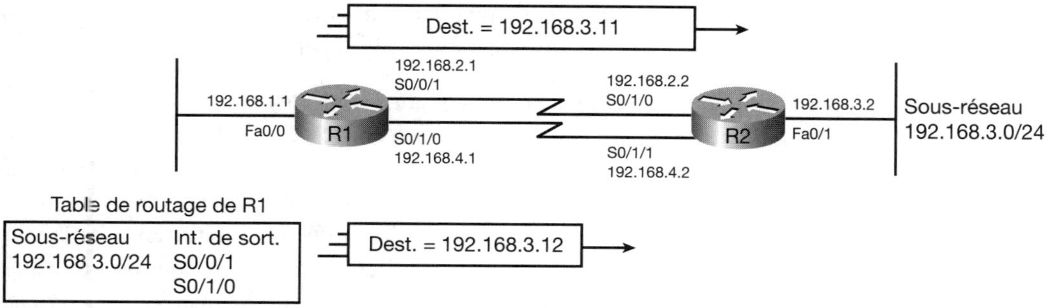

Figure 12.2
Équilibrage de charge sans Multilink PPP.

La figure illustre deux paquets, un grand et un plus petit. En suivant la logique de niveau 3, le routeur pourrait choisir d'envoyer chaque paquet sur un lien distinct. Lorsque les paquets n'ont toutefois pas la même taille, comme c'est le cas ici, la charge n'est alors pas répartie équitablement. Dans certains cas, notamment lorsque la plupart des paquets sont envoyés à quelques hôtes seulement, ils ne font l'objet d'aucun équilibrage de charge. Ainsi, un lien peut se retrouver surchargé pendant qu'un autre est inactif.

Multilink PPP distribue le trafic équitablement sur les liaisons parallèles tout en permettant à la logique de niveau 3 des routeurs de traiter celles-ci comme un seul et même lien. Lorsqu'il encapsule un paquet, PPP le fragmente dans plusieurs trames et envoie chaque fragment sur un lien distinct. Par exemple, sur le réseau de la figure 12.2 avec deux liaisons, R1 créerait deux trames pour chaque paquet, chacune d'elles contenant environ la moitié du paquet d'origine, et en enverrait une sur chaque liaison. Multilink PPP contribue en outre à limiter la taille des tables de routage puisque qu'une seule route suffit pour se référer aux liaisons parallèles. Toujours dans la figure 12.2, R1 utiliserait une seule route pour le sous-réseau 192.168.3.0/24, le groupe d'interfaces étant qualifié de *groupe multilien*.

Authentification

Le terme *authentification* désigne un ensemble de fonctions de sécurité permettant à un équipement de vérifier l'identité de son interlocuteur pour s'assurer qu'il ne s'agit pas d'un imposteur. Par exemple, en supposant que R1 et R2 soient censés communiquer à travers une liaison série, R1 pourrait exiger de R2 qu'il prouve son identité et utiliser dans ce but le processus d'authentification.

L'authentification WAN est le plus souvent nécessaire dans le cas de lignes commutées, mais la configuration des fonctions d'authentification est de toute façon la même pour des lignes louées. Les protocoles PAP (*Password Authentication Protocol*) et CHAP (*Challenge Handshake Authentication Protocol*) servent à vérifier l'identité de l'une ou l'autre ou des extrémités d'une liaison série point à point. On préfère aujourd'hui employer CHAP, car les codes d'identification qui sont transmis sur la liaison sont produits par une fonction de hachage irréversible (*one-way hash*), en l'occurrence l'algorithme de condensé de message MD5 (*Message Digest 5*), et sont donc plus sûrs que les mots de passe en clair envoyés par PAP.

PAP et CHAP impliquent tous deux l'échange de messages entre les équipements communicants. Dans le cas d'une ligne commutée, le routeur appelé s'attend à recevoir un nom d'utilisateur et un mot de passe de la part du routeur appelant, avec PAP comme avec CHAP. En principe, dans le cas d'une ligne louée, les deux routeurs s'authentifient mutuellement. Indépendamment du type de ligne, avec PAP, ces éléments d'identification sont transmis dans le premier message. Avec CHAP, le processus débute par l'envoi d'un message de challenge demandant à l'autre routeur de fournir ces informations. La figure 12.3 illustre le fonctionnement de chaque protocole sur une ligne commutée, le processus étant similaire sur une ligne louée.

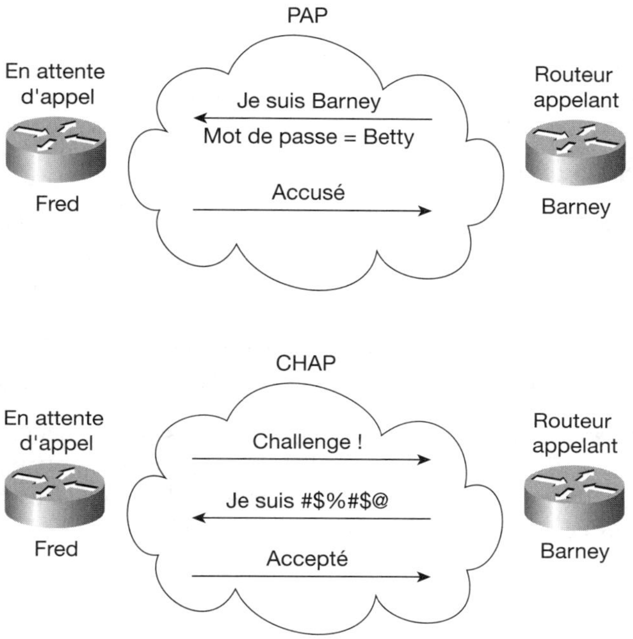

Figure 12.3
Processus d'authentification PAP et CHAP.

Sujet clé

Les flux de PAP sont beaucoup moins sûrs que ceux de CHAP puisque le nom d'hôte et le mot de passe y apparaissent en clair et peuvent être lus facilement s'ils sont interceptés. Pour sécuriser les flux, CHAP emploie un algorithme de hachage irréversible qui reçoit en entrée un mot de passe et un nombre aléatoire partagé. Le message de challenge émis par CHAP contient ce nombre aléatoire, et les deux routeurs sont configurés avec le mot de passe. Le routeur qui reçoit le challenge exécute l'algorithme de hachage avec en entrée le numéro aléatoire qu'il vient de recevoir et le mot de passe secret qui se trouve dans sa configuration. Il envoie ensuite le résultat au routeur qui a initié le processus. Ce dernier applique le même algorithme sur la valeur de challenge transmis sur la liaison et sur son mot de passe configuré. Si les résultats concordent, cela signifie que les mots de passe utilisés sont identiques, auquel cas la connexion est établie.

Il importe de noter qu'avec CHAP le mot de passe n'est à aucun moment transmis sur la liaison. En outre, l'emploi de nombres aléatoires fait que le résultat du hachage est chaque fois différent. Par conséquent, même si quelqu'un parvient à récupérer cette valeur au moyen d'un outil de trace, il ne pourra pas s'en servir lors d'un prochain échange. L'authentification CHAP est donc difficile à forcer, même en plaçant des outils sur la liaison WAN.

Configuration de PPP

Cette section décrit comment configurer PPP puis ajouter CHAP à la configuration. Elle présente également quelques commandes permettant de vérifier que PPP fonctionne correctement.

Configuration PPP de base

Configurer PPP requiert seulement la commande **encapsulation ppp** des deux côtés de la liaison. Pour revenir à l'encapsulation HDLC, l'option par défaut, il suffit d'exécuter la commande **encapsulation hdlc** des deux côtés également. Cette section suppose que la liaison physique a été installée et fonctionne sans problème. Pour en savoir plus à ce sujet, reportez-vous au chapitre 17 de l'ouvrage *Préparation à la certification CCNA ICND1 et CCENT.* Comme évoqué précédemment, ce chapitre est fourni dans l'annexe I du CD-ROM qui accompagne le présent livre.

L'exemple 12.1 présente une configuration simple avec les deux routeurs de la figure 12.4. Comme la plupart des installations utilisent IP, l'exemple inclut la configuration des adresses IP à des fins d'illustration des commandes **show** de la seconde partie du listing, bien qu'elles ne soient pas nécessaires au fonctionnement de PPP.

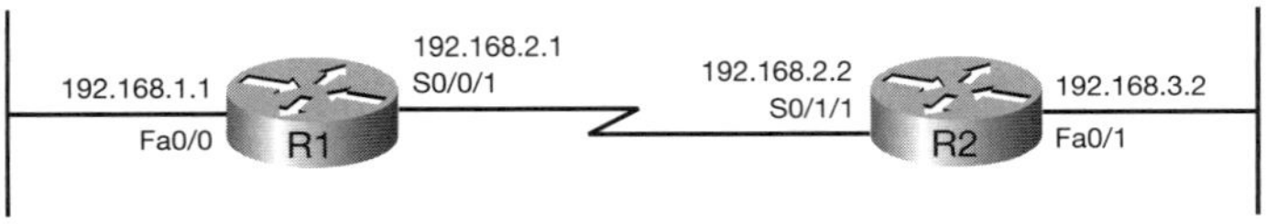

Figure 12.4

Interréseau avec deux routeurs pour les exemples PPP.

Exemple 12.1 *Configuration PPP de base*

```
! Sur R1
interface Serial0/0/1
 ip address 192.168.2.1 255.255.255.0
 encapsulation ppp
 clockrate 1536000
! Sur R2
interface Serial0/1/1
ip address 192.168.2.2 255.255.255.0
 encapsulation ppp
! De retour sur R1
R1#show interfaces serial 0/0/1
Serial0/0/1 is up, line protocol is up
  Hardware is GT96K Serial
  Internet address is 192.168.2.1/24
```

```
   MTU 1500 bytes, BW 1544 Kbit, DLY 20000 usec,
      reliability 255/255, txload 1/255, rxload 1/255
   Encapsulation PPP, LCP Open
   Open: CDPCP, IPCP loopback not set
! Lignes omises...
```

Les deux routeurs doivent utiliser l'encapsulation PPP. Si l'un d'eux utilisait HDLC, la liaison ne pourrait fonctionner et l'interface du routeur se retrouverait dans un état *up/down*. Le résultat de la commande **show interfaces** en fin de listing correspond à un fonctionnement normal de la liaison. Le second code d'état d'interface (*line protocol*) se réfère typiquement à l'état de la liaison de données. Un peu plus bas dans le résultat on peut constater que PPP a bien été configuré et que LCP a pu accomplir sa tâche (*LCP Open*). Deux protocoles de contrôle, CDPCP et IPCP, ont également pu être activés avec succès.

Configuration de CHAP

Dans sa configuration la plus simple, CHAP ne nécessite que quelques commandes. Cette configuration requiert entre autres la définition d'un mot de passe partagé sur chaque routeur. Notez que ce mot de passe peut être configuré à la place sur un serveur AAA (*Authentication, Authorization, and Accounting*) externe. Voici les étapes à suivre :

Sujet clé

Étape 1 Configurer le nom d'hôte du routeur au moyen de la commande globale de configuration **hostname** *nom*.

Étape 2 Configurer le nom de l'autre routeur ainsi que le mot de passe secret partagé au moyen de la commande globale de configuration **username** *nom* **password** *mot-de-passe*.

Étape 3 Activer CHAP sur l'interface du routeur à l'aide de la sous-commande d'interface **ppp authentication chap**.

L'exemple 12.2 illustre cette configuration, toujours sur les deux routeurs de la figure 12.4.

Exemple 12.2 *Configuration de CHAP*

hostname R1	hostname R2
username R2 password monpass	username R1 password monpass
!	!
interface serial 0/0/1	interface serial 0/1/1
encapsulation ppp	encapsulation ppp
ppp authentication chap	ppp authentication chap

Malgré la simplicité des commandes, veillez à bien orthographier les noms d'hôtes et le mot de passe qui sont sensibles à la casse. Remarquez que chaque routeur se réfère au nom d'hôte de l'autre dans la commande **username**, mais qu'ils doivent tous deux être configurés avec le même mot de passe.

Étant donné que CHAP est une fonction de PPP, si le processus d'authentification échoue, LCP ne peut accomplir son travail et l'interface se retrouve alors dans un état *up/down*.

Configuration de PAP

PAP suit les mêmes étapes de configuration que CHAP, sauf que la commande **ppp authentication pap** est utilisée à la place de **ppp authentication chap**. Le logiciel Cisco IOS permet également de configurer le routeur de sorte qu'il puisse recourir à la seconde méthode d'authentification si la première échoue. Par exemple, la sous-commande d'interface **ppp authentication chap pap** lui indique d'envoyer des messages CHAP et, en l'absence de réponse, d'essayer PAP. Notez que la seconde option est utilisée seulement si l'autre équipement ne renvoie aucun message, et non dans le cas où l'authentification échoue suite à l'échange de messages CHAP.

La section suivante aborde une variété de sujets de dépannage, avec notamment quelques détails concernant CHAP.

Dépannage de liaisons série

Cette section décrit comment cerner la cause de problèmes liés aux sujets traités jusqu'à présent dans ce chapitre, ainsi qu'avec certains aspects des WAN point à point couverts dans l'ouvrage *Préparation à la certification CCNA ICND1 et CCENT*. Elle insiste notamment sur les symptômes d'une non concordance des sous-réseaux aux deux extrémités d'une liaison série qui empêche les routeurs d'y transmettre des paquets. En revanche, les aspects du dépannage IP étudiés dans les Parties II et III du présent livre ne seront pas repris.

Un simple ping de l'adresse IP série du routeur situé de l'autre côté de la liaison peut permettre de déterminer si celle-ci est en mesure d'acheminer des paquets IP. Par exemple, une commande **ping 192.168.2.2** réussie sur R1 dans la figure 12.4 démontrerait que le lien fonctionne.

Si le ping n'aboutit pas, le problème peut venir de fonctions de la couche OSI 1, 2 ou 3. Le meilleur moyen d'identifier la couche responsable est d'examiner les codes d'état d'interface donnés dans le tableau 12.3. Pour rappel, les interfaces de routeur possèdent deux types de codes d'état : état de ligne et état de protocole.

Tableau 12.3 : Codes d'état d'interface et couche OSI responsable de l'échec d'un ping

Sujet clé

État de ligne	*État de protocole*	*Couche*
administratively down	down	L'interface est inactive
down	down	Couche 1
up	down	Couche 2
up	up	Couche 3

La procédure de vérification et de dépannage de la liaison série devrait débuter de la manière suivante :

Étape 1 À partir d'un routeur, effectuer un ping de l'adresse IP série de l'autre routeur.

Étape 2 En cas d'échec du ping, examiner l'état de l'interface des deux routeurs et utiliser le tableau 12.4 pour déterminer la couche OSI responsable.

Étape 3 Si le ping aboutit, vérifier que les protocoles de routage configurés parviennent à s'échanger des routes sur la liaison.

INFO

Les codes d'état d'interface peuvent être obtenus au moyen des commandes **show interfaces, show ip interface brief** et **show interfaces description**.

Le reste du chapitre décrit les points spécifiques à examiner en cas d'échec d'un ping, en s'appuyant sur les combinaisons de codes d'état d'interface vus plus haut.

Problèmes de couche 1

Les codes d'état d'interface jouent un rôle essentiel dans l'identification de la cause d'un problème sur une liaison série. Du fait que cet état n'est pas forcément le même des deux côtés, il importe d'examiner l'interface des deux routeurs.

Il est aisé de détecter un problème engendré par une interface série d'un des deux équipements qui a été désactivée administrativement au moyen de la sous-commande d'interface **shutdown**, affichant alors l'état de ligne *administratively down*. La solution est simple : il suffit d'appliquer à l'interface la commande **no shutdown**. Un état de ligne *down* peut aussi signifier que l'autre routeur est éteint, d'où l'importance de contrôler les deux côtés.

Un état de ligne *down* de part et d'autre de la liaison est typiquement révélateur d'un problème de niveau 1. Voici les causes les plus probables :

Sujet clé

- La ligne louée est en panne (problème au niveau de l'opérateur téléphonique).
- La ligne de l'opérateur n'est pas raccordée à l'une des CSU/DSU ou à aucune des deux.
- Une des CSU/DSU est en panne ou mal configurée.
- Le câble série reliant un des routeurs à sa CSU/DSU est déconnecté ou défaillant.

Les détails concernant l'identification de ces quatre problèmes dépassent le cadre du livre.

Un autre problème de la couche physique peut faire que l'interface des deux routeurs se retrouve dans un état *up/down*. Sur une liaison série dos à dos (*back-to-back*), si la commande **clock rate** n'a pas été appliquée au routeur avec le câble pour ETCD, l'interface des deux routeurs sera indisponible, avec un état de ligne *up* mais un état de protocole *down*.

L'exemple 12.3 illustre comment le vérifier. Outre l'absence de la commande **clock rate** dans la configuration, la phrase *no clock* dans le résultat de la commande **show controllers serial** est également indicatrice du problème.

Exemple 12.3 *Absence de la commande* **clock rate** *côté ETCD*

```
R1#show controller s0/0/1
Interface Serial0/0/1
Hardware is PowerQUICC MPC860
  Internet address is 192.168.2.1/24
DCE V.35, no clock
! Lignes omises...
R1#show running-config interface S0/0/1
Building configuration...

Current configuration : 42 bytes
!
interface Serial0/0/1
 ip address 192.168.2.1 255.255.255.0
end
```

INFO

Pour éviter une omission accidentelle de la commande **clock rate** sur une interface à laquelle un câble d'ETCD est relié (ou aucun câble n'est relié), certaines versions récentes de l'IOS empêchent la suppression de la commande. Le système accepte aussi une variante de cette commande orthographiée **clockrate**.

Problèmes de couche 2

Lorsque l'état de ligne des interfaces des deux routeurs est *up*, mais que l'état de protocole de l'une d'elles est *down* ou varie sans cesse entre ces deux états, le problème se situe vraisemblablement au niveau de la couche 2. Le tableau 12.4 présente les trois causes les plus probables.

Sujet clé

Tableau 12.4 : Causes possibles d'un problème de niveau liaison de données

État de ligne	*État de protocole*	*Cause possible*
up	down (stable) des deux côtés ou down (stable) d'un côté, mais variant entre up et down de l'autre.	Non concordance des commandes encapsulation.
up	down d'un côté, up de l'autre.	La fonction keepalive est désactivée du côté up.
up	down (stable) des deux côtés.	Échec de l'authentification PAP/CHAP.

INFO

Comme pour les autres sujets de dépannage traités dans ce livre, le tableau 12.4 n'énumère que les causes les plus probables et ne se veut en aucun cas exhaustif.

Le premier problème, la non concordance des protocoles de liaison de données configurés, est aisé à identifier et à résoudre. La commande **show interfaces** indique le type d'encapsulation sur la septième ligne de résultat, aussi le fait de l'exécuter sur les deux routeurs permet de se rendre compte rapidement du problème. Un bref coup d'œil à la configuration, en ayant à l'esprit que HDLC est le type d'encapsulation série par défaut, peut aussi le confirmer. La solution est simple : reconfigurer un des deux routeurs pour que leurs types d'encapsulation correspondent.

Les deux autres problèmes demandent un traitement un peu plus détaillé pour déterminer la cause exacte.

Échec de la fonction keepalive

La fonction *keepalive*, qui est active par défaut, permet aux routeurs de reconnaître qu'un lien ne fonctionne pas afin de désactiver l'interface correspondante et emprunter une autre route IP.

Par défaut, les routeurs s'échangent des messages keepalive toutes les 10 secondes (Cisco définit un message keepalive HDLC propriétaire ; PPP utilise celui défini dans le cadre de LCP). Ce temporisateur de 10 secondes est l'intervalle keepalive. Lorsqu'un routeur ne reçoit pas de message keepalive de la part de l'autre routeur pendant un certain nombre d'intervalles (trois ou cinq par défaut, selon la version de l'IOS), il désactive l'interface pensant qu'elle ne fonctionne plus.

On laisse généralement la fonction keepalive activée, mais il peut arriver qu'elle soit désactivée par inadvertance d'un côté de la liaison, ce qui la rendrait inopérationnelle. Par exemple, si R1 était configuré avec la sous-commande d'interface **no keepalive**, il cesserait d'envoyer des messages keepalive. Par contre, R2 continuerait à en envoyer, mais placerait son interface dans un état *up/down* au bout d'un certain temps sans réception de message keepalive. Il tenterait ensuite régulièrement de réactiver la liaison, sans succès. R1 ne tenant pas compte des messages keepalive, laisserait son interface dans un état *up/up*. L'exemple 12.4 illustre cette situation, toujours avec les routeurs de la figure 12.4.

Exemple 12.4 *Problème de liaison en raison de la fonction keepalive activée seulement sur R2*

```
! Fonction keepalive désactivée sur R1, l'interface reste dans un état up/up.
R1#configure terminal
Enter configuration commands, one per line.  End with CNTL/Z.
```

Exemple 12.4 *Problème de liaison en raison de la fonction keepalive activée seulement sur R2 (suite)*

```
R1(config)#interface s 0/0/1
R1(config-if)#no keepalive
R1(config-if)#^Z
R1#show interfaces s0/0/1
Serial0/0/1 is up, line protocol is up
  Hardware is PowerQUICC Serial
  Internet address is 192.168.2.1/24  MTU 1500 bytes, BW 1544 Kbit, DLY 20000 usec,
     reliability 255/255, txload 1/255, rxload 1/255
  Encapsulation HDLC, loopback not set
  Keepalive not set
! Lignes omises...
```

```
! La fonction keepalive est toujours activée sur R2 (par défaut)
R2#show interfaces S0/1/1
Serial0/1/1 is up, line protocol is down
  Hardware is PowerQUICC Serial
  Internet address is 192.168.2.2/24
  MTU 1500 bytes, BW 1544 Kbit, DLY 20000 usec,
     reliability 255/255, txload 1/255, rxload 1/255
  Encapsulation HDLC, loopback not set
  Keepalive set (10 sec)
! Lignes omises...
```

INFO

Activer les messages keepalive d'un seul côté d'une liaison série point à point relève d'une erreur de configuration. Il semblerait que certaines versions récentes du système IOS remarquent lorsque cette fonction est désactivée unilatéralement, et empêchent le problème de survenir. Pour les examens CCNA, sachez simplement que cette fonction devrait être soit activée soit désactivée des deux côtés

Échec de l'authentification PAP/CHAP

Comme mentionné précédemment, un échec du processus d'authentification PAP/CHAP fait basculer les interfaces des deux routeurs dans un état *up/down*. Pour déterminer si un tel échec est réellement la cause du problème, vous pouvez utiliser la commande **debug ppp authentication**. L'exemple 12.5 présente le résultat de cette commande avec CHAP configuré comme dans l'exemple 12.2 et fonctionnant correctement.

Exemple 12.5 *Messages de debug confirmant la réussite de l'authentification CHAP*

Sujet clé

```
R1#debug ppp authentication
PPP authentication debugging is on
R1#
*May 21 18:26:55.731: Se0/0/1 PPP: Using default call direction
*May 21 18:26:55.731: Se0/0/1 PPP: Treating connection as a dedicated line
*May 21 18:26:55.731: Se0/0/1 PPP: Authorization required
*May 21 18:26:55.731: Se0/0/1 CHAP: O CHALLENGE id 16 len 23 from "R1"
*May 21 18:26:55.731: Se0/0/1 CHAP: I CHALLENGE id 49 len 23 from "R2"
*May 21 18:26:55.735: Se0/0/1 CHAP: Using hostname from unknown source
*May 21 18:26:55.735: Se0/0/1 CHAP: Using password from AAA
*May 21 18:26:55.735: Se0/0/1 CHAP: O RESPONSE id 49 len 23 from "R1"
*May 21 18:26:55.735: Se0/0/1 CHAP: I RESPONSE id 16 len 23 from "R2"
*May 21 18:26:55.735: Se0/0/1 PPP: Sent CHAP LOGIN Request
*May 21 18:26:55.735: Se0/0/1 PPP: Received LOGIN Response PASS
*May 21 18:26:55.735: Se0/0/1 PPP: Sent LCP AUTHOR Request
*May 21 18:26:55.735: Se0/0/1 PPP: Sent IPCP AUTHOR Request
*May 21 18:26:55.735: Se0/0/1 LCP: Received AAA AUTHOR Response PASS
*May 21 18:26:55.739: Se0/0/1 IPCP: Received AAA AUTHOR Response PASS
*May 21 18:26:55.739: Se0/0/1 CHAP: O SUCCESS id 16 len 4
*May 21 18:26:55.739: Se0/0/1 CHAP: I SUCCESS id 49 len 4
```

Le processus d'authentification de CHAP implique l'échange de trois messages, comme illustré dans la figure 12.3. Les trois lignes grisées dans l'exemple 12.5 correspondent à l'authentification de R2 par R1. Ce dernier commence par envoyer un message de challenge, la lettre O signifiant *output* (sortie). Le second message est la réponse reçue de la part de R2, la lettre I signifiant *input* (*entrée*). Le troisième message, émis par R1, confirme que l'authentification a réussi. Vous pouvez voir également dans ce listing les mêmes trois messages pour l'authentification de R1 par R2, sauf qu'ils n'apparaissent pas en surbrillance.

Lorsque l'authentification CHAP échoue, le résultat de **debug** inclut quelques messages le signifiant clairement, comme le montre L'exemple 12.6. Ici, l'échec est dû à une erreur de configuration du mot de passe.

Exemple 12.6 *Messages de debug confirmant l'échec de l'authentification CHAP*

```
R1#debug ppp authentication
PPP authentication debugging is on
! Lignes omises...
*May 2- 18:24:03.171: Se0/0/1 PPP:  Sent CHAP LOGIN Request
*May 2- 18:24:03.171: Se0/0/1 PPP:  Received LOGIN Response FAIL
*May 2- 18:24:03.171: Se0/0/1 CHAP: O FAILURE id 15 len 25 msg is "Authentication failed"
```

Problèmes de couche 3

Ce chapitre suggère que le meilleur point de départ pour dépanner une liaison série est d'effectuer un ping de l'adresse IP du routeur situé à l'autre extrémité, plus spécifiquement de l'adresse IP configurée sur la liaison. Toutefois, même lorsque cette dernière se trouve dans un état *up/up*, le ping peut échouer en raison d'une mauvaise configuration au niveau 3. Dans d'autres cas, le ping aboutit, mais les protocoles de routage ne parviennent pas à échanger de routes. Cette section examine les symptômes, qui diffèrent légèrement selon que HDLC ou PPP est utilisé, ainsi que les causes les plus courantes.

Considérez tout d'abord une liaison HDLC qui fonctionne parfaitement sur les plans physique et liaison de données. Les interfaces des deux routeurs se trouvent donc dans un état *up/up*. Toutefois, si les adresses configurées sur ces interfaces appartiennent à des sous-réseaux différents, le ping échouera puisque les deux routeurs ne disposent pas de routes correspondantes. Par exemple, dans la figure 12.4, si l'adresse de R1 reste 192.168.2.1 et que celle de R2 devient 192.168.3.2 (au lieu de 192.168.2.2), toujours avec le masque /24, chacun disposera d'une route connectée vers un sous-réseau distinct, et aucun n'aura de route correspondant à l'adresse IP de l'autre.

Identifier ce problème sur une liaison HDLC est relativement simple puisqu'il se manifeste essentiellement par l'échec du ping malgré l'état *up/up* des interfaces des deux routeurs. Sur un lien PPP présentant la même erreur de configuration, l'état des interfaces est également *up/up*, mais il est confondant que le ping réussisse. En fait, un routeur qui exécute PPP annonce l'adresse IP de son interface série avec un préfixe /32, soit une route permettant d'atteindre uniquement cet hôte. Les deux routeurs connaissent donc chacun une route leur permettant de communiquer entre eux en dépit de leurs adresses IP non concordantes. Par exemple, toujours dans la figure 12.4, si l'adresse IP de R2 était 192.168.4.2/24 et que celle de R1 restait 192.168.2.1/24, le ping fonctionnerait. L'exemple 12.7 illustre ce scénario précis.

INFO

Une route avec un préfixe /32, c'est-à-dire représentant un seul hôte, est appelée *route d'hôte*.

Exemple 12.7 *PPP rend possible un ping sur une liaison série malgré une non concordance des sous-réseaux*

```
R1#show ip route
Codes: C - connected, S - static, R - RIP, M - mobile, B - BGP
       D - EIGRP, EX - EIGRP external, O - OSPF, IA - OSPF inter area
       N1 - OSPF NSSA external type 1, N2 - OSPF NSSA external type 2
```

```
       E1 - OSPF external type 1, E2 - OSPF external type 2
       i - IS-IS, su - IS-IS summary, L1 - IS-IS level-1, L2 - IS-IS level-2
       ia - IS-IS inter area, * - candidate default, U - per-user static route
       o - ODR, P - periodic downloaded static route

C    192.168.1.0/24 is directly connected, FastEthernet0/0
C    192.168.2.0/24 is directly connected, Serial0/0/1
     192.168.4.0/32 is subnetted, 1 subnets
C       192.168.4.2 is directly connected, Serial0/0/1
R1#ping 192.168.4.2

Type escape sequence to abort.
Sending 5, 100-byte ICMP Echos to 192.168.4.2, timeout is 2 seconds:
!!!!!
Success rate is 100 percent (5/5), round-trip min/avg/max = 1/2/4 ms
```

La première ligne grisée du listing montre la route connectée normale dont dispose R1 sur la liaison série, pour le réseau 192.168.2.0/24. R1 pense qu'il s'agit du sous-réseau connecté à son interface S0/0/1 en raison de l'adresse IP (192.168.2.1/24) configurée dessus. La seconde ligne grisée montre la route d'hôte créée par PPP, spécifiquement pour la nouvelle adresse IP série de R2 (192.168.4.2). R2 dispose d'une route similaire (192.168.2.1/32) pour l'adresse IP série de R1. Ils ont en conséquence chacun une route leur permettant de transmettre des paquets de l'autre côté de la liaison, ce qui rend possible la commande **ping** en dépit du fait que les adresses appartiennent à des sous-réseaux différents.

Toutefois, les protocoles de routage ne peuvent pas annoncer de routes du fait de cette non concordance des sous-réseaux. Aussi, lorsque vous dépannez un problème de réseau, n'allez pas conclure qu'une interface série fonctionne parfaitement parce que son état est *up/up* et que la commande **ping** aboutit. Vous devez également vérifier que les protocoles de routage parviennent à s'échanger des informations de routes et que les adresses IP se trouvent dans le même sous-réseau. Le tableau 12.5 résume le comportement de HDLC et de PPP lorsqu'aucun autre problème n'existe outre celui-ci.

Tableau 12.5 : Symptômes d'une non-concordance de sous-réseaux sur une liaison série

Symptôme	*HDLC*	*PPP*
Le ping de l'adresse IP série de l'autre routeur fonctionne-t-il ?	Non	Oui
Les protocoles de routage parviennent-ils à s'échanger des routes ?	Non	Non

Préparation à l'examen

Sujets clés à réviser

Révisez les sujets les plus importants du chapitre, repérés dans la marge par le pictogramme « Sujet clé », et récapitulés dans le tableau 12.6.

Sujet clé

Tableau 12.6 : Sujets clés du chapitre

Emplacement	*Description*	*Numéro de page*
Liste	Fonctions de PPP	440-441
Tableau 12.2	Fonctionnalités de LCP pour PPP	442
Figure 12.3	Processus d'authentification PAP et CHAP	445
Liste	Configuration de CHAP	447
Tableau 12.3	Codes d'état d'interface et couche OSI responsable de l'échec d'un ping	448
Liste	Causes courantes des problèmes de liaison série de niveau 1	449
Tableau 12.4	Causes courantes des problèmes de liaison série de niveau 2	450
Exemple 12.5	Messages de debug confirmant la réussite de l'authentification CHAP	453

Tableaux et listes à compléter

Complétez de mémoire les tableaux et listes concernant ce chapitre qui figurent dans l'annexe J, puis reportez-vous à l'annexe K pour comparer vos réponses à celles qui vous sont fournies. Ces annexes figurent sur le CD-ROM.

Termes clés à définir

Donnez la définition des termes suivants et comparez vos réponses avec le glossaire :

CHAP, protocole de contrôle, keepalive, LCP, PAP.

Référence de commandes

La lecture du chapitre et la réalisation des exercices de préparation à l'examen devraient vous avoir appris indirectement les commandes EXEC de configuration qui y sont utilisées. Bien que vous ne deviez pas nécessairement retenir le contenu des tableaux 12.7 et 12.8 inclus dans cette section, ils vous permettront de contrôler le niveau avec lequel vous avez mémorisé ces commandes. Pour cela, dissimulez la partie gauche du tableau, lisez les descriptions et tentez d'identifier la commande concernée.

Tableau 12.7 : Référence des commandes de configuration de ce chapitre

Commande	*Description*
encapsulation {hdlc | ppp}	Sous-commande d'interface qui définit le protocole de liaison de données.
ppp authentication {pap | chap | pap chap | chap pap}	Sous-commande d'interface qui active seulement PAP, seulement CHAP, ou les deux (dans l'ordre spécifié).
username *nom* **password** *secret*	Commande globale qui définit le mot de passe que doit utiliser le routeur local pour authentifier l'autre routeur dont le nom d'hôte est spécifié.

Tableau 12.8 : Référence des commandes EXEC de ce chapitre

Commande	*Description*
show interfaces [*type numéro*]	Affiche des statistiques et des détails sur la configuration des interfaces, y compris le type d'encapsulation.
debug ppp authentication	Génère des messages pour chaque étape du processus d'authentification PAP ou CHAP.
debug ppp negotiation	Génère des messages pour le processus de négociation LCP et NCP qui a lieu entre les équipements.

13

Concepts du Frame Relay

Au sommaire de ce chapitre

- **Présentation du Frame Relay.** Cette section introduit la terminologie, les fonctions et le rôle des protocoles Frame Relay.
- **Adressage Frame Relay.** Cette section présente le concept de DLCI (adresse de liaison de données Frame Relay) et son rôle dans l'acheminement des trames au sein du nuage Frame Relay.
- **Considérations de niveau 3 sur un réseau Frame Relay.** Cette section examine les différentes options disponibles pour l'utilisation de sous-réseaux IP sur un réseau Frame Relay.
- **Contrôle de la vitesse et des rejets au sein du nuage Frame Relay.** Cette brève section explique quelques fonctionnalités relatives au contrôle du flux de données sur un réseau Frame Relay.

Le Frame Relay, ou relais de trames en français, demeure la technologie WAN la plus répandue aujourd'hui, bien que sa popularité soit en baisse. Elle tend en effet à être remplacée par des réseaux privés virtuels, ou VPN (*Virtual Private Network*), de deux types : les VPN Internet, qui s'appuient sur Internet pour transporter les paquets, et les VPN MPLS (*Multiprotocol Label Switching*), qui suivent le même modèle de service que le Frame Relay, assuré d'ailleurs généralement par les mêmes fournisseurs, mais avec certains avantages techniques de taille. Les nombreuses entreprises qui emploient encore le Frame Relay peuvent s'en servir pour relier des VPN MPLS et des VPN Internet. Cette technologie restera donc encore d'actualité pendant un moment.

Par rapport au modèle OSI, le Frame Relay se rapproche le plus de la couche Liaison de données (niveau 2). D'ailleurs, le terme *frame* (trame) désigne l'unité de données de protocole, ou PDU (*Protocol Data Unit*), de ce niveau. Comme tout autre protocole de ce niveau, le Frame Relay peut être utilisé pour transmettre des paquets (PDU de niveau 3) entre routeurs.

L'en-tête et l'en-queue Frame Relay permettent simplement aux paquets de traverser le réseau Frame Relay, de la même manière que l'en-tête et l'en-queue Ethernet servent à traverser un segment Ethernet.

Ce chapitre décrit en détail le fonctionnement du Frame Relay. Le chapitre 14 explique comment configurer, vérifier et dépanner un réseau Frame Relay.

Questionnaire d'évaluation

Grâce à ce questionnaire, vous pourrez déterminer s'il vous faut ou non lire la totalité du chapitre. Si vous n'échouez qu'à une question, vous pourrez envisager de passer directement à la section « Préparation à l'examen ». Le tableau 13.1 reprend les titres des sections principales de la partie « Connaissances fondamentales » de ce chapitre ainsi que les numéros des questions s'y rapportant. Vous pourrez ainsi évaluer votre niveau de maîtrise de ces sujets. Les réponses sont données à l'annexe A.

Tableau 13.1 : Questions d'évaluation et sections concernées

Connaissances fondamentales	*Questions*
Présentation du Frame Relay	1 à 3
Adressage Frame Relay	4 et 5
Considérations de niveau 3 sur un réseau Frame Relay	6 et 7
Contrôle de la vitesse et des rejets au sein du nuage Frame Relay	8

1. Quelle désignation définit un protocole utilisé entre le DTE (ETTD) Frame Relay et le commutateur Frame Relay ?

a. VC.

b. CIR.

c. LMI.

d. Q.921.

e. DLCI.

f. FRF.5.

g. Encapsulation.

2. Quelles affirmations sont vraies concernant le Frame Relay ?

a. L'équipement ETTD se trouve généralement sur le site du client.

b. Les routeurs s'envoient des messages LMI pour signaler l'état d'un circuit virtuel.

c. Le DLCI source d'une trame ne doit pas changer, contrairement au DLCI de destination, lorsque celle-ci traverse le nuage Frame Relay.

d. Le type d'encapsulation Frame Relay sur le routeur émetteur devrait correspondre à celui configuré sur le routeur destinataire pour que ce dernier puisse comprendre le contenu de la trame.

3. Que signifie le sigle DLCI ?

a. Data Link Connection Identifier.

b. Data Link Connection Indicator.

c. Data Link Circuit Identifier.

d. Data Link Circuit Indicator.

4. Le routeur R1 reçoit de la part du routeur R2 une trame contenant le DLCI 222. Quelle affirmation est la plus pertinente concernant ce réseau ?

a. 222 représente R1.

b. 222 représente R2.

c. 222 est le DLCI local sur R1, représentant le circuit virtuel entre les deux routeurs.

d. 222 est le DLCI local sur R2, représentant le circuit virtuel entre les deux routeurs.

5. Sur un diagramme de planification Frame Relay, les DLCI 101, 102, 103 et 104 sont associés respectivement aux routeurs R1, R2, R3 et R4. Aucun autre DLCI n'apparaît. L'ingénieur en chef vous signale que ce diagramme suppose un adressage DLCI global et un maillage total des circuits virtuels. Quelles affirmations sont vraies ?

a. Les trames envoyées par R1 à R2, lorsqu'elles traversent le lien d'accès de R2, possèdent le DLCI 102.

b. Les trames envoyées par R1 à R2, lorsqu'elles traversent le lien d'accès de R2, possèdent le DLCI 101.

c. Les trames envoyées par R3 à R2, lorsqu'elles traversent le lien d'accès de R3, possèdent le DLCI 102.

d. Les trames envoyées par R3 à R1, lorsqu'elles traversent le lien d'accès de R3, possèdent le DLCI 102.

6. FredsCo possède cinq sites avec des routeurs connectés au même réseau Frame Relay. Des circuits virtuels ont été définis entre chaque paire de routeurs. Quel nombre minimum de sous-réseaux l'entreprise pourrait-elle utiliser sur ce réseau ?

a. 1

b. 2.

c. 3.

d. 4.

e. 5.

f. 10.

7. BarneyCo possède cinq sites avec des routeurs connectés au même réseau Frame Relay. Des circuits virtuels ont été définis entre chaque paire de routeurs. La direction menace de licencier quiconque configure le Frame Relay sans utiliser de sous-interfaces point à point. Quel nombre minimum de sous-réseaux l'entreprise pourrait-elle utiliser sur ce réseau ?

a. 1.

b. 4.

c. 8.

d. 10.

e. 12.

f. 15.

8. R1 envoie une trame à R2 en utilisant un circuit virtuel. Au même moment, un commutateur Frame Relay remarque qu'un trop grand nombre de paquets tentent de quitter le réseau Frame Relay *via* le lien d'accès de R2. Quelle est la conséquence ?

a. R1 reçoit une trame avec le bit BECN activé.

b. R1 reçoit une trame avec le bit FECN activé.

c. R1 reçoit une trame avec le bit DE activé.

d. Aucun des choix précités.

Connaissances fondamentales

Dans le cas d'une liaison série point à point, l'entreprise doit d'abord commander la ligne entre les deux points, puis l'opérateur téléphonique crée le circuit en installant un câble à deux paires sur chaque site. L'opérateur fait en sorte de respecter la vitesse demandée par le client, généralement un multiple de 64 Kbit/s. Dès que le câble de l'opérateur a été raccordé à une CSU/DSU et à un routeur à chaque extrémité, les deux routeurs disposent d'un lien physique dédié avec la possibilité d'envoyer des données simultanément dans les deux sens.

Le Frame Relay est un ensemble de normes WAN qui représentent un service longue distance plus efficace que les liaisons point à point, tout en permettant à deux routeurs d'échanger directement des données. L'inconvénient des lignes louées est que chaque ligne requiert une interface série sur chaque routeur et un circuit physique dédié (et coûteux) installé par l'opérateur.

Au contraire, la technologie Frame Relay permet de transmettre des données à plusieurs routeurs distants en utilisant un seul circuit WAN physique. Par exemple, une entreprise avec un site central et dix sites distants aurait besoin de dix lignes louées pour communiquer avec le site central et de dix interfaces série sur le routeur de ce site. Grâce au Frame Relay, le site principal peut se contenter d'une seule ligne louée raccordée au service Frame Relay et d'une seule interface série sur le routeur central, tout en offrant la possibilité de communiquer avec les dix autres routeurs des sites distants.

La première section de ce chapitre aborde les principes de base et la terminologie du Frame Relay. La deuxième traite de l'adressage sur un réseau Frame Relay, un sujet qui exige de l'attention, car les adresses Frame Relay sont nécessaires à la fois pour la configuration et le dépannage des routeurs. Les deux dernières sections examinent certains aspects en rapport avec le niveau 3 ainsi que certaines fonctionnalités qui influent sur la vitesse et le taux de suppression de trames sur un nuage Frame Relay.

Présentation du Frame Relay

Les services et les avantages qu'apporte le Frame Relay aux réseaux WAN sont supérieurs à ceux des liaisons point à point. Pour permettre cela, les protocoles mis en œuvre sont toutefois plus complexes. Par exemple, les réseaux Frame Relay sont multi-accès, ce qui signifie une possibilité d'accès au média par plusieurs équipements, comme sur un LAN, excepté que vous ne pouvez pas envoyer de trames broadcast. C'est pour cela qu'ils sont appelés réseaux NBMA (*Non-Broadcast Multi-Access*) .

La figure 13.1 illustre la topologie physique de base d'un réseau Frame Relay et la terminologie appliquée.

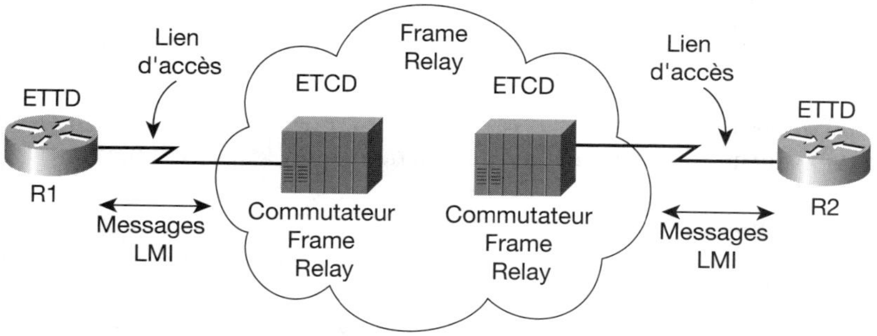

Figure 13.1
Composants Frame Relay.

Sujet clé

La figure 13.1 illustre les composants les plus élémentaires d'un réseau Frame Relay. Une liaison louée relie un routeur et un proche commutateur Frame Relay. Il s'agit du *lien d'accès*.

Pour s'assurer du bon fonctionnement de ce lien, le routeur et le commutateur utilisent le protocole LMI (*Local Management Interface*) pour s'échanger divers messages, dont *keepalive*. Le routeur d'accès est un ETTD (Équipement terminal de traitement de données), ou DTE (*Data Terminal Equipment*), et les commutateurs sont des ETCD (Équipement terminal de circuit de données), ou DCE (*Data Communications Equipment*).

Alors que la figure 13.1 illustre la connectivité physique pour chaque connexion au nuage Frame Relay, la figure 13.2 illustre la connectivité logique, ou virtuelle, de bout en bout associée à un circuit virtuel.

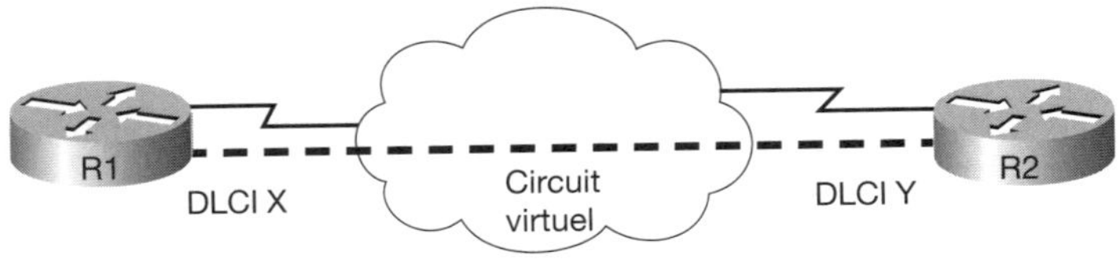

Figure 13.2
Le concept de circuit virtuel Frame Relay.

Le chemin de communication logique entre deux ETTD est appelé un *circuit virtuel*. Il est représenté par le triplet de lignes parallèles dans la figure (le tracé en pointillés gras vous permet d'identifier plus facilement la ligne physique). Généralement, le fournisseur de services préconfigure tous les détails d'un circuit virtuel, auquel cas on parle de circuit virtuel permanent, ou PVC (*Permanent Virtual Circuit*). Sinon, il s'agit de circuits virtuels commutés, ou SVC (*Switched Virtual Circuit*). On rencontre également les acronymes français CVP et CVC.

Les routeurs emploient un identifiant appelé DLCI (*Data-Link Connection Identifier*) en guise d'adresse Frame Relay, qui sert à identifier le circuit sur lequel la trame voyage. Dans la figure 13.2, lorsque R1 doit transmettre un paquet de niveau 3 à R2, il l'encapsule dans un en-tête et un en-queue Frame Relay et envoie la trame résultante. L'en-tête contient le DLCI correct afin que les commutateurs puissent acheminer la trame jusqu'à R2.

Le tableau 13.2 reprend les éléments introduits dans la figure 13.1 et la terminologie associée. Les sections qui suivent traitent en détail des fonctionnalités les plus importantes.

Sujet clé

Tableau 13.2 : Terminologie et concepts Frame Relay

Terme	*Description*
Circuit virtuel (VC)	Un concept logique qui représente le chemin que parcourent les trames entre deux ETTD. Il offre une plus grande souplesse comparativement aux circuits physiques loués.
Circuit virtuel permanent (PVC)	Un circuit virtuel prédéfini. Il peut être rapproché du concept de liaison louée.

Tableau 13.2 : Terminologie et concepts Frame Relay *(suite)*

Sujet clé

Terme	*Description*
Circuit virtuel commuté (SVC)	Un circuit virtuel établi dynamiquement selon les besoins. Il peut être rapproché du concept de connexion commutée établie par numérotation.
Équipement terminal de traitement de données (ETTD ou DTE)	Les ETTD sont connectés au service Frame Relay d'un opérateur et sont généralement situés au niveau du site du client.
Équipement terminal de circuit de données (ETCD ou DCE)	Les commutateurs Frame Relay sont des ETCD et font partie du réseau du fournisseur de services.
Lien d'accès (*access link*)	La liaison louée entre un ETTD et un ETCD.
Débit d'accès (*access rate*)	Vitesse de transmission du lien d'accès. Ce choix influence le prix de la connexion.
CIR (*Committed Information Rate*)	Le debit auquel les bits pourront être envoyés sur un circuit virtuel, garanti par le contrat de service entre le fournisseur et le client.
DLCI (*Data-Link Connection Identifier*)	Une adresse Frame Relay utilisée dans l'en-tête de la trame pour identifier le circuit virtuel.
NBMA (*Nonbroadcast Multi-access*)	Un réseau sur lequel les messages broadcast ne sont pas acceptés, mais auquel plusieurs équipements peuvent être raccordés.
LMI (*Local Management Interface*)	Le protocole de signalisation utilisé entre un ETCD et un ETTD Frame Relay pour gérer la connexion. Les messages de signalisation pour les SVC, les messages d'état de PVC et les messages keepalive sont tous des exemples de messages LMI.

Normes Frame Relay

Les spécifications Frame Relay sont rassemblées dans des documents de l'ITU (*International Telecommunication Union*), ou UIT (*Union internationale des télécommunications*), et de l'ANSI (*American National Standards Institute*). Le Frame Relay Forum (**www.frforum.com**), un consortium de fabricants, participe également à la définition de spécifications dont un grand nombre précèdent les spécifications originales des organismes de normalisation. Le tableau 13.3 présente les spécifications les plus importantes.

Tableau 13.3 : Spécifications des protocoles Frame Relay

Objectif de la spécification	*Document IUT (UIT)*	*Document ANSI*
Définition de la liaison de données, en-tête/en-queue LAPF y compris.	Q.922-annexe A (Q.922-A)	T1.618
Gestion de circuit virtuel permanent, LMI	Q.933-annexe A (Q.933-A)	T1.617-annexe D (T1.617-D)

Tableau 13.3 : Spécifications des protocoles Frame Relay *(suite)*

Objectif de la spécification	*Document IUT (UIT)*	*Document ANSI*
Signalisation pour circuit virtuel commuté	Q.933	T1.617
Encapsulation multiprotocole (prévue initialement par le RFC 1490/2427)	Q.933-annexe E (Q.933-E)	T1.617-annexe F (T1.617-F)

Circuits virtuels

Le Frame Relay apporte des avantages significatifs par rapport à la simple utilisation de liaisons louées point à point, le premier étant lié à l'emploi de circuits virtuels. La figure 13.3 illustre un exemple typique de réseau Frame Relay reliant trois sites.

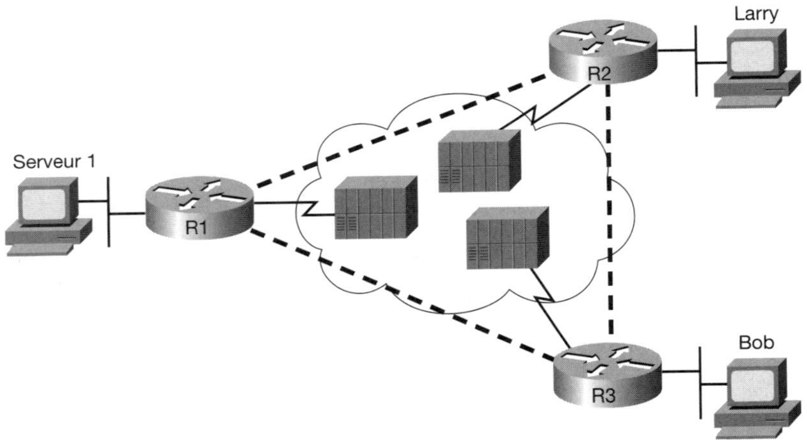

Figure 13.3
Réseau Frame Relay typique avec trois sites.

Un *circuit virtuel* définit un chemin logique entre deux ETTD Frame Relay et permet de créer une connexion point à point pour envoyer des données entre deux équipements à travers un WAN sans qu'il y ait réellement de circuit physique les reliant. Dans la figure 13.3, R1 termine deux circuits virtuels, l'un le reliant à R2, et l'autre à R3. Il peut à tout moment envoyer du trafic vers l'un des deux autres routeurs en utilisant le circuit virtuel approprié.

Les circuits virtuels à destination d'un site partagent le même lien d'accès et le même réseau Frame Relay. C'est ce qui se passe pour les deux circuits virtuels aboutissant à R1. En fait, plusieurs clients partagent le même réseau Frame Relay.

À l'origine, les entreprises dont les réseaux étaient basés sur des liaisons louées étaient peu disposées à migrer vers le Frame Relay, car elles allaient devoir partager la capacité de l'infrastructure du fournisseur avec d'autres clients. À cette fin, le Frame Relay a été conçu avec le concept de débit d'informations garanti, le CIR (*Committed Information Rate*). Chaque circuit virtuel possède un CIR par lequel le fournisseur s'engage à attribuer une certaine bande passante au circuit. Vous pouvez ainsi migrer vers le Frame Relay et obtenir un CIR équivalent à la bande passante dont vous disposiez avant avec la ligne louée.

Il est intéressant de souligner que même pour un réseau de trois sites, le Frame Relay peut s'avérer moins coûteux que si des liaisons louées point à point devaient être mises en place entre tous les sites. Imaginez une organisation composée de cent sites qui aurait besoin d'une connectivité complète entre tous les sites (*any-to-any*). Combien de liaisons louées faudrait-il ? Le calcul est simple : 4 950 ! Et il faudrait 99 interfaces série par routeur. Avec le Frame Relay, 100 liens d'accès aux commutateurs du nuage du fournisseur suffiraient, un par routeur, et les 4 950 circuits virtuels reliant les sites emprunteraient ces liens. Et il suffirait d'une seule interface par routeur.

Avec le Frame Relay, les fournisseurs de service peuvent concevoir des réseaux plus rentables qu'avec des lignes louées. Et au final, cela revient également moins cher pour le client.

Il existe deux types de circuits virtuels : permanents (PVC) et commutés (SVC). Les PVC sont prédéfinis par le fournisseur alors que les SVC sont établis dynamiquement. Les premiers sont de loin les plus implémentés. Les fournisseurs Frame Relay offrant rarement des services SVC, le reste de ce chapitre et le chapitre 14 ignorent ce type de circuits.

Lors de la conception d'un réseau Frame Relay, les ingénieurs ne prévoient pas forcément un circuit virtuel entre chaque paire de sites. La figure 13.3 illustre un PVC entre chaque paire de sites pour créer ce que l'on appelle un maillage total. Lorsque tous les sites pris deux à deux ne sont pas reliés par un PVC, il s'agit d'un maillage partiel. La figure 13.4 illustre le même réseau mais avec deux PVC. Cette topologie est typique lorsque R1 est un site central et que R2 et R3 sont des bureaux distants qui ont rarement besoin de communiquer directement.

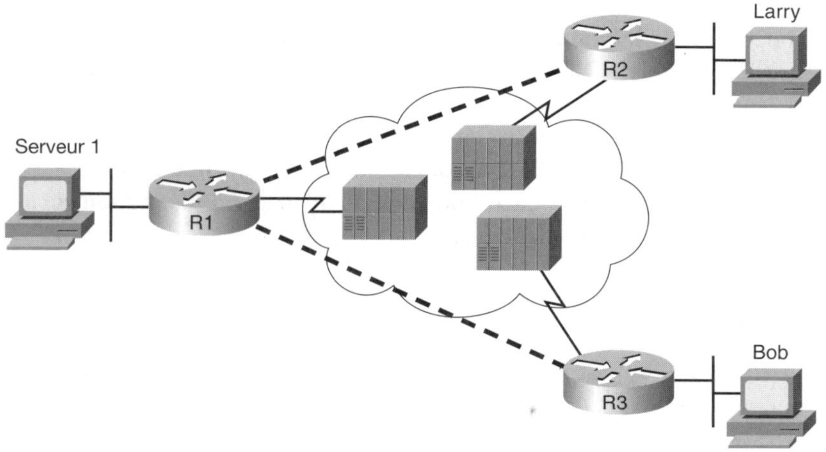

Figure 13.4
Réseau Frame Relay partiellement maillé typique.

Par rapport au maillage total, le maillage partiel procure des avantages, mais aussi des inconvénients. Le premier avantage se situe au niveau du coût qui est inférieur, le fournisseur facturant par circuit virtuel. L'inconvénient est que le trafic entre les sites distants doit transiter par le site central. Ici, le trafic entre R2 et R3 doit d'abord passer par R1. S'il y a peu de trafic, ce sera rentable. Si les échanges sont en revanche fréquents, le coût d'un maillage total pourrait se justifier.

Un obstacle conceptuel avec les circuits virtuels permanents est qu'il n'y a généralement qu'un seul lien d'accès sur lequel plusieurs circuits sont implémentés. Par exemple, examinez la figure 13.4 du point de vue de R1. Imaginez que Serveur1 envoie un paquet à Larry. Le paquet traverse le réseau Ethernet et arrive sur R1 qui examine sa table de routage. Celle-ci lui indique de le diriger en sortie sur son interface Serial0, le lien d'accès de R1. Il encapsule le paquet entre un en-tête et un en-queue puis envoie l'unité de données créée. Quel circuit virtuel utilise-t-il ? Le commutateur Frame Relay devrait le transmettre vers R2, mais comment procède-t-il ?

Nous avons introduit plus haut le concept de DLCI (*Data-Link Connection Identifier*), ou *identifiant de connexion de liaison de données*. Son nom est explicite, il s'agit d'une adresse qui sert au protocole du niveau Liaison de données (niveau 2 OSI) et permet l'identification des circuits virtuels, parfois appelés *connexions virtuelles*. Ainsi, R1 utilise le DLCI qui identifie le circuit virtuel vers R2, ce qui permet au réseau Frame Relay du fournisseur d'acheminer correctement la trame sur le circuit virtuel jusqu'à R2. De même, pour R3, R1 emploie le DLCI identifiant le circuit y menant. D'autres informations complémentaires vous seront présentées plus loin dans ce chapitre.

Types de LMI et types d'encapsulations

Lorsque l'on débute avec le Frame Relay, il est facile de confondre la LMI et l'encapsulation utilisée avec le Frame Relay. La LMI est une définition des messages utilisés entre un ETTD (par exemple, un routeur) et un ETCD (par exemple, le commutateur Frame Relay du réseau de l'opérateur). L'encapsulation définit les en-têtes qui permettent à un ETTD de communiquer certaines informations à un autre ETTD auquel il est relié par un circuit virtuel. La LMI utilisée par un commutateur et le routeur connecté doit être du même type. Contrairement au routeur, le commutateur ne se préoccupe pas de l'encapsulation.

Le message LMI le plus important concernant les sujets d'examen est celui de demande d'état. Ce type de message réalise deux fonctions essentielles :

Sujet clé

- La première fonction, *keepalive*, est celle de maintien de la ligne entre un ETTD et un ETCD. Si le lien d'accès est en panne, il s'ensuivra une absence de messages keepalive qui indiquera l'indisponibilité de la ligne.
- La seconde fonction du message d'état consiste à signaler si un PVC est actif ou inactif. Bien qu'un circuit virtuel permanent soit prédéfini, son état peut changer. Un lien d'accès peut être actif, mais un ou plusieurs circuits virtuels peuvent être défaillants. Le routeur doit

connaître les circuits actifs et ceux qui ne le sont pas. Il découvre cette information de la part du commutateur grâce à ce message.

Il existe trois choix de protocole LMI dans Cisco IOS : la version Cisco, la version UIT (ITU) et la version ANSI. Chacun d'eux est légèrement différent et par conséquent, incompatible avec les deux autres. Tant que l'ETTD et l'ETCD de part et d'autre d'un lien d'accès emploient la même norme LMI, tout fonctionne. Les différences entre LMI sont subtiles. Par exemple, les LMI Cisco demandent l'utilisation du DLCI 1023 pour les messages alors que T1.617-D et ITU Q.933 réclament le DLCI 0. Certains des messages comportent des champs différents dans l'en-tête. L'ETTD doit simplement savoir quel type de LMI utiliser avec le commutateur local.

La configuration du type de LMI est simple. L'option la plus populaire aujourd'hui est d'employer la configuration LMI par défaut qui utilise une fonction de détection automatique et permet au routeur de connaître le type configuré sur le commutateur, dont vous n'avez alors plus besoin de vous préoccuper. Si vous choisissez de le configurer vous-même, la fonction automatique sera alors désactivée.

Le tableau 13.4 liste les trois types de LMI introduits, leur origine et le mot-clé utilisé dans la sous-commande d'interface **frame-relay lmi-type** de Cisco.

Tableau 13.4 : Types de LMI Frame Relay

Sujet clé

Nom	*Document*	*Paramètre IOS*
Cisco	Propriétaire	**cisco**
ANSI	T1.617-annexe D	**ansi**
ITU	Q.933-annexe A	**q933a**

Un routeur connecté à un réseau Frame Relay encapsule un paquet dans un en-tête et un en-queue Frame Relay avant de l'envoyer sur le lien d'accès. Cette encapsulation est définie par la spécification LAPF (*Link Access Procedure for Frame mode bearer services*), appelée ITU Q.922-A. Le format des trames LAPF supporte la détection d'erreurs grâce à un champ FCS dans l'en-queue, ainsi que les champs DLCI, DE, FECN, et BECN qui sont décrits plus loin. La figure 13.5 illustre la trame.

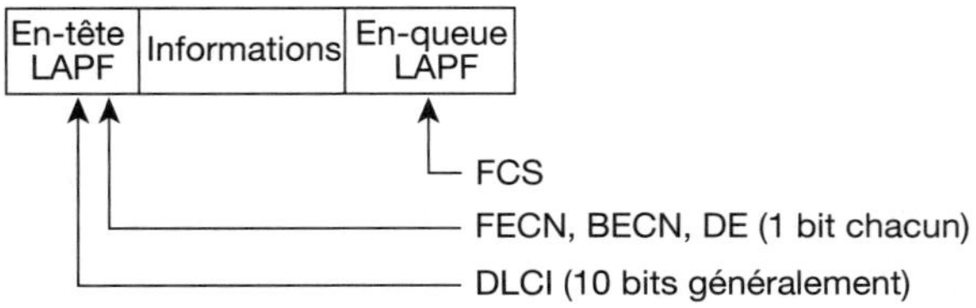

Figure 13.5
En-tête LAPF.

L'en-tête et l'en-queue LAPF ne fournissent pas tous les champs généralement requis par les routeurs. Plus particulièrement, la figure 13.5 ne montre pas de champ de type de protocole. Chaque en-tête de liaison de données doit inclure un champ permettant d'identifier le type de paquet qui suit l'en-tête de niveau 2. Si le Frame Relay n'emploie que l'en-tête LAPF, les ETTD (routeurs compris) ne peuvent prendre en charge un trafic multiprotocole puisqu'il n'existe aucun moyen de déterminer le type de protocole dans le champ d'informations.

Deux solutions ont été apportées pour remédier au problème que pose l'en-tête Frame Relay standard :

- Cisco et trois autres sociétés ont créé un en-tête supplémentaire inséré entre l'en-tête LAPF et celui du paquet de niveau 3 illustré figure 13.5. Cet en-tête contient un champ de deux octets qui définit le type de protocole transporté, dont les valeurs correspondent à celles utilisées par Cisco pour HDLC.
- La seconde solution a été définie dans le RFC 1490, *Multiprotocol Interconnect over Frame Relay* (interconnexion multiprotocole sur Frame Relay), remplacé par le RFC 2427 (retenez ces deux numéros), qui a été publié pour garantir l'interopérabilité entre les ETTD Frame Relay de différents fabricants. Cette solution apporte aussi son champ pour le type de protocole encapsulé, inséré au même endroit, mais beaucoup d'autres options également. L'UIT et l'ANSI ont par la suite incorporé les en-têtes du RFC 1490 dans leurs spécifications, Q.933-annexe E et T1.617-annexe F, respectivement.

La figure 13.6 illustre ces deux options.

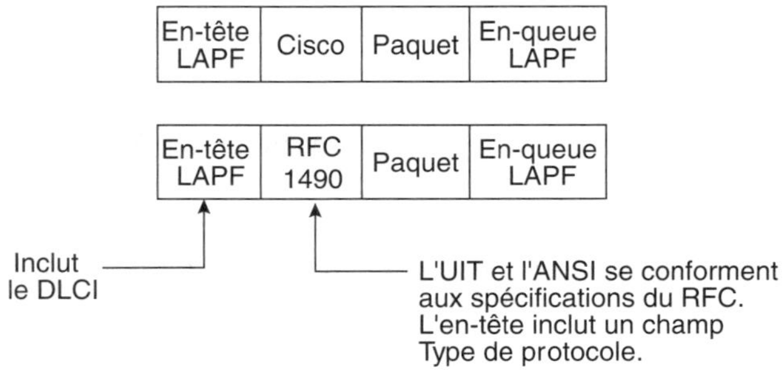

Sujet clé

Figure 13.6
Les encapsulations Cisco et RFC 1490/2427.

Maintenant que vous avez une bonne compréhension des concepts et de la terminologie Frame Relay, la section suivante examine plus en détail les DLCI.

Adressage Frame Relay

Étant donné qu'un routeur n'utilise qu'un seul lien d'accès supportant plusieurs circuits virtuels pour communiquer avec différents routeurs, il doit exister un moyen d'identifier l'équipement destinataire, en clair, une adresse. C'est le rôle que joue le DLCI que nous avons déjà introduit.

Toutefois, le DLCI fonctionne différemment par comparaison avec les autres adresses de liaison de données que nous avons étudiées dans le cadre des examens CCNA. Sa principale différence est *l'existence d'un seul champ DLCI dans l'en-tête et non de deux champs DLCI, source et de destination.*

Adressage local

Le DLCI possède quelques caractéristiques intéressantes qui doivent être comprises avant d'explorer plus loin son usage. Le DLCI a une signification locale. Ceci veut dire que les adresses doivent être uniques sur un même lien d'accès, mais pas nécessairement à l'échelle du WAN Frame Relay. Un peu comme un nom de rue que l'on retrouve dans plusieurs villes, mais qui est unique à chaque ville prise individuellement. Dans la figure 13.7, le DLCI 40 est utilisé sur deux liens d'accès différents pour identifier deux circuits différents, empêchant ainsi tout conflit.

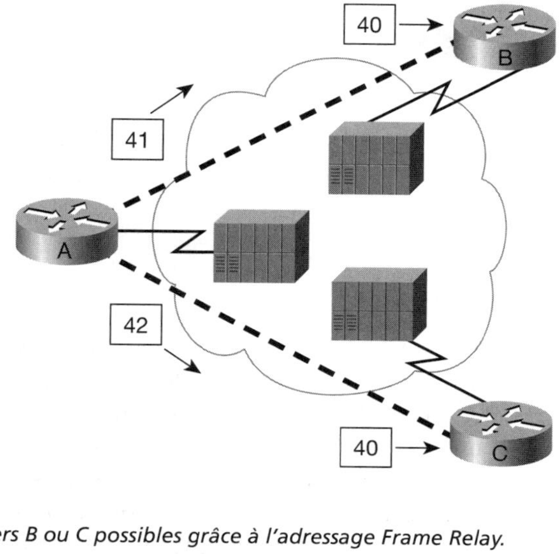

Figure 13.7
Communications de A vers B ou C possibles grâce à l'adressage Frame Relay.

L'adressage local, terme caractérisant le besoin d'unicité du DLCI sur un lien d'accès, est un fait. C'est ainsi que fonctionne le Frame Relay. En clair, un DLCI ne peut servir à représenter plus d'un circuit virtuel sur un même lien d'accès. Le commutateur Frame Relay ne saurait pas comment correctement acheminer les trames. Par exemple, dans la figure 13.7, R1 doit utiliser sur son lien d'accès différentes valeurs DLCI (en l'occurrence, 41 et 42).

Adressage global

Cette logique d'emploi d'un seul champ d'adresse dans l'en-tête Frame Relay et cette caractéristique d'unicité locale peuvent apparaître obscures au premier abord. Tout devient plus clair lorsque l'on se place du point de vue de l'adressage global par le fournisseur de services, et l'adressage DLCI ressemble alors davantage à celui d'un LAN. Cet adressage global n'est en fait que le choix des DLCI qui intervient lors de la planification d'un réseau Frame Relay. L'adressage global ne change en rien la règle d'unicité locale, il rend l'assignation des DLCI plus évidente.

L'adressage global fonctionne de la manière suivante : le fournisseur remet au client un tableau et un schéma de planification. La figure 13.8 illustre un exemple, avec les informations d'adressage DLCI global.

Figure 13.8
L'adressage DLCI global.

L'adressage global planifié et illustré à la figure 13.8 est appliqué comme indiqué à la figure 13.9. Il peut être interprété de la façon suivante : lorsque le routeur A envoie une trame au routeur B, il utilise le DLCI 41 pour indiquer au commutateur de la relayer par le PVC convenu correspondant à ce numéro global. De même qu'il emploie le DLCI 42 pour transmettre des trames au routeur C sur le circuit prévu. L'adressage global est plus logique pour beaucoup de gens, car il s'apparente davantage à celui que l'on retrouve sur les LAN, avec une seule adresse MAC pour chaque équipement. Si ces machines étaient sur un LAN et étaient adressées localement par MAC-A, MAC-B et MAC-C respectivement, A utiliserait l'adresse de destination MAC-B pour communiquer avec B et l'adresse de destination MAC-C pour émettre vers C.

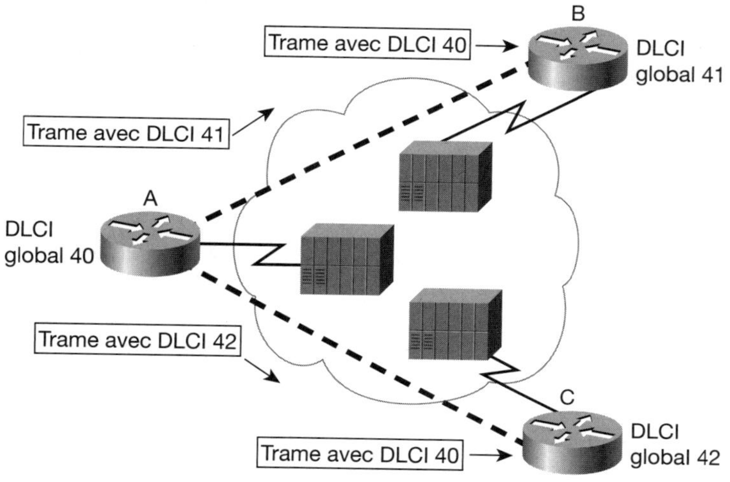

Figure 13.9
Adressage Frame Relay global du point de vue de l'émetteur.

Sujet clé

Le routeur A envoie une trame avec le DLCI 41 qui arrive sur le commutateur local. Celui-ci examine le champ DLCI et achemine la trame par le circuit virtuel adéquat pour qu'elle soit relayée à travers le réseau jusqu'à atteindre le commutateur proche du routeur B. Le commutateur transmet ensuite la trame sur le lien d'accès vers le routeur B. Le même processus se produit pour le routeur C lorsque A indique le DLCI 42 dans une trame. En se plaçant dans la perspective de l'adressage global, on peut voir chaque routeur comme ayant une adresse propre, comme sur un LAN. Lors de l'envoi d'une trame, il suffit donc à l'ETTD émetteur d'utiliser une seule information, le DLCI du destinataire, pour que le réseau puisse faire son travail d'acheminement jusqu'à l'ETTD de destination.

Une autre caractéristique clé de l'emploi du DLCI est que les commutateurs Frame Relay changent cette valeur avant de remettre les trames à leur destinataire. Avez-vous remarqué que la figure 13.9 indique un autre DLCI lorsque les trames arrivent sur les routeurs B et C ? Le routeur A transmet une trame avec le DLCI 41 correspondant au circuit vers B. Le dernier commutateur sur l'itinéraire place le DLCI 40 dans la trame avant de la remettre à B. Le résultat est que B et C reçoivent leurs trames avec un DLCI désignant A. Pourquoi cela ? Tout simplement pour qu'ils sachent que les trames proviennent de leur circuit respectif les reliant à A. En général, les règles suivantes s'appliquent :

- L'émetteur traite le champ de DLCI comme une adresse de destination en utilisant le DLCI global du destinataire dans l'en-tête.
- Le destinataire voit le champ DLCI comme étant une adresse source parce qu'elle contient le DLCI global de l'émetteur de la trame.

La figure 13.9 décrit ce qui se produit réellement sur un réseau Frame Relay typique. Un fournisseur de service remet au client un tableau récapitulatif et des schémas présentant les numéros de DLCI globaux. Le tableau 13.5 présente une vue tabulaire des DLCI utilisés dans la figure.

Tableau 13.5 : Permutation des DLCI dans le nuage Frame Relay

Émetteur	*Champ DLCI au départ*	*Destinataire*	*Champ DLCI à l'arrivée*
A	41	B	40
A	42	C	40
B	40	A	41
C	40	A	42

Un autre avantage de l'adressage global est que de nouveaux sites peuvent être ajoutés de façon plus commode. Examinez la figure 13.10 qui illustre le même réseau sur lequel ont été ajoutés les routeurs D et E. Le fournisseur doit simplement indiquer au client d'employer respectivement les DLCI 43 et 44. Si ces deux nouveaux équipements ne disposent aussi chacun que d'un PVC vers le routeur A, la planification de l'adressage est déjà terminée. Il suffit ensuite de suivre la même procédure décrite plus haut en utilisant les nouveaux DLCI : le routeur A utilisera 43 pour communiquer avec le routeur D et 44 pour le routeur E.

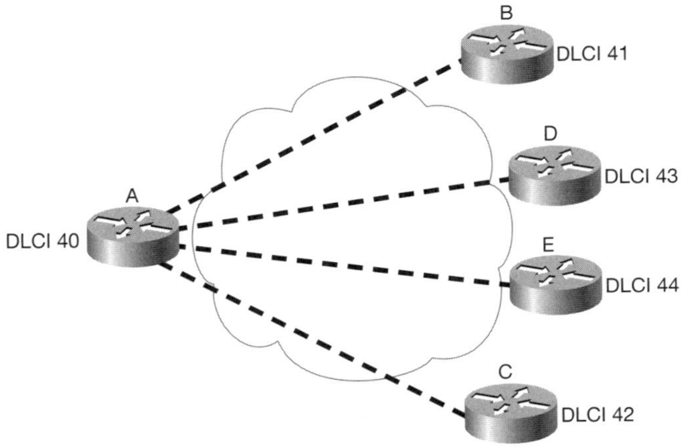

Figure 13.10
Ajout de sites au réseau WAN Frame Relay – adressage global.

Les exemples qui suivent dans ce chapitre emploient un adressage global, sauf stipulé autrement. Voici une façon pratique de déterminer si un schéma représente les DLCI locaux ou utilise la convention d'adressage globale. Si deux circuits se terminent sur le même ETTD et qu'un même numéro de DLCI est indiqué, le schéma représente la convention d'adressage global. Si un DLCI différent est indiqué par circuit, le schéma illustre l'adressage local.

La section suivante expose les conventions d'adressage IP qui peuvent être utilisées sur un nuage Frame Relay.

Considérations de niveau 3 sur un réseau Frame Relay

Les réseaux Frame Relay affichent à la fois des similitudes et des différences avec les LAN et les liaisons WAN point à point. Pour ce qui est des différences, elles demandent de prendre en compte certains aspects liés au transport des paquets de couche 3 à travers le réseau Frame Relay. En tant que futur CCNA, vous êtes concerné par ces deux problèmes importants :

- le choix des adresses de niveau 3 sur les interfaces Frame Relay ;
- la gestion du trafic broadcast.

L'implémentation Frame Relay de Cisco distingue trois options différentes pour l'assignation de sous-réseaux et d'adresses IP aux interfaces Frame Relay :

- un sous-réseau contenant tous les ETTD Frame Relay ; Sujet clé
- un sous-réseau par circuit virtuel ;
- une combinaison de ces deux options.

Cette section étudie ces trois options ainsi que la gestion du trafic broadcast, lequel peut affecter la façon dont les protocoles de routage fonctionnent sur un réseau Frame Relay.

Un sous-réseau incluant tous les ETTD

La figure 13.11 illustre la première option d'adressage qui est d'employer un seul sous-réseau. Il s'agit d'un choix typique dans le cas d'une topologie Frame Relay totalement maillée.

Figure 13.11
Maillage total avec adressage IP.

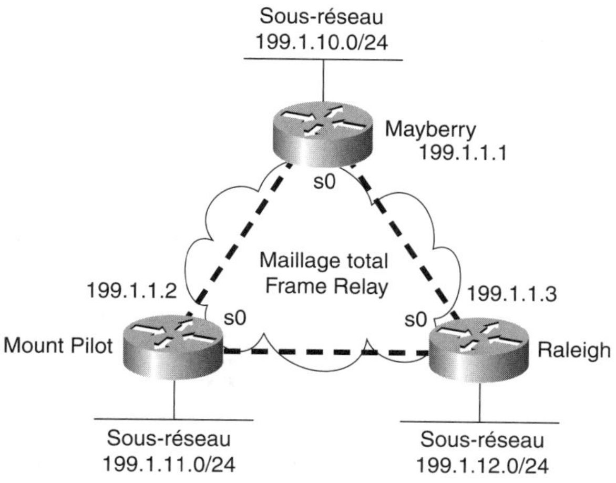

Dans cette configuration de maillage total, chaque routeur possède un circuit virtuel vers chacun des autres routeurs, signifiant qu'ils peuvent s'échanger directement des trames – conférant au réseau Frame Relay le même comportement que celui d'un réseau LAN. Les interfaces Frame Relay de tous les routeurs peuvent donc être placées dans le même sous-réseau. Le tableau 13.6 récapitule les adresses utilisées.

Tableau 13.6 : Adresses IP sans sous-interface

Routeur	*Adresse IP sur interface FR*
Mayberry	199.1.1.1
Mount Pilot	199.1.1.2
Raleigh	199.1.1.3

La solution du sous-réseau unique est simple et elle permet d'économiser l'espace d'adressage IP. Elle s'apparente aussi à ce que l'on retrouve sur un LAN, ce qui facilite sa conceptualisation. Malheureusement, la plupart des entreprises implémentent des réseaux Frame Relay partiellement maillés qui appellent une autre conception de l'adressage.

Un sous-réseau par circuit virtuel

Dans le cas d'un réseau Frame Relay partiellement maillé, l'option d'adressage IP qui consiste à définir un sous-réseau par circuit virtuel convient mieux, comme illustré à la figure 13.12. Par exemple, Boston ne peut pas envoyer de trames directement à Charlotte, puisqu'aucun circuit virtuel ne relie ces deux routeurs. Il s'agit d'un réseau Frame Relay plus typique, car la plupart des organisations multisites ont tendance à regrouper les applications sur des serveurs au niveau de quelques sites centralisés, auquel cas le plus gros du trafic intervient entre chaque site distant et ces serveurs.

Figure 13.12
Maillage partiel avec adressage IP.

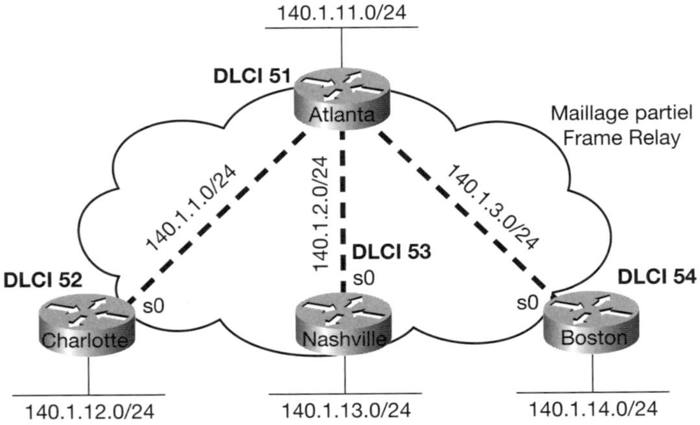

La solution d'un sous-réseau par circuit virtuel correspond à la logique sous-jacente d'un ensemble de liaisons point à point. Le fait d'employer plusieurs sous-réseaux au lieu d'un seul gaspille ces adresses IP, mais permet par contre de résoudre certains problèmes liés aux protocoles de routage à vecteur de distance.

Le tableau 13.7 récapitule les adresses utilisées.

Tableau 13.7 : Adresses IP avec des sous-interfaces point à point

Routeur	*Sous-réseau*	*Adresse IP*
Atlanta	140.1.1.0	140.1.1.1
Charlotte	140.1.1.0	140.1.1.2
Atlanta	140.1.2.0	140.1.2.1
Nashville	140.1.2.0	140.1.2.3
Atlanta	140.1.3.0	140.1.3.1
Boston	140.1.3.0	140.1.3.4

Le logiciel Cisco IOS possède une fonction de configuration appelée *sous-interfaces* qui crée une subdivision logique d'une interface physique. En configurant trois sous-interfaces sur l'interface Serial0 du routeur Atlanta, il est possible d'assigner à cette dernière trois adresses IP distinctes. Un routeur peut traiter chaque sous-interface, et le circuit virtuel qui lui est associé, comme s'il s'agissait d'une liaison série point à point. Le chapitre 14 présente des exemples de configuration.

INFO

La notation préfixée /24 est utilisée ici pour simplification. Sur les réseaux de production, on emploie généralement le préfixe /30 (masque 255.255.255.252) pour les sous-interfaces point à point, car il n'autorise que deux adresses IP valides (le nombre nécessaire pour ce type de sous-interface). Bien entendu, l'emploi de masques différents implique que le protocole de routage supporte la fonctionnalité VLSM.

Approche hybride

La troisième option d'adressage de niveau 3 combine les deux options précédentes. Examinez la figure 13.13 qui illustre à gauche un trio de routeurs reliés par des circuits virtuels, et deux circuits virtuels supplémentaires vers deux sites distants.

Deux possibilités d'adressage de niveau 3 sont envisageables ici. La première est de traiter chaque circuit comme un groupe distinct de niveau 3, auquel cas cinq sous-réseaux IP seraient requis. Toutefois, le maillage total entre les routeurs A, B et C autorise l'emploi d'un seul sous-réseau pour eux, les deux autres circuits virtuels reliant respectivement A à D et A à E étant traités chacun comme un groupe de niveau 3 distinct ; ce qui donne au total trois sous-réseaux.

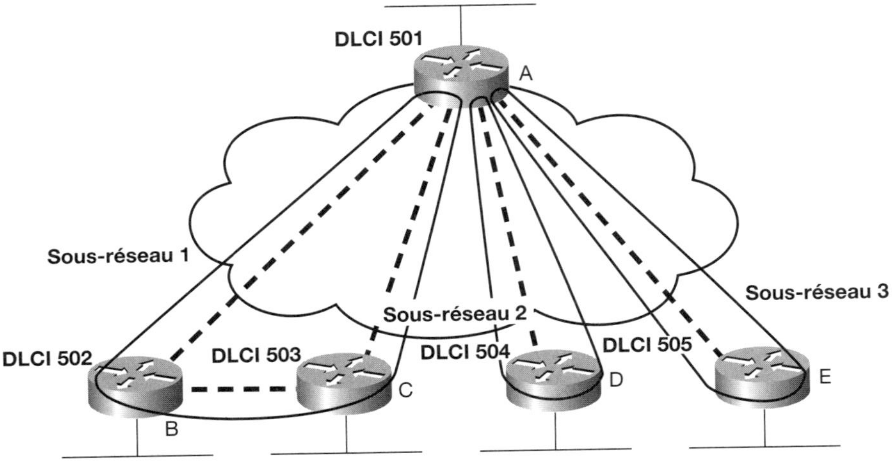

Figure 13.13
Combinaison d'un maillage total et d'un maillage partiel.

Quelle que soit l'approche retenue, des sous-interfaces sont utilisées pour implémenter l'adressage IP. Une sous-interface point à point convient lorsqu'un seul circuit virtuel appartient au groupe, comme c'est le cas entre A et D et entre A et E. Une sous-interface multipoint convient lorsque plus de deux routeurs appartiennent au groupe, ce qui est le cas pour les routeurs A, B et C.

Une sous-interface multipoint termine logiquement plusieurs circuits virtuels. Le tableau 13.8 récapitule les adresses et les sous-interfaces mises en place.

Tableau 13.8 : Adresses IP avec des sous-interfaces point à point et multipoints

Routeur	*Sous-réseau*	*Adresse IP*	*Type de sous-interface*
A	140.1.1.0/24	140.1.1.1	Multipoint
B	140.1.1.0/24	140.1.1.2	Multipoint
C	140.1.1.0/24	140.1.1.3	Multipoint
A	140.1.2.0/24	140.1.2.1	Point à point
D	140.1.2.0/24	140.1.2.4	Point à point
A	140.1.3.0/24	140.1.3.1	Point à point
E	140.1.3.0/24	140.1.3.5	Point à point

Quel type d'interfaces rencontrerez-vous sur un vrai réseau ? La plupart du temps, il s'agit de sous-interfaces point à point avec un seul sous-réseau IP par circuit virtuel. Vous devriez néanmoins comprendre toutes les options pour les examens CCNA.

INFO

Le chapitre 14 présente des configurations complètes pour les trois cas illustrés aux figures 13.11 à 13.13.

Gestion du trafic broadcast

Le deuxième problème à traiter avec le transport des protocoles de niveau 3 concerne les paquets broadcast. Le Frame Relay peut envoyer des copies d'un broadcast sur tous les circuits virtuels, mais il n'y a pas d'équivalent au broadcast LAN. En clair, un ETTD Frame Relay n'a pas la possibilité d'envoyer une seule trame sur le réseau Frame Relay et voir celle-ci dupliquée sur plusieurs circuits virtuels vers de multiples destinations. Les routeurs ont néanmoins besoin d'envoyer des messages broadcast pour assurer plusieurs fonctions, en particulier les mises à jour de routage utilisent souvent une adresse broadcast ou multicast.

La solution est double. Premièrement, le logiciel Cisco IOS envoie une copie d'un message broadcast sur tous les circuits virtuels, à condition que le routeur ait été configuré pour acheminer le trafic broadcast nécessaire. S'il n'y a que quelques circuits, cela ne représente pas un gros problème. Toutefois, si des centaines de circuits se terminent sur un routeur, cela implique d'envoyer des centaines de copies pour chaque message.

La deuxième partie de la solution consiste pour le routeur à réduire l'impact de la première partie. Pour cela, il place ces messages dans une autre file d'attente que celle utilisée pour le trafic utilisateur, pour éviter que celui-ci ne souffre de gros écarts de délai de transmission lors des envois broadcast. L'IOS peut aussi être configuré pour limiter la quantité de bande passante qui est consommée par ces messages broadcast répliqués.

Bien que de tels problèmes de surcharge du réseau risquent davantage d'être évoqués par l'examen CCNP sur le routage, un court exemple vous aidera à mieux en saisir les conséquences. Si un routeur a connaissance de 1000 routes, exécute RIP et possède 50 circuits virtuels, alors 1072 Mo de mises à jours RIP sont envoyés toutes les 30 secondes, ce qui équivaut à une moyenne de 285 Kbit/s – la formule est la suivante : 536 octets de paquets RIP, avec 25 routes dans chaque paquet, pour 40 paquets par mise à jour, avec des copies envoyées sur 50 circuits ; soit $536 \times 40 \times 50 = 1072$ Mo par intervalle de mise à jour ; $1072 \times 8 / 30$ secondes = 285 Kbit/s. Ce qui est considérable.

La configuration d'un routeur pour qu'il transmette le trafic broadcast sur chaque circuit virtuel est traité au chapitre 14. Cependant, les problèmes liés au traitement du volume de ces mises à jour sont plutôt abordés par les examens CCNP et CCIE.

Contrôle de la vitesse et des rejets au sein du nuage Frame Relay

Ce chapitre a déjà couvert les aspects les plus importants de la transmission de trames sur un réseau Frame Relay. Cette dernière section examine quelques stratégies visant à optimiser le fonctionnement du réseau.

L'en-tête Frame Relay inclut trois bits indicateurs qui peuvent servir à contrôler le trafic. Ces bits sont notamment utiles lorsqu'un ou plusieurs sites utilisent un débit d'accès (*access rate*) – vitesse d'horloge du lien d'accès – qui excède le CIR d'un circuit virtuel. Par exemple, si un routeur dispose d'un lien d'accès Frame Relay T1, mais seulement d'un CIR (*Committed Information Rate*) de 128 Kbit/s pour un circuit virtuel implémenté sur ce lien, il peut envoyer beaucoup plus de données sur le réseau Frame Relay que ce à quoi son contrat avec le fournisseur Frame Relay ne l'autorise. Cette section décrit trois bits qui affectent la façon dont les commutateurs peuvent contrôler le réseau lorsque celui-ci est congestionné en raison de vitesses non concordantes. Il s'agit des bits FECN (*Forward Explicit Congestion Notification*), BECN (*Backward Explicit Congestion Notification*) et DE (*Discard Eligibility*).

Bits FECN et BECN

Pour gérer les cas où un routeur a la possibilité d'envoyer plus de données qu'un circuit virtuel ne le lui permet, l'IOS inclut une fonctionnalité appelée *traffic-shaping*. Grâce à elle, le routeur peut envoyer quelques paquets, attendre, en envoyer d'autres, attendre de nouveau, et ainsi de suite. Il peut ainsi réduire sa vitesse de transmission jusqu'à tomber en dessous du débit d'accès, voire atteindre le CIR du circuit virtuel. Par exemple, avec un lien d'accès T1 et un CIR de 128 Kbit/s, cette fonctionnalité pourrait être définie pour envoyer une moyenne de 256 Kbit/s sur le circuit virtuel. Or, le fournisseur Frame Relay supprime généralement beaucoup de trafic lorsqu'un routeur utilise une vitesse moyenne proche du débit T1, qui représente ici douze fois le CIR. Au contraire, si la vitesse moyenne ne dépasse pas 256 Kbit/s, soit deux fois le CIR seulement, celui-ci n'intervient pas.

Cette fonctionnalité peut être configurée pour n'utiliser qu'une seule vitesse ou bien s'adapter à une plage de vitesses. Dans le second cas, si le réseau n'est pas congestionné, la vitesse supérieure de la plage sera utilisée. Si le réseau est congestionné, le routeur s'adaptera en utilisant la vitesse inférieure.

Pour pouvoir adapter leur vitesse, les routeurs doivent savoir lorsque des congestions surviennent : c'est le rôle des bits FECN et BECN. La figure 13.14 illustre leur utilisation.

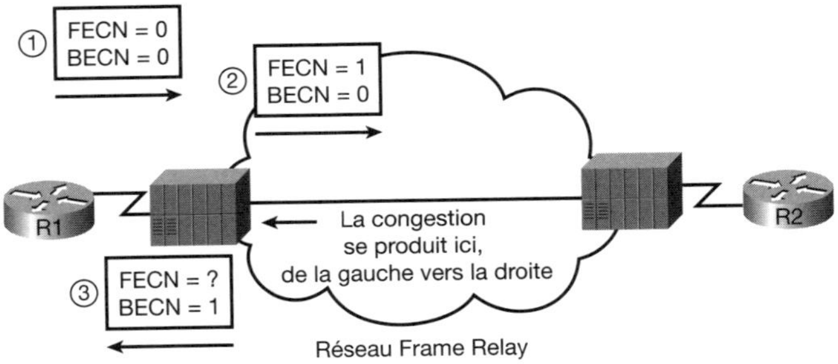

Sujet clé

Figure 13.14
Fonctionnement des bits FECN et BECN.

FECN et BECN sont donc des bits dans l'en-tête Frame Relay. À n'importe quel stade de la transmission, un équipement peut activer le bit de notation explicite de congestion en aval, ou FECN, pour signifier au destinataire que la frame a subi une congestion. Dans la figure 13.14, R1 envoie une trame avec ce bit à 0 (étape 1), puis le commutateur détecte une congestion et définit ce bit à 1 (étape 2).

Le but est d'obtenir du routeur émetteur, ici R1, qu'il ralentisse. Aussi, après avoir activé le bit FECN à l'étape 2, le commutateur Frame Relay active le bit de notation explicite de congestion en amont, ou BECN, dans la prochaine trame en direction de R1 sur ce circuit virtuel, comme illustré à l'étape 3. Ce bit signale à l'émetteur qu'une congestion a eu lieu. R1 peut alors choisir de ralentir, ou non, selon la façon dont la fonctionnalité de traffic-shaping est configurée.

Bit DE

Lorsque le réseau du fournisseur est congestionné, il semble logique qu'il essaie de supprimer les trames des clients responsables de la situation. Les fournisseurs conçoivent normalement leurs réseaux de manière à pouvoir gérer des charges de trafic bien supérieures aux CIR cumulés de tous les circuits virtuels. Toutefois, si un ou plusieurs clients abusent et utilisent des vitesses bien supérieures au CIR qu'ils ont contracté, le fournisseur est en droit de supprimer le trafic en excès.

Les protocoles Frame Relay définissent un moyen de limiter les désagréments de tels rejets. Le client peut en effet activer le bit DE dans certaines trames, indiquant au fournisseur de supprimer en priorité ces trames en cas de congestion. Lorsque ce bit est activé pour le trafic de moindre importance, celui de plus grande importance est ainsi assuré d'arriver à destination même en cas de congestion. Et lorsque le réseau Frame Relay n'est pas congestionné, le client peut envoyer d'importants volumes de données supplémentaires.

Préparation à l'examen

Sujets clés à réviser

Révisez les sujets les plus importants du chapitre, repérés dans la marge par le pictogramme « Sujet clé » et récapitulés dans le tableau 13.9.

Sujet clé

Tableau 13.9 : Sujets clés du chapitre

Emplacement	*Description*	*Numéro de page*
Figure 13.1	Composants Frame Relay	463
Tableau 13.2	Terminologie et concepts Frame Relay	464-465
Liste	Fonctions essentielles du message LMI de demande d'état	468

Tableau 13.9 : Sujets clés du chapitre *(suite)*

Emplacement	*Description*	*Numéro de page*
Tableau 13.4	Types de LMI Frame Relay	469
Figure 13.6	Encapsulations Cisco et RFC 1490/2427	470
Figure 13.9	Adressage Frame Relay global du point de vue de l'émetteur	473
Liste	Options d'assignation de sous-réseaux sur un réseau Frame Relay	475
Figure 13.14	Fonctionnement des bits FECN et BECN	480

Tableaux et listes à compléter

Complétez de mémoire les tableaux et listes concernant ce chapitre qui figurent dans l'annexe J, puis reportez-vous à l'annexe K pour comparer vos réponses à celles qui vous sont fournies. Ces annexes figurent sur le CD-ROM.

Termes clés à définir

Donnez la définition des termes suivants et comparez vos réponses avec le glossaire :

Lien d'accès, débit d'accès, CIR, DLCI, ETCD Frame Relay, ETTD Frame Relay, correspondances (*mapping*) d'adresses, Inverse ARP, LMI, NBMA, circuit virtuel permanent, circuit virtuel.

14

Configuration et dépannage du Frame Relay

Au sommaire de ce chapitre :

- **Configuration et vérification du Frame Relay.** Cette section explique comment configurer et vérifier les fonctionnalités Frame Relay requises et optionnelles.
- **Dépannage du Frame Relay.** Cette section décrit une procédure permettant de déterminer les raisons de l'échec d'un ping entre deux routeurs Frame Relay.

Le chapitre 13 a présenté les concepts sous-jacents à la technologie Frame Relay. Le présent chapitre montre comment configurer les fonctionnalités Frame Relay sur les routeurs Cisco, vérifier que chaque fonctionnalité est opérationnelle, et dépanner les problèmes de transmission de paquets sur le réseau.

Questionnaire d'évaluation

Grâce à ce questionnaire, vous pourrez déterminer s'il vous faut ou non lire la totalité du chapitre. Si vous n'échouez qu'à une question, vous pouvez envisager de passer directement à la section « Tâches de préparation à l'examen ». Le tableau 14.1 reprend les titres des sections principales de la partie « Connaissances fondamentales » de ce chapitre ainsi que les numéros des questions d'évaluation s'y rapportant. Vous pourrez ainsi évaluer votre niveau de maîtrise de ces sujets. Les réponses sont données à l'annexe A.

Tableau 14.1 : Questions d'évaluation et sections concernées

Connaissances fondamentales	*Questions*
Configuration et vérification du Frame Relay	1 à 5
Dépannage du Frame Relay	6 à 8

1. Imaginez deux routeurs Cisco, R1 et R2, utilisant un service Frame Relay. R1 se connecte à un commutateur qui utilise le type de LMI ANSI T1.617, et R2 à un commutateur utilisant ITU Q.933a. Quelles sont les valeurs à configurer sur R1 et R2 pour que les messages LMI fonctionnent correctement ?

   a. **ansi** et **itu**

   b. **T1617** et **q933**

   c. **ansi** et **q933**

   d. **T1617** et **itu**

   e. Cette fonctionnalité n'opérera pas avec deux types différents.

2. La société BettyCo possède cinq sites avec des routeurs connectés au même réseau Frame Relay. Des circuits virtuels ont été définis entre chaque paire de routeurs. La direction menace de licencier quiconque configure une fonctionnalité qui pourrait aussi bien être laissée avec la valeur par défaut. Quelles commandes provoqueraient le licenciement du technicien en charge ?

   a. **ip address**

   b. **encapsulation**

   c. **lmi-type**

   d. **frame-relay map**

   e. **frame-relay inverse-arp**

3. La société WilmaCo possède des routeurs connectés à un réseau Frame Relay. R1 est un routeur de site distant relié au site du siège au moyen d'un simple circuit virtuel. Sa configuration actuelle se présente comme suit :

```
interface serial 0/0
  ip address 10.1.1.1 255.255.255.0
  encapsulation frame-relay
```

   La direction a entendu parler de l'adéquation des sous-interfaces point à point dans un tel cas et vous demande de modifier la configuration du routeur pour en utiliser une. Quelles commandes sont requises ?

   a. **no ip address**

   b. **interface-dlci**

   c. **no encapsulation**

   d. **encapsulation frame-relay**

   e. **frame-relay interface-dlci**

4. La société WilmaCo possède un autre réseau où le routeur du site principal est relié à dix sites distants au moyen de dix circuits virtuels. La direction pense que des sous-interfaces multipoints conviendraient mieux que le point à point. La configuration actuelle du routeur central est la suivante :

```
interface serial 0/0
  ip address 172.16.1.1 255.255.255.0
 encapsulation frame-relay
```

La direction vous demande de modifier la configuration du routeur afin d'utiliser une sous-interface multipoint. De quelle commande avez-vous besoin sachant que les DLCI 101 à 110 sont utilisés pour les dix circuits virtuels ?

a. **interface-dlci 101 110**

b. **interface dlci 101-110**

c. Dix commandes **interface-dlci** différentes.

d. **frame-relay interface-dlci 101 110**

e. **frame-relay interface dlci 101-110**

f. Dix commandes **frame-relay interface-dlci** différentes.

5. Quelle commande affiche les informations découvertes par Inverse ARP ?

a. **show ip arp**

b. **show arp**

c. **show inverse arp**

d. **show frame-relay inverse-arp**

e. **show map**

f. **show frame-relay map**

6. Quels sont les codes d'état de PVC qui font qu'un routeur envoie des trames pour le PVC associé ?

a. Up.

b. Down.

c. Active.

d. Inactive.

e. Static.

f. Deleted.

7. Un routeur central RC dispose de dix circuits virtuels vers dix routeurs distants (R1 à R10), pour lesquels il utilise respectivement les DLCI locaux 101 à 110. Les DLCI 107 à 109 sont regroupés en une seule sous-interface multipoint, S0/0.789 dont l'état est *up/up*. Quelle assertion est vraie ?

   a. L'interface série 0/0 peut se trouver dans un état *up/down*.

   b. Le circuit identifié par le DLCI 108 peut se trouver dans un état inactif.

   c. La commande **show frame-relay map** affiche les informations de correspondance d'adresses (*mapping*) pour les trois circuits virtuels.

   d. Au moins un des trois circuits se trouve dans un état actif ou statique.

8. Un routeur Frame Relay R1 utilise l'interface S0/0 pour se connecter à un lien d'accès Frame Relay. L'interface physique se trouve dans un état *up/down*. Quelles sont les causes possibles ?

   a. Le lien d'accès a un problème physique et ne peut transmettre de bits entre le routeur et le commutateur.

   b. Le commutateur et le routeur n'emploient pas le même type de LMI.

   c. La commande **encapsulation frame-relay** est manquante sur l'interface S0/0 du routeur.

   d. Le routeur a reçu un message d'état LMI valide signalant qu'un des DLCI est inactif.

Connaissances fondamentales

Ce chapitre comprend deux sections principales. La première examine une configuration Frame Relay tout en expliquant plusieurs commandes **show**. La seconde décrit comment aborder et dépanner les problèmes sur un réseau Frame Relay.

Configuration et vérification du Frame Relay

La configuration du Frame Relay peut parfois se limiter au minimum ou bien être très détaillée, selon le nombre de paramètres utilisés par défaut. Normalement, le logiciel Cisco IOS détecte automatiquement le type de LMI et découvre aussi automatiquement les correspondances entre DLCI et adresses IP de prochain saut (grâce à Inverse ARP). Si vous n'employez que des routeurs Cisco, l'encapsulation Cisco par défaut fonctionne aussi sans configuration additionnelle. Et si vous avez conçu votre réseau Frame Relay avec un seul sous-réseau IP, vous pouvez vous passer de configurer des sous-interfaces sur les interfaces physiques des routeurs afin de limiter la taille de la configuration. En fait, en conservant autant de paramètres par défaut que possible, la seule commande de configuration additionnelle requise pour le Frame Relay, par rapport aux WAN point à point, est **encapsulation frame-relay**.

Les questions des examens CCNA relatives au Frame Relay peuvent être difficiles pour deux raisons. D abord, le Frame Relay inclut une variété de paramètres optionnels. Ensuite, pour les techniciens réseau qui connaissent déjà cette technologie, ils n'ont souvent l'expérience que d'une des trois principales options – physique, multipoint ou point à point – alors que les examens couvrent les trois. Il importe par conséquent que vous preniez le temps d'étudier les exemples donnés pour toutes les options.

Planification d'une configuration Frame Relay

Les techniciens doivent passer par une phase de planification importante pour savoir par où débuter la configuration. Bien que la plupart des entreprises modernes disposent déjà de connexions Frame Relay, la planification de nouveaux sites demande de prendre en compte les éléments suivants et de les communiquer au fournisseur du service Frame Relay :

- Identifier les sites physiques sur lesquels il faut installer un lien d'accès Frame Relay physique et définir la fréquence d'horloge (débit d'accès) de chaque lien.
- Définir chaque circuit virtuel en identifiant les points d'extrémité et en choisissant le CIR.
- Se mettre d'accord sur le type de LMI (généralement imposé par le fournisseur).

En outre, le technicien doit choisir un type de configuration fondé sur les points ci-après. Pour cela, il n'a pas besoin de consulter le fournisseur Frame Relay :

- Choisir le modèle de subdivision en sous-réseaux IP : un sous-réseau pour tous les circuits virtuels, un sous-réseau pour chaque circuit virtuel, ou un sous-réseau pour chaque sous-ensemble totalement maillé.
- Déterminer s'il convient d'assigner les adresses IP à des sous-interfaces physiques, multipoints ou point à point.
- Identifier les circuits virtuels qui doivent utiliser l'encapsulation IETF plutôt que l'encapsulation Cisco par défaut. L'encapsulation IETF est généralement employée lorsque les routeurs ne sont pas tous des équipements Cisco.

Une fois la planification terminée, les étapes de configuration découlent naturellement des choix effectués. La liste suivante énumère les étapes générales. N'hésitez pas à vous y reporter à mesure que vous étudiez les différents exemples de ce chapitre qui illustrent comment configurer les diverses options. Cette procédure est censée vous aider simplement à organiser votre réflexion sur la configuration, aussi n'est-il pas nécessaire de la mémoriser :

Étape 1 Configurer l'interface physique pour activer l'encapsulation Frame Relay (sous-commande d'interface **encapsulation frame-relay**). Sujet clé

Sujet clé

Étape 2 Configurer une adresse IP sur l'interface ou la sous-interface (sous-commande **ip address**).

Étape 3 (Optionnel) Définir manuellement le type de LMI sur chaque interface série physique (sous-commande d'interface **frame-relay lmi-type**).

Étape 4 (Optionnel) À la place du type d'encapsulation par défaut **cisco**, activer l'encapsulation **ietf** comme suit :

a. Pour tous les circuits virtuels de l'interface, ajouter le mot-clé **ietf** à la sous-commande **encapsulation frame-relay**.

b. Pour un circuit individuel, ajouter le mot-clé **ietf** à la sous-commande **frame-relay interface-dlci** (sous-interfaces point à point seulement) ou à la commande **frame-relay map**.

Étape 5 (Optionnel) Inverse ARP gère par défaut les associations de DLCI aux adresses de routeurs de prochain saut. S'il n'est pas activé, définir des associations statiques au moyen de la sous-commande d'interface **frame-relay map ip** *dlci adresse-ip* **broadcast**.

Étape 6 Associer aux sous-interfaces un (point à point) ou plusieurs (multipoint) DLCI, de l'une des deux manières suivantes :

a. À l'aide de la sous-commande d'interface **frame-relay interface-dlci** *dlci*.

b. Dans le cas d'associations statiques, au moyen de la sous-commande d'interface **frame-relay map ip** *dlci adresse-ip* **broadcast**.

Le reste de cette section illustre ces étapes de configuration tout en expliquant comment vérifier le bon fonctionnement du réseau Frame Relay.

Maillage total avec un sous-réseau IP

Le premier exemple illustre la configuration Frame Relay la plus élémentaire, incluant seulement les deux premières étapes de la procédure décrite précédemment. La conception de ce réseau implique les choix suivants :

- Installer un lien d'accès vers trois routeurs.
- Créer un maillage total de circuits virtuels permanents.
- Utiliser un seul sous-réseau (réseau de classe C 199.1.1.0) sur le réseau Frame Relay.
- Configurer directement les interfaces physiques des routeurs.

Pour le type de LMI, Inverse ARP et le type d'encapsulation, les paramètres par défaut sont conservés. Les exemples 14.1 à 14.3 montrent la configuration du réseau de la figure 14.1.

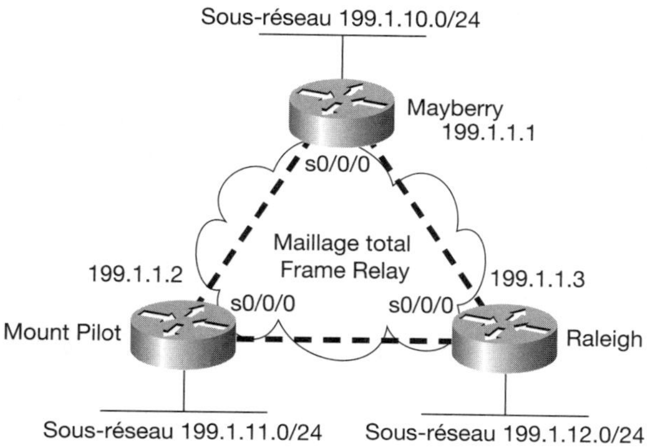

Figure 14.1
Maillage total avec adresses IP.

Exemple 14.1 *Configuration sur Mayberry*

```
interface serial0/0/0
 encapsulation frame-relay
 ip address  199.1.1.1  255.255.255.0
!
interface fastethernet 0/0
 ip address  199.1.10.1  255.255.255.0
!
router eigrp 1
 network 199.1.1.0
 network 199.1.10.0
```

Exemple 14.2 *Configuration sur Mount Pilot*

```
interface serial0/0/0
 encapsulation frame-relay
 ip address  199.1.1.2  255.255.255.0
!
interface fastethernet 0/0
 ip address  199.1.11.2   255.255.255.0
!
router eigrp 1
 network 199.1.1.0
 network 199.1.11.0
```

Exemple 14.3 *Configuration sur Raleigh*

```
interface serial0/0/0
 encapsulation frame-relay
 ip address  199.1.1.3  255.255.255.0
!
interface fastethernet 0/0
 ip address  199.1.12.3   255.255.255.0
!
router eigrp 1
 network 199.1.1.0
 network 199.1.12.0
```

La configuration est simple en comparaison des concepts nécessaires à la compréhension de Frame Relay. La commande **encapsulation frame-relay** indique aux routeurs d'exécuter les protocoles de liaison de données Frame Relay à la place du protocole par défaut qui est HDLC. Notez que les adresses IP définies sur les interfaces série des trois routeurs appartiennent au même réseau de classe C. Cette configuration rudimentaire tire parti des paramètres par défaut suivants :

Sujet clé

- Le type de LMI est détecté automatiquement.
- Le type d'encapsulation est Cisco à la place de IETF.
- Les DLCI des circuits permanents sont découverts par l'intermédiaire de messages d'état LMI.
- Inverse ARP est activé et entre en action à réception du message d'état déclarant que les circuits virtuels sont actifs.

Configuration du type d'encapsulation et du type de LMI

Dans certaines situations, les valeurs par défaut ne conviennent pas. Par exemple, l'encapsulation IETF est requise lorsqu'un des routeurs provient d'un autre fabricant que Cisco. Pour illustrer une autre configuration possible, nous allons ajouter les exigences suivantes :

- Le routeur Raleigh requiert l'encapsulation IETF sur les deux circuits virtuels.
- Le type de LMI sur Mayberry devrait être ANSI et la détection automatique du type de LMI ne devrait pas être activée.

L'application d'autres paramètres que ceux par défaut se fait aux étapes 3 et 4 de la procédure de configuration. Les exemples 14.4 et 14.5 présentent les changements apportés aux routeurs Mayberry et Raleigh.

Exemple 14.4 *Configuration modifiée sur Mayberry*

```
interface serial0/0/0
 encapsulation frame-relay
 frame-relay lmi-type ansi
 frame-relay map ip 199.1.1.3 53 ietf
 ip address 199.1.1.1  255.255.255.0
! Reste de la configuration inchangé par rapport à l'exemple 14.1
```

Exemple 14.5 *Configuration modifiée sur Raleigh*

```
interface serial0/0/0
 encapsulation frame-relay ietf
 ip address  199.1.1.3  255.255.255.0
!
! Reste de la configuration inchangé par rapport à l'exemple 14.3
```

L'encapsulation n'a pas été modifiée de la même manière sur les routeurs Mayberry et Raleigh. Sur ce dernier, la commande **encapsulation** avec le mot-clé **ietf** a permis de changer le type d'encapsulation sur ses deux circuits permanents ; cette commande s'applique à tous les circuits virtuels de l'interface. Sur Mayberry, un seul des deux circuits virtuels doit utiliser l'encapsulation IETF. La commande **frame-relay map** a donc été employée pour spécifier le DLCI du circuit vers Raleigh, avec le mot-clé **ietf** changeant l'encapsulation juste pour ce circuit.

La configuration LMI sur Mayberry n'aurait pas eu besoin d'être modifiée puisque la fonctionnalité de détection automatique aurait reconnu le type ANSI. La sous-commande d'interface **frame-relay lmi-type ansi** a néanmoins été émise pour obliger ce routeur à utiliser ANSI, désactivant cette fonctionnalité.

INFO

Le type de LMI est un paramètre d'interface physique même lorsque des sous-interfaces sont utilisées. Aussi la commande **frame-relay lmi-type** est-elle toujours une sous-commande d'interface.

La commande **frame-relay interface-dlci** avec le mot-clé **ietf** devrait aussi être exécutée sur le routeur Mount Pilot, mais ce changement n'est pas présenté ici.

Correspondances d'adresses

Les DLCI étaient absents de la figure 14.1 et des exemples 14.1 à 14.3. La configuration était cependant correcte et, en supposant que les DLCI ne soient pas connus, le réseau quand même aurait fonctionné. Pour savoir comment cela est possible, vous devez comprendre un concept important qui est celui de *correspondances d'adresses (address mapping)*, et qui sera également utile pour l'examen et dans votre activité professionnelle. La figure 14.2 reprend le même réseau avec cette fois les valeurs DLCI globales.

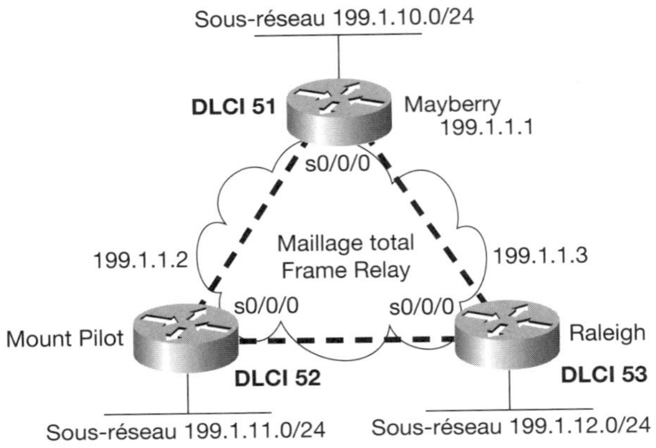

Figure 14.2
Maillage total avec adressage IP et DLCI globaux.

Le terme *correspondance* se réfère ici à l'association d'une adresse de niveau 3 à l'adresse de niveau 2 correspondante. Par exemple, le protocole ARP (*Address Resolution Protocol*) établit des correspondances d'adresses qui sont ensuite placées dans un cache. Au départ, seule l'adresse IP d'un autre équipement sur le même LAN est connue. À l'issue de la résolution ARP, on obtient l'adresse LAN (niveau 2) de cet équipement. De la même manière, il est nécessaire d'établir une correspondance entre l'adresse de niveau 3 d'un routeur Frame Relay et le DLCI qu'il faut utiliser pour l'atteindre.

Cette section explique l'importance de ce concept de correspondances d'adresses pour les connexions LAN et pour le Frame Relay, en se concentrant plus particulièrement sur ce dernier. Voici une définition générale de cette expression :

Sujet clé

> Une association établie entre une adresse de niveau 3 de prochain saut et l'adresse de niveau 2 qu'il faut utiliser pour l'atteindre est qualifiée de *correspondance*. Les correspondances d'adresses sont nécessaires sur les réseaux multi-accès.

La nécessité d'établir des correspondances d'adresses apparaît de façon plus évidente dans le contexte du routage. Imaginez qu'un hôte du sous-réseau de Mayberry envoie un paquet IP à un hôte du sous-réseau de Mount Pilot. Le routeur Mayberry reçoit le paquet provenant du LAN et supprime l'en-tête et l'en-queue Ethernet. Il examine ensuite sa table de routage et trouve une route vers le sous-réseau 199.1.11.0 associée à son interface Serial 0/0/0. Cette entrée indique 199.1.1.2 comme adresse IP de prochain saut, c'est-à-dire l'adresse IP du routeur Mount Pilot sur le réseau Frame Relay. Le sous-réseau 199.1.11.0 est accessible *via* l'interface Ethernet du routeur Mount Pilot.

Reste maintenant à savoir comment Mayberry sait quel DLCI placer dans l'en-tête Frame Relay étant donné qu'aucun DLCI n'a été configuré. L'exemple 14.6 illustre l'emploi de certaines commandes importantes qui vont nous permettre de déterminer comment Mayberry choisit le bon DLCI.

Exemple 14.6 *Commandes* **show** *sur Mayberry*

```
Mayberry#show ip route
Codes  C - connected, S - static, I - IGRP, R - RIP, M - mobile, B - BGP
       D - EIGRP, EX - EIGRP external, O - OSPF, IA - OSPF inter area
       N1 - OSPF NSSA external type 1, N2 - OSPF NSSA external type 2
       E1 - OSPF external type 1, E2 - OSPF external type 2, E - EGP
       i - IS-IS, L1 - IS-IS level-1, L2 - IS-IS level-2, ia - IS-IS inter area
       * - candidate default, U - per-user static route, o - ODR
       P - periodic downloaded static route

Gateway of last resort is not set

D    199.1.11.0/24 [90/2195456] via 199.1.1.2, 00:00:26, Serial0/0/0
C    199.1.10.0/24 is directly connected, Fastethernet0/0
D    199.1.12.0/24 [90/2185984] via 199.1.1.3, 00:01:04, Serial0/0/0
C    199.1.1.0/24 is directly connected, Serial0/0/0
C    192.68.1.0/24 is directly connected, Fastethernet0/0
C    192.168.1.0/24 is directly connected, Fastethernet0/0

Mayberry#show frame-relay pvc
PVC Statistics for interface Serial0/0/0 (Frame Relay DTE)

              Active     Inactive      Deleted       Static
  Local          2           0            0             0
  Switched       0           0            0             0
  Unused         0           0            0             0

DLCI = 52, DLCI USAGE = LOCAL, PVC STATUS = ACTIVE, INTERFACE = Serial0/0/0

  input pkts 46           output pkts 22           in bytes 2946
  out bytes 1794          dropped pkts 0           in FECN pkts 0
  in BECN pkts 0          out FECN pkts 0          out BECN pkts 0
  in DE pkts 0            out DE pkts 0
  out bcast pkts 21       out bcast bytes 1730
  pvc create time 00:23:07, last time pvc status changed 00:21:38
```

Exemple 14.6 *Commandes* **show** *sur Mayberry (suite)*

```
DLCI = 53, DLCI USAGE = LOCAL, PVC STATUS = ACTIVE, INTERFACE = Serial0/0/0

  input pkts 39            output pkts 18           in bytes 2564
  out bytes 1584           dropped pkts 0           in FECN pkts 0
  in BECN pkts 0           out FECN pkts 0          out BECN pkts 0
  in DE pkts 0             out DE pkts 0
  out bcast pkts 18        out bcast bytes 1584
  pvc create time 00:23:08, last time pvc status changed 00:21:20

Mayberry#show frame-relay map
Serial0/0/0 (up): ip 199.1.1.2 dlci 52(0x34,0xC40), dynamic,
              broadcast,, status defined, active
Serial0/0/0 (up): ip 199.1.1.3 dlci 53(0x35,0xC50), dynamic,
              broadcast,, status defined, active
```

Cet exemple met en évidence toutes les informations requises par Mayberry pour envoyer des paquets vers le réseau 199.1.11.0/24 accessible à partir de Mount Pilot. La route de Mayberry vers 199.1.11.0 se réfère à l'interface Serial 0/0/0 et à l'adresse de prochain saut 199.1.1.2. La commande **show frame-relay pvc** liste deux DLCI, 52 et 53, qui sont tous deux actifs. Mayberry en a pris connaissance par le biais des messages LMI qui renseignent sur les circuits virtuels, les DLCI associés et leur état.

Lequel devrait-il utiliser ? La commande **show frame-relay map** donne la réponse. Notez la ligne *ip 199.1.1.2 dlci 52* dans son résultat. Mayberry est parvenu à associer l'adresse 199.1.1.2, qui est celle du routeur de prochain saut, au DLCI correct, c'est-à-dire 52.

Deux méthodes peuvent être utilisées pour établir ces correspondances. L'une d'elles consiste à les configurer de façon statique et l'autre fait appel au protocole Inverse ARP. Les deux sections suivantes expliquent ces deux options en détail.

Inverse ARP

Inverse ARP crée dynamiquement des correspondances entre les adresses de niveau 3 (IP, par exemple) et celles de niveau 2 (DLCI). Bien que le résultat produit soit le même que celui d'ARP sur un LAN, il ne fonctionne pas selon le même principe. Lorsqu'un circuit virtuel devient actif, chaque routeur y annonce son adresse de couche réseau au moyen de ce protocole. Sa logique est illustrée à la figure 14.3.

Inverse ARP annonce les adresses de niveau 3 aussitôt que la fonction LMI signale que les circuits virtuels sont actifs. Sur un réseau LAN, ARP commence par découvrir l'adresse IP, pas

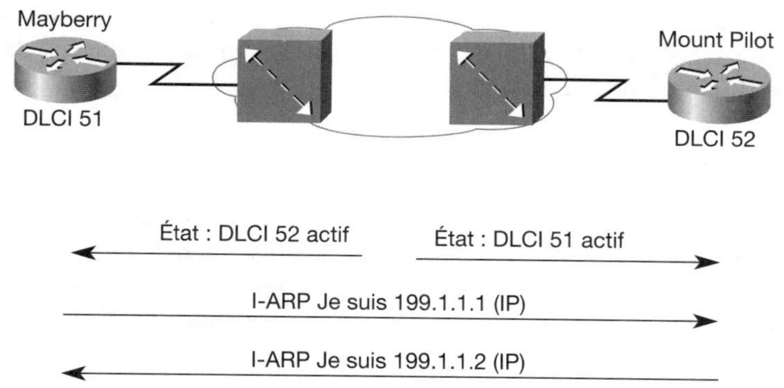

Figure 14.3
Logique du protocole Inverse ARP.

Sujet clé

l'adresse de liaison de données. Inverse ARP, lui, commence par découvrir les adresses de liaison de données DLCI (*via* les messages LMI) et annonce immédiatement après les adresses de niveau 3. Ce protocole est activé par défaut.

Dans l'exemple 14.6, le résultat de la commande **show frame-relay map** inclut deux lignes. On peut voir que Mayberry utilise Inverse ARP pour découvrir que le DLCI 52 est associé à l'adresse de prochain saut 199.1.1.2 et que le DLCI 53 est associé à l'adresse de prochain saut 199.1.1.3. Ces informations lui sont transmises respectivement par Mount Pilot et Raleigh.

Le tableau 14.2 présente ce qui se produit sur le réseau de la figure 14.2 avec Inverse ARP.

Tableau 14.2 : Messages Inverse ARP échangés sur le réseau de la figure 14.2

Routeur émetteur	*DLCI de la trame envoyée*	*Routeur récepteur*	*DLCI de la trame reçue*	*Informations Inverse ARP*
Mayberry	52	Mount Pilot	51	Je suis 199.1.1.1.
Mayberry	53	Raleigh	51	Je suis 199.1.1.1.
Mount Pilot	51	Mayberry	52	Je suis 199.1.1.2.
Mount Pilot	53	Raleigh	52	Je suis 199.1.1.2.
Raleigh	51	Mayberry	53	Je suis 199.1.1.3.
Raleigh	52	Mount Pilot	53	Je suis 199.1.1.3.

Pour comprendre le fonctionnement de Inverse ARP, examinez de plus près les deux dernières colonnes du tableau 14.2. Tous les routeurs reçoivent des annonces Inverse ARP. Chacune d'elles contient l'adresse de niveau 3 de l'émetteur, et l'en-tête Frame Relay inclut bien sûr un DLCI. Ces deux valeurs sont placées dans le cache Inverse ARP sur le routeur qui reçoit le message. Par exemple, à la troisième ligne on peut voir que Mayberry reçoit un message

Inverse ARP incluant le DLCI 52 et l'adresse IP 199.1.1.2. Le résultat de la commande **show frame-relay map** de l'exemple 14.6 montre que ces valeurs sont placées dans la table de correspondances Frame Relay de ce routeur.

Correspondances statiques

Au lieu d'employer Inverse ARP, vous pouvez configurer de façon statique les mêmes informations de correspondance. Sur un réseau de production, vous préférerez certainement l'approche dynamique. Pour l'examen, vous devez néanmoins savoir comment procéder manuellement. L'exemple 14.7 présente les commandes de configuration statique pour les trois routeurs de la figure 14.2, et montre également comment désactiver Inverse ARP.

Exemple 14.7 *Commandes* **frame-relay map**

```
Mayberry
interface serial 0/0/0
 no frame-relay inverse-arp
 frame-relay map ip 199.1.1.2 52 broadcast
 frame-relay map ip 199.1.1.3 53 broadcast
```

```
Mount Pilot
interface serial 0/0/0
 no frame-relay inverse-arp
 frame-relay map ip 199.1.1.1 51 broadcast
 frame-relay map ip 199.1.1.3 53 broadcast
```

```
Raleigh
interface serial 0/0/0
 no frame-relay inverse-arp
 frame-relay map ip 199.1.1.1 51 broadcast
 frame-relay map ip 199.1.1.2 52 broadcast
```

La commande **frame-relay map** qui spécifie 199.1.1.2 sur Mayberry est utilisée pour les paquets envoyés par ce routeur à Mount Pilot. Lorsque Mayberry crée un en-tête Frame Relay pour la destination Mount Pilot, il doit donc utiliser le DLCI 52 associé. Pour répondre, Mount Pilot s'appuie sur son instruction **frame-relay map** contenant l'adresse de Mayberry, 199.1.1.1. Une correspondance est nécessaire pour chaque adresse de niveau 3 de prochain saut, et ce, pour chaque protocole de niveau 3 routé. Même sur un petit réseau comme celui-ci, le processus de configuration peut être laborieux.

INFO

Le mot-clé **broadcast** est requis lorsque le routeur doit envoyer des paquets broadcast ou multicast au routeur voisin, par exemple pour pouvoir gérer les messages de protocoles de routage de type Hello.

Maillage partiel avec un sous-réseau IP par circuit virtuel

Le deuxième exemple que nous allons examiner s'appuie sur le réseau illustré à la figure 14.4 et utilise des sous-interfaces point à point. Les exemples 14.8 à 14.11 présentent la configuration pour ce réseau. Les invites de commande ont été incluses dans l'exemple 14.8 pour que vous puissiez observer leur changement lorsque des sous-interfaces sont configurées.

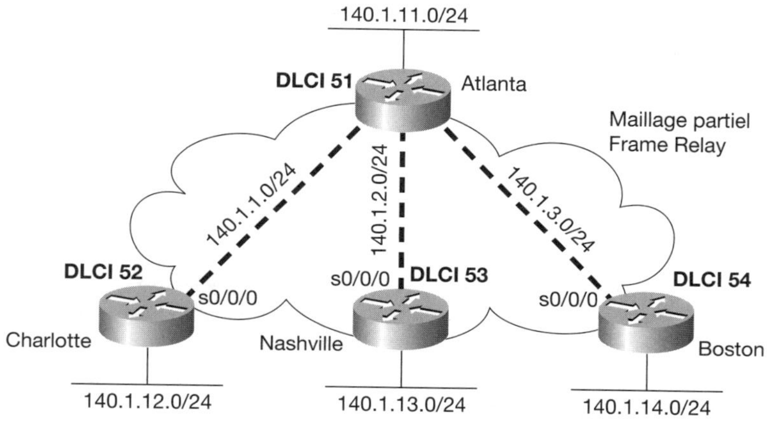

Figure 14.4
Maillage partiel avec adressage IP.

Exemple 14.8 *Configuration sur Atlanta*

```
Atlanta(config)#interface serial0/0/0
Atlanta(config-if)#encapsulation frame-relay

Atlanta(config-if)#interface serial 0/0/0.1 point-to-point
Atlanta(config-subif)#ip address 140.1.1.1  255.255.255.0
Atlanta(config-subif)# frame-relay interface-dlci 52

Atlanta(config-fr-dlci)#interface serial 0/0/0.2 point-to-point
Atlanta(config-subif)#ip address 140.1.2.1 255.255.255.0
Atlanta(config-subif)#frame-relay interface-dlci 53

Atlanta(config-fr-dlci)#interface serial 0/0/0.3 point-to-point
Atlanta(config-subif)#ip address 140.1.3.1 255.255.255.0
Atlanta(config-subif)#frame-relay interface-dlci 54

Atlanta(config-fr-dlci)#interface fastethernet 0/0
Atlanta(config-if)#ip address 140.1.11.1 255.255.255.0
```

Exemple 14.9 *Configuration sur Charlotte*

```
interface serial0/0/0
 encapsulation frame-relay
!
interface serial 0/0/0.1 point-to-point subinterfaces.
 ip address 140.1.1.2  255.255.255.0
 frame-relay interface-dlci 51
!
interface fastethernet 0/0
 ip address 140.1.12.2 255.255.255.0
```

Exemple 14.10 *Configuration sur Nashville*

```
interface serial0/0/0
 encapsulation frame-relay
!
interface serial 0/0/0.2 point-to-point
 ip address 140.1.2.3 255.255.255.0
 frame-relay interface-dlci 51
!
interface fastethernet 0/0
 ip address 140.1.13.3 255.255.255.0
```

Exemple 14.11 *Configuration sur Boston*

```
interface serial0/0/0
encapsulation frame-relay
!
interface serial 0/0/0.3 point-to-point
ip address 140.1.3.4 255.255.255.0
frame-relay interface-dlci 51
!
interface fastethernet 0/0
ip address 140.1.14.4  255.255.255.0
```

À nouveau, de nombreux paramètres par défaut sont utilisés dans cette configuration. Certains d'entre eux diffèrent des paramètres par défaut qui servent à configurer l'interface principale. Le type de LMI est détecté automatiquement et l'encapsulation Cisco est employée, comme dans l'exemple de maillage total. Inverse ARP n'est pas nécessaire sur les sous-interfaces point à point, mais il est activé par défaut au cas où le routeur à l'autre extrémité du circuit en aurait besoin, comme expliqué plus loin.

La configuration de sous-interfaces point à point implique deux nouvelles commandes. D'abord, la commande **interface serial 0/0/0.1 point-to-point** crée la sous-interface logique 1 au niveau de l'interface physique Serial 0/0/0. La sous-commande de sous-interface **frame-relay interface-dlci** indique ensuite au routeur quel DLCI est associé à cette sous-interface.

Un exemple vous permettra de mieux comprendre. Dans la figure 14.4, Atlanta reçoit des messages LMI sur son interface Serial 0/0/0 indiquant que trois circuits, avec les DLCI 52, 53 et 54, sont actifs. Quel circuit va avec quelle sous-interface ? Le système Cisco IOS doit associer le circuit correct avec la sous-interface correcte et supporte pour cela la commande **frame-relay interface-dlci**.

Les numéros des sous-interfaces et des DLCI ne doivent pas nécessairement correspondre des deux côtés d'un circuit. Ici, ils ont simplement été choisis afin de pouvoir s'en souvenir facilement ; le numéro de chaque sous-interface correspond au troisième octet de l'adresse IP. Dans un environnement de production, il peut être utile de refléter au niveau des numéros de sous-interfaces certaines informations concernant le plan de numérotation du réseau. Certains techniciens incluent une partie de l'identifiant de circuit de l'opérateur dans le numéro de sous-interface pour permettre au personnel d'exploitation de trouver l'information correcte en cas de défaillance du lien. Sur de nombreux sites, le DLCI sert de numéro de sous-interface. Bien entendu, des renseignements utiles au dépannage peuvent aussi être configurés sous forme textuelle à l'aide de commandes **description**.

Assignation d'un DLCI à une sous-interface spécifique

Comme évoqué dans la procédure de configuration au début de chapitre, les DLCI peuvent être associés aux sous-interfaces de deux manières. Les exemples 14.8 à 14.11 illustraient l'emploi de la sous-commande d'interface **frame-relay interface-dlci**. L'autre approche consiste à utiliser la sous-commande d'interface **frame-relay map**, qui a pour effet à la fois d'associer un DLCI à la sous-interface et d'établir statiquement une correspondance d'adresse IP de prochain saut pour ce DLCI. Par exemple, sur Atlanta, la commande **frame-relay map ip 140.1.1.2 52 broadcast** pourrait être utilisée sous l'interface S0/0/0.1, remplaçant la commande **frame-relay interface-dlci 52** de l'exemple 14.8.

Le routeur désactive Inverse ARP sur une sous-interface lorsque la commande **frame-relay map** a été appliquée. Aussi, lorsque vous configurez des correspondances statiques sur un des deux routeurs du circuit virtuel, ne perdez pas de vue que l'autre routeur ne recevra aucun message Inverse ARP et peut donc avoir besoin d'être configuré avec la commande **frame-relay map**.

Précisions pour l'examen sur les adressages global et local

Lors des examens CCNA, si une figure comprend au moins deux routeurs, vous devriez être capable de déterminer aisément si la configuration utilise des valeurs DLCI locales ou globales. Par exemple, la figure 14.4 illustre un site principal avec trois PVC, un vers chaque site distant. Le fait qu'un seul DLCI apparaisse sous le routeur principal signifie que l'adressage global est employé. Si des DLCI locaux étaient utilisés, un DLCI apparaitrait pour chaque PVC sous le routeur central.

Si une figure ne montre que deux routeurs, il ne sera pas possible de déterminer quel type d'adressage est utilisé. Dans ce cas, recherchez des indices dans la question, dans les réponses ou dans toute configuration fournie. Voici déjà une piste :

> Sur n'importe quel routeur, seuls les DLCI locaux sont présents dans la configuration ou dans les commandes **show**.

Prenons de nouveau la figure 14.4 et les exemples 14.8 à 14.11. Cette figure montre les DLCI globaux, avec le DLCI 51 sous le routeur Atlanta. Étant donné que les commandes **frame-relay interface-dlci** (exemple 14.8) et les commandes **show** de l'exemple 14.12 sur ce routeur indiquent les DLCI 52, 53 et 54, même si seulement deux routeurs étaient présents dans la figure, il serait possible d'identifier les DLCI corrects.

Vérification du réseau Frame Relay

L'exemple 14.12 présente le résultat des commandes EXEC les plus couramment employées pour contrôler la configuration Frame Relay.

Exemple 14.12 *Commandes EXEC sur Atlanta*

```
Atlanta#show frame-relay pvc

PVC Statistics for interface Serial0/0/0 (Frame Relay DTE)

              Active     Inactive      Deleted       Static
  Local          3            0            0            0
  Switched       0            0            0            0
  Unused         0            0            0            0
DLCI = 52, DLCI USAGE = LOCAL, PVC STATUS = ACTIVE, INTERFACE = Serial0/0/0.1

  input pkts 843             output pkts 876            in bytes 122723
  out bytes 134431           dropped pkts 0             in FECN pkts 0
  in BECN pkts 0             out FECN pkts 0            out BECN pkts 0
  in DE pkts 0               out DE pkts 0
  out bcast pkts 876          out bcast bytes 134431
  pvc create time 05:20:10, last time pvc status changed 05:19:31
 --...--
```

```
DLCI = 53, DLCI USAGE = LOCAL, PVC STATUS = ACTIVE, INTERFACE = Serial0/0/0.2

  input pkts 0             output pkts 875          in bytes 0
  out bytes 142417         dropped pkts 0           in FECN pkts 0
  in BECN pkts 0           out FECN pkts 0          out BECN pkts 0
  in DE pkts 0             out DE pkts 0
  out bcast pkts 875        out bcast bytes 142417
  pvc create time 05:19:51, last time pvc status changed 04:55:41
 --...--
DLCI = 54, DLCI USAGE = LOCAL, PVC STATUS = ACTIVE, INTERFACE = Serial0/0/0.3

  input pkts 10            output pkts 877          in bytes 1274
  out bytes 142069         dropped pkts 0           in FECN pkts 0
  in BECN pkts 0           out FECN pkts 0          out BECN pkts 0
  in DE pkts 0             out DE pkts 0
  out bcast pkts 877        out bcast bytes 142069
  pvc create time 05:19:52, last time pvc status changed 05:17:42

Atlanta#show frame-relay map
Serial0/0/0.3 (up): point-to-point dlci, dlci 54(0x36,0xC60), broadcast
          status defined, active

Serial0/0/0.2 (up): point-to-point dlci, dlci 53(0x35,0xC50), broadcast
          status defined, active
Serial0/0/0.1 (up): point-to-point dlci, dlci 52(0x34,0xC40), broadcast
          status defined, active

Atlanta#debug frame-relay lmi
Frame Relay LMI debugging is on
Displaying all Frame Relay LMI data

Serial0/0/0(out): StEnq, myseq 163, yourseen 161, DTE up
datagramstart = 0x45AED8, datagramsize = 13
FR encap = 0xFCF10309
00 75 01 01 01 03 02 A3 A1

Serial0/0/0(in): Status, myseq 163
RT IE 1, length 1, type 1
KA IE 3, length 2, yourseq 162, myseq 163
```

La commande **show frame-relay pvc** affiche des informations qui peuvent être utiles sur le plan administratif. Par exemple, les compteurs de paquets pour chaque circuit virtuel, ainsi que les compteurs de notifications FECN et BECN, sont particulièrement pratiques. De même, la comparaison des paquets/octets envoyés par un routeur avec ceux reçus par le routeur à l'autre extrémité du circuit peut être instructive dans la mesure où elle révèle le nombre de paquets/octets perdus au sein du nuage Frame Relay. Enfin, il peut être important de connaître l'état d'un PVC au début d'une procédure de dépannage.

La commande **show frame-relay map** affiche des informations sur les correspondances Frame Relay. Dans l'exemple de réseau totalement maillé où aucune sous-interface n'était utilisée, une adresse de niveau 3 était listée avec chaque DLCI. Ici, un DLCI figure dans chaque entrée, mais aucune mention d'adresse de niveau 3 correspondante n'apparaît. Tout l'intérêt d'une correspondance est d'associer une adresse de niveau 3 à une adresse de niveau 2. Si le résultat de cette commande n'inclut aucune adresse de niveau 3 c'est que cette information est stockée ailleurs. Comme mentionné précédemment, les sous-interfaces requièrent l'emploi de la commande de configuration **frame-relay interface-dlci**. Celles de notre exemple étant point à point, lorsqu'une route se réfère à une sous-interface le DLCI fait partie de la configuration. Une mise en correspondance est nécessaire seulement lorsque plus de deux équipements sont accessibles *via* une même interface, ce qui ne peut logiquement pas être le cas avec une sous-interface point à point.

La commande **debug frame-relay lmi** affiche des informations sur l'envoi et la réception de messages LMI. Le message d'état est envoyé par le commutateur tandis que celui de demande d'état est envoyé par l'ETTD (routeur). Le comportement par défaut avec le logiciel Cisco IOS est d'envoyer et de recevoir ces messages d'état. La commande **no keepalive** permet de désactiver leur échange. Les messages keepalive ne traversent pas le nuage Frame Relay d'un routeur vers un autre, ils servent simplement à vérifier qu'un routeur dispose d'une connectivité avec son commutateur Frame Relay local.

Maillage hybride

Vous pouvez aussi choisir d'utiliser des sous-interfaces multipoints dans une configuration Frame Relay. Le dernier exemple de réseau que nous allons examiner emploie à la fois sous-interfaces multipoints et point à point ; il est illustré à la figure 14.5.

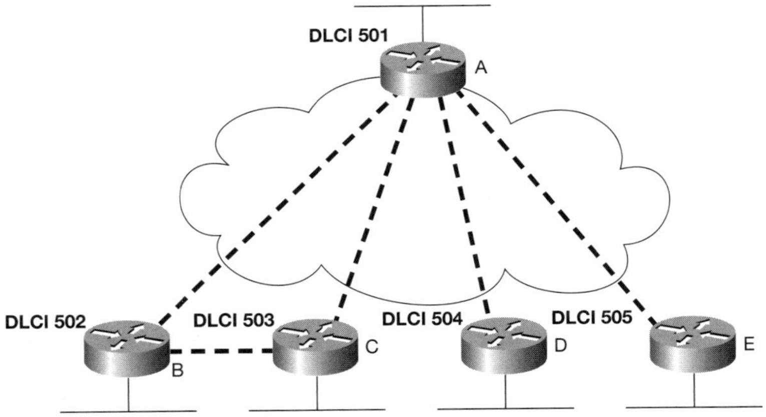

Figure 14.5

Combinaison d'un maillage total et d'un maillage partiel.

Les exemples 14.13 à 14.17 présentent la configuration pour ce réseau et le tableau 14.3 liste les adresses et les sous-interfaces qui sont utilisées.

Exemple 14.13 *Configuration sur le routeur A*

```
interface serial0/0/0
 encapsulation frame-relay
!
interface serial 0/0/0.1 multipoint
 ip address 140.1.1.1  255.255.255.0
 frame-relay interface-dlci 502
 frame-relay interface-dlci 503
!
interface serial 0/0/0.2 point-to-point
 ip address 140.1.2.1 255.255.255.0
 frame-relay interface-dlci 504
!
interface serial 0/0/0.3 point-to-point
 ip address 140.1.3.1 255.255.255.0
 frame-relay interface-dlci 505
```

Exemple 14.14 *Configuration sur le routeur B*

```
interface serial0/0/0
 encapsulation frame-relay
!
interface serial 0/0/0.1 multipoint
 ip address 140.1.1.2  255.255.255.0
 frame-relay interface-dlci 501
 frame-relay interface-dlci 503
```

Exemple 14.15 *Configuration sur le routeur C*

```
interface serial0/0/0
 encapsulation frame-relay
!
interface serial 0/0/0.1 multipoint
 ip address 140.1.1.3  255.255.255.0
 frame-relay interface-dlci 501
 frame-relay interface-dlci 502
```

Exemple 14.16 *Configuration sur le routeur D*

```
interface serial0/0/0
encapsulation frame-relay
!
interface serial 0/0/0.1 point-to-point
 ip address 140.1.2.4  255.255.255.0
 frame-relay interface-dlci 501
```

Exemple 14.17 *Configuration sur le routeur E*

```
interface serial0/0/0
 encapsulation frame-relay
!
interface serial 0/0/0.1 point-to-point
 ip address 140.1.3.5 255.255.255.0
 frame-relay interface-dlci 501
```

Tableau 14.3 : Adresses IP et sous-interfaces point à point et multipoints

Routeur	*Sous-réseau*	*Adresse IP*	*Type de sous-interface*
A	140.1.1.0/24	140.1.1.1	Multipoint
B	140.1.1.0/24	140.1.1.2	Multipoint
C	140.1.1.0/24	140.1.1.3	Multipoint
A	140.1.2.0/24	140.1.2.1	Point à point
D	140.1.2.0/24	140.1.2.4	Point à point
A	140.1.3.0/24	140.1.3.1	Point à point
E	140.1.3.0/24	140.1.3.5	Point à point

Les sous-interfaces multipoints fonctionnent mieux lorsque le maillage est total entre des routeurs. Sur chacun des routeurs A, B et C, une sous-interface multipoint est utilisée pour la configuration se référant aux deux autres. Chacun d'eux dispose d'un PVC vers les deux autres, formant ainsi un sous-ensemble totalement maillé du réseau.

Le terme *multipoint* signifie simplement que plusieurs ETTD se trouvent à l'autre bout de la liaison et qu'il y a donc plusieurs circuits virtuels sur la sous-interface. À l'instar des sous-interfaces point à point, les sous-interfaces multipoints requièrent l'emploi de la commande **frame-relay interface-dlci**. Notez ici qu'elle est employée deux fois pour chaque sous-interface multipoint afin d'identifier les circuits qui leurs sont associés.

Le routeur A est le seul qui utilise à la fois des sous-interfaces multipoints et point à point. Les DLCI pour les routeurs B et C ont été configurés sur sa sous-interface multipoint Serial 0/0/0.1 et les DLCI pour les routeurs D et E ont été configurés chacun sur une sous-interface point à point distincte, respectivement sur Serial0.2 et Serial0.3. Une seule commande **frame-relay interface-dlci** est autorisée sur une sous-interface point à point puisqu'un seul circuit virtuel est supporté. Hormis cela, la configuration pour les deux types de sous-interfaces est analogue.

Aucune instruction **map** n'est nécessaire pour la configuration présentée dans les exemples 14.13 à 14.17, car Inverse ARP est activé par défaut sur les sous-interfaces multipoints. Et pour les sous-interfaces point à point, aucune correspondance n'est requise, car le DLCI est configuré de façon statique au moyen de la commande **frame-relay interface-dlci**.

L'exemple 14.18 présente le résultat d'une autre commande **show frame-relay map** qui inclut les informations de correspondance obtenues par Inverse ARP pour la sous-interface multipoint sur le routeur C. Notez cette fois la présence d'adresses de niveau 3, alors que la même commande dans le cas de sous-interfaces point à point (exemple 14.12) n'affichait pas ces adresses. La raison est que les routes peuvent se référer à une adresse IP de prochain saut accessible à partir d'une sous-interface multipoint. Étant donné que plusieurs DLCI sont associés à l'interface, le routeur a besoin de cette information pour faire le lien entre l'adresse IP de prochain saut et le DLCI correct.

Exemple 14.18 *Correspondances Frame Relay et messages Inverse ARP sur le routeur C*

```
RouterC#show frame-relay map
Serial0/0/0.1 (up): ip 140.1.1.1 dlci 501(0x1F5,0x7C50), dynamic,
              broadcast,, status defined, active
Serial0/0/0.1 (up): ip 140.1.1.2 dlci 502(0x1F6,0x7C60), dynamic,
              broadcast,, status defined, active


RouterC#debug frame-relay events
Frame Relay events debugging is on

RouterC#configure terminal
Enter configuration commands, one per line.  End with Ctrl-Z.
RouterC(config)#interface serial 0/0/0.1
RouterC(config-subif)#shutdown
RouterC(config-subif)#no shutdown
RouterC(config-subif)#^Z
RouterC#

Serial0/0/0.1: FR ARP input
Serial0/0/0.1: FR ARP input
Serial0/0/0.1: FR ARP input
datagramstart = 0xE42E58, datagramsize = 30
FR encap = 0x7C510300
80 00 00 00 08 06 00 0F 08 00 02 04 00 09 00 00
8C 01 01 01 7C 51 8C 01 01 03

datagramstart = 0xE420E8, datagramsize = 30
FR encap = 0x7C610300
80 00 00 00 08 06 00 0F 08 00 02 04 00 09 00 00
8C 01 01 02 7C 61 8C 01 01 03
```

Les messages Inverse ARP obtenus grâce à la commande **debug frame-relay events** ne sont pas évidents à décrypter. Un exercice intéressant est de rechercher la version hexadécimale des adresses IP dans son résultat. Ces adresses sont grisées dans le listing. Par exemple, les valeurs hexadécimales 8C 01 01 correspondent aux trois premiers octets de 140.1.1.0. Ces entrées débutent sur la gauche du résultat et sont donc aisément reconnaissables.

Dépannage du Frame Relay

Le Frame Relay s'accompagne de nombreuses fonctionnalités et options qui doivent être configurées. Dans la vie réelle ou lors des examens, dépanner les problèmes Frame Relay implique souvent d'examiner la configuration de tous les routeurs et de s'assurer qu'elle est conforme aux exigences requises. Les types de LMI doivent concorder ou être détectés automatiquement, les informations de correspondance de niveau 3 doivent être découvertes ou définies statiquement, les valeurs DLCI correctes doivent être associées aux interfaces appropriées, etc. Pour bien vous préparer aux examens, il est recommandé de réviser, mémoriser et comprendre les nombreuses options de configuration.

À ce propos, sachez qu'il peut vous être demandé d'identifier un problème sans fournir de configuration. La dernière section de ce chapitre explique donc comment reconnaître les symptômes d'un problème et en cerner la cause en mettant l'accent sur l'emploi de commandes **show**.

Processus de dépannage suggéré

Le processus d'identification d'un problème Frame Relay devrait débuter par l'exécution de quelques commandes **ping**. Le ping d'un hôte sur un LAN distant à partir d'un hôte local permet de déterminer rapidement si le réseau est pleinement opérationnel. Si le ping échoue, l'étape suivante consiste à effectuer un test ping entre les deux routeurs Frame Relay. Si ce ping-là aboutit, la cause du problème se situe vraisemblablement au niveau 3, le dépannage de ce type de problèmes ayant été couvert en détail aux chapitres 7 et 11. En revanche, si ce ping échoue, le problème est certainement lié au réseau Frame Relay lui-même.

Cette section se concentre sur les situations où le ping de l'adresse IP d'un autre routeur Frame Relay à partir du routeur local ne fonctionne pas. Le technicien doit alors réaliser un ping de l'adresse IP de tous les autres routeurs situés à l'extrémité de chaque circuit virtuel et déterminer ceci :

> Le test ping échoue-t-il pour tous les routeurs distants ou seulement pour certains d'entre eux ?

La figure 14.6 présente un réseau Frame Relay simple qui servira pour tous les exemples de cette section. Par exemple, si R1 effectue un ping de l'adresse IP de R2 (10.1.2.2) et que le test échoue, il faut ensuite déterminer si un ping de R1 vers R3 (10.1.34.3) et R4 (10.1.34.4) fonctionne.

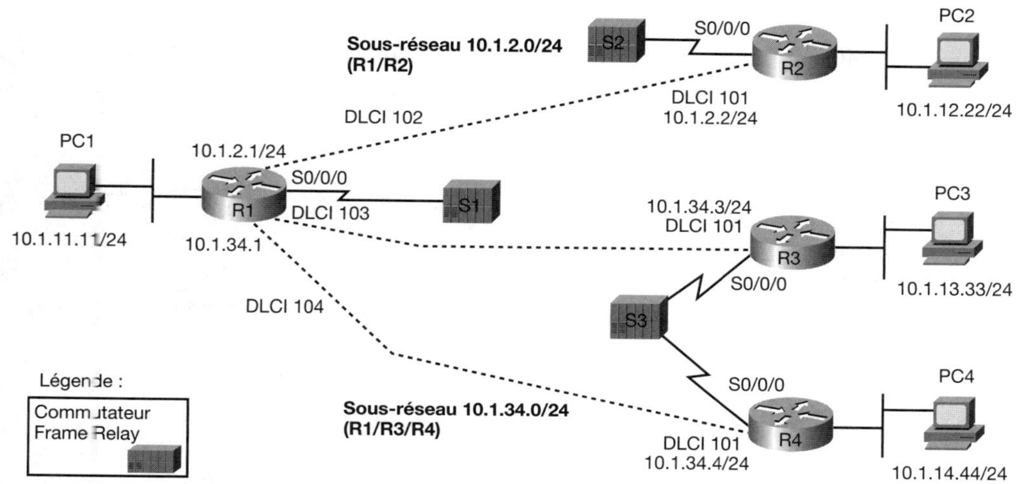

Figure 14.6

Réseau Frame Relay pour les exemple de dépannage.

La liste suivante énumère les principales actions à entreprendre :

Si le ping échoue pour tous les routeurs distants dont les circuits virtuels partagent un même lien d'accès, procéder comme suit :

Sujet clé

Étape 1 Rechercher les problèmes de niveau 1 sur le lien d'accès entre le routeur à l'origine du ping et le commutateur Frame Relay (tous les routeurs).

Étape 2 Rechercher les problèmes de niveau 2 sur le lien d'accès, plus particulièrement ceux relatifs au type d'encapsulation et au type de LMI.

Une fois ces problèmes résolus, ou si le ping initial a quand même abouti pour certains routeurs, procéder comme suit :

Étape 3 Rechercher les problèmes de PVC en vérifiant l'état de ces circuits et l'état des sous-interfaces.

Étape 4 Rechercher les problèmes de niveau 2/3 relatifs aux correspondances statiques et dynamiques (Inverse ARP).

Étape 5 Rechercher les problèmes de niveau 2/3 relatifs à une non concordance des types d'encapsulation (cisco ou ietf).

Étape 6 Rechercher les autres problèmes de niveau 3, y compris une non concordance de sous-réseaux.

Le reste de ce chapitre donne certains détails sur chacune des étapes de la procédure de dépannage suggérée.

Problèmes de niveau 1 sur le lien d'accès (étape 1)

Si l'interface physique d'un routeur utilisée pour le lien d'accès Frame Relay ne se trouve pas dans un état *up/up*, le routeur ne peut pas envoyer de trame dessus. Si l'état de ligne de l'interface (le premier code d'état) est *down*, le problème se situe fort probablement au niveau 1.

À ce niveau, un lien d'accès Frame Relay ne représente qu'une simple ligne louée entre un routeur et un commutateur Frame Relay. On est donc confronté ici aux mêmes problèmes de niveau 1 qu'avec une liaison série point à point. Les causes possibles et les étapes de dépannage étant les mêmes, reportez-vous à la section « Problèmes de niveau 1 » du chapitre 12.

Problèmes de niveau 2 sur le lien d'accès (étape 2)

Lorsque l'état de ligne de l'interface physique d'un routeur est *up*, mais que l'état de protocole (second code d'état) est *down*, cela signale généralement un problème de niveau 2 entre le routeur et le commutateur Frame Relay local. Pour les interfaces Frame Relay, le problème est le plus souvent lié à la commande **encapsulation** ou au type de LMI.

Un problème d'encapsulation est très simple à identifier. Lorsque la sous-commande d'interface **encapsulation frame-relay** est absente de la configuration de l'interface série d'un routeur, mais que le lien d'accès physique fonctionne, l'interface physique se trouve dans un état *up/down*. S'il n'est pas possible d'accéder à la configuration, la commande **show interfaces** peut être utilisée pour contrôler le type d'encapsulation ; cette information apparaît dans les premières lignes du résultat.

Quant à un problème de LMI, il faut savoir que les messages d'état LMI circulent dans les deux sens entre un routeur (ETTD) et un commutateur Frame Relay (ETCD) à deux fins :

Sujet clé

- Pour que l'ETCD renseigne l'ETTD sur le DLCI et l'état de chaque circuit virtuel.
- Pour assurer une fonction keepalive de sorte que l'ETCD et l'ETTD puissent facilement détecter quand le lien d'accès ne peut plus transporter de trafic.

Un routeur place un lien physique dans un état *up/down* lorsqu'il cesse de recevoir des messages LMI de la part du commutateur. L'interface ne se trouvant pas dans un état *up/up*, le routeur ne tente même pas d'y envoyer des paquets IP, d'où l'échec de n'importe quel ping.

Les raisons pour lesquelles un routeur cesse de recevoir des messages LMI peuvent être légitimes ou bien relever d'une erreur. Le rôle de la fonction keepalive LMI est de permettre au routeur de détecter l'absence de messages keepalive lorsque le lien n'est plus opérationnel et ne peut transporter de données. Le routeur peut alors désactiver le lien et décider d'emprunter une autre route, à condition qu'il en existe une. Un routeur peut aussi cesser de recevoir des messages LMI et désactiver une interface suite aux erreurs suivantes :

- La fonction LMI est désactivée sur le routeur (avec la sous-commande d'interface physique **no keepalive**) mais toujours active sur le commutateur, ou inversement.
- Des types de LMI différents sont configurés sur le routeur (avec la sous-commande d'interface physique **frame-relay lmi-type** *type*) et le commutateur.

Le type d'encapsulation et le type de LMI sont faciles à vérifier avec la commande **show frame-relay lmi**. Cette commande affiche des informations uniquement pour les interfaces auxquelles la commande **encapsulation frame-relay** a été appliquée, ce qui permet de vérifier rapidement si elle a été appliquée aux interfaces appropriées. La commande **show frame-relay lmi** indique également le type de LMI utilisé par le routeur, donnant des détails sur le nombre de messages LMI envoyés et reçus. L'exemple 14.19 illustre son résultat sur le routeur R1 de la figure 14.6.

Exemple 14.19 *Commande* **show frame-relay** *lmi sur R1*

```
R1#show frame-relay lmi

LMI Statistics for interface Serial0/0/0 (Frame Relay DTE) LMI TYPE = ANSI
  Invalid Unnumbered info 0              Invalid Prot Disc 0
  Invalid dummy Call Ref 0               Invalid Msg Type 0
  Invalid Status Message 0               Invalid Lock Shift 0
  Invalid Information ID 0               Invalid Report IE Len 0
  Invalid Report Request 0               Invalid Keep IE Len 0
  Num Status Enq. Sent 122               Num Status msgs Rcvd 34
  Num Update Status Rcvd 0               Num Status Timeouts 88
  Last Full Status Req 00:00:04          Last Full Status Rcvd 00:13:24
```

Pour cet exemple, R1 a été configuré statiquement avec la sous-commande d'interface **frame-relay lmi-type ansi**, S1 continuant lui d'utiliser le type de LMI cisco. Jusqu'à ce que le type de LMI soit modifié, le routeur et le commutateur se sont échangés 34 messages LMI (de type cisco). Après le changement, le compteur de messages de demande d'état sur R1 a continué d'augmenter (il était de 122 lorsque la commande **show frame-relay lmi** a été exécutée), tandis que le compteur du nombre de messages d'état reçus de la part du commutateur est resté à 34. Sous ce compteur apparaît le nombre d'expirations, c'est-à-dire le nombre de fois où le routeur s'attendait à recevoir un message LMI périodique de la part du commutateur mais n'a rien reçu. Ici, le routeur a bien reçu des messages LMI, mais pas du type ansi, aussi ne les a-t-il pas compris ni reconnus.

Si plusieurs commandes **show frame-relay lmi** successives indiquent que le nombre de messages d'état reçus ne change pas, la cause probable, en dehors d'un dysfonctionnement du lien lui-même, est une non concordance des types de LMI. La meilleure solution est de permettre la détection automatique du type de LMI en appliquant la sous-commande d'interface physique **no frame-relay lmi-type** *type* ou bien de configurer le même type de LMI que celui utilisé par le commutateur.

Si vous dépannez tous les problèmes identifiés aux étapes 1 et 2 sur tous les routeurs Frame Relay connectés, les interfaces physiques des liens d'accès devraient se trouver dans un état *up/up*. Les quatre dernières étapes abordent les problèmes liés aux PVC et aux voisins.

Problèmes de PVC (étape 3)

Le but de cette étape est de découvrir le DLCI du PVC utilisé pour atteindre un voisin donné et de déterminer si le circuit fonctionne. Pour identifier le PVC, notamment si aucune information de configuration ou documentation n'est disponible, il faut commencer par la commande **ping** qui n'a pas abouti. Cette commande identifie l'adresse IP du routeur voisin. Quelques commandes **show** peuvent permettre de faire le rapport entre cette adresse et le sous-réseau connecté associé, entre ce sous-réseau et l'interface du routeur local, et entre cette interface et les DLCI possibles. Les informations de correspondance Frame Relay peuvent en outre désigner le PVC spécifique. Bien que l'ensemble des commandes qui servent à obtenir ces informations ait déjà été présenté, la liste suivante résume les étapes qui vous conduiront de l'adresse IP du voisin au DLCI local correct utilisé pour envoyer des trames à ce voisin :

Étape 3a Découvrir l'adresse IP et le masque de chaque interface/sous-interface Frame Relay (**show interfaces**, **show ip interface brief**) et calculer les sous-réseaux connectés.

Étape 3b Comparer l'adresse obtenue à l'adresse IP de la commande **ping** n'ayant pas abouti et choisir l'interface/sous-interface dont le réseau connecté se trouve dans le même sous-réseau.

Étape 3c Découvrir le(s) PVC(s) assigné(s) à cette interface/sous-interface (**show frame-relay pvc**).

Étape 3d Si plusieurs PVC ont été assignés, déterminer celui utilisé pour atteindre un voisin donné (**show frame-relay map**).

INFO

Cette liste est censée vous servir de référence rapide lors de la lecture du présent chapitre. Il n'est en aucun cas nécessaire de la mémoriser ou d'assimiler d'aucune manière les informations qu'elle contient.

Les étapes 3a à 3d permettent d'identifier le PVC à examiner. Ensuite, l'étape 3 de la procédure de dépannage suggérée interprète l'état de ce PVC, et de l'interface/sous-interface associée, pour déterminer la cause du problème.

Cette section présente un exemple dans lequel R1 ne parvient pas à effectuer de ping de l'adresse IP Frame Relay de R2 (10.1.2.2). La figure 14.7 apporte quelques éléments de solution.

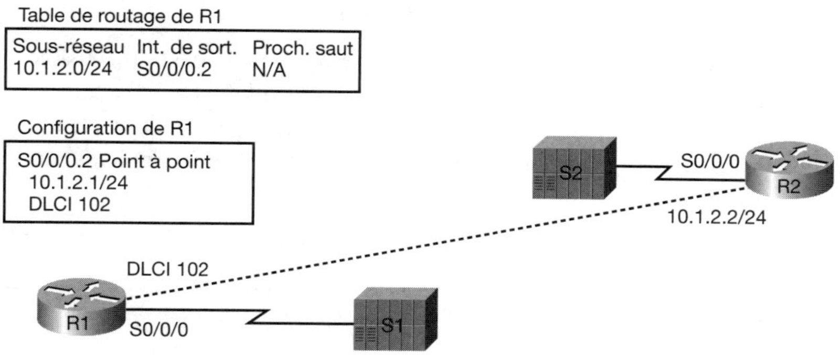

Figure 14.7

*Détails de configuration relatifs à l'échec de la commande **ping 10.1.2.2** sur R1.*

Déterminer le sous-réseau connecté et l'interface de sortie (étapes 3a et 3b)

Les deux premières étapes, qui consistent à identifier le PVC (DLCI) de R1 connecté à R2, devraient être relativement aisées si vous avez achevé l'étude des parties II et III du livre. Chaque fois que vous réalisez un ping de l'adresse IP d'un routeur voisin, cette adresse devrait se trouver dans un des sous-réseaux également connectés au routeur local. Trouver le sous-réseau commun suffit à identifier l'interface utilisée sur un routeur local pour transmettre des paquets au routeur distant.

L'exemple 14.20 illustre quelques commandes qui confirment que la sous-interface S0/0/0.2 de R1 est connectée au sous-réseau 10.1.2.0/24, lequel inclut l'adresse IP de R2 (10.1.2.2).

Exemple 14.20 *Identification du sous-réseau 10.1.2.0/24 et de la sous-interface S0/0/0.2*

```
R1>show ip interface brief
Interface              IP-Address      OK? Method Status                Protocol
FastEthernet0/0        10.1.11.1       YES NVRAM  up                    up
FastEthernet0/1        unassigned      YES NVRAM  administratively down down
Serial0/0/0            unassigned      YES NVRAM  up                    up
Serial0/0/0.2          10.1.2.1        YES NVRAM  down                  down
Serial0/0/0.5          10.1.5.1        YES manual down                  down
Serial0/0/0.34         10.1.34.1       YES NVRAM  up                    up
R1#show interfaces s 0/0/0.2
Serial0/0/0.2 is down, line protocol is down
  Hardware is GT96K Serial
  Internet address is 10.1.2.1/24
  MTU 1500 bytes, BW 1544 Kbit, DLY 20000 usec,
     reliability 255/255, txload 1/255, rxload 1/255
  Encapsulation FRAME-RELAY
  Last clearing of "show interface" counters never
```

Identifier les PVC assignés à l'interface (étape 3c)

La commande **show frame-relay pvc** répond directement à la question de savoir quels PVC ont été assignés à quelles interfaces et sous-interfaces. Si elle est émise sans paramètre, elle affiche environ dix lignes de résultat pour chaque circuit virtuel, la fin de la première ligne désignant l'interface ou la sous-interface associée. L'exemple 14.21 présente le début de ce résultat.

Exemple 14.21 *Corrélation entre la sous-interface S0/0/0.2 et le PVC possédant le DLCI 102*

```
R1>show frame-relay pvc

PVC Statistics for interface Serial0/0/0 (Frame Relay DTE)

              Active     Inactive      Deleted       Static
  Local          1           2            0             0
  Switched       0           0            0             0
  Unused         0           0            0             0

DLCI = 102, DLCI USAGE = LOCAL, PVC STATUS = INACTIVE, INTERFACE = Serial0/0/0

  input pkts 33            output pkts 338          in bytes 1952
  out bytes 29018          dropped pkts 0           in pkts dropped 0
  out pkts dropped 0                out bytes dropped 0
  in FECN pkts 0           in BECN pkts 0           out FECN pkts 0
  out BECN pkts 0          in DE pkts 0             out DE pkts 0
  out bcast pkts 332       out bcast bytes 28614
  5 minute input rate 0 bits/sec, 0 packets/sec
  5 minute output rate 0 bits/sec, 0 packets/sec
  pvc create time 00:30:05, last time pvc status changed 00:04:14

DLCI = 103, DLCI USAGE = LOCAL, PVC STATUS = INACTIVE, INTERFACE = Serial0/0/0.34

  input pkts 17            output pkts 24           in bytes 1106
  out bytes 2086           dropped pkts 0           in pkts dropped 0
  out pkts dropped 0                out bytes dropped 0
  in FECN pkts 0           in BECN pkts 0           out FECN pkts 0
  out BECN pkts 0          in DE pkts 0             out DE pkts 0
  out bcast pkts 11        out bcast bytes 674
  5 minute input rate 0 bits/sec, 0 packets/sec
  5 minute output rate 0 bits/sec, 0 packets/sec
  pvc create time 00:30:07, last time pvc status changed 00:02:57

DLCI = 104, DLCI USAGE = LOCAL, PVC STATUS = ACTIVE, INTERFACE = Serial0/0/0.34

  input pkts 41            output pkts 42           in bytes 2466
  out bytes 3017           dropped pkts 0           in pkts dropped 0
  out pkts dropped 0                out bytes dropped 0
  in FECN pkts 0           in BECN pkts 0           out FECN pkts 0
  out BECN pkts 0          in DE pkts 0             out DE pkts 0
```

```
    out bcast pkts 30         out bcast bytes 1929
    5 minute input rate 0 bits/sec, 0 packets/sec
    5 minute output rate 0 bits/sec, 0 packets/sec
    pvc create time 00:30:07, last time pvc status changed 00:26:17
```

Pour trouver tous les PVC associés à une interface/sous-interface, examinez simplement les lignes grisées de l'exemple 14.21. Ici, l'interface S0/0/0.2 apparaît avec un PVC, dont le DLCI est 102, ce qui signifie qu'un seul PVC est associé à cette sous-interface.

Déterminer quel PVC permet d'atteindre un voisin donné (étape 3d)

Si la configuration du routeur associe plusieurs PVC à une interface/sous-interface, l'étape suivante consiste à déterminer ceux qui servent à transmettre du trafic à un voisin spécifique. L'exemple 14.21 illustre R1 utilisant la sous-interface multipoint S0/0/0.34 avec les DLCI 103 et 104, respectivement pour le PVC vers R3 et le PVC vers R4. En supposant que ayez à dépanner un problème d'échec de la commande **ping 10.1.34.3** sur R1, vous devriez donc déterminer lequel des deux DLCI identifie le circuit virtuel vers R3.

Malheureusement, il n'est pas toujours possible de trouver la réponse sans examiner de documentation supplémentaire. La seule commande **show** utile ici est **show frame-relay map**, car elle fait le lien entre l'adresse IP de prochain saut et le DLCI. Toutefois, si le routeur local s'appuie sur Inverse ARP, il ne peut pas découvrir immédiatement les correspondances, et la table de routage n'inclut donc pas encore d'informations à ce sujet. En revanche, si des correspondances statiques ont été définies, le PVC/DLCI correct peut être identifié.

Dans notre exemple, étant donné qu'un seul PVC est associé à l'interface S0/0/0.2, il est d'emblée identifiable. Vous pouvez donc ignorer cette étape pour le moment.

État du PVC

À ce stade de l'étape 3 de la procédure de dépannage, l'interface/sous-interface de sortie et le PVC/DLCI ont été identifiés. Reste encore à examiner l'état du PVC pour déterminer s'il est opérationnel ou non.

Les routeurs emploient quatre codes d'état de PVC. Ils découvrent deux des valeurs d'état possibles, Active et Inactive, par le biais de messages LMI reçus du commutateur Frame Relay. Chaque message LMI liste tous les DLCI pour tous les PVC configurés sur le lien d'accès et indique pour chaque circuit s'il est utilisable (actif) ou non (inactif).

Le troisième état est Static. Lorsque la fonction LMI est désactivée, le routeur ne reçoit du commutateur aucune information sur l'état des PVC. Le routeur liste par conséquent dans un état Static tous les DLCI qui ont été configurés statiquement. Il ne sait pas si ces PVC fonctionnent, mais peut essayer d'y envoyer des trames en espérant que le réseau Frame Relay puissent les transporter.

Le quatrième état, Deleted, est utilisé lorsque la fonction LMI est activée mais que les messages LMI du commutateur ne contiennent pas de valeurs DLCI. Si le routeur possède un DLCI configuré (par exemple, suite à une commande **frame-relay interface-dlci**), mais que les messages LMI du commutateur n'indiquent rien à son sujet, le routeur marque ce DLCI comme étant dans un état Deleted. Cet état signifie que le routeur a été configuré avec ce DLCI mais pas le commutateur. Cela peut aussi vouloir dire que le routeur ou le commutateur a été mal configuré ou que ce dernier n'a pas encore été configuré avec le DLCI correct. Le tableau 14.4 récapitule ces quatre codes d'état.

Sujet clé

Tableau 14.4 : Codes d'état de PVC

État	*Active*	*Inactive*	*Deleted*	*Static*
Le PVC est défini sur le réseau Frame Relay	Oui	Oui	Non	Inconnu
Le routeur tente d'envoyer du trafic sur le circuit dans cet état	Oui	Non	Non	Oui

Comme indiqué à la dernière ligne du tableau, les routeurs n'envoient des données que sur les PVC qui se trouvent dans un état Active ou Static. Et même dans le second cas, il n'y a aucune garantie que le réseau Frame Relay puisse transmettre les trames sur le PVC puisque l'état Static implique que la fonction LMI est désactivée, empêchant le routeur de découvrir toute information d'état.

L'étape suivante du processus de dépannage consiste à déterminer l'état du PVC utilisé pour atteindre un voisin spécifique. Pour poursuivre avec notre situation d'échec du ping de R1 vers R2, l'exemple 14.22 montre l'état du PVC possédant le DLCI 102, lequel a été identifié précédemment.

Exemple 14.22 *Commande* **show frame-relay** *pvc sur R1*

```
R1>show frame-relay pvc 102

PVC Statistics for interface Serial0/0/0 (Frame Relay DTE)

DLCI = 102, DLCI USAGE = LOCAL, PVC STATUS = INACTIVE, INTERFACE = Serial0/0/0.2

  input pkts 22            output pkts 193          in bytes 1256
  out bytes 16436          dropped pkts 0           in pkts dropped 0
  out pkts dropped 0                out bytes dropped 0
  in FECN pkts 0           in BECN pkts 0           out FECN pkts 0
  out BECN pkts 0          in DE pkts 0             out DE pkts 0
  out bcast pkts 187       out bcast bytes 16032
  5 minute input rate 0 bits/sec, 0 packets/sec
  5 minute output rate 0 bits/sec, 0 packets/sec
  pvc create time 01:12:56, last time pvc status changed 00:22:45
```

Ici, le ping de R1 vers R2 n'aboutit pas, car le PVC identifié par le DLCI 102 se trouve dans un état Inactive.

Afin de cerner plus précisément le problème, il faut examiner de plus près les raisons de l'inactivité du PVC. D'abord, et comme toujours, il convient de reproduire les mêmes étapes de dépannage sur l'autre routeur, en l'occurrence R2. Si aucun fait anormal n'est détecté sur ce routeur, autre qu'un PVC inactif, le problème se situe peut-être au niveau du réseau du fournisseur Frame Relay. Appeler ce dernier peut donc être l'étape suivante. Supposons toutefois qu'un problème ait été détecté sur R2. Par exemple, pour provoquer l'échec du ping et produire les commandes **show** de cette section, le lien d'accès de R2 a été désactivé. L'étape 1 de dépannage aurait suffit à identifier le problème. Si un dépannage plus poussé révèle néanmoins que le PVC est dans un état inactif sur les deux routeurs, le réseau du fournisseur Frame Relay est probablement en cause.

Trouver la cause du problème lorsque le PVC est dans un état Deleted est relativement aisé. Cet état signifie que la configuration du commutateur Frame Relay et celle du routeur ne correspondent pas, ou plus précisément que le DLCI configuré sur le routeur ne l'est pas sur le commutateur. Soit le fournisseur a omis de configurer un PVC avec un DLCI donné soit le technicien de réseau a configuré un DLCI incorrect.

État des sous-interfaces

À l'instar des interfaces physiques, les sous-interfaces possèdent un état de ligne et un état de protocole. Comme elles sont virtuelles, les codes d'état et leur signification diffèrent légèrement. Cette section examine brièvement le fonctionnement des sous-interfaces Frame Relay et comment le système IOS décide de placer une sous-interface dans un état *up/up* ou *down/down*.

La configuration Frame Relay associe un ou plusieurs DLCI à une sous-interface à l'aide de deux commandes : **frame-relay interface-dlci** et **frame-relay map**. L'IOS utilise les règles suivantes pour déterminer l'état d'une sous-interface :

- ***down/down*** **:** tous les DLCI associés à la sous-interface sont dans un état Inactive ou Deleted ou bien l'interface physique n'est pas dans un état *up/up*. Sujet clé
- ***up/up*** **:** au moins un des DLCI associés à la sous-interface est dans un état Active ou Static.

Par exemple, pour provoquer le problème illustré dans l'exemple 14.22, les liens d'accès de R2 et de R3 ont simplement été désactivés. La figure 14.8 montre le message LMI envoyé ensuite par S1 à R1.

Comme vous pouvez le voir dans la figure, R1 utilise une sous-interface point à point (S0/0/0.2) pour le circuit virtuel vers R2 et une sous-interface multipoint (S0/0/0.34) pour les circuits vers R3 et R4 (103 et 104, respectivement). Le début de l'exemple 14.20 montre que la sous-interface S0/0/0.2 se trouve dans un état *down/down*, car le seul DLCI qui lui est associé est inactif. Comme la sous-interface S0/0/0.34 possède deux DLCI, dont l'un est actif, l'IOS la laisse dans un état *up/up*.

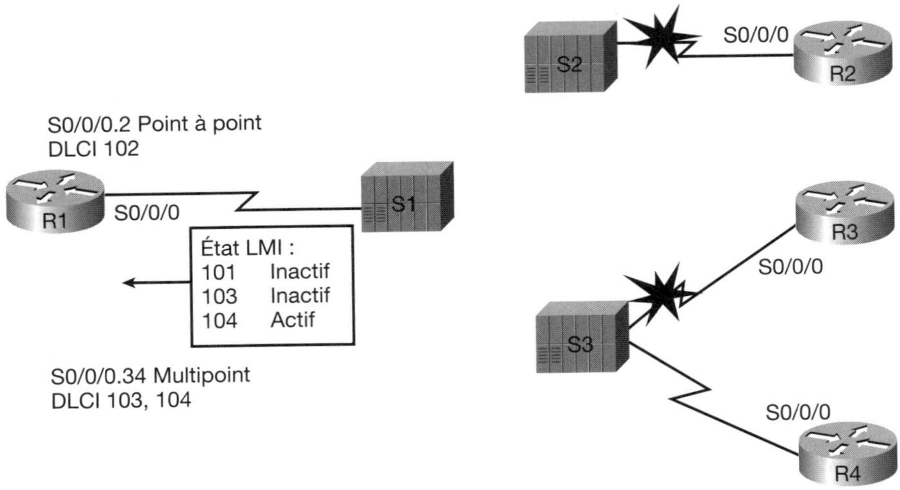

Figure 14.8
Conséquences de la désactivation des liens d'accès de R2 et R3.

Il est utile d'examiner l'état des sous-interfaces lors du dépannage. Gardez toutefois à l'esprit que l'état *up/up*, notamment pour une sous-interface multipoint, ne signifie pas nécessairement que tous les DLCI associés sont opérationnels.

Problèmes de correspondances d'adresses (étape 4)

Après avoir accompli les trois premières étapes de dépannage suggérées dans ce chapitre et résolu les problèmes rencontrés, les interfaces des liens d'accès de chaque routeur devraient être dans un état *up/up* et le PVC entre les deux routeurs devrait être dans un état actif (ou statique). Si un ping entre les deux routeurs n'aboutit toujours pas, il faut alors vérifier les correspondances Frame Relay qui associent les DLCI aux adresses de prochain saut.

Un traitement détaillé de ces correspondances a déjà été donné au chapitre 13 et plus haut dans le présent chapitre. Pour une meilleure vue d'ensemble, la liste suivante énumère néanmoins les points importants de cette étape de dépannage :

Pour les sous-interfaces point à point :

Sujet clé

- Ces sous-interfaces n'ont pas besoin d'Inverse ARP ou de correspondances statiques, car l'IOS considère simplement que le sous-réseau défini sur une sous-interface est accessible *via* le seul DLCI qui lui est associé.
- Le résultat de la commande **show frame-relay map** liste ces sous-interfaces, mais sans indiquer d'adresse IP de prochain saut.

Pour les interfaces physiques et les sous-interfaces multipoints :

Sujet clé

- Elles ont besoin d'Inverse ARP ou de correspondances statiques.
- La commande **show frame-relay map** devrait indiquer l'adresse IP du routeur distant et le DLCI local du routeur local pour chaque PVC associé à l'interface/sous-interface.
- Dans le cas de correspondances statiques, le mot-clé **broadcast** est nécessaire pour supporter un protocole de routage.

L'exemple 14.23 montre le résultat de la commande **show frame-relay map** sur le routeur R1 de la figure 14.6, sans problème de correspondance (les problèmes introduits précédemment ont été corrigés). Ici, S0/0/0.2 est une sous-interface point à point, et S0/0/0.34 est une sous-interface multipoint avec une correspondance découverte *via* Inverse ARP et une correspondance statique.

Exemple 14.23 *Commande* **show frame-relay map** *sur R1*

```
R1#show frame-relay map
Serial0/0/0.34 (up): ip 10.1.34.4 dlci 104(0x68,0x1880), static,
              broadcast,
              CISCO, status defined, active
Serial0/0/0.34 (up): ip 10.1.34.3 dlci 103(0x67,0x1870), dynamic,
              broadcast,, status defined, active
Serial0/0/0.2 (up): point-to-point dlci, dlci 102(0x66,0x1860), broadcast
              status defined, active
```

Encapsulation de bout en bout (étape 5)

L'encapsulation de bout en bout sur un PVC se réfère aux en-têtes qui suivent l'en-tête Frame Relay, avec deux options : l'en-tête Cisco propriétaire et l'en-tête IETF standard. Les détails de configuration ont été présentés plus haut à la section « Configuration du type d'encapsulation et du type de LMI ».

La non-concordance du type d'encapsulation aux deux extrémités de la liaison ne présente de problème que dans le cas suivant. Lorsqu'un des routeurs est un équipement Cisco qui utilise l'encapsulation Cisco et que l'autre n'est pas un équipement Cisco et utilise l'encapsulation IETF, le ping peut échouer. En revanche, il ne devrait pas y avoir de problème sur un réseau purement Cisco, car les routeurs Cisco comprennent les deux types d'encapsulation.

Non-concordance des numéros de sous-réseaux (étape 6)

À ce stade, si vous avez mené à bien les étapes précédentes, tous les problèmes Frame devraient être résolus. Reste néanmoins que si les routeurs aux deux extrémités du PVC ont été malencontreusement configurés avec des adresses IP de sous-réseaux différents, le ping de l'un ou l'autre n'aboutira pas et les protocoles de routage ne pourront pas accomplir leur tâche. La dernière étape consiste donc à vérifier les adresses IP et les masques sur chaque routeur pour s'assurer qu'ils sont connectés au même sous-réseau. Pour cela, utilisez simplement les commandes **show ip interface brief** et **show interfaces** sur les deux équipements.

Préparation à l'examen

Sujets clés à réviser

Sujet clé

Révisez les sujets les plus importants du chapitre, repérés dans la marge par le pictogramme « Sujet clé » et récapitulés dans le tableau 14.5.

Tableau 14.5 : Sujets clés du chapitre

Emplacement	*Description*	*Numéro de page*
Liste	Étapes de configuration du Frame Relay	487-488
Liste	Paramètres par défaut du système IOS	490
Définition	Définition du concept de correspondances d'adresses Frame Relay	493
Figure 14.3	Logique du protocole Inverse ARP	495
Liste	Étapes de dépannage du Frame Relay	508
Liste	Rôle des messages LMI	509
Tableau 14.4	Codes d'état de PVC	515
Liste	Explication de l'état *down/down* ou *up/up* d'une sous-interface	517
Liste	Informations de correspondances Frame Relay pour les sous-interfaces point à point	518
Liste	Informations de correspondances Frame Relay pour les sous-interfaces multipoint	518

Tableaux et listes à compléter

Complétez de mémoire les tableaux et listes concernant ce chapitre qui figurent dans l'annexe J, puis reportez-vous à l'annexe K pour comparer vos réponses à celles qui vous sont fournies. Ces annexes figurent sur le CD-ROM.

Scénarios de l'annexe F à lire

L'annexe F « *Additional Scenarios* » contient cinq scénarios supplémentaires, mettant en application l'interrelation de concepts de divers chapitres, qui vous permettront de vous entraîner d'avantage à l'analyse de conceptions, de problèmes et de résultats de commandes. Le scénario 4 traite d'une variété d'options et de questions relatives à une implémentation Frame Relay.

Référence de commandes

La lecture du chapitre et la réalisation des exercices de préparation à l'examen devraient vous avoir appris indirectement les commandes EXEC de configuration qui y sont utilisées. Bien que vous ne deviez pas nécessairement retenir le contenu des tableaux 14.6 et 14.7 inclus dans cette section, ils vous permettront de contrôler le niveau avec lequel vous avez mémorisé ces commandes. Pour cela, dissimulez la partie gauche du tableau, lisez les descriptions et tentez d'identifier la commande concernée.

Tableau 14.6 : Référence des commandes de configuration de ce chapitre

Commande	*Description*
encapsulation frame-relay [**ietf** | **cisco**]	Commande du mode de configuration d'interface qui définit le type d'encapsulation Frame Relay qui est utilisé à la place de HDLC, PPP, etc.
frame-relay lmi-type {**ansi** | **q933a** | **cisco**}	Commande du mode de configuration d'interface qui définit le type des messages LMI qui sont envoyés au commutateur.
bandwidth *kbits*	Commande du mode de configuration d'interface qui définit la vitesse de l'interface perçue par le routeur.
frame-relay map {*protocole adresse-protocole dlci*} **broadcast**] [**ietf** | **cisco**]	Commande du mode de configuration d'interface qui définit une correspondance statique entre une adresse de couche réseau et un DLCI.
keepalive *sec*	Commande du mode de configuration d'interface qui définit la fréquence selon laquelle les messages LMI de demande d'état doivent être envoyés et reçus, et s'ils doivent l'être.
interface serial *numéro-sous-interface* [**point-to-point** | **multipoint**]	Commande du mode de configuration globale qui crée une sous-interface ou se réfère à une sous-interface créée précédemment.
frame-relay interface-dlci *dlci* [**ietf** | **cisco**]	Commande du mode de configuration de sous-interface qui associe un DLCI à la sous-interface.

Tableau 14.7 : Référence des commandes EXEC de ce chapitre

Commande	*Description*
show interfaces [*type numéro*]	Affiche l'état de l'interface physique.
show frame-relay pvc [**interface** *interface*][*dlci*]	Affiche des informations sur l'état des PVC.
show frame-relay lmi [*type numéro*]	Affiche des informations d'état LMI.
debug frame-relay lmi	Affiche le contenu des messages LMI.
debug frame-relay events	Affiche des messages sur certains événements Frame Relay, y compris les messages Inverse ARP.

15

Réseaux privés virtuels (VPN)

Au sommaire de ce chapitre

- **Notions de base des VPN.** Cette section décrit le rôle des VPN et les avantages qu'ils procurent.
- **Sécurité IPsec.** Cette section explique comment l'architecture IPsec (*IP Security*) fournit les principales fonctionnalités requises dans les VPN site à site et les VPN d'accès.
- **Sécurité SSL.** Cette dernière section examine l'emploi du protocole SSL (*Secure Socket Layer*) qui est intégré à la plupart des navigateurs Web actuels.

Une entreprise qui possède un site principal et dix sites distants pourrait s'équiper de lignes T1 pour relier ces derniers au site principal. Une solution plus rentable serait d'utiliser la technologie Frame Relay. Toutefois, les sites distants ayant souvent besoin d'un accès Internet, il serait encore plus rentable de les relier simplement directement à Internet et d'utiliser ce dernier comme un WAN en y envoyant le trafic intersite.

Malheureusement, Internet n'est pas aussi sûr que les lignes louées ou le Frame Relay. Par exemple, pour dérober une copie des trames de données circulant sur une ligne louée, un intrus devrait se connecter physiquement au câble, ce qui lui demanderait de s'introduire dans un immeuble sécurisé, dans le réseau de câblage sous-terrain, ou dans le central téléphonique, ces actions pouvant le conduire en prison. Avec Internet, un attaquant peut user de méthodes nettement moins intrusives pour s'emparer des données, en restant chez lui et limitant ainsi son exposition.

Les réseaux privés virtuels, ou VPN (*Virtual Private Network*), résolvent les problèmes de sécurité associés à l'utilisation d'Internet comme un service WAN. Ce chapitre explique la terminologie et les concepts relatifs aux VPN.

Questionnaire d'évaluation

Grâce à ce questionnaire, vous pourrez déterminer s'il vous faut ou non lire la totalité du chapitre. Si vous n'échouez qu'à une question, vous pourrez envisager de passer directement à la section « Préparation à l'examen ». Le tableau 15.1 reprend les titres des sections principales de la partie « Connaissances fondamentales » de ce chapitre ainsi que les numéros des questions s'y rapportant. Vous pourrez ainsi évaluer votre niveau de maîtrise de ces sujets. Les réponses sont données à l'annexe A.

Tableau 15.1 : Questions d'évaluation et sections concernées

Connaissances fondamentales	*Questions*
Notions de base des VPN	1 et 2
Sécurité IPsec	3 à 5
Sécurité SSL	6

1. Quel terme désigne un VPN qui utilise Internet pour relier les sites d'une même entreprise plutôt que des lignes louées ou le Frame Relay ?

a. VPN intranet.

b. VPN extranet.

c. VPN d'accès.

d. VPN d'entreprise.

2. Quelle fonction de sécurité un VPN site à site n'est-il pas censé assurer ?

a. Contrôle d'intégrité des messages.

b. Chiffrement.

c. Antivirus.

d. Authentification.

3. Quelles fonctions pourraient être assurées par l'en-tête d'authentification IPsec ?

a. Authentification.

b. Chiffrement.

c. Contrôle d'intégrité des messages.

d. Anti-rejeu.

4. Quel protocole est considéré comme offrant le meilleur chiffrement ?

a. AES.

b. HMAC-MD5.

c. HMAC-SHA-1.

d. DES.

e. 3DES.

5. Quels sont les trois composants que l'on trouve typiquement dans un VPN nouvellement installé ?

a. Équipement ASA (*Adaptative Security Appliance*).

b. Pare-feu PIX.

c. Concentrateur VPN.

d. Routeur Cisco.

e. Client VPN Cisco.

6. Dans le contexte d'une solution VPN Web Cisco et partant du principe que le client utilise un navigateur normal sans logiciel client spécial, quelles affirmations sont vraies ?

a. L'utilisateur crée une connexion TCP vers un serveur VPN Web en utilisant SSL.

b. Si l'utilisateur se connecte à un serveur Web normal au sein de l'entreprise et que ce serveur supporte seulement HTTP et pas SSL, les paquets sont transmis sur Internet sans être chiffrés.

c. Le serveur VPN Web se connecte aux serveurs Web internes pour le compte du client VPN Web, effectuant la traduction entre HTTP et SSL lorsque nécessaire.

d. Le client VPN Web ne peut pas se connecter sans qu'ait été installé au minimum un logiciel SSL client léger.

Connaissances fondamentales

Ce chapitre comporte trois sections principales. La première introduit le concept de VPN. La deuxième, et plus importante, expose les détails de création d'un VPN conformément aux règles définies dans le RFC IPsec. La dernière présente une alternative à IPsec, SSL.

Notions de base des VPN

Les lignes louées s'accompagnent de fonctions de sécurité très appréciables. Le routeur à une extrémité connaît avec certitude l'identité de l'équipement situé à l'autre extrémité. Le routeur récepteur peut également partir du principe qu'aucun attaquant n'aura pu intercepter ou modifier les données pendant leur transit.

Les réseaux privés virtuels (VPN) tentent d'assurer les mêmes fonctions de sécurité que les lignes louées. Plus précisément, ils offrent les avantages suivants :

Sujet clé

- **Confidentialité.** Empêcher quiconque intercepterait le paquet sur Internet de pouvoir lire les données qu'il contient.
- **Authentification.** Vérifier que l'émetteur du paquet VPN est un équipement légitime et non un équipement utilisé par un attaquant.
- **Intégrité des données.** Vérifier que le paquet n'a pas été modifié pendant son transit sur Internet.
- **Anti-rejeu.** Empêcher un attaquant interposé entre les deux extrémités communicantes de copier les paquets émis par l'un des deux utilisateurs légitimes et de s'en servir ultérieurement pour se faire passer pour l'un d'eux (attaque *man in the middle*).

Pour réaliser cela, deux équipements connectés à Internet établissent entre eux un VPN, parfois aussi appelé *tunnel VPN*. Ils ajoutent des en-têtes au paquet d'origine, en-têtes qui incluent des champs leur permettant d'assurer toutes les fonctions précitées. Ils chiffrent également le paquet d'origine de sorte que son contenu soit incompréhensible pour quiconque parviendrait à l'intercepter pendant sa transmission sur Internet.

La figure 15.1 illustre le principe de fonctionnement général d'un tunnel VPN. Le VPN est ici créé entre un routeur de bureau distant et un équipement Cisco ASA (*Adaptative Security Appliance*). Il s'agit d'un VPN site à site, car il relie deux sites d'une même entreprise. On parle aussi dans ce cas de VPN intranet.

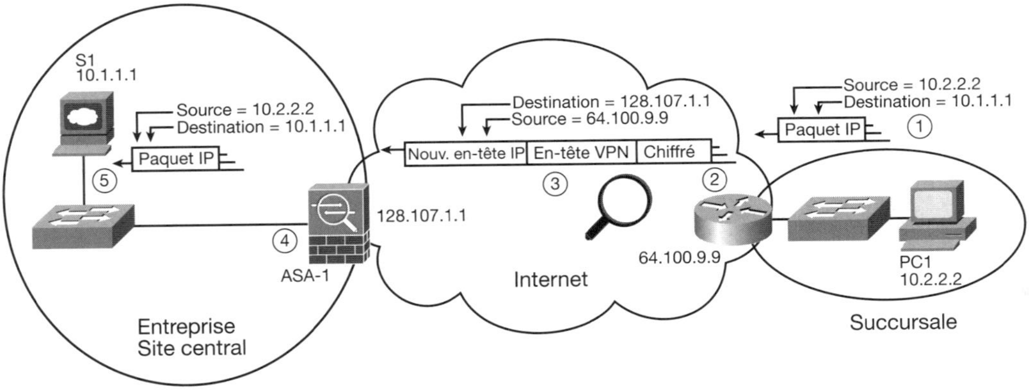

Figure 15.1
Tunnel VPN intranet site à site.

La figure illustre les étapes de communication suivantes :

1. L'hôte PC1 (10.2.2.2) sur la droite envoie un paquet au serveur Web (10.1.1.1) en procédant comme s'il n'existait pas de VPN.

2. Le routeur chiffre le paquet, y ajoute des en-têtes VPN ainsi qu'un en-tête IP (avec des adresses IP publiques), puis le transmet.
3. Un intercepteur (*man in the middle*) copie le paquet, mais ne peut le modifier sans que cela se remarque et ne peut non plus lire son contenu.
4. ASA-1 reçoit le paquet, confirme l'authenticité de l'émetteur, confirme également que le paquet n'a pas été modifié, et déchiffre son contenu.
5. Le serveur S1 reçoit le paquet non chiffré.

Les avantages de mettre en œuvre un VPN au travers d'Internet, comme celui illustré figure 15.1, sont nombreux. Le coût d'une liaison Internet à haut débit est généralement moindre que celui d'une ligne louée ou d'un WAN Frame Relay. Internet étant omniprésent, ou presque, ce type de solution est également disponible dans le monde entier. Et les technologies et protocoles VPN permettent des communications sécurisées.

INFO

Le terme *tunnel* désigne généralement l'encapsulation d'un paquet dans un paquet d'un autre protocole. Le terme *tunnel VPN* aussi, mais il implique également que le paquet encapsulé ait été chiffré.

Les VPN peuvent être créés au moyen d'équipements variés et pour diverses raisons. La figure 15.2 montre les trois principales raisons de mettre en œuvre un VPN sur Internet actuellement.

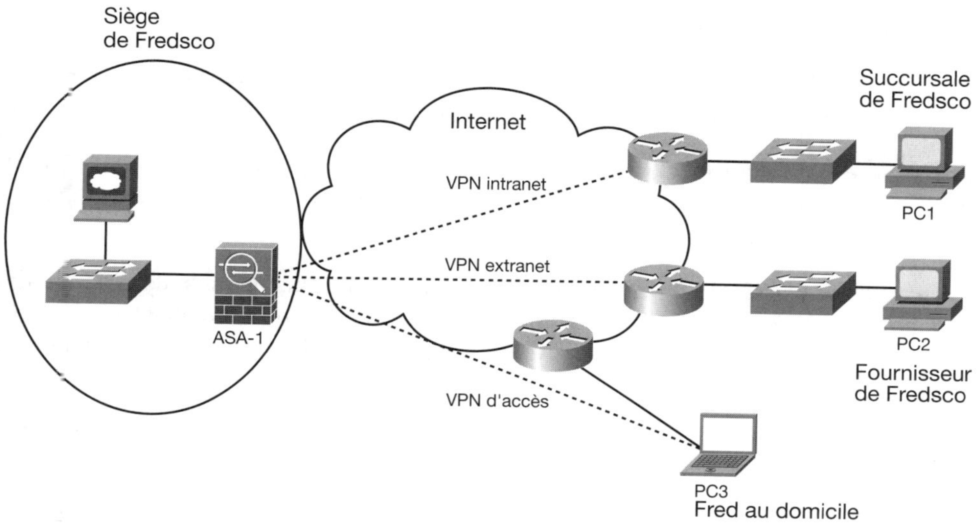

Figure 15.2

VPN Intranet, VPN extranet et VPN d'accès.

En haut de la figure, le site central et un bureau distant d'une entreprise fictive, Fredsco, sont connectés *via* un VPN intranet. Le milieu de la figure montre une connexion vers une entreprise tierce qui fournit des articles à Fredsco *via* un VPN extranet. Le bas de la figure illustre la connexion d'un employé, Fred, depuis son domicile au réseau de Fredsco *via* un VPN d'accès distant, ou simplement VPN d'accès. Ici, c'est le portable de Fred et non le routeur d'accès à Internet qui représente l'extrémité du tunnel. Le tableau 15.2 résume les caractéristiques de ces trois types de VPN.

Sujet clé

Tableau 15.2 : Types de VPN

Type	*Application*
Intranet	Connecte tous les ordinateurs de deux sites d'une même entreprise, généralement au moyen d'un équipement VPN à chaque extrémité.
Extranet	Connecte tous les ordinateurs de deux sites appartenant à deux entreprises partenaires, généralement au moyen d'un équipement VPN à chaque extrémité.
Accès	Connecte des utilisateurs individuels à un réseau d'entreprise.

Pour créer un VPN, un équipement sur chacun des sites à connecter doit posséder les composants matériels et/ou logiciels requis pour comprendre un ensemble déterminé de standards et de protocoles de sécurité VPN. Il peut s'agir d'un des équipements suivants :

- **Routeur.** Outre sa fonction de transmission des paquets, le routeur peut aussi assurer des fonctions VPN. Il peut notamment être équipé de cartes spéciales lui permettant d'accomplir un chiffrement plus rapide.
- **Équipement ASA.** Équipement de sécurité phare de Cisco pouvant être configuré pour assurer de nombreuses fonctions de sécurité, y compris VPN.
- **Pare-feu PIX.** Équipement appartenant à une ancienne gamme de produits Cisco et pouvant exécuter des fonctions VPN en plus d'agir en tant que pare-feu. Les nouvelles installations utiliseraient plutôt un équipement ASA.
- **Concentrateur VPN.** Équipement appartenant à une ancienne gamme de produits Cisco et représentant une plate-forme matérielle capable d'agir spécifiquement comme point d'extrémité d'un tunnel VPN. Les nouvelles installations utiliseraient plutôt un équipement ASA.
- **Client VPN.** Dans le cas d'un VPN d'accès, l'ordinateur portable peut avoir besoin d'assurer des fonctions VPN et requiert pour cela un logiciel spécial appelé *client VPN*.

La section suivante décrit l'utilisation d'un ensemble de protocoles appelé IPsec pour créer des VPN.

Sécurité IPsec

IPsec est une architecture de services de sécurité pour les réseaux IP. Ce nom n'est pas un acronyme, mais plutôt une version abrégée du titre du RFC dans lequel est décrite cette architecture (RFC 4301, *Security Architecture for the Internet Protocol*) et généralement appelé IP Security (sécurité IP).

IPsec définit un ensemble de fonctions de sécurité, telles que l'authentification et le chiffrement, ainsi que certaines règles concernant chacune d'elles. À l'instar de l'architecture TCP/IP qui offre un choix de divers protocoles pour chaque fonctionnalité, IPsec prévoit plusieurs options de protocole pour chaque fonction VPN.

Les sections suivantes examinent les composantes de cette architecture, à commencer par le chiffrement, suivi de l'échange de clés, de l'intégrité des messages et de l'authentification.

Chiffrement IPsec

Le chiffrement IPsec n'est pas trop difficile à comprendre si l'on occulte son aspect mathématique. Il utilise un couple d'algorithmes de chiffrement (essentiellement des formules mathématiques) qui répondent à un certain nombre de critères, le premier étant qu'ils se complètent :

- L'un sert à dissimuler (chiffrer) les données.
- L'autre sert à restituer (déchiffrer) les données initiales à partir de leur forme chiffrée.

Outre ces fonctions assez évidentes, les deux algorithmes ont été choisis de manière à ce que le texte chiffré soit difficilement déchiffrable sans le mot de passe secret, ou clé de chiffrement. De plus, même si un attaquant parvenait à déchiffrer un paquet, cela ne lui donnerait aucun avantage pour déchiffrer les autres paquets.

Le processus de chiffrement pour un VPN IPsec fonctionne habituellement comme illustré figure 15.3.

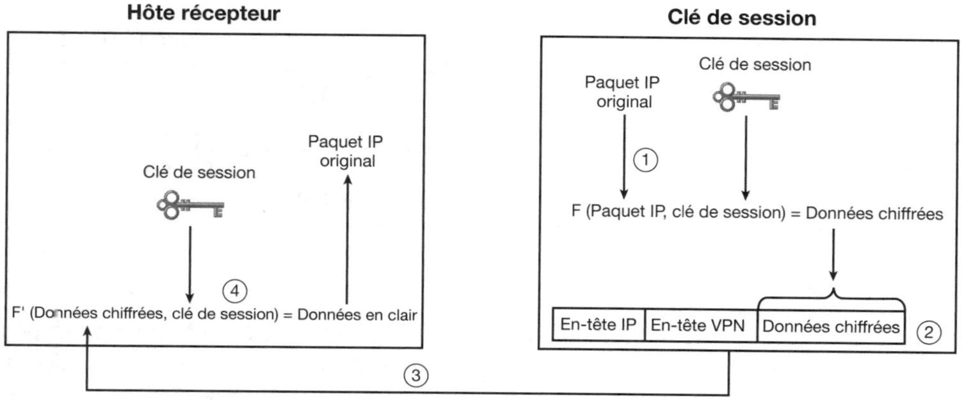

Figure 15.3
Processus de chiffrement IPsec.

Sujet clé

Notez que la clé de chiffrement est également appelée *clé de session*, *clé partagée* ou encore *clé de session partagée*.

Voici décrites les quatre étapes illustrées dans la figure :

1. L'équipement VPN émetteur (comme le routeur de bureau distant de la figure 15.1) passe le paquet d'origine et la clé de session à l'algorithme de chiffrement, lequel calcule les données chiffrées.
2. Il encapsule les données chiffrées dans un paquet qui inclut les nouveaux en-têtes IP et VPN.
3. Il envoie le paquet vers l'équipement VPN de destination (ASA-1 dans la figure 15.1).
4. L'équipement destinataire exécute l'algorithme de déchiffrement correspondant, en lui passant les données chiffrées et la clé de session – la même valeur que celle utilisée par l'équipement émetteur –, pour obtenir le texte clair initial.

IPsec supporte plusieurs sortes d'algorithmes de chiffrement offrant divers avantages, certains étant plus récents et efficaces. Des clés longues rendent plus difficile le déchiffrement des données pour un attaquant éventuel, cependant, elles nécessitent davantage de puissance de traitement. Le tableau 15.3 présente certaines de ces options et les longueurs de clé associées.

Sujet clé

Tableau 15.3 : Comparaison des algorithmes de chiffrement VPN

Algorithme	***Longueur de clé (en bits)***	***Commentaire***
DES *(Data Encryption Standard)*	56	Ancien et moins sûr que les autres options.
DES (*Data Encryption Standard*)	56 × 3	Applique successivement trois clés DES de 56 bits, augmentant la robustesse du chiffrement par rapport au DES simple.
3DES (*Triple DES*)	128 et 256	Considéré comme l'algorithme le plus fiable actuellement, avec un chiffrement fort et moins de calcul que 3DES.

Échange de clés

L'emploi d'une valeur de clé commune partagée (également appelée *clé symétrique*) pour le chiffrement évoque quelque peu le problème de l'œuf et de la poule. Si les deux équipements ont besoin de connaître la même valeur avant de pouvoir chiffrer/déchiffrer les données, comment peuvent-ils se l'échanger sans avoir à l'envoyer en clair avec le risque qu'elle soit interceptée ?

Le problème de la *distribution de clés* existe depuis que l'idée de chiffrement a vu le jour. Une solution simple mais problématique est l'emploi de clés prépartagées, ou *PSK* (*Pre-Shared Key*), ce qui demande de configurer manuellement les valeurs sur les deux équipements. L'échange de ces valeurs peut se faire simplement en appelant l'administrateur du site distant.

Même si la clé partagée n'est jamais dérobée, il y a de fortes chances qu'elle ne change jamais. Comme pour les mots de passe, si aucun automatisme préétabli n'oblige à en changer, la paresse l'emporte généralement sur la raison. Et si les algorithmes de chiffrement rendent difficile le déchiffrement des données, il est techniquement possible pour un attaquant de forcer la clé et de déchiffrer ensuite les données sur une base régulière si celle-ci ne change pas. Pour une meilleure sécurité, il importe donc de renouveler les clés grâce aux protocoles d'échange dynamique de clés qui réduisent ainsi considérablement la quantité de données perdues en cas de décryptage de la clé.

En tant qu'architecture de sécurité, IPsec impose un échange dynamique des clés au moyen d'un processus défini par le RFC 4306 et appelé IKE (*Internet Key Exchange*). IKE s'appuie sur la technique d'échange de clés de Diffie-Hellman (DH), du nom de ses inventeurs. L'échange de clés DH résout le problème de l'œuf et de la poule grâce à un algorithme qui permet aux équipements de créer et d'échanger des clés en toute sécurité, empêchant quiconque intercepterait les messages de dériver la valeur de clé.

La première option de configuration pour l'échange de clés DH est la longueur des clés utilisées pour chiffrer les messages d'échange. Plus la clé à échanger est longue, plus la clé DH sera longue. Le tableau 15.4 énumère les trois options disponibles.

Tableau 15.4 : Options DH

Sujet clé

Option	*Longueur de clé*
DH-1	768 bits
DH-2	1 024 bits
DH-5	1 536 bits

Authentification et intégrité des messages

IPsec propose aussi plusieurs options pour les processus d'authentification et d'intégrité des messages. L'authentification IPsec est généralement le processus qui permet à un équipement VPN destinataire de s'assurer que le paquet reçu a bien été émis par un pair VPN de confiance.

Et l'intégrité des messages IPsec, parfois aussi appelée authentification des messages, est le processus qui permet au destinataire de s'assurer que le paquet n'a pas été modifié pendant son transit.

Ces deux processus s'appuient en partie sur les mêmes principes généraux que les processus de chiffrement et d'échange de clés. Nous n'entrerons donc pas dans les détails, mais certaines notions de base peuvent néanmoins être utiles.

Le contrôle d'intégrité des messages peut être réalisé par le protocole AH (*Authentication Header*) d'IPsec à l'aide d'une clé (symétrique) partagée, à l'instar du processus de chiffrement, mais en utilisant une fonction de hachage au lieu d'une fonction de chiffrement. Le principe du hachage est analogue à celui de séquence de contrôle de trame, ou FCS (*Frame Control Sequence*), utilisé par la plupart des protocoles de liaison de données, sauf qu'il offre nettement plus de sécurité. Une fonction de hachage (autrement dit, une fonction mathématique) produit une valeur hachée portant le nom de HMAC (*Hashed-based Message Authentication Code*) et pouvant être stockée dans un des en-têtes VPN. L'émetteur génère cette valeur et la place dans l'en-tête VPN prévu à cet effet. Le récepteur recalcule la valeur en utilisant la clé partagée et la compare avec celle contenue dans l'en-tête. Si les deux valeurs concordent, cela signifie que les données passées en entrée à l'algorithme par le récepteur et l'émetteur sont identiques et que le message n'a en conséquence pas été altéré pendant sa transmission.

La fonction de contrôle d'intégrité fondée sur HMAC emploie typiquement une clé secrète qui doit être au moins deux fois plus longue que la clé qui sert à chiffrer le message. Plusieurs options HMAC ont donc été développées au fil des ans. Par exemple, l'algorithme MD5 (*Message Digest 5*) supporté de longue date utilise une clé de 128 bits permettant de prendre en charge des VPN avec des clés DES de 56 bits.

INFO

Si le VPN utilise ESP (*Encapsulating Security Payload*) pour chiffrer les paquets, la fonction HMAC n'est pas nécessaire, car l'attaquant devra d'abord forcer la clé de chiffrement avant de pouvoir modifier les messages.

Le processus d'authentification s'appuie sur un concept analogue à l'échange de clés DH en ce qu'une valeur chiffrée avec la clé privée de l'émetteur peut être déchiffrée avec la clé publique de celui-ci. Comme pour le contrôle d'intégrité, l'émetteur calcule une valeur au moyen de sa clé privée et place le résultat dans l'en-tête VPN. Le récepteur emploie la clé publique de l'émetteur pour déchiffrer la valeur transmise. Si le résultat du déchiffrement est identique à la valeur qui se trouve dans l'en-tête du paquet reçu, le récepteur sait que l'émetteur est bien qui il prétend être.

Le tableau 15.5 présente quelques-unes des options d'authentification et de contrôle d'intégrité disponibles pour IPsec.

Tableau 15.5 : Options d'authentification et de contrôle d'intégrité IPsec

Fonction	*Méthode*	*Description*
Intégrité des messages	HMAC-MD5	Cet algorithme utilise une clé partagée de 128 bits, générant une valeur hachée de 128 bits.
Intégrité des messages	HMAC-SHA (*Secure Hash Algorithm*)	Cet algorithme définit différentes tailles de clés (par exemple, SHA-1 : 160 bits, SHA-256 : 256 bits, et SHA-512 : 512 bits) pour supporter différentes tailles de clés de chiffrement. Considéré comme plus sûr que MD5, mais nécessite aussi davantage de temps de calcul.
Authentification	PSK (*Pre-Shared Key*)	Les deux équipements VPN doivent être préconfigurés avec la même clé secrète.
Authentification	Signatures numériques	Également appelées signatures RSA (*Rivest, Shamir et Adelman*), du nom de leurs inventeurs. L'émetteur chiffre une valeur avec sa clé privée et le récepteur la déchiffre avec la clé publique de l'émetteur puis compare le résultat obtenu avec la valeur située dans l'en-tête du paquet reçu.

Protocoles de sécurité ESP et AH

Pour accomplir les fonctions VPN décrites dans ce chapitre, IPsec définit deux protocoles de sécurité ainsi qu'un en-tête spécifique pour chacun d'eux. Ces en-têtes apparaissent sous une forme générique en tant qu'en-tête VPN à la figure 15.1. Ils constituent simplement un emplacement où stocker les informations requises par ces diverses fonctions. Par exemple, le processus de contrôle d'intégrité implique que l'émetteur place le résultat de la fonction de hachage dans un en-tête et transmette cet en-tête (au sein du message entier) à l'équipement VPN destinataire, lequel se sert ensuite de la valeur hachée pour contrôler l'intégrité des données.

Ces deux protocoles sont ESP (*Encapsulating Security Payload*) et AH (*Authentication Header*) Le premier assure les quatre principales fonctions VPN, comme évoqué dans ce chapitre et résumé au tableau 15.6. Le second offre seulement des fonctions d'authentification et d'intégrité des messages. Un VPN IPsec peut utiliser un seul de ces en-têtes ou les deux. Par exemple, AH pourrait servir à des fins d'authentification et de contrôle d'intégrité pendant que ESP s'occupe de la confidentialité des données (chiffrement).

Tableau 15.6 : Résumé des fonctions VPN assurées par ESP et AH

Sujet clé

Fonction	*Assurée par ESP*	*Assurée par AH*
Authentification	Oui (faible)	Oui (forte)
Intégrité des messages	Oui	Oui
Chiffrement	Oui	Non
Anti-rejeu	Oui	Non

Considérations d'implémentation d'IPsec

Les VPN IPsec fournissent une connexion sécurisée à travers Internet, lequel est par définition non sûr, de sorte que les hôtes communiquant puissent se comporter comme s'ils étaient directement reliés au réseau d'entreprise. Dans le cas d'un VPN site à site, les hôtes finaux n'ont pas connaissance de son existence, comme dans le cas d'une ligne louée ou d'une liaison Frame Relay. L'utilisateur peut employer n'importe quelle application comme s'il se trouvait dans les bureaux de l'entreprise.

Les utilisateurs d'un VPN d'accès distant IPsec bénéficient des mêmes avantages que ceux d'un VPN site à site, à savoir qu'ils ont accès à toutes les applications possibles et autorisées. Toutefois, chaque hôte doit en plus exécuter le logiciel client VPN de Cisco. Ce logiciel implémente les standards IPsec sur le PC, évitant d'avoir à recourir à un équipement séparé pour les fonctions VPN. L'installation du client n'est pas difficile, mais représente néanmoins une somme de travail supplémentaire par rapport à un VPN site à site mis en œuvre avec un routeur Cisco déjà en place, où la seule exigence serait l'actualisation du système IOS.

Pour faciliter l'installation et la configuration de réseaux VPN, Cisco prévoit un ensemble de fonctions dénommé Easy VPN. L'intérêt de cette solution est évident si l'on considère l'exemple suivant. Une entreprise possède 200 sites distants qu'elle souhaite relier en créant un VPN à travers Internet. Elle veut aussi instaurer des connexions VPN site à site avec une dizaine de partenaires. Enfin, 2 000 employés sont équipés de portables qu'ils utilisent occasionnellement pour se connecter au réseau de l'entreprise depuis leur domicile. IPsec offre de nombreuses options pour chaque cas de figure, mais nécessite un travail de configuration au niveau de chaque site.

Easy VPN allège grandement le fardeau administratif dans un tel environnement en permettant à un serveur Cisco Easy VPN, typiquement l'équipement VPN du site central (par exemple, un ASA), d'informer dynamiquement les équipements des sites distants de leur configuration VPN IPsec. Ces équipements distants – routeurs, ASA, ordinateurs portables exécutant le logiciel client VPN de Cisco, etc. – agissent comme clients Easy VPN, se connectant au serveur Easy VPN et téléchargeant les paramètres de configuration requis.

La dernière section de ce chapitre examine brièvement un autre type de sécurisation de VPN avec SSL.

Sécurité SSL

Les navigateurs actuels prennent tous en charge un protocole de sécurité appelé SSL (*Secure Socket Layer*), et souvent aussi un autre standard moins connu mais non moins important, TSL (*Transport Layer Security*). Cette section décrit l'emploi de SSL pour créer des VPN d'accès.

INFO

Plutôt que de nous référer à la fois à SSL et TLS dans cette section, nous nous limiterons au premier. Bien qu'ils ne soient pas vraiment équivalents, ces deux protocoles accomplissent les mêmes fonctions et sont interchangeables pour le niveau de détail donné ici.

Un navigateur Web utilise HTTP pour se connecter à un serveur Web. Toutefois, lorsque la communication doit être sécurisée, il recourt à SSL. Ce protocole emploie le port connu 443, chiffre les données échangées par le navigateur et le serveur, et authentifie l'utilisateur. Les messages HTTP peuvent ensuite être transmis en toute sécurité sur la connexion SSL.

La plupart des utilisateurs emploient SSL sans même le savoir, notamment pour toutes les transactions bancaires ou confidentielles. Une icône de cadenas apparaît généralement dans le navigateur, dans une position fermée lorsque SSL est actif et dans une position ouverte lorsqu'il est inactif.

Les serveurs Web peuvent choisir quand et comment implémenter SSL. Étant donné que SSL implique davantage de traitement, la plupart des serveurs se contentent de HTTP pour fournir des informations générales et ne basculent vers SSL que pour fournir des informations à caractère sensible, telles que des éléments d'identification ou des données financières. Sinon, lorsque le serveur Web interne à une entreprise doit envoyer des données à un utilisateur situé à son domicile plutôt qu'à un utilisateur du réseau LAN local, il peut aussi avoir besoin de sécuriser la communication pour prévenir toute perte de données.

Cisco résout certains des problèmes associés à l'accès *via* Internet aux serveurs Web internes d'une entreprise grâce à une fonctionnalité appelée VPN Web. Contrairement aux VPN IPsec, la solution VPN Web n'autorise typiquement que le trafic Web, mais il se trouve que la grande majorité des applications d'entreprise sont dotées aujourd'hui de fonctionnalités Web. Par exemple, la plupart des utilisateurs finaux ont besoin d'accéder à des applications internes exécutées à partir d'un serveur Web interne, ou à un serveur de messagerie.

VPN Web sécurise la connexion d'un utilisateur distant au réseau interne de l'entreprise en utilisant SSL entre celui-ci et un serveur VPN Web. La figure 15.4 illustre l'idée générale.

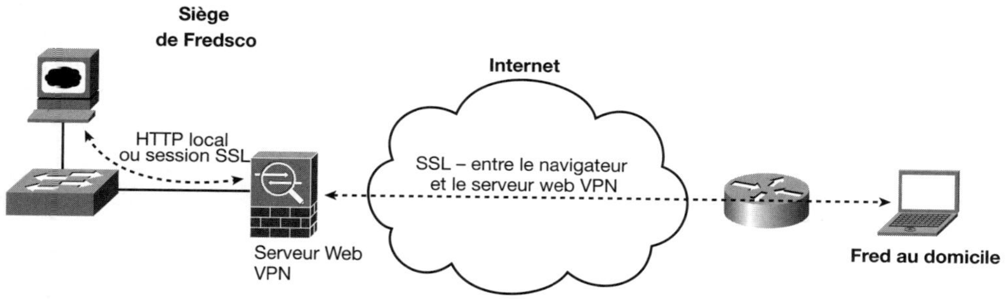

Figure 15.4
Solution VPN Web utilisant SSL.

L'utilisateur distant peut employer n'importe quel navigateur pour se connecter au serveur VPN Web Cisco, lequel peut être implémenté par n'importe quel équipement, y compris un ASA. Cette connexion utilise SSL pour sécuriser toutes les communications entre le client et le serveur, en s'appuyant sur les fonctions SSL intégrées du navigateur.

Le serveur VPN agit en tant que serveur Web classique, présentant au client une page Web qui énumère les applications disponibles. Par exemple, cette page peut lister toutes les applications d'entreprise basées Web typiques, le service de messagerie Web, et d'autres services. Lorsque l'utilisateur sélectionne une option, le serveur VPN Web se connecte au service correspondant, en utilisant HTTP ou SSL, selon le cas. Le serveur VPN Web assure ensuite la transmission du trafic HTTP/SSL entre le serveur d'arrière-plan et le client *via* la connexion SSL.

L'intérêt de cette solution est qu'elle ne demande aucun logiciel ou effort spécial côté client. Les employés peuvent même utiliser l'ordinateur qui se trouve chez eux ou celui de n'importe qui d'autre, en somme n'importe quelle machine connectée à Internet, pour accéder au serveur VPN Web. L'inconvénient est qu'elle impose l'emploi d'un navigateur Web.

Pour les applications qui ne sont pas accessibles par le biais d'un navigateur, deux options sont envisageables. Vous pouvez implémenter un VPN IPsec, comme évoqué précédemment. Autrement, il existe une variante de la solution VPN Web dans laquelle l'ordinateur client exécute un client VPN léger basé SSL, à l'instar du principe de client VPN Cisco basé IPsec.

Préparation à l'examen

Sujets clés à réviser

Sujet clé

Révisez les sujets les plus importants du chapitre, repérés dans la marge par le pictogramme « Sujet clé » , et récapitulés dans le tableau 15.7.

Tableau 15.7 : Sujets clés du chapitre

Emplacement	*Description*	*Numéro de page*
Liste	Fonctions de sécurité des VPN	524
Tableau 15.2	Types de VPN	526
Figure 15.3	Processus de chiffrement IPsec	527
Tableau 15.3	Comparaison des algorithmes de chiffrement VPN	528
Tableau 15.4	Options d'échange de clés DH	529
Tableau 15.6	Résumé des fonctions VPN assurées par ESP et AH	531

Tableaux et listes à compléter

Complétez de mémoire les tableaux et listes concernant ce chapitre qui figurent dans l'annexe J, puis reportez-vous à l'annexe K pour comparer vos réponses à celles qui vous sont fournies. Ces annexes figurent sur le CD-ROM.

Termes clés à définir

Donnez la définition des termes suivants et comparez vos réponses avec le glossaire :

Échange de clé Diffie-Hellman, IPsec, clé partagée, SSL, VPN, client VPN, VPN Web.

V

Extension de l'espace d'adressage IP

Sujets de l'examen ICND2* publiés par Cisco et traités dans cette partie

Spécifier un plan d'adressage et les services IP nécessaires au réseau d'une agence d'une entreprise de taille moyenne

- Décrire les prérequis technologiques pour déployer IPv6 (protocoles, double pile [*dual stack*], tunneling, etc.)
- Décrire la structure des adresses IPv6

Implémenter, tester et résoudre les problèmes du NAT (*Network Address Translation*) et des ACL (*Access Control List*) dans le réseau d'une agence d'une entreprise de taille moyenne

- Expliquer le fonctionnement du NAT
- Configurer le NAT conformément à des spécifications données en utilisant le CLI (*Command Line Interface*)
- Résoudre les problèmes liés au NAT

* Consultez le site **http://www.cisco.com** pour obtenir la liste de sujets d'examen la plus récente.

16

NAT (*Network Address Translation*)

Au sommaire de ce chapitre :

- **Nécessité d'évolutivité de l'adressage IPv4.** Cette section explique le besoin qui a conduit au développement de la technique NAT (*Network Address Translation*) dans les années 1990.
- **Principes de la traduction d'adresses de réseau (NAT).** Cette section décrit les différentes variantes de NAT.
- **Configuration et dépannage de NAT.** Cette dernière section expose comment configurer NAT et comment utiliser les commandes **show** et **debug** pour dépanner les problèmes relatifs à NAT.

Les deux chapitres de cette partie sont liés et décrivent les deux principales solutions développées pour surmonter les obstacles à la croissance d'Internet vers le milieu des années 1990. Le problème était que l'espace d'adressage IPv4 était voué à s'épuiser. La solution à court terme, nommée NAT (*Network Address Translation*), ou traduction d'adresses de réseau, est couverte dans ce chapitre. La solution à long terme, qui opère en étendant considérablement l'espace d'adressage IP, est IPv6, et fait l'objet du chapitre suivant.

Le présent chapitre commence par un bref aperçu de la fonction CIDR (*Classless Interdomain Routing*), qui aide les FAI à gérer l'espace d'adressage IP, et de l'adressage IP privé. Le reste du chapitre aborde les détails de la fonction NAT et sa configuration.

Questionnaire d'évaluation

Grâce à ce questionnaire, vous pourrez déterminer s'il vous faut ou non lire la totalité du chapitre. Si vous n'échouez qu'à une question, vous pourrez envisager de passer directement à la section « Préparation à l'examen ». Le tableau 16.1 reprend les titres des sections principales de la partie « Connaissances fondamentales » de ce chapitre ainsi que les numéros des questions s'y rapportant. Vous pourrez ainsi évaluer votre niveau de maîtrise de ces sujets. Les réponses sont données à l'annexe A.

Tableau 16.1 : Questions d'évaluation et sections concernées

Connaissances fondamentales	*Questions*
Nécessité d'évolutivité de l'adressage IPv4	1 à 2
Traduction NAT (*Network Address Translation*)	4 et 5
Configuration et dépannage de NAT	6 à 9

1. Que signifie le sigle CIDR ?

a. Classful IP Default Routing.

b. Classful IP D-Class Routing.

c. Classful Interdomain Routing.

d. Classless IP Default routing.

e. Classless IP D-Class Routing.

f. Classless Interdomain Routing.

2. Quels sous-réseaux synthétisés (*route summarization*) représentent des routes valides du point de vue de l'objectif principal de la fonction CIDR qui est de réduire la taille des tables de routage ?

a. 10.0.0.0 255.255.255.0

b. 10.1.0.0 255.255.0.0

c. 200.1.1.0 255.255.255.0

d. 200.1.0.0 255.255.0.0

3. Quelles adresses ne sont pas privées selon le RFC 1918 ?

a. 172.31.1.1

b. 172.33.1.1

c. 10.255.1.1

d. 10.1.255.1

e. 191.168.1.1

4. À l'aide de NAT statique, réalisant uniquement la traduction des adresses internes, quelle action provoque la création d'entrées dans la table NAT ?

a. Le premier paquet partant du réseau interne vers le réseau externe.

b. Le premier paquet arrivant du réseau externe dans le réseau interne.

c. Une configuration au moyen de la commande **ip nat inside source**.

d. Une configuration au moyen de la commande **ip nat outside source**.

5. À l'aide de NAT dynamique, réalisant uniquement la traduction des adresses internes, quelle action provoque la création d'entrées dans la table NAT ?

a. Le premier paquet partant du réseau interne vers le réseau externe.

b. Le premier paquet arrivant du réseau externe dans le réseau interne.

c. Une configuration au moyen de la commande **ip nat inside source**.

d. Une configuration au moyen de la commande **ip nat outside source**.

6. Quelle commande identifie les adresses IP locales internes lorsque NAT dynamique a été configuré pour traduire uniquement l'adresse source des paquets émanant d'un numéro de réseau privé ?

a. ip nat inside source list 1 pool barney

b. ip nat pool barney 200.1.1.1 200.1.1.254 netmask 255.255.255.0

c. ip nat inside

d. ip nat inside 200.1.1.1 200.1.1.2

e. Aucun des choix précités.

7. Quelle commande identifie les adresses IP locales externes lorsque NAT dynamique a été configuré pour traduire uniquement l'adresse source des paquets émanant d'un numéro de réseau privé ?

a. ip nat inside source list 1 pool barney

b. ip nat pool barney 200.1.1.1 200.1.1.254 netmask 255.255.255.0

c. ip nat inside

d. ip nat inside 200.1.1.1 200.1.1.2

e. Aucun des choix précités.

8. Examinez les commandes de configuration suivantes :

```
interface Ethernet0/0
 ip address 10.1.1.1 255.255.255.0
 ip nat inside
interface Serial0/0
 ip address 200.1.1.249 255.255.255.252
ip nat inside source list 1 interface Serial0/0
access-list 1 permit 10.1.1.0 0.0.0.255
```

Quel élément manque pour que la configuration active la traduction NAT étendue des adresses source ?

a. La commande **ip nat outside**.

b. La commande **ip nat pat**.

c. Le mot-clé **overload**.

d. La commande **ip nat pool**.

9. Examinez le code suivant produit par la commande **show** sur un routeur configuré pour NAT dynamique :

```
-- Inside Source
access-list 1 pool fred refcount 2288
 pool fred: netmask 255.255.255.240
    start 200.1.1.1 end 200.1.1.7
    type generic, total addresses 7, allocated 7 (100%), misses 965
```

Les utilisateurs se plaignent de ne pouvoir accéder à Internet. Quelle est la cause la plus vraisemblable ?

a. D'après les informations fournies par la commande, le problème n'est pas lié à NAT.

b. Le pool NAT n'inclut pas suffisamment d'entrées pour satisfaire toutes les requêtes.

c. La liste de contrôle d'accès standard ACL 1 ne peut pas être utilisée. Une liste ACL étendue est nécessaire.

d. La commande donne trop peu d'informations pour permettre d'identifier le problème.

Connaissances fondamentales

Ce chapitre couvre les détails de la fonction de traduction d'adresses de réseau, NAT (*Network Address Translation*). La première section expose les défis qu'ont dû relever les concepteurs d'IPv4 face à la révolution Internet des années 1990. La deuxième section explique les principes de base de NAT, le fonctionnement de ses différentes variantes, et comment l'option de traduction d'adresses de port, PAT (*Port Address Translation*), permet de préserver l'espace d'adressage IPv4. La dernière section indique comment configurer NAT à partir de l'interface CLI du logiciel Cisco IOS et comment dépanner les problèmes associés.

Si vous suivez le plan de lecture optionnel qui vous fait alterner entre le présent livre et l'ouvrage *Préparation à la certification CCNA ICND1 et CCENT*, sachez que le chapitre 17 de ce dernier couvre également NAT et PAT, la configuration y étant réalisée *via* l'interface SDM (*Security Device Manager*) de Cisco. Vous trouverez dans ce chapitre un approfondissement de la plupart des concepts sous-jacents.

Solutions pour l'extension de l'adressage IPv4

La conception initiale d'Internet exigeait que chaque organisation demande un ou plusieurs numéros de réseau IP enregistrés auprès de l'autorité attitrée. Les personnes administrant le programme s'assuraient qu'aucun numéro ne puisse servir en même temps à plusieurs entreprises ou organisations. Tant que chaque entreprise n'utilise que des adresses appartenant à son numéro de réseau, les adresses ne sont pas dupliquées et le routage peut fonctionner correctement.

La connexion à Internet uniquement *via* l'utilisation d'un ou de plusieurs numéros enregistrés a longtemps fonctionné convenablement. Cependant, au début des années 90, il devenait clair qu'Internet subissait une croissance si rapide que tous les numéros de réseau IP allaient être épuisés dans les quelques années à venir et que certaines entreprises n'allaient plus pouvoir être connectées.

La principale solution à long terme a donc été d'augmenter la taille des adresses IP. L'idée a donné naissance à la création d'IPv6, la version 6 d'IP (la version 5 a été définie bien plus tôt à des fins expérimentales et n'a jamais été déployée). IPv6 offre une structure d'adressage sur 128 bits au lieu des 32 bits d'IPv4. Impliquant un processus identique voire amélioré d'assignation de plages d'adresses uniques, IPv6 peut aisément supporter tous les individus et entreprises de la planète, autorisant l'allocation d'un nombre de numéros de réseau avoisinant les $3,4 \times 10^{38}$.

Trois autres solutions à court terme ont également vu le jour : NAT (*Network Address Translation*) et l'*adressage privé*, utilisés conjointement pour permettre à une entreprise d'employer en interne des numéros IP privés non enregistrés tout en autorisant la connexion à Internet, et CIDR (*Classless Interdomain Routing*), qui permet aux FAI de restreindre le gaspillage des adresses IP en les autorisant à allouer à une entreprise un sous-ensemble d'un numéro de réseau plutôt que la totalité de ce dernier. Cette dernière fonctionnalité permet en outre l'agrégation de plusieurs numéros de réseau des classes A, B et C en une seule information de route, participant ainsi à la réduction de la taille des tables de routage sur Internet.

Routage CIDR

Le routage interdomaine sans classe, CIDR (*Classless Interdomain Routing*), est une convention d'adressage qui définit comment l'IANA (*Internet Assigned Numbers Authority*), ses agences membres, et les FAI devraient assigner l'espace d'adressage unique d'IPv4 à des organisations individuelles. Décrite dans le RFC 4632 (**www.ietf.org/rfc/rfc4632.txt**), cette fonction vise deux objectifs. Le premier est de faciliter le processus d'agrégation (synthèse) de plusieurs numéros de réseau en une seule entrée de routage de façon à réduire la taille des tables des routeurs. Le second est de permettre aux FAI d'assigner à leurs clients des sous-ensembles d'adresses d'un réseau de classe A, B ou C, plutôt qu'un numéro de réseau entier, afin d'économiser les adresses et repousser l'expiration de l'espace d'adressage IPv4. Les sections suivantes expliquent en détail ces deux objectifs.

Agrégation de routes et réduction des tables de routage

Un des principaux buts de CIDR est de faciliter l'agrégation de routes. Imaginez un routeur dont la table de routage devrait contenir une route vers tous les réseaux de classe A, B et C de la planète ! Il existe déjà un peu plus de deux millions de réseaux rien que pour la classe C. Cela demanderait énormément de mémoire et de puissance de traitement pour stocker ces informations et les traiter. En procédant par agrégation de routes, on diminue de façon significative la quantité d'entrées qui doivent figurer dans une table de routage.

La figure 16.1 illustre un cas typique d'application de CIDR pour grouper en une seule route plusieurs routes menant à des réseaux de classe C. Imaginez que FAI 1 possède les réseaux de classe C 198.0.0.0 à 198.255.255.0 (ils peuvent paraître singuliers mais ils sont valides). Sans CIDR, toutes les tables de routage des autres FAI devraient contenir une route pour chacun des 2^{16} réseaux commençant par 198. Avec CIDR, comme le montre la figure, elles ne contiennent que l'entrée 198.0.0.0/8, c'est-à-dire une seule route vers tous les hôtes dont l'adresse IP commence par 198. Comme nous l'avons vu plus haut, il y a plus de deux millions de réseaux rien que pour la classe C, mais CIDR a permis de maintenir une taille plus raisonnable pour les tables de routage, c'est-à-dire aux alentours de 200 000 routes vers le début de l'année 2007.

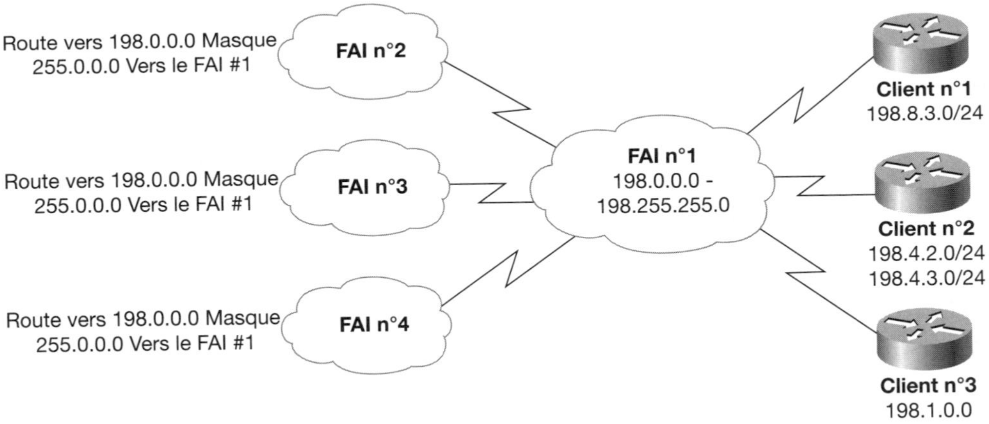

Sujet clé

Figure 16.1
Emploi typique de CIDR.

En utilisant un protocole de routage qui annonce le masque avec le numéro de sous-réseau/réseau, on obtient une vue « sans classe » du numéro. En d'autres termes, les routeurs traitent le groupement d'adresses comme un problème mathématique en ignorant les règles de classification des réseaux. Par exemple, l'indication 198.0.0.0/8 (198.0.0.0, masque 255.0.0.0) définit un ensemble d'adresses dont les premiers 8 bits sont égaux à la valeur décimale 198. Cette route est annoncée par FAI 1 à ses homologues qui ne doivent ainsi placer qu'une seule route dans leur table. Les routeurs internes à FAI 1 connaissent, eux, les itinéraires vers les différents réseaux de classe C. C'est ainsi que fonctionne CIDR pour permettre aux routeurs Internet d'avoir une table de routage plus petite, et donc plus adaptable.

Pour que CIDR puisse fonctionner comme illustré figure 16.1, les FAI doivent disposer de numéros de réseaux consécutifs. Les réseaux IP d'aujourd'hui sont alloués par des entités administratives réparties dans le monde entier qui, en retour, assignent des plages consécutives de numéros de réseau aux FAI de leur région. C'est ce qui rend possible l'agrégation de nombreux réseaux en une seule route.

Préservation de l'espace d'adressage IPv4

Le routage CIDR permet aussi de réduire la probabilité que les adresses IPv4 viennent un jour à expiration et que les entreprises se voient refuser leur connexion à Internet. Il permet aussi à un FAI d'allouer un sous-ensemble d'un réseau de classe A, B ou C à un seul client. Par exemple, imaginez que Client 1, un client de FAI 1, n'ait besoin que de 10 adresses IP et que Client 3 souhaite recevoir 25 adresses. Le FAI pourrait allouer à Client 1 le sous-réseau 198.8.3.16/28, avec une plage d'adresses assignables de 198.8.3.17 à 198.8.3.30. Au Client 3, il allouerait le sous-réseau 198.8.3.32/27, avec 30 adresses assignables de 198.8.3.33 à 198.8.3.62. Il pourrait ainsi satisfaire les besoins de ses clients en utilisant qu'une partie du réseau de classe C 198.8.3.0.

CIDR évite le gaspillage d'adresses et réduit de ce fait le besoin d'allouer à chaque fois des numéros de réseaux enregistrés distincts. Au lieu d'avoir deux clients qui consomment chacun un réseau de classe C entier, ils peuvent simplement recevoir une portion d'un même réseau. De plus, lorsqu'on associe à CIDR l'administration intelligente des numéros de réseaux consécutifs de chaque FAI, les tables des routeurs sont beaucoup plus petites.

Adressage privé

Lors de la conception d'un réseau où les hôtes ne sont pas connectés à Internet, une organisation pourrait choisir n'importe quel numéro de réseau et tout fonctionnerait. Par exemple, vous pourriez acheter quelques routeurs, les interconnecter dans votre immeuble, configurer des adresses IP du réseau 1.0.0.0, et l'ensemble opérerait sans problème. Les adresses utilisées pourraient même dupliquer des adresses enregistrées.

Pour créer un réseau privé sans connexion à Internet, vous pouvez aussi recourir à des numéros de réseaux privés (*private internets*), comme défini dans le RFC 1918 sur l'allocation d'adresses pour ce type de réseaux (**www.ietf.org/rfc/rfc1918.txt**). Ce RFC définit un ensemble de numéros qui ne seront jamais assignés à une entreprise en tant que numéros enregistrés et non utilisables publiquement. Ainsi, au lieu d'employer un numéro qui serait déjà enregistré par quelqu'un d'autre, vous pouvez utiliser l'un de ces numéros prévus pour être utilisés sur un réseau privé. Le tableau 16.2 présente les espaces d'adressage privés définis par ce RFC.

Sujet clé

Tableau 16.2 : Espaces d'adressage privés définis par le RFC 1918

Plage d'adresses IP	*Classe de réseaux*	*Nombre de réseaux*
10.0.0.0. à 10.255.255.255	A	1
172.16.0.0 à 172.16.255.255	B	16
192.168.0.0 à 192.168.255.255	C	256

N'importe quelle organisation peut se servir de ces numéros, sans toutefois être autorisée à les annoncer au moyen d'un protocole de routage sur Internet. Cependant, sur un réseau qui n'est de toute façon pas connecté à Internet, pourquoi se soucier d'utiliser des adresses non dupliquées ? En fait, le véritable intérêt de l'adressage privé est qu'il peut également être mis en œuvre sur un interréseau, à condition d'utiliser parallèlement la fonction NAT, comme expliqué dans le reste du chapitre.

Traduction NAT (*Network Address Translation*)

La fonction de traduction d'adresses, NAT (*Network Address Translation*), définie dans le RFC 3022, permet à un hôte n'utilisant pas d'adresse IP officiellement enregistrée de communiquer quand même avec d'autres hôtes *via* Internet. L'adresse peut provenir d'un espace d'adressage privé ou être une adresse utilisée par une autre organisation. Peu importe, grâce à NAT l'hôte peut continuer à utiliser en interne une adresse IP « non présentable à l'extérieur » tout en ayant la possibilité de communiquer avec l'extérieur.

Pour cela, la fonction NAT utilise une adresse IP enregistrée qu'elle substitue à l'adresse privée de chaque paquet sortant, comme illustré figure 16.2.

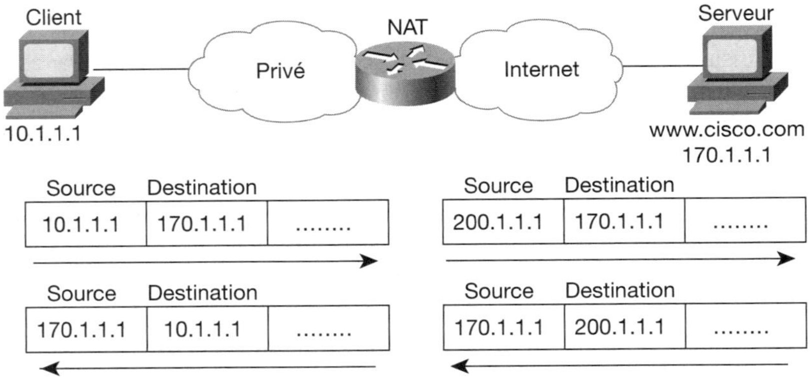

Sujet clé

Figure 16.2

Substitution par NAT d'une adresse publique à une adresse privée.

Remarquez que le routeur qui exécute NAT modifie l'adresse IP source des paquets qui quittent le réseau privé ainsi que l'adresse de destination des paquets de réponse entrant sur le réseau. Dans la figure, le réseau 200.1.1.0 constitue un numéro enregistré et la fonction NAT configurée sur le routeur effectue la traduction appropriée.

Le système Cisco IOS supporte plusieurs variantes de NAT. Les concepts sous-jacents sont traités dans les pages qui suivent. Nous verrons ensuite la configuration adéquate pour chaque option.

Traduction statique

La traduction NAT statique fonctionne comme illustré dans la figure 16.2, mais avec des adresses associées statiquement. Examinons la figure 16.3 qui propose un exemple similaire avec davantage d'informations.

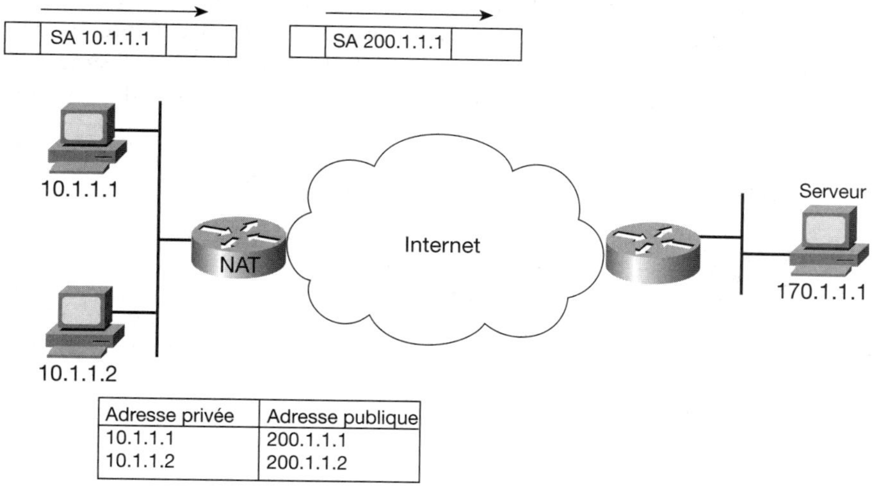

Figure 16.3
NAT statique avec adresses internes et adresses globales.

Le FAI de l'entreprise a alloué à celle-ci le réseau enregistré 200.1.1.0. Le routeur NAT s'arrange donc pour que les adresses privées apparaissent comme faisant partie du réseau 200.1.1.0. Pour cela, il change l'adresse source de chaque paquet sortant du réseau privé.

Dans notre exemple, il remplace toute adresse source (SA dans la figure) d'un paquet émanant de 10.1.1.1 par l'adresse 200.1.1.1. Cette dernière est utilisée par le routeur pour le compte de l'adresse privée. La traduction statique représente une configuration créant une relation simple, de cardinalité (1,1), où à une adresse utilisée publiquement correspond une seule adresse utilisée en privé.

Comme notre exemple de réseau héberge deux postes, une seconde configuration statique est nécessaire, en l'occurrence, pour mettre en relation l'adresse 10.1.1.2 et l'adresse 200.1.1.2. Étant donné que l'entreprise possède un seul réseau enregistré de classe C, elle peut au plus gérer 254 adresses privées avec NAT, avec les deux numéros réservés habituels (le numéro de réseau et le numéro broadcast).

La terminologie utilisée avec NAT, surtout dans le cadre de la configuration, peut être confondante. Remarquez dans la figure 16.3 que la table NAT énumère d'un côté des adresses privées et de l'autre, des adresses publiques. Cisco emploie le terme *inside local address*, soit adresses locales internes pour les premières, et le terme *inside global address*, soit adresses globales internes pour les secondes.

Pour comprendre cette terminologie, il faut se placer du point de vue de l'hôte bénéficiaire de ces adresses, privées ou publiques, NAT représentant la frontière entre l'utilisation interne et l'utilisation externe (vous découvrirez plus loin le terme « externe » qui est aussi utilisé dans le cadre de la traduction NAT). Bien que NAT traduise une adresse privée en adresse publique, cette dernière désigne une machine sur un réseau interne d'entreprise. Cisco emploie parfois les termes *privées* et *publiques* à la place de locales et globales, respectivement. Certaines personnes préfèrent cet usage. Quoi qu'il en soit, retenez l'ensemble de ces termes pour l'examen.

La figure 16.4 reprend le même exemple avec la terminologie Cisco.

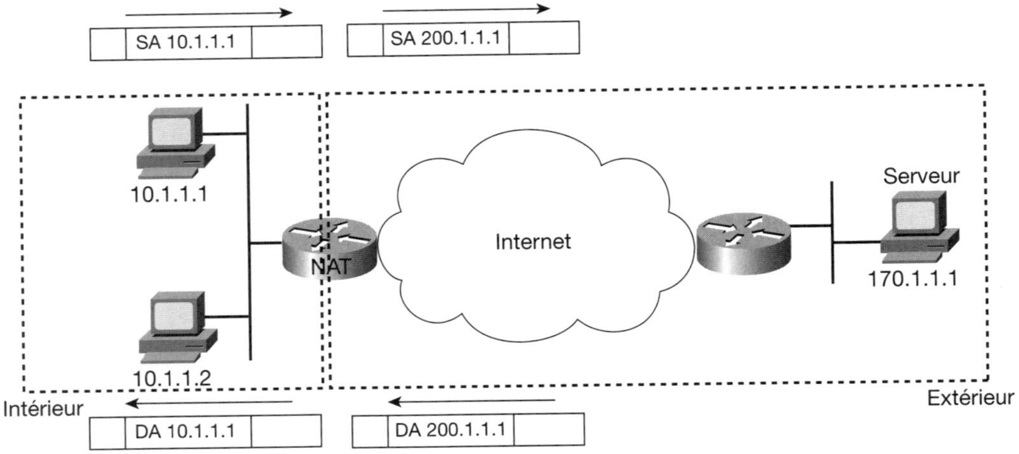

Locales internes	Globales internes
10.1.1.1	200.1.1.1
10.1.1.2	200.1.1.2

Sujet clé

Figure 16.4

Terminologie appliquée à la traduction NAT statique.

La plupart des applications de NAT ne changent que les adresses désignant des hôtes internes. Par conséquent, la table NAT de la figure 16.4 montre les adresses locales et globales correspondantes internes. Dans certaines configurations, il est cependant possible de recourir au changement d'une adresse désignant un hôte externe. Dans ce cas, les adresses seront qualifiées de *globales externes* et *locales externes*, c'est-à-dire utilisées sur le réseau public et le réseau privé, mais désignant un hôte situé à l'extérieur. Ce cas de figure sera mieux illustré plus loin à l'aide d'un exemple. Le tableau 16.3 récapitule les termes importants.

Tableau 16.3 : Terminologie NAT

Sujet clé

Type d'adresse	*Description*
Locale interne	Ce terme se réfère à une adresse désignant un hôte situé sur un réseau interne d'entreprise et ne pouvant pas être présentée à l'extérieur, sur le réseau public. Elle est donc utilisée en privé uniquement. Il est possible d'employer à la place le terme *adresse privée interne*, car il s'agit en général d'une adresse de l'un des numéros de réseau réservés à l'usage privé, tel que définis par le RFC 1918. Souvenez-vous que l'emploi de ces derniers, bien que non obligatoire, est recommandé si les hôtes internes doivent échanger avec Internet. En effet, ceci évite d'avoir à recourir à une traduction NAT plus complexe en raison des chevauchements d'espace d'adressage possibles, comme vous le verrez plus loin.
Globale interne	Ce terme se réfère à une adresse désignant un hôte situé sur un réseau interne d'entreprise, mais utilisée sur le réseau public, généralement Internet. C'est cette adresse que le routeur NAT substitue à l'adresse source d'un paquet sortant. Il est possible d'employer à la place le terme *adresse publique interne* en raison de son usage en tant que substitut pour une adresse locale interne, telle que définie dans l'entrée précédente.
Globale externe	Ce terme se réfère à une adresse désignant un hôte situé sur un réseau public extérieur au site NAT, soit Internet, et utilisée sur ce réseau. Il est possible d'employer à la place le terme *adresse publique externe*.
Locale externe	Ce terme se réfère à une adresse désignant un hôte situé sur un réseau public extérieur à l'entreprise, soit Internet, mais utilisée sur le réseau interne de l'entreprise. En raison de cet usage, il est possible d'employer à la place le terme *adresse privée externe*. Elle est souvent identique à l'adresse globale externe sauf dans une certaine configuration que nous verrons plus loin, auquel cas le routeur NAT la substitue à l'adresse globale externe lorsqu'un paquet entre sur le site NAT.

Traduction dynamique

La traduction NAT dynamique ressemble à la traduction statique en ce qu'elle crée une relation simple de cardinalité (1,1), c'est-à-dire qu'à une adresse globale correspond une seule adresse locale. Cependant, dans ce cas, la substitution se fait dynamiquement.

Cette configuration définit un pool d'adresses globales internes et des critères pour désigner l'ensemble des adresses locales internes devant être remplacées. L'exemple de la figure 16.5

définit un pool de cinq adresses locales internes, de 200.1.1.1 à 200.1.1.5. NAT a été configuré pour traduire les adresses qui commencent par 10.1.1 dans les paquets sortant.

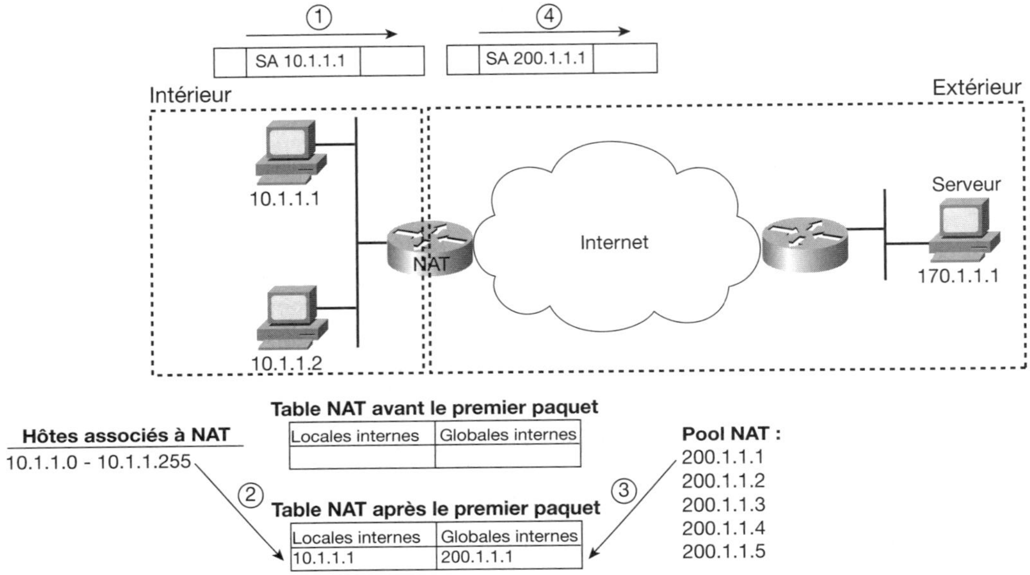

Figure 16.5

Traduction NAT dynamique.

Les chiffres 1 à 4 dans la figure illustrent la succession des événements :

1. L'hôte 10.1.1.1 envoie son premier paquet au serveur adressé par 170.1.1.1.
2. Lorsque le paquet arrive sur l'interface interne du routeur NAT, celui-ci exécute une certaine logique de mise en correspondance pour déterminer si la traduction doit être effectuée. Puisque cette logique prévoit une traduction des adresses commençant par 10.1.1, le routeur ajoute l'adresse 10.1.1.1 dans la table NAT en tant qu'adresse locale interne.
3. Le routeur doit donc allouer une adresse à partir du pool d'adresses globales internes disponibles. Il choisit la première non encore associée, 200.1.1.1 dans ce cas, et l'ajoute dans la table comme correspondance à notre adresse locale afin de compléter l'entrée inscrite.
4. Il remplace ensuite l'adresse source inscrite par l'adresse prélevée du pool et transmet le paquet sur l'interface adéquate.

L'entrée dynamique demeure dans la table tant que du trafic est échangé occasionnellement entre ces deux adresses. Vous pouvez configurer un délai d'expiration (*timeout*) qui indique combien de temps le routeur doit attendre en l'absence d'échanges avant de supprimer l'entrée de la table. Vous pouvez aussi nettoyer manuellement la table à l'aide de la commande **clear ip nat translation ***.

NAT peut être configuré avec davantage d'adresses dans la liste d'adresses locales que dans le pool d'adresses globales. Le routeur alloue les adresses du pool jusqu'à épuisement. Lorsqu'un paquet arrive et que le routeur a déjà alloué toutes les adresses globales, il rejette simplement le paquet. L'utilisateur doit renouveler sa tentative jusqu'à ce qu'une association de la table expire, auquel cas, la traduction NAT réussit pour le prochain hôte qui émet un paquet. Dans la pratique, le nombre d'adresses assignables doit être aussi grand que le nombre d'hôtes devant communiquer simultanément *via* Internet, à moins d'employer PAT comme nous allons le voir.

Traduction étendue avec PAT (*Port Address Translation*) ou overloading

Certains réseaux requièrent que la plupart de leurs hôtes, si ce n'est tous, puissent accéder à Internet. Si le réseau emploie des adresses privées, le routeur NAT doit avoir à sa disposition un nombre suffisant d'adresses enregistrées. Avec la traduction statique, il faut avoir une adresse enregistrée pour chaque hôte interne devant accéder au réseau extérieur, ce qui minimise considérablement l'intérêt de NAT. La traduction dynamique atténue le problème, mais de nombreux hôtes devant probablement accéder à Internet durant les heures de travail, il est nécessaire de pouvoir disposer d'une grande quantité d'adresses enregistrées.

L'overloading (surcharge), ou traduction PAT (*Port Address Translation*), permet à NAT de mieux s'adapter à l'augmentation des clients Internet d'une entreprise au moyen de quelques adresses enregistrées seulement. Pour comprendre cette fonctionnalité, il faut se référer à la façon dont les ports sont utilisés par TCP/IP. La figure 16.6 donne un exemple détaillé qui met en évidence la logique sous-jacente.

La partie supérieure de la figure montre un réseau interne avec trois hôtes différents établissant chacun une connexion au moyen de TCP. La portion inférieure illustre trois connexions réalisées plus tard par un même client. Ces six connexions visent l'adresse 170.1.1.1, celle d'un serveur sur Internet, et le port 80 (le port connu pour un serveur HTTP). Le serveur distingue les différentes connexions grâce à une combinaison adresse/port unique (appelée aussi socket).

NAT tire parti du fait que le serveur ne se préoccupe pas de savoir s'il s'agit de trois connexions vers trois adresses d'hôtes distinctes ou vers une seule adresse. Pour servir une grande quantité d'adresses locales internes à l'aide de quelques adresses globales internes enregistrées, la traduction étendue (PAT) traduit le port en plus de l'adresse (voir figure 16.7).

Lorsque la fonction PAT crée l'association dynamique, elle ne choisit pas seulement une adresse globale interne, mais également un numéro de port unique à utiliser avec l'adresse locale. Le routeur maintient une entrée dans sa table NAT pour chaque combinaison unique d'adresse locale et de port associée avec la combinaison adresse globale unique et port. Puisque le champ de numéro de port est de 16 bits, la traduction étendue peut utiliser plus de 65 000 numéros de port, lui conférant une bonne capacité d'adaptation avec un faible nombre d'adresses globales, voire une seule adresse même dans beaucoup de situations.

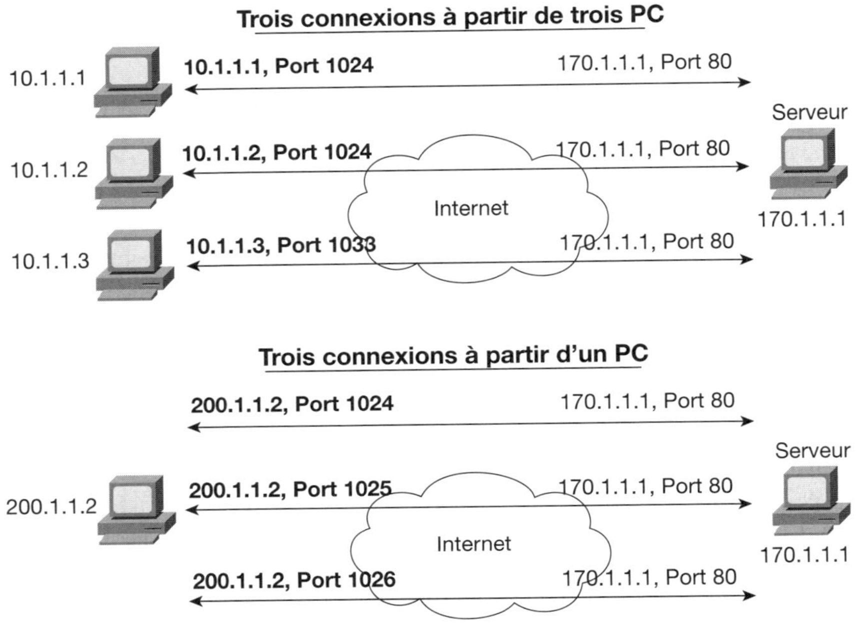

Figure 16.6

Trois connexions TCP, respectivement à partir de trois hôtes distincts et d'un hôte.

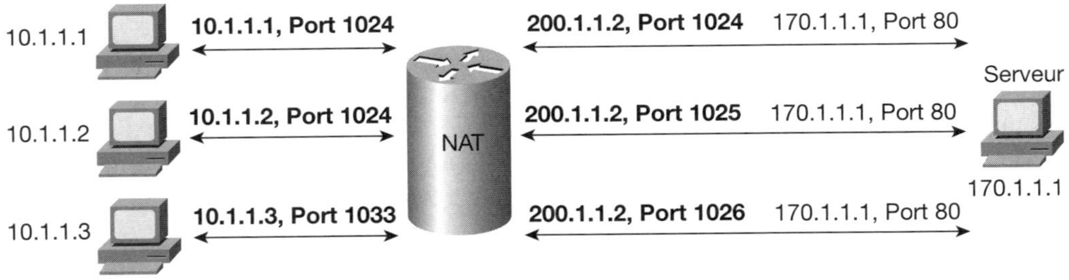

Table NAT dynamique, avec surcharge

Locales internes	Globales internes
10.1.1.1:1024	200.1.1.2:1024
10.1.1.2:1024	200.1.1.2:1025
10.1.1.3:1033	200.1.1.2:1026

Sujet clé

Figure 16.7

Traduction NAT étendue avec PAT.

Traduction lors de chevauchement d'adresses

Les trois premières options décrites sont celles que l'on rencontre le plus fréquemment sur la plupart des réseaux. Il existe encore une autre variante de NAT qui autorise la traduction à la fois de l'adresse IP source et de l'adresse IP de destination. Cette option est particulièrement utile lorsque deux interréseaux emploient des plages d'adresses qui se chevauchent, par exemple lorsqu'une entreprise ne recourt pas aux adresses réservées à l'usage privé telles que définies dans le RFC 1918, mais à des adresses publiques déjà enregistrées par une autre entreprise.

Lorsqu'une entreprise utilise malencontreusement des adresses déjà enregistrées et utilisées sur le réseau public, et que ses hôtes internes se connectent à Internet, la traduction NAT peut apporter une solution au problème. Dans ce cas, l'adresse source et l'adresse de destination sont remplacées. Par exemple, examinez la figure 16.8 qui montre une société A utilisant le numéro de réseau 170.1.0.0 déjà enregistré par Cisco.

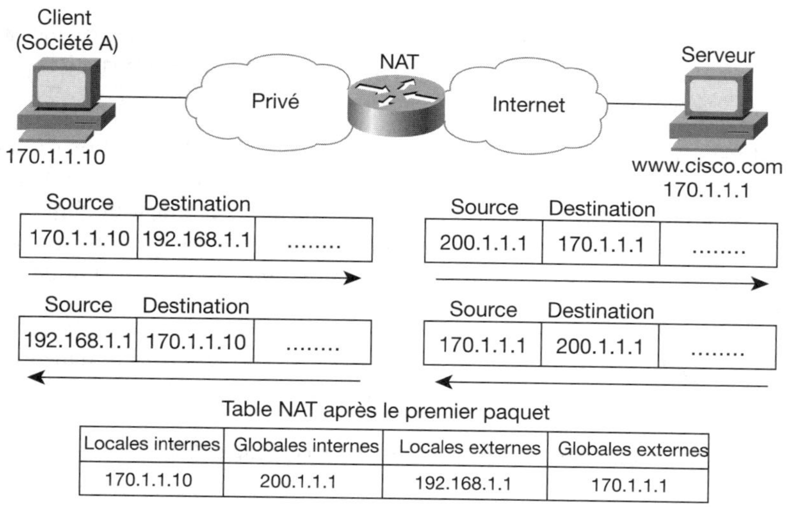

Figure 16.8
Traduction lors de chevauchement d'adresses.

Avec un espace d'adressage dupliqué, un client de la société A ne peut envoyer un paquet à l'hôte IP légitime 170.1.1.1. Et s'il le faisait, le paquet ne parviendrait pas au destinataire voulu. Pourquoi ? Cette adresse figurerait probablement dans une des tables de routage du réseau interne. Dans la figure, l'hôte 170.1.1.10 du réseau privé verrait cette adresse comme étant l'adresse privée d'un hôte sur le même LAN et n'enverrait non pas le paquet au routeur, mais directement à l'hôte en question.

NAT peut résoudre ce problème en substituant d'autres adresses aux adresses source et de destination des paquets qui passent par le routeur. Dans la figure 16.8, notez que le paquet original porte l'adresse de destination 192.168.1.1. Celle-ci est appelée *adresse locale externe*, car elle est utilisée sur le réseau local pour désigner un hôte externe situé sur Internet. L'adresse réelle de celui-ci, appelée *adresse globale externe*, est l'adresse 170.1.1.1, une adresse enregistrée et utilisée sur le réseau public (au besoin, revoyez le tableau 16.3 plus haut pour une explication des différents termes appliqués à NAT).

Lorsque le paquet sortant (de la gauche vers la droite) traverse le routeur, l'adresse source est changée, à l'instar de ce que nous avons vu jusqu'à présent. La différence réside dans le fait que l'adresse de destination est aussi modifiée, 192.168.1.1 devenant 170.1.1.1. Le paquet peut alors être routé correctement sur Internet.

Avant qu'un paquet ne sorte vers cette destination, on peut imaginer qu'une application du client a émis une requête (pour 170.1.1.1, mais il ne le sait pas) sous forme d'URL : **www.cisco.com**. Lorsque le paquet de réponse DNS revient, le routeur NAT doit changer l'adresse 170.1.1.1 qu'il contient puisqu'elle fait partie de la plage dupliquée. Ainsi, le client reçoit un paquet indiquant que l'adresse IP correspondant à www.cisco.com est 192.168.1.1.

Le routeur NAT doit dans ce cas posséder une configuration statique lui permettant d'utiliser une adresse locale externe à la place d'une adresse globale externe appartenant à la plage publique dupliquée sur le réseau interne.

Aujourd'hui, lorsqu'une entreprise a le choix, elle privilégie l'adressage privé pour éviter de recourir à la traduction des deux adresses dans chaque paquet et d'avoir à configurer le routeur de façon statique pour les serveurs dont l'adresse appartient à la plage dupliquée. En utilisant des adresses privées, vous pouvez recourir à NAT pour relier le réseau privé à Internet, réduire le nombre d'adresses enregistrées requises, et assurer une traduction uniquement pour les adresses privées des paquets échangés.

Le tableau 16.4 récapitule la terminologie définissant les adresses utilisées dans l'exemple de la figure 16.8 ainsi que les valeurs employées dans l'exemple.

Tableau 16.4 : Terminologie NAT telle qu'utilisée dans la figure 16.8

Type d'adresse	*Valeur dans la figure*
Locale interne	170.1.1.10
Globale interne	200.1.1.1
Globale externe	170.1.1.1
Locale externe	192.168.1.1

Configuration et dépannage de NAT

Cette section couvre la configuration des divers modes d'utilisation de NAT ainsi que l'emploi des commandes **show** et **debug** qui peuvent servir à dépanner une implémentation NAT.

Configuration de NAT statique

La traduction statique implique moins d'étapes de configuration par comparaison avec les autres variantes de NAT. Chaque correspondance statique entre une adresse locale (privée) et une adresse globale (publique) doit être manuellement configurée. De plus, il faut indiquer au routeur sur quelles interfaces la traduction doit intervenir, car NAT n'a pas besoin d'être activé sur chacune d'elles. Plus spécifiquement, le routeur doit connaître chaque interface et savoir si elle est interne ou externe. Voici les étapes de configuration requises :

Sujet clé

Étape 1 Configurer les interfaces internes de la conception NAT à l'aide de la sous-commande d'interface **ip nat inside**.

Étape 2 Configurer les interfaces externes de la conception NAT à l'aide de la sous-commande d'interface **ip nat outside**.

Étape 3 Configurer les correspondances statiques à l'aide de la commande globale de configuration **ip nat inside source static** *locale-interne globale-interne*.

La figure 16.9 reprend le réseau illustré jusqu'à présent, qui servira également pour nos premiers exemples de configuration. Nous pouvons voir que FredsCo a obtenu un réseau de classe C dont le numéro enregistré est 200.1.1.0. Ce numéro, avec le masque 255.255.255.0, est configuré sur la ligne série entre FredsCo et Internet. Avec une ligne série point à point, seules deux adresses sur les 254 valides sont exploitées, laissant 252 adresses disponibles.

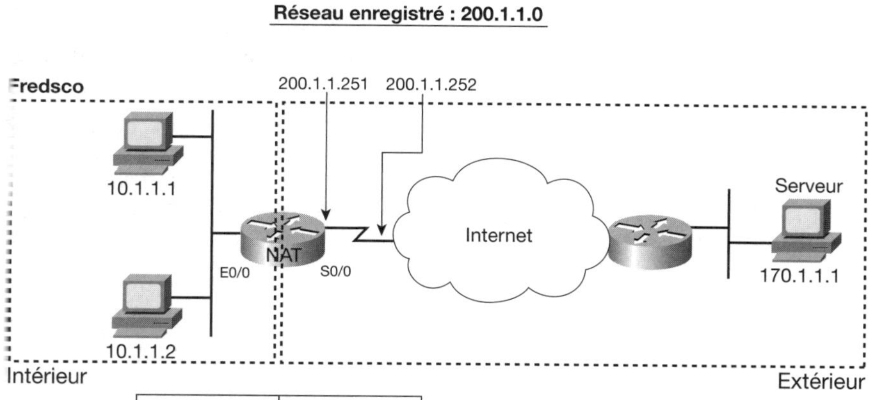

Locales internes	Globales internes
10.1.1.1	200.1.1.1
10.1.1.2	200.1.1.2

Figure 16.9

Traduction d'adresses locales internes en adresses globales internes.

Lorsque vous planifiez une configuration NAT, vous devez trouver certaines adresses IP à utiliser comme adresses globales internes. Étant donné que ces adresses doivent faire partie d'une plage enregistrée, il est courant d'employer les adresses restantes sur le sous-réseau qui relie l'entreprise à Internet, comme ici les 252 adresses du réseau 200.1.1.0. Le routeur peut aussi être configuré avec une interface de bouclage (*loopback*) et recevoir une adresse IP faisant partie de la plage enregistrée.

L'exemple 16.1 présente la configuration NAT utilisant 200.1.1.1 et 200.1.1.2 pour les deux associations statiques.

Exemple 16.1 *Configuration NAT statique*

```
NAT# show running-config
!
! Lignes omises...
!
interface Ethernet0/0
 ip address 10.1.1.3 255.255.255.0
 ip nat inside
!
interface Serial0/0
 ip address 200.1.1.251 255.255.255.0
 ip nat outside
!
ip nat inside source static 10.1.1.2 200.1.1.2
ip nat inside source static 10.1.1.1 200.1.1.1

NAT# show ip nat translations
Pro Inside global      Inside local      Outside local      Outside global
--- 200.1.1.1          10.1.1.1          ---                ---
--- 200.1.1.2          10.1.1.2          ---                ---

NAT# show ip nat statistics
Total active translations: 2 (2 static, 0 dynamic; 0 extended)
Outside interfaces:
  Serial0/0
Inside interfaces:
  Ethernet0/0
Hits: 100  Misses: 0
Expired translations: 0
Dynamic mappings:
```

Les associations statiques sont créées à l'aide de la commande **ip nat inside source static**. Le mot-clé **inside** signifie que NAT traduit les adresses des hôtes de la partie interne du réseau.

Le mot-clé **source** définit la traduction de l'adresse source des paquets arrivant sur les interfaces internes. La directive **static** indique que les paramètres définissent une entrée statique, laquelle ne devra jamais être supprimée de la table pour cause d'expiration. Étant donné que la conception du réseau demande de gérer l'accès Internet pour deux hôtes, 10.1.1.1 et 10.1.1.2, deux commandes **ip nat inside** sont nécessaires.

Après avoir créé les entrées statiques, le routeur doit savoir quelles interfaces sont internes et lesquelles sont externes. Ce sont les sous-commandes **ip nat inside** et **ip nat outside** qui le lui indiquent

Quelques commandes **show** ont ensuite été émises pour afficher les informations pertinentes concernant NAT. La commande **show ip nat translations** énumère les deux entrées statiques créées. La commande **show ip nat statistics** affiche des informations statistiques, telles que le nombre d'entrées NAT actuellement actives ou le nombre de traductions effectuées (*hits*).

Configuration de NAT dynamique

La traduction dynamique diffère à certains égards de la traduction statique, mais possède aussi certains points communs. Avec NAT dynamique, il convient aussi d'indiquer si les interfaces sont internes ou externes, mais les associations statiques ne sont évidemment plus nécessaires. Cette variante recourt à des listes de contrôle d'accès, ou ACL (*Access Control List*), pour identifier quelles adresses locales internes doivent être traduites, et définit un pool d'adresses publiques enregistrées à allouer. Voici le processus de configuration :

Sujet clé

Étape 1 Comme pour NAT statique, configurer les interfaces internes de la conception NAT à l'aide de la sous-commande d'interface **ip nat inside**.

Étape 2 Comme pour NAT statique, configurer les interfaces externes de la conception NAT à l'aide de la sous-commande d'interface **ip nat outside**.

Étape 3 Configurer une ACL qui identifie quels paquets arrivant sur les interfaces internes doivent faire l'objet d'une traduction d'adresse.

Étape 4 Configurer le pool d'adresses enregistrées au moyen de la commande globale de configuration **ip nat pool** *nom première-adresse dernière-adresse* **mask** *masque-sous-réseau*.

Étape 5 Activer NAT dynamique en créant une référence à l'ACL (étape 3) et au pool (étape 4) au moyen de la commande globale de configuration **ip nat source list** *numéro-acl* **pool** *nom-pool*.

L'exemple suivant s'appuie sur la même topologie de réseau que l'exemple précédent (voir figure 16.9). Les deux adresses locales, 10.1.1.1 et 10.1.1.2, doivent donc être traduites. Les deux adresses globales utilisées précédemment sont cette fois placées dans un pool d'adresses pouvant être assignées dynamiquement. L'exemple 16.2 montre la configuration requise avec quelques commandes **show**.

Exemple 16.2 *Configuration NAT dynamique*

```
NAT# show running-config
!
! Lignes omises...
!
interface Ethernet0/0
 ip address 10.1.1.3 255.255.255.0
 ip nat inside
!
interface Serial0/0
 ip address 200.1.1.251 255.255.255.0
 ip nat outside
!
ip nat pool fred 200.1.1.1 200.1.1.2 netmask 255.255.255.252
ip nat inside source list 1 pool fred
!
access-list 1 permit 10.1.1.2
access-list 1 permit 10.1.1.1
! La commande suivante n'affiche aucune ligne, car aucune entrée dynamique
! n'a encore été créée.
NAT# show ip nat translations

NAT# show ip nat statistics
Total active translations: 0 (0 static, 0 dynamic; 0 extended)
Outside interfaces:
  Serial0/0
Inside interfaces:
  Ethernet0/0
Hits: 0  Misses: 0
Expired translations: 0
Dynamic mappings:
-- Inside Source
access-list 1 pool fred refcount 0
 pool fred: netmask 255.255.255.252
    start 200.1.1.1 end 200.1.1.2
    type generic, total addresses 2, allocated 0 (0%), misses 0
```

La configuration dynamique comprend la définition d'un pool d'adresses globales internes et d'une liste d'accès IP pour identifier les adresses locales internes devant être traduites. La commande **ip nat pool** affiche le premier et le dernier numéros inclus dans ce pool. Par exemple, en supposant qu'un pool requière dix adresses, la commande pourrait spécifier 200.1.1.1 et 200.1.1.10. La directive **netmask** effectue une sorte de vérification de la plage d'adresses.

Lorsque celle-ci ne se trouve pas dans le même sous-réseau, le système IOS rejette la commande **ip nat pool**. Ici, le sous-réseau 200.1.1.0, masque 255.255.255.252 (tel que spécifié par la directive **netmask**), inclut 200.1.1.1 et 200.1.1.2 dans la plage d'adresses valide, aussi l'IOS accepte-t-il la commande.

Comme dans le cas de la configuration statique, la commande **ip nat inside source** est appliquée. Cependant, à la différence d'une association statique, elle se réfère ici au nom du pool d'adresses qui est mis à la disposition de la fonction, en l'occurrence, fred. Elle désigne aussi une ACL qui définit la logique s'appliquant à la sélection des adresses locales internes à traiter. La commande **ip nat inside source list 1 pool fred** associe les hôtes sélectionnés par l'ACL 1 et le pool d'adresses globales fred créé juste avant avec la commande **ip nat pool fred**.

L'exemple 16.2 se termine par plusieurs commandes **show** qui confirment que le routeur ne possède encore aucune entrée NAT dans sa table. Au départ, les commandes **show ip nat translations** et **show ip nat statistics** n'affichent rien du tout, ou seulement des informations de configuration minimales. Étant donné que ni l'hôte 10.1.1.1 ni l'hôte 10.1.1.2 n'a envoyé de paquet, NAT n'a pas créé d'entrées dynamiques dans la table NAT ni procédé à la traduction d'adresses dans les paquets.

La commande **show ip nat statistics** à la fin du listing affiche des informations de dépannage intéressantes, avec notamment deux compteurs intitulés « misses ». La première occurrence de compteur renseigne sur le nombre de paquets ayant besoin d'une entrée NAT et pour lesquels aucune n'est trouvée. À ce stade, la fonction NAT dynamique réagit en créant une entrée. La seconde occurrence indique le nombre de fois où aucune entrée n'a été trouvée dans le pool. Ce compteur est incrémenté uniquement lorsque la fonction dynamique tente d'allouer une nouvelle entrée et ne trouve pas d'adresse disponible. Le paquet ne peut alors pas être traduit, empêchant vraisemblablement l'utilisateur d'accéder à l'application voulue.

Pour voir ces compteurs en action ainsi que d'autres faits intéressants, l'exemple 16.3 poursuivant l'exemple 16.2, affiche ce qui se produit lorsque les hôtes 10.1.1.1 et 10.1.1.2 commencent à créer des connexions TCP, dans ce cas avec Telnet.

Exemple 16.3 *Vérification du fonctionnement normal de NAT dynamique*

```
! Un Telnet de 10.1.1.1 vers 170.1.1.1 a lieu ensuite, non illustré
!
NAT# show ip nat statistics
Total active translations: 1 (0 static, 1 dynamic; 0 extended)
Outside interfaces:
  Serial0/0
Inside interfaces:
  Ethernet0/0
Hits: 69  Misses: 1
Expired translations: 0
```

Exemple 16.3 *Vérification du fonctionnement normal de NAT dynamique (suite)*

```
Dynamic mappings:
-- Inside Source
access-list 1 pool fred refcount 1
 pool fred: netmask 255.255.255.252
    start 200.1.1.1 end 200.1.1.2
    type generic, total addresses 2, allocated 1 (50%), misses 0
NAT# show ip nat translations
Pro Inside global      Inside local       Outside local      Outside global
--- 200.1.1.1          10.1.1.1           ---                ---
NAT# clear ip nat translation *

!
! Un Telnet de 10.1.1.2 vers 170.1.1.1 a lieu ensuite, non illustré
!
NAT# show ip nat translations
Pro Inside global      Inside local       Outside local      Outside global
--- 200.1.1.1          10.1.1.2           ---                ---
!
! Un Telnet de 10.1.1.1 vers 170.1.1.1 a lieu ensuite, non illustré
!
NAT# debug ip nat
IP NAT debugging is on

01:25:44: NAT: s=10.1.1.1->200.1.1.2, d=170.1.1.1 [45119]
01:25:44: NAT: s=170.1.1.1, d=200.1.1.2->10.1.1.1 [8228]
01:25:56: NAT: s=10.1.1.1->200.1.1.2, d=170.1.1.1 [45120]
01:25:56: NAT: s=170.1.1.1, d=200.1.1.2->10.1.1.1 [0]
```

L'exemple débute par un Telnet de l'hôte 10.1.1.1 vers 170.1.1.1 (non illustré), avec pour conséquence la création d'une entrée NAT par le routeur. La table NAT contient donc une seule entrée, associant 10.1.1.1 à 200.1.1.1. Remarquez que le premier compteur « misses » dans le résultat de la commande **show ip nat statistics** indique 1. Le routeur n'a en effet pas trouvé d'entrée NAT pour le premier paquet de la connexion TCP de l'hôte 10.1.1.1 vers 170.1.1.1 et a donc incrémenté ce compteur. En revanche, l'autre compteur n'a pas été incrémenté, car le routeur a pu allouer une adresse du pool et créer une entrée dans la table NAT. Notez également que la dernière ligne de statistiques affiche le nombre d'entrées du pool allouées (1), et le pourcentage du pool utilisé (50 %).

Après une certaine période d'inactivité, l'entrée NAT est éliminée. Pour forcer la suppression de l'entrée, la commande **clear ip nat translation *** peut être exécutée, comme le montre l'exemple 16.3. Il s'agit là de la version la plus radicale qui supprime la totalité des entrées.

Comme vous le verrez dans le tableau 16.7, la syntaxe de cette commande peut prendre différentes formes.

Après nettoyage de la table, une autre commande Telnet est exécutée vers le même serveur, cette fois-ci à partir de l'hôte 10.1.1.2. La commande **show ip nat translations** indique alors la création d'une entrée associant l'adresse de cet hôte à l'adresse 200.1.1.1. Étant donné que cette dernière n'est plus allouée, elle a pu être octroyée lors de la requête suivante.

Finalement, la fin de l'exemple 16.3 présente un autre Telnet de 10.1.1.1 vers 170.1.1.1 ainsi que le résultat d'une commande **debug ip nat**. Cette dernière force le routeur à produire un message chaque fois qu'un paquet est traité par NAT. Ces messages sont provoqués par l'émission de quelques lignes à partir de la session Telnet. Notez que le résultat indique une traduction de 10.1.1.1 en 200.1.1.2 mais bien sûr, pas de l'adresse externe.

Configuration de NAT étendue (PAT)

La traduction étendue, ou overloading, décrite plus haut, utilise une seule adresse pour supporter de nombreuses adresses locales internes. En traduisant la combinaison adresse privée et numéro de port source en une adresse globale unique associée chaque fois à un port différent, NAT peut servir de nombreux hôtes privés (plus de 65 000).

Le système IOS prend en charge deux variantes de la configuration PAT. Lorsque PAT utilise un pool d'adresses globales internes, la configuration est identique à la traduction NAT dynamique, sauf que la commande globale **ip nat inside source list** doit être complétée du mot-clé **overload**. Si PAT a besoin seulement d'une adresse globale interne, il peut utiliser l'adresse d'une des interfaces internes. Puisque NAT peut supporter plus de 65 000 communications concurrentes avec une seule adresse globale, cela suffit pour couvrir les besoins d'une entreprise.

Voici comment procéder pour configurer PAT avec un pool NAT :

> Suivre les mêmes étapes que pour configurer NAT dynamique, mais ajouter le mot-clé **overload** à la fin de la commande **ip nat inside source list**.

Sujet clé

Voici les étapes à suivre pour configurer PAT en utilisant une seule adresse d'interface comme adresse globale :

Étape 1 Comme pour NAT statique et dynamique, configurer les interfaces internes à l'aide de la sous-commande d'interface **ip nat inside**.

Sujet clé

Étape 2 Comme pour NAT statique et dynamique, configurer les interfaces externes à l'aide de la sous-commande d'interface **ip nat outside**.

Étape 3 Comme pour NAT dynamique, configurer une ACL qui identifie quels paquets arrivant sur les interfaces internes doivent faire l'objet d'une traduction d'adresse.

Sujet clé

Étape 4 Exécuter la commande globale de configuration **ip nat source list** *numéro-acl* **interface** *interface nom/numéro* **overload**, en se référant à l'ACL créée à l'étape 3 et à l'interface dont l'adresse IP servira pour les traductions.

L'exemple 16.2 présentait une configuration NAT dynamique. Pour en faire une configuration PAT, il suffit d'employer à la place la commande **ip nat inside source list overload**.

Le prochain exemple illustre une configuration PAT utilisant une seule adresse d'interface. La figure 16.10 reprend à nouveau notre exemple de réseau avec quelques changements. Ici, le FAI a donné à la société FredsCo un sous-ensemble du réseau 200.1.1.0, le sous-réseau CIDR 200.1.1.248/30. Ceci signifie que FredsCo possède deux adresses utilisables : 200.1.1.249 et 200.1.1.250. Elles sont configurées sur les deux extrémités de la ligne série entre la société et le FAI. La fonction NAT sur le routeur de l'entreprise traduit les adresses locales en l'adresse 200.1.1.249.

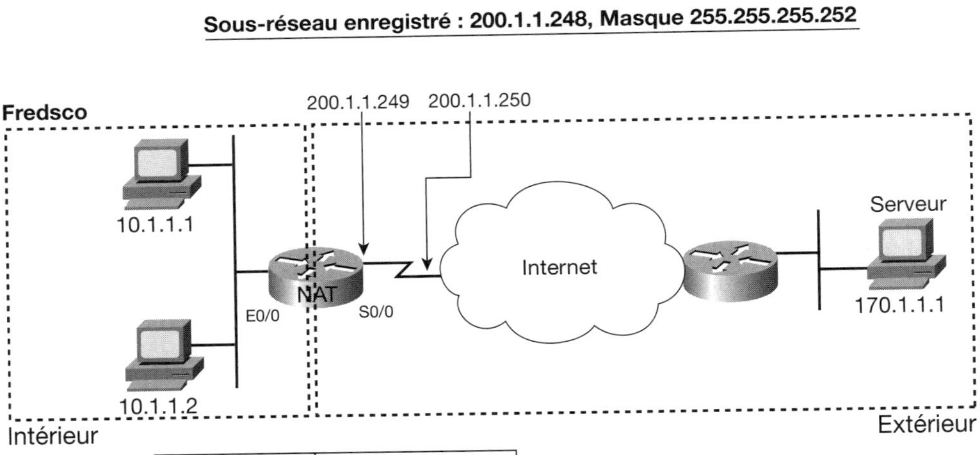

Locales internes	Globales internes
10.1.1.1:3212	200.1.1.249:3212
10.1.1.1:3213	200.1.1.249:3213
10.1.1.2:38913	200.1.1.249:38913

Figure 16.10
Traduction NAT étendue (PAT).

Dans l'exemple 16.4, qui présente la configuration PAT, NAT effectue les traductions au moyen de l'adresse globale 200.1.1.249 seulement. Il n'est donc plus utile de configurer un pool d'adresses. Comme le montre la figure 16.10, l'hôte 10.1.1.1 émet deux requêtes de connexion Telnet et l'hôte 10.1.1.2 en envoie une, provoquant la création de trois entrées NAT dynamiques, chacune utilisant la même adresse globale, mais avec un numéro de port différent.

Exemple 16.4 *Configuration PAT*

```
NAT# show running-config
!
! Lignes omises...
!
interface Ethernet0/0
 ip address 10.1.1.3 255.255.255.0
 ip nat inside
!
interface Serial0/0
 ip address 200.1.1.249 255.255.255.252
 ip nat outside
!
ip nat inside source list 1 interface Serial0/0 overload
!
access-list 1 permit 10.1.1.2
access-list 1 permit 10.1.1.1
!

NAT# show ip nat translations
Pro Inside global        Inside local        Outside local       Outside global
tcp 200.1.1.249:3212     10.1.1.1:3212       170.1.1.1:23        170.1.1.1:23
tcp 200.1.1.249:3213     10.1.1.1:3213       170.1.1.1:23        170.1.1.1:23
tcp 200.1.1.249:38913    10.1.1.2:38913      170.1.1.1:23        170.1.1.1:23
NAT# show ip nat statistics
Total active translations: 3 (0 static, 3 dynamic; 3 extended)
Outside interfaces:
  Serial0/0
Inside interfaces:
  Ethernet0/0
Hits: 103  Misses: 3
Expired translations: 0
Dynamic mappings:
-- Inside Source
access-list 1 interface Serial0/0 refcount 3
```

La commande **ip nat inside source list 1 interface serial 0/0 overload** accepte plusieurs paramètres qui ne devraient pas être difficiles à comprendre si vous saisissez la configuration de NAT dynamique. Le paramètre **list 1** a la même signification que dans le cas de la traduction dynamique : les adresses locales sélectionnées par la liste d'accès 1 doivent être traduites.

Le paramètre **interface serial 0/0** signifie que la seule adresse globale interne disponible est l'adresse de l'interface série 0/0 du routeur. Finalement, le paramètre **overload** active la traduction de port. Sans lui, le routeur n'accomplirait qu'une traduction dynamique non étendue.

Comme vous pouvez le constater d'après la commande **show ip nat translations**, trois entrées ont été placées dans la table NAT. Avant l'émission de cette commande, deux connexions Telnet ont été établies à partir de l'hôte 10.1.1.1 vers le serveur 170.1.1.1 et une connexion vers le même serveur a été initiée par l'hôte 10.1.1.2. Remarquez que ces entrées combinent adresse et numéro de port.

Dépannage de NAT

Les trois premières parties de ce livre ont consacré un chapitre entier au dépannage des fonctionnalités dont elles traitaient. Ces chapitres (3, 7 et 11) ont aussi donné l'occasion d'établir le lien entre des concepts interdépendants.

Par comparaison, le dépannage de la fonction NAT est beaucoup plus simple, car il se limite le plus souvent à résoudre des problèmes de configuration. La liste suivante énumère les aspects à contrôler pour identifier les problèmes de configuration les plus courants. Nous évoquerons ensuite un problème de routage fréquent susceptible d'empêcher le fonctionnement normal de NAT et pouvant être résolu par voie de configuration.

Sujet clé

- Vérifier que la configuration inclut la sous-commande d'interface **ip nat inside** ou **ip nat outside**. Ces sous-commandes activent NAT sur les interfaces et la désignation **inside/outside** est importante.
- Pour NAT statique, vérifier que la commande **ip nat source static** se réfère d'abord à l'adresse locale interne puis à l'adresse globale interne.
- Pour NAT dynamique, vérifier que l'ACL configurée pour la traduction des paquets émis par l'hôte interne est correcte, avant même qu'une traduction ait lieu. Par exemple, si l'adresse locale interne doit être traduite en 200.1.1.1, assurez-vous que l'ACL désigne 10.1.1.1 comme adresse source, et non 200.1.1.1.
- Pour NAT dynamique, vérifier que le pool contient suffisamment d'adresses IP. Le manque d'adresses se manifeste par une valeur croissante pour le second compteur « misses » du résultat de la commande **show ip nat statistics** et par l'apparition de toutes les adresses du pool dans la liste de traductions dynamiques.
- Pour PAT, il est fréquent d'omettre le mot-clé **overload** suite à la commande **ip nat inside source list**. Sans ce mot-clé, NAT fonctionne mais pas PAT, avec pour conséquence la non-traduction des paquets de l'hôte et l'impossibilité d'accéder à Internet.

Pour finir, la fonction NAT implémentée sur un routeur peut être affectée par un problème de routage survenant sur un autre routeur. Les routeurs de la partie extérieure du réseau, souvent Internet, doivent pouvoir router les paquets vers les adresses IP globales internes configurées sur le routeur NAT. Dans l'exemple de la figure 16.4, qui illustrait le flux des paquets entrants et sortants, les routeurs sur Internet se concentrent sur le flux extérieur-intérieur et doivent savoir comment router les paquets vers l'adresse publique enregistrée 200.1.1.1. Cette plage d'adresses serait normalement annoncée par un protocole de routage dynamique. Par conséquent, si la configuration NAT semble correcte après révision, il faut examiner les routes sur le routeur NAT et sur les autres routeurs pour s'assurer qu'ils sont bien en mesure de transmettre les paquets, en se fondant sur les adresses utilisées des deux côtés du routeur NAT.

Préparation à l'examen

Sujets clés à réviser

Révisez les sujets les plus importants du chapitre, repérés dans la marge par le pictogramme « Sujet clé » et récapitulés dans le tableau 16.5.

Sujet clé

Tableau 16.5 : Sujets clés du Chapitre

Emplacement	*Description*	*Numéro de page*
Figure 16.1	Emploi typique de CIDR	546
Tableau 16.2	Espaces d'adressage privés définis par le RFC 1918	548
Figure 16.2	Substitution par NAT d'une adresse publique à une adresse privée	548
Figure 16.4	Terminologie appliquée à la traduction NAT statique	550
Tableau 16.3	Terminologie NAT	551
Figure 16.7	Traduction NAT étendue avec PAT	554
Liste	Configuration de NAT statique	557
Liste	Configuration de NAT dynamique	559
Liste	Configuration de PAT avec un pool NAT	563
Liste	Configuration de PAT avec une seule adresse d'interface	563-564
Liste	Dépannage de NAT	566

Tableaux et listes à compléter

Complétez de mémoire les tableaux et listes concernant ce chapitre qui figurent dans l'annexe J, puis reportez-vous à l'annexe K pour comparer vos réponses à celles qui vous sont fournies. Ces annexes figurent sur le CD-ROM.

Termes clés à définir

Donnez la définition des termes suivants et comparez vos réponses avec le glossaire :

CIDR, globale interne, locale interne, surcharge NAT, globale externe, locale externe, PAT, réseau IP privé.

Référence de commandes

La lecture du chapitre et la réalisation des exercices de préparation à l'examen devraient vous avoir appris indirectement les commandes de configuration et EXEC qui y sont utilisées. Même s'il ne vous est pas demandé de mémoriser dans le détail les descriptions données, les tableaux 16.6 et 16.7 de cette section vous permettront de contrôler votre niveau de connaissance du rôle de ces commandes. Pour cela, masquez la partie gauche du tableau et tentez d'identifier les commandes concernées à partir des informations données.

Tableau 16.6 : Référence des commandes de configuration de ce chapitre

Commande	*Description*
ip nat {**inside** | **outside**}	Sous-commande d'interface qui active NAT et spécifie si l'interface se trouve à l'intérieur ou à l'extérieur du réseau.
ip nat inside source {**list** {*num-acl* | *nom-acl*}} {**interface** *type num* | **pool** *nom-pool*} [**overload**]	Commande globale qui active NAT globalement. Identifie l'ACL qui définit quelles adresses source traduire et l'interface ou le pool où puiser les adresses globales.
ip nat pool *nom ip-début ip-fin* {**netmask** *masque* | **prefix-length** *long-préfixe*}	Commande globale qui définit un pool d'adresses NAT.

Tableau 16.7 : Référence des commandes EXEC de ce chapitre

Commande	*Description*
show ip nat statistics	Affiche les compteurs pour les paquets et les entrées de la table NAT ainsi que des informations de configuration basiques.
show ip nat translations [**verbose**]	Affiche la table NAT.
clear ip nat translation {* | [**inside** *ip-globale ip-locale*] [**outside** *ip-locale ip-globale*]}	Supprime certaines ou la totalité des entrées dynamiques de la table NAT, selon les paramètres utilisés.
clear ip nat translation *protocole* **inside** *ip-globale port-global ip-locale port-local* [**outside** *ip-locale ip-globale*]	Supprime certaines des entrées dynamiques de la table NAT, selon les paramètres utilisés.
debug ip nat	Produit un message de journalisation décrivant chaque paquet dont l'adresse IP a été traduite.

17

IP version 6

Au sommaire de ce chapitre

- **Adressage unicast global, routage et sous-réseaux.** Cette partie introduit les concepts sous-jacents aux adresses unicast IPv6, au routage IPv6, aux sous-réseaux IPv6, tout en faisant une comparaison avec IPv4.
- **Les protocoles d'IPv6 et l'affectation des adresses.** Cette partie présente les protocoles les plus couramment utilisés avec IPv6.
- **Configuration du routage et des protocoles de routage IPv6.** Cette partie montre comment configurer le routage IPv6 et les protocoles de routage sur des routeurs Cisco.
- **La migration vers IPv6.** Cette partie présente quelques-unes des stratégies possibles pour migrer d'IPv4 vers IPv6.

IP version 6 (IPv6), le protocole remplaçant IPv4, est déjà bien connu. Il est la solution ultime au problème d'épuisement des adresses IPv4. Grâce à des adresses sur 128 bits, il permet d'en obtenir $3{,}4 \times 10^{38}$ au lieu d'un peu moins de 4×10^{9} en IPv4. Et cela fait déjà plus de dix ans qu'IPv6 est cette solution ultime à long terme. Mais des solutions intermédiaires, comme la translation d'adresses ou de port (NAT/PAT), ont permis de repousser l'arrivée du jour où il n'y aura effectivement plus d'adresses IPv4 *unicast* publiques disponibles.

Ce chapitre se focalise sur l'adressage IPv6 et sur le routage, dans la mesure où soulager les contraintes liées à la pénurie d'adresses IPv4 est essentiel. Il présente aussi, brièvement, quelques autres avantages d'IPv6, justifiant sa création.

Questionnaire d'évaluation

Grâce à ce questionnaire, vous pourrez déterminer s'il vous faut ou non lire la totalité du chapitre. Si vous n'échouez qu'à une question, vous pourrez envisager de passer directement à la section « Préparation à l'examen ». Le tableau 17.1 reprend les titres des sections principales de ce chapitre ainsi que les numéros des questions s'y rapportant. Vous pourrez ainsi évaluer votre niveau de maîtrise de ces sujets. Les réponses sont données à l'annexe A.

Tableau 17.1 : Questions d'évaluation et sections concernées

Connaissances fondamentales	*Questions*
Adressage unicast global, routage, sous-réseau	1 et 2
Adressage et protocoles IPv6	3 à 5
Configuration du routage et des protocoles de routage IPv6	6 à 8
Migration vers IPv6	9

1. Auprès de quel organisme, parmi les suivants, une entreprise peut-elle obtenir l'affectation administrative d'un bloc d'adresses IPv6 unicast globales ?

- **a.** Un FAI (Fournisseur d'Accès à Internet).
- **b.** L'ICANN (*Internet Corporation for Assigned Network Numbers*).
- **c.** Un RIR (*Regional Internet Registry*)
- **d.** Les adresses IPv6 unicast globales ne sont pas administrativement affectées par un organisme externe.

2. Quelle est la plus courte abréviation valide de : FE80:0000:0000:0100:0000:0000:0000:0123 ?

- **a.** FE80::100::123
- **b.** FE8::1::123
- **c.** FE80::100:0:0:0:123:4567
- **d.** FE80:0:0:100::123

3. Quelles sont, parmi les réponses suivantes, les adresses multicast IPv6 ?

- **a.** 2000::1:1234:5678:9ABC
- **b.** FD80::1:1234:5678:9ABC
- **c.** FE80::1:1234:5678:9ABC
- **d.** FF80::1:1234:5678:9ABC

4. Quels sont les protocoles ou fonctions qui peuvent être utilisés par un hôte pour apprendre dynamiquement sa propre adresse IPv6 ?

   a. Stateful DHCP

   b. Stateless DHCP

   c. Stateless autoconfiguration

   d. Neighbor Discovery Protocol

5. Lequel de ces services permet à un hôte IPv6 d'apprendre l'adresse IP de la passerelle par défaut sur son sous-réseau ?

   a. Stateful DHCP

   b. Stateless DHCP

   c. Stateless autoconfiguration

   d. Neighbor Discovery Protocol

6. Quels sont les protocoles de routage qui supportent IPv6 ?

   a. RIPng

   b. RIPv2

   c. OSPFv2

   d. OSPFv3

   e. OSPFv4

7. Soit l'interface Fa0/0 d'un routeur qui a une adresse MAC de 4444.4444.4444. Quelle adresse IPv6 va-t-elle utiliser ?

```
ipv6 unicast-routing
ipv6 router rip tag1
interface FastEthernet0/0
 ipv6 address 3456::1/64
```

   a. 3456::C444:44FF:FE44:4444

   b. 3456::4444:44FF:FE44:4444

   c. 3456::1

   d. FE80::1

   e. FE80::6444:44FF:FE44:4444

   f. FE80::4444:4444:4444

8. À la question précédente, RIP n'était pas activé sur l'interface Fa0/0. Quelle commande s'en chargerait ?

a. **network 3456::/64**

b. **network 3456::/16**

c. **network 3456::/128**

d. **ipv6 rip enable**

e. **ipv6 rip tag 1 enable**

9. Quelle méthode de transition IPv4-IPv6 permet à un hôte uniquement IPv4 de communiquer avec un hôte uniquement IPv6 ?

a. Double pile (*dual stack*)

b. Tunnel 6to4

c. Tunnel ISATAP

d. NAT-PT

Connaissances fondamentales

Le monde a beaucoup changé au cours de ces vingt dernières années, suite au déploiement des technologies réseau, en général, et d'Internet, en particulier. Voilà vingt ans, il n'existait pas de réseaux où se connecter facilement. Peu à peu, Internet s'est développé au point qu'aujourd'hui quasiment n'importe qui, n'importe où, peut s'y connecter, sans même être informaticien, à travers un PC, un téléphone portable, un assistant personnel, ou même son réfrigérateur.

La principale raison de la migration vers IPv6 est le manque d'adresses IP. Pratiquement tous les équipements modernes ont accès à Internet (téléphones portables, ordinateur de bord des voitures les plus récentes, etc.). L'idée d'intégrer nativement la connectivité IP aux produits séduit les fabricants.

Par ailleurs, les choix stratégiques des gouvernements tendent à accélérer cette migration. Récemment, l'Administration américaine a décidé que ses services devraient faire migrer leur cœur de réseau en IPv6 après 2008.

Mais indépendamment de ces deux raisons majeures, IPv6 a d'autres atouts et propose des outils de migration très intéressants :

- **Affectation des adresses.** Elle permet une renumérotation aisée de l'allocation dynamique, de la recherche d'adresses et d'autres fonctionnalités pour faciliter la mise en œuvre des appareils mobiles, lesquels peuvent être déplacés tout en conservant leur adresse IP (cela évite de devoir fermer puis rouvrir une application).

- **Agrégation.** La très grande taille de l'espace d'adressage IPv6 facilite l'agrégation de blocs d'adresses dans Internet.
- **Inutilité du NAT/PAT** (*Port Address Translation*). L'utilisation d'adresses publiques uniques sur chaque appareil rend inutile NAT/PAT, supprimant du même coup certains des problèmes liés à la couche application ou aux tunnels VPN (*Virtual Private Network*) et causés par le NAT.
- **IPsec.** Fonctionnant aussi bien en IPv4 qu'en IPv6, il est partie intégrante d'IPv6. Sa disponibilité sur un hôte IPv6 est donc garantie, permettant par exemple la mise en œuvre de tunnel VPN.
- **En-tête amélioré.** Bien que cela puisse sembler secondaire, l'en-tête IPv6 présente plusieurs avantages. En particulier, il évite aux routeurs d'avoir à recalculer le *checksum* d'en-tête de chaque paquet, réduisant ainsi le coût de traitement par paquet. De plus, il contient un champ de flot permettant une identification des paquets envoyés par une même connexion TCP ou UDP.
- **Outils de migration.** IPv6 propose de nombreux outils d'aide à la migration. Ils seront présentés dans la dernière partie de ce chapitre.

La migration mondiale d'IPv4 vers IPv6 n'aura pas lieu à une date précise ni même au cours d'une année particulière. Ce sera plutôt un long processus, lequel a d'ailleurs déjà commencé. Les ingénieurs réseau ont un besoin croissant de découvrir IPv6. Ce chapitre en présente les bases et se termine par une étude des problèmes qui se poseront dans un monde où IPv4 et IPv6 sont probablement destinés à coexister pendant encore longtemps.

INFO

InformationWeek (**http://www.informationweek.com**) a publié un article intéressant (« The Impending Internet Address Shortage ») sur la nécessité de migrer vers IPv6.

Adressage unicast global, routage et sous-réseaux

Un des premiers concepts originaux d'Internet se traduisait par le fait que chaque organisme ou entreprise connecté était enregistré et recevait un réseau IP public (classes A, B ou C), voire plusieurs. Ainsi, il avait la garantie que nul autre ne pouvait utiliser les mêmes adresses. Par conséquent, tout hôte dans le monde avait une adresse IP globale unique.

Du point de vue infrastructure, affecter un réseau entier à chaque organisme a simplifié la mise en œuvre d'Internet, notamment en évitant la présence de tables de routage trop importantes. Les routeurs, disposant de routes seulement pour les réseaux avec classes, pouvaient ignorer tous les sous-réseaux. Par exemple, si une entreprise possédait le réseau de classe B 128.107.0.0/16, les routeurs Internet n'avaient besoin que d'une seule route pour ce réseau entier.

Mais Internet a connu une croissance colossale. Dès le début des années 1990, il devint évident qu'il fallait agir, sous peine d'arriver à un épuisement des réseaux IP publics. De plus, la taille des tables de routage des routeurs d'Internet arrivait aux limites des capacités de la technologie du moment. La communauté Internet s'est alors mobilisée pour proposer des solutions à court et à long terme pour résoudre ces deux problèmes.

Une première solution à court terme consiste en une règle d'affectation plus intelligente des adresses publiques, grâce à laquelle elles ne sont plus seulement affectées par réseau de classes A, B ou C, mais par subdivisions (préfixes), ce qui réduit l'espace perdu. Cela a aussi permis de limiter la croissance de la taille des tables de routage. Par exemple, si on affecte le réseau de classe C commençant par 198 à un FAI dans une certaine partie du monde, les autres FAI n'utiliseront qu'une seule route pour 198.0.0.0/8, c'est-à-dire toutes les adresses commençant par 198, plutôt qu'une route pour chacun des 65 536 réseaux de classe C commençant par 198. Finalement, NAT/PAT a été une remarquable réussite, permettant à un particulier ou à une petite entreprise de n'utiliser qu'une seule adresse IPv4 publique.

La solution définitive est IPv6, dont l'espace d'adressage prodigieux résout le problème d'épuisement des adresses IPv4. Les règles d'affectation d'adresses, déjà utilisées pour IPv4, ont été améliorées et appliquées avec succès à IPv6, ce qui a permis de réduire la taille des tables de routage.

La section suivante développe ces points et explique en particulier comment l'utilisation d'adresses unicast globales et de bonnes règles d'affectation des adresses IPv6 peuvent aider au routage dans Internet. Elle se conclut par une étude des sous-réseaux (*subnetting*) en IPv6.

Agrégation de routes globales pour un routage efficace

Avant même la spécification d'IPv6 au début des années 1990, il apparaissait qu'un choix bien pensé de l'affectation des adresses IPv4 publiques améliorait l'efficacité du routage dans Internet, en réduisant la taille des tables de routage. L'affectation des adresses publiques IPv6, forte de cette expérience, rendra le routage encore plus efficace lors de la migration vers IPv6.

La stratégie d'affectation des adresses IPv6 est élégante, simple et peut être résumée comme suit :

- Les adresses publiques IPv6 sont groupées (numériquement) suivant les principales zones géographiques.
- Dans chaque zone géographique, l'espace adressable est subdivisé suivant les FAI.
- Enfin, l'espace adressable de chaque FAI est à nouveau subdivisé suivant les clients.

L'organisme qui gère l'affectation des adresses IPv6 est le même que celui qui gérait les adresses IPv4. L'*Internet Corporation for Assigned Network Numbers* (ICANN ; http://www.icann.org) est responsable de la gestion du processus d'affectation des adresses IP. Elle affecte un ou plusieurs blocs d'adresses IPv6 à chaque RIR (*Regional Internet Registry*) ; il en existe cinq à la date de rédaction de ce livre : Amérique du Nord, Amérique du Sud et Amérique centrale, Europe, Asie et Pacifique, Afrique. Ces RIR subdivisent leur espace adressable en plus petits blocs et assignent des préfixes aux FAI et à d'autres RIR, dépendant d'eux. Les FAI, de leur côté, affectent des blocs d'adresses encore plus petits à leurs clients.

INFO

L'*Internet Assigned Numbers Authority* (IANA) était autrefois l'organisme responsable de l'affectation des adresses IP, mais c'est aujourd'hui l'ICANN qui joue ce rôle.

La stratégie d'affectation des adresses globales IPv6 permet un routage plus efficace (voir figure 17.1). La figure représente une entreprise fictive (Entreprise1) à laquelle un préfixe IPv6 a été affecté par un FAI fictif, NA-FAI1 (pour *North America FAI 1*).

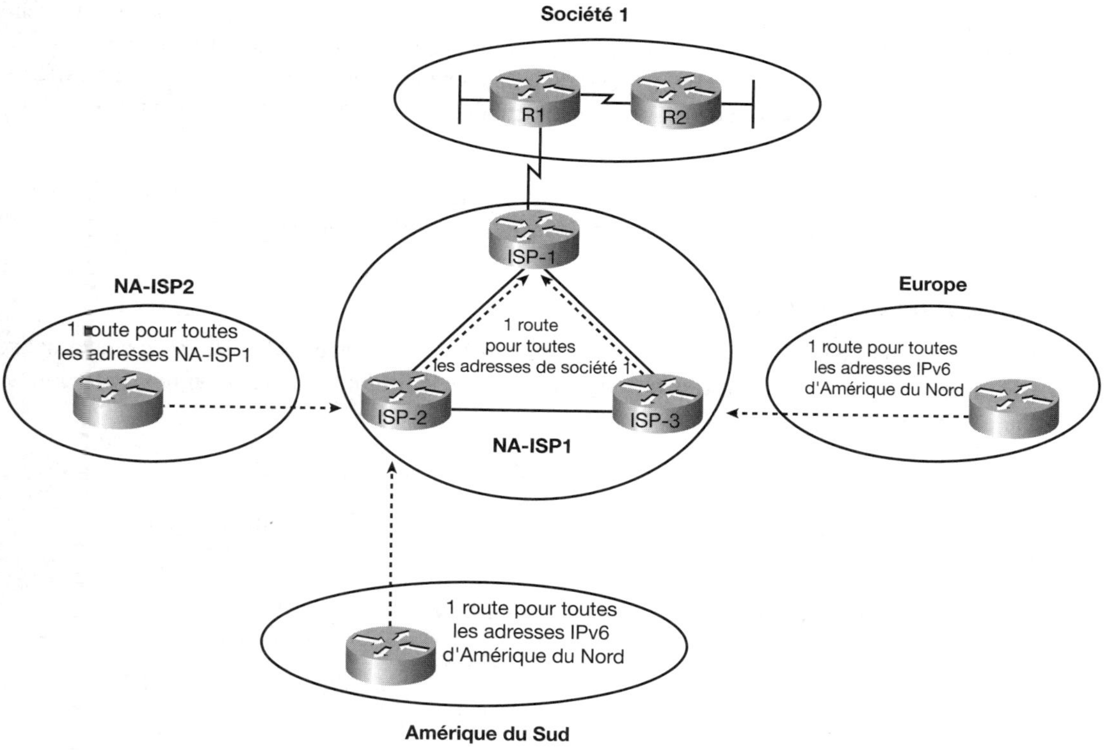

Figure 17.1
Notion de routes globales en IPv6.

Sujet clé

Comme cette figure l'illustre, les routeurs des FAI des zones géographiques autres que l'Amérique du Nord peuvent n'avoir qu'une seule route pour toutes les adresses IPv6 de l'Amérique du Nord. Bien qu'il puisse y avoir des centaines de FAI en Amérique du Nord, regroupant des millions de clients (entreprises et particuliers), toutes leurs adresses publiques IPv6 peuvent être issues d'un (ou, au plus, de quelques) bloc d'adresses ne nécessitant qu'une (ou, au plus, quelques) route dans les tables de routage des routeurs Internet des autres zones géographiques du monde. De la même façon, les routeurs des autres FAI d'Amérique du Nord (par exemple NA-FAI2, *North America FAI 2*) n'ont besoin que d'une seule route correspondant à tout l'espace adressable affecté à NA-FAI2. De plus, les routeurs qui dépendent de NA-FAI1 n'ont besoin que d'une seule route correspondant à l'espace adressable d'Entreprise1, pas de connaître tous ses sous-réseaux.

Cette stratégie permet également de limiter les modifications à effectuer sur les tables de routage d'Internet. Par exemple, si NA-FAI1 signe un contrat de fourniture d'accès avec un client, il peut assigner un préfixe dans l'espace d'adressage qui lui est assigné par l'ARIN. Les routeurs en dehors du réseau de NA-FAI1 – la majorité d'Internet – n'ont pas besoin d'apprendre de nouvelles routes, car les leurs incluent déjà l'espace d'adressage du nouveau client de NA-FAI1. Les routeurs de NA-FAI2, possédant déjà une route vers l'espace d'adressage affecté à NA-FAI1, n'ont pas besoin de routes supplémentaires. Ceux des FAI d'Europe ou d'Amérique du Sud sont dans le même cas.

Bien que l'idée générale soit simple, un exemple détaillé peut aider à comprendre. Mais avant cela, nous allons voir comment s'écrivent les adresses IPv6 et leurs préfixes.

Convention d'écriture des adresses IPv6

Par convention, les adresses IPv6 font 128 bits et s'écrivent avec 32 chiffres hexadécimaux, regroupés en 8 blocs de 4 chiffres hexadécimaux (appelés *quartet*) séparés par des deux-points. Par exemple :

2340:1111:2222:AAAA:0001:1234:5678:9ABCD

Chaque chiffre hexadécimal représente 4 bits, donc la conversion en binaire est facile à mémoriser (voir tableau 17.2).

Tableau 17.2 : Tableau de conversion hexadécimal/binaire

Hex	*Binaire*
0	0000
1	0001
2	0010
3	0011
4	0100

Tableau 17.2 : Tableau de conversion hexadécimal/binaire *(suite)*

Hex	*Binaire*
5	0101
6	0110
7	0111
8	1000
9	1001
A	1010
B	1011
C	1100
D	1101
E	1110
F	1111

Bien qu'il soit plus facile d'écrire 32 chiffres hexadécimaux que 128 chiffres binaires, cela reste tout de même laborieux. Pour faciliter les choses, deux conventions permettent de raccourcir l'écriture d'une adresse IPv6 :

- omettre les 0 en tête d'un quartet ;
- représenter un ou plusieurs quartets à 0 par 2deux deux- points ("::"), mais uniquement pour une seule occurrence au sein d'une adresse.

Sujet clé

Chaque adresse IPv6 est constituée de 8 quartets.

Par exemple, considérons l'adresse suivante. Les groupes de chiffres en gras sont ceux qui peuvent être abrégés.

FE00:**0000:0000:000**1**:0000:0000:0000:00**56

Nous voyons qu'à deux endroits différents un ou plusieurs quartets sont à 0. Donc, il y a deux possibilités pour abréger cette adresse grâce aux ::, et qui sont les suivantes :

- FE00::1:0:0:0:56
- FE00:0:0:1::56

Notez bien que l'abréviation ::, qui veut dire « un ou plusieurs quartets à 0 », ne peut pas être utilisée deux fois car cela créerait une ambiguïté. Ainsi, l'abréviation FE00::1::56 n'est pas valide.

Conventions d'écriture des préfixes IPv6

Les préfixes IPv6 représentent des intervalles ou des blocs d'adresses IPv6 consécutives. L'identifiant correspondant à l'intervalle d'adresses est appelé un préfixe et se rencontre couramment dans les tables de routage IP, comme les identifiants de sous-réseaux IP dans les tables de routage IPv4. Avant de voir les préfixes IPv6, il peut être utile de rappeler quelques notions utilisées en IPv4. Les adresses IPv4 peuvent être considérées selon les règles d'adressage avec classes ou les règles d'adressage sans classes. (Ce livre et la *Préparation à la certification CCNA ICND1 et CCENT*, le guide officiel de la certification, utilisent tous les deux principalement la terminologie avec classes.) L'adressage avec classes signifie qu'une adresse IP, ou d'un sous-réseau, possède une sous-partie d'adresse réseau correspondant à celle d'une classe. Cela est illustré à la partie supérieure de la figure 17.2.

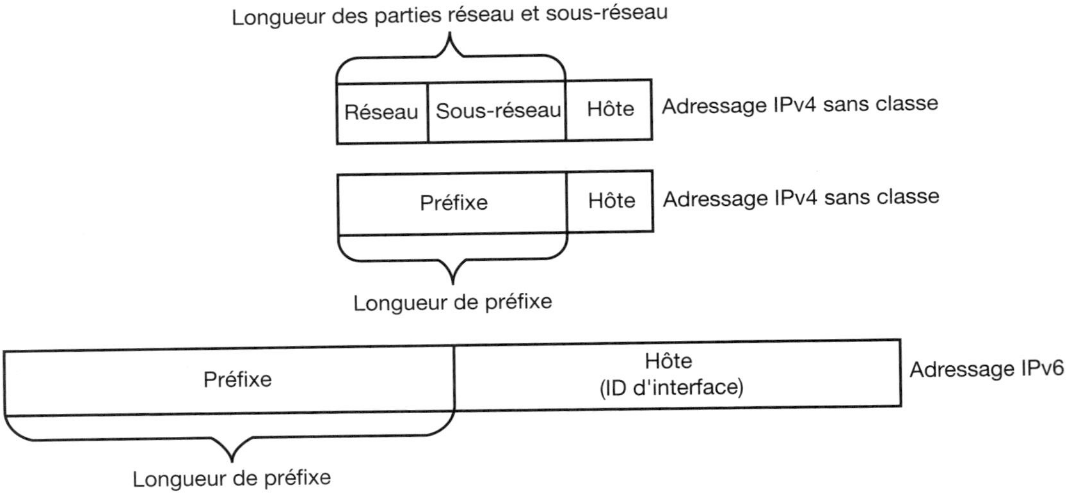

Figure 17.2
Les adresses IPv4, avec ou sans classe, et les adresses IPv6.

Considérer l'adressage IPv4 comme un adressage avec classes aide à comprendre certains problèmes. Par exemple, l'adresse 128.107.3.0/24 signifie qu'il y a 16 bits pour le réseau (car c'est une adresse de classe B) et 8 bits pour l'hôte (car le masque a 8 bits à 0), ce qui laisse 8 bits de sous-réseaux. Si c'était une adresse sans classes, nous aurions un préfixe de 128.107.3.0 d'une longueur de 24 bits. Mêmes sous-réseaux et préfixe, même signification, mêmes opérations sur le routeur, même configuration, il ne s'agit que de deux interprétations différentes des mêmes valeurs numériques. IPv6 est fondé sur un principe d'adressage sans classes : le concept d'adressage avec classes n'existe pas. Comme en IPv4, les préfixes IPv6 ont une valeur numérique, suivie d'un slash, puis une longueur de préfixe. La dernière partie de l'adresse, au-delà de la longueur du préfixe, est représentée par des bits à 0. Les préfixes IPv6 peuvent être abrégés de la même façon que les préfixes IPv4. Par exemple, examinons l'adresse IPv6 suivante affectée à un hôte sur un LAN :

2000:1234:5678:9ABC:1234:5678:9ABC:1111/64

Cette valeur représente la valeur complète de l'adresse IP sur 128 bits, laquelle, en réalité, ne peut pas être abrégée. Le /64 signifie que le préfixe (sous-réseau) auquel cette adresse appartient est le sous-réseau qui contient toutes les adresses commençant par les mêmes premiers 64 bits. Conceptuellement, c'est la même logique qu'en IPv4 : par exemple, l'adresse 128.107.3.1/24 appartient au préfixe (sous-réseau) dont les 24 premiers bits sont ceux de l'adresse 128.107.3.1.

Comme en IPv4, les bits qui viennent après la fin du préfixe sont tous à 0. Le préfixe auquel appartient l'adresse IPv6 précédente serait :

2000:1234:5678:9ABC:**0000:0000:0000:0000**/64

abrégé en :

2000:1234:5678:9ABC::/64

Enfin, voyons un dernier point sur les règles d'écriture des préfixes avant de continuer sur des exemples détaillés. Si la longueur du préfixe n'est pas un multiple de 16, la frontière entre le préfixe et la partie hôte de l'adresse se trouve à l'intérieur d'un quartet. Dans ce cas, le préfixe doit donner toutes les valeurs dans le dernier octet dans la partie du préfixe de la valeur. Par exemple, si l'adresse précédente avait un préfixe de longueur /56 au lieu de /64, celui-ci inclurait les trois premiers quartets (48 bits), plus les 8 premiers bits du quatrième quartet. Les 8 derniers bits (deux derniers chiffres hexadécimaux) du quatrième quartet devraient être des 0 binaires, d'où, par convention, l'écriture suivante :

2000:1234:5678:9A**00**::/56

Voici un résumé des principales règles d'écriture des préfixes IPv6 :

- Les premiers bits du préfixe ont la même valeur que les adresses IP du groupe pour la longueur du préfixe. Sujet clé
- Tout bit au-delà de la longueur du préfixe est un 0 binaire.
- Le préfixe peut être abrégé avec les mêmes règles que les adresses IPv6.
- Si la longueur du préfixe n'est pas un nombre entier de quartets, il faut écrire le dernier quartet en entier.

Le tableau 17.3 donne quelques exemples pour illustrer ces règles.

Tableau 17.3 : Exemples de préfixes IPv6 et leur signification

Préfixe	*Explication*	*Écritures erronées*
2000::/3	Toute adresse dont les trois premiers bits sont égaux aux trois premiers bits des chiffres hexadécimaux 2000 (les bits sont 001)	2000/3 (omet ::) 2::/3 (omet le reste du premier quartet)
2340:1140::/26	Toute adresse dont les 26 premiers bits correspondent aux chiffres hexadécimaux du préfixe	2340:114::/26 (omet le dernier chiffre du deuxième quartet)
2340:1111::/32	Toute adresse dont les 32 premiers bits correspondent aux chiffres hexadécimaux du préfixe	2340:1111/32 (omet ::)

Comprendre les règles d'écriture est tout aussi important que de noter ce qu'il n'est pas possible de faire. Par exemple, 2::/3 n'est pas autorisé à la place de 2000::/3, car le reste du premier groupe est omis, et il est impossible de dire si 2::/3 signifie « hex 0002 » ou « hex 2000 ». Seuls les zéros de tête peuvent être omis lors de l'abréviation d'une adresse ou d'un préfixe IPv6.

Maintenant que vous comprenez quelques-unes des conventions d'écriture des adresses et des préfixes IPv6, un exemple détaillé montrera comment la stratégie d'affectation des adresses unicast globales IPv6 de l'ICANN permet un routage simple et efficace (voir figure 17.1).

Exemple d'affectation de préfixe unicast global

Les standards IPv6 réservent le préfixe 2000::/3 – lequel, interprété complètement, signifie « toute adresse qui commence par 0001 en binaire ou par 2 ou 3 en hexadécimal » – aux adresses unicast globales. Il s'agit des adresses IPv6 qui ont été spécifiées comme publiques et globalement uniques, grâce auxquelles des hôtes les utilisant peuvent communiquer sur Internet sans avoir besoin de NAT. En d'autres mots, ces adresses servent exactement l'objectif premier de l'utilisation d'IPv6.

Nous allons voir un exemple d'affectation de préfixes dans Internet, en supposant que le préfixe 2340:1111:AAAA::/48 a été octroyé à Entreprise1 (voir figure 17.3).

Le processus démarre à l'ICANN qui possède tout l'espace adressable IPv6 et affecte les droits d'administration du préfixe 2340::/12 à l'un des RIR (l'ARIN dans le cas de l'Amérique du Nord). Cela signifie que l'ARIN a le droit d'affecter n'importe quelle adresse IPv6 qui commence par les douze premiers bits 0010 0011 0100 ou les chiffres hexadécimaux 2340. Il s'agit d'un espace adressable gigantesque (2^{116} pour être exact).

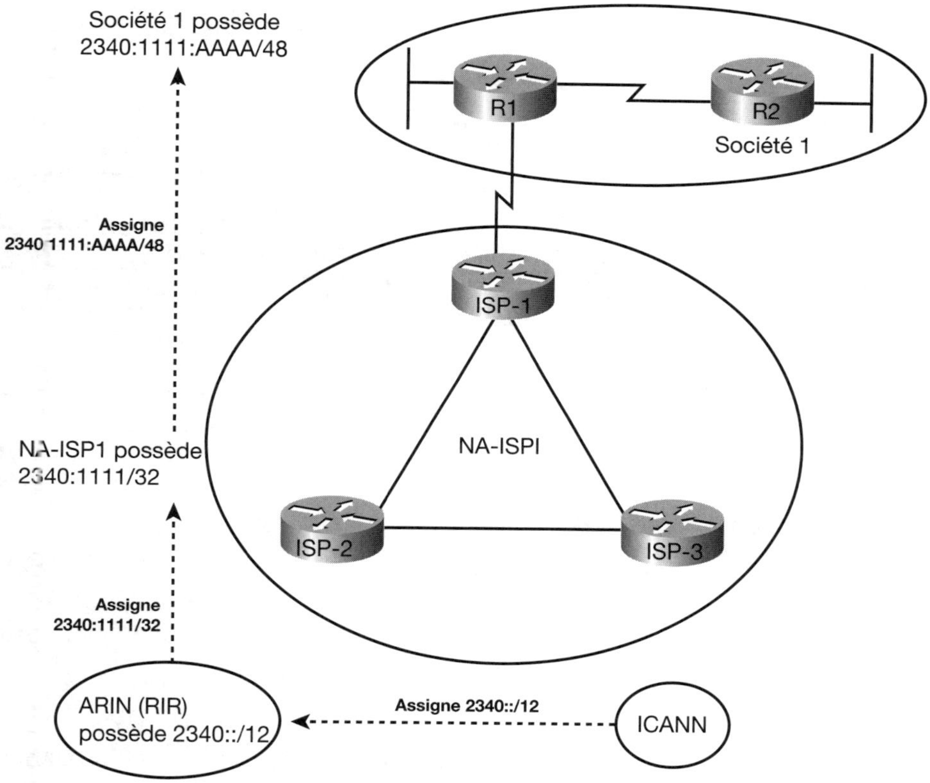

Figure 17.3

Exemple d'affectation de préfixe IPv6 dans Internet.

Sujet clé

Ensuite, NA-FAI1 demande une affectation de préfixe à l'ARIN, lequel, après avoir vérifié que NA-FAI1 satisfait quelques prérequis, lui affecte le préfixe de FAI 2340:1111::32. Ce préfixe est aussi un espace adressable très vaste (2^{96}). Le bloc d'adresses correspondant devrait contenir suffisamment d'adresses IPv6 publiques pour que même le plus grand des FAI n'ait jamais besoin d'un autre préfixe IPv6.

Finalement, Entreprise1 demande l'attribution d'un préfixe IPv6 à NA-FAI1. Celui-ci lui affecte le préfixe 2340:1111:AAAA::/48, également un très grand espace d'adressage (2^{80}). Avant de découvrir au paragraphe suivant ce qu'Entreprise1 peut faire avec ce préfixe, revoyons la notion de routage en précisant les préfixes IPv6 (voir figure 17.4).

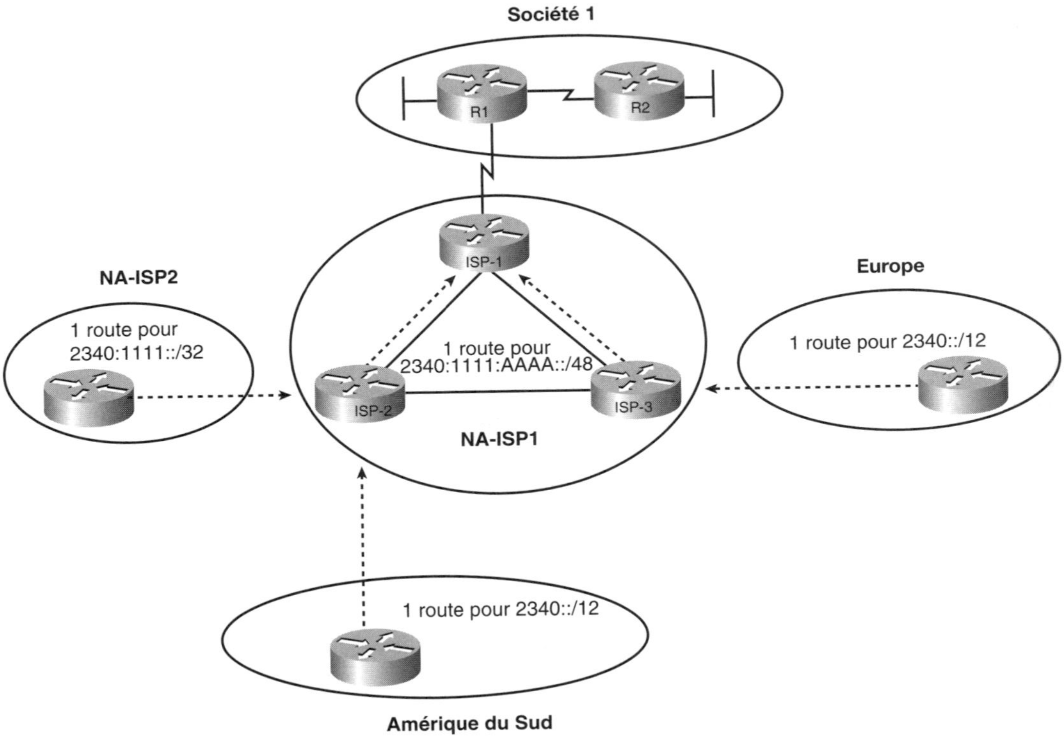

Figure 17.4
Notion de routage global IPv6.

La figure montre plusieurs routeurs : en dehors de l'Amérique du Nord, ceux d'un autre FAI en Amérique du Nord, et des routeurs du même FAI. Les routeurs hors Amérique du Nord peuvent utiliser une route de préfixe 2340::/12, sachant que ce préfixe a été affecté par l'ICANN à l'usage exclusif de l'ARIN. Cette route suffit pour sélectionner toutes les adresses IPv6 affectées à l'Amérique du Nord. Les routeurs de NA-FAI2, eux aussi d'Amérique du Nord, n'ont besoin que d'une seule route pour le préfixe 2340:1111::/32, affecté à NA-FAI1, laquelle route suffit à sélectionner tous les paquets destinés à tous les clients de NA-FAI1. Les routeurs de NA-FAI1 ont besoin de savoir vers quel autre routeur de NA-FAI1 renvoyer les paquets de ses clients (par exemple, le routeur FAI-1, à la figure), de sorte que leurs routes aient un préfixe de 2340:1111:AAAA/48.

Sous-réseaux des adresses unicast globales IPv6 d'une entreprise

La conception d'Internet IPv4 repose sur le principe que chaque organisme reçoit un numéro de réseau avec classes, qu'il subdivise en petits blocs d'adresses en constituant des sous-réseaux avec classes. Ce même principe de sous-réseaux se retrouve en IPv6. Les entreprises peuvent faire des sous-réseaux en divisant le préfixe affecté par leur FAI en préfixes plus courts. On peut faire les analogies suivantes entre les sous-réseaux IPv6 et les sous-réseaux avec classes IPv4 pour comprendre le processus :

Sujet clé

- Le préfixe affecté à l'entreprise par le FAI, qui doit être le même pour toutes les adresses IPv6 de l'entreprise, est analogue à la partie réseau d'une adresse IPv4.
- Les ingénieurs de l'entreprise augmentent la longueur du préfixe, en prenant des bits du champ hôte, pour créer une partie sous-réseau dans l'adresse.
- La troisième et dernière partie de l'adresse est la partie hôte, appelée ID de l'interface en IPv6 (Interface ID), et doit identifier un hôte de façon unique dans un sous-réseau.

Si on considère une vue plus détaillée du réseau de l'entreprise Entreprise1, nous constatons que les principes de conception à utiliser pour déterminer le nombre de sous-réseaux nécessaires en IPv6 sont les mêmes qu'en IPv4 : un sous-réseau est nécessaire pour chaque VLAN et pour chaque lien série, avec les mêmes options de sous-réseaux en Frame Relay. Ici, il y a deux LAN et deux liens série, donc Entreprise1 a besoin de quatre sous-réseaux (voir figure 17.5).

On voit aussi comment les ingénieurs d'Entreprise1 ont étendu la longueur du préfixe affecté par le FAI (/48) en /64, créant ainsi une partie sous-réseau de 16 bits dans l'adresse. Le préfixe /48 est généralement appelé « préfixe de site », et le préfixe plus long utilisé sur les liens est appelé « préfixe de sous-réseau ». Afin de créer ce sous-réseau de 16 bits, les ingénieurs utilisent les mêmes principes qu'en IPv4 lors du choix d'un masque de sous-réseaux. Dans ce cas précis, on peut considérer que le champ hôte a 80 bits (car le préfixe affecté par le FAI est de 48 bits, ce qui en laisse 80 pour la partie hôte), et le plan d'adressage emprunte 16 bits pour le champ du sous-réseau, laissant ainsi 64 bits pour le champ hôte.

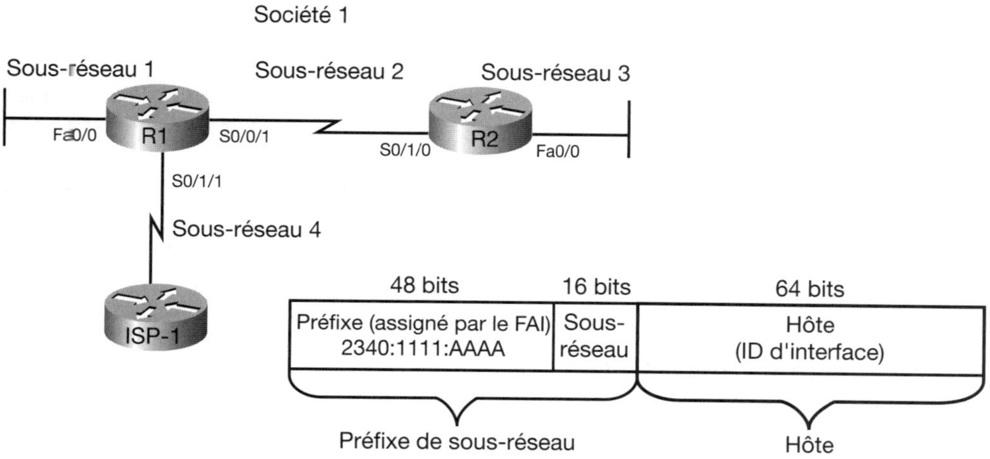

Figure 17.5
Entreprise1 a besoin de 4 sous-réseaux.

Sujet clé

Un peu de mathématiques permet de mieux apprécier le potentiel d'IPv6. Le champ de sous-réseau de 16 bits autorise 2^{16} sous-réseaux, soit 65 536, beaucoup plus que nécessaire même pour les entreprises de très grosse taille. (Et ce n'est pas la peine de se soucier du sous-réseau 0 ou du sous-réseau de diffusion en IPv6 !) Le champ hôte est encore plus impressionnant : 2^{64} hôtes par sous-réseau, c'est-à-dire plus de 1 000 000 000 000 000 000 d'adresses par sous-réseau. Cependant, cette taille énorme de la partie hôte s'explique par le fait qu'elle permet une affectation automatique des adresses IPv6 (voir la section « Affectation des adresses des hôtes en IPv6 » de ce chapitre).

Reprenons l'exemple d'Entreprise1 avec l'affectation de ses quatre sous-réseaux (voir figure 17.6). Ici, les champs sous-réseaux et les longueurs des préfixes (dans ce cas, 64) sont visibles en caractères gras.

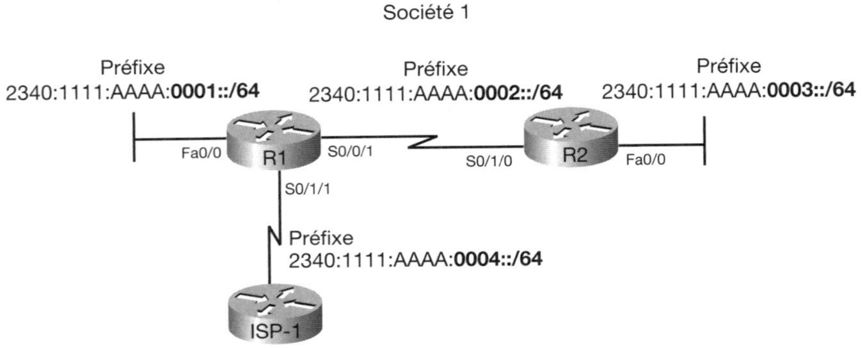

Figure 17.6

Affectation des 4 sous-réseaux d'Entreprise1

INFO

Les sous-réseaux auraient pu être un peu abrégés si on avait omis les derniers zéros du dernier quartet.

À cette figure, nous ne voyons qu'un des sous-réseaux possibles d'Entreprise1. On peut choisir n'importe quel nombre de bits pour le sous-réseau, tant qu'il en reste suffisamment dans le champ hôte pour tous les hôtes du sous-réseau. Par exemple, on pourrait utiliser une longueur de préfixe de /112 en étendant le préfixe /48 à 64 bits (quatre quartets). Les sous-réseaux pourraient alors être :

- 2340:1111:AAAA::0001:0000/112
- 2340:1111:AAAA::0002:0000/112
- 2340:1111:AAAA::0003:0000/112
- 2340:1111:AAAA::0004:0000/112

Les adresses IPv6 unicast globales améliorent le routage Internet et permettent aux entreprises de disposer de beaucoup d'adresses IP et de sous-réseaux, sans avoir recours à du NAT pour conserver l'espace d'adressage.

Terminologie liée aux préfixes IPv6

Avant d'en finir avec ce sujet, voici quelques termes que vous devez connaître. Le processus d'affectation des adresses IPv6 unicast globales utilise plusieurs préfixes de différentes longueurs, dont les noms doivent déjà vous être familiers (voir tableau 17.4).

Tableau 17.4 : Exemples de préfixes IPv6 et leur signification

Dénominations	*Affectation*	*Exemples du chapitre*
Registry prefix	Par l'ICANN à un RIR	2340::/12
Préfixe de FAI	Par un RIR à un FAI[1]	2340:1111/32
Préfixe de site	Par un FAI à un client (site)	2340:1111:AAAA/48
Préfixe de sous-réseaux	Par l'ingénieur de l'entreprise à chaque lien individuel	2340:1111/AAAA:0001/64

1. Un RIR peut non seulement affecter un préfixe à un FAI, mais aussi à un autre *Internet Registry*, lequel peut à son tour subdiviser et affecter des préfixes à des FAI qui attribuent des préfixes uniques à ses clients.

La partie suivante élargit le propos sur IPv6 et introduit d'autres types d'adresses IPv6 ainsi que les protocoles qui contrôlent les fonctionnalités d'IPv6.

Les protocoles d'IPv6 et l'affectation des adresses

Les hôtes IPv4 ont besoin de connaître un certain nombre d'informations de base avant de pouvoir accomplir des tâches simples comme ouvrir un navigateur pour visualiser une page Web. Il leur faut les adresses IP de serveurs de nom de domaine DNS pour pouvoir utiliser des messages du protocole DNS et demander au serveur la résolution des noms en adresses IPv4 ; l'adresse IP d'un routeur à utiliser comme routeur par défaut, pour lui envoyer les paquets destinés à un hôte d'un autre sous-réseau. Ils ont évidemment besoin de savoir leur adresse IPv4 unicast et leur masque, ou, en terminologie sans classes, leur adresse IPv4 et la longueur du préfixe, afin de pouvoir calculer le préfixe de leurs sous-réseaux.

Les hôtes IPv6 ont besoin des mêmes informations, pour les mêmes raisons. Ils utilisent aussi des noms d'hôte et ont besoin de les résoudre en adresses IPv6. Ils envoient aussi directement les paquets destinés aux hôtes du même sous-réseau et au routeur, par défaut, ceux destinés aux autres sous-réseaux.

Bien que les deux types d'hôtes aient besoin des mêmes informations, certains des mécanismes de récupération de ces informations diffèrent entre IPv6 et IPv4. Les sections suivantes détaillent les options et les protocoles à partir desquels un hôte apprend ces informations clés. Elles abordent également plusieurs nouveaux types d'adresses utilisés par les protocoles IPv6 avant de se terminer par un résumé des détails et de la terminologie de ces différents types d'adresses IPv6.

DHCP pour IPv6

Les hôtes IPv6 peuvent utiliser *Dynamic Host Configuration Protocol* (DHCP) pour obtenir une adresse IP, la longueur du préfixe correspondant (le masque), l'adresse IP du routeur par défaut et les adresses IP des serveurs DNS. Le principe de fonctionnement est le même qu'en IPv4 : l'hôte envoie un paquet IPv6 (en multicast) pour rechercher un serveur DHCP. Lorsqu'un serveur répond, le client DHCP envoie un message demandant l'allocation d'une adresse IP. Le serveur répond avec une adresse IPv6, une longueur de préfixe, un routeur par défaut et les adresses IP du DNS. Les noms et les formats des messages DHCP ont beaucoup évolué entre IPv4 et IPv6, donc DHCPv4 et DHCPv6 diffèrent dans le détail, mais le principe de fonctionnement reste le même.

Les serveurs DHCPv4 conservent les informations relatives à chaque client, par exemple, l'adresse IP allouée et sa durée d'allocation. Ces informations, dites « d'état », permettent de suivre l'état ou le statut de chaque client. Les serveurs DHCPv6 fonctionnent sur deux modes : à état (*stateful*), où le serveur conserve les informations d'état, et sans état (*stateless*), où il ne les conserve pas. Les serveurs DHCPv6 à état jouent le même rôle que les serveurs DHCPv4 alors que les serveurs sans état sont une alternative IPv6 aux serveurs DHCP à état. (Les serveurs DHCPv6 sans état ainsi que leurs fonctionnalités sont développés à la section suivante « Affectation des adresses des hôtes en IPv6 ».)

Une différence entre DHCPv4 et DHCPv6 à état est que les hôtes IPv4 envoient une diffusion IP pour trouver un serveur DHCP, alors que les hôtes IPv6 envoient un multicast IPv6. Les adresses multicast IPv6 ont un préfixe de FF00::/8, les 8 premiers bits sont à 11111111, ou FF en hexadécimal. L'adresse de multicast FF02::1:2 (c'est-à-dire FF02:0000:0000:0000:0000:0000:0001:0002) a été réservée en IPv6 pour les paquets qu'un hôte envoie à la recherche d'un serveur DHCP, afin que les routeurs retransmettent ces paquets vers le bon serveur DHCP.

Affectation des adresses des hôtes en IPv6

Dans les réseaux IPv4 d'entreprise, les ingénieurs configurent généralement des adresses IPv4 statiques sur les interfaces des routeurs avec la sous-commande d'interface **ip address**. Les machines standards utilisent généralement DHCP pour apprendre dynamiquement leur adresse IP et leur masque. Pour les accès Internet, le routeur utilise DHCP pour apprendre du FAI sa propre adresse publique IPv4.

IPv6 suit le même principe, sauf que les routeurs utilisent une ou deux options pour l'affectation d'adresses statiques IPv6, et que les hôtes utilisateurs emploient également une ou deux options pour l'affectation d'adresses IPv6 dynamiques. La section suivante détaille les quatre options possibles. Mais avant cela, il nous faut détailler un peu plus le rôle des 64 bits de poids faible des adresses IPv6 : l'ID d'interface (*Interface ID*).

L'ID d'interface IPv6 et le format EUI-64

Nous avons découvert précédemment (voir figure 17.5) le format d'une adresse unicast globale IPv6, dont la seconde moitié était appelée l'ID d'hôte ou l'ID d'interface (*Interface ID*). La valeur de la portion ID d'interface importe peu, à condition qu'aucun autre hôte du même sous-réseau n'utilise la même. (IPv6 dispose d'une méthode dynamique permettant de savoir si une adresse est déjà utilisée sur un sous-réseau.) La taille de l'ID d'interface a été choisie spécialement pour faciliter l'autoconfiguration de l'adresse IPv6 à partir de l'adresse MAC de la carte réseau pour initialiser le champ ID d'interface.

Les adresses MAC font 6 octets (48 bits), pour qu'un hôte puisse remplir automatiquement le champ ID d'interface de 8 octets (64 bits), IPv6 ne peut pas simplement recopier l'adresse MAC telle quelle. Il doit compléter cette adresse avec 2 octets. Pour constituer le champ complet d'ID d'interface, IPv6 sépare l'adresse MAC en deux moitiés de 3 octets, insère la valeur hexadécimale FFFE entre les deux moitiés et positionne un bit spécial à 1. Ce format est appelé EUI-64 (voir figure 17.7).

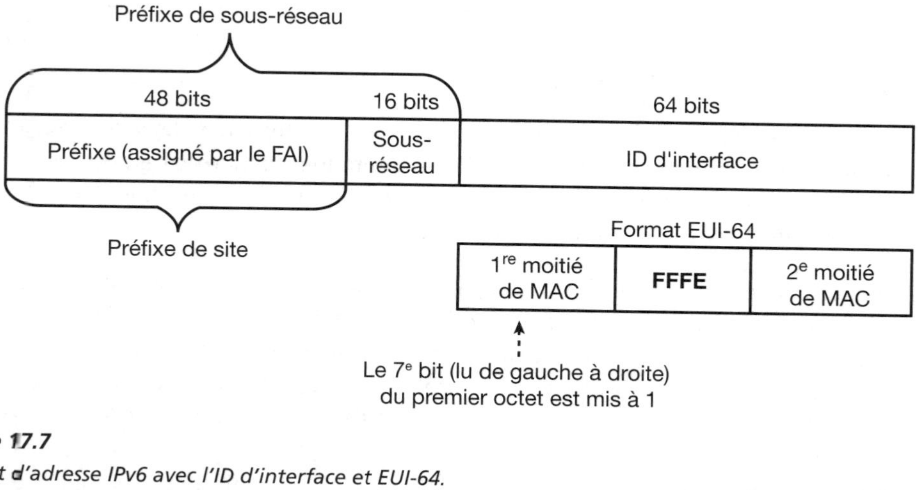

Figure 17.7
Format d'adresse IPv6 avec l'ID d'interface et EUI-64.

Sujet clé

Cela peut sembler un peu compliqué, mais ça fonctionne parfaitement. De plus, avec un peu de pratique, on peut rapidement discerner, dans la partie droite de l'adresse IPv6, le FFFE et trouver facilement les deux moitiés correspondantes à l'adresse MAC.

La figure souligne un autre détail sur la valeur de l'ID d'interface du format EUI-64. Découper l'adresse MAC en deux moitiés puis insérer FFFE est facile. Par contre, le format EUI-64 nécessite de mettre le bit de poids fort à 1. La raison en est que les adresses MAC Ethernet sont écrites avec, pour chaque octet, les bits de poids faible sur la gauche et ceux de poids fort sur la droite. Donc, en lisant de gauche à droite, le huitième bit d'un octet est le bit de poids fort de l'adresse, et le septième bit est le deuxième bit de poids fort. Ce deuxième bit de poids fort du premier octet est appelé le bit universal/local (U/L). Positionné à 0, il signifie que l'adresse MAC est configurée matériellement dans l'interface physique. Positionné à 1, il signifie que l'adresse MAC est configurée localement par logiciel. EUI-64 spécifie que le bit U/L doit être positionné à 1, pour une adresse MAC locale.

Par exemple, les lignes suivantes donnent l'adresse MAC d'un hôte et l'ID d'interface EUI-64 correspondante, en supposant que le format EUI-64 est utilisé pour la configuration.

- 0034:5678:9ABC
- 0234:56FF:FE78:9AC

INFO

Pour modifier le septième bit (en lisant de gauche à droite), il faut convertir la valeur hexadécimale 00 en binaire 00000000, changer ce bit à 1 (00000010) et reconvertir en hexadécimal, ce qui donne 02 pour les deux premiers chiffres.

Configuration d'adresses IPv6 statiques

Deux types de configuration d'adresses IPv6 statiques sont présentés dans ce livre, tous les deux disponibles sur les routeurs et les hôtes : la configuration statique de l'adresse entière et la configuration statique d'un préfixe /64 avec calcul de l'ID d'interface par l'hôte pour compléter l'adresse. Nous illustrerons cela avec des routeurs.

Pour configurer une adresse IPv6 sur une interface d'un routeur, il faut utiliser la sous-commande d'interface **ipv6 address** *addresse/longueur-préfixe* [**eui-64**] sur chaque interface. Si le mot clé **eui-64** est absent, l'adresse doit représenter une adresse complète sur 128 bits. Si le mot clé **eui-64** est présent, l'adresse doit représenter un préfixe de 64 bits et le routeur complétera avec l'ID d'interface en utilisant le format EUI-64. Le paramètre *longueur-préfixe* doit être la longueur du préfixe du sous-réseau. Par exemple, le listing de l'exemple 17.1 donne les commandes de configuration du routeur R1 de l'Entreprise1 (voir figure 17.6). La longueur du préfixe de site utilisé est /64. L'exemple montre les deux versions de la commande (avec ou sans le paramètre **eui-64).**

Exemple 17.1 *Configuration d'adresses IPv6 statiques*

```
! La première interface est dans le sous-réseau 1 et utilisera l'ID d'interface EUI-64
!
interface FastEthernet0/0
 ipv6 address 2340:1111:AAAA:1::/64 eui-64
! La prochaine interface prend une adresse complète sur 128 bits (abrégée)
! La version longue est 2340:1111:AAAA:0003:0000:0000:0001/64. Elle est dans le
! sous-réseau 2.
!
interface Serial0/0/1
 ipv6 address 2340:1111:AAAA:3::1/64
! La troisième interface est dans le sous-réseau 4, également avec l'ID
! d'interface de format EUI-64.
!
interface Serial0/1/1
 ipv6 address 2340:1111:AAAA:4::/64 eui-64
!
R1#show ipv6 interface fa0/0
FastEthernet0/0 is up, line protocol is up
  IPv6 is enabled, link-local address is FE80::213:19FF:FE7B:5004
  Global unicast address(es):
    2340:1111:AAAA:1:213:19FF:FE7B:5004, subnet is 2340:1111:AAAA:1::/64 [EUI
! Lignes omises
R1#show ipv6 interface S0/0/1
Serial0/0/1 is up, line protocol is up
  IPv6 is enabled, link-local address is FE80::213:19FF:FE7B:5004
  Global unicast address(es):
    2340:1111:AAAA:3::1, subnet is 2340:1111:AAAA:3::/64
! Lignes omises
R1#show ipv6 interface s0/1/1
Serial0/1/1 is up, line protocol is up
  IPv6 is enabled, link-local address is FE80::213:19FF:FE7B:5004
  Global unicast address(es):
    2340:1111:AAAA:4:213:19FF:FE7B:5004, subnet is 2340:1111:AAAA:4::/64 [EUI
! Lignes omises
```

À la fin de l'exemple, la commande **show ipv6 interface** montre l'adresse IPv6 unicast globale. Lorsqu'on utilise l'option EUI-64, cette commande est particulièrement utile puisque la commande de configuration ne spécifie pas l'adresse IPv6 entière. Nous remarquons que si le format EUI-64 a été utilisé, la commande **show ipv6 interface** le signale (voir les interfaces Fa0/0 et S0/1/1, à l'inverse de S0/0/1). Il se peut que le routeur n'ait pas d'adresses MAC pour certaines interfaces, par exemple les interfaces séries. Pour forger leurs ID d'interface EUI-64, le routeur utilise l'adresse MAC d'une interface LAN. À l'exemple précédent, l'ID d'interface de S0/1/1 est basé sur l'adresse MAC de Fa0/0.

Autoconfiguration sans état et annonces de routeurs

IPv6 a recours à deux méthodes pour la configuration dynamique des adresses IPv6. L'une passe par un serveur DHCP à état, qui fonctionne sur le même principe que DHCP en IPv4, bien que les détails des messages soient différents. L'autre est une alternative qu'apporte IPv6, appelée « autoconfiguration sans état » (*stateless autoconfiguration*), à ne pas confondre avec DHCP sans état (*stateless DHCP*) qui sera développé plus tard. Avec l'autoconfiguration sans état, un hôte apprend dynamiquement le préfixe /64 utilisé par le sous-réseau et calcule le reste de son adresse en utilisant l'ID d'interface au format EUI-64 de l'adresse MAC de sa carte réseau.

Le processus d'autoconfiguration sans état utilise une des nombreuses fonctionnalités du protocole de découverte de voisins, *Neighbor Discovery Protocol (NDP)* d'IPv6, pour trouver le préfixe utilisé sur le LAN. NDP permet de mettre en œuvre de nombreuses fonctionnalités pour IPv6, toutes relatives à ce qui se passe entre deux hôtes sur un même sous-réseau. Par exemple, une partie de NDP remplace le protocole ARP d'IPv4, lequel permet à des machines d'un même sous-réseau, des voisins, de connaître leurs adresses MAC respectives. Cette fonctionnalité et bien d'autres sont réalisées uniquement à l'intérieur du sous-réseau local entre voisins sur un même lien. De ce fait, IPv6 les a regroupées dans un protocole appelé NDP.

L'autoconfiguration sans état utilise deux messages NDP : sollicitation de routeur, ou *Router Solicitation (RS)*, et annonce de routeur, ou *Router Advertisement (RA)*, afin de trouver le préfixe utilisé sur un LAN. L'hôte envoie un message RS en multicast IPv6, demandant à tous les routeurs de répondre aux questions « Quel est le préfixe IPv6 utilisé sur ce sous-réseau ? » et « Quelle est l'adresse IPv6 du routeur par défaut sur ce sous-réseau ? » Le principe général est illustré à la figure 17.8. Mais, si on examine la figure 17.6, on voit que, sur le sous-réseau 1, PC1 envoie un RS et le routeur R1 répond avec le préfixe IPv6 utilisé sur le LAN et sa propre adresse IPv6 comme celle du routeur par défaut.

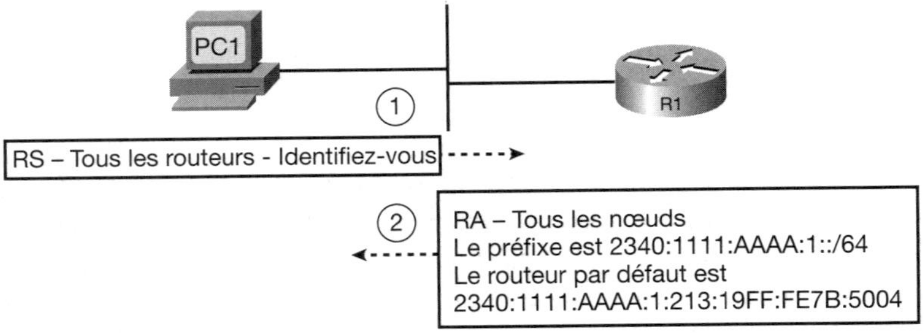

Figure 17.8

Exemple de RS/RA du protocole NDP pour trouver le routeur par défaut.

INFO

Plusieurs préfixes et routeurs par défaut peuvent être diffusés dans le message RA d'IPv6. La figure n'en montre qu'un afin de ne pas alourdir l'exemple.

IPv6 n'utilise pas de diffusion. Il n'y a aucune adresse de diffusion de sous-réseau, ni de réseau, ou un équivalent de l'adresse de diffusion générale IPv4 255.255.255.255. IPv6 utilise des adresses multicast, spécifiques à une opération, grâce auxquelles une machine qui n'est pas concernée par cette opération ignore simplement ces multicast particuliers, ce qui réduit l'impact sur ces machines. Par exemple, les messages RS ont besoin d'être reçus et traités uniquement par les routeurs, et leur adresse de destination est FF02::2, qui est l'adresse réservée aux routeurs IPv6. Les messages RA sont envoyés à une adresse multicast destinée à tous les hôtes IPv6 d'un lien (FF02::1), donc, non seulement l'hôte qui a envoyé le message RS reçoit l'information, mais aussi tous les autres hôtes sur le lien.

Le tableau 17.5 résume les caractéristiques clés des messages RS/RA.

Tableau 17.5 : Caractéristiques des messages RS/RA

Message	*RS*	*RA*
Adresse de destination multicast	FF02::2	FF02::1
Signification de l'adresse multicast	Tous les routeurs du lien	Tous les hôtes IPv6 du lien

Résumé de la configuration des adresses en IPv6

Ce chapitre a présenté quatre méthodes d'affectation des adresses IPv6 aux hôtes ou aux interfaces des routeurs. Deux variantes utilisent la configuration statique et deux autres la configuration dynamique. Dans les deux cas, il y a deux variantes possibles : l'une utilise l'adresse IPv6 complète, et l'autre permet à l'hôte de calculer l'ID d'interface avec le format EUI-64. Le tableau 17.6 résume les différentes méthodes de configuration possibles.

Tableau 17.6 : Différentes possibilités d'affectation des adresses IPv6

Sujet clé

Statique ou dynamique	*Option*	*Partie affectée*
Statique	Sans EUI-64	Adresse 128 bits complète
Statique	Avec EUI-64	Uniquement le préfixe /64
Dynamique	DHCPv6 à état	Adresse 128 bits complète
Dynamique	Autoconfiguration sans état	Uniquement le préfixe /64

Découverte du routeur par défaut avec NDP

En IPv4, les hôtes trouvent leur routeur par défaut (*default gateway*, passerelle par défaut) grâce soit à une configuration statique sur l'hôte lui-même, soit à DHCP. Ces deux possibilités existent en IPv6 avec, en plus, le mécanisme des messages RS/RA de NDP présenté précédemment. Le processus de découverte par NDP est le fonctionnement par défaut sur les hôtes et routeurs IPv6. Donc, bien que le serveur DHCPv6 à état puisse fournir une adresse IP du routeur par défaut, il est tout à fait raisonnable en IPv6 de ne pas configurer ces informations sur le serveur DHCP à état et d'utiliser les messages RS/RA de NDP.

Le processus de découverte du routeur par défaut est relativement simple. Les routeurs envoient automatiquement des messages RA à intervalles réguliers. Ces messages listent non seulement l'adresse IPv6 du routeur émetteur mais aussi tous les routeurs connus sur ce sous-réseau. Un hôte peut attendre le prochain message RA ou demander que tous les routeurs locaux envoient un message RA immédiatement en les sollicitant par un message RS.

Adresse IP des serveurs DNS

Comme en IPv4, les hôtes IPv6 ont besoin de l'adresse IP des serveurs de nom DNS pour traduire les noms en adresses IP. En général, ils ont aussi besoin du nom de domaine DNS à utiliser. Et, comme en IPv4, ils peuvent récupérer ces adresses IP par le DHCP à état. Lorsqu'un hôte (ou un routeur) récupère ainsi son adresse, il peut aussi récupérer l'adresse IP du serveur DNS ainsi que le nom de domaine.

Le DHCP à état, qui est le plus utile lorsqu'il est utilisé en conjonction avec l'autoconfiguration sans état, est une méthode alternative pour trouver l'adresse IP du serveur DNS et le nom de domaine. Un hôte qui utilise l'autoconfiguration sans état peut récupérer son adresse IPv6 et son préfixe automatiquement, ainsi que l'adresse IP de son routeur par défaut, en utilisant les messages RS/RA du NDP. Cependant, l'autoconfiguration sans état ne permet pas de récupérer l'adresse IP du serveur DNS ni le nom de domaine. DHCP sans état fournit cette information en utilisant les mêmes messages que DHCP à état. Mais pour cela, le serveur n'a pas besoin de mémoriser d'informations d'état sur chaque client, un serveur DHCP sans état peut donc être utilisé.

Le tableau 17.7 résume les différences principales entre DHCPv6 avec état et DHCPv6 sans état.

Sujet clé

Tableau 17.7 : Comparaison des services de DHCPv6 avec état et DHCPv6 sans état

Service	*DHCP avec état*	*DHCP sans état*
Mémorise les adresses IPv6 (informations d'état) des clients qui ont fait des requêtes	Oui	Non
Affecte des adresses IPv6 au client	Oui	Non

Tableau 17.7 : Comparaison des services de DHCPv6 avec état et DHCPv6 sans état *(suite)*

Sujet clé

Service	*DHCP avec état*	*DHCP sans état*
Fournit des informations complémentaires, comme l'adresse IP du serveur DNS	Oui	Oui
Est le plus utile en conjonction avec l'autoconfiguration sans état	Non	Oui

Les adresses IPv6

Ce chapitre a déjà présenté les concepts du format général des adresses IPv6, les adresses IPv6 unicast globales, et certains détails des adresses multicast. La partie qui suit approfondit les principales caractéristiques de l'adressage IPv6, et surtout les trois catégories importantes d'adresses :

Sujet clé

- **Unicast.** Adresse IP affectée à une seule interface pour permettre à l'hôte d'émettre et de recevoir des données.
- **Multicast.** Adresse IP qui représente un groupe dynamique d'hôtes permettant d'envoyer des paquets à tous les membres du groupe. Certaines adresses multicast sont utilisées à des fins particulières, comme les messages NDP, mais la plupart le sont par les applications.
- **Anycast.** Un choix de conception par lequel plusieurs serveurs qui remplissent la même fonction peuvent avoir la même adresse. Les paquets envoyés par les clients sont transmis au serveur le plus proche ce qui permet de faire de l'équilibrage de charge entre plusieurs serveurs.

Adresses IPv6 unicast

IPv6 possède trois classes principales d'adresses unicast. L'une d'elles, les adresses IP unicast globales, correspond aux adresses IPv4 publiques. Les adresses unicast globales sont affectées par l'ICANN et les RIR afin d'allouer des adresses IPv6 globales uniques à tous les hôtes. Ces adresses ont un préfixe 2000::/3, ce qui comprend toutes les adresses commençant par 2 ou 3 hexa.

La classe suivante d'adresses unicast IPv6 que nous allons aborder ici, les adresses unicast locales uniques, ont le même rôle que les adresses privées IPv4 de la RFC 1918. En IPv4, la plupart des entreprises et de ceux qui sont connectés à Internet utilisent des adresses de réseaux privés. Les adresses unicast locales uniques commencent par FD hexa (FD00::/8) [voir figure 17.9].

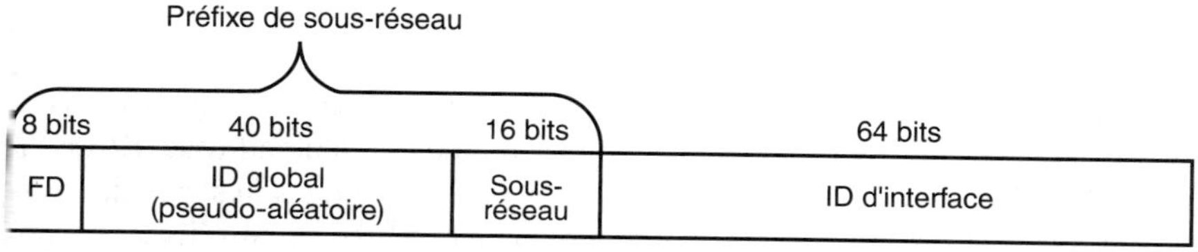

Figure 17.9

Format d'adresse locale unique.

INFO

Les RFC IPv6 originales définissent une classe d'adresse privée appelée site local, c'est-à-dire locale à un site (ou à une organisation). La classe d'adresse locale à un site est obsolète et est remplacée par les adresses unicast locales uniques.

Pour utiliser ces adresses, l'ingénieur de l'entreprise choisit un ID global de 40 bits de façon pseudo-aléatoire, en espérant qu'il sera unique dans l'univers. En fait, pseudo-aléatoire signifie simplement que le nombre est choisi. Le champ de sous-réseau de 16 bits et l'ID d'interface de 64 bits fonctionnent de la même façon qu'avec les adresses unicast globales, en numérotant les différents sous-réseaux et les hôtes et en permettant l'affectation EUI-64 pour l'ID d'interface. Comme d'habitude, l'ingénieur peut ne pas utiliser EUI-64 pour l'ID d'interface et le remplacer par des valeurs plus faciles à retenir comme 0000:0000:0000:0001.

Les adresses de lien local sont le troisième type d'adresses IPv6 unicast que nous abordons et qui n'existe pas en IPv4. IPv6 utilise ces adresses pour envoyer des paquets sur le sous-réseau local. Les routeurs n'envoient pas les paquets destinés aux adresses de lien local aux autres sous-réseaux.

Ces adresses sont utiles pour des opérations qui ne quittent pas le sous-réseau, en particulier parce que l'hôte peut calculer automatiquement son adresse IP de lien local sans envoyer de paquets sur le sous-réseau. Avant même d'envoyer son premier paquet, l'hôte peut calculer son adresse de lien local et avoir une adresse IPv6 pour émettre son premier message. Par exemple, avant d'envoyer un message RS de NDP (sollicitation de routeur), il peut calculer son adresse de lien local puis l'utiliser comme adresse IP source dans le message RS.

Les adresses de lien local sont dans l'intervalle FE80::/10, c'est-à-dire toutes les adresses qui commencent par FE80, FE90, FEA0 et FEB0. Aucune configuration n'est nécessaire, car l'hôte fabrique cette adresse avec les 10 bits FE80 hexa (1111111010 en binaire), suivi de 54 bits à 0, suivi de l'ID d'interface de l'hôte au format EUI-64 (voir figure 17.10).

10 bits	54 bits	64 bits
FE80/10 1111111010	Tous à zéro	ID d'interface

Sujet clé

Figure 17.10
Format d'adresse de lien local.

Les routeurs utilisent aussi les adresses de lien local sur chacune de leurs interfaces qui supportent IPv6. Comme les hôtes, ils calculent automatiquement leur adresse IP de lien local. L'exemple 17.1 utilise pour R1 une adresse de lien local visible dans la sortie de la commande **show ipv6 interface**. Il est intéressant de remarquer que les routeurs utilisent en général des adresses de lien local comme adresses IP de prochain saut dans les routes IPv6, plutôt que les adresses unicast globales ou locales uniques du routeur voisin.

Adresses IPv6 multicast et autres types d'adresses IPv6

Les adresses multicast peuvent être utilisées pour communiquer avec des groupes dynamiques d'hôtes. L'émetteur n'envoie qu'un seul paquet que le réseau se charge de répliquer autant que nécessaire afin que tous les hôtes en attente de réception en reçoivent une copie. IPv6 peut limiter la zone où le multicast est diffusé par les routeurs en s'appuyant sur la valeur du premier quartet de l'adresse. Dans ce livre, ne sont considérés que des multicast qui restent sur le lien local ; ces adresses commencent toutes par FF02::/16 et peuvent donc être identifiées facilement.

Pour référence, le tableau 17.8 liste quelques-unes des adresses multicast IPv6 les plus utilisées. Remarquons les adresses multicast utilisées par *Routing Information Protocol* (RIP), *Open Short Path First* (OSPF) et *Enhanced IGRP* (EIGRP), qui correspondent aux adresses multicast de ces protocoles en IPv4.

Tableau 17.8 : Adresses de multicast de lien local les plus utilisées

Fonctionnalité	*Adresse IPv6*	*Équivalent IPv4*
Tous les nœuds IP du lien	FF02::1	Adresse de diffusion de sous-réseau
Messages EIGRP	FF02::A	224.0.0.10
Agent relais DHCP (routeurs qui transmettent aux serveurs DHCP)	FF02:1:2	Pas d'équivalent

Avant de clore notre présentation des adresses IPv6, nous allons en voir encore deux. La première répond au concept d'adresse IP de *loopback* (adresse de rebouclage), définie comme ceci :

::1 (127 bits à 0 et un bit à 1)

Comme l'adresse de loopback IPv4 127.0.0.1, elle peut être utilisée pour tester le logiciel d'un hôte. Un paquet envoyé à cette adresse descend la pile protocolaire puis la remonte sans qu'aucune communication ait lieu au niveau de la carte réseau. Cela permet de tester le logiciel de l'hôte, en particulier des applications nouvellement installées.

L'autre adresse spéciale est :: (tous les bits à 0). Elle représente l'adresse inconnue que les hôtes peuvent utiliser lorsqu'ils envoient des paquets pour découvrir leur adresse IP.

Résumé des protocoles IP et de l'adressage

Cette partie résume les principaux concepts des protocoles utilisés en IPv6 et l'adressage avant d'aborder les protocoles de routage et la configuration des routeurs.

Lorsqu'un hôte IPv6 démarre, il doit accomplir un certain nombre de tâches avant de pouvoir envoyer des paquets au travers d'un routeur jusqu'à un autre hôte. Les premières étapes des deux méthodes d'apprentissage dynamique de l'adresse IPv6 nécessaire à l'envoi d'un paquet au-delà du routeur local jusqu'au reste du réseau sont les mêmes, excepté quelques différences à la dernière étape. La liste suivante résume ces étapes du démarrage, tout au moins celles qui concernent les fonctionnalités traitées au cours de ce chapitre :

Sujet clé

Étape 1 L'hôte calcule son adresse IPv6 de lien local (commençant par FE80::/10).

Étape 2 L'hôte envoie un message NDP de sollicitation de routeur (RS), avec son adresse de lien local comme adresse de source, et l'adresse de destination multicast FF02::2 (tous les routeurs), pour demander aux routeurs de fournir une liste des routeurs par défaut et des préfixes utilisés par le LAN.

Étape 3 Les routeurs répondent par un message RA, avec l'adresse de source de lien local du routeur, envoyé à l'adresse multicast « tous-les-hôtes-IPv6-du-lien » (FF02::1), fournissant ainsi le routeur par défaut et le préfixe.

Étape 4 Si l'affectation d'adresse dynamique est de l'autoconfiguration sans état :

a. L'hôte construit son adresse IP unicast en utilisant le préfixe appris dans le message RA et en calculant l'ID d'interface EUI-64 en se basant sur son adresse MAC.

b. L'hôte utilise des messages DHCP pour demander à un serveur DHCP sans état l'adresse IP du serveur DNS et son nom de domaine.

Étape 5 Si l'affectation d'adresse dynamique est du DHCP avec état, l'hôte utilise un message DHCP pour demander au serveur DHCP à état l'allocation d'une adresse IP avec une longueur de préfixe, ainsi que l'adresse d'un routeur par défaut, l'adresse IP d'un serveur DNS et le nom de domaine.

INFO

Il y a également d'autres étapes lors de l'initialisation d'un hôte, mais elles dépassent le cadre de ce livre.

Il y a plusieurs types d'adresses IPv6, notamment unicast et multicast. En résumé, le tableau 17.9 liste ceux qui ont été abordés ici en rappelant leurs caractéristiques principales.

Sujet clé

Tableau 17.9 : Adresses de multicast de lien local les plus communes

Type d'adresse	*Objet*	*Préfixe*	*Préfixe hexa*
Unicast globale	Paquets unicast envoyés sur Internet public	2000::/3	2 ou 3
Locale unique	Paquets unicast dans une seule organisation	FD00::/10	FD
Lien local	Paquets envoyés au sous-réseau local	FE80::/10	FE8, FE9, FEA, FEB
Multicast (zone du lien local)	Multicast restant sur le sous-réseau local	FF02::/16	FF02

Configuration du routage et des protocoles de routage IPv6

Afin de supporter IPv6, tous les protocoles de routage IPv4 ont dû subir des modifications, notamment pour pouvoir supporter des adresses et des préfixes plus longs. Cette partie examine quelques aspects des protocoles de routage et montre comment configurer le routage IPv6 et les protocoles de routage sur les routeurs Cisco.

Protocoles de routages IPv6

Comme en IPv4, les protocoles de routage IPv6 sont des protocoles de routage internes (IGP, *Interior Gateway Protocols*), BGP (*Border Gateway Protocol*) étant le seul protocole de routage externe (EGP, *External Gateway Protocol*). Tous les IGP courants ainsi que BGP ont été adaptés pour supporter IPv6 (voir tableau 17.10).

Tableau 17.10 : Mise à jour des protocoles de routage pour IPv6

Protocole de routage	*Nom entier*	*RFC*
RIPng	RIP Next Generation	2080
OSPFv3	OSPF version 3	2740
MP-BGP4	Multiprotocole BGP-4	2545/4760
EIGRP for Ipv6	EIGRP for IPv6	Propriétaire

Chacun de ces protocoles a été modifié pour pouvoir supporter IPv6. Les messages d'envoi et de réception des informations de routage ont changé, ils utilisent des en-têtes IPv6 au lieu d'en-têtes IPv4 et des adresses IPv6. Par exemple, RIPng envoi des mises à jour de routage à l'adresse IPv6 destination FF02::9, au lieu de l'ancienne adresse IPv4 de RIP-2, 224.0.0.9. De plus, les protocoles de routage annoncent leur adresse IP de lien local comme prochain saut dans la route (voir exemple 17.2).

Les protocoles de routage conservent cependant beaucoup de leurs propriétés internes. Par exemple, RIPng, qui est basé sur RIP-2, est un protocole à vecteur de distance, avec le nombre de sauts comme métrique et quinze sauts comme plus longue route valide (avec 16, elle est infinie). OSPFv3, créé spécifiquement pour supporter IPv6, est encore un protocole à état de lien, avec le coût comme métrique, mais il a subi beaucoup de changements internes, comme les types d'annonces d'état de lien (LSA, *Link State Advertisment*). En conséquence, OSPFv2, étudié au chapitre 9 comme « OSPF », est incompatible avec OSPFv3. Cependant, le principe fonctionnel reste le même.

Configuration d'IPv6 sur un routeur

L'IOS des routeurs Cisco permet le routage des paquets IPv4 par défaut, IPv4 étant activé sur une interface dès lors que celle-ci a une adresse IPv4 configurée. En ce qui concerne les protocoles de routage IPv4, ils doivent être configurés avec la commande **network** qui les active indirectement sur une interface.

IPv6 suit la plupart de ces principes, la différence majeure étant l'activation des protocoles de routage sur une interface. L'IOS d'un routeur Cisco n'active pas le routage IPv6 par défaut, il faut une commande globale pour cela. L'adresse unicast IP doit être configurée, tout comme en IPv4. Les protocoles de routage doivent être configurés au niveau global, comme en IPv4. Finalement, ils doivent être configurés sur chaque interface si nécessaire, mais en IPv6, le processus n'utilise pas la sous-commande du routeur **network**.

Cette partie montre un exemple de configuration, de nouveau avec le Routeur R1 du réseau de l'Entreprise1 utilisé aux précédentes figures de ce chapitre. L'exemple s'appuie sur le protocole de routage RIPng. Voici la liste des quatre étapes principales pour configurer IPv6 :

Sujet clé

Étape 1 Activer le routage IPv6 par la commande globale **ipv6 unicast-routing**.

Étape 2 Activer le protocole de routage choisi. Par exemple, pour RIPng, par la commande de configuration globale **ipv6 router rip** *nom.*

Étape 3 Configurer une adresse IPv6 unicast sur chaque interface par la commande d'interface **ipv6 address** *adresse/longueur-préfixe* [**eui-64**].

Étape 4 Activer le protocole de routage sur l'interface, par exemple, par la sous-commande d'interface **ipv6 rip** *nom* **enable** (où le *nom* est le même que la commande de configuration globale **ipv6 router rip** *nom*).

L'exemple 17.2 montre la configuration avec quelques commandes **show**. Remarquons que la configuration de l'adresse IP correspond à celle de l'exemple 17.1. Celui-ci montrant déjà la configuration de l'adresse, ici, les nouvelles commandes ont été soulignées en gris.

Exemple 17.2 *Configuration du routage IPv6 et des protocoles de routage sur R1*

```
R1#show running-config
! Lignes omises pour alléger l'affichage
ipv6 unicast-routing
!
interface FastEthernet0/0
 ipv6 address 2340:1111:AAAA:1::/64 eui-64
 ipv6 rip atag enable
!
```

```
interface Serial0/0/1
 ipv6 address 2340:1111:AAAA:2::1/64
 ipv6 rip atag enable
!
interface Serial0/1/1
 ipv6 address 2340:1111:AAAA:4::/64 eui-64
 ipv6 rip atag enable
!
ipv6 router rip atag
!
R1#show ipv6 route
IPv6 Routing Table - 10 entries
Codes: C - Connected, L - Local, S - Static, R - RIP, B - BGP
       U - Per-user Static route
       I1 - ISIS L1, I2 - ISIS L2, IA - ISIS interarea, IS - ISIS summary
       O - OSPF intra, OI - OSPF inter, OE1 - OSPF ext 1, OE2 - OSPF ext 2
       ON1 - OSPF NSSA ext 1, ON2 - OSPF NSSA ext 2
R   ::/0 [120/2]
     via FE80::213:19FF:FE7B:2F58, Serial0/1/1
C   2340:1111:AAAA:1::/64 [0/0]
     via ::, FastEthernet0/0
L   2340:1111:AAAA:1:213:19FF:FE7B:5004/128 [0/0]
     via ::, FastEthernet0/0
C   2340:1111:AAAA:2::/64 [0/0]
     via ::, Serial0/0/1
L   2340:1111:AAAA:2::1/128 [0/0]
     via ::, Serial0/0/1
R   2340:1111:AAAA:3::/64 [120/2]
     via FE80::213:19FF:FE7B:5026, Serial0/0/1
C   2340:1111:AAAA:4::/64 [0/0]
     via ::, Serial0/1/1
L   2340:1111:AAAA:4:213:19FF:FE7B:5004/128 [0/0]
     via ::, Serial0/1/1
L   FE80::/10 [0/0]
     via ::, Null0
L   FF00::/8 [0/0]
     via ::, Null0
R1#show ipv6 interface brief
FastEthernet0/0            [up/up]
    FE80::213:19FF:FE7B:5004
    2340:1111:AAAA:1:213:19FF:FE7B:5004
```

Exemple 17.2 *Configuration du routage IPv6 et des protocoles de routage sur R1 (suite)*

```
FastEthernet0/1           [up/up]
    unassigned
Serial0/0/0               [administratively down/down]
    unassigned
Serial0/0/1               [up/up]
    FE80::213:19FF:FE7B:5004
    2340:1111:AAAA:2::1
Serial0/1/0               [administratively down/down]
    unassigned
Serial0/1/1               [up/up]
    FE80::213:19FF:FE7B:5004
    2340:1111:AAAA:4:213:19FF:FE7B:5004
```

La configuration en elle-même ne nécessite pas beaucoup de travail en plus de celle de l'adresse IPv6. La commande **ipv6 router rip** *nom* attend un *nom* (appelé étiquette ou *tag*) est juste une chaîne de caractères pour nommer le processus de routage. L'exemple 17.2 montre une configuration qui utilise une étiquette de nom RIP de « atag ». Cette étiquette n'a pas besoin d'être la même sur tous les routeurs. Le reste de la configuration est standard.

La commande **show ipv6 route** donne la liste des routes IPv6, avec quelques différences importantes observables sur le résultat de la commande (en souligné). Remarquons notamment le nouveau code de route « L ». Pour chaque interface avec une adresse unicast, le routeur ajoute la route habituelle du préfixe directement connecté à cette interface. Par exemple, la première ligne soulignée dans la sortie de la commande est 2340:1111:AAAA:1::/64, qui est le sous-réseau connecté à l'interface Fa0/0 de R1. La sortie de la commande montre aussi une route d'hôte, avec un préfixe de longueur /128, comme une route locale. Chacune de ces routes locales, dénotées par le code « L », donne l'adresse spécifique de chaque interface.

Les lignes soulignées suivantes fournissent des informations intéressantes de prochain saut sur une route apprise par RIP. L'exemple montre la route de sous-réseau 3, *via* l'interface S0/0/1, mais l'adresse du prochain saut est l'adresse IP de lien local de R2, FE80::213:19FF:FE7B:5026. Les protocoles de routage IPv6 utilisent l'adresse de lien local dans les annonces de prochain saut.

La dernière partie de l'exemple montre la commande **show ipv6 interface brief**, qui liste les adresses IP unicast de chaque interface. Les lignes soulignées indiquent l'adresse de lien local (commençant par FE8) et l'adresse unicast globale de l'interface Fa0/0 de R1. Chacune de ces trois interfaces a une adresse de lien local automatiquement générée et une adresse unicast globale configurée, comme illustré à la première partie de l'exemple 17.2.

Si configurer des noms d'hôtes et un serveur DNS sur un routeur est simplement pratique en IPv4, cela devient une nécessité en IPv6. En effet, à cause de la longueur des adresses IPv6, un simple **ping** est laborieux à taper. Il est possible de configurer des noms d'hôtes statiques sur un routeur ou sur un serveur DNS grâce aux deux commandes suivantes, dont la syntaxe est la même qu'en IPv4 avec des adresses IPv6 en paramètres.

- **ip host** *nom adresse-ipv6* [*adresse-deux* [*adresse-trois* [*adresse-quatre*]]]
- **ip name-server** *adresse-srv1* [*adresse-srv2 … adresse-srv6*]

La première commande configure un nom d'hôte qui n'est connu que du routeur, alors que la seconde définit un serveur DNS. Un routeur se comporte comme un client DNS par défaut, en se basant sur la commande de configuration globale **ip domain-lookup**. Cependant, si la commande **no ip domain-lookup** a été configurée, alors la commande **ip domain-lookup** est nécessaire avant de pouvoir utiliser les services DNS.

Bien que la commande **show** et la configuration de l'exemple 17.2 puissent être utiles pour apprendre les bases, il faut en savoir davantage pour déployer complètement un réseau en IPv6 (*Deploying IPv6 Networks,* par Ciprian Popoviciu *et al.*, publié chez Cisco Press, est un ouvrage de référence qui permet d'aller plus loin). La partie suivante aborde une des questions les plus importantes liées au déploiement : comment mettre en œuvre un réseau durant la migration mondiale d'IPv4 vers IPv6 ? Migration qui prendra probablement des dizaines d'années.

La migration vers IPv6

Bien qu'IPv6 résolve de nombreux problèmes, migrer vers lui demandera du temps. Le nombre d'appareils utilisant IPv4 doit atteindre quelques milliards et, dans certains cas, l'appareil lui-même ou ses logiciels ne supportent pas IPv6, ou peu, ou mal. La migration vers IPv6 prendra des années, voire des dizaines d'années.

Heureusement, beaucoup d'efforts et de temps ont été dépensés pour définir des stratégies de migration et des standards ont été développés pour faciliter la transition. Cette partie présente les différentes options possibles. Nous allons détailler l'idée de la double pile (*dual stack*), du tunnel (*tunneling*), et la traduction entre les deux versions d'IP. Remarquons qu'une seule méthode n'est pas suffisante, en général, pour résoudre tous les problèmes ; une combinaison de ces outils est la plupart du temps nécessaire.

Double pile (dual stack)

Le terme de double pile signifie que l'hôte, ou le routeur, utilise IPv4 et IPv6 en même temps. L'hôte doit avoir une adresse IPv4 et une adresse IPv6 associées à chaque interface réseau (NIC). Il peut envoyer des paquets IPv4 aux autres hôtes IPv4 et des paquets IPv6 aux autres hôtes IPv6. Les routeurs doivent, en plus des habituelles adresses IPv4 et des protocoles de routages abordés dans ce livre, avoir des adresses IPv6 et les protocoles de routages configurés.

Pour supporter les hôtes IPv4 et IPv6, ils doivent pouvoir recevoir et envoyer des paquets IPv4 et IPv6.

La méthode par double pile est une bonne stratégie de migration pour des communications internes à l'entreprise. Il est facile de migrer les routeurs pour utiliser une double pile, et la plupart des OS des PC supportent IPv6 aujourd'hui. Dans certains cas, il peut être nécessaire de faire des mises à jour, logicielle ou matérielle. Cela peut ralentir le processus de migration, mais ce n'est pas nécessairement une mauvaise chose car cela donne le temps de former les équipes techniques à IPv6.

Tunnel (tunneling)

Un autre outil d'aide à la transition est le tunnel. Il en existe plusieurs types mais, ici, le tunnel prend un paquet IPv6 envoyé par l'hôte et l'encapsule dans un paquet IPv4 (voir figure 17.11). Celui-ci peut alors être envoyé sur un réseau IPv4 existant ; à l'arrivée, le destinataire le décapsule pour restituer le paquet IPv6 original. Le concept ressemble à un tunnel VPN analogue à ce que nous avons vu au chapitre 15, « Réseaux privés virtuels (VPN) ».

La figure suivante montre le réseau d'une entreprise dans lequel des hôtes du LAN ont migré vers IPv6, mais le cœur de réseau est encore en IPv4. Cela peut être le cas lors d'une phase initiale de test interne à l'entreprise, ou si des clients d'un FAI dont le cœur de réseau est en IPv4 souhaitent migrer en IPv6.

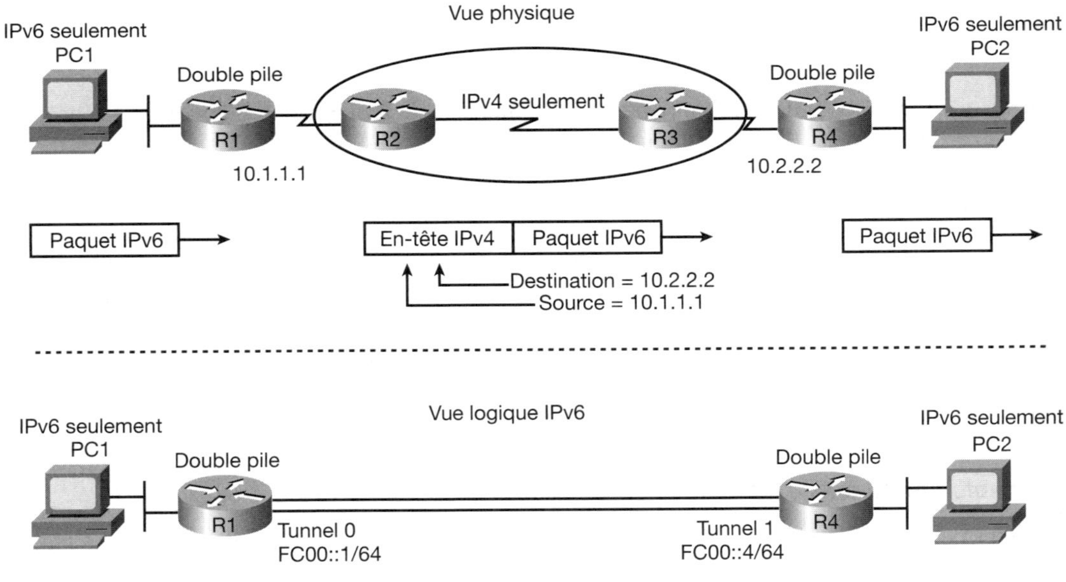

Figure 17.11

Exemple de vue physique et logique d'un tunnel IPv6-dans-IPv4.

Le PC1 envoie un paquet IPv6. Le routeur R1 l'encapsule dans un en-tête IPv4, ou le met dans le tunnel, avec une adresse de destination IPv4 de routeur R4. Les routeurs R2 et R3 routent normalement le paquet puisqu'il a un en-tête IPv4, R4 désencapsule le paquet IPv6 original et le renvoie à PC2. On appelle ça un tunnel en partie parce que le paquet IPv6 ne peut pas être vu pendant qu'il traverse le tunnel ; les routeurs au milieu du réseau, R2 et R3 dans ce cas, ne voient passer que des paquets IPv4.

Il existe plusieurs types de tunnels IPv6-dans-IPv4. Pour réaliser celui de la figure 17.11, les trois premiers types de tunnels suivants pourraient être utilisés, et le quatrième type (tunnel Teredo) le serait par les hôtes.

- **Tunnels à configuration manuelle** (*Manually Configured Tunnels, MCT*). Une configuration simple dans laquelle les interfaces du tunnel, un type d'interface virtuelle de routeur, sont configurées avec l'adresse IPv4 utilisée dans l'en-tête IPv4 qui encapsule le paquet IPv6.
- **Tunnel 6to4 dynamique.** Ce terme désigne un tunnel créé dynamiquement, par exemple sur Internet IPv4, tel que les adresses IPv4 de ses extrémités puissent être définies dynamiquement en fonction de l'adresse IPv6 de destination.
- **Protocole d'adressage de tunnel automatique intrasite** (*Intra-Site Automatic Tunnel Adressing Protocol, ISATAP*). Une autre variante de tunnel dynamique utilisé en général à l'intérieur de l'entreprise. Contrairement au tunnel 6to4, celui-ci ne fonctionne pas si le NAT IPv4 est utilisé entre ses extrémités.
- **Tunnel Teredo.** Cette méthode permet à deux hôtes à double pile de créer un tunnel entre eux, de sorte que celui qui crée le paquet IPv6 l'encapsule lui-même dans un en-tête IPv4 (voir figure 17.12).

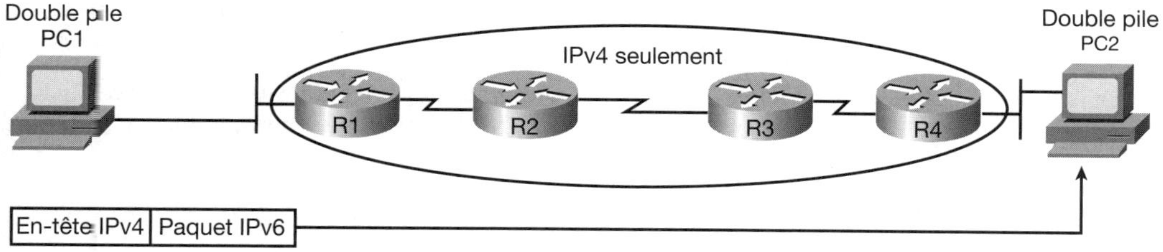

Figure 17.12

Exemple d'encapsulation d'hôte à hôte dans un tunnel Teredo.

Translation par NAT-PT entre IPv4 et IPv6

Les deux classes de méthodes de transition vers IPv6 présentées jusque-là, double pile et tunnel, reposent sur le fait que les hôtes d'extrémité doivent supporter IPv6, voire IPv6 et IPv4. Cependant, il peut arriver qu'un hôte uniquement IPv4 doive communiquer avec un hôte uniquement IPv6. Une troisième classe de méthode de transition doit alors être utilisée : un outil qui traduit l'en-tête d'un paquet IPv6 en un en-tête IPv4 et réciproquement.

Dans les routeurs Cisco, *Network Address Translation-Protocol Translation* (NAT-PT), spécifié dans la RFC 2766, peut être utilisé pour réaliser cette traduction. Pour cela, un routeur configuré pour NAT-PT doit savoir quelle adresse IPv6 traduire et vers quelle adresse IPv4, et réciproquement – le même type d'informations contenues dans la traditionnelle table de NAT. Et à l'instar du NAT traditionnel, NAT-PT permet de faire des définitions statiques et dynamiques, du PAT dynamique, et peut être utilisé pour économiser les adresses IPv4.

Résumé des options possibles de transition vers IPv6

Le tableau 17.11 résume les options possibles de transition vers IPv6 abordées au cours de ce chapitre.

Sujet clé

Tableau 17.11 : Résumé des options possibles de transition vers IPv6

Nom	*Type*	*Description*
Double pile	--	Support des deux protocoles, envoi d'un hôte IPv4 vers un hôte IPv4, et d'un hôte IPv6 vers un hôte IPv6
Tunnel	MCT	Tunnel configuré manuellement ; envoi des paquets IPv6 sur un réseau IPv4, par exemple entre des routeurs
Tunnel	6to4	Tunnel dont les extrémités sont configurées dynamiquement ; envoie des paquets IPv6 sur un réseau IPv4, par exemple entre des routeurs
Tunnel	ISATAP	Tunnel dont les extrémités sont configurées dynamiquement ; envoi des paquets IPv6 sur un réseau IPv4, par exemple entre des routeurs, mais ne supporte pas de NAT IPv4
Tunnel	Teredo	Utilisé par les hôtes qui encapsulent les paquets IPv6 dans des paquets IPv4
NAT-PT	--	Le routeur fait de la traduction d'IPv4 vers IPv6 ; permet à des hôtes IPv4 de communiquer avec des hôtes IPv6

Préparation à l'examen

Sujets clés à réviser

Révisez les sujets les plus importants du chapitre, repérés dans la marge par le pictogramme « Sujet clé » et récapitulés dans le tableau 17.12.

Tableau 17.12 : Sujets clés du chapitre

Sujet clé

Sujet	*Description*	*Page*
Figure 17.1	Concept d'agrégation de routes dans Internet global IPv6	575
Liste	Règles d'abréviation des adresses IPv6	577
Liste	Règles d'écriture des préfixes IPv6	579
Figure 17.3	Exemple d'affectation de préfixe	581
Liste	Étapes majeures de la subdivision d'un préfixe en préfixes de sous-réseaux dans une entreprise	583
Figure 17.5	Exemple de sous-réseaux IPv6	583
Figure 17.7	Structure des adresses IPv6 et de l'ID d'interface au format EUI-64	587
Tableau 17.6	Liste des quatre options principales de configuration des adresses IPv6	591
Tableau 17.7	Comparaison des services DHCP avec état et sans état	592-593
Liste	Différents types et rôles des adresses IPv6	593
Figure 17.10	Format et structure de l'adresse de lien locale	594
Liste	Résumé des étapes que suit un hôte pour trouver son adresse, la longueur de son préfixe, son DNS et son routeur par défaut	596
Tableau 17.9	Résumé des préfixes et des rôles des principaux types d'adresses IPv6	596
Liste	Check-list pour la configuration d'IPv6	598
Tableau 17.11	Liste des options possibles de transition vers IPv6	604

Tableaux et listes à compléter

Complétez de mémoire les tableaux et les listes concernant ce chapitre qui figurent dans l'annexe J, puis reportez-vous à l'annexe K pour comparer vos réponses à celles qui sont fournies. Ces annexes figurent sur le CD-ROM.

Termes clés à définir

Donnez la définition des termes suivants et comparez vos réponses avec le glossaire :

Double pile, adresse unicast globale, préfixe de FAI, adresse de lien local, NAT-PT, NDP (*Neighbor Discovery Protocole*, protocole de découverte de voisins), *Regional Internet Registry* (RIR), préfixe de RIR, préfixe de site, DHCP à état, autoconfiguration sans état, DHCP sans état, préfixe de sous-réseau, adresse locale unique.

Référence de commandes

La lecture du chapitre et la réalisation des exercices de préparation à l'examen devraient vous avoir appris indirectement les commandes de configuration et EXEC qui y sont utilisées. Vous devriez les mémoriser. Le tableau suivant vous permettra de contrôler votre niveau de connaissance de leur rôle. Pour cela, masquez la partie gauche du tableau et tentez d'identifier les commandes concernées à partir des informations données.

Tableau 17.13 : Référence des commandes de configuration de ce chapitre

Commande	*Description*
ipv6 unicast-routing	Commande de configuration globale qui active le routage IPv6.
ipv6 router rip *tag*	Commande de configuration globale qui active RIPng.
ipv6 rip *nom* **enable**	Sous-commande d'interface qui active RIPng sur l'interface.
ipv6 address {*adresse-ipv6/longueur-préfixe* | *nom-préfixe sous-bits/longueur-préfixe*} **eui-64**	Sous-commande d'interface pour configurer soit l'adresse IP complète, soit seulement le préfixe /64 et laisser le routeur construire le reste de l'adresse en EUI-64.
ipv6 host *name adresse-ipv6-1* [*adresse-ipv6-2... adresse-ipv6-4*]	Commande de configuration globale pour créer une définition de nom d'hôte statique.
ip name-server *adresse-srv1* [*adresse-srv2... adresse-srv6*]	Commande de configuration globale pour définir un ou plusieurs serveurs DNS pour résoudre un nom en adresse IPv4 ou IPv6.
[**no**] **ip domain-lookup**	Commande de configuration globale qui active le client DNS sur le routeur, ou qui le désactive si l'option **no** est utilisée.

Tableau 17.14 : Référence des commandes EXEC de ce chapitre

Commande	*Description*
show ipv6 route	Liste les routes IPv6.
show ipv6 route *adresse-ip*	Liste les routes que le routeur utiliserait pour envoyer des paquets à l'adresse passée en argument.
show ipv6 route [*préfixe/longueur-préfixe*]	Liste les routes pour le préfixe et la longueur spécifiés.
show ipv6 interface [*type numéro*]	Liste la configuration IPv6 d'une interface en détaillant le lien local et les autres adresses IP unicast.
show ipv6 interface brief	Liste le statut et les adresses IPv6 de toutes les interfaces.

VI

Préparation finale

18

Préparation finale

L'étude de ce livre vous a permis d'assimiler les connaissances nécessaires à la réussite de l'examen ICND2. Ce présent chapitre vise à optimiser votre préparation en vous présentant un ensemble d'outils, dans sa première section, et un plan d'étude, dans sa seconde.

Si vous avez étudié au préalable le livre *Préparation à la certification CCNA ICND1 et CCENT* pour passer l'examen CCNA, vous savez qu'il contient également un chapitre de préparation finale. Cependant, vous pouvez vous contenter de lire le plan d'étude suggéré ici, car il renvoie aux outils des deux ouvrages. Le texte grisé que vous rencontrerez, comme dans cette phrase, sert à repérer les suggestions qui s'appliquent à l'examen CCNA (640-802) et non à l'examen ICND2 (640-816).

INFO

Vous trouverez ici des références à des chapitres et annexes du livre, ainsi qu'à des outils disponibles sur le CD-ROM d'accompagnement.

Outils pour la préparation finale

Cette section répertorie les outils disponibles.

Moteur d'examen et questions du CD-ROM

Le CD-ROM contient un moteur d'examen. Il s'agit d'un logiciel affichant un ensemble de questions et appliquant une notation réaliste : des simulations (*sim*), des questions « glisser-déposer », et des scénarios qui demandent le même niveau d'analyse que les examens ICND2 et CCNA. Ce logiciel vous permet de vous entraîner, soit en répondant aux questions en mode étude (*Study Mode*), soit de passer un examen simulé et minuté.

Ce CD-ROM contient le plus récent exemplaire du moteur d'examen fourni par Boson Software (**http://www.boson.com**). Toutefois, celui-ci ne sera ne sera opérationnel que lorsque vous activerez et téléchargerez sur ce site la base de données des questions de l'examen ICND2.

INFO

La pochette cartonnée à la fin de ce livre comprend, outre le CD-ROM, une étiquette mentionnant la clé d'activation associée à l'examen d'entraînement. *Ne perdez pas cette clé.*

Installer le logiciel du CD-ROM

La procédure d'installation est relativement simple :

Étape 1 Insérez le CD-ROM dans le lecteur.

Étape 2 Le programme qui s'exécute automatiquement est le logiciel Cisco Press qui permet d'accéder et d'utiliser toutes les fonctionnalités du CD-ROM : moteur d'examen, visualisation d'une version PDF de ce livre et affichage des annexes supplémentaires. Dans le menu principal, cliquez sur l'option « Install the Exam Engine ».

Étape 3 Exécuter les étapes successives des boîtes de dialogue.

Le processus d'installation vous proposera d'enregistrer le logiciel. Pour ce faire, vous devez posséder un compte sur le site Web **http://www.boson.com**. Cette procédure est primordiale car vous aurez besoin de ce compte pour activer l'examen. Si vous en possédez déjà un, il vous suffit alors de vous y connecter.

Activer et télécharger l'examen d'entraînement

Une fois le moteur d'examen installé, vous devez activer l'examen associé à ce livre :

Étape 1 Lancez le programme BEE (*Boson Exam Environment*) à partir du menu Démarrer. Il devrait être installé dans le dossier *Boson Software*.

Étape 2 La première fois que vous lancez le logiciel, il vous est demandé de vous connecter à un compte. Si vous n'en possédez pas, vous devrez vous enregistrer. Comme introduit auparavant, il est requis pour télécharger l'examen.

Étape 3 Le système vous demande ensuite de télécharger la dernière version du logiciel. Le moteur d'examen sera mis à jour, mais la procédure n'active pas l'examen d'entraînement.

Étape 4 Pour activer et télécharger celui-ci, cliquez sur le bouton ***Exam Wizard*** dans la fenêtre principale.

Étape 5 Dans la fenêtre *Exam Wizard* qui apparaît, sélectionnez ***Activate a purchased exam*** et cliquez sur ***Next***. L'acquisition de ce livre vous donne droit à un accès gratuit à l'examen.

Étape 6 Dans l'écran suivant, saisissez la clé d'activation indiquée sur l'étiquette et cliquez sur ***Next***.

Étape 7 Le processus d'activation télécharge l'examen d'entraînement. Le menu principal doit ensuite afficher un nouvel examen, par exemple *ExSim for Cisco Press ICND2 ECG*. Dans le cas contraire, vérifiez que vous avez sélectionné l'onglet *My Exams* dans le menu. Vous devrez peut-être cliquer sur l'icône représentant un signe plus (+) pour développer le menu.

À ce stade, le logiciel et l'examen d'entraînement sont prêts à l'emploi.

Activer d'autres examens

Vous n'avez besoin d'installer le logiciel et de vous enregistrer qu'une seule fois. Après cela, chaque nouvel examen ne requiert que quelques étapes. Par exemple, si vous possédez les deux ouvrages *Préparation à la certification CCNA ICND1 et CCENT* et *ICND2*, il suffit de suivre les étapes vues précédemment et d'activer l'examen voulu. Pour vous entraîner aux 150 questions conformes au programme ICND1, vous devrez simplement lancer le moteur d'examen et exécuter les étapes 4 à 6 de la procédure. Si vous achetez d'autres livres Cisco Press ou un examen d'entraînement chez Boson, ces étapes suffisent.

Vous pouvez vous procurer des examens d'entraînement directement sur le site Web de Boson. Dans ce cas, vous recevrez une clé qui vous permettra de les activer et de les télécharger.

Le centre de préparation Cisco CCNA Prep Center

Cisco Systems propose des démonstrations de l'interface utilisateur de l'examen, des exemples de questions, des vidéos, des forums de discussion et d'autres outils de préparation à l'examen CCNA sur son site Web CCNA Prep Center.

Pour naviguer sur ce site, vous devez posséder un compte sur **http://www.cisco.com**. Pour vous enregistrer, accédez au site, cliquez sur *Register* en haut de la page et fournissez les informations demandées – vous n'avez pas besoin de travailler pour Cisco ou l'un de ses partenaires pour créer un compte.

Une fois enregistré, allez sur **http://www.cisco.com/go/prepcenter** et cherchez le lien vers le CCNA Prep Center. Vous pourrez alors vous connecter et explorer ses nombreuses fonctionnalités.

Pages de référence et entraînement à la résolution de problèmes

Savoir analyser l'adressage IP et le calcul de sous-réseaux utilisés dans tout réseau IPv4 constitue probablement l'aptitude la plus essentielle pour tous les examens CCNA. Le chapitre 12 de l'ouvrage *Préparation à la certification CCNA ICND1 et CCENT* – correspondant à l'annexe H du CD-ROM – en couvre la plupart des détails. Le chapitre 5 de ce livre le complète en expliquant la fonctionnalité VLSM.

Le CD-ROM contient plusieurs outils pour mettre en pratique et approfondir vos connaissances en matière de sous-réseaux :

- **Pages de références sur les sous-réseaux.** L'annexe E résume les processus d'analyse binaires et décimaux expliqués au chapitre 12 de l'ICND1 et au chapitre 5 de l'ICND2. Pour plus de commodité, chaque page de référence contient une seule procédure liée au calcul de sous-réseaux, ainsi que des informations additionnelles.
- **Pratique des sous-réseaux.** L'annexe D vous permet de vous entraîner à différents problèmes de calcul de sous-réseaux, dont vingt-cinq problèmes vous demandant de trouver le numéro de sous-réseau, l'adresse broadcast et la plage d'adresses valides. Cette annexe explique également comment procéder à des calculs rapides dans les systèmes décimal et binaire.

Scénarios

Comme nous l'avons vu dans l'introduction de ce livre, certaines questions d'examen nécessitent les mêmes compétences que celles utilisées pour dépanner concrètement des réseaux. Ainsi, des sections et chapitres entiers y sont consacrés dans les deux livres ICND1 et ICND2.

Une autre façon de s'y préparer consiste à réfléchir à différents scénarios et prédire ce qui devrait se passer afin de déterminer si le réseau se comporte comme il le devrait. L'annexe F des deux ouvrages comprend des exercices que vous pouvez réaliser avant de lire les suggestions de solutions figurant en fin d'annexe. Ainsi, la lecture de ces scénarios et les exercices proposés vous permettront de vous entraîner à l'analyse et au dépannage des réseaux.

Plan d'étude

Vous pouvez vous préparer aux examens en utilisant uniquement les outils mentionnés dans ce chapitre. Cette section suggère toutefois un plan d'étude plus approprié, avec une succession d'exercices plus efficace qu'un usage aléatoire des outils. Cependant, n'hésitez pas à utiliser ceux-ci chaque fois que vous le jugerez utile.

Si vous ne vous présentez qu'à l'examen ICND2, vous pouvez ignorer les portions grisées de ce plan d'étude. Si vous étudiez en vue de l'examen CCNA avec les livres ICND1 et ICND2, incluez-les.

Ce plan d'étude s'organise de la façon suivante :

- **Récapituler les connaissances.** Cette activité vous aidera à vous rappeler le détail des chapitres d'étude de ce livre.
- **S'exercer au calcul de sous-réseaux.** Cette section vous aidera à maîtriser les divers calculs et analyses d'adresses afférents aux sous-réseaux, une aptitude nécessaire à la réussite des examens ICND1, ICND2 et CCNA.
- **Se forger des compétences en matière de dépannage grâce à des scénarios.** Pour répondre à une question comprenant un scénario, vous devez à la fois faire appel à vos connaissances, effectuer rapidement des calculs de sous-réseaux, et utiliser le simulateur. Les tâches suggérées dans ce plan d'étude vous prépareront à cette fin.
- **Utiliser le moteur d'examen du CD-ROM.** Le logiciel vous entraînera à répondre à un ensemble de questions simulant l'examen.

Récapituler les connaissances

Faire appel à ses connaissances est une condition indispensable à la réussite des examens :

Étape 1 **Revoyez et répétez autant que nécessaire les activités de la section « Préparation à l'examen » à la fin de chaque chapitre.** La plupart d'entre elles vous aideront à approfondir vos connaissances sur un sujet et à en mémoriser le contenu. Pour l'examen CCNA, réalisez les exercices des chapitres 2 à 17 du livre ICND1 et des chapitres 1 à 17 de cet ouvrage.

Étape 2 **Revoyez toutes les sections « Questionnaires d'évaluation » au début de chaque chapitre.** Même si les questions vous semblent familières, les relire vous aidera à vous remémorer les sujets auxquels elles se rapportent. De plus, elles rappellent les aspects les plus importants d'un chapitre, et une révision est toujours bénéfique.

S'exercer au calcul de sous-réseaux

Nous ne soulignerons jamais assez que la capacité à répondre rapidement aux questions liées au calcul de sous-réseaux est certainement la plus importante pour réussir les examens. En effet, ces questions figurent parmi les plus stressantes. Entraînez-vous donc jusqu'à pouvoir répondre correctement dans un délai raisonnable.

Avant d'aborder les suggestions de préparation aux questions sur les sous-réseaux, sachez qu'il existe de nombreuses méthodes permettant de trouver les réponses. Par exemple, vous pouvez utiliser l'arithmétique binaire pour tous vos calculs, ou partiellement seulement, ou encore recourir à des méthodes de détermination rapide dans le système décimal ne demandant donc aucun calcul binaire.

Vous pouvez également employer des techniques de calcul rapide dans le système décimal (ce sujet est abordé au Chapitre 12 de l'ICND1, qui est inclus dans l'annexe H du présent livre). Elles ne font pas appel à des conversions binaires, mais demandent en revanche de vous y entraîner jusqu'à ce qu'elles deviennent des automatismes. D'autres ouvrages ou cours proposent des variantes de ces techniques que vous pouvez également utiliser.

Quelle que soit la technique retenue, l'important est de la maîtriser. À cette fin, nous vous suggérons les exercices d'entraînement suivants :

Étape 1 **Consulter l'annexe E.** Cette courte annexe résume l'ensemble des processus nécessaires à la détermination rapide de sous-réseaux et de leurs adresses, aussi bien dans le système binaire que décimal, qui ont été décrits dans le chapitre 12 de l'ICND1.

Étape 2 **Consulter l'annexe D.** Cette annexe contient suffisamment de problèmes pour vous permettre, avec le temps, d'améliorer considérablement votre rapidité et votre maîtrise des techniques de calcul de sous-réseaux. Si vous préparez l'examen CCNA, préférez-la à celle du livre ICND1, car elle contient de nouveaux problèmes en plus de ceux de cette dernière.

Étape 3 **S'exercer au calcul de sous-réseaux avec le jeu Cisco.** Cisco possède un jeu prévu à cet effet que vous trouverez sur le site du CCNA Prep Center **http://www.cisco.com/go/prepcenter**. Connectez-vous avec votre identifiant Cisco, sélectionnez l'onglet ***Additional Information*** et cherchez le lien de téléchargement (si vous ne possédez pas de compte, vous pouvez en créer un à partir de cette page Web).

Étape 4 **Créez vos propres problèmes d'entraînement avec un calculateur de sous-réseaux.** De nombreux calculateurs sont téléchargeables gratuitement sur le Web, comme le propose d'ailleurs le site du CCNA Prep Center. Vous pouvez ainsi élaborer des problèmes analogues à ceux de l'annexe D dont les réponses pourront être vérifiées au moyen du calculateur.

Se forger des compétences en matière de dépannage

Dans la pratique, vous pourrez être confronté à diverses sources de problèmes (un protocole de routage, un câble défectueux, le protocole Spanning Tree, une liste d'accès incorrecte, voire même une erreur de documentation de l'interréseau). Ainsi, lors de l'examen, la réponse à une question pourra faire appel à un large éventail de connaissances.

- **Revoyez donc les scénarios de l'annexe F de ce livre.** Ils font non seulement appel à de nombreux sujets vus dans cet ouvrage, mais aussi à de plus grandes capacités, telles l'abstraction et l'analyse. Les candidats à l'examen CCNA devraient revoir les scénarios des annexes F des deux livres.

Utiliser le moteur d'examen

Le moteur d'examen fonctionne selon deux modes :

- **Mode d'étude.** Celui-ci est utile lorsque vous souhaitez vous entraîner à répondre à des questions d'examen, et permet de plus de sélectionner de nombreuses options.
- **Mode de simulation.** Il présente des questions minutées, recréant ainsi les conditions des examens ICND2 et CCNA. Pendant le test, vous ne pouvez toutefois pas consulter votre score, vos réponses, ni consulter des sections du texte.

Choisir le mode d'étude ou de simulation

L'utilisation des deux modes précités est souhaitable dans le cadre d'une bonne préparation et il est aisé de les choisir à partir de l'interface utilisateur du moteur d'examen. Voici comment procéder :

Étape 1 Cliquez sur le bouton **Choose Exam**. L'examen doit s'afficher sous le titre **ExSim for Cisco Press ICND2 ECG**.

Étape 2 Cliquez sur le nom de l'examen pour le mettre en surbrillance.

Étape 3 Cliquez sur le bouton **Load Exam**.

La fenêtre qui s'affiche vous permet de choisir entre les options **Study Mode** et **Simulation Mode**.

Choisir l'option d'examen

Le moteur d'examen vous permet de sélectionner l'un des trois examens proposés dans la partie gauche de la fenêtre, puis l'un des deux modes d'exécution. En outre, d'autres paramètres secondaires peuvent être modifiés en fonction de vos choix initiaux. Bien que cet outil soit utile, il peut être difficile de déterminer les options à choisir pour l'entraînement voulu :

- étudier l'examen ICND2 ;
- étudier l'examen CCNA ;
- simuler l'examen ICND2 ;
- simuler l'examen CCNA.

Ainsi, pour résoudre cette difficulté, le test comprend deux banques de questions distinctes : une première série de 150 questions rédigées spécifiquement pour l'examen ICND2 et une seconde incluant un sous-ensemble de questions élaborées pour l'ouvrage *Préparation à la certification CCNA ICND1 et CCENT.*

Si vous étudiez ou simulez l'examen CCNA, vous devez choisir une option qui accède à la fois aux questions de l'ICND2 et de l'ICND1. Pour l'ICND2, optez pour une option ne comprenant que des questions spécifiques à cet examen. La liste suivante présente les trois options du menu ainsi que les questions correspondantes :

- **Cisco ICND2 Exam :** questions ICND2 seulement ;
- **Custom Exam :** questions ICND2 seulement ;
- **Full CCNA Exam :** questions ICND1 et ICND2.

Vous pouvez tester plusieurs options. Le tableau 18.1 liste les quatre options principales et explique comment les sélectionner dans l'interface utilisateur.

Tableau 18.1 : Instructions pour choisir les options du menu

But recherché	*Option d'examen*	*Mode d'exécution*	*Paramètres à modifier*
Étudier l'ICND2	Cisco ICND2 Book Exam	Study	Aucun.
Simuler l'ICND2	Custom Exam	–	Choisissez l'examen minuté, 55 questions, 75 minutes. Désélectionnez *Show current score during exam* et sélectionnez *Never* sous *Show answers and explanations*.
Étudier le CCNA	Full CCNA Exam	Study	Aucun.
Simuler le CCNA	Full CCNA Exam	Simulation	Aucun.

Outre ces options, l'examen personnalisé (*Custom*) possède une fonctionnalité particulièrement intéressante. En cliquant sur le bouton **Modify Settings**, vous pouvez sélectionner les questions par chapitre ou groupe de chapitres.

Résumé

Les outils et suggestions présentés dans ce chapitre ont été conçus dans un seul but : vous permettre de développer les compétences nécessaires pour réussir les examens ICND2 et CCNA. Ce livre et son équivalent dédié à l'ICND1 n'ont pas seulement été élaborés pour vous décrire des méthodes, mais aussi pour vous aider à les appliquer. Quel que soit votre expérience, nous espérons que le large éventail d'outils de préparation, ainsi que la structure même du livre et l'accent mis sur les sujets liés au dépannage, vous aideront à réussir les examens avec aisance.

VII

Annexes

A

Réponses aux questionnaires d'évaluation

Chapitre 1

1. B

2. D. Un sous-réseau et un VLAN ne sont certes pas des concepts équivalents, mais les appareils d'un VLAN relèvent généralement du même sous-réseau, et inversement.

3. B

4. C

5. B et C

6. A et C. Le paramètre **auto** signifie que le commutateur peut négocier le trunking mais ne peut que répondre aux messages de négociation, sans lancer le processus de négociation. Par conséquent, il faut configurer l'autre commutateur pour le trunking ou pour lancer le processus de négociation (notamment s'il est configuré avec l'option **dynamic desirable**).

7. A. Le paramètre VTP du mode serveur VTP indique que le commutateur peut configurer des VLAN ; le VLAN est donc configuré. Cependant, son fonctionnement en mode serveur nécessite que les commandes de configuration n'apparaissent que dans la sortie de la commande **show vlan brief**, pas dans le fichier running-config.

8. B et C

9. C. VTP n'exige aucun mot de passe, mais s'il y en a un, il doit correspondre. Après modification d'une base de données VLAN, VTP émet immédiatement des mises à jour. Cependant, elles ne sont transmises que sur des tronçons (*liens trunks*), pour lesquels, par défaut, les commutateurs 2960 utilisent le mode administratif **auto**, qui ne lance pas le processus de négociation du trunking. Par conséquent, aucun des commutateurs ne forme automatiquement un lien trunk, et aucun message VTP n'est émis.

10. C et D. Pour que VTP puisse fonctionner, le nom de domaine et le mot de passe doivent correspondre, et les commutateurs se connecter à l'aide d'un lien trunk. Il est normal que certains commutateurs jouent le rôle de serveurs et d'autres celui de clients. Un réglage incorrect de la configuration du pruning n'évite pas la synchronisation des bases de données VLAN.

Chapitre 2

1. A et B. L'écoute (*Listening*) et la découverte (*Learning*) sont des états transitoires de ports et n'apparaissent que lors de la transition depuis l'état de blocage (*Blocking)* vers l'état de transmission *(Forward)*. Le rejet (*Discarding)* ne représente pas un état de port possible de STP (802.1d).

2. C et D. L'écoute et la découverte sont des états transitoires de ports et n'apparaissent que lors de la transition depuis l'état de blocage vers l'état de transmission. Le rejet ne représente pas un état de port possible de STP (802.1d). La transmission et le blocage sont des états stables.

3. C. C'est le BID de plus petite valeur qui est élu.

4. B. Les commutateurs non racine (root) transmettent les Hello reçus de la racine ; celle-ci les émet en fonction du réglage de la configuration de son temporisateur.

5. E

6. B et D. Le standard IEEE 802.1w, appelé STP rapide (*Rapid STP*), produit une convergence STP bien plus rapide.

7. B et D. RSTP utilise les états de ports transmission, découverte et rejet ; les deux premiers remplissent les mêmes fonctions élémentaires que les états de port STP portant le même nom.

8. B et C

9. B. Par défaut, les commutateurs Cisco emploient le format d'identifiant système étendu pour les identifiants de bridge, auquel cas le champ de priorité est scindé en une valeur de priorité – *priority* – de base (32 768 ici), accompagnée de l'identifiant de VLAN.

La priorité de ce commutateur le rend capable de prendre le rôle de la racine, mais la sortie de la commande ne fournit pas suffisamment d'informations pour décider quoi que ce soit en la matière.

10. B. Par défaut, les deux interfaces ont un coût de port de 19 (Fa0/13) et 4 (Gi0/1), produisant pour SW3 un coût de 10 + 19 = 29 pour atteindre la racine depuis Fa0/13, et de 20 + 4 = 24 depuis Gi0/1. SW3 retient donc ce dernier comme port racine. Il pourrait ensuite publier un coût de 24 (nécessaire pour atteindre la racine) Hello depuis Fa0/13, mais cela serait inférieur au Hello déjà reçu sur Fa0/13 (de coût 10), aussi SW3 n'optera pas pour Fa0/13 comme port désigné (designated port).

Chapitre 4

1. D. L'hôte pourrait recourir à DHCP (*Dynamic Host Configuration Protocol*) pour obtenir une adresse IP et ferait sans doute appel au DNS (*Domain Name System*) pour résoudre www.ciscopress.com en une adresse IP. Il emploierait encore ARP (*Address Resolution Protocol*) pour découvrir l'adresse MAC de la passerelle par défaut, car le processus d'amorçage aurait eu pour conséquence de vider le cache ARP.

2. B. La commande **ping 2.1.1.2** n'exigeant pas un nom d'hôte, aucun serveur DNS n'est nécessaire. Un client DHCP n'a pas besoin de connaître l'adresse IP du serveur DHCP pour employer ce protocole. La notion de serveur ARP n'existe pas. Cependant, pour envoyer le paquet sur un autre sous-réseau, le PC doit connaître l'adresse IP de sa passerelle par défaut.

3. A et F

4. C. Une fois la commande **no ip subnet-zero** configurée, le routeur n'autorisera aucune configuration d'interface à préciser une adresse IP relevant du sous-réseau *zero*. Parmi les sous-réseaux proposés, 10.0.0.0 255.254.0.0 est un sous-réseau *zero*, dont les adresses IP s'étendent de 10.0.01 à 10.1.255.254. La commande **ip address 10.1.2.2 255.254.0.0** serait rejetée.

5. C. Le code « S » intéresse une route statique, définie par la commande de configuration globale **ip route**.

6. A. La syntaxe correcte donne un numéro de sous-réseau puis un masque de sous-réseau sous forme de nombres décimaux séparés par des virgules, le tout suivi d'une interface sortante ou d'une adresse IP de prochain saut (*hop*).

7. A

8. B. Quand on active le routage sans classe, le routeur emploie la route par défaut si aucune autre ne convient. La ligne débutant par « *Gateway of last resort...* » donne l'adresse IP du routeur de prochain saut 168.13.1.101, qui servira de route par défaut.

Chapitre 5

1. B, C, et D

2. A. On remarquera que, par moments, VLSM signifie *variable-length subnet masking*, en référence au processus employant des masques différents dans le même réseau avec classes, tandis que *variable-length subnet mask* désigne le masque de sous-réseau lui-même.

3. C et D. Le sous-réseau 10.5.0.0 255.255.240.0 comprend l'intervalle 10.5.0.0 – 10.5.15.255, sans recouvrement. 10.4.0.0 255.254.0.0 comprend l'intervalle 10.4.0.0 – 10.5.255.255, avec recouvrement. 10.5.32.0 255.255.224.0 comprend l'intervalle 10.5.32.0 – 10.5.63.255, avec recouvrement. 10.5.0.0 255.255.128.0 comprend l'intervalle 10.5.0.0 – 10.5.127.255, avec recouvrement.

4. C. Tous les numéros indiqués comprennent l'intervalle composé des trois sous-réseaux, à l'exception de 10.3.64.0 255.255.224.0, qui comprend l'intervalle d'adresses 10.3.64.0 – 10.3.95.255. Des trois autres réponses proposées, 10.3.64.0 255.255.192.0 est le plus petit intervalle (10.3.64.0 – 10.3.127.255). Par ailleurs, il représente aussi la plus petite route de synthèse incorporant les trois sous-réseaux mentionnés dans la question.

5. C et D. 10.0.0.0 255.0.0.0 comprend l'intervalle de toutes les adresses débutant par 10, et 10.1.0.0 255.255.0.0 comprend l'intervalle de toutes les adresses débutant par 10.1, aussi ces deux réponses contiennent tous les intervalles d'adresses mentionnés dans la question. 10.1.32.0 255.255.224.0 comprend l'intervalle 10.1.32.0 – 10.1.63.255, qui inclut toutes les adresses données dans la question. 10.1.55.0 255.255.255.0 ne comprend que l'intervalle 10.1.55.0 – 10.1.55.255, où l'on ne retrouve pas toutes les adresses. 10.1.48.0 255.255.248.0 comprend l'intervalle 10.1.48.0 – 10.1.55.255, qui omet deux sous-réseaux parmi ceux que la question présente.

6. B, C et D

7. A, B et C

8. A. Les réseaux non contigus sont autorisés dès lors que l'on désactive l'agrégation automatique. OSPF ne proposant pas cette possibilité, choisir cette technologie pourrait résoudre le problème. RIP-1 ne peut désactiver l'agrégation automatique. EIGRP oui, mais elle y est activée par défaut.

Chapitre 6

1. A et C. Les ACL standard contrôlent l'adresse IP source. L'intervalle d'adresses 10.1.1.1 – 10.1.1.4 correspond à une ACL, mais demande de nombreuses commandes **access-list**. Pour reconnaître tous les hôtes du sous-réseau de Barney, on pourrait employer la commande **access-list 1 permit 10.1.1.0 0.0.0.255**.

2. D. 0.0.0.255 reconnaît tous les paquets commençant par les trois mêmes premiers octets. C'est utile quand on cherche à décrire un sous-réseau défini ainsi, comme c'est le cas pour cette question.

3. E. 0.0.15.255 reconnaît tous les paquets commençant par les vingt mêmes premiers bits. C'est utile quand on cherche à décrire un sous-réseau défini ainsi, comme c'est le cas pour cette question.

4. E et F. Les ACL étendues peuvent inspecter les en-têtes des couches 3 (IP) et 4 (TCP, UDP), ainsi que quelques autres, mais n'ont pas accès aux informations de la couche applicative. Les ACL étendues nommées peuvent observer les mêmes champs qu'une ACL étendue numérotée.

5. A et E. L'intervalle correct des numéros ACL pour les listes d'accès aux IP étendues vont de 100 à 199 puis de 2000 à 2699. Les réponses mentionnant le paramètre **eq www** à la suite de 10.1.1.1 reconnaissent le numéro de port source et les paquets se dirigeant vers le serveur Web (mais pas ceux qui s'en éloignent).

6. E. Le paquet se dirigeant vers quelque client Web, il faut vérifier que son port source est bien celui du serveur Web. L'intervalle de l'adresse IP du client n'est pas précisé dans la question, mais les serveurs y sont définis, aussi la bonne réponse est l'adresse source débutant par 172.16.5.

7. E. Les ACL IP étendues nommées peuvent reconnaître exactement les mêmes ensembles de champs que les ACL IP étendues numérotées.

8. A et C. Avant le système IOS 12.3, il fallait effacer puis reconfigurer les ACL numérotées pour en extraire une ligne. Depuis la sortie de cette version, on peut également employer le mode de configuration ACL et les numéros en séquence pour effacer une à une les lignes des ACL.

9. C. La doctrine officielle de Cisco suggère la réponse C pour les ACL IP étendues, encourageant l'administrateur à placer les ACL standard aussi près que possible de la destination.

10. C. Les ACL dynamiques obligent l'utilisateur à se connecter sur le routeur par Telnet puis à s'authentifier en fournissant un mot de passe, pour que le routeur autorise les paquets émis par la machine.

Chapitre 8

1. A et B

2. D et F

3. C et D

4. B, C, D et E

5. B. Les protocoles à vecteur de distance reposent sur des mises à jour de routage, périodiques et complètes, issues des voisins et confirmant leur bon fonctionnement.

6. D. En horizon divisé (*split horizon*), un routeur n'émet pas de route sur une interface où cette route provoquerait la sortie de paquets sur cette même interface.

7. D. L'empoissonnement de route (*route poisoning*) consiste à attribuer à la route en échec une métrique « infinie », au lieu de se contenter de cesser de l'émettre. L'inverse empoisonné (*poison reverse*) est un empoisonnement de route où l'on émet une route précédemment non émise à cause d'un horizon divisé.

8. A. Le routeur ne devrait pas émettre immédiatement une mise à jour totale. Au lieu de cela, les protocoles à vecteur de distance envoient immédiatement une mise à jour partielle de routage, ne mentionnant que la route empoisonnée.

9. B. Les protocoles à état de lien inondent périodiquement toutes les LSA, selon une fréquence toutefois plus faible. Avec RIP, le compte à rebours est de trente secondes, tandis qu'il monte à trente minutes pour OSPF.

10. B. Les protocoles à état de lien collectent des données portant sur l'interréseau sous la forme de LSA, lesquelles sont insérées en mémoire, dans la base de données des états de liens. Le routeur emploie ensuite l'algorithme SPF pour calculer la route de meilleure métrique lui permettant d'atteindre chaque sous-réseau.

Chapitre 9

1. A. OSPF calcule une métrique reposant sur le coût associé à chaque interface. Par défaut, ce dernier dépend du réglage de bande passante.

2. A et D. OSPF utilise l'algorithme SPF, conçu par le mathématicien Dijkstra.

3. A et D. Les routeurs doivent employer le même type d'authentification et, le cas échéant, la même clé. D'autre part, les numéros du sous-réseau et intervalles d'adresses, tels que calculés à partir des adresses IP et des masques des interfaces, doivent correspondre.

4. B. Les routeurs OSPF voisins menant à bon terme l'échange de la base de données sont considérés comme totalement adjacents et demeurent dans l'état de voisinage total (*Full*).

5. D et E. Le DR est élu en fonction de la priorité OSPF la plus élevée. En cas d'égalité, c'est le RID OSPF le plus élevé qui l'emporte. Toutefois, après élection, le DR élu peut être renversé par un meilleur routeur jusqu'à ce que le DR et le BDR ne soient plus connectés au sous-réseau. Le DR tente d'être totalement adjacent à tous les autres routeurs du sous-réseau lors du processus optimisé d'échange de bases de données.

6. B. La commande **network 10.0.0.0 0.255.255.255 area 0** fonctionne, car elle reconnaît toutes les interfaces dont le premier octet vaut 10. La commande **network 10.0.0.1 0.255.255.0 area 0** applique la logique de reconnaissance des interfaces pour reconnaître toutes celles qui débutent par l'octet 10 et finissent par l'octet 1, ce qui comprend les adresses IP des trois interfaces. Cependant, le masque générique apparaissant dans les commandes **network** OSPF ne peut renfermer qu'une seule chaîne de bits à « 1 » consécutifs, tous les autres bits devant être des « 0 », et ce masque générique ne remplit pas ces conditions.

7. A. La commande **network 0.0.0.0 255.255.255.255 area 0** reconnaît toutes les adresses IP résultant du masque générique 255.255.255.255, aussi active-t-elle OSPF sur l'aire (*Area*) 0 de toutes les interfaces. La réponse mentionnant le masque générique 0.255.255.0 est invalide, car on y trouve plusieurs chaînes de bits à 0 séparées par des bits à 1. La réponse comptant des « x » n'est pas syntaxiquement correcte. La réponse de masque générique 255.0.0.0 signifie « Reconnaître toutes les adresses dont les trois derniers octets sont des zéros : 0.0.0 », ce qui ne reconnaît aucune des trois interfaces.

8. A, B et E

9. B et D. Pour que l'état de voisin du routeur R2 qui correspond au routeur R3 soit total (*Full*), R2 et R3 doivent avoir réussi le processus d'authentification imposé par la configuration du premier. La clé d'authentification sera configurée par la sous-commande d'interface **ip ospf authentication message-digest-key**. R1 est dans un état *Init* à cause de l'un des problèmes susceptibles de se poser et d'empêcher les voisins de communiquer ; c'est pourquoi on ne peut pas savoir si le problème de R1 relève de l'authentification.

10. D. La sous-commande de routeur OSPF **maximum-paths** *nombre* met en place le nombre de routes de même coût incorporées à la table de routage. Par défaut, cette valeur est de 4.

Chapitre 10

1. A et B

2. D

3. B. La distance réalisable (*Feasible Distance*, ou FD) est la meilleure métrique disponible parmi toutes les routes permettant d'atteindre un sous-réseau. La meilleure route, appelée *route successeur*, est incorporée à la table de routage IP.

4. C. La distance rapportée (*reported distance*, ou RD) pour une route est la métrique employée par le voisin qui l'a publiée. Un routeur l'emploie pour savoir quelles routes satisfont la condition de réalisabilité permettant de retenir les routes susceptibles d'être successeurs réalisables.

5. A et C. La commande EIGRP **network** accepte pour paramètre un réseau avec classe, activant EIGRP sur toutes les interfaces de celui-ci, ou une adresse et un masque générique.

Dans ce dernier cas, les adresses IP d'interface correspondant à l'adresse configurée quand on applique la logique ACL au masque générique reconnaissent la commande.

6. C et D. À cause du masque générique, la commande EIGRP **network 10.0.0.2 0.0.0.0** reconnaît exactement l'interface d'adresse 10.0.0.2. Elle y active donc EIGRP. La valeur ASN EIGRP doit correspondre sur les deux routeurs. La commande **network 10** est syntaxiquement incorrecte ; il faut donc configurer l'ensemble du réseau avec classe.

7. C. Le premier nombre placé entre parenthèses représente la métrique calculée pour une route, tandis que le second est sa distance rapportée. La route *via* 10.1.6.3 est la route successeur, aussi ne constitue-t-elle pas un successeur réalisable. Quant aux autres routes, seule la RD de la troisième est plus petite que la distance réalisable (à savoir la métrique de la route successeur).

8. B et D. Il faut configurer la clé MD5. On ne procède pas avec une sous-commande d'interface, mais en l'intégrant dans un trousseau. On peut configurer la durée de vie utile d'une clé, cependant cela n'est pas requis.

9. F

Chapitre 12

1. C. Parmi toutes les réponses proposées, seuls PAP et CHAP correspondent à des protocoles d'authentification PPP. PAP émet le mot de passe en clair entre les deux périphériques.

2. C. Le protocole de contrôle de lien PPP (*Link Control Protocol*, ou LCP) contrôle les fonctions s'appliquant sur le lien indépendamment du protocole de couche 3. Cela comprend notamment la détection de boucles, la surveillance de la qualité du lien et l'authentification.

3. A et D. Les deux routeurs attendent une commande **encapsulation ppp** ; il faudra aussi leur communiquer des adresses IP avant que le ping puisse fonctionner. R1 n'a pas besoin de commande **clock rate**, car R2 est relié au câble DCE.

4. D. La commande **username** d'un routeur devrait se référer au nom d'hôte de l'autre, la casse des lettres étant respectée.

5. B et D. La sortie mentionne une encapsulation PPP, correspondant donc à une configuration avec ce protocole. Le statut de ligne et celui de protocole sont tous deux activés. LCP est ouvert, ainsi que CDPCP et IPCP ; les paquets IP et CDP peuvent donc passer sur le lien.

6. C et D. Les problèmes de couche physique débouchent en général sur un statut de ligne (premier code de statut) qui a pour valeur *down* (en panne). L'adresse IP d'un routeur distant placé sur un sous-réseau différent n'empêchera pas une interface configurée par PPP d'atteindre un statut de protocole (deuxième ligne de statut) activé, à savoir *up*.

Si l'autre extrémité du lien était mal configurée et employait HDLC, ou si elle était configurée pour PPP et que l'authentification CHAP échouât, l'interface pourrait obtenir un état « activé et en panne » (*up and down*), comme indiqué.

7. B. Avec PPP, deux routeurs peuvent employer des adresses IP relevant de sous-réseaux différents sur les extrémités opposées des liens, et un ping sur l'adresse IP série du routeur distant fonctionne. Cependant, cette non-correspondance entre les sous-réseaux fait échouer les protocoles de routage lors de la constitution de relations de voisinage pour échanger des routes ; aussi aucun routeur n'apprend-il de routes EIGRP depuis l'autre.

Chapitre 13

1. C. Le LMI gère le lien reliant le DTE au commutateur et y remarque notamment l'apparition ou la tombée en panne d'un circuit virtuel (*virtual circuit*, ou VC).

2. A et D. En général, le DTE est situé sur le site du client, alors que le DCE relève du site du fournisseur du service. Les commutateurs Frame Relay émettent des messages LMI vers les DTE (il s'agit généralement de routeurs) afin de signaler un statut de VC. Une *frame* de Frame Relay ne dispose généralement pas d'une source et d'un DLCI destination, mais d'un unique champ DLCI.

3. A

4. C. Le DLCI adresse un VC et non pas un routeur. La valeur DLCI de la frame, alors qu'elle passe sur le lien local, représente ce VC sur ce lien. La question se référant à une frame traversant le lien relié à R1, 222 est le DLCI local sur R1 qui identifie ce VC.

5. B et C. Les DLCI globaux représentent le DLCI employé par les autres routeurs pour émettre des frames sur leurs propres liens d'accès local. Ainsi, quand R1 émet une frame vers R2 et que celle-ci traverse le lien d'accès de R2, le réseau a changé le DLCI vers le DLCI global de R1, à savoir 101. De la même manière, quand R3 émet une frame vers R1 et que celle-ci traverse le lien d'accès de R3, elle renferme le DLCI global de R1 (101).

6. A. Toute topologie de Frame Relay ne peut s'appliquer qu'à un seul sous-réseau. Toutefois, avec un maillage total, un seul sous-réseau suffit et aucune conséquence fâcheuse en matière de protocoles de routage n'apparaîtra.

7. D. BarneyCo compte dix VC en tout. Si tous sont configurés sur des sous-interfaces point à point, il faudra prévoir dix sous-réseaux, un par VC.

8. A. La frame qui a souffert de la congestion se déplaçait de R1 vers R2, aussi celle où l'on a activé le bit notifiant une congestion explicite dans la direction opposée (*Backward Explicit Congestion Notification*, ou BECN) reviendrait de R2 sur R1.

Chapitre 14

1. C. Les mots clés corrects sont **ansi** et **q933**. Cependant, étant donné que, par défaut, les routeurs détectent automatiquement le type du LMI, il n'est pas nécessaire de configurer ce dernier.

2. C, D et E. Par défaut, le type du LMI est détecté automatiquement. De même, Inverse ARP est activé par défaut ; il n'est donc pas nécessaire de l'activer avec la commande **frame-relay inverse-arp**, ni de réaliser quelque autre instruction de correspondances statiques.

3. A et E. L'adresse IP passant à la sous-interface, il faut d'abord l'ôter de l'interface série (par la commande **no ip address**). L'encapsulation demeure sur l'interface physique. La commande **frame-relay interface-dlci** doit être employée sur la sous-interface de sorte que le routeur sache quel DLCI correspond à chaque sous-interface – même s'il n'existe qu'un seul DLCI.

4. F. On ne peut coder qu'un seul DLCI par commande **frame-relay interface-dlci**, et il en faut un pour chaque VC placé sous l'interface multipoint.

5. F

6. C et E. *Up* et *down* ne représentent pas des codes d'état PVC. *Inactive* signifie que le commutateur pense qu'un PVC défini ne fonctionne pas, et *Deleted* signale un DLCI non défini sur le commutateur.

7. D. Pour qu'une sous-interface de Frame Relay soit dans l'état *up/up*, l'interface physique sous-jacente doit être dans le même état, et au moins l'un des PVC associés à la sous-interface doit relever de l'un des deux états fonctionnels de PVC (*active* ou *static*).

8. B et C. Pour qu'une interface physique de Frame Relay dispose du statut de ligne *up*, les mêmes caractéristiques de couche physique que celles employées sur les lignes louées doivent fonctionner. Pour observer également le statut de protocole *down*, il faut que le routeur n'ait pas reçu la commande **encapsulation frame-relay**, ou que lui et le commutateur ne s'accordent pas sur le type de LMI.

Chapitre 15

1. A. Les VPN extranet relient des sites relevant de sociétés différentes, mais qui coopèrent. Les VPN d'accès concernent les utilisateurs individuels, en général depuis leur domicile ou en déplacement. Le terme « VPN d'entreprise » n'est pas employé habituellement pour décrire un type de VPN.

2. C. Les logiciels antivirus représentent une importante fonction de sécurité, laquelle n'est pas assurée par le VPN.

3. A et C. Les en-têtes *Encapsulating Security Payload* (ESP) proposent les quatre fonctions proposées, mais *Authentication Header* (AH) ne prend en charge que l'authentification et le contrôle d'intégrité des messages.

4. A. Parmi les réponses proposées, seuls *Data Encryption Standard* (DES), *Triple DES* (3DES) et *Advanced Encryption Standard* (AES) représentent des outils de chiffrement portant sur la totalité du paquet. AES est le plus efficace et le moins gourmand en ressources des trois.

5. A, D et E. Tous les composants et logiciels mentionnés peuvent servir à mettre en place un tunnel VPN. Cependant, les ASA ont remplacé les pare-feu PIX et les concentrateurs VPN dans la ligne de produits Cisco.

6. A et C. Le client emploie toujours *Secure Socket Layer* (SSL) pour se connecter au serveur VPN Web, aussi toutes les communications Internet sont-elles chiffrées. Web VPN présente l'avantage significatif de n'imposer aucun logiciel client ; il suffit de disposer des possibilités SSL intégrées des navigateurs Web les plus répandus.

Chapitre 16

1. F

2. D. Originellement, l'intention de CIDR était de permettre la synthèse de nombreux réseaux de classes A, B et C afin de réduire la taille des tables de routages Internet. Parmi les réponses proposées, seule 200.1.0.0 255.255.0.0 résume plusieurs réseaux.

3. B et E. La RFC 1918 définit les numéros de réseaux privés. On y trouve le réseau de classe A 10.0.0.0, les réseaux de classe B 172.16.0.0 à 172.31.0.0, et les réseaux de classe C 192.168.0.0 à 192.168.255.0.

4. C. En NAT statique, les entrées sont configurées de manière statique. La question faisant allusion à la traduction des adresses internes (*inside* en anglais), il est nécessaire de préciser le mot clé **inside** dans la commande.

5. A. En NAT dynamique, les entrées sont créées suite au premier flux de paquets issu du réseau interne.

6. A. Le paramètre **list 1** fait allusion à une ACL IP qui reconnaît des paquets et identifie les adresses locales internes.

7. E. La traduction d'adresses internes n'a aucun effet sur l'adresse externe ; il n'est donc pas nécessaire d'identifier celle-ci dans la configuration.

8. A et C. Il manque à la configuration le mot clé **overload** dans la commande **ip nat inside source** ainsi que dans la sous-commande d'interface **ip nat outside** sur l'interface série.

9. B. La dernière ligne indique que le *pool* compte sept adresses, toutes allouées, avec un compteur *misses* frôlant mille rejets – près de mille nouveaux flux ont donc été rejetés faute d'espace dans le *pool* NAT.

Chapitre 17

1. A. Une méthode pour l'attribution d'adresses IPv6 unicast globales procède comme suit : ICANN alloue de grands blocs d'adresses aux RIR, lesquels allouent de plus petits blocs aux ISP, qui à leur tour allouent des blocs encore plus petits à leurs clients.

2. D. Dans un quartet, on peut omettre tout zéro initial. Une suite de plusieurs quartets constitués de zéros peut être remplacée par deux caractères deux points (::). La réponse correcte remplace la plus longue séquence de quartets nuls par ::.

3. D. Les adresses unicast globales débutent par 2000::/3, ce qui signifie que les trois premiers bits correspondent à la valeur 2000 en hexadécimal. De même, les adresses locales uniques débutent par FD00::/8 et les adresses locales de liens par FE80::/10 (valeurs débutant par les nombres hexadécimaux FE8, FE9, FEA et FED). Les adresses IPv6 multicast commencent par FF00::/8 ; leurs deux premiers chiffres hexadécimaux sont donc des F.

4. A et C. IPv6 prend en charge DHCP avec état, qui fonctionne comme le protocole DHCP d'IPv4 pour attribuer dynamiquement l'intégralité de l'adresse IP. Une configuration automatique sans état permet aussi de réaliser l'attribution en trouvant le préfixe sur quelque routeur voisin et en calculant l'identifiant d'interface à l'aide du format EUI-64.

5. A et D. Une configuration automatique sans état se contente d'aider un hôte à constituer sa propre adresse IP et à en prendre connaissance, mais pas à lui transmettre une passerelle par défaut. « RS sans état » n'est pas un terme ou une fonctionnalité valide. Le protocole de découverte de voisins (*Neighbor Discovery Protocol*, ou NDP) joue plusieurs rôles, notamment celui d'ARP en IPv4. Il permet aussi d'apprendre des paramètres de configuration, tels qu'une adresse IP de passerelle par défaut.

6. A et D. OSPFv3, RIPng, EIGRP pour IPv6 et MP-BGP4 prennent tous en charge IPv6.

7. C et E. La configuration assigne explicitement l'adresse IP 3456::1. L'interface forme aussi l'identifiant d'interface EUI-64 (6444:44FF:FE44:4444) en l'incorporant à FE80::/64, afin de former l'adresse IP du lien local.

8. E. La configuration RIPng n'emploie par une commande **network** ; c'est au contraire la commande **ipv6 rip** qui est configurée sur l'interface, mentionnant la même étiquette (*tag*) que sur la commande **ipv6 router rip**, et le mot-clé **enable**.

9. D. *Network Address Translation/Protocol Translation* (NAT/PT) réalise la traduction d'IPv4 vers IPv6 et inversement. Ces deux méthodes de tunnel permettent à des hôtes IPv6 de communiquer avec d'autres hôtes IPv6 en faisant passer les paquets par un réseau IPv4. Une double pile permet à un hôte ou à un routeur de proposer les deux protocoles de concert.

B

Table de conversion décimal-binaire

Cette annexe contient une référence pratique pour convertir de décimal en binaire les nombres de 0 à 255. N'hésitez pas à vous reporter à ces tables pour effectuer les problèmes de calcul de sous-réseaux de ce livre ou du CD-ROM d'accompagnement.

Cette annexe est un outil de référence très utile. Toutefois, si pour résoudre les différents types de problèmes de calcul de sous-réseaux, vous optez pour la conversion des valeurs décimales en binaire au lieu des processus de ce livre qui l'évitent pratiquement, sans doute souhaiterez-vous vous exercer avant l'examen. Tout d'abord, choisissez n'importe quelle valeur décimale comprise entre 0 et 255, convertissez-la en nombre binaire de huit bits, puis reportez-vous à la table pour vérifier votre réponse. L'inverse est également possible : choisissez n'importe quel nombre binaire de huit bits, convertissez-le en décimal et vérifiez votre réponse dans la table.

Valeur décimale	*Valeur binaire*	*Valeur décimale*	*Valeur binaire*	*Valeur décimale*	*Valeur binaire*	*Valeur décimale*	*Valeur binaire*
0	00000000	32	00100000	64	01000000	96	01100000
1	00000001	33	00100001	65	01000001	97	01100001
2	00000010	34	00100010	66	01000010	98	01100010
3	00000011	35	00100011	67	01000011	99	01100011
4	00000100	36	00100100	68	01000100	100	01100100
5	00000101	37	00100101	69	01000101	101	01100101
6	00000110	38	00100110	70	01000110	102	01100110
7	00000111	39	00100111	71	01000111	103	01100111
8	00001000	40	00101000	72	01001000	104	01101000
9	00001001	41	00101001	73	01001001	105	01101001
10	00001010	42	00101010	74	01001010	106	01101010
11	00001011	43	00101011	75	01001011	107	01101011
12	00001100	44	00101100	76	01001100	108	01101100
13	00001101	45	00101101	77	01001101	109	01101101
14	00001110	46	00101110	78	01001110	110	01101110
15	00001111	47	00101111	79	01001111	111	01101111
16	00010000	48	00110000	80	01010000	112	01110000
17	00010001	49	00110001	81	01010001	113	01110001
18	00010010	50	00110010	82	01010010	114	01110010
19	00010011	51	00110011	83	01010011	115	01110011
20	00010100	52	00110100	84	01010100	116	01110100
21	00010101	53	00110101	85	01010101	117	01110101
22	00010110	54	00110110	86	01010110	118	01110110
23	00010111	55	00110111	87	01010111	119	01110111
24	00011000	56	00111000	88	01011000	120	01111000
25	00011001	57	00111001	89	01011001	121	01111001
26	00011010	58	00111010	90	01011010	122	01111010
27	00011011	59	00111011	91	01011011	123	01111011
28	00011100	60	00111100	92	01011100	124	01111100
29	00011101	61	00111101	93	01011101	125	01111101
30	00011110	62	00111110	94	01011110	126	01111110
31	00011111	63	00111111	95	01011111	127	01111111

Valeur décimale	*Valeur binaire*	*Valeur décimale*	*Valeur binaire*	*Valeur décimale*	*Valeur binaire*	*Valeur décimale*	*Valeur binaire*
128	10000000	160	10100000	192	11000000	224	11100000
129	10000001	161	10100001	193	11000001	225	11100001
130	10000010	162	10100010	194	11000010	226	11100010
131	10000011	163	10100011	195	11000011	227	11100011
132	10000100	164	10100100	196	11000100	228	11100100
133	10000101	165	10100101	197	11000101	229	11100101
134	10000110	166	10100110	198	11000110	230	11100110
135	10000111	167	10100111	199	11000111	231	11100111
136	10001000	168	10101000	200	11001000	232	11101000
137	10001001	169	10101001	201	11001001	233	11101001
138	10001010	170	10101010	202	11001010	234	11101010
139	10001011	171	10101011	203	11001011	235	11101011
140	10001100	172	10101100	204	11001100	236	11101100
141	10001101	173	10101101	205	11001101	237	11101101
142	10001110	174	10101110	206	11001110	238	11101110
143	10001111	175	10101111	207	11001111	239	11101111
144	10010000	176	10110000	208	11010000	240	11110000
145	10010001	177	10110001	209	11010001	241	11110001
146	10010010	178	10110010	210	11010010	242	11110010
147	10010011	179	10110011	211	11010011	243	11110011
148	10010100	180	10110100	212	11010100	244	11110100
149	10010101	181	10110101	213	11010101	245	11110101
150	10010110	182	10110110	214	11010110	246	11110110
151	10010111	183	10110111	215	11010111	247	11110111
152	10011000	184	10111000	216	11011000	248	11111000
153	10011001	185	10111001	217	11011001	249	11111001
154	10011010	186	10111010	218	11011010	250	11111010
155	10011011	187	10111011	219	11011011	251	11111011
156	10011100	188	10111100	220	11011100	252	11111100
157	10011101	189	10111101	221	11011101	253	11111101
158	10011110	190	10111110	222	11011110	254	11111110
159	10011111	191	10111111	223	11011111	255	11111111

C

Mises à jour de l'examen ICND2 : Version 1.0

Au fil du temps, et grâce au feed-back des lecteurs, Cisco a pu jauger les sujets qui posent le plus de problèmes aux examens. De plus, il lui arrive d'apporter de légères modifications quant à l'étendue des sujets d'examen ou à l'accent mis sur certains points. Pour aider les lecteurs à aborder ces sujets, l'auteur publie des explications complémentaires sous forme de document PDF à l'adresse **http://www.ciscopress.com/title/1587201828**. Le document que vous êtes en train de lire en est la version 1.0.

Cette annexe présente les toutes dernières informations disponibles à l'heure de la publication de ce livre. Tenez-vous à jour en consultant régulièrement la page Web mentionnée pour accéder aux modifications postées depuis la sortie des presses.

Cette annexe tente de combler une lacune inhérente à tout livre imprimé, en apportant notamment les informations suivantes :

1. Des éléments techniques mentionnés nulle part ailleurs dans ce livre.
2. De nouveaux sujets ajoutés par Cisco à l'examen ICND2.
3. Les toutes dernières mises à jour du contenu des examens.

Procurez-vous toujours la dernière version

L'annexe que vous êtes en train de lire correspond à la version qui était disponible lorsque ce livre a été imprimé. Comme ce document se veut vivant et évolutif, il est très important que vous recherchiez toujours la dernière version en ligne. Pour ce faire :

1. Rendez-vous sur http://www.ciscopress.com/title/1587201828.
2. Cliquez sur le lien **Appendix** sous l'intitulé **More Information**.
3. Téléchargez le document.

INFO

Notez que le document à télécharger possède un numéro de version. Si la version du PDF sur le site Web est identique à celle-ci, il est inutile de la télécharger ou de la consulter en ligne.

Contenu technique

La version actuelle de cette annexe ne contient aucune information technique complémentaire. Elle vous indique uniquement comment vérifier si une version antérieure a été mise en ligne.

Glossaire

A

ABR *Area Border Router* (routeur de frontière d'aire). Routeur employant OSPF et disposant d'interfaces dans plusieurs aires OSPF.

accès étendu, liste d' Voir liste d'accès étendu.

accès nommés, liste d' Voir liste d'accès nommés.

accès standard, liste Voir liste d'accès standard.

access link En Frame Relay, le lien série physique reliant un DTE (il s'agit en général d'un routeur) à un commutateur. Le lien d'accès emploie les mêmes standards de couches physiques que les lignes louées point à point.

access rate Voir AR.

ACL *Access control list* (liste de contrôle d'accès). Liste configurée sur un routeur et contrôlant le flux de paquets le traversant, par exemple pour interdire aux paquets renfermant une certaine adresse IP de sortir par telle ou telle interface.

ACL dynamique Type d'ACL dépassant les ACL IP traditionnelles pour permettre dynamiquement un trafic issu d'un hôte si son utilisateur se connecte d'abord au routeur par Telnet et satisfait un processus d'authentification.

ACL réflexive Type d'ACL dépassant les ACL IP traditionnelles pour surveiller l'ajout de nouvelles sessions utilisateur. Le routeur réagit à l'addition d'une entrée d'ACL correspondant aux adresses IP de la session, ainsi qu'à ses numéros de port TCP ou UDP.

adjacent, entièrement Voir entièrement adjacent.

administratif, mode Voir mode administratif de trunking.

administrative, distance Voir distance administrative.

adressage avec classe Concept d'adressage IPv4 définissant une adresse IP de sous-réseau par trois portions : réseau, sous-réseau et hôte.

adressage sans classe Concept d'adressage IPv4 définissant une adresse IP de sous-réseau comme composée de deux portions : un préfixe (ou sous-réseau) et un hôte.

adresse de broadcast de sous-réseau Adresse particulière de chaque sous-réseau – plus précisément, il s'agit de la plus grande adresse numérique y apparaissant – prévue pour que les paquets émis à son intention soient transmis à tous les hôtes du sous-réseau concerné.

adresse de broadcast dirigé Même chose qu'une adresse de broadcast de sous-réseau.

adresse IP secondaire La deuxième (ou plus) adresse IP configurée sur une interface de routeur à l'aide du mot clé **secondary** appliqué à la commande **ip address**.

adresse locale de lien Type d'adresse IPv6 unicast qui représente une interface sur un seul lien de données. Les paquets envoyés à une telle adresse ne traversent que ce lien particulier et ne sont jamais transmis sur d'autres sous-réseaux par un routeur. Sert aux communications qui n'ont pas besoin de quitter le lien local, telles que la découverte de voisins.

adresse locale unique Type d'adresse unicast IPv6 visant à remplacer les adresses privées IPv4.

adresse privée Plusieurs réseaux de classe A, B ou C, réservés pour une utilisation interne aux organisations. Définies dans la RFC 1918, ces adresses ne sont pas routables sur Internet.

adresse unicast globale Type d'adresse IPv6 unicast allouée depuis un intervalle d'adresses IP uniques au niveau mondial et enregistrées par l'ICANN, ses agences membres et d'autres registres ou FAI.

algorithme *Shortest Path First* (SPF) de Dijkstra Voir SPF.

alterné, port Voir port alterné.

AND booléen Opération mathématique réalisée sur deux bits et en produisant un troisième : 1 AND 1 donne 1 ; toutes les autres possibilités donnent 0.

apprentissage Les ponts et commutateurs transparents apprennent les adresses MAC en examinant les adresses MAC source des trames qu'ils reçoivent. Chaque nouvelle adresse MAC, ainsi que le numéro du port où on l'a apprise, est incorporée à une table d'adresses.

AR *Access Rate* (taux d'accès). En Frame Relay, vitesse d'émission des bits sur un lien série.

Area Border Router Voir ABR.

ARP *Address Resolution Protocol* (protocole de résolution d'adresses). Protocole Internet employé pour associer une adresse IP à une adresse MAC et défini dans la RFC 826.

ARP inverse Voir Inverse ARP.

ASBR *Autonomous System Border Router* (routeur de bordure pour système autonome). Routeur sous OSPF apprenant des routes à travers une autre source, en général un autre protocole de routage, et qui échange des routes externes à OSPF avec l'aire OSPF.

asynchronous Qualifie une convention d'envoi de données à l'aide de signaux numériques. L'émetteur et le récepteur opèrent aux mêmes vitesses mais ne tentent pas de les ajuster pour les faire correspondre.

automatique, régulation Voir régulation automatique.

Autonomous System Border Router Voir ASBR.

auxiliaire désigné, routeur Voir routeur auxiliaire désigné.

auxiliaire, port Voir port auxiliaire.

avec état, DHCP Voir DHCP avec état.

B

base de données de configuration du VLAN Nom de l'ensemble des configurations des identifiants et noms de VLAN sur un commutateur Cisco.

base de données de topologie Données structurées décrivant la topologie du réseau au protocole de routage. Les protocoles de routage d'état de lien et hybride et équilibré emploient des tables de topologie, à partir desquelles elles construisent les entrées de la table de routage.

Bc *Committed burst* (salve transmise). Terme de jargon de Frame Relay indiquant le nombre de bits susceptibles d'être émis pendant un intervalle de temps donné. Permet de mesurer si et quand le DTE a en moyenne émis davantage de données sur un VC que la vitesse définie dans le contrat de trafic.

BECN *Backward explicit congestion notification* (notification de congestion explicite de trafic inverse). Bit de l'en-tête Frame Relay signalant une congestion dans la direction opposée de celle de la trame. Les commutateurs et DTE peuvent réagir en ralentissant le taux d'émission de données dans cette direction.

Bellman-Ford, algorithme de routage Voir vecteur de distance.

BID *bridge ID* (identifiant de pont). Identifiant de huit octets, employé par STP et RSTP pour les ponts et les commutateurs. Il est composé d'un champ de priorité codé sur deux octets, suivi d'un champ d'identifiant système codé sur six octets, où l'on trouve généralement une adresse MAC.

***Blocking*, état** (état bloquant). En STP 802.1d, état de port où l'on ne traite aucune des trames reçues, et où le commutateur ne transmet aucune trame sur l'interface (à l'exception des messages STP).

Booléen, AND Voir AND booléen.

Booléen, OR Voir OR booléen.

BPDU *Bridge Protocol Data Unit* (unité de données de protocole de pont). Nom générique des messages *Spanning Tree Protocol*.

BPDU Guard Fonctionnalité d'un commutateur Cisco écoutant les messages BPDU STP éventuellement reçus et désactivant l'interface le cas échéant. L'objectif est d'éviter toute boucle lorsqu'un commutateur se connecte à un port qui n'attend qu'un seul hôte.

BPDU Hello Message STP et RSTP employé par la majorité des communications STP et donnant l'identifiant de pont, l'identifiant du pont du périphérique émetteur et le coût du périphérique émetteur permettant d'atteindre la racine.

BRI *Basic Rate Interface* (interface de taux élémentaire). Interface ISDN composée de deux canaux *bearer* B et d'un canal de données (D) pour la communication par circuits commutés de voix, vidéos et données.

Bridge Protocol Data Unit Voir BPDU.

broadcast dirigé, adresse de Voir adresse de broadcast dirigé.

broadcast, adresse Voir adresse de broadcast de sous-réseau.

broadcast, domaine de Voir domaine de broadcast.

broadcast, multiaccès non Voir NBMA.

broadcast, sous-réseau de Voir sous-réseau de broadcast.

C

CHAP *Challenge Handshake Authentication Protocol* (protocole d'authentification par défi et poignée de main). Fonctionnalité de sécurité définie par PPP qui permet à l'une ou l'autre des extrémités d'un lien de s'authentifier auprès de l'autre en tant qu'appareil autorisé.

chevauchement, sous-réseaux avec Propriété d'une conception (incorrecte) de sous-réseaux IP où un intervalle d'adresses est partagé entre plusieurs sous-réseaux.

CIDR *Classless InterDomain Routing* (routage interdomaines sans classes). Outil standard des RFC pour l'attribution d'intervalles d'adresses IP. CIDR réduit la taille des tables de routage IP des routeurs Internet, ce qui permet de traiter la croissance rapide de ce réseau. On parle de « sans classes » car les groupes de réseaux ainsi résumés représentent un ensemble d'adresses ne respectant pas les règles de groupage des réseaux avec classes (A, B ou C) IPv4.

CIDR, notation Voir notation préfixe.

CIR *Committed Information Rate* (taux d'informations envoyées). En Frame Relay et en ATM, vitesse moyenne à laquelle on peut transférer des bits sur un circuit virtuel en respectant le contrat commercial liant le client et son fournisseur d'accès.

circuit virtuel Voir VC.

circuit, commutation Voir commutation de circuit.

classe, adressage avec Voir adressage avec classe.

classe, protocole de routage avec Voir protocole de routage avec classe.

classe, réseau avec Voir réseau avec classe.

classe, routage avec Voir routage avec classe.

***Classless InterDomain Routing* (CIDR)** Voir CIDR.

clé partagée Clé de sécurité dont la valeur est connue à la fois par l'émetteur et par le récepteur.

clé privée Valeur secrète employée dans les systèmes de chiffrement à clés publique et privée. Soit elle chiffre une valeur qu'on déchiffre ensuite à l'aide de la clé publique correspondante, soit elle déchiffre une valeur précédemment chiffrée par cette dernière.

clé publique Valeur publiée employée dans les systèmes de chiffrement à clés publique et privée. Soit elle chiffre une valeur qu'on déchiffre ensuite à l'aide de la clé privée correspondante, soit elle déchiffre une valeur précédemment chiffrée par cette dernière.

clés, échange de Diffie-Hellman Voir Diffie-Hellman, échange de clés de.

client VPN Logiciel placé sur un ordinateur (en général un portable) de sorte que la machine puisse implémenter les protocoles requis pour jouer le rôle d'une extrémité de VPN.

client, mode, VTP Voir mode client VTP.

codage Conventions suivies par un appareil pour faire varier les signaux électriques ou optiques émis sur un câble afin d'y signifier un code binaire particulier. Un modem traduira par exemple un bit activé ou non en employant deux fréquences différentes.

***Committed Information Rate* (CIR)** Voir CIR.

commutateur Périphérique réseau (*switch* en anglais) qui filtre, transmet et inonde des trames en se fondant sur l'adresse de destination de chacune. Il opère sur la couche de lien de données du modèle de référence de l'*Open System Interconnection* (OSI).

commutateur racine En STP, commutateur remportant l'élection car il présente l'identifiant de pont (*Bridge ID*) le plus faible. En conséquence, il émet périodiquement des BPDU Hello (par défaut, toutes les deux secondes).

commutation de circuit Système de commutation où un circuit physique dédié doit relier l'émetteur au récepteur le temps de l'« appel ». Énormément employé sur le réseau téléphonique classique.

commutation de paquets Service WAN où chaque périphérique DTE se connecte à un opérateur de télécommunications à l'aide d'une seule ligne physique, avec la possibilité de pouvoir transmettre du trafic sur tous les autres sites reliés au même service. Le commutateur de télécommunications prend sa décision en s'appuyant sur une adresse de l'en-tête du paquet.

compte à rebours (ou temporisateur) de mise à jour Intervalle temporel dictant la fréquence à laquelle un protocole de routage émet ses mises à jour régulières. Les protocoles à vecteur de distance émettent des mises à jour de routage complètes à l'issue de chacun de ces intervalles.

compte à rebours (ou temporisateur) Hello En STP, l'intervalle de temps selon lequel le commutateur racine devrait émettre des BPDU Hello.

compter jusqu'à l'infini Effet de bord malheureux des protocoles à vecteur de distance où les routeurs augmentent peu à peu la métrique d'une route en échec jusqu'à ce qu'elle atteigne la valeur maximale (finie) prévue dans ce protocole de routage pour une métrique et appelée « infini ».

condition de réalisabilité En EIGRP, quand un routeur dispose de plusieurs routes pour atteindre un sous-réseau, dont la métrique de la meilleure est X, alors la condition de réalisabilité est satisfaite par une autre route dont la distance rapportée est inférieure ou égale à X.

configuration automatique sans état Fonctionnalité d'IPv6 où un hôte ou routeur peut se voir attribuer une adresse IPv6 unicast sans nécessiter un serveur DHCP avec état.

configuration du VLAN, base de données Voir base de données de configuration du VLAN.

contigu, réseau Voir réseau contigu.

contigu, réseau non Voir réseau non contigu.

convergence Temps nécessaire aux protocoles de routage pour réagir à des modifications du réseau, ôter les mauvaises routes et incorporer de nouvelles routes plus efficaces, de sorte que toutes les tables de routage des routeurs contiennent les meilleures routes actuelles.

correspondances Frame Relay Informations associant un DLCI Frame Relay à l'adresse de couche 3 du DTE à l'autre extrémité du VC identifié par le DLCI local.

CSU/DSU *Channel Service Unit/Data Service Unit* (unité de service de canal/unité de service de données). Appareil se reliant à un circuit physique installé par l'opérateur de télécommunications sur quelques périphériques CPE et réalisant l'adaptation entre les tensions électriques, les intensités, les prises et les connecteurs employés sur le circuit et l'interface physique prise en charge par le DTE.

D

***Data-Link Connection Identifier* (DLCI)** Voir DLCI.

Database Description (description de base de données). Type de paquet OSPF décrivant brièvement les LSA dans la LSDB OSPF.

DCE *Data communications equipment* (équipement pour les communications sur les données). Du point de vue de la couche physique, il s'agit de l'appareil battant la mesure sur un lien WAN (en général, c'est un CSU/DSU). Du point de vue de la commutation de paquets, on considère comme DCE le commutateur du fournisseur d'accès, auquel un routeur est susceptible d'être relié.

DCE *Frame Relay* Le commutateur Frame Relay.

DE *Discard eligible* (susceptible d'être rejeté). Bit de l'en-tête Frame Relay qui, dans le cas où l'on rejette des trames, signale au commutateur de rejeter cette trame de préférence à une autre n'ayant pas activé le bit DE.

Dead Timer (compte à rebours d'inactivité). En OSPF, compte à rebours employé par chaque voisin. Un routeur considère qu'un voisin est en panne s'il n'en reçoit aucun Hello dans l'intervalle de temps ainsi défini.

déclenchée, mise à jour Voir mise à jour déclenchée.

délai de transmission Compte à recours STP, dont la valeur par défaut est de 15 secondes, qui sert à dicter le temps qu'une interface doit rester à la fois dans le mode d'écoute (*Listening*) et d'apprentissage (*Learning*). En anglais, on l'appelle encore *forward delay timer*.

deny (refus). Action prise par une ACL entraînant un rejet du paquet.

désactivé, port Voir port désactivé.

désigné, port Voir port désigné.

désigné, routeur Voir routeur désigné.

désigné, routeur auxiliaire Voir routeur auxiliaire désigné.

DHCP avec état Terme employé en IPv6 par opposition au DHCP sans état. Les serveurs DHCP avec état gardent la trace des clients qui ont reçu des adresses IPv6 (informations d'état).

DHCP sans état Terme employé en IPv6 par opposition au DHCP avec état. Les serveurs DHCP sans état ne louent pas des adresses IPv6 à des clients. Au lieu de cela, ils leur communiquent d'autres informations utiles, telles que les adresses IP des serveurs DNS, mais sans devoir garder la trace des clients (informations d'état).

Diffie-Hellman, échange de clés de Protocole d'échange de clés où les deux appareils peuvent échanger des informations sur un réseau public. S'ils disposent de secrets pré-existants, ils peuvent calculer une clé symétrique connue d'eux seuls.

diffusé, limitation du trafic Voir pruning VTP.

***Diffusing Update Algorithm* (DUAL)** Voir DUAL.

Dijkstra, algorithme *Shortest Path First* (SPF) Voir SPF.

dirigé, adresse de broadcast Voir adresse de broadcast dirigé.

***Discarding*, état** (état de rejet) État d'interface RSTP où l'on ne traite aucune trame, et où le commutateur ne transmet aucune trame sur l'interface, à l'exception des messages RSTP.

distance administrative Dans les routeurs Cisco, c'est un moyen pour un routeur de choisir parmi plusieurs routes permettant d'atteindre le même sous-réseau quand ces dernières sont issues de divers protocoles de routage. Plus la distance administrative est faible, plus on préférera la source de l'information de routage.

distance rapportée (ou *Reported Distance*, RD) Du point de vue d'un routeur EIGRP, métrique d'un sous-réseau telle que calculée sur un routeur voisin et rapportée au premier routeur dans une mise à jour de routage.

distance réalisable (ou *Feasible Distance*, FD) En EIGRP, métrique de la meilleure route permettant d'atteindre un sous-réseau.

distance, vecteur de Voir vecteur de distance.

divisé, horizon Voir horizon divisé.

DLCI *Data-Link Connection Identifier* (identifiant de connexion pour la liaison de données). L'adresse de Frame Relay identifiant un VC sur un lien d'accès donné.

domaine de broadcast Ensemble de tous les périphériques recevant des trames broadcast depuis n'importe lequel des autres. Les appareils situés dans le même VLAN relèvent du même domaine de broadcast.

DTE *Data Terminal Equipment* (équipement de terminal de données). Du point de vue de la couche 1, le DTE synchronise son horloge sur celle que le DCE envoie. Du point de vue de la commutation de paquets, le DTE est l'appareil situé en dehors du réseau du fournisseur d'accès (il s'agit généralement d'un routeur).

DTE Frame Relay Appareil du client relié à un lien d'accès Frame Relay ; il s'agit généralement d'un routeur.

DUAL *Diffusing Update Algorithm* (algorithme de mise à jour par diffusion). Algorithme de convergence employé en EIGRP quand une route échoue et qu'un routeur ne dispose pas de route successeur réalisable. DUAL provoque l'émission par les routeurs de messages EIGRP *Query* et *Reply*, afin de découvrir d'autres routes dépourvues de boucles.

duales, piles Voir piles duales.

duplex intégral De manière générique, toute communication où deux appareils peuvent simultanément émettre et recevoir des données. Dans le cas particulier des LAN Ethernet, il s'agit de la possibilité pour les deux périphériques d'émettre et de recevoir en même temps. Cela est autorisé quand un domaine de collision ne compte que deux stations. On active le duplex intégral en désactivant la logique de détection de collision CSMA/CD.

dynamique, ACL Voir ACL dynamique.

E

échange de clés de Diffie-Hellman Voir Diffie-Hellman, échange de clés de.

EGP *Exterior Gateway Protocol* (protocole de passerelle extérieur). Protocole de routage conçu pour échanger des informations de routage entre différents systèmes autonomes.

EIGRP *Enhanced Interior Gateway Routing Protocol* (protocole amélioré pour le routage des passerelles internes). Version avancée d'IGRP développée par Cisco. Fournit de meilleures propriétés de convergence, plus efficace en fonctionnement, et bénéficie du meilleur des protocoles à état de lien et à vecteur de distance.

empoisonné, inverse Voir inverse empoisonné.

empoisonnée, route Voir route empoisonnée.

encoding Voir codage.

entièrement adjacent En OSPF, caractérisation d'un état où deux voisins ont atteint l'état *Full*.

équilibré et hybride Voir hybride et équilibré.

état de lien Classification de l'algorithme sous-jacent employé dans certains protocoles de routage. Les protocoles à état de lien construisent une base de données détaillée donnant les liens (sous-réseaux) et leur état (*up*, *down*), à partir de quoi ils peuvent calculer les meilleures routes.

état de lien, mise à jour Voir mise à jour d'état de lien.

état de lien, requête Voir requête d'état de lien.

état, configuration automatique sans Voir configuration automatique sans état.

état, DHCP avec Voir DHCP avec état.

état, DHCP sans Voir DHCP sans état.

étendu, liste d'accès Voir liste d'accès étendu.

étendu, ping Voir ping étendu.

EtherChannel Fonctionnalité propriétaire de Cisco où l'on peut associer jusqu'à huit segments Ethernet parallèles entre deux appareils, tous à la même vitesse, et agissant comme un seul lien pour la transmission et la logique du protocole *Spanning Tree Protocol*.

extérieur, protocole de passerelle Voir EGP.

Exterior Gateway Protocol Voir EGP.

F

FAI (fournisseur d'accès à Internet), préfixe de Voir préfixe de FAI.

FECN *Forward Explicit Congestion Notification* (notification de congestion explicite de transmission). Bit de l'en-tête Frame Relay signalant une congestion dans la direction de la trame à tout périphérique de destination (commutateurs et DTE).

fichiers, protocole de transfert de Voir FTP.

filtre En général, un processus ou périphérique recherchant dans le trafic réseau certaines caractéristiques telles qu'une adresse source ou destination, ou encore un protocole. Ce processus choisit de transmettre ou de rejeter le trafic en s'appuyant sur des critères définis.

Forward Voir transmission.

Forward Delay Voir délai de transmission.

Forward Delay Time Voir délai de transmission.

***Forwarding*, état** (état de transmission) État de port STP et RSTP où une interface opère sans aucune restriction imposée par STP.

Frame Relay Protocole de liaison de données standard et international qui définit de quoi mettre en place un service commuté par trames (commuté par paquets), ce qui permet aux services DTE (généralement, des routeurs) d'envoyer des données vers bien d'autres services à l'aide d'une seule connexion physique vers le service Frame Relay.

Frame Relay, correspondances Voir correspondances Frame Relay.

Frame Relay, DCE Voir DCE Frame Relay.

Frame Relay, DTE Voir DTE Frame Relay.

Frame Relay, *Mapping* Voir correspondances Frame Relay.

Framing Voir tramage.

FTP *File Transfer Protocol* (protocole de transfert de fichiers). Protocole applicatif relevant de la pile du protocole TCP/IP et employé pour transférer des fichiers entre les nœuds du réseau. FTP est défini par la RFC 959.

Full Duplex Voir duplex intégral.

***Full*, état** (état total). En OSPF, état d'un voisin signifiant que les deux routeurs ont échangé la totalité des contenus de leurs LSDB respectives.

G

générique, masque Voir masque générique.

global externe Voir *outside global*.

global interne Voir *inside global.*

globale, adresse unicast Voir adresse unicast globale.

H

HDLC *High-Level Data-Link Control* (contrôle de liaison de données de haut niveau). Protocole de couche de liaison de données synchrone orienté bit développé par l'organisation internationale de normalisation (ISO). Dérivé du contrôle de liaison de données synchrone (*synchronous data-link control*, ou SDLC), HDLC spécifie une méthode d'encapsulation de données sur des liens série synchrones à l'aide de caractères de trames et de sommes de contrôle.

Hello (plusieurs définitions) 1) Protocole employé par les routeurs OSPF pour découvrir, établir et maintenir des relations de voisinage. 2) Protocole employé par les routeurs EIGRP pour découvrir, établir et maintenir des relations de voisinage. 3) En STP, se réfère au nom du message périodique sourcé par le pont racine dans un arbre (*spanning tree*).

Hello BPDU Voir BPDU Hello.

Hello inférieur Quand on compare plusieurs BPDU Hello reçus, un Hello indiquant un identifiant de pont racine représentant un nombre plus élevé que celui d'un autre Hello, ou un Hello indiquant le même identifiant de pont racine mais présentant un coût plus élevé.

Hello, compte à rebours Voir compte à rebours Hello.

Hello, interface Voir intervalle Hello.

holddown (maintenance en panne). État de protocole à vecteur de distance attribué à une route placée de telle sorte que les routeurs ne la publient pas, ni n'acceptent de publications la concernant pendant un certain temps (le compte à rebours *holddown*). Cette technique permet d'éliminer de mauvaises informations concernant une route de tous les routeurs du réseau. En général, une route est ainsi maintenue en panne quand l'un de ses liens échoue.

horizon divisé (*Split Horizon*) Technique de routage à vecteur de distance où les informations portant sur les routes ne peuvent quitter l'interface du routeur par le même point que celui où elles y sont parvenues. Les mises à jour à horizon divisé permettent d'éviter des boucles de routage.

hybride équilibré Qualifie l'une des trois familles principales des algorithmes de protocole de routage (les deux autres sont le vecteur de distance et l'état de lien). EIGRP est l'unique protocole de routage classé par Cisco comme hybride et équilibré.

I

identifiant de pont Voir BID.

identifiant de routeur Voir RID.

IEEE 802.11 Standard de base d'IEEE pour les LAN sans fil.

IEEE 802.1ad Standard IEEE pour l'équivalent fonctionnel de la fonctionnalité propriétaire de Cisco, EtherChannel.

IEEE 802.1d Standard IEEE pour le *Spanning Tree Protocol* (protocole d'arbre) original.

IEEE 802.1Q Protocole de trunking de VLAN standard d'IEEE. 802.1Q incorpore le concept d'un VLAN natif, pour lequel on n'ajoute aucun en-tête VLAN, et un en-tête VLAN de quatre octets est inséré après le champ de type/longueur de la trame originale.

IEEE 802.1s Standard IEEE pour *Multiple Instances of Spanning Tree* (MIST) – multiples instances d'arbre –, qui permet l'équilibrage de la charge du trafic sur plusieurs VLAN.

IEEE 802.1w Standard IEEE pour une version améliorée de STP, appelée *Rapid STP* (STP rapide), qui accélère la convergence.

IEEE 802.3 Standard de base IEEE pour les LAN de type Ethernet.

IGP *Interior Gateway Protocol* (protocole pour les passerelles internes). Protocole de routage conçu pour échanger des informations de routage à l'intérieur d'un même système autonome.

IGRP *Interior Gateway Routing Protocol* (protocole pour le routage des passerelles internes). Ancien protocole pour les passerelles internes (*Interior Gateway Protocol*, ou IGP) développé par Cisco et qui n'est plus pris en charge.

inférieur, Hello Voir Hello inférieur.

infini Dans le contexte des protocoles de routage IP, une valeur de métrique finie, établie par le protocole de routage et servant à représenter une route inutilisable dans une mise à jour de protocole de routage.

infini, compter jusqu'à Voir compter jusqu'à l'infini.

inside global Terme NAT faisant allusion à l'adresse IP employée pour un hôte à l'intérieur de la portion de confiance du réseau mais dans les paquets pendant qu'ils traversent la portion globale du réseau (à laquelle on ne fait pas confiance).

inside local Terme NAT faisant allusion à l'adresse IP employée pour un hôte à l'intérieur de la portion de confiance du réseau mais dans les paquets pendant qu'ils traversent la portion locale du réseau (à laquelle on fait confiance).

Inter-Switch Link (ISL) Voir ISL.

***Interior Gateway Protocol* (IGP)** Voir IGP.

Internet, registre régional Voir RIR.

intervalle Hello En OSPF et EIGRP, compte à rebours d'interface dictant la fréquence avec laquelle le routeur devrait émettre des messages Hello.

Inverse ARP Protocole Frame Relay avec lequel un routeur annonce son adresse de couche 3 sur un VC, donnant ainsi à son voisin d'utiles informations permettant d'assurer la correspondance de la couche 3 vers la couche 2.

inverse empoisonné (*Reverse poisoning*) Publication de route empoisonnée pour un vecteur de distance et concernant un sous-réseau, qui n'aurait pas été publiée à cause de l'application de règles d'horizon divisé, mais qui l'est désormais, sous forme de route empoisonnée.

inverse, route Voir route inverse.

IP Control Protocol Voir IPCP.

IP, adresse secondaire Voir adresse IP secondaire.

IP, réseau privé Voir réseau IP privé.

IP, voix sur Voir VoIP.

IPCP *IP Control Protocol*. Protocole de contrôle IP défini comme relevant de PPP et visant à initialiser et contrôler l'envoi de paquets IPv4 sur un lien PPP.

IPsec Terme renvoyant aux protocoles de sécurité IP, à savoir une architecture fournissant des services de chiffrement et d'authentification, notamment lors de la création de services VPN à travers un réseau IP.

ISDN *Integrated Services Digital Network* (réseau numérique de services intégrés). Protocole de communication proposé par les sociétés de téléphonie et permettant aux réseaux téléphoniques de véhiculer des données, de la voix et de la vidéo.

ISL *Inter-Switch Link* (lien intercommutateur). Protocole de trunking de VLAN propriétaire de Cisco qui a précédé 802.1Q de plusieurs années. ISL définit un en-tête de 26 octets encapsulant la trame Ethernet originale.

isolation du problème Portion du processus d'expertise d'une panne où l'ingénieur tente d'éliminer diverses explications possibles du problème, pour réduire le champ d'exploration jusqu'à pouvoir identifier la cause précise de la panne.

K

keepalive (maintenance en vie). Fonctionnalité de nombreux protocoles de liaison de données où le routeur émet régulièrement des messages afin que ses voisins sachent qu'il est toujours vivant et bien portant.

L

LAN virtuel Voir VLAN.

LAPF *Link Access Procedure Frame Bearer Services* (services de trame pour la procédure d'accès au lien). Définit l'en-tête et l'en-queue classiques pour Frame Relay. L'en-tête incorpore les bits DLCI, FECN, BECN, et DE.

***Learning*, état** (état d'apprentissage). En STP, état de port temporaire où l'interface ne transmet pas les trames mais commence à apprendre les adresses MAC des trames reçues sur l'interface.

lien d'accès *access link.*

lien, adresse locale de Voir adresse locale de lien.

ligne louée Ligne de transmission réservée par un opérateur de communications pour l'utilisation privée d'un client. Il s'agit d'un type de ligne dédiée.

limitation du trafic diffusé Voir pruning VTP.

Link Control Protocol (protocole de contrôle de lien). Protocole de contrôle défini comme relevant de PPP et visant à initialiser et maintenir un lien PPP.

Link-State Advertisement Voir LSA.

Link-State Database Voir LSDB.

***Link-State*, requête** Voir requête d'état de lien.

Link-State, update Voir mise à jour d'état de lien.

liste d'accès étendu Liste de commandes de configuration globales IOS **access-list** susceptibles de reconnaître diverses portions d'un paquet IP, notamment ses adresses IP d'origine et de destination et ses ports TCP/UDP. L'objectif est de choisir les paquets à rejeter et ceux autorisés à traverser le routeur.

liste d'accès nommés ACL identifiant les diverses instructions de l'ACL en se fondant sur un nom plutôt que sur un nombre.

liste d'accès standard Liste de commandes de configuration globale d'IOS susceptibles de ne reconnaître que l'adresse IP source d'un paquet afin de définir les paquets qui seront rejetés et ceux qui pourront traverser le routeur.

***Listening*, état** (état d'écoute). État de port STP temporaire se produisant immédiatement quand il faut déplacer une interface bloquante vers un état de transmission (*Forwarding*). Lors de cet état, le commutateur fait expirer les entrées de table MAC. Il ignore aussi les trames reçues sur l'interface et n'en transmet aucune sur celle-ci.

LMI *Local Management Interface* (interface de gestion locale). Protocole Frame Relay employé entre un DTE (routeur) et un DCE (commutateur Frame Relay). LMI agit comme un mécanisme *keepalive*. En l'absence de messages LMI, l'autre appareil tombe en panne. Cela informe aussi le DTE de l'existence de chaque VC et de chaque DLCI, ainsi que de son statut.

local externe Voir *outside local.*

local interne Voir *inside local.*

Local Management Interface Voir LMI.

locale de lien, adresse Voir adresse locale de lien.

locale, adresse unique Voir adresse locale unique.

longueur variable, masque de sous-réseau de Voir VLSM.

louée, ligne Voir ligne louée.

LSA *Link-State Advertisement* (publication d'état de lien). En OSPF, nom de la structure de données résidant dans la LSDB et détaillant les diverses composantes d'un réseau, y compris les routeurs et les liens (sous-réseaux).

LSDB *Link-State Database* (base de données des états de liens). En OSPF, structure de données placée dans la mémoire vive d'un routeur et qui renferme les diverses LSA, ainsi que les LSA collectives représentant toute la topologie du réseau.

M

maillage partiel Topologie de réseau où plus de deux appareils pourraient communiquer physiquement. Cependant, par choix, seul un sous-ensemble des couples d'appareils reliés au réseau a le droit de communiquer directement.

maintenance en panne Voir *holddown*.

mapping Frame Relay Voir correspondances Frame Relay.

masque de sous-réseau Nombre de 32 bits décrivant le format d'une adresse IP. Ses bits initiaux à 1 représentent les bits définissant le réseau et le sous-réseau ; ses bits finaux à 0 notent les bits variant d'un hôte à l'autre.

masque de sous-réseau de longueur variable Voir VLSM.

masque générique Masque employé dans les commandes ACL du système IOS de Cisco et dans les commandes **network** des protocoles OSPF et EIGRP.

MaxAge En STP, compte à rebours indiquant la durée qu'un commutateur doit laisser s'écouler quand il ne reçoit plus de Hello du commutateur racine avant d'agir pour faire converger à nouveau la topologie STP. On l'appelle aussi *MaxAge Timer*.

MaxAge Timer Voir *MaxAge*.

métrique Mesure numérique employée par un protocole de routage pour déterminer la qualité d'une route comparée aux autres routes permettant d'atteindre le même sous-réseau.

mise à jour d'état de lien Paquet OSPF permettant d'envoyer une LSA sur un routeur voisin.

mise à jour déclenchée Fonctionnalité de protocole de routage où ce dernier n'attend pas la prochaine mise à jour périodique lors d'un changement dans le réseau ; au lieu de cela, il émet immédiatement une mise à jour de routage.

mise à jour partielle Avec les protocoles de routage IP, le concept général qu'une mise à jour de protocole de routage donne un sous-ensemble de toutes les routes connues. Voir aussi mise à jour totale.

mise à jour périodique Dans le cadre des protocoles de routage, publication régulière des routes dans une mise à jour de routage, à intervalles constants. C'est une technique propre aux protocoles de routage à vecteur de distance.

mise à jour totale Dans le cadre des protocoles de routage IP, concept général où l'on met à jour les listes de toutes les routes connues. Voir aussi mise à jour partielle.

mise à jour, compte à rebours Voir compte à rebours de mise à jour.

MLP *Multilink Point-to-Point Protocol* (protocole point à point multilien). Méthode pour diviser, recombiner et séquencer les trames sur plusieurs liens WLAN point à point.

mode administratif Voir mode administratif de trunking.

mode administratif de trunking Réglage de trunking configuré sur une interface de commutateur Cisco, telle que définie avec la commande **switchport mode**.

mode client VTP L'un des trois modes de fonctionnement de VTP pour un commutateur, dans lequel les commutateurs prennent connaissance des noms et des numéros de VTP depuis d'autres commutateurs, mais ne permettent pas de configurer directement le commutateur avec les informations du VLAN.

mode opérationnel de trunking Comportement actuel de l'interface d'un commutateur Cisco en matière de trunking de VLAN.

mode serveur VTP L'un des trois modes de fonctionnement de VTP pour un commutateur, dans lequel les commutateurs peuvent configurer des VLAN, informer les autres commutateurs des modifications ainsi apportées et prendre connaissance des changements opérés par les autres commutateurs.

mode transparent VTP L'un des trois modes de fonctionnement de VTP pour un commutateur, dans lequel les commutateurs configurent des VLAN mais n'informent pas les autres commutateurs des modifications, ni n'apprennent d'eux le détail de leurs actions.

MTU *Maximum Transmission Unit* (unité de transmission maximale). Taille de paquet maximale, exprimée en octets, qu'une interface donnée peut manipuler.

multi-accès non broadcast Voir NBMA.

N

NAT *Network Address Translation* (traduction d'adresses de réseau). Mécanisme réduisant le besoin en adresses IPv4 uniques dans le monde. NAT permet à une organisation disposant d'adresses IP non uniques de se connecter à Internet en les traduisant sous la forme d'un espace d'adresses globalement routables.

NAT, surcharge Voir PAT.

NAT-PT Fonctionnalité IPv6 où les paquets sont traduits d'IPv4 vers IPv6.

NBMA *Non Broadcast Multi Access* (multi-accès non broadcast). Caractérisation d'un type de réseau de couche 2 où plusieurs appareils se relient au réseau, mais où celui-ci n'autorise pas l'envoi de trames de broadcast sur tous ses périphériques.

NDP *Neighbor Discovery Protocol* (protocole de découverte de voisins). Protocole relevant de la suite du protocole IPv6 et employé pour découvrir et échanger des informations portant sur les appareils du même sous-réseau (voisins). Il remplace en particulier le protocole ARP IPv4.

nommés, liste d'accès Voir liste d'accès nommés.

non broadcast, multi-accès Voir NBMA.

non contigu, réseau Voir réseau non contigu.

notation préfixe Manière abrégée d'écrire un masque de sous-réseau, où le nombre de bits à 1 dans le masque est simplement reporté en décimal. Ainsi, /24 traduira le masque de sous-réseau comptant 24 bits à 1. On qualifie de préfixe le nombre de bits à 1 dans le masque.

O

opérationnel, mode de trunking Voir mode opérationnel de trunking.

OR booléen Opération mathématique réalisée sur deux bits et produisant un troisième. 0 OR 0 donne 1 ; toutes les autres possibilités donnent 1.

OSPF *Open Shortest Path First* (chemin le plus court d'abord). IGP d'état de lien répandu employant une base de données des états de liens et l'algorithme de chemin le plus court (*Shortest Path First*, ou SPF) pour calculer les meilleures routes permettant d'atteindre chaque sous-réseau connu.

outside global Terme NAT faisant allusion à l'adresse IP employée pour un hôte à l'extérieur de la portion de confiance du réseau, pour les paquets qui traversent son extérieur (il s'agit généralement de tout Internet).

outside local Terme NAT faisant allusion à l'adresse IP employée pour un hôte à l'extérieur de la portion de confiance du réseau, pour les paquets qui traversent son intérieur (de confiance), à savoir la portion locale du réseau.

P

panne, maintenance en Voir *holddown.*

PAP *Password Authentication Protocol* (protocole d'authentification de mot de passe). Protocole d'authentification PPP permettant aux pairs PPP de communiquer les uns avec les autres.

paquets, commutation de Voir commutation de paquets.

partagée, clé Voir clé partagée.

partiel, maillage Voir maillage partiel.

partielle, mise à jour Voir mise à jour partielle.

passerelle, protocole extérieur de Voir EGP.

PAT *Port Address Translation* (traduction d'adresse de port). Fonctionnalité NAT où une adresse IP globale interne propose plus de 65 000 connexions TCP et UDP concurrentes.

périodique, mise à jour Voir mise à jour périodique.

***Permanent Virtual Circuit* (PVC)** Voir PVC.

permission Voir *permit.*

permit (permission) Action prise par une ACL et se traduisant par le fait que le paquet a le droit de poursuivre son chemin à travers le routeur pour être transmis par celui-ci.

piles duales En IPv6, mode de fonctionnement où un hôte et un routeur emploient à la fois IPv4 et IPv6.

ping étendu Commande IOS où la commande **ping** accepte bien d'autres options que la seule adresse IP de destination.

point à point, protocole Voir PPP.

pont racine Voir commutateur racine.

port (plusieurs définitions) 1) En TCP et UDP, nombre employé pour identifier de manière unique le processus applicatif ayant émis (port source) ou destiné à recevoir (port destination) des données. 2) En commutation de LAN, c'est un autre terme pour désigner une interface commutée.

Port Address Translation Voir PAT.

port alterné En RSTP 802.1w, rôle d'un port dénotant une interface en cours de réception d'un BPDU Hello inférieur, ce qui le rend susceptible de remplacer le port racine. On le trouve aussi dans l'implémentation STP de Cisco 802.1d.

port auxiliaire En RSTP 802.1w, rôle de port utilisé quand plusieurs interfaces d'un commutateur se connectent au même domaine de collision. Cela provoque l'interfaçage au port désigné (DP), et un ou plusieurs autres ports sont libérés pour remplacer le DP (rôle auxiliaire).

port désactivé En STP, rôle de port correspondant aux interfaces non fonctionnelles – en d'autres termes, il s'agit de celles dont l'état d'interface n'est ni *connect* ni *up/up*.

port désigné En STP comme en RSTP, rôle de port servant à déterminer, parmi plusieurs interfaces, toutes reliées au même segment ou domaine de collision, celle qui devrait transmettre les trames au segment. Le commutateur publiant le BPDU Hello de plus faible coût sur le segment devient le DP.

port racine En STP, l'unique port d'un commutateur non racine où l'on reçoit le Hello de plus faible coût. Les commutateurs placent les ports racines dans l'état de transmission *Forwarding*.

PortFast Fonctionnalité STP de commutateur dans laquelle un port est placé dans l'état de transmission *Forwarding* de STP dès activation de l'interface, sans passer par les états d'écoute *Listening* et d'apprentissage *Learning*. Cette propriété est destinée aux ports reliés à des périphériques d'utilisateurs finaux.

PPP *Point-to-Point Protocol* (protocole point à point). Protocole de liaison de données proposant des connexions entre routeur et routeur ou entre hôte et réseau, en employant pour cela des circuits synchrones ou asynchrones.

préfixe de FAI En IPv6, préfixe décrivant un bloc d'adresses attribué à un FAI par un registre Internet.

préfixe de registre En IPv6, préfixe décrivant un bloc d'adresses IPv6 publiques et uniques au niveau mondial, attribué par l'ICANN à un registre Internet régional (RIR).

préfixe de site En IPv6, préfixe décrivant un bloc d'adresses IPv6 publiques et uniques au niveau mondial, attribué à une organisation pour utilisateurs finaux (comme une entreprise ou une agence gouvernementale). Cette attribution relève généralement d'un FAI ou d'un registre Internet.

préfixe de sous-réseau En IPv6, terme visant la portion de gauche attribuée à chaque lien de données, laquelle fonctionne comme un sous-réseau IPv4.

préfixe, notation Voir notation préfixe.

PRI *Primary Rate Interface* (interface de taux primaire). Interface ISDN vers un accès de taux primaire. Cela consiste en un seul canal D à 64 Kbit/s, accompagné de 23 (T1) ou de 30 (E1) canaux B pour la voix ou les données.

Primary Rate Interface Voir PRI.

privé virtuel, réseau Voir VPN.

privé, réseau IP Voir réseau IP privé.

privée, adresse Voir adresse privée.

privée, clé Voir clé privée.

problème, isolation du Voir isolation du problème.

protocol type Voir type de protocole.

protocole de passerelle extérieur Voir EGP.

protocole de routage Ensemble de messages et de processus par lesquels les routeurs peuvent échanger des informations relatives aux routes permettant d'atteindre les sous-réseaux d'un réseau précis. À titre d'exemples, signalons *Enhanced Interior Gateway Routing Protocol* (EIGRP), *Open Shortest Path First* (OSPF) et *Routing Information Protocol* (RIP).

protocole de routage avec classe Caractéristique inhérente à un protocole de routage. Plus particulièrement, il n'émet pas de masques de sous-réseau dans ses mises à jour de routage. Pour cela, le protocole doit faire des hypothèses portant sur les réseaux avec classe ; d'autre part, il est incapable de prendre en charge VLSM et l'agrégation manuelle de routes.

protocole de routage sans classe Caractéristique inhérente à un protocole de routage. Plus particulièrement, il émet des masques de sous-réseau dans ses mises à jour de routage, évitant ainsi de devoir faire des hypothèses portant sur les adresses de tel ou tel sous-réseau ou réseau. Le protocole peut donc proposer VLSM et l'agrégation manuelle de routes.

protocole de transfert de fichiers Voir FTP.

protocole de trunking pour VLAN Voir VTP.

protocole point à point Voir PPP.

protocole routable Voir protocole routé.

protocole routé Protocole de couche 3, définissant un paquet susceptible d'être routé, par exemple IPv4 et IPv6.

protocole, type de Voir type de protocole.

pruning VTP Limitation du trafic diffusé. Fonctionnalité de VTP permettant aux commutateurs de choisir dynamiquement les interfaces sur lesquelles on interdit l'inondation de trames dans certains VLAN, quand les trames n'ont pas besoin d'atteindre tous les commutateurs du réseau.

publique, clé Voir clé publique.

PVC *Permanent Virtual Circuit* (circuit virtuel permanent). Chemin de communication préconfiguré et reliant deux DTE de Frame Relay, identifiés par un DLCI local sur chaque lien d'accès Frame Relay, et qui fournit l'équivalent fonctionnel d'un circuit loué, sans toutefois disposer d'une ligne physique louée pour chaque VC.

R

racine, commutateur Voir commutateur racine.

racine, pont racine Voir commutateur racine.

racine, port Voir port racine.

Rapid Spanning Tree Protocol Voir RSTP.

rapportée, distance Voir distance rapportée.

réalisabilité, condition de Voir condition de réalisabilité.

réalisable, distance Voir distance réalisable.

réalisable, successeur Voir successeur réalisable.

rebours, mise à jour, compte à Voir compte à rebours de mise à jour.

réflexive, ACL Voir ACL réflexive.

Regional Internet Registry Voir RIR.

registre Internet régional Voir RIR.

registre, préfixe de Voir préfixe de registre.

régulation automatique Propriété d'un protocole de routage où un routeur relié à plusieurs réseaux avec classe publie les routes régulées pour la totalité de chacun d'eux lors de l'émission de mises à jour sur des interfaces reliées à d'autres réseaux avec classes.

régulation de route Processus associant plusieurs routes sous forme d'une seule route publiée, dans le but de réduire le nombre d'entrées dans les tables de routage IP des routeurs.

requête d'état de lien Paquet OSPF permettant de demander à un routeur voisin d'émettre une LSA précise.

réseau avec classe Réseau IPv4 de classe A, B, ou C. Ce nom vient de la définition reposant sur les règles de classe pour IPv4.

réseau contigu En IPv4, conception d'interréseau où les paquets transmis entre deux sous-réseaux d'un seul réseau avec classe ne traversent que des sous-réseaux de ce dernier.

réseau IP privé Numéro de réseau choisi parmi plusieurs réseaux IPv4 avec classe qui ne sera jamais attribué pour une utilisation sur Internet mais sera destiné à l'utilisation dans une seule entreprise.

réseau non contigu En IPv4, conception d'interréseau où les paquets transmis entre deux sous-réseaux d'un seul réseau avec classe doivent traverser les sous-réseaux d'un autre réseau avec classe.

réseau privé virtuel Voir VPN.

RID *Routeur ID* (identifiant de routeur). En OSPF, nombre de 32 bits écrit sous forme de quatre nombres décimaux séparés par des virgules, et propre à chaque routeur.

RIP *Routing Information Protocol* (protocole d'informations de routage). Protocole pour les passerelles internes (*Interior Gateway Protocol*, ou IGP) employant les algorithmes du vecteur de distance et retenant pour métrique le nombre de *hops* ou *sauts*. Sa première version, RIP-1, n'est plus guère répandue. Sa seconde version, RIP-2, propose davantage de fonctionnalités, et notamment une prise en charge de VLSM.

RIR *Regional Internet Registry* (registre Internet régional). Terme générique désignant l'une des cinq organisations actuellement responsables de l'attribution de l'espace d'adresses IPv4 et IPv6, publiques et uniques au niveau mondial.

routable, protocole Voir protocole routé.

routage avec classe Variante du processus de transmission (routage) IPv4 qui définit les particularités d'utilisation de la route par défaut. Cette dernière ne sert que si le réseau avec classe abritant l'adresse de destination du paquet n'apparaît pas dans la table de routage du routeur.

routage avec classe, protocole Voir protocole de routage avec classe.

routage sans classe Variante du processus de transmission (ou routage) IPv4 définissant les particularités d'utilisation de la route par défaut. Celle-ci sert toujours aux paquets dont l'adresse IP de destination ne correspond à aucune des autres routes.

routage sans classe, protocole de Voir protocole de routage sans classe.

routage, protocole de Voir protocole de routage.

route de synthèse Route créée par des commandes de configuration pour représenter en une route des routes menant vers un sous-réseau ou plus, réduisant ainsi la taille de la table de routage.

route de transmission Du point de vue d'un hôte, route empruntée par un paquet pour le quitter et rejoindre une autre machine.

route empoisonnée Route publiée par un protocole de routage et attribuant à un sous-réseau une valeur métrique spéciale, appelée métrique infinie, trahissant une route en panne.

route inverse Du point de vue d'un hôte, route empruntée par les paquets renvoyés à l'expéditeur depuis un autre hôte.

routé, protocole Voir protocole routé.

route, régulation Voir régulation de route.

router ID Voir RID.

routeur auxiliaire désigné Routeur OSPF relié à un réseau multi-accès qui surveille le travail du routeur désigné (DR) et endosse les responsabilités de ce dernier quand il tombe en panne.

routeur désigné En OSPF, sur un réseau multi-accès, routeur remportant une élection et par conséquent responsable de la gestion d'un processus intégré pour échanger des informations de topologie OSPF entre tous les routeurs attachés à ce réseau.

routeur, identifiant de Voir RID.

Routing Information Protocol Voir RIP.

RSTP *Rapid Spanning Tree Protocol* (protocole d'arbre rapide). Défini dans le standard IEEE 802.1w, ce protocole caractérise une version améliorée de STP convergeant plus vite et de manière plus cohérente que STP (802.1d).

S

sans classe, adressage Voir adressage sans classe.

sans classe, protocole de routage Voir protocole de routage sans classe.

sans classe, routage Voir routage sans classe.

sans état, configuration automatique Voir configuration automatique sans état.

sans état, DHCP Voir DHCP sans état.

secondaire, adresse IP Voir adresse IP secondaire.

Secure Sockets Layer Voir SSL.

segment (plusieurs définitions) 1) En TCP, terme décrivant un en-tête TCP et les données qu'il encapsule (on parle encore de L4PDU). 2) Toujours en TCP, l'ensemble des octets constitué quand TCP scinde un gros bloc de données reçues de la couche applicative en plus petits morceaux qui rentrent dans des segments TCP. 3) En Ethernet, il peut s'agir d'un seul câble Ethernet ou d'un seul domaine de collision (quel que soit le nombre de câbles employés).

serveur, mode, VTP Voir mode serveur VTP.

***Shortest Path First* (SPF), algorithme de Dijkstra (SPF)** Voir SPF.

site, préfixe de Voir préfixe de site.

SLSM *Static-Length Subnet Mask* (masque de sous-réseau de longueur statique). Utilisation du même masque de sous-réseau pour tous les sous-réseaux d'un seul réseau de classe A, B ou C.

sous-interface L'une des interfaces virtuelles situées sur une même interface physique.

sous-réseau Sous-division d'un réseau de classe A, B ou C, telle que configurée par l'administrateur réseau. Les sous-réseaux permettent d'employer un seul réseau de classe A, B ou C – tout en constituant de nombreux groupes d'adresses IP, comme c'est nécessaire pour un routage IP efficace.

sous-réseau de broadcast Quand on définit un réseau de classe A, B ou C, il s'agit de l'unique sous-réseau de chaque réseau avec classe dont tous les bits de sous-réseau sont activés et valent 1. L'adresse de broadcast de sous-réseau a la même valeur numérique que celle du réseau avec classe, et qui est valable pour l'ensemble du réseau.

sous-réseau zéro Pour tout réseau IPv4 avec classe divisé en sous-réseaux, il s'agit de l'unique sous-réseau ne disposant que de bits à 0 dans la portion sous-réseau de son numéro. En écriture décimale, on reconnaît facilement le sous-réseau zéro car son numéro correspond au numéro du réseau avec classe.

sous-réseau, adresse de broadcast Voir adresse de broadcast de sous-réseau.

sous-réseau, masque Voir masque de sous-réseau.

sous-réseau, masque de longueur variable Voir VLSM.

sous-réseau, préfixe Voir préfixe de sous-réseau.

Spanning Tree Protocol Voir STP.

SPF (algorithme *Shortest Path First* de Dijkstra, ou recherche préférentielle du chemin le plus court). Nom de l'algorithme employé par les protocoles de routage à état de lien pour analyser la LSDB et trouver les routes de plus faible coût reliant ce routeur à chaque sous-réseau.

split horizon Voir horizon divisé.

SSL *Secure Sockets Layer* (couche de *sockets* sécurisées). Protocole de sécurité intégré dans les navigateurs Web courants et proposant des services de chiffrement et d'authentification entre le programme et un site Web.

standard, liste d'accès Voir liste d'accès standard.

Static-Length Subnet Mask Voir SLSM.

STP *Spanning Tree Protocol* (protocole d'arbre recouvrant). Défini dans le standard IEEE 802.1d, ce protocole permet aux commutateurs et aux ponts de mettre en place un LAN redondant. Il indique dynamiquement à certains ports de bloquer le trafic de sorte que l'algorithme de transmission des commutateurs et des ponts ne provoque pas des boucles sans fin de trames sur le LAN.

successeur En EIGRP, route permettant d'atteindre un sous-réseau disposant de la meilleure métrique et qu'il faudrait placer dans la table de routage.

successeur réalisable (ou Feasible Successor, FS) En EIGRP, route qui n'est pas la meilleure route (route successeur) mais qu'on peut immédiatement employer en cas d'échec de la meilleure, sans provoquer de boucle. Une telle route satisfait la condition de réalisabilité.

summarization Voir régulation de route.

surcharge NAT Voir PAT.

SVC *Switched Virtual Circuit* (circuit virtuel commuté). Un VC mis en place dynamiquement, au besoin.

switch Voir commutateur.

Switched Virtual Circuit Voir SVC.

synchrone Imposition d'un ordre temporel sur un flux de bits. Dans la pratique, un appareil tente d'employer la même vitesse qu'un autre appareil, situé à l'extrémité distante d'un lien série. En examinant les transitions entre les états de tension électrique sur le lien, le périphérique peut remarquer de légères variations de vitesse à chaque extrémité et ajuster sa propre vitesse en fonction.

synthèse, route de Voir route de synthèse.

T

table des voisins Pour OSPF et EIGRP, liste de routeurs ayant atteint un statut de voisins

TFTP *Trivial File Transfer Protocol* (protocole élémentaire de transfert de fichiers). Protocole applicatif permettant la transmission de fichiers d'un ordinateur à l'autre sur un réseau, mais proposant peu de fonctionnalités – le logiciel correspondant est donc peu gourmand en espace de stockage.

timer, update Voir compte à rebours de mise à jour.

topologie, base de données de Voir base de données de topologie.

totale, mise à jour Voir mise à jour totale.

totalement adjacent Voir entièrement adjacent.

trafic diffusé, limitation Voir pruning VTP.

tramage Conventions suivies par la couche 2 pour interpréter les bits émis en suivant OSI sur la couche 1. Ainsi, après la réception d'un signal électrique et sa conversion en binaire, le tramage identifie les champs d'information présents dans les données.

transfert de fichiers, protocole de Voir FTP.

transmission Émettre une trame dans la direction de sa destination finale à l'aide d'un périphérique sur l'interréseau.

transmission, délai de Voir délai de transmission.

transmission, route de Voir route de transmission.

transparent, mode, VTP Voir mode transparent VTP.

Trivial File Transfer Protocol Voir TFTP.

tronçon Sur les LAN de campus, segment Ethernet sur lequel les appareils incorporent un en-tête VLAN identifiant le VLAN où la trame existe.

trunk Voir tronçon.

trunking On parle encore de trunking de VLAN. Méthode (employant soit le protocole ISL de Cisco, soit le protocole IEEE 802.1Q) prenant en charge plusieurs VLAN disposant de membres sur plusieurs commutateurs.

trunking, mode administratif Voir mode administratif de trunking.

trunking, mode opérationnel Voir mode opérationnel de trunking.

trunking, protocole pour VLAN Voir VTP.

***two-way*, état** En OSPF, état de voisin signifiant que le routeur a échangé des messages Hello avec lui, et que tous les paramètres correspondent.

type de protocole Champ de l'en-tête IP identifiant le type d'en-tête suivant l'en-tête IP. Il s'agit généralement d'un en-tête de couche 4, comme TCP ou UDP. Les ACL peuvent inspecter le type de protocole pour distinguer les paquets en fonction de ce critère, où elles peuvent donc attendre une valeur précise.

U

unicast globale, adresse Voir adresse unicast globale.

unique, adresse locale Voir adresse locale unique.

update timer Voir compte à rebours de mise à jour.

V

variable, masque de sous-réseau de longueur Voir VLSM.

Variable-Length Subnet Mask(ing) Voir VLSM.

variance En raison de la manière dont IGRP et EIGRP calculent leurs métriques, les diverses routes menant vers le même sous-réseau présentent rarement le même coût. Quand plusieurs routes mènent vers le même sous-réseau, la valeur de la variance est multipliée par la métrique la plus faible. Si le résultat dépasse la métrique d'autres routes, ces dernières sont considérées « équivalentes » à la meilleure, et plusieurs routes peuvent ainsi rejoindre la table de routage pour le même sous-réseau.

VC *Virtual Circuit* (circuit virtuel). Concept logique représentant le chemin suivi par les trames entre les DTE. Les VC sont particulièrement utiles quand il s'agit de comparer Frame Relay à des circuits physiques loués.

vecteur de distance Théorie sous-tendant le comportement de certains protocoles de routage intérieurs, tels que RIP et IGRP. Les algorithmes de routage à vecteur de distance demandent à chaque routeur d'émettre la totalité de sa table de routage lors de chaque mise à jour, à destination de ses seuls voisins. Ils peuvent provoquer des boucles de routage mais nécessitent moins de calculs que les algorithmes de routage à état de lien. On parle encore d'algorithme de routage de Bellman-Ford.

Virtual Circuit Voir VC.

Virtual LAN Voir VLAN.

Virtual Private Network Voir VPN.

virtuel, circuit Voir VC.

virtuel, LAN Voir VLAN.

virtuel, réseau privé Voir VPN.

VLAN *Virtual LAN* (réseau local virtuel). Groupe de périphériques reliés à un ou plusieurs commutateurs et configurés comme relevant du même domaine de broadcast. Les VLAN permettent aux administrateurs des commutateurs de placer les appareils concernés dans des VLAN différents sans devoir pour cela recourir à des commutateurs physiques distincts. Ils bénéficient ainsi des avantages d'une conception séparant le trafic sans payer le coût correspondant au matériel superflu.

VLAN Trunking Protocol Voir VTP.

VLAN, base de données de configuration Voir base de données de configuration du VLAN.

vlan.dat Fichier de stockage par défaut de la base de données de configuration du VLAN.

VLSM *Variable-Length Subnet Mask(ing)* (masque de sous-réseau de longueur variable). Possibilité de spécifier un autre masque de sous-réseau pour le même numéro de réseau de classe A, B ou C sur différents sous-réseaux. VLSM permet d'optimiser l'espace d'adressage disponible.

VoIP *Voice over IP* (voix sur IP). Transport de trafic vocal dans des paquets IP sur un réseau IP.

voisin Dans les protocoles de routage, routeur avec lequel un autre routeur décide d'échanger des informations de routage.

voisins, table des Voir table des voisins.

voix sur IP Voir VoIP.

VPN *Virtual Private Network* (réseau privé virtuel). Ensemble de protocoles de sécurité qui, lorsqu'ils sont implémentés par les deux périphériques situés aux extrémités d'un réseau non sécurisé tel qu'Internet, permettent aux appareils de s'échanger des données de manière sécurisée. Les VPN apportent secret des communications, authentification des machines, services antirejeu et intégrité des données.

VPN, client Voir client VPN.

VPN, web Voir web VPN.

VTP *VLAN Trunking Protocol* (protocole de trunking pour VLAN). Protocole de messages propriétaire de Cisco employé entre commutateurs Cisco pour échanger des informations de configuration portant sur l'existence de VLAN et incluant notamment l'identifiant et le nom du VLAN.

VTP, mode client Voir mode client VTP.

VTP, mode serveur Voir mode serveur VTP.

VTP, mode transparent Voir mode transparent VTP.

VTP, pruning Voir pruning VTP.

W

Web VPN Outil proposé par Cisco où un utilisateur peut employer n'importe quel navigateur Web courant pour se connecter de manière sécurisée par SSL sur un serveur Web VPN, lequel se connecte ensuite aux applications Web de l'entreprise – lesquelles peuvent ou non prendre en charge SSL.

***wildcard*, masque** Voir masque générique.

Z

zéro, sous-réseau Voir sous-réseau zéro.

Index

Numériques

A

B

C

F

G

H

I

Q

R

Dépôt légal : septembre 2008
IMPRIMÉ EN FRANCE

Achevé d'imprimer le 1er septembre 2008
sur les presses de l'imprimerie « La Source d'Or »
63039 CLERMONT-FERRAND
Imprimeur n° 10343